Associação Brasileira de Terapia Comunitária

ABRATECOM
Associação Brasileira de
Terapia Comunitária

TERAPIA COMUNITÁRIA
Tecendo Redes para a Transformação Social
Saúde, Educação e Políticas Públicas

ANAIS - III Congresso Brasileiro de Terapia Comunitária

TERAPIA COMUNITÁRIA
Tecendo Redes para a Transformação Social
Saúde, Educação e Políticas Públicas

Marilene Grandesso
Miriam Rivalta Barreto
(Organizadoras)

ANAIS - III Congresso Brasileiro de Terapia Comunitária

© 2007 Casapsi Livraria e Editora Ltda.
É proibida a reprodução total ou parcial desta publicação, para qualquer finalidade, sem autorização por escrito dos editores.

1ª Edição
2007

1ª Reimpressão
2010

Editores
Ingo Bernd Güntert e Christiane Gradvohl Colas

Assistente Editorial
Aparecida Ferraz da Silva

Produção Gráfica & Editoração Eletrônica
Sérgio Gzeschnik

Capa
Ana Karina Rodrigues Caetano

Revisão Geral
Christiane Gradvohl Colas

Dados Internacionais de Catalogação na Publicação (CIP)
(Câmara Brasileira do Livro, SP, Brasil)

Terapia comunitária : tecendo redes para a transformação social : saúde, educação e políticas públicas / Marilene Grandesso, Miriam Rivalta Barreto, (organizadoras). — São Paulo : Casa do Psicólogo® : ABRATECOM - Associação Brasileira de Terapia Comunitária, 2010.

1ª reimpr. da 1. ed. de 2007.
Bibliografia.
ISBN 978-85-7396-569-8

1. Intervenção (Psicologia) 2. Psicologia comunitária 3. Terapia comunitária
I. Grandesso, Marilene. II. Barreto, Miriam Rivalta.

10-09916   CDD-302

Índices para catálogo sistemático:
1. Terapia comunitária : Psicologia social 302

Impresso no Brasil
Printed in Brazil

Reservados todos os direitos de publicação em língua portuguesa à

Casapsi Livraria e Editora Ltda.
Rua Santo Antônio, 1010
Jardim México • CEP 13253-400
Itatiba/SP – Brasil
Tel. Fax: (11) 4524-6997
www.casadopsicologo.com.br

Cada encontro, cada congresso, cada artigo tem sido um fio na construção desta grande teia que tem se tornado a ABRATECOM. Este livro condensa experiências partilhadas no III Congresso Brasileiro de Terapia Comunitária, realizado em Fortaleza, em setembro de 2005.

A participação foi muito intensa. Folhear cada página desta publicação nos permite fazer uma imersão na multicultura brasileira.

Por trás dessa multiplicidade de expressões há um fio condutor que nos mobiliza e nos une: promover a vida, democratizar os saberes, frutos da experiência de vida, sermos parteiros de esperança de vidas maltratadas e excluídas.

Nosso compromisso é oferecer através da Terapia Comunitária instrumentos simples e eficazes, acessíveis a todas as pessoas que desejam trabalhar com redes sociais, que promovem vida e não lidar com patologia restrita aos especialistas.

Esperamos ampliar esta rede para que ela seja instrumento agregador de competências a serviço da cidadania.

Nesta obra você poderá entrever o nascimento da Terapia Comunitária, as motivações dos seus criadores, o compromisso com o outro e com a cidadania. Você vai poder auscultar as dores da alma dos excluídos e perceber as estratégias de superação.

Você pode identificar uma rede solidária para a prevenção da violência na família e o uso da Terapia Comunitária como instrumento restaurador dos males psicossomáticos e a melhora da qualidade de vida. Você também poderá refletir sobre um sistema que induz à corrupção e à impunidade.

Abordou-se questão desafiadora no lidar com as crianças, adolescente, idosos em situações de vulnerabilidade, o valor da espiritualidade como recurso de superação das dificuldades, bem como reflexões de causa a doença, a dor, torna-se fonte de transformação.

Por fim, esta publicação apresenta reflexões da prática da Terapia Comunitária em diferentes contextos da multicultura brasileira.

Enfim, cada página, cada tema livre, cada pôster e oficina nos leva à descoberta de ações criativas e práticas inovadoras e, sobretudo, de profissionais motivados e engajados na transformação de pessoas e comunidades.

Adalberto Barreto
Fortaleza – MISMEC-CE
Presidente do III Congresso Brasileiro
de Terapia Comunitária

Agradecimentos

Quero inicialmente elogiar a todos os participantes do III Congresso Brasileiro de Terapia Comunitária/2005 que disponibilizaram seus trabalhos para a construção deste veículo de circulação de idéias inovadoras e criativas na promoção da vida e da cidadania.

Esta obra nos brinda com experiências muito interessantes para ampliar a consciência social e fortalecer os vínculos de solidariedade, que evitam a desintegração social.

Muitas são as experiências relatadas com diferentes grupos e contextos, evidenciando a plena fecundidade da Terapia Comunitária na valorização mais do ser do que do ter, gerando um processo de crescimento respeitoso e amoroso, tanto individualmente quanto coletivamente.

Aqui também expresso minha profunda admiração pelo criador da Terapia Comunitária o Prof. Dr. Adalberto Barreto, que movido pela compaixão, pelo sofrimento do povo, pela ternura pelos humildes, mobiliza atores sociais a denunciar o fatalismo e anunciar a natureza transformadora do ser humano contribuindo com estas maravilhosas experiências reunidas nesta obra – a carência pode ser transformada em competência.

Agradeço a querida mestre Marilene Grandesso que, com sua humildade, paciência e competência muito amorosamente trabalhou para organizar os capítulos dessa obra e captar recursos para editá-la. A carinhosa e atenciosa Raquel Abreu, que durante o evento recebeu os trabalhos e a Sandra Grandesso que tem sido incansável na ajuda.

Agradeço, ainda, os pólos formadores que com muito empenho, compromisso e carinho vem contribuindo com a formação de atores sociais de diferentes áreas de atuação no fortalecimento da teia solidária, que tem fé no ser humano generoso no amor. E a todas as comunidades que, com empenho alimentam sonhos de uma realidade menos feia, mais humana. Enfim obrigada a todos e todas que transcendem os enquadramentos que impedem a vida em abundância para todos.

Com muito carinho,

Miriam Rivalta Barreto
Vice-presidente do III Congresso Brasileiro de Terapia Comunitária
Coordenadora da Comissão de Organização do evento
Atual Presidente da Abratecom – 2005/2007

Apresentação

Este livro foi organizado a partir dos trabalhos apresentados nas distintas modalidades da programação científica do III Congresso Brasileiro de Terapia Comunitária que teve como tema – *TERAPIA COMUNITÁRIA: TECENDO REDES PARA A TRANSFORMAÇÃO SOCIAL – SAÚDE EDUCAÇÃO E POLÍTICAS PÚBLICAS.* Todos os autores que entregaram seus trabalhos completos, independentemente da modalidade em que foram apresentados – conferências, simpósios, mesas redondas, temas livres, pôsteres ou oficinas –, foram contemplados. Foi nosso propósito dar vez e voz para que cada autor pudesse expressar suas idéias e compartilhar suas experiências construindo esse imenso mosaico em torno dessa prática instigadora e apaixonante que é a Terapia Comunitária.

Na organização desta publicação optamos por respeitar na íntegra o texto escrito pelo(a) autor(a) no que se refere ao seu conteúdo, à modalidade em que o trabalho foi apresentado e, na medida do possível, as composições das sessões de apresentação para organização dos capítulos. Ou seja, na divisão dos capítulos, procuramos manter juntos os trabalhos que foram apresentados na mesma sessão – mesas redondas, temas livres e outras. Contudo alguns trabalhos foram reagrupados para efeito de aproximação temática em relação ao conteúdo dos capítulos. Como nem todos os apresentadores entregaram seus textos escritos, tivemos que rearranjar os trabalhos para efeito de consistência interna deste livro, no que se refere à seqüencialidade e conteúdo.

Assim nasceu esta publicação. Ela representa o multiverso da Terapia Comunitária no Brasil: idéias, ideologias, teorias, distintas práticas... descobertas e inquietações, frutos da imaginação criadora e do conhecimento de terceiro tipo construído a partir da vivência que, como diz nosso mestre Adalberto Barreto, resultaram não só da inspiração, mas de muita transpiração. Enfim, tudo aquilo que tem sido objeto e produto do trabalho daqueles que transitam pelos bastidores da convivência humana nas distintas comunidades desse Brasil afora. O leitor interessado encontrará neste livro, no decorrer de seus 70 capítulos, uma oportunidade ímpar para conhecer o que vem sendo feito no Brasil por aqueles que realizam a Terapia Comunitária em distintos contextos e com distintas populações. Encontrará também, um tecido de fundamentos teórico-epistemológicos que sustentam a prática da TC, dados de pesquisa, práticas inovadoras e criativas, reflexões críticas, enfim, todo o arcabouço para conversações construtivas e trocas colaborativas para os interessados pelo trabalho comunitário. Esperamos promover com essa publicação oportunidades para o diálogo e a reflexão sobre a prática da Terapia Comunitária e, acima de tudo, sistematizar o caminho já percorrido e o conhecimento adquirido ao longo desses anos da TC no Brasil.

Nossos mais profundos agradecimentos para todos aqueles que colaboraram direta ou indiretamente para que essa publicação fosse possível: para cada um dos autores que aguardaram pacientemente nosso tempo necessário para realizar o desafio de publicar obra tão extensa. Agradecemos sua confiança em disponibilizar seus textos sem os quais não teríamos como realizar esse trabalho; para Sandra Regina Grandesso pelo empenho em contatar autores ver e rever a organização dos capítulos; para Maria Cecília Orozco e Marjorie Carbone pelo empenho e sensibilidade para a importância dessa obra. Em especial, queremos agradecer a Geraldo Carbone que, com sua contribuição para a nossa causa, colocou em ato suas próprias palavras – "Algum tipo de engajamento social é absolutamente indispensável ao desenvolvimento pessoal e profissional do indivíduo". Ao acreditarem neste trabalho, ajudaram-nos a viabilizar essa publicação. Enfim, agradecemos também a cada pessoa que esteve ao nosso lado como apoio e incentivo, trabalhando no anonimato e na amorosidade de quem acredita que "sonho que se sonha junto é realidade".

Dedicamos este livro a todos vocês: autores, colaboradores, ao nosso querido Adalberto Barreto que já mudou a cara desse Brasil e a todas as comunidades brasileiras que fazem da vida o maior bem.

Marilene Grandesso
Coordenadora da Comissão Científica do
III Congresso Brasileiro de Terapia Comunitária
Presidente da ABRATECOM – 2004/2005

Índice

Agradecimentos 7

Apresentação 9

Conferências 17

PARTE I
CONFERÊNCIAS
TERAPIA COMUNITÁRIA: ABRINDO ESPAÇO PARA CONVERSAÇÃO 17

1. As dores da alma dos excluídos no Brasil e a Terapia Comunitária 19
Adalberto de Paula Barreto

2. Direitos humanos e cidadania na favela 27
José Airton de Paula Barreto

3. Construindo uma sociedade mais justa: políticas públicas para a família
brasileira: saúde da família na organização dos serviços de saúde 39
Luiz Odorico Monteiro de Andrade

SIMPÓSIO E MESAS REDONDAS
VIOLÊNCIA UM PROBLEMA DE QUEM?........................... 45

4. A reforma agrária como alternativa à violência 47
Gennaro Ieno Neto

5. A produção da violência e a ética da responsabilidade 55
Maria de Lourdes Trassi Teixeira

6. Em busca de uma rede comunitária para a prevenção da violência na família 61
Carlos Eduardo Zuma

CORRUPÇÃO
QUEM É O CULPADO? A SISTÊMICA DO SILÊNCIO 69

7. Não ser corrupto em um sistema que induz à corrupção: eis o desafio 71
Aldenildo Araújo de Moraes Fernandes Costeira

8. A Terapia Comunitária e o "empoderamento" social, ou, crenças e atitudes que legitimam e reforçam a corrupção, a impunidade e o crime 75
Lígia Forjaz Lesbaupin

FAMÍLIA, COMUNIDADE E VALORES HUMANOS 81

9. A fragilidade dos valores e a ética do terapeuta 83
Maria Rita D'Angelo Seixas

10. O desenvolvimento de valores em famílias e comunidades 91
Rosa Maria Stefanini de Macedo

QUESTÕES DESAFIADORAS: CRIANÇAS, ADOLESCENTES E IDOSOS EM SITUAÇÃO DE VULNERABILIDADE 99

11. O corpo como objeto de exploração: uma experiência terapêutica com adolescentes em situação de prostituição. Um fenômeno associado ao turismo sexual 101
Elismar de Paula Nepomuceno Santander

12. Vulnerabilidades familiares, adolescentes e abuso de drogas 105
Eroy Aparecida da Silva

13. Terapia Comunitária: resgatando a auto-estima dos adolescentes 111
Raimunda Nonata do Nascimento Silva

14. Grupos multifamiliares: contexto com possibilidades terapêuticas 117
Liana Fortunato Costa, Maria Aparecida Penso e Tânia Mara Campos de Almeida

15. "Integração e Cidadania: Investindo nas pessoas" 133
Maria Áurea Bittencourt Silva e Maria Herlinda Borges

PSICOSSOMÁTICA: QUANDO A BOCA CALA O CORPO FALA 137

16. A violência do silêncio 139
Ceneide Maria de Oliveira Cerveny

17. O uso da fala como instrumento restaurador dos males psicossomáticos e melhoria da qualidade de vida 143
Edna Malheiros

18. Psicossomática: uma reflexão baseada no paradigma da complexidade 147
Maria Cecília Astete Salazar

MORTE – CONVIVENDO COM A AMEAÇA E A ANGÚSTIA 151

19. O nascer e o morrer de cada dia 153
Márcia Moreira Volponi

20. O viver solidário e a terapia comunitária 157
Mathilde Neder

21. Grupo da mama – Tecendo a harmonia entre a dor, a perda e a morte 161
Regina Célia Frota Vieira

COMUNIDADE, ESPIRITUALIDADE E RESILIÊNCIA 165

22. Redes tecidas na espiritualidade 167
Eliane Malheiros Ferraz e Regina Célia Simões de Mathis

23. A doença como fonte de transformação: um estímulo à resiliência comunitária   171
Maria Henriqueta Camarotti

TERAPIA COMUNITÁRIA EPISTEMOLOGIA, TEORIA, PRÁTICA 179

24. Terapia Comunitária: uma prática pós-moderna crítica – Considerações
teórico-epistemológicas 181
Marilene A. Grandesso

25. Antropologia cultural: base epistemológica da Terapia Comunitária 191
Ada Nícia Nogueira Diógenes Santos

26. Metodologia de trabalho em rede como uma forma de ação política
comunitária: fundamentos epistemológicos, teoria e prática 195
Juliana Gontijo Aun

PESQUISAS EM TERAPIA COMUNITÁRIA 205

27. Perfil: Considerações sobre a pessoa do terapeuta comunitário 207
Lia Fukui e Liliana Beccaro Marchetti

28. Abuso sexual infantil e resiliência: um estudo de suas características e
conseqüências 213
Marli Olina de Souza

29. Terapia Comunitária e visualização criativa: recursos de ajuda aos pacientes
em tratamento quimioterápico 221
Christina Ribeiro Neder Filha e Letícia Oliveira Alminhana

TERAPIA COMUNITÁRIA EM DISTINTAS INSTITUIÇÕES E POPULAÇÕES   229

30. Reflexões da prática de Terapia Comunitária em diferentes contextos 231
Liliana Beccaro Marchetti e Lia Fukui

31. I Curso de especialização em Terapia Comunitária promovido pela UCSAL   237
Margarida Maria de Carvalho Rêgo

32. Terapia Comunitária na UnATI – UFPE: Tecendo e Acolhendo o Idoso 249
Cleide de Melo Ferreira Neves e Kátia Maria Ulisses Saraiva

33. Cultura dos excluídos e a cultura dos excessos 253
Adriana Carbone

PARTE II
TEMAS LIVRES – POSTERES/ OFICINAS 259

34. Contemporaneidade: os novos sintomas e a Terapia Comunitária 261
Marlene Rodrigues Gomes da Silva

35. Terapia Comunitária como difusora de cultura de paz 267
Maria Carmela Matos Martins, Márcia Roberta Quadros Martinez, Mônica Altiman Ferreira Lima, Madalena Mendonça e Vagno Ramos da Silva

36. Terapia Comunitária: uma abordagem facilitadora do atendimento às comunidades 271
Maria Áurea Bittencourt, Maria Herlinda Borges e Lorena de Oliveira

37. Da multidão ao sistema – Reflexões sobre particularidades da Terapia Comunitária com grandes grupos 277
Marilene Grandesso e Ceneide Cerveny

38. Terapia Comunitária: precisamos de você! A Terapia Comunitária surge como demanda do trabalho social da APTF na favela do Jaguaré 285
Adriana Carbone, Cristiana Pereira, Eliana Lino Chaves, Márcia Volponi, Sylvia van Enck Meira e Zélia Temin

39. Terapia Comunitária na Favela do Oleoduto 291
Neusa Cecília Cardin Farias

40. Terapia Comunitária: principais problemas e estratégias de enfrentamento de seus participantes 295
Maria de Oliveira Ferreira Filha, Maria Djair Dias, Fábia Barbosa de Andrade, Talita Tavares Alves

41. "A Terapia Comunitária resgatou meu amor pela vida". Relato de experiência de um morador de rua em albergue 301
Márcia de Oliveira Novaes, Maria Auxiliadora Camargo Cusinato, Nilza de Fátima da Silva e Simone O. R. Tavares

42. Terapia Comunitária: um instrumento de inclusão social em um semi-internato 305
Elizabete Maria Santana Oliveira e Maria Olívia Chaves Viana Vieira

43. Terapia Comunitária em cooperativa de coleta seletiva: a perspectiva feminina na economia solidária. Relato de experiência 313
Fabiola Zancaner Arvati e Jane Wildes Gardini de Lima

44. Terapia Comunitária de casal: uma proposta alternativa para combate e prevenção à violência de gênero 321
Tânia Passos Anastácio Ferroni e Suely Trombeta Reis

45. Implementação da terapia comunitária em uma comunidade da cidade de São Carlos - SP 325
Eloísa Serpa Zanetti e Maria Helena Pereira Rosalina

46. Terapia comunitária: uma nova opção de trabalho em grupos. O COFAM assumindo essa nova modalidade 329
Josephina Nogueira Bacellar da Silva

47. Terapia Comunitária na formação médica na UFPE 337
Marluce Tavares de Oliveira, Maria de Lourdes Perez Teixeira, Maria Verônica Carrazzone, Pedro Renan Santos de Oliveira, Luisa de Vasconcelos Xavier Viana Sobreira, Andréa Barros Leal R. Aragão, Lívia Miranda Marra

48. Trabalhando famílias em um programa público: a Terapia Comunitária como modelo no atendimento e na capacitação 345
Cristiana P. G. Pereira

49. A Terapia Comunitária na visão dos discentes de enfermagem da Universidade Federal da Paraíba. Relato de uma experiência 349
Fernanda Jorge Guimarães, Viviane Rolim de Holanda, Fábia Barbosa de Andrade, Talita Tavares Alves e Maria de Oliveira Ferreira Filha

50. TCendo em São Paulo 355
Liliana Beccaro Marchetti e Lia Fukui

51. O pensamento sistêmico, a teoria da comunicação e a ação-reflexão a serviço da ajuda mútua no contexto escolar 357
Adalberto de Paula Barreto, Marilene Grandesso e Miriam Rivalta Barreto

52. Realização de levantamento epidemiológico por região no município de São Bernardo do Campo 365
Antônia Aparecida Eulálio Jezieiski, Edílson Rezende de Souza, Edite Garcia, Margarida Maria de Almeida Souza, Mara Aparecida Silva Moraes e Sueli Maria Galvão

53. Implantação da Terapia Comunitária na Secretaria Municipal da Saúde na cidade de SÃO PAULO-SP 381
Helena Pompeu de Toledo Sampaio, Leon de Souza Lobo Garcia, Maria Auxiliadora Camargo Cusinato, Maria Selma do Nascimento, Maria Virgínia Trevisani Martins, Paulo Albuquerque, Roseli Di Mauro, Roseli Gonçalves Vissotto, Sueli Martins Alves do Prado e Vera Maria Scognamiglio

54. A terapia comunitária na atenção básica. Região Sudeste do Município de São Paulo 383
Helena Pompeu de Toledo Sampaio e Maria Auxiliadora Camargo Cusinato

55. Terapia Comunitária como instrumento de diagnóstico de saúde e de necessidades de funcionários de PSF da Zona Norte de São Paulo 387
Ana Lúcia de Moraes Horta e Celina Daspett

56. Terapia Comunitária: uma ferramenta para o aprimoramento do trabalho em equipe, do Programa de Saúde da Família 393
Cecília Ayres de Carvalho, Cristina Pandjiaijian, Maria Eugênia Lemos Fernandes e Rosa Resegue Ferreira da Silva

Terapia Comunitária

57. Inclusão da Terapia Comunitária como estratégia de atendimento no PSF-Participação da comunidade e agente comunitários no processo 401
Silvia Regina Rocha, Ellen de Oliveira, Jurema Westin Carvalho e Ana Lúcia de Moraes Horta

58. Relato de experiência de introdução da Terapia Comunitária em grupos de população atendida no Programa de Saúde da Família (PSF) 405
Maria Luiza Santa Cruz, Saron Fernandes Feliciano e Ana Lúcia de Moraes Horta

59. A Terapia Comunitária como um dos instrumentos de trabalho do assistente social 409
Andréia Cristina Moreira

60. Terapia Comunitária: uma nova perspectiva em Psicologia Social Comunitária 411
Simone Fraga Mota

61. As mil e uma histórias: reflexão sobre o valor das narrativas na Terapia Comunitária 417
Stella Maris Nicolau, Maria Cristina Tissi, Marta Aoki, Fátima Correa Oliver

62. Terapia Comunitária e psicodrama: diálogo e aproximações 423
Paula Gomes de Oliveira

63. A contribuição da Terapia Comunitária na elevação da auto-estima 429
Ana Cristina Orrico Batista D'Afonseca, Maria Paquelet Moreira Barbosa

64. O prazer da descoberta de novas alternativas para o olhar sobre si mesmo e para o mundo 437
Selma Kupperman

65. A Terapia Comunitária como recurso no tratamento da alexitimia 439
Maria Cristina Bergonzoni Stefanini, Mari Elaine Leonel Teixeira

66. Jogos e brincadeiras na Terapia Comunitária. Instrumentos para manutenção do aquecimento do grupo. Relato de experiência 445
Fabíola Zancaner Arvati e Elza A. C. R Di Curzio

67. Algumas reflexões sobre a inserção da música nos encontros de Terapia Comunitária no CEAF (Centro de Assistência à Família) 451
Silvia de Azevedo Barretto Fix, Maria da Salete Vianna Leite e Cecília Galvani

68. Cantar e Brincar para transformar - Canta que o bem espalha! 459
Hermes Fernando Petrini

69. Brincando de Terapia Comunitária: As vivências lúdicas na terapia comunitária como possibilidade criativa de reestruturação da saúde 469
Noêmia Maria P. de Azevedo, José do Carmo Laranjeira e Verônica Carrazzoni

70. Brincadeiras cantadas 475
Maria Carmela Matos Martins, Helena Savino da Paz, Maria Henriqueta F. Cavalcante, Márcia Roberta Quadros Martinez, Mônica Altman Ferreira Lima, Socorro Melo e Vagno Ramos da Silva

CONFERÊNCIAS

Terapia Comunitária: Abrindo espaço para conversação

1. As dores da alma dos excluídos no Brasil e a Terapia Comunitária

Adalberto Barreto
Movimento Integrado de Saúde Comunitária
Universidade Federal do Ceará
e-mail: abarret1@matrix.com.br
www.4varas.com.br

O contexto de nossa ação

Assim como muitos países do mundo recebem refugiados de guerra, as grandes cidades do Brasil recebem refugiados que fogem de uma luta desigual contra as forças da natureza, no árido sertão nordestino e vitimados por uma política econômica que concentra poder e riqueza, excluindo a grande maioria das oportunidades de desenvolvimento e da partilha de bens materiais ou culturais.

Os movimentos migratórios, agravados pelas secas cíclicas, pela interrupção e vulnerabilidade das políticas agrícolas provocam o empobrecimento econômico, cultural, do *savoir-faire* e dos laços sociais e da imagem de si mesmo.

Estes migrantes são personagens de uma batalha silenciosa, invisível fruto da política econômica injusta e excludente. Essa batalha, sem armas aparentes, deixa marcas profundas no corpo e na alma do homem.

A chegada às grandes cidades acontece na mais profunda desolação. A cidade não os acolhe, não abre suas portas para recebê-los. Eles chegam, mas não a penetram, permanecem na periferia formando um cinturão de miséria.

Logo descobrem que os sonhos tornam-se pesadelos. Inicia-se outra série de problemas bem mais dramáticos: onde morar? Como construir casa se não há terra nem meios? Como alimentar e nutrir seus filhos? Como conseguir emprego, se não têm capacitação profissional? Como cuidar dos filhos, se precisam sair de casa à busca de trabalho e comida?

Essas questões ilustram a *via crucis* de indivíduos e famílias no quotidiano. São populações abandonadas pelos governantes, denegadas por uma economia selvagem que as excluem literalmente da partilha.

Para poderem se inserir na grande cidade, têm que romper com barreiras invisíveis, verdadeiras muralhas de indiferença, hostilidade que tentam manter essas populações afastadas da vida social.

Neste contexto profundamente diferente, a nova vida social e política e as atividades econômicas, por um lado, funcionam como elementos que agridem a identidade cultural e atingem a identidade pessoal provocando desagregações, desajustes e desequilibrios.

Por outro lado, desencadeiam um esforço criativo e desejo de inserção social muito grandes,por meio de inúmeros cultos religiosos ou movimentos associativos.

A conseqüência imediata dessa exclusão é a cisão da sociedade em duas grandes correntes humanas:

a) uma, fixada na terra com seus imóveis e mansões bem protegidas, ostentando riquezas e bens visíveis;

b) outra, como fantasmas semivisíveis que ninguém quer ver, perambula de lá para cá, dentro do espaço urbano, movendo-se impulsionada pelas necessidades básicas, em busca de alimento, moradia, emprego constituindo-se na sociedade dos descolados sociais, ou das "almas penadas"

Na cultura brasileira, o termo "alma penada" define a situação de pessoas que morrem e não têm para onde ir,que não conseguem seguir o destino de todas as almas após a morte, e vagam entre os vivos, sofrendo e gemendo entre a terra e o mundo espiritual. São as almas penadas que tentam, sem sucesso, o contato, o diálogo com o mundo dos vivos. (BARRETO, 1994)

Durante esses anos de trabalho com essas populações, nós pudemos compreender o drama do homem das favelas das grandes cidades brasileiras. Ser migrante favelado é algo tão angustiante, tão frustrante quanto ser "alma penada" buscando contato com os vivos, sem jamais conseguir ser visto ou ouvido.

Talvez a familiaridade do termo junto às classes pobres traduza o real sentimento de uma vida sem reconhecimento e sem direito a espaços que garantam o desenvolver pleno da existência como pessoas, como cidadãos. A alma penada seria o protótipo das doenças da alma do seculo XXI?

Nossa intervenção:

Há 19 anos, o Departamento de Saúde comunitária da Universidade Federal do Ceará, com o apoio do Centro de Direitos Humanos do Pirambú-Ce. e do Movimento Integrado de Saúde Mental Comunitária, desenvolve um trabalho de promoção em Sáude Mental Comunitária, na segunda maior favela do Brasil, a favela do Pirambú, com 280.000 habitantes, situada na cidade de Fortaleza, nordeste do Brasil, metrópole com dois milhões de habitantes.

A ação da Universidade, no início, era voltada para as intervenções pontuais de indivíduos e famílias em sofrimento psíquico, cujos direitos de cidadãos tinham sido violados. Convidado a intervir como psiquiatra na favela, me dei conta de que o arsenal quimioterápico da psiquiatria moderna não podia ser a única arma na luta contra os efeitos de um contexto social desagregador e mutilador de indivíduos.

O uso indiscriminado tornava ainda mais caótico o estado psíquico de muitos usuários e os mesmos psicotrópicos usados para tratar distúrbios mentais eram usados indiscriminadamente nas insônias rebeldes e nos desequilíbrios emocionais ou até para aplacar o choro das crianças famintas.

Esse contexto caótico exigia a criação de novos paradigmas capazes de estimular uma ação terapêutica criativa e efetiva, que nos permitisse:

1. Perceber o homem e seu sofrimento em rede relacional;
2. Romper com o modelo do "salvador da patria", do técnico iluminado, que traz as soluções e reforça um sistema de dependência;
3. Identificar não só a extensão da patologia mas também o potencial daquele que sofre;
4. Fazer o grupo acreditar em si, na sua competência;
5. Resgatar o saber dos antepassados e a competência adquerida pela própria experiência de vida;

6. Ultrapasssar o unitário para atingir o comunitário;

7. Fazer da prevenção, uma preocupação constante e tarefa de todos;

Para atuar de forma transformadora nesta dura realidade social, começamos a realizar encontros semanais entre as pessoas mais carentes de auxílio psiquiátrico, na favela, e acabamos criando nossa própria forma de trabalho, a Terapia Comunitária (Barreto 1994).

Em espaço livre, à sombra de um pé de cajueiro, reuniam-se as pessoas que estavam vivendo uma situação de crise para falar de suas angústias, problemas, sonhos, dramas e necessidades.

Criamos então o Movimento Integrado de Saúde Mental Comunitária, organização não governamental, sem fins lucrativos e com base comunitária, que passou a oferecer, ao longo de 19 anos de trabalho, algumas opções terapêuticas à população: arteterapia, massagem antiestresse, fitoterapias. Terapias comunitárias, sessões de resgate da autoestima... (BARRETO, 1994)

Nossa ação procurava suscitar a capacidade terapêutica do próprio grupo ajudando o indivíduo a descobrir as implicações humanas e contextuais do quadro de sofrimento em que viviam.

Desta forma, nossa intervenção permitia a tomada de consciência do indivíduo em sofrimento psíquico dentro do corpo social, estimulando a transformação de um e de outro, tratando assim a saúde coletiva, e recuperando, com ações individuais, a saúde do corpo social.

Nesses anos de trabalho como psiquiatra na favela, temos treinado cerca de 10.500 lideranças comunitárias que atuam em 27 estados do Brasil para assumirem o papel de mediadores dos conflitos, conhecidos como terapeutas comunitários. Eles atuam em comunidades carentes, escolas, postos de saúde, programas de saúde da família e em prefeituras como São Paulo, Londrina-PR e Sobral-CE.

Trata-se de um programa piloto na área de saúde comunitária que articula o saber científico com o saber popular na perspectiva de superação dos conflitos e na construção de redes sociais de apoio às pessoas em crise.

Nossa experiência tem dado a convicção de que estas "doenças da alma" podem ser tratadas pelo próprio grupo. Eles têm problemas, mas também as soluções e precisam ser estimulados a tomarem consciência do potencial humano e cultural que possuem.

É no próprio grupo,trocando experiencias, refletindo, se apoiando, reforçando os laços afetivos e os valores da cultura local que o tecido social vai se consolidando, que a consciência social vai despertando, descobrindo coletivamente as saídas possíveis para a superação dos problemas, facilitando a inserção social em novo contexto.

Nós nos identificamos com o método (RAP)ˈ Pesquisa-Ação-Participação, que temos adotado há vários anos, definido como " rejeição do monopólio universitário sobre a produção do conhecimento e fazendo apelo aos saberes da base, na base e para a base"...

As doenças da alma

Nesses 18 anos de trabalho com as populações de excluídos no Brasil destacamos três categorias que atingem de forma contundente os indivíduos:

ˈ Atelier Nord Sud de méthodologie en analyse, Réseau Culture Bruxelles mars 1997.

1. Distúrbios do abandono.
2. Distúrbios da insegurança.
3. Distúrbios da baixo auto-estima.

1 - Abandono

São populações inteiras, mergulhadas em forte sentimento de abandono e orfandade. Não fora um desejo muito forte de inserção social evidenciado pelas inúmeras associações de bairro e diversos cultos religiosos, a situação poderia ser bem mais caótica.

As agressões contextuais, como o desemprego, a falta de habitação, saúde, educação, aceitação social, a falta de uma política de inserção social mais abrangente, constituem-se no maior atentado à vida em sociedade.

Indivíduos e famílias entregues à própria sorte são levados a construir os próprios mecanismos de sobrevivência, modelos de funcionamento que só consideram o "aqui e agora" das necessidades fundamentais da existência humana, tais como saciar a fome, a sede, buscar segurança.

Os efeitos do sentimento de abandono são visíveis em todos os níveis:

- em nível individual, a própria aparência física: bocas destentadas, rugas precoces, cabelos em desalinho;
- em nível familiar: mulheres abandonadas pelos maridos assumindo a responsabilidade de alimentar sozinha a família, famílias vivendo nas ruas, crianças abandonadas cheirando cola,
- em nível social: a própria configuração geográfica da favela, casas construídas com pedaços de papelão, caixas, madeiras nos reenviam a pedaços de existência de indivíduos, famílias e vidas.

Cada família, uma história, uma seqüência de sofrimentos, sentimento de exploração, de abandono e injustiça. Cada um parece prisioneiro de acontecimentos e, muitas vêzes, emprega toda a sua energia para se defender do sentimento de estar "possuído" por forças ocultas, por espíritos dos mortos.

Talvez o "encosto", forma popular de possessão, nos fale de perda de liberdade de vida, da perda da autonomia e do estado de dependência do outro, das pressões sociais do novo contexto. (BARRETO, 1988)

Enquanto a dinâmica da *urbis* agrega pessoas em torno de lutas materiais específicas, como habitação, alimentação, saúde, através de associações e sindicatos, outras concentram as atenções no mundo secreto da espiritualidade.

São os líderes espirituais, os curandeiros que, no anonimato dos centros, no silêncio da noite, procuram, com seus rituais, alimentar a fé que reanima a esperança de dias melhores, oferecendo a possibilidade de pertencer a uma família espiritual, e transformam o homem sofrido e solitário em pessoa pertencente a uma nova família, restituindo-lhe a alegria de viver.

Para muitos, ser devoto de santo católico, filho de algum orixá africano ou até mesmo se deixar incorporar por um espírito de luz permite que esses indivíduos abandonados possam sentir a plenitude de um sentimento quase esquecido, o de fazer parte de nação de luz, na qual os governantes os acolhem com respeito e afeição.

Aqui a cultura emerge como sustentáculo de uma identidade ameaçada pelo novo contexto. Tal qual a teia de aranha, a cultura é para o indivíduo o que a teia é para a aranha: ela agrega, une, alimenta e fortalece os vínculos que conferem a pertença.

Os mais jovens formam gangues, verdadeiras "internets sociais," como estratégia para suprir o sentimento de anomia, abandono e o desejo de inserção a grupo que lhe confira o sentimento de pertença.

Outros, ainda, geralmente os mais sensíveis, padecem de depressão, crises nervosas, alcoolismo, drogas, prostituição.

O que é mais dramático é que o sofrimento de que padecem o corpo e a família dos excluídos, no quotidiano, atinge violentamente as almas desses corpos.

Estabelece-se assim a guerra de valores em que o espírito das referências ancestrais fortemente paternalistas se choca com as novas referências do mundo urbano onde cada um tem que se virar para sobreviver.

É neste contexto que muitos se mobilizam para não perder a guerra interior, para manter viva a esperança, a crença em valores, para poder salvaguardar a identidade ameaçada, no novo mundo que exige adaptações rápidas.

Os espíritos cultuados nos diversos cultos tornam-se em grandes aliados desses homens. Sacerdotes e curandeiros são procurados para ajudá-los a resolver os conflitos da alma.

Os curandeiros, guardiães da identidade cultural, através de cultos religiosos e rituais, tentam reanimar a alma desanimada pela dureza da vida.

Neste sentido, os cultos religiosos,católicos, espíritas, afro-brasileiros ou outros, funcionam como verdadeiras UTIs existenciais, para o homem sofrido, abandonado. Aqui a cultura tenta dar suporte, onde as instituições falharam.

Curando a dor da alma, conforta-se o corpo. Nestes contextos, os cultos tornam-se muito mais espaço de catarse coletiva, para reduzir o estresse, do que espaço de reflexão ou de tomada de consciência das implicações históricas e psicológicas do sofrimento.

Alguns cultos são terrivelmente agressivos, sobretudo algumas igrejas neo-evangélicas e pentencostais, que exigem de seus fiéis a recusa das crenças culturais. Trata-se de ruptura com o modelo referencial interiorizado há geracões, verdadeira destruição de identidades, de pertenças fundamentais, substituidas, por um falso EGO, construído sobre valores de uma religião da qual deve esperar tudo, e que se afirma pela negação do outro, do diferente.

Ela se impõe, o que reforça o sentimento de dependência, de submissão sectária.

No entanto, temos observado que outros cultos, como a umbanda, são muito mais respeitosos da diversidade cultural e oferecem a possibilidade de acolhimento, na neofamília, na qual coabitam múltiplas imagens identificatórias, que podem, pelo respeito da cultura de base, se apropriar de modelo comunitário mais tolerante.

A doença do abandono é a porta de entrada dos cultos. De cliente, torna-se adepto. A explicação da origem de todo mal ou mal-estar é atribuída aos maus espíritos, que devem ser exorcizados através de rituais. Sob o pretexto de exorcizar o mal, exorciza-se o homem de si mesmo, de suas crenças, de seus valores ancestrais, do senso critico. Trata-se de verdadeiro culto de esvaziamento do homem de sua identidade cultural.

Estamos convencidos de que enquanto os indivíduos não entenderem as implicações humanas e contextuais de seus sofrimentos e não tiverem o senso de co-responsabilidade, não haverá desenvolvimento sustentável possivel.

2 - Insegurança

O clima de insegurança é um fermento de violência, de divisão, de fraturas, de rupturas no seio da sociedade, estimulada e alimentada pelo medo e ações irracionais geradas pela insegurança.

Nas favelas, o clima de violência, roubo, crimes têm se intensificado com o desemprego. O desejo de sobrevivência é bem mais forte levando indivíduos e grupos a se organizarem para roubar e pilhar bens de primeira necessidade ou bens simbólicos.

Esses indivíduos ou grupos organizados começam a impor seu poder gerando um clima de insegurança e medo nas pessoas de ambos os grupos sociais.

As casas tornam-se verdadeiras prisões, com grades de ferro para garantir a própria segurança, os moradores acabam construindo verdadeiras prisões para si mesmos. Trancadas em suas casas, as pessoas tornam-se reféns da violência.

Os mais pobres, os que moram nas favelas, vivem sobressaltados, com medo de perder um chinelo, uma peça de roupa, o botijão de gás, o que é ainda pior, de serem atingidos por alguma bala perdida durante as brigas de gangues..

O clima de desconfiança vai, aos poucos, quebrando os vínculos de solidariedade e acolhida, tão característicos das populações interioranas., gerando conflitos, intrigas, estupros, agressões contra vizinhos.

Os sintomas do distúrbio da insegurança atingem a todos: os jovens perdem o direito de circular livremente na cidade, onde as gangues já delimitaram seus territórios onde nenhum outro indivíduo de outra comunidade pode circular sem represálias.

As pessoas idosas são assaltadas quando recebem, no banco, o dinheiro da aposentadoria. A ausência de uma polícia cidadã que inspire confiança torna o quadro ainda mais dramático.

Em resposta a esse contexto, a cada dia, fica mais significativo o números de rituais de proteção usados, que vão desde o uso de símbolos protetores religiosos, como a cruz, os salmos, as medalhas, até o uso de cães e armas de fogo para sair às ruas.

A insegurança é o reflexo das condições sociais que se agravam a cada dia com a falta de emprego. Este clima de ameaça e de hostilidade leva os indivíduos a desconfiarem uns dos outros identificando qualquer pessoa desconhecida como possível inimigo. Com isso, praticam-se constantemente atos de discriminação, e exclusão contra o outro.

Existe também a cultura da violência que é estimulada e vivificada por uma contracultura, expressa nos filmes e programas de comunicação de massa, nos jogos de guerra e *videogames* que, transmitidos à nossa imaginação, sem critérios ou legislação adequada, reforçam a idéia de que o herói é aquele que consegue tudo através do uso da violência e da força contra o outro.

O espaço da família se vê invadido pela violência, na forma dos conflitos conjugais, na violência contra a mulher, nos maus tratos à criança.

No Brasil, ela toma contornos ainda mais dramáticos com o surgimento de programas televisivos que estão sempre mostranto cena de crime ao vivo com todas as cores da violência e crueldade.

Se a segurança como fator social é necessária para que se possa inspirar a confiança recíproca dos homens, estar seguro e poder confiar em si mesmo, na sua capacidade de dominar, de comandar os instintos, transformando-os em froça para viver,são necessidades básicas para a paz do indivíduo e a paz social que nele se origina.

O que é preocupante é que o clima de insegurança pode ser fermento de violência e divisão no seio da sociedade, pelos medos e ações irracionais que ocasiona.

3 - BAIXA AUTO-ESTIMA

É evidente que, além da violência e do abandono, a exclusão social gere sentimento de menos valia, de desvalorização do indivíduo. Soma-se a isso a força dos estereótipos e preconceitos sociais reforçados por uma educação que não leva em conta os valores próprios do indivíduo.

Estes elementos contextuais: educação doméstica repressora, os estereótipos sociais que desvalorizam a pessoa acabam por anular, por dilapidar o patrimônio íntimo do homem: a confiança em si.

Desconhecem-se os dons inatos, aptidões e capacidades naturais. Desvalorizado, caso não consiga atingir os padrões intelectuais exigidos, introjeta o sentimento de incapacidade, e passa a não acreditar mais em si mesmo, se autoexclui, não se sentindo mais merecedor da felicidade, perdendo aos poucos a condição de amar e ser amado.

Esse sentimento de descrença, em seu próprio potencial, se manifesta em vários níveis:

A) individual: leva as pessoas a calar sentimentos e emoções mais profundos, a apresentarem assim um alto índice de tensão psíquica e somatizações físicas;

B) familiar: uma educação repressora baseada em xingamentos, em que a criança, desde cedo, é desvalorizada, é vista como incapaz criando um campo fértil para nutrir a insegurança e o sentimento de desvalorização.

C) social: alto índice de abandono de empregos por se sentirem incapazes

O quadro mais dramático, dentro de uma favela, não é a miséria retratada nos casebres, e sim a miséria oculta no íntimo das criaturas.

O sentimento de incapacidade e de descrença nos próprios potenciais é que vem reforçar a marginalização dos indivíduos no corpo social que, muitas vezes os faz perder chances de trabalho e inserção social que lhes aparecem, pois inconscientemente eles próprios auto boicotam todas as oportunidades para crescer e vencer

Paralelamente às sessões de Terapia Comunitária, temos procurado minimizar esse quadro criando grupos de reforço da auto-estima, através de técnicas e dinâmicas adaptadas as condições, procurando despertar o potencial humano amordaçado e colocá-lo a serviço de uma dinâmica individual e coletiva, levando as pessoas a se tornaem sujeitos da história e responsáveis pela existência.

Reflexões

As síndromes relativas ao abandono, insegurança e baixa auto-estima constituem um quadro preocupante em escala nacional. Constituem fermentos de violência e divisão no seio de uma sociedade, pelos medos e ações irracionais que podem ocasionar. Esse clima de tensão, desespero e muita angústia só pode desaparecer com a maior presença de instituições comprometidas com o bem comum. Quando as instituições estão ausentes ou são inoperantes, os indivíduos criam suas próprias regras e leis e tende a imperar a autodefesa, o salve-se quem puder, o que potencializa cada vez mais a violência fratricida.

Faz-se necessário criar instrumentos aptos a estimular uma "ação criativa" nos indivíduos que vivem nestes contextos anômicos. Eles devem se apoiar em valores individuais próprios e em valores culturais anteriormente desqualificados. Em nossa experiência, os novos instrumentos só podem ser concebidos num contexto grupal, participativo e comunitário.

Nossa experiência tem nos firmado na convicção de que a solução está no coletivo e em suas interações, no compartilhar, nas identificações com o outro, no respeito às diferenças. Portanto é do grupo que devem emergir as soluções adaptadas. Essa perspectiva exige, dos profissionais, uma tomada de distância crítica dos modelos explicativos do sofrimento, e das intervenções que implicam, muitas vezes condutas lineares e redutoras

(Exemplo do modelo biomédico que supervaloriza a quimioterapia ou modelo social que impõe, do exterior, ações tanto educativas como repressivas.)

Os profissionais devem fazer parte dessa construção. Ambos tiram benefícios: a comunidade, gerando autonomia e inserção social e os terapeutas se curando de seu autismo institucional e profissional, bem como de sua alienação universitária.

Uma política de Autopromoção do indivíduo, como fator transformador do corpo social, deve permitir a ruptura de modelos paternalistas, que geram dependência e castra a criatividade.

Não se trata de ficar somente à espera de investimento financeiro, mas sobretudo de investir no capital sociocultural do indivíduo excluído, para permiti-lo sair do lugar de objeto vítima, para um lugar de sujeito, ator de seu destino para tornar-se co-responsavel na construção de uma sociedade mais igualitária, seja capaz de fazer suas escolhas criticas em busca de sua autonomia.

Investir em políticas sociais capazes de promover e consolidar os laços afetivos e sociais, capazes de fazer surgir um sentido de pertença cultural inscrita numa comunidade de vida. Sair dos espaços para investir mais nos laços, ultrapassar o modelo individual, onde a solução de todos os males é esperada de um unico indivíduo externo ou do politico.

Precisamos estimular movimentos participativos em que cada um dê sua contribuição, o que permite paralelamente ao grupo desenvolver-se no conjunto como um todo.

Como foi dito para o subdesenvolvimento, a perda da estima de si é um estado de privação em relação ao próprio saber. É importante iniciar e desenvolver os espaços de restauração identitário onde a palavra pode se liberar. Os saberes cientificos devem reconhecer e integrar,enfim, os saberes ditos populares.

A restauração da estima de si dos excluídos constitui a pedra angular da luta contra as doenças da alma do século XXI.

Referencias Bibliográficas

1 - BARRETO A. P "Un movimiento integrado de salud mental comunitaria en Fortaleza, Brasil" In *Boletin Oficina Sanitaria Panamericana* 117 (5), 1994 p. 453-465

2 - BARRETO A. P. "L'araignee et la communauté tissent leurs toiles" in *Transitions* nº 37 (Rites culturels et Droits de la Personne) 135-142 Paris 1994

3 - BARRETO A. P. "Les âmes en peine dans la ville" in *Transitions* nª 37(Rites culturels et Droits dela Personne) 127-134 Paris 1994

4 - BARRETO A. P. Aspects culturels specifiques du syndrome de possession et la relation therapeutique» Conferencia no 3º Seminaire inter-culturel Henry Collomb na França em outubro 1988

2. Direitos humanos e cidadania na favela[*]

José Airton Barreto
Movimento Emaús
Fortaleza, CE

Nós somos como as árvores; nossas raízes são feitas de história e cultura

Minhas saudações iniciais. Um bom dia para todos e para todas.

Ao falar a vocês sobre **Direitos Humanos e Cidadania na Favela,** torna-se praticamente impossível fazê-lo sem que esta minha fala seja toda ela tomada, penetrada, pelas minhas raízes culturais, históricas – enfim, por tudo aquilo que dá sustentação e convicção ao ser humano, que lhe dá um rosto, um jeito próprio de sentir, de olhar, de atuar. Assumir essas raízes é a chave que abre as portas das singularidades, mais que uma simples identidade pessoal e coletiva –, um projeto de vida comum que justifica no engajamento no dia-a-dia, na luta por profundas e abrangentes transformações. Dizendo que entendo por raízes, isto me faz lembrar um amigo que está com 84 anos, é um padre francês. Certa vez ouvi dele esta expressão: "Quer saber por que você é assim, seu Airton? Então, busque as suas raízes, são elas que o fazem assim; nelas está a explicação".

Retomando as raízes

Meu pai é funcionário público federal, trabalhava no Departamento Nacional de Obras Contra as Secas – DNOCS, no estado do Ceará. Nossa vida ao lado dele foi sempre itinerante: nós migrávamos muito de cidade em cidade, passávamos cinco anos no município de General Sampaio, cidade do interior; em seguida, ele era chamado para a Ema da Paraíba; passado algum tempo, lá íamos para Canindé, no Ceará. Não paramos aí, voltamos para Aracatiaçu, Cariús, novamente Canindé e, finalmente, nos fixamos em Fortaleza.

Nós migramos muito. Lembro que, no ano de 1958, naquela grande seca, eu, com seis ou sete anos de idade, faltando onze minutos para o meio-dia, vi chegarem cinqüenta homens do sertão. Nessa fase da vida, toda criança sempre vê as coisas de baixo para cima, e não foi diferente comigo. De repente, a voz da minha mãe: "Menino, vá chamar o seu pai." Eu fui chamar o meu pai. Na época, ele era responsável pelo setor da seca, no DNOCS. Já na presença de meu pai, um dos homens toma a palavra: "então, senhor Ercílio, estamos com fome. Queremos comida e trabalho".

A primeira coisa que papai fez foi acalmá-los. Em seguida, pediu que sentassem, que se tranqüilizassem... E eu atento para ver qual seria a saída deles, a solução que seria

---

[*] Palestra proferida no II Congresso Brasileiro de Terapia Comunitária – TC realizado em Brasília em maio de 2004

encontrada. Meu pai foi à cozinha com minha mãe, depois de quarenta minutos, trouxe no prato feijão e "torrês"··· rapadura, banana e o mais que era improvisado. Esta foi a primeira lição que aprendi com a minha família, *que era mais grave cruzar os braços do que arriscar uma atitude.*

Eu estava aprendendo que era mais grave fechar a boca que arriscar uma palavra. Aquilo me marcou.

O tempo passa e a gente vai vendo como foi implantada aquela atitude diante de ser humano. Eu, menino, ia aprendendo, na prática, como se comportar diante da vida e das situações de aperreio que não podiam esperar, e que exigiam de imediato, atitudes de solidariedade misturadas com a criatividade e o gosto de acolher o outro que padece de privações.

Em Fortaleza não foi diferente

Trouxemos para Fortaleza nossa maneira de ser e de ser com as outras pessoas, que fossem conhecidas ou desconhecidas. Quando chegamos, eu tinha quatorze anos de idade. Logo percebi que desta vez havíamos migrado para um lugar que se chamava **Pirambu**···. Pirambu me parecia um nome muito forte, ressoava como uma coisa grande, que causa espanto. Ainda hoje, quando alguém chega a Fortaleza e ouve a palavra Pirambu, exclama com um "vixe!"

Certa vez, em uma sala de aula, quando falei que morava no Pirambu, a classe em coro sonorizou o "vixe!". Hoje, digo que moro num lugar chamado "vixe". Imagine: na época, quando me falavam sobre o Pirambu, sentia que o Pirambu tinha uma história muito grande. Ao ouvir e conhecer, eu começava a fazer parte daquela história. Daí haver aprendido que quando você conhece a história de uma pessoa, no mínimo começa a respeitá-la e, às vezes, passa a amá-la. Foi o meu caso com o Pirambu, um espaço diferente dos que conhecera, com uma população de 280 mil habitantes.

"Vixe": sinônimo de discrinação

Com os meus quatorze anos de idade, comecei a ser um mentiroso de marca maior, porque, se eu dissesse que morava no "vixe", ninguém ia me escutar. Por causa do "vixe", que me perseguia, tinha medo até de ir para as festas, tertúlias (na época pronunciávamos "tertulha")... Por exemplo: quando alguém me perguntava onde morava, eu dizia o nome do bairro vizinho do Pirambu: Monte Castelo; quando estava no Monte Castelo, respondia que morava na avenida 13 de Maio, já quem em Monte Castelo residiam uns parentes meus. E aquilo não me satisfazia.

Um fato interessante

Quando morava em Canindé, meus primos migravam para Fortaleza e, quando regressavam após algum tempo, pareciam ter ficado diferentes. Antes, eles participavam dos movimentos da igreja, dos movimentos populares e quando voltavam de Fortaleza não queriam mais saber de nada disso. Essa coisa de igreja só interessava ao Airton; os

···· Refiro-me a torresmo, comida sertaneja feita de toucinho de porco.
···· Pirambu: alavra tupi-guarani que significa "peixe roncador".

primos só queriam saber de cinema, de namoradas, de "biritas" (de ingerir bebidas alcoólicas), e eu me perguntava: "Que lugar é esse que a gente chega e muda, e se transforma em tão pouco tempo?"

Levei para Fortaleza a curiosidade de saber o que fazia as pessoas mudarem. Quando cheguei, comecei a ver o que fazia mudar.

"Vamos continuar!"

Entrei no seminário religioso, mas logo dele escapei. Eu acho que, se nunca tivesse estado num seminário, hoje seria padre. Você poderá perguntar: Por quê? Lá, eu não via nada que desse continuidade à minha vida, ao que eu vinha aprendendo. Um aspecto dessa questão é a religiosidade. Ora, a religiosidade popular é muito presente em nossas vidas. No mês de maio, a gente pegava dois cabos de vassoura para sustentar uma caixinha de sapato com Nossa Senhora e as flores dentro. Saíamos a cantar "Ave, ave, ave Maria... Ave, ave, ave Maria!". Quando migramos para Fortaleza, quem garantiu essa continuidade foi minha mãe. Ele persistentemente dizia: "Vamos continuar!". E chegou a vez de levar Nossa Senhora ao bairro do Carlito Pamplona, o dito lugar que transformara meus primos. Quando mamãe falava "Vamos agora para o Carlito", aí era que eu cantava alto: "Ave, ave, ave Maria... Ave, ave, ave Maria!". Uma revelação: era lá, onde eu também levava vida profana, lugar das tertúlias, com as rodas de anedotas, com a praça onde circulavam as paqueras. Até que, junto com "Ave, Ave", eu digo em cima das palavras da minha mãe: "Vamos pro Carlito!".

Quando nós nos aproximamos desse bairro, lá vinha um colega com uma amiga que havia contado umas anedotas pesadas no dia anterior. Fiquei com vergonha dela e me escondi debaixo do arbusto. Mais na frente, três ou quatro amigas. Eu já não sabia mais o que fazer, o jeito foi passar o cabo de vassoura que sustentava Nossa Senhora para um amigo e me afastar o mais rápido possível. A coisa chegou ao ponto de eu me envergonhar da celebração. Tomei consciência de que eu estava me envergonhando das minhas raízes. Foi quando lembrei da música padre Zezinho que anunciava: "Venho lá do interior, onde a religião ainda é importante, lá se alguém passa em frente da matriz, se benze e pensa em Deus e não sente vergonha de ter fé...".

Quatro anos de seminário: serviram-me para a grande descoberta da minha vida

Depois de quatro anos de seminário, eu já jovem, foi que passei a compreender que o bairro Pirambu trazia ou levava consigo um estigma muito forte. Eu não podia continuar mais morando ali.

Certo dia, vi sair na televisão: "Você quer ser Oficial da Marinha Mercante? Vai ganhar 16 salários mínimos, e é no Rio de Janeiro". Então, eu disse: "É agora que eu saio do Pirambu". Fiz o concurso para a Marinha Mercante e, no mesmo período, fiz também para a Aeronáutica. Esta era a propaganda: "Seja piloto, se você tem menos de 21 anos". Ora, só foi no que deu, fiz e passei nos dois. Porém, antes de tomar uma decisão, fui me consultar com o meu irmão Adalberto, doutor etnopsiquiatra. Sabe qual a resposta dele? – "Qual dos dois? A vida é como uma onda, às vezes, se está em cima e, às vezes, em baixo".

Resolvi seguir a carreira da aeronáutica. Mais adiante fui desligado, por causa do exame de vista, eu estava com 0,25 de deficiência visual.

Voltei para o Ceará. Era chegando e ouvindo a música de Roberto Carlos ".E o show já terminou, vamos voltar à realidade...". Nunca esqueci "E o show já terminou...". Chorei no banheiro. Pensei: "Meu Deus, parecia que eu havia sido impregnado pelo Pirambu!..."

Ia à missa, lá mesmo, no Pirambu. No final, o padre pedia um silêncio e se ouvia esta música: "...se ouvir a voz do vento, passando sem cessar, a decisão é sua... o trigo já se perdeu, cresceu e ninguém colheu". Eu ficava triste, que trigo era esse que crescia e ninguém colhia? Eu continuava com vontade de deixar o Pirambu.

Quando voltei do Rio, pensei qual era a faculdade que iria me fazer limpar o nome, para quando alguém perguntasse "Onde é que você mora?", eu responder outro nome que não fosse o "Pirambu". Ou então: "O que é que você faz?" e eu responder: "Sou da Engenharia Civil".

Pensava que o mais importante lá de casa ia ser o psiquiatra Adalberto: primeiro chegava o médico, depois o engenheiro civil.

Engenheiro sem gostar da faculdade

Fiz essa besteira: dois anos e meio, e as coisas não caminhavam. Eu me esforçava em algumas matérias, mas a coisa não andava, a minha visão era outra, e me questionava: deixo ou não deixo essa faculdade? Deixo a faculdade ou deixo a comunidade? Mas, eu fui seduzido pela comunidade, e fui seduzido na pessoa de minha mãe. Talvez se não fosse ela, eu não teria feito, pois a minha formação foi com ela. É como aquela história de Leonardo Boff: no livro que escreveu conta que certa vez um índio pegou uma carona com um padre. Carro novo e estrada nova, quem é que anda devagar? Quanto mais o padre corria, mais o índio ficava impaciente; num determinado momento, o índio não agüentou mais e pediu ao padre que parasse o carro.

Quando o carro parou, o índio correu para traseira e ficou olhando para a estrada que tinha ficado atrás... Ele começou a pular, se atirar, se agachar. O padre se aproximou dele e perguntou se estava sentindo alguma coisa. O índio disse: "O senhor veio correndo demais, e a minha alma não está acostumada com velocidade, ficou para trás, vamos esperar que ela chegue". Durante uns quinze minutos, o padre ficou observando pelo retrovisor o comportamento do índio. Passado algum tempo, o índio se acalmou e falou: "Agora podemos ir" E o padre perguntou: "Ela já chegou?". O índio, percebendo a ironia do padre, respondeu: "O senhor nunca perdeu a sua alma?". Agora quem pergunta sou eu: quem de nós nunca perdeu o ânimo na vida?

Quando eu conversava com o Adalberto, estava me lembrando exatamente da história do índio: o ânimo eleva, quem de nós na luta para conseguir a sobrevivência, para chegar lá, não atropelou, correndo demais –, esquecendo nossas virtudes, nossas qualidades? Inclusive aqueles valores que eram descobertos por nós, por nossas famílias, nossos vizinhos... Os nossos valores, com o passar dos tempos, me desculpem a expressão, passam a ser frescura, besteira, na opinião de muitos, de muitos que podem nos influenciar. Quem não perdeu as raízes, como eu, os pequenos gestos nos alimentavam, mas a pressa de chegar lá, a mudança de nossos valores, tudo isso pode ficar para trás.

Um belo dia resolvi assumir esse Pirambu. Na minha decisão, estavam as palavras da minha mãe: "Meu filho! Passei a vida me colocando no lugar do outro." Aquilo me encasquetou: eu vou me colocar no lugar do outro, e vou ficar como? Se eu for me colocar no lugar do outro, não será para assumir as responsabilidades dele. Sobre isso me alertava Adalberto. Eu precisava resolver meu problema, era minha luta que estava em jogo. Recorri ao ditado popular como expressão de sabedoria: "Quando não tem tu, vai tu mesmo".

Quem muda o mundo são os jovens

Eu havia deixado a engenharia civil e ingressado na faculdade de direito por ser uma profissão mais adequada ao meu desejo de servir ao Pirambu. Terminado o curso de direito convidei dois amigos, que eram ligados à Igreja, para viverem comigo uma experiência de vida na favela. Queria ser uma presença diferente de outras presenças: quem vai à favela sempre são os políticos, na época de eleição, fazem muitas promessas; quando vencem, esquecem e quando perdem, se vingam. Quem vai para as favelas também são os estudantes, fazem levantamentos socioeconômicos daquela comunidade, choram com determinados entrevistados, mas não vão além das lágrimas. O Pirambu, como sabemos, foi objeto de estudo de mais de 35 mestrados, foi estudado por muita gente, mas nunca houve retorno para saber se o pensamento da comunidade era aquele mesmo. É diferente de quem vai para ficar, e era esse o desafio maior que eu queria viver com os dois amigos.

Quem me animou nessa perspectiva foi frei Leonardo Boff, que conheci, há 24 anos. Nessa época, eu trabalhava na Arquidiocese de Fortaleza. Pensando sobre o que um dia me disse frei Leonardo, ouvi do cardeal Aluísio Lorscheider: "Quero que todos vocês façam o curso de Teologia da Libertação". Parecia que muitos pedaços meus adquiriam um só sentido, uma só expressão, um só corpo.

Caminhando e caminhando. Fiz questão de vivenciar outras experiências que também fundamentassem nossa presença no Pirambu. Conheci a Renovação Carismática, percebi que havia muita espiritualidade e pouca ação; já a Teologia da Libertação tinha muita ação e, às vezes, faltava um pouco de espiritualidade.

Retorna aquela figura que falava muito forte daquilo que eu já estava sentindo na pele, pois agora eu estava inserido de corpo e alma no Pirambu. Depois de **cinco dias de encontro,** eu disse: vou ter com esse homem, vou desafiá-lo: ele fala muito bonito! Nisto, ele se aproximou, me tocou, eu até chorei. Enquanto isso, ele, o Boff, rasgava seu livro quando estava falando daquele assunto.

Depois do encontro, cheguei para ele e perguntei: "padre, eu queria convidar o senhor para conhecer uma favela, o senhor aceita?" Na mesma hora, ele disse: "Amanhã, às 8 horas, estarei pronto para conhecer, até meio-dia você me pega lá na casa do cardeal".

"Mergulhei" aquele homem na favela; vi lágrimas em seus óculos. Ele partilhava sem que eu percebesse, mas eu, muito vivo, notei que ele doava um pouco de dinheiro, aqui e ali.

Depois dessa visita, ficamos amigos. Treze anos depois nos encontramos no Rio de Janeiro, foi quando me revelou uma coisa muito interessante. Ele disse: "Lembra do velho Pirambu, quando lá estive pela primeira vez?" – Lembro, padre! – "Pois, vou lhe revelar um fato. Às vezes, entrava numa casa e ia sair em outra. Nessa visita, cheguei numa casa e uma senhora negra, desdentada, tocada pela bebida, me pegou pelo dedo, me levou para o interior do seu barraco e levantou o vestido; percebi que ela estava sem roupa, então, ela disse: "Moço, na minha vida eu só transei com homem feio e sujo, o senhor. é tão bonito e cheiroso... faça amor comigo!". Frei Leonardo me disse: "Airton, se eu fosse um santo teria feito amor com aquela mulher, para que ela se completasse como ser e como gente, para que no seu ciclo de vida ela fosse amada, mas sou pecador. A minha resposta àquela mulher foi esta: "Não posso, sou padre".

Que lições aprendi nesta caminhada!

Com meus dois colegas passamos a viver nessa favela. As condições eram apertadas: tínhamos três talheres, uma cama de campanha, duas redes, um fogão, um bujão, umas panelas e alguns livros. Fomos experimentar "o que era bom pra tosse!".

Quanto mais me inquietava, inquietava também meus irmãos. Lembro-me da nossa primeira refeição: meio galeto com arroz, um pouco de verdura. Nesse momento alguém dizia: "Vamos fechar a porta para a refeição?" Outro retrucava: "É melhor deixar a porta de cima aberta e a de baixo fechada, porque aquilo que os olhos não vêem a barriga não sente".

Resolvemos, então, deixar a porta de cima aberta e usar "das boas maneiras" para afastar as pessoas. Quando alguém botava a cabeça na porta, um de nós perguntava: "O senhor aceita almoçar conosco?" Era a resposta que sempre ouvíamos: "Obrigado." Quando terminamos a refeição, contamos mais de quinze animais, entre cães e gatos, esperando osso e um pouco de sobra. Então, a reflexão que fizemos foi essa: "Se vocês fecharem os olhos para nós, contaremos com a presença dos animais".

Uma comunidade chamada Pirambu

Eu tive que repensar toda a minha vida dentro dessa comunidade chamada Pirambu. A universidade não me preparou para este universo; a minha família sim, o sofrimento da seca sim, as migrações sim, doutor Adalberto sim, sempre colocando que "a carência gera competência".

Pensando sobre a carência, aquela carência que enlouquece, me dirigia a Deus: meu Deus, um gato louco, eu já vi um gato louco morder muita gente, mas a criança? O que ela é capaz de fazer? Vai estrangular?

No contexto de carência do Pirambu, eu me sentia impotente, tinha dado um pulo no escuro, mas queria compreender aquela realidade da mesma forma como compreendia quando alguém estava com febre: coloca-se um termômetro, após quatro ou cinco minutos, verifica-se se a pessoa está com febre. O termômetro é a convivência comprometida; saber o sofrimento do abandono de um povo somente através da convivência solidária.

Apesar de tudo, éramos felizes

Somos felizes por estarmos vivos, pois sofremos quatro invasões policiais, espancamentos, prisão, 'mão na cabeça, vagabundo!', e começo de tuberculose. Passei momentos difíceis na favela com os demais colegas. O que me tranqüilizava eram as crianças. Cheguei a ter vontade de "correr com a mala", de bater com o pé no chão e dizer: "Se tu queres ser cristão autêntico, vás para a igreja rezar, seja um bom pai de família, consiga um bom emprego, comunga todos os dias, mas não te preocupes com o social que cheira a morte; deixe a miséria para os turistas!... O que, tu, Airton, vieste fazer no Pirambu?"

"Eu não me acostumei, nas terras onde andei..." A gente canta bonito nas igrejas, mas quando a gente vai para a vida prática, a coisa é diferente.

Nessa vida comunitária me aconteceu uma coisa que talvez vocês psicólogos compreendam muito mais. Eu comecei a ter horror a uma criança. Tinha uma criança cujo pai era marginal, fazia roubos e assaltos, e espancava o filho. Eu ficava sem entender aquelas agressões, e sentia também raiva daquela criança, mas não demonstrava. A minha insatisfação com aquela criança era fora de propósito. Um dia, na hora do almoço, o menino chegou e eu perguntei: 'você quer comer, Marcinho?" Ele começou a chorar. Eu lhe falei: "se você não quer comer, não precisa chorar". Peguei Marcinho e botei para fora de casa. Só eu sabia o que fazia para não beliscar aquela criança, depois chegava Marcinho batendo na porta, eu atendia, mas atendia assim: $2 + 2 = 4 - 1 = 3$ e, nas minhas reflexões, isso me batia forte. Outro dia na rede, estava lendo o evangelho, o Marcinho chegou e disse que queria se sentar comigo. Meu Deus! Era um desafio, mas estava lendo o evangelho. Então, botei o Marcinho na rede comigo, e senti o mau cheiro da sua cabeça, aquele cheiro de criança de favela, que não tem o hábito do banho com sabão. Eu querendo botá-lo para fora, mas estava lendo a Palavra; quando ele disse que queria descer, eu respirei e disse Amém!

Cada vez mais isso acontecia comigo, e não dizia para ninguém, mas aí vinha a reflexão: por que queria tratar mal aquela criança? Um dia, ele adentrou nossa casa, com hematoma, seu padrasto havia jogado uma castanhola em sua cabeça. Eu fui falar com o padrasto, como se eu não quisesse fazer isso com ele, como se eu quisesse dizer: "quem era pra fazer isso com ele era eu, e não estou fazendo", e falei com o pai. Depois, em outro momento, e foi aí que 'a ficha caiu', ouvi o choro do Marcinho. Vi quando seu padrasto jogava um objeto nele, ele se protegia, mas atingia o seu corpo. Em seguida, o padrasto foi embora, ele ficou naquele pedaço de rua, abandonado. Através do buraco da fechadura, vi o Marcinho se encolhendo, procurando um canto para se sentar, e fez aquela posição com os braços sobre os joelhos e, para minha interrogação, o aspecto daquela criança chorando no abandono de uma comunidade, de uma sociedade, e eu, com um olhar clínico estava vendo aquela situação e me recusando a abrir a porta. O Marcinho veio até mim e perguntei: "Você quer entrar?" Ele me deu um abraço, fui ao banheiro com ele, perguntei se ele queria tomar um banho, tirei todas as suas roupas, não tinha cueca, as roupinhas imundas e sujas, dei um banho com duas águas, depois desse banho, fui limpando cada parte, as unhas, tudo. Depois, penteei os cabelos, botei um perfume – ele não quis mais vestir as roupas velhas, pediu para ir para casa, mesmo nu – coloquei-o para ir para casa, fechei a porta e me deitei no chão. Coloquei uma música de meditação; após uns vinte minutos, alguém pula a janela, me dá um beijo no rosto, coloca a cabeça em minha barriga. Era o Marcinho, com uma roupinha limpa e nova.

Que lição eu aprendi! Em vez de você ficar fantasiando, é melhor encarar, se aproximar, quando você começa a conhecer, começa a respeitar, começa a amar. Então, muda na família. A gente deixa até de ter raiva. Eu deixei de ter raiva.

Um dia, na terapia comunitária[****], aprendi que eu estava me vendo naquele Marcinho: quando morava na favela, meus amigos diziam: "São Francisco, você foi chamado". Eu respondia, fui não. "A sua profissão é essa". Eu dizia, é não!

Nas nossas tentativas de maior aproximação com as pessoas da comunidade, quando a gente chegava perto de alguém, cada um dizia uma coisa. Algumas pessoas se escondiam da gente, e foi muito duro. Uma vez um vizinho disse: "Rapaz! É muito perigoso ir pra favela, você pode ser confundido com marginais e levar um tiro." Eu respondi: "É! E os outros? Não é perigoso também o Marcinho levar um tiro, a Maria, a Francisquinha, o Luiz, e todas as pessoas que moram nas favelas? Você está me protegendo porque tenho um título de advogado?" A propósito, todos esses títulos nós temos que tirar quando nos aproximamos do povo. Eu dizia para o meu colega: perigoso é você sair na sexta-feira para fazer compras, e chegar o domingo e você ainda estar farreando, esse que é o perigo.

[****] Toda quarta-feira, na Comunidade do Pirambu – em 4 Varas, se realiza a Terapia Comunitária – TC – momento em que as pessoas que sofrem e as pessoas que cuidam se encontram para interagir apoios e solidariedades.

Ano de 2007: ainda hoje moro na favela

Ainda hoje estou na favela. Às vezes, brinco com isso: há um projeto na costa-oeste. Por conta dele estão derrubando as casinhas, então, eu digo para minha esposa: vou ter que começar tudo de novo! Onde é que tem outra favela? Brincando,minha esposa responde: "Tu vai só"!

Nossa avaliação

O que nós fizemos na favela? Primeiro, para cada violência policial que acontecia na comunidade, nós fazíamos manifestação, "botávamos a boca no trombone" e, então, começamos a criar a Comissão de Direitos Humanos. Era o espaço físico onde a comunidade ia colocar os seus problemas.

A violência policial na favela é uma coisa muito séria, vocês não imaginam! Geralmente, a polícia, quando chega à favela, trata todo mundo como marginal, todo mundo é vagabundo, na visão da polícia.

Aprendi a não chamar mais ninguém de marginal, mas de marginalizado, porque, vivendo na favela, fui confundido com marginal. Isto porque ninguém é melhor do que ele; os bons serão melhores do que ele, e os maus serão piores do que ele, e os maus são os pobres, são os favelados.

Foi uma convivência muito dura, se fosse aqui contar tudo o que passei, violência policial com arma na boca, até minha fé ficou abalada. Vou citar um caso bem rápido: recém-chegado na favela, fui convidado para fazer cinco dias de jejum, eu disse: meu Deus, eu já fiz um dia, vou ter que fazer mais cinco?

As pessoas quando trazem felicidade

Conheci o padre Alfredinho, que era da não-violência. O Exército treinou-o para adquirir a capacidade de passar privações; de fato, ele passava cinco dias sem comer, só bebendo água-de-coco. Quando isso acontece, a cabeça da gente fica "desse tamanho". No meu caso, quando terminou o jejum, parece que eu estava me preparando para esse episódio: cheguei a casa, meus dois colegas tinham saído para a faculdade. Abri a banda da porta e me deparei com dois policiais. Eu era um elemento novo na favela, estava no lugar geográfico dos pobres, e quem vai lá nunca vai para viver... Quando vi os policiais, falei: "bom dia senhores, tudo bem? Como é que vamos?" – Pra quê!? Fui olhado com olhar estranho, azedo. Um policial olhou para o outro e disse: "Quem é esse cara?" Eu imaginei: meu Deus, violência policial vai acontecer agora. Mas, eu me preparei com cinco dias de jejum. Nisso, um deles me disse: "Deixe-me entrar." Respondi: "Como, entrar? Esta é a minha residência." E ele: "Eu sou polícia". "Então o senhor. me mostra o mandado judicial, ou algum escrito, que o senhor. entra em meu domicílio". – "Você não é besta não seu... (palavrão). Ordem Judicial em casa de vagabundo?". Levei um tapa, caí, eram dois, um vasculhava a casa para me incriminar, o outro dizia: "Mão na cabeça, vagabundo". Eu respondia: "Não sou vagabundo, sou cidadão". Ele replicava: "Cale a boca!". Eu: "Como é que vou calar a minha boca? O senhor invade a minha casa..." O policial: "Coloque a mão na cabeça". Eu: "Que cabeça? Eu moro aqui, esta é a minha residência."

Eu não obedecia ao policial, esta é a não-violência ativa. Isto lembra o Gandhi.

Quando o policial viu que eu não silenciava, me pediu os documentos. Eu tirei a minha carteira e disse: sou advogado. O policial pegou minha carteira da Ordem dos Advogados do Brasil, olhou e falou, mais truculento ainda: "Tenha vergonha, como é que você diz que é advogado e mora numa *fulerage* dessa, você é traficante!!!". Ele partiu para cima de mim. Pegou-me e jogou-me contra a parede, joelho na boca do estômago... Aquilo que eu estava sentindo era o que a comunidade sentia... Não estou sendo herói comigo não, estou só contando o que acontecia com a comunidade. Só que quando acontece muitas vezes, os "favelados" não revelam, alguns quando sofrem este tipo de violência, vão beber. Conheço um jovem que apanhou de um policial; chegou em casa e meteu a cabeça na parede que ficou com hematoma, por não poder fazer nada. A saída é correr e cada um procurar se defender. Então, quando aquele policial perguntava, depois que me soltou, "me responda por que você mora aqui", eu respondi: "moro em todo território nacional, é um direito que me assiste como cidadão brasileiro morar onde eu quero e entendo de morar."

Eu falava assim, primeiro porque era recém-formado, e recém-formado quer mostrar conhecimento; segundo, porque eu estava na favela, e isso é o mesmo que estar afundando no esgoto. O que me restava era a língua, e você fala três, quatro línguas para ver se você é alguém de valor. Se eu tivesse falando, "nós quer", "nós veve", "tava lá", teria sido reconhecido, mas me lembro que quando falava "eu sou um cidadão brasileiro, é um direito que me assiste...", um deles declarou: "Você é muito é do queixudo, você não pode ser advogado". Aí ele me espancou novamente. Para não sofrer mais agressão, me lembrei de algo que havia deixado para trás, lembram? Falei para ele: "Sou seminarista".

Foi pior, a Igreja está muito distante do povo; eu sempre digo isso. Há quem vá na favela para fazer fotografia de criança sendo batizada, mas não se vê uma pastoral atuante, e quando eu falei aquilo foi pior. Ele disse assim: "Num chiqueiro desses?" Porque um seminário de formação religiosa é um lugar onde você entra com dignidade, como na universidade, você se prepara para um universo mais distante ainda, por isso que eu acho que todo terapeuta deveria misturar o trabalho intelectual com a prática. Retomando: chegou um momento em que não tinha mais como interpelar aquele policial. Então, o outro sacou da arma (eu nunca tinha visto uma arma de perto, arma de fogo) pegou o revólver e colocou em minha boca, aí veio aquela idéia besta, e disse: meu Deus, eu me preparei cinco dias de jejum para a morte.

Foi isso o que me veio à cabeça: em vez de me alegrar, fiquei triste, porque todo mundo quer ir para o céu, mas para isso tem que morrer. Quem é que quer ir para o céu? Eu já estava tranqüilo. Depois fiquei pensando em são Francisco, que chamava a morte de Irmã Morte, e já todo preparado. Na hora do passaporte, comecei a me tremer, porque o policial não dizia nada e, com a arma na minha boca, ele começou a olhar para o lado da casa. Eu entendi que ele ia querer meter a bala e ela ia sair. Para que não houvesse mais transtornos ele me conduziu ao canto da parede. Nessa hora me faltou todo o corpo, toda segurança do corpo foi embora. Eu me tremia e não tinha mais força para ficar em pé, ele me segurava com a sua mão que era muito forte, e disse: "Ou você diz por que mora aqui, ou então estouro seus miolos." Ele abriu o revólver. Senti que a minha vida estava por uma pelezinha de nada. Comecei a chorar e, chorando, olhando para aquele policial, implorei.

O que a gente aprende e que não sabia que ia aprender

Falei ao policial que aquela era a minha opção, que aprendi na vida que Jesus Cristo viveu no meio do povo. Não este Cristo que nos pregavam, porque aprendi na teologia medieval que Deus é onipotente, onipresente e onisciente. Quando cheguei à favela, vi que Deus estava com fome, nu, estava preso e não lhe perguntaram que tipo de delito ele havia cometido. Vi um Deus incapaz, impotente, que precisava de mim e se eu não fizesse ele não faria. Um Deus que precisa dos pés, das mãos, da boca para comer. Não era como os mágicos que, com um simples toque, poderia acabar com a fome no Pirambu. Era o homem que tinha que fazer, e é o homem que também tem que desfazer, daí o valor das terapias comunitárias. Fazer você se sentir capaz, se sentir responsável. Foi duro o que o policial disse: "Você é um louco, deixa a polícia trabalhar". Bateu a mão no colega e me deixou lá, e eu fiquei sem forças para ficar de pé. Perguntavam-me ainda: "Cadê os outros?" Agora, no meu silêncio, quem perguntava era eu: cadê aquelas pessoas que falam bonito, que falam de justiça, de coerência?

O que falta muito em nossas vidas é a coerência. Coerência é quando eu penso bem, falo o que estou pensando, e ajo como falo, como penso. Trata-se de um milagre nós estarmos constantemente nos encontrando na busca e no caminho. Assim as coisas foram acontecendo comigo e, hoje, é uma alegria para mim muito grande, porque, quando coloquei os Direitos Humanos para funcionar, eu aprendi muito. Pedi a uma pessoa para colocar uma mão e quatro varas, e essas quatro varas eram um símbolo muito forte. O nome Quatro Varas tem as suas raízes: Um velho, antes da morte, chamou seus quatro filhos e disse: "Cada um de vocês me traga uma vara". Quando trouxeram, ele juntou as quatro, e deu ao mais velho para quebrar: "Tenta quebrar as quatro varas juntas!". Como nenhum conseguiu, o velho observou: "A herança que deixo para vocês é a união das varas, se vocês ficarem unidos como elas, ninguém quebrará vocês". Houve aplausos e, naquele momento, a comunidade recebia do povo o batismo, nascia o nome Comunidade de Quatro Varas.

Passei a atender pessoas, como advogado. Havia dias em que eu mordia a língua para não chorar. Imagine um cliente contando seu problema e eu chorando; tinha que morder a língua e, às vezes, escrevendo, limpava as lágrimas sem ser percebido, foi muito duro!

Passei a não cobrar nada pelo atendimento à comunidade. Quando trabalhava na Arquidiocese, recebia nove salários mínimos, quando saí de lá, esse dinheiro foi se acabando. Pensei novamente: tenho que ser coerente, como é que posso ter dinheiro enquanto eles não têm nenhum?

Ainda hoje, com a minha esposa, um pouquinho que temos, falo para ela colocar na sua conta, uma que ela conseguiu quando passou na faculdade – alguns bancos dão o direito ao estudante de abrir uma conta. Hoje, um pouquinho que temos, ela deposita na conta. Penso que se não fosse a convivência com aquela comunidade, eu não estaria pensado assim. O que faz, às vezes, a gente ser radical é a vida que vai se moldando no compromisso com os mais fracos.

Sim: havia problema na comunidade que eu não tinha mais domínio; ficava no meu limite. Era um problema psicológico: "doutor estou com 'farnizim' na cabeça". Lembro que um dia chegou uma velhinha com uma bengala e também disse: "Doutor, doutor, estou com peito todo ferido, eu queria que o senhor. desse uma olhada". Eu disse: "Não posso, sou advogado, não sou médico não. Ela insistiu: "O senhor não é doutor?". "Sou advogado, e não médico". Ela de novo: "O senhor pode olhar?".

Aquele peitinho seco, ferido, atrás da roupa... Quanto conto essa história, digo, se fosse um peito bonito, talvez fizesse questão de apreciar, mas o fato é que eu não queria olhar aquela doença.

Outro dia chegou uma senhora, eu perguntei seu nome, a acompanhante disse que ela não falava. Perguntei se ela era muda. A acompanhante esclareceu: "Passou a ser muda de alguns dias para cá". Falei: qual é a sua história?

Ela era casada e tinha dois filhos. Um dia gostou do seu vizinho. Foi embora com ele. A partir daí, os filhos foram criados pelo pai; depois de seis, sete anos, a mulher não se deu com os filhos do marido e voltou para o primeiro. Este não quis aceitá-la. Os filhos também não quiseram aceitá-la. Com isso, ela travou, passou a chorar e parou de falar.

Havia muitos casos desta natureza e muitos e muitos outros: até problemas de epilepsia. Foi quando alguém que trabalhava comigo me alertou para o seguinte: "Teu irmão não é psiquiatra? Por que você não encaminha esses casos para ele?".

Comecei a encaminhar para o Adalberto no Centro de Estudo da Família e na universidade. Mas a demanda foi crescendo. Um dia, Adalberto chamou a atenção: "Não precisa você mandar, eu vou lá na comunidade, lá no Pirambu. Organize a comunidade, junte as pessoas que estão vivendo uma situação-problema, tipo violência familiar, problemas psicológicos, depressão". Assim se fez. Com a continuação, Adalberto passou a levar seus alunos da faculdade de medicina da Universidade Federal do Ceará.

Preparamos um espaço para mais ou menos 22 pessoas. Adalberto chegou com os estudantes. O objetivo era fazê-los compreender aquela realidade. Organizamos uma grande roda. As pessoas se colocavam, se ajudavam. Adalberto ouvia e animava. Ali estava nascendo a primeira Terapia Comunitária. A coisa foi acontecendo e hoje temos o Movimento Integrado de Saúde Comunitária – MISMEC espalhado em mais de 17 Estados do Brasil. Só temos neste momento o que celebrar e, por isso, hoje estamos aqui celebrando.

Ouçam, por favor: eu me lembro que Martin Luter King dizia assim: "O que me chama a atenção não é o grito dos rebeldes, é o silêncio dos bons, é a omissão dos bons." Não se quer um salvador da pátria, mas como naquela história de que uma andorinha só não faz verão, mas levanta vôo, eu faço parte deste ser. Há uma frase que diz "Por causa dos homens, muita gente se aproximou de Deus, por causa dos homens, muita gente se distanciou dele também." Nós somos importantes quando descobrimos o valor que temos, e fazemos com que o outro descubra também o valor que ele tem.

Hoje faço parte de uma ONG chamada EMAUS – Movimento EMAUS – que já tem 53 anos de existência, nasceu na França, está presente também em 42 países. Tem como Missão **servir primeiro aos que mais sofrem e combater as causas da miséria.** O Movimento Emaús recebe objetos usados, coisas que a sociedade rejeita, aquilo que não serve mais. Nós restauramos, fazemos um bazar e com o dinheiro realizamos alguns trabalhos sociais, de direitos humanos, a UTI da solidariedade, e trabalho com crianças, adolescentes, jovens e famílias que sofrem. É assim que nós trabalhamos.

Portanto, eu acho que o dia 7 de setembro é um dia muito comemorativo para nós da Comunidade do Pirambu. Os trabalhos continuam, a vida continua.

Eu quero terminar este momento dizendo uma coisa que me fez muito crescer, repetindo uma palavrinha de minha mãe. Conversando com ela, há quatro, cinco anos – ela está com 83 anos – dizia: "Meu filho, sempre pautei minha vida me colocando no lugar do outro." E contou um exemplo: "Um dia, eu vinha no ônibus, muito cansada; bem na frente, uma senhora com mais idade do que eu, subiu no ônibus. Olhei para a velhinha e pensei: Oh! Meu Deus do Céu, tão bem sentada que estou nesta cadeira, mas esta velhinha está mais cansada do que eu. Meu filho, quando pensei em dar a minha cadeira para esta senhora, um jovem se levanta e disse assim: 'Vozinha, sente aqui!' Ela me olhou e falou: "Aquele jovem pensa que fez o bem só a ela, fez a mim também porque eu ia me levantar".

Obrigado.

3. Construindo uma sociedade mais justa: políticas públicas para a família brasileira: saúde da família na organização dos serviços de saúde

Luiz Odorico Monteiro de Andrade
Universidade Federal do Ceará
Secretário de Saúde do Município de Fortaleza – CE

Bom dia.

É u m prazer muito grande participar desta mesa. Temos aqui, sem dúvida nenhuma, um momento ímpar de reflexão sobre uma agenda extremamen te importante e que o para mim muito especial. Gostaria de pedir permissão a Gabriela para elegê-la como uma pessoa emblemática e que sintetiza, na minha opinião, todo esse debate. A Gabriela foi uma das primeiras médicas do Programa Saúde da Família no Brasil. Ela, que tinha recentemente cruzado o Brasil, estava em Novo Barreiro. Gabrielzinho ainda estava com três anos e, em 94, quando estávamos implantando o Saúde da Família em Quixadá, eu procurando os companheiros e companheiras que participaram comigo no Movimento Estudantil. E aqui, sou extremamente grato a solidariedade que tive do Alcides e da Gabriela. Tivemos naquele momento em Quixadá a participação de mais de uma dúzia de ex-militantes do Movimento Estudantil de Medicina que se deslocaram de seus Estados e cidades para irem construir o SUS em Quixadá. Era uma oportunidade de implantarmos aquilo que tínhamos defendido e sonhado juntos na Universidade.

Implantamos o Programa Saúde da Família em Quixadá, antes do Ministério da Saúde. Nós começamos em janeiro e o Ministério implantou quatro meses depois. Esse foi um momento muito interessante porque o professor Jackson Sampaio já era o nosso coordenador e supervisor de toda área de saúde mental. E nesta mesma época, o professor Roberto Tikanori, lá em Santos, fazia a revolução da reforma psiquiátrica, fazendo a intervenção na Casa de Saúde Anchieta. Era uma referência importante de que a saúde mental no Brasil estava mudando a história.

A Gabriela assumiu o Centro de Saúde no bairro Alto do São Francisco e o Alcides o Centro de Saúde no Campo Novo. A Gabriela acompanhou todo o movimento da saúde mental de Quixadá. Foi um dos primeiros municípios do Nordeste a realizar a internação psiquiátrica do Hospital Geral. Quando estava em Fortaleza fazendo psiquiatria acompanhou, também, todo o trabalho da discussão da reforma em Fortaleza (que só agora está acontecendo) e acompanhou o movimento de Terapia Comunitária, muito fortemente, lá no Bom Jardim. Em janeiro de 2000 foi uma colaboradora essencial na intervenção que fizemos no Hospital Guararapes, e em seguida com o seu fechamento. E, recentemente, coordenou a saúde mental do município de Fortaleza. E agora, no doutorado, está aí se dividindo entre academia e serviços. Então, realmente para mim é uma situação muito privilegiada estar aqui com a Gabriela coordenando esta mesa.

A mim coube fazer uma reflexão sobre a organização dos serviços de Saúde da Família. Eu pensei duas coisas: primeiro, vamos contextualizar esta questão de Saúde da Família, porque o Saúde da Família é, no caso do Brasil, não um novo paradigma, mas que faz uma **TENSÃO PARADIGMÁTICA** com o modelo atual. Nós temos esta pretensão. Não tenho dúvida que a Terapia Comunitária se insere nesta perspectiva.

Portanto, eu penso que esta mesa está muito boa; estou muito feliz, aprendi muito aqui. Na implantação do Programa Saúde da Família (PSF), isto é importante que seja contextualizado, tivemos um debate intenso, principalmente com alguns colegas do Tikanori e alguns setores da academia do Sudeste, que em determinado momento, resistiram ao PSF. Eram várias razões: alguns, por questões ideológicas, achavam que o Saúde da Família estava dentro de um programa de cestas básicas do Banco Mundial. Tinham dificuldade em romper com aquele modelo clássico que se deu em São Paulo, principalmente, depois que se estenderam em alguns estados do Sul e Sudeste, que é o modelo clássico de unidade básica de saúde com clínico, pediatra e ginecologista, as famosas UBS (Unidade Básica de Saúde).

Todos os setores, inclusive da reforma sanitária, eles achavam que tinham que estender esse modelo para o país todo, que esse era o modelo. Então, foi muito interessante porque a reforma sanitária se viu num espelho; os atores da reforma sanitária se viram no espelho. Esse é o nosso grande dilema: nós estamos defendendo um modelo do qual nós não somos usuários. Essa é uma de nossas grandes contradições. Nós defendemos o SUS, mas somos usuários do sistema de saúde suplementar. Então, nós defendemos o SUS, e vem aquele exame de consciência. Então, se eu sou usuário desse sistema tradicional, do médico da Unimed, como é que vou defender esse modelo para os outros? Qualquer coisa que não seja isso, não presta. Então, esse é um debate intenso; era todo mundo em um divã coletivo.

O discurso produzido pela reforma sanitária na década de 1970 era de que nós tínhamos que construir um modelo que rompesse com o paradigma centrado na biomedicina. Por outro lado, os próprios atores da reforma tinham dificuldade de encontrar um modelo assistencial que rompesse com este modelo. O PSF para nós, foi um modelo que passou a produzir esta tensão paradigmática. Além de se fazer a universalidade, a integralidade e a equidade, tínhamos que buscar a construção de um novo modelo.

Quando nós concebemos a idéia do Saúde da Família houve muita discussão, não é um modelo meramente de uma extensão de cobertura. É, na realidade, uma escala que se deu de forma intensa no país. Nós saímos de zero equipe, em 94, para 23 mil equipes, que é o que temos hoje no país. Quer dizer, em 11 anos passamos de zero para 23 mil equipes no país todo. E a meta é chegar a 27 mil até o ano que vem.

Obviamente que isso não se articula nacionalmente desta forma, mas a idéia é que o Saúde da Família possa produzir, por várias razões, uma tensão paradigmática no modelo hegemônico que temos hoje, que esse é modelo da biomedicina, ou seja, faz a atenção no sentido do conceito de saúde, isto é, supera o conceito de saúde como ausência de doença.

O Saúde da Família opera com conceito de saúde com qualidade de vida, isso no cotidiano, criando condições no próprio Programa de atuar isso. É impressionante como trabalhar esse conceito com muitas equipes. Eu presenciei isso com os alunos da faculdade de medicina; muitas vezes uma equipe tem contato no primeiro mês com a realidade do cotidiano das pessoas que estão no Saúde da Família. É necessário trabalhar o luto da equipe no primeiro momento, o choque do contato com o povo. O choque da realidade com a pobreza, com a miséria, é tão violento que os alunos fogem do eixo normal da sua vida.

Isso acontece porque o padrão de vida dos estudantes, o modelo mental, não consegue perceber que a qualidade de vida para eles não está associada ao consumo.

Existe um padrão de consumo na cabeça das pessoas, de que qualidade de vida está ligada a consumo. Consumo, viagem internacional, carro do ano, carro importado, fora isso não há qualidade de vida. O planeta não tem nem energia para isso. Já pensou se a China consumisse o que os americanos consomem? Os americanos são 240 milhões, consomem 40% da energia do planeta. A China tem um bilhão e 300 milhões de habitantes, se consumissem isso, o planeta não tinha energia suficiente. Não tinha petróleo, não tinha mais nada. Então, nós temos que repensar também que qualidade de vida não é consumo.

A questão é que o modelo é centrado na lógica do doente, Saúde da Família tem que pensar no que é saudável; isso tem sido a grande discussão nossa. Tikanori colocou aqui, muito bem, quer dizer, não necessariamente o paciente que está lá no hospital, todo dia, está mais saudável, não está com transtorno. O outro que está todo faceiro pode não estar sentindo nada, mas não tem saúde, aí enfarta naquele momento.

O modelo que nós estamos tentando superar é centrado no indivíduo. Já o Saúde da Família é centrado no coletivo; e não é aquele coletivo da sala de espera, o coletivo que faz uma palestra e acha que está realizando ações coletivas. Não é esse modelo de coletivo; não é o coletivo da sala de consulta. "Doutor, estou fazendo saúde coletiva, todo dia dou palestra para os pacientes do posto de saúde". Isto não é saúde coletiva. Saúde coletiva é você pensar a unidade a partir do coletivo em que ela está inserida, a partir de ações, intervenções, que é um campo vasto. No Brasil, de certa forma, essas expressões de saúde coletiva são muito interessantes, porque praticamente são genuinamente, é nossas, nem em outra língua há. temos saúde pública, saúde social, mas a saúde coletiva é única, é uma construção brasileira que está no português e que não tem tradução. Não se encontra em nenhuma revista a expressão 'saúde coletiva' nem em inglês, espanhol ou em francês. Quer dizer, saúde coletiva é uma construção nossa, isso é muito importante porque é uma influência positiva que o marxismo trouxe para a reforma sanitária brasileira.

Outra superação importante é que já vem, há algum tempo, trabalhando a questão de que o modelo que estamos tentando superar é um modelo centrado na lógica do médico. Superar o modelo do Posto de Assistência Médica (PAM) do ex-INAMPS. É lógico que o PAM do INAMPS materializou esse modelo do biomédico no Brasil, e o Saúde da Família pressupõe uma construção interdisciplinar, que ainda é um grande desafio nosso.

É um trabalho de equipe, que rompe com aquela lógica das casinhas paralelas do hospital universitário, onde se tem a casinha do médico, da enfermeira, do dentista, do assistente social, do nutricionista, e construir um modelo que tem intercessões fortes. Um modelo no qual cada núcleo de conhecimentos, práticas e saberes das categorias dê sua contribuição, mas com um campo comum, interdisciplinar ou transdisciplinar, para ser construído.

A Terapia Comunitária pode ser um espaço fantástico para a divulgação dessa discussão, para a divulgação da cultura de paz, da não violência, ou seja, trabalhar uma perspectiva de uma nova sociedade, de novos mecanismos. Então, estou muito feliz em ver que esse espaço está garantindo essas reflexões.

Muito obrigado e um grande abraço.

SIMPÓSIO E MESAS REDONDAS

Violência um Problema de Quem?

4. A reforma agrária como alternativa à violência

Gennaro Ieno Neto
Universidade Federal da Paraíba
ieno@neoline.com.br

O Brasil foi produzido, como país, como decorrência de uma forte e violenta luta pela terra, desde o início do processo de colonização, entre os colonizadores estrangeiros e os povos indígenas que habitavam a região. Portanto, o Brasil é um país em que a disputa pela terra marca toda sua história, desde o início, e está na origem de toda violência que expressa a organização social que o constitui como nação, seja para manutenção dos privilégios e do poder dos grupos dominantes, seja como decorrência dos mais variados mecanismos de resistência à dominação que amplas parcelas da população desenvolvem. O Brasil foi e tem sido produzido pela desigualdade social, onde a manutenção de condições precárias de vida, para uma grande parte da população, é condição para a manutenção dos mais variados tipos de privilégios de um reduzido grupo social, que detém a propriedade da terra, da riqueza produzida, do conhecimento, da informação e das decisões políticas. Ainda hoje, a alta concentração da propriedade de terras no Brasil, em mãos de um pequeno grupo social, uma das maiores taxas de concentração de terras do mundo, revela e confirma essa situação.

Durante toda a história de dominação, submissão e desqualificação dos setores populares da sociedade brasileira sempre existiram a resistência e a luta de grupos organizados desses setores contra a continuidade dessa história. Essa luta teve início com a resistência indígena, continuou com a luta dos negros contra a escravidão e depois com as lutas de parte da população rural por condições mínimas de sobrevivência e dignidade, isso para ficar apenas no âmbito que nos interessa, que é o mundo rural. Nessas histórias de dominação e resistência as questões da propriedade, posse e uso da terra sempre estiveram presentes, até hoje.

Por outro lado, vale destacar que em todos os países desenvolvidos, onde a desigualdade social é bem menor que no Brasil, não há grandes imóveis rurais que concentram a propriedade da terra em um pequeno grupo, ou seja, nos países desenvolvidos a propriedade da terra foi democratizada.

É nesse contexto que a reforma agrária se apresenta como um processo de democratização de acesso à terra e de acesso às oportunidades de melhoria da qualidade de vida da população rural que se encontra marginalizada dos processos econômico, social, político e cultural do país. A reforma agrária visa transformar as condições históricas de submissão, dependência e desqualificação a que essa população tem sido submetida em condições efetivas e concretas de cidadania, com exercício pleno de direitos e responsabilidades.

No Brasil, a luta pela reforma agrária, nos termos gerais formulados, tem uma história de pelo menos 50 anos. No entanto, foi a partir dos movimentos sociais da segunda metade dos anos 70 que essa luta começou a ter resultados mais significativos, particularmente a partir dos anos 80, com o surgimento e a ampliação do movimento dos trabalhadores rurais sem terra.

É a partir do acompanhamento de como essa história vem se desenvolvendo na Paraíba que tenho participado de um trabalho de assessoria a algumas das comunidades rurais constituídas nas áreas de reforma agrária nesse Estado.

No Brasil, essas comunidades têm sido chamadas de "assentamentos rurais" e têm sido definidas como unidades de produção agrícola, criadas através de políticas governamentais, visando o reordenamento do uso da terra, em benefício de trabalhadores rurais sem terra ou com pouca terra, assim como disponibilizar condições adequadas para a vida, moradia e trabalho no campo, através de vida social própria.

A agricultura produzida nesses assentamentos tem sido chamada de agricultura familiar ou agricultura camponesa, uma vez que a propriedade ou o uso da terra, assim como o trabalho produtivo, estão vinculados à família. A agricultura familiar contém nela mesma uma diversidade de situações e condições de produção, de tal forma que numa mesma comunidade é possível encontrar formas de trabalho familiar bastante diferenciadas entre si.

Essa diversidade de situações permite à agricultura familiar ter características importantes: do ponto de vista econômico, segundo vários estudos já realizados, a agricultura familiar tem uma produtividade, por área plantada, e uma absorção de mão de obra maior do que nos grandes estabelecimentos rurais; as pequenas e médias propriedades rurais são responsáveis, na maior parte, pela produção dos mais variados produtos agrícolas, em particular dos produtos agropecuários da cesta básica da população brasileira. A diversidade de iniciativas produtivas da agricultura familiar e a extensão pequena da propriedade, entre outros aspectos, permitem um manejo mais cuidadoso do meio ambiente. Além disso, o incentivo à agricultura familiar permite um resgate da cultura e do saber camponês, desqualificados pelos mecanismos de submissão e dominação a que essa população foi submetida, produzindo esse resgate a possibilidade dessas pessoas reorientarem o próprio sentido que dão à vida, percebendo-se, então, como sujeitos que podem começar a se responsabilizar por suas escolhas e decisões.

Ao se falar em agricultura familiar se está falando do grupo familiar como um todo (homens e mulheres; pais e filhos; crianças, jovens, adultos e velhos), o que remete a todas as discussões e embates sobre as relações de gênero e gerações que se dão na sociedade como um todo e que na agricultura familiar tem suas singularidades.

A complexidade e heterogeneidade da agricultura familiar se revelam, principalmente, no cotidiano de sua existência, através das relações sociais vividas no âmbito das comunidades locais, onde os fatores que aproximam e diferenciam as pessoas entre si indicam a existência entre eles de avaliações e expectativas distintas sobre os limites e possibilidades da agricultura familiar como forma de organizar a vida produtiva e social, a partir de um pedaço de terra disponível para viver.

No caso dos assentamentos rurais de reforma agrária essa complexidade se acentua por vários fatores. O tema da reforma agrária é em si mesmo objeto de disputas acirradas e violentas na sociedade, por se contrapor a interesses seculares de grupos que sempre controlaram a ação do Estado. Os assentamentos representam, na maior parte do Brasil, pontos de inflexão numa história de vários séculos. Esse fato produz desdobramentos nas relações entre os assentamentos e a sociedade local, assim como na atuação do próprio Estado, através, principalmente das ações do INCRA que tem a responsabilidade de coordenar a implementação de políticas públicas que dêem sustentação ao desenvolvimento dos assentamentos. A reforma agrária é um campo de disputa política entre interesses econômicos e concepções divergentes de vida social e isso se desdobra para as relações dos assentados entre si, no interior de suas comunidades, e deles com os agentes sociais externos com quem interagem.

Além disso, para a grande maioria das famílias assentadas, o início da vida nos assentamentos coloca uma diversidade de novos desafios. É preciso reconstruir a vida a partir de novos parâmetros e novas expectativas, numa situação, de início, de grande instabilidade, até pela morosidade do Estado em implantar as condições físicas mínimas para a reconstrução da vida familiar e comunitária, como a construção de casas e a demarcação e parcelamento da terra. Numa situação nova e de muita instabilidade emergem uma variedade de propostas e projetos distintos de vida social e produtiva, como reflexo de diferentes expectativas sobre como pode vir a ser a vida a partir de então.

Portanto, as redes de relações sociais que constituem os assentamentos englobam atores sociais distintos: famílias assentadas com histórias de vida diferenciadas entre si; funcionários públicos do INCRA e de outros órgãos públicos com perspectivas distintas sobre o trabalho que fazem nos assentamentos; membros de grupos locais que disputam o poder público no município; militantes de movimentos sociais, da Igreja e de ONGs com projetos diferenciados para os assentamentos. É essa complexa rede social entre atores com origens, projetos e perspectivas distintas que constitui os assentamentos como um campo de luta entre possibilidades sociais diferenciadas.

Essas possibilidades simbolizam sentidos distintos sobre o que se espera que seja o desenvolvimento dos assentamentos: reproduzir ou transformar práticas instituídas historicamente.

Frente à complexidade dessa situação, o trabalho do qual participo, como atividade de extensão universitária da UFPB, em parcerias localizadas com o MST (Movimentos dos Trabalhadores Rurais Sem Terra), a CPT (Comissão Pastoral da Terra) da Igreja Católica da Paraíba) e com o INCRA, tem como objetivo acompanhar as famílias assentadas na análise crítica do contexto em que vivem, de tal forma que possam exercitar possibilidades de autonomia em suas decisões relacionadas à vida produtiva e social nos assentamentos e a partir deles.

Esse objetivo é sempre combinado com as pessoas que participam do trabalho, sejam elas oriundas da Universidade, dos movimentos sociais, de ONGs, ou do Estado. A adesão a esse objetivo é condição para que as parcerias se viabilizem em projetos concretos de trabalho.

A tentativa do trabalho é exercitar, com os assentados, possibilidades de autonomia e emancipação diante de práticas que tendem a reproduzir a dependência e a submissão frente ao Estado ou a qualquer outro grupo organizado, inclusive aos próprios movimentos sociais, e que possam vir a cercear o exercício da capacidade criativa, de tomar decisões e de assumir responsabilidades por parte das famílias assentadas, individualmente ou do coletivo delas, no interior de cada assentamento.

As práticas de autonomia e emancipação são consideradas aquelas em que os assentados exercitam a capacidade de análise e decisão própria sobre aspectos da vida produtiva e organizativa dos assentamentos e assumem de forma deliberada e pública a responsabilidade de encaminhar ações concretas de acordo com suas análises e decisões. No entanto, em função da heterogeneidade e diferenças existentes entre os assentados e os agentes sociais externos com quem interagem, pelo campo de luta que a reforma agrária representa na vida social brasileira, o exercício dessa capacidade, na maioria dos casos, não produz consensos, mas confrontos entre análises, propostas, práticas e projetos distintos.

As práticas de autonomia e emancipação, portanto, não escamoteiam as diferenças e os conflitos, mas os colocam como oportunidade de os assentados aprofundarem suas análises sobre o que querem construir nos assentamentos e, frente ao que se apresenta como diferente, assumir publicamente a responsabilidade por suas escolhas e decisões.

Diante da multiplicidade de formulações instáveis, provisórias e divergentes, a heterogeneidade existente nos assentamentos se expressa em práticas, concepções e expectativas que se diferenciam entre si e que disputam possibilidades de se viabilizar. Nesse contexto, as tentativas de se criarem práticas que caminhem na direção da autonomia e emancipação dos assentados não têm condições de serem consideradas experiências consolidadas, por isso são chamadas de **exercícios** de autonomia e emancipação.

O uso da palavra *exercício* pretende indicar que essas práticas são tentativas de se experimentar o confronto político entre propostas divergentes sobre a vida produtiva e organizativa nos assentamentos de forma participativa, democrática e pública como dispositivo de se contrapor às práticas que tendem a reproduzir a submissão e dependência dos assentados frente ao Estado e aos outros agentes externos com quem interagem, quando esses agentes utilizam mecanismos clássicos de controle, manipulação, centralização de informações e decisões. Esses exercícios se consolidam como experimentação de possibilidades distintas de vida produtiva e de organização social de tal forma que os assentados e suas famílias possam exercer a capacidade criativa de proposição, de realização e de avaliação crítica dos resultados obtidos. A experimentação de novas possibilidades de vida produtiva, organizativa e de gestão propostas pelos próprios assentados se sustenta no exercício da capacidade criativa deles em confronto com as práticas e concepções que desqualificam e não acreditam nessa capacidade.

Para que isso se viabilize a fala dos assentados é fundamental, ou seja, o que se procura fazer é criar situações e condições para que os assentados possam falar sobre temas de interesse individual, familiar ou coletivo. Os espaços de fala dos assentados ocorrem tanto nas reuniões gerais do assentamento organizadas pela respectiva associação˙, nas reuniões de pequenos grupos chamados de "grupos de interesse", mas, sobretudo, nos contatos individualizados com as famílias ou com cada assentado que ocorrem em visitas que realizamos em suas casas ou roçados.

Esse trabalho de escuta tem se mostrado importante para o incentivo à participação dos assentados nos espaços mais coletivos em que têm que expressar suas opiniões e tomar decisões. Os assentados ao elaborarem e testarem suas idéias através do contato conosco, pessoas de fora da comunidade, mas com quem vão construindo uma relação de confiança, acabam criando condições pessoais de expressá-las para o coletivo do assentamento. Vencer a dificuldade de se expressar publicamente tem sido avaliado por muitos assentados como uma conquista.

Esse tipo de conquista acontece com homens, mas principalmente com mulheres e jovens. Para pessoas acostumadas a silenciar suas opiniões, idéias, discordâncias, preocupações e expectativas essa conquista não é pouca coisa. Mas, não só do ponto de vista individual. Em várias situações, opiniões expressas por um assentado/a nos contatos individualizados, quando expressas por ele/a nos espaços coletivos ganham adesão de várias outras pessoas e passam a ser consideradas pelo grupo como uma produção coletiva, mesmo que a autoria da idéia seja nomeadamente reconhecida. Fatos como esse acabam incentivando outros assentados/as, pouco acostumados a se expressar nos espaços públicos, a falar.

Evidentemente que ao criar condições para um número maior de pessoas poder se expressar, esse procedimento cria, como conseqüência, as condições para que um número

---

˙ Cada assentamento tem uma associação, cuja diretoria eleita pelos assentados representa formalmente o assentamento junto ao INCRA e a outros órgãos públicos.

maior de discordância e disputas por projetos distintos de vida social e produtiva ocorra, ampliando o campo de disputa no interior dos assentamentos. No entanto, esses conflitos se dão em espaços públicos, com possibilidades de serem racionalmente debatidos, com os assentados exercitando a responsabilidade de emitir e assumir publicamente suas opiniões.

Dessa forma, exercita-se uma possibilidade diferente da costumeira dissimulação, através da qual as discordâncias, não expressas publicamente e não debatidas, corroem as decisões coletivas, através de mecanismos usuais de resistência: silenciar para não se comprometer e de forma subreptícia não aderir às decisões coletivas com que não concorda.

A diversificação de espaços para os contatos individualizados ou coletivos com os assentados permite verificar que cada um dos lugares escolhidos não é neutro, pois cada um deles está marcado por formas de convivência onde determinadas relações de poder se exercitam. Assim, a escola, a capela, a casa de farinha, o lugar coletivo das mulheres lavarem roupa, o campo de futebol, a sala da casa, a cozinha são lugares onde relações de poder usuais se expressam, configurando, em cada um deles, quem fala o que.

Dessa forma, o trabalho tenta se viabilizar numa multiplicidade de espaços, de forma a garantir contatos com as mais diversas situações, onde as pessoas que falam e os assuntos conversados são também diversos, conforme cada um desses espaços.

Esse tipo de prática contribui para que se tenha atenção para detalhes da vida cotidiana dos assentados. Estar atentos a detalhes permite também valorizar falas pontuais, iniciativas isoladas e tímidas na área da produção e da organização.

Muitas vezes, o que é considerado detalhe sem importância diz respeito ao que não é hegemônico em um determinado grupo ou comunidade. Ignorar esses detalhes pode estar contribuindo para a manutenção dessa hegemonia, ao contribuir para o silêncio daquilo que é tido como detalhe, porque, dessa forma, é desqualificado ao se contrapor à manutenção de uma determinada relação de poder. Ignorar os detalhes pode contribuir para a ausência da análise e do pensamento crítico.

Nesse sentido, os objetivos de exercitar com os assentados possibilidades de autonomia em suas decisões sobre como organizar a vida produtiva e social esbarra na forma como muitas associações dos assentamentos administram os recursos físicos e financeiros destinados ao uso coletivo da comunidade.

A resistência que algumas diretorias de associações desenvolvem a respeito da prestação pública de suas contas e do uso que fazem dos recursos financeiros que administram reflete o tipo de concepção que a estrutura organizativa de todas elas induz. A organização das associações, segundo uma estrutura hierarquizada de cargos e funções, reforça a concepção presidencialista, centralizadora de informações e decisões.

Esse tipo de organização é exigido pelo Estado como forma de legalizar o acesso dos assentados às políticas públicas da reforma agrária e como mecanismo de facilitar a relação dos órgãos públicos com os assentamentos. Como as diretorias dessas associações são eleitas pelos assentados, prevalece a concepção de que, por esse fato, elas são representações legítimas deles.

No entanto, o que a prática constata é que essas diretorias, pela heterogeneidade existente nos assentamentos, representam sempre uma parcela das expectativas e visões sobre a vida nos assentamentos existentes entre os assentados. O problema é que a forma hierarquizada de organização das associações se sustenta na idéia de que quem é eleito está legitimado para decidir pelos demais, conforme suas convicções e da avaliação unilateral que faz do que seria o interesse coletivo em cada situação. Essa idéia justifica uma administração centralizada e personalizada na figura do presidente da associação. Ela reproduz o senso comum, construído historicamente, sobre a chamada "democracia representativa", que induz à acomodação dos representados quando estes colocam a responsabilidade do que consideram acerto e erro exclusivamente, no caso dos assentamentos, no presidente da associação e em "sua" diretoria.

Além disso, as associações como mecanismo formal de representação dos assentamentos, em alguns casos, excluem parcelas importantes das comunidades, como as mulheres e os jovens que não são "chefes de família" das decisões mais importantes, seja por estarem excluídos formalmente pelos estatutos da associação, seja pelo fato de se considerarem desnecessárias suas participações, uma vez que estavam representados por seus respectivos maridos ou pais.

Para as práticas que pretendem contribuir para uma participação responsável do conjunto dos assentados no planejamento, implementação e avaliação de um processo de desenvolvimento dos assentamentos, as associações, pela forma hierarquizada de organização e a conseqüente centralização de decisões, se tornam, no mínimo, inadequadas a essa pretensão.

Como uma tentativa de ultrapassar os limites que as associações representam para o exercício de participação democrática dos assentados na implementação de alternativas de organização da vida produtiva e social é que se incentiva e apóia a criação de "grupos de interesse" nos assentamentos.

Esses grupos possibilitam que as propostas não hegemônicas no assentamento, principalmente sobre o que e como produzir, possam se viabilizar como experimentações a serem avaliadas em seus resultados e que permitem a participação direta dos interessados, os quais passam a assumir a responsabilidade pela avaliação desses resultados frente ao conjunto do assentamento.

Dessa forma, as divergências entre os assentados passam a ter possibilidades de fluir: em vez de criarem conflitos que paralisam a capacidade de iniciativa dos assentados, passam a ter possibilidades de se expressar como experimentação a ser avaliada. No lugar das frustrações e ressentimentos dos que têm suas propostas e expectativas não aceitas ou boicotadas pelas diretorias das associações ou que não ganham adesão da maioria dos assentados, os grupos de interesse procuram produzir condições de viabilização dessas propostas, criando para seus participantes o sentimento de responsabilidade por assumir publicamente suas iniciativas e colocá-las em funcionamento.

Os grupos de interesse desenvolvem atividades tanto em relação a introdução de novas culturas, criação de animais, atividades de agregar valor à produção agropecuária, formas de organizar a produção e comercialização, como relacionadas a formas de organização social das moradias, de lazer e esporte, na educação e saúde, etc.. Possibilitam também expandir a interlocução com entidades públicas e privadas para busca de apoio técnico e financiamento para as mais variadas atividades.

Os grupos de interesses possibilitam mecanismos concretos de envolvimento e participação de mulheres e jovens em muitas de suas iniciativas. Ou seja, possibilitam mecanismos concretos de participação direta e assumida publicamente da grande maioria dos assentados no debate, planejamento, implantação e avaliação de iniciativas produtivas e de organização da vida social nos assentamentos.

Mais do que isso, possibilitam que a heterogeneidade dos assentamentos e as divergências entre os assentados criem um campo amplo e diversificado de experimentação produtiva. Transformam conflitos e disputas políticas pela hegemonia de projetos particulares em experimentações que têm os seus significados analisados e avaliados a partir de seus resultados práticos.

Os grupos de interesse, onde se organizam, pela participação direta de seus membros, possibilitam o exercício da capacidade criativa dos assentados, portanto, o exercício concreto de autonomia e de emancipação. Eles permitem a experimentação de práticas distintas e diferenciadas entre si sobre vários aspectos da vida produtiva e social dos assentados, tais como: tipo de lavoura a ser plantada ou que tipo de criação produzir; tipo de tecnologia a ser adotada; formas de organização do trabalho produtivo, particularmente a relação entre trabalho individual e trabalho coletivo; formas de pagar as dívidas bancárias contraídas através das políticas públicas destinadas aos assentamentos; mecanismos de comercialização, particularmente como lidar com os atravessadores; construção das moradias na forma de agrovilas ou nas parcelas de terra de cada família; formas de gestão dos recursos coletivos do assentamento.

As experimentações de práticas diferenciadas entre os assentados são definidas, principalmente, tanto pela avaliação que fazem sobre o que já têm vivido no passado, pelo sentido que esboçam sobre a condição de assentado e que orienta suas expectativas sobre o futuro, assim como pela avaliação que fazem sobre o contexto vivenciado no presente.

A produção de espaços democráticos de expressão e debate das mais variadas concepções e expectativas é condição necessária para que os campos de disputa que emergem de processos de mudança do que está dado historicamente possa transformar a tensão dos conflitos em energia produtora de experimentação e avaliação de alternativas. Os espaços democráticos são *condição necessária* para que os enfrentamentos possam fluir, seja no âmbito interno dos grupos e comunidades que se dispõem a serem sujeitos sociais desses processos, seja nas relações que estabelecem com os demais grupos e instituições com quem interagem.

Qualquer tipo de impedimento, limite ou desleixo com a construção desses espaços democráticos contribui para a reprodução da dependência, submissão e desqualificação desses atores, ou seja, contribui para o que estava instituído historicamente continue se reproduzindo. Neste caso, os pontos de inflexão que esses exercícios emancipatórios poderiam produzir nessa história se esgotam como possibilidade não realizada.

Por terem que enfrentar os mais variados tipos de desafios e de dificuldades que lhes são impostos pelo Estado e pelos grupos contrários à reforma agrária, pela história de dominação e violência a que sempre estiveram submetidos, prevalecem entre muitos assentados os sentimentos de insegurança e de provisoriedade em relação ao que já conquistaram e ao que podem vir a conquistar.

Nessas condições as pessoas se sentem fragilizadas e a sensibilidade delas fica à flor da pele, à flor da terra. Lidar com essa situação exige a delicadeza de quem trabalha com uma promissora, mas ainda tenra planta que começava a brotar. Qualquer golpe mais rude pode abortar a possibilidade de uma nova vida.

Em oposição aos desrespeitos e às humilhações que essas pessoas enfrentam durante toda a vida e continuam enfrentando como trabalhadores sem terra, "pequenos" agricultores, camponeses, é que se coloca o respeito as suas formulações como condição primeira para que se possa, a partir disso, colocá-las em discussão.

A garantia desse respeito é a condição para que os assentados se disponham a se expor, a dizer suas opiniões e formular propostas. Na condição de fragilidade em que se encontram, para muitos deles, qualquer sinal de desrespeito é suficiente para o silêncio.

Para uma cultura como a camponesa, em contextos que a desqualificam, vale lembrar que o sentido original da palavra cultura significa cuidar, zelar para o crescimento, ou seja, cultivar.

Afinal, os assentados, ou a maioria deles, sonham em tornar à terra em que moram, trabalham e vivem em terra fecunda. Fecundidade é dar a vida. Conforme Larrosa (2004): "*Não é a fecundidade uma modalidade do 'dar'? Fecundidade: dar a vida, dar o tempo, dar a palavra*".

Para que os assentamentos se tornem fecundos é preciso que seja dada a palavra aos próprios assentados. Dar a palavra é exercitar a possibilidade para que *"uma palavra seja capaz de outra palavra que não a sua"*, que um tipo de vida seja capaz de gerar outra vida, que um tempo seja capaz de outro tempo.

A fecundidade se desdobra como possibilidade do exercício de dar a vida, de dar a palavra, de dar autonomia. A fecundidade da autonomia é a emancipação frente à submissão e à dependência.

No caso dos assentamentos de reforma agrária no Brasil, para as famílias que os constituem, buscar a autonomia e a emancipação é buscar tornar a terra fecunda como fonte de vida. De uma vida que ainda não se viveu, ou se viveu de forma precária, de gerar novos destinos, novas aventuras, ou seja, de gerar novas possibilidades e riscos, de dar novos sentidos à vida.

5. A produção da violência e a ética da responsabilidade

Maria de Lourdes Trassi Teixeira
Faculdade de Psicologia da PUC-SP
lurdinhatrassi@uol.com.br

A inclusão do tema **violência** em um encontro de Terapia Comunitária sinaliza algo incômodo.

O fenômeno da violência está presente nas relações mais íntimas e de convivência de cada um dos cidadãos: na **família**, mitificada como instituição protetora de seus membros, "antigo refúgio de um mundo sem compaixão"; e, na **comunidade** que se caracteriza pela proximidade e pelos laços de solidariedade entre seus membros, os projetos comuns. Ambas – família e comunidade – são lugares privilegiados de pertencimento do indivíduo onde sua identidade se constitui, é reconhecida (não é anônimo!) e exercita no cotidiano – onde se constrói a história – os direitos e responsabilidades de sua cidadania.

Refletir sobre este tema implica buscar desvendar aquilo que mais angustia o ser humano: "a possibilidade constante de dissociação do *socius*", segundo Eugène Enriquez. Propõe-nos pensar sobre um tempo que está chegando em que "já é um luxo não temer os demais seres humanos", implica refletir sobre o "medo social" que torna a todos vulneráveis e, nos leva a exigir aquilo que a família, a comunidade e o estado têm fracassado em assegurar: a proteção social.

A abordagem do tema tem dois pressupostos: "não há neutralidade possível frente a violência" e "a vocação da psicologia é estar ali onde a dignidade humana está ameaçada, onde não há a palavra".

Estes pressupostos têm orientado meu percurso profissional quanto à compreensão do fenômeno e a prática junto a uma das expressões da violência: o adolescente como autor e vítima no cenário da violência.

Estas considerações iniciais pretendem esclarecer 'o lugar de onde falo', a origem e, também o viés, das questões-perplexidade que trago aqui para partilhar com vocês na perspectiva da co-responsabilidade. Pensar junto é uma possibilidade de afirmarmos nossa potência, de construirmos pequenas utopias.

Há um mal-estar nas relações entre os homens que acompanha a história da humanidade e se atualiza, intensifica em determinados momentos históricos como o atual.

O sintoma mais visível deste mal-estar é a **violência**, que atravessa a relação do homem com o mundo, com os outros homens e com ele mesmo, segundo Jurandir Freire Costa. A violência é uma produção humana por mais terrorífica e ininteligível que seja sua expressão; e, tem sempre uma dupla face: revela, simultaneamente, algo que ocorre no indivíduo e no social, na cultura.

A violência é um fenômeno multifacetado, tem múltiplas expressões: a guerra, o preconceito, a devastação das florestas, a contaminação das águas, a tortura, a corrupção, a prostituição de crianças e adolescentes, o trabalho infantil, a violência doméstica, a criminalidade e o crime são só sua face mais descarada e barulhenta; não podemos reduzi-la a ele, embora setores dos meios de comunicação de massa e da sociedade insistam nesta dramatização da criminalidade, que termina por criar e alimentar a existência de personagens sociais que são culpabilizados pelos crescentes índices de criminalidade; ou seja, produzem a criminalização dos pobres, negros, adolescentes, como estratégia de desvio da atenção da opinião pública de outras graves questões e expressões da violência que afetam a vida do cidadão.

A violência, com 'V' maiúsculo, aglutina fatos sociais díspares e a coloca como problema insolúvel, para além da capacidade humana de enfrentá-la, aumenta nosso sentimento de impotência; e, para readquirirmos nossa potência – do pensamento, da ação – é necessário nos aproximarmos de cada uma de suas expressões: a violência com "v" minúsculo, parte que colocamos em relevo e irá revelar o todo e a si mesma, na sua especificidade. Estes são os ensinamentos de Jurandir Freire Costa no seu texto sobre o medo social.

A violência, hoje, enraizou-se nas instituições sociais, mesmo naquelas consideradas de proteção – a família, a escola – e naquela a quem a sociedade atribuía função de legislar e arbitrar os conflitos entre os cidadãos, o Estado. Portanto, tem se tornado ingrediente permanente da cultura: cria um ambiente de sociabilidade, vai se tornando invisível para os que ali nascem, crescem e se desenvolvem.

Neste clima cultural, a violência é mostrada como um espetáculo que seduz e horroriza – os mísseis brilhantes que cruzam o céu na madrugada escura da guerra, em tempo real, como se fosse um novo *game*; o *link* da internet que diz "veja, amplie as fotos dos mortos do furacão Katrina"; a tortura científica nas gaiolas de Guantanamo ou nas unidades de internação de adolescentes da Febem-SP; o crime organizado que coopta adolescentes cada vez mais jovens para suas organizações, os vôos fretados que chegam de outros lugares do mundo para o turismo sexual com nossas crianças e adolescentes. É um tempo de indiferença e alheamento com o sofrimento do outro – mais do que crueldade porque retira do outro o seu estatuto moral, sua humanidade – que Hanna Arendt chama de banalidade do mal. É neste ambiente cultural onde vivemos, somos trabalhadores da saúde.

Além de multifacetada, a violência é um fenômeno multideterminado e as imbricações dos múltiplos fatores são cada vez mais complexas nestes tempos de novas fronteiras entre países e povos, de trânsito planetário, de grande desigualdade social, de exercício desigual dos direitos de cidadania, de desilusão com a promessa do século XX que a ciência iria auxiliar a humanidade a viver melhor, de velocidade das transformações tecnológicas que invadem a intimidade, de transformações radicais na família, de ruptura das novas gerações com os valores da tradição, de novos padrões de relação amorosa, de novas sociabilidades que vão produzindo novas subjetividades: um desconhecido modo de ser e existir – um outro modo de ser criança, adolescente, adulto.

Portanto, a abordagem reducionista que busca a compreensão da violência por uma única ótica, área de conhecimento não dá conta desta finalidade; ou seja, não é possível a abordagem exclusivamente econômica (pela pobreza), cultural (o consumismo, as profundas mudanças nas relações de gênero e geração na família) ou psicológica (a pulsão destrutiva). Há uma exigência de compreensão transdisciplinar – um esforço intelectual solidário a partir de uma crítica radical à sociedade do individualismo e uma valorização radical do ser humano como razão última de todo ato social.

A compreensão da violência neste início de século, de milênio, implica, para muitos analistas, considerar as guerras do século XX e as novas guerras do século XXI porque elas mudam o mundo. Freud, entre a 1ª e a 2ª guerras do século XX, dizia, em resposta a Einstein, que a guerra libera o potencial destrutivo de cada ser humano. Eric Hobsbawm, o historiador inglês, afirma em 1995: "tanto a totalidade dos esforços de guerra quanto a determinação de ambos os lados de travá-la sem limites e a qualquer custo deixaram sua marca. Sem isso, é difícil explicar a crescente brutalidade e desumanização das condutas dos homens do século XX". As guerras autorizam a liberação da crueldade no cotidiano dos cidadãos. O monopólio da violência já não é só do Estado.

Além da guerra, outros aspectos estão imbricados na produção do fenômeno da violência:

- a **desigualdade social** (e não a pobreza) naquilo que produz de um destino construído, *a priori*, para os cidadãos em função da origem social. Eric Hobsbawm, em seu estudo sobre o século XX, cita nosso país como campeão da desigualdade e afirma que mais cruel do que as diferenças entre países ricos e pobres é a diferença entre pessoas de um mesmo país, em que uma parcela significativa da população tem seus horizontes definidos, não pode construir o seu futuro. No caso dos adolescentes e jovens, eles não se conformam com isto, não se conformam em ver passar diante dos olhos aquilo que está distante de suas posses.
- a **sociedade do narcisismo**: em uma sociedade permissiva – onde predomina o eu, a vontade e o desejo pessoal – todos, mas particularmente a criança e o adolescente aprendem a ver toda autoridade, toda tradição, **toda renúncia à satisfação imediata dos desejos** como sinal de autoritarismo e repressão. A isto corresponde um consumidor voraz, sempre insatisfeito e com a ilusão de que a 'felicidade', o bem-estar podem ser consumidos na tela da tevê, nas prateleiras da internet, na vitrine do *shopping*. Hipnotizados pelo consumo, só se deixam tocar, mobilizar por aquilo que reverte imediatamente em bem-estar físico, mental, sexual.

Ter para ser; contudo o ter é fugaz (após a posse, o interesse cessa) e, portanto, o ser é provisório. É necessário se transmutar o tempo todo.

Na sociedade narcísica, os interesses pessoais prevalecem sobre os coletivos. Norbert Elias escreveu, em *A sociedade dos indivíduos*, que a marca da sociedade moderna é a apresentação de seus membros como indivíduos solitários que enfrentam os desafios e dificuldades sem o suporte do coletivo: "os medos, ansiedades e angústias contemporâneos são feitos para serem sofridos em solidão. Não se somam, não se acumulam numa 'causa comum'... há uma fragilidade dos laços humanos que se caracterizam como transitórios e este é um preço a ser pago pelo direito de os indivíduos perseguirem seus objetivos individuais". Z. Bauman também em sua obra aborda a fragilidade dos laços humanos na modernidade líquida. E, com isto se esgarça o sentido da "cidadania", pois o cidadão é uma pessoa que busca seu próprio bem estar através do bem estar da cidade-comunidade. O autor afirma que, atualmente, as pessoas são céticas em relação ao "bem comum", à "sociedade justa" e é neste ambiente cultural que convivemos e socializamos, formamos as novas e futuras gerações.

É necessário, também, considerar o mais importante e enigmático fenômeno do final do século XX, segundo Eric Hobsbawm: a ruptura dos valores das novas gerações com os valores das gerações anteriores, a ruptura com os valores da tradição e com as lições da história. Neste contexto de descontinuidade com o passado, o adolescente e o jovem vivem um presente contínuo ("um tempo fora do tempo, fora da história, fora da memória"); o desenraizamento proposto para os homens "globais" com suas identidades transnacionais. A origem desta revolução moral, cujos efeitos não sabemos ainda, está em uma das mais belas revoluções do século XX, a revolução da juventude (década de 1960). Ao mesmo tempo, circula no mundo, hoje, um binômio que associa juventude e violência, considerada a nova "classe perigosa".

Para decifrar esses novos modos de ser e existir é necessário compreender os efeitos de outra revolução social do século XX, a do papel da mulher que adquiriu direitos civis, políticos e produziu (ainda produz!) efeitos significativos na estrutura, organização e dinâmica familiar, onde a mulher tem um papel central. Nesta redefinição do espaço da intimidade familiar para caber as transformações sociais da relação entre gêneros, a independência de todos os seus membros – e, também as inovações tecnológicas - produziu-se uma alteração significativa nas funções parentais (cuidado, apoio e proteção) e no intercâmbio entre gerações. Em algumas famílias é possível observar uma linha tênue entre gerações, ou seja, cada vez mais se confundem os limites entre o vestuário adulto e o vestuário adolescente e infantil; não há diferenças na alimentação, na música, nos hábitos de lazer num processo de adultização da infância e infantilização ou adolescentização do adulto. Contardo Calligaris chama de adultescência.

Este fenômeno atravessa todas as classes sociais e seus sintomas mais evidentes são: o crescente número de famílias chefiadas por mulheres, a erotização da infância, a excessiva autonomia dos adolescentes/jovens; a perda de controle dos adultos sobre as novas gerações (o medo que os pais têm da frustração e da raiva dos filhos); e, ao mesmo tempo, o mundo adolescente torna-se um ícone na referência do consumo (alimentação, vestuário, música) e dos padrões de comportamento para as gerações mais velhas, inclusive do comportamento sexual.

Jurandir Freire Costa, psicanalista brasileiro, afirma que a família – "refúgio de um mundo sem compaixão" – onde a tradição e a autoridade impunham-se por si mesmas, está delegando, se expropriando aos poucos e definitivamente de sua competência de educar (formar) os filhos para outras agências socializadoras. Por exemplo, a escola e, ao mesmo tempo, nem sempre a escola-prestadora de serviços assume isto; e, neste jogo de desresponsabilização a criança, o adolescente ficam "à própria sorte". Ou a família delega este direito-obrigação para outras agências de prestação de serviços, nas quais se destacam os técnicos em relações humanas e saúde mental.

A história nos trouxe até aqui. Vivemos um tempo em que não temos o mapa do futuro e o que pode nos guiar nas mais diferentes enigmáticas situações são as nossas convicções, a **ética**.

"O que interessa à ética, o que constitui sua especialidade, é como viver bem a vida humana, a vida que transcorre entre humanos" diz Fernando Savater.

Para esse autor, a "ética não é mais do que a tentativa racional de averiguar como viver melhor... (e) se vale a pena interessar-se pela ética é porque gostamos de uma vida boa... uma vida boa humana". Os adultos responsáveis – cuidadores, formadores – por crianças e adolescentes, nestes tempos difíceis, podem, devem ajudar a forjar utopias de uma vida melhor que vá além do tempo presente, para si e para as novas gerações.

Contardo Calligaris, em um artigo do jornal *Folha de S. Paulo*, usou a expressão "utopia da rã" para nomear as utopias que se busca realizar no tempo da própria vida. Um horizonte curto. Ele insiste que é necessário superar a "utopia da rã", ou seja, desejar para além daquilo que olhamos do rés do chão, numa perspectiva de futuro que vá além do tempo da biografia pessoal.

Helio Pellegrino, psicanalista e militante dos direitos humanos, escreveu um artigo[19] sobre a criminalidade brasileira, em 1984, onde dizia do esgarçamento dos valores agregadores da coletividade: a dignidade, a justiça e a solidariedade. Dentre estes valores éticos, Edgar Morin destaca a solidariedade porque diz dos vínculos nas relações mais íntimas e mais anônimas. Nesta ética, o outro é condição da minha humanidade. O outro para o outro sou eu.

Nesta proposição de uma **ética da solidariedade**, Morin constata que os cidadãos estão cada vez mais distantes entre si e, ao mesmo tempo, a nova realidade mundial – a nova geografia do mundo em que as fronteiras entre países, povos e o trânsito se alteram inclusive pela comunicação planetária – implica reorganizações identitárias e um reconhecimento de si como cidadão do mundo.

Esta proposição implica pensar utopias, **pequenas utopias reveladoras de uma sensibilidade política e não só de uma sensibilidade terapêutica**, onde os interesses pessoais se coadunam com os interesses coletivos. Isto implica um esforço coletivo em escavar convicções capazes de ancorar nossa resistência ao intolerável e criar outros futuros possíveis, onde as forças construtivas, eróticas – produção humana – prevaleçam sobre as forças destrutivas, tanáticas – produção humana.

Como comentário final sobre o tema vale a pena citar, de novo, Jurandir F. Costa: "Sem uma discussão dos valores ou do quadro institucional que nos constitui enquanto sujeitos sociais, inclusive e especialmente em nossa vida privada, dificilmente conseguiremos nos retirar da inércia auto e heterodestrutiva. Sem um esforço para conceber novas formas de relações afetivas, sexuais, amorosas; novos estilos de convivência e sociabilidade; novas atitudes diante do progresso científico-tecnológico; novas posturas diante da transmissão do saber e da tradição cultural democrático-humanista que é a nossa, dificilmente poderemos produzir o encantamento necessário à paixão transformadora capaz de restituir à figura do próximo sua dignidade moral..."

Referências bibliográficas

COSTA, J. F., A ética democrática e seus inimigos – o lado privado da violência pública. Em: *Ética*, Frei Beto e outros, Rio de Janeiro, Garamond, 1997.

ENRIQUEZ, E., *Da Horda ao Estado – psicanálise do vínculo social.* Rio de Janeiro, Jorge Zahar editor, 1990

SOARES, J. C., Mal-estar na modernidade tardia globalizada. Em: *Revista Ciências Humanas,* vol. 21, n. 2, Rio de Janeiro, Editora Central da Universidade Gama Filho, 1977.

COSTA, J. F., O medo social. Em: vários autores, *Reflexões para o futuro.* São Paulo, Abril,1993

JAPIASSÚ, H. *A psicologia dos psicólogos.* Rio de Janeiro, Graal, 1986

COSTA, J. F. *Violência e Psicanálise,* Rio de Janeiro

COSTA, J. F. *O medo social*

FIGUEIREDO, L. C. Adolescência e violência: considerações sobre o caso brasileiro. Em: Leviski, David, *Adolescência – pelos caminhos da violência. São Paulo, Casa do Psicólogo, 1998.*

FREUD, S. El porque de la guerra, in Freud, S. *Obras Completa,* 4ª. edição, tomo III, Espanha, Biblioteca Nueva.

HOBSBAWM, E. J. *Era dos extremos – o breve século XX,* São Paulo, Companhia das Letras, 1995.

JURANDIR, F. C. *A ética democrática e seus inimigos-o lado privado da violência pública.*

ELIA, N, *A sociedade dos indivíduos*

BAUMAN, Z. *O amor líquido – sobre a fragilidade dos laços humanos, Rio de Janeiro, Zahar, 2004*

HOBSBAWM, E. *A era dos extremos – o breve século XXX*

POSTMAN, N. *O desaparecimento da infância.* Rio de Janeiro, Graphia, 1999

SAVATER, F, *Ética para o meu filho*, São Paulo, Martins Fontes, 2002

PELLEGRINO, H. Psicanálise da Criminalidade B*rasileira.* Em Pinheiro, Paulo Sérgio e outros. *Democracia e Violência*, Rio de Janeiro, Paz e Terra, 1989.

MORIN, E. *Os sete saberes necessários à educação do futuro,* São Paulo, Cortez editora, 2002,

C, J. F., A ética democrática e seus inimigos – o lado privado da violência pública. Em Frei Beto e outros, *Ética,* Rio de Janeiro, Garamond, 1997.

6. Em busca de uma rede comunitária para a prevenção da violência na família

Carlos Eduardo Zuma
Instituto Noos
carloszuma@noos.org.br

Represento uma organização da sociedade civil, o Instituto Noos, que desde 1999, no Rio de Janeiro, procura desenvolver e articular diferentes práticas sociais que possam prevenir a violência que ocorre no âmbito das relações familiares.

Entendemos, hoje, que para alcançarmos este objetivo é necessário e imprescindível contar com a participação da sociedade como um todo e com a mobilização de comunidades locais.

A sensibilização de uma comunidade sobre esta problemática, sua participação ativa nas ações de prevenção e a articulação dos serviços que são disponibilizados por organizações governamentais e da sociedade civil são os temas que gostaria de trazer à discussão neste espaço, no intuito de refletir sobre como os trabalhadores do campo social podem atuar para a prevenção da violência que ocorre no âmbito das relações familiares.

Antecedentes

Antes de prosseguir, considero necessário explicitar qual a definição de violência na família que adotamos, como vemos este fenômeno e o que estamos entendendo por prevenção.

Em 2002, a Organização Mundial de Saúde lançou um relatório intitulado "Relatório Mundial sobre Violência e Saúde" – um compêndio que reúne o resultado de uma vasta pesquisa bibliográfica abrangendo diferentes posições teóricas e ampla gama de práticas adotadas por uma diversidade de países e culturas para lidar com o fenômeno da violência em suas diferentes manifestações.

Neste relatório[1] a violência é definida como "o uso intencional da força física ou do poder, real ou em ameaça, contra si próprio, contra outra pessoa, ou contra um grupo ou uma comunidade, que resulte ou tenha grande possibilidade de resultar em lesão, morte, dano psicológico, deficiência de desenvolvimento ou privação". A partir desta definição, o relatório propõe uma tipologia da violência com três grandes categorias: a violência auto-infligida, a violência interpessoal e a violência coletiva. Cada uma delas contendo subtipos. A violência que ocorre nas relações familiares é um subtipo da violência interpessoal e, por sua vez, é dividida em violência entre parceiros íntimos, violência contra a criança e o adolescente e violência contra o idoso. A violência pode ser de natureza física, psicológica, sexual ou envolver privação ou negligência.

A principal motivação para a confecção do relatório foi a constatação que as situações de violência traziam muitas e pesadas conseqüências para o sistema de saúde. A ponto de a 49ª. Assembléia Mundial de Saúde, em 1996, ter declarado a violência como um dos principais problemas mundiais de saúde pública. Este foi um forte estímulo para vincular a violência com a área de saúde, aproveitando-se estudos realizados desde a década de 80, pois tradicionalmente o fenômeno da violência era mais abordado nas áreas de segurança pública e Direitos Humanos.

Como nos diz o próprio relatório[1]:

> "A saúde pública é, acima de tudo, caracterizada por sua ênfase na prevenção. Em vez de simplesmente aceitar ou reagir à violência, seu ponto de partida é a forte convicção de que tanto o comportamento violento quanto suas conseqüências podem ser evitados". (p. 4).

As ações de prevenção podem ser classificadas como primárias, secundárias ou terciárias, dependendo dos seus objetivos, respectivamente, evitar que a violência ocorra, dar uma resposta imediata ou reduzir suas conseqüências e reincidências.

No Instituto Noos, em nosso Programa de Prevenção à Violência Intrafamiliar adotamos a conceituação operacional oferecida por este relatório, não só porque possibilita uma linguagem referencial para compartilharmos experiências e idéias com outras organizações, como também, e fundamentalmente, porque sua compreensão da violência contempla nossa escolha inicial por uma abordagem sistêmica: entendemos que os fenômenos têm que ser vistos em seu contexto, meio cultural e momento histórico em que ocorrem; que o modo como os descrevemos determina a escolha de nossas ações de interação; em se tratando da violência, que ela é um fenômeno complexo, desencadeada por múltiplos fatores; que reduzi-la a um só ou a poucos desses fatores promove uma leitura parcial e com conseqüências indesejadas; que ajuda, para a formulação de ações, se decompomos a violência em ato e processo interacional que possibilita o ato[2].

Como atividades voltadas para a prevenção primária temos nos dedicado a cursos, palestras e oficinas voltados para a sensibilização da população em geral e de profissionais das áreas de saúde, educação e assistente social sobre a problemática da violência intrafamiliar e sobre temas como gênero, relações de gênero, recursos para a gestão de conflitos e para lidar com as diferenças, que são temas correlacionados.

Consideramos nossos atendimentos como prevenção terciária, pois tentam evitar que haja reincidência em famílias em que a violência já aconteceu ou vem acontecendo. Oferecemos grupos reflexivos de gênero para homens e para mulheres que vivem esta situação em suas relações, além do espaço para atendimento de casal e família.

A complexidade da violência e os fatores de risco e proteção

O relatório da OMS[1], já mencionado, adota um modelo ecológico em que a violência é explicada como resultado de uma interação complexa de fatores individuais, relacionais, comunitários e sociais.

A cada um dos níveis do modelo, podem-se atribuir fatores de risco e de proteção, para os diversos tipos de violência, tanto relacionados a quem sofre como a quem perpetra a violência. Conhecidos os fatores de risco, podemos planejar ações que os minimizem e/ou fortaleçam os fatores de proteção.

Não tenho o objetivo de esgotar aqui a lista dos fatores de risco que podem ser associados à violência intrafamiliar. Além do relatório da OMS, uma publicação[3] também de 2002, do Ministério da Saúde, é outra importante fonte para quem deseja pesquisar sobre esses fatores de risco.

Quero trazer, para exemplificar, os fatores associados ao risco de um homem cometer abuso contra a parceira, como apontados pelo relatório e corroborados por uma pesquisa[4] domiciliar que fizemos no Rio com cerca de 750 homens sobre a questão:

Fatores associados ao risco de um homem cometer abuso contra a parceira:

INDIVIDUAIS:
- pouca idade
- excesso de bebida
- depressão
- distúrbios de personalidade
- baixo rendimento escolar
- baixa renda
- ter sido vítima ou testemunha de violência quando criança

RELACIONAIS:
- conflito ou instabilidade no casamento
- domínio masculino na família
- estresse econômico
- vida familiar precária

COMUNITÁRIOS:
- fracas sanções comunitárias em relação à violência doméstica
- pobreza
- baixo capital social

SOCIAIS:
- normas tradicionais de gênero
- normas sociais que apóiam a violência.

As publicações citadas fazem referências a fatores de risco que podem ser associadas a mulheres, crianças, adolescentes, idosos e portadores de deficiência, vítimas da maioria dos casos relatados; ou ainda, os fatores ligados à pessoa responsável pelos cuidados com a criança, às características do casal e do ambiente familiar, além do que apresentamos como exemplo, relacionados ao homem que comete abuso contra sua parceira.

Quero me deter aqui nos fatores de risco associados aos níveis comunitário e social, sintetizados a seguir, tomando-se os apontados para cada segmento:

COMUNITÁRIOS:
- Alto nível de mobilidade residencial (migração)
- Fraco vínculo social/ baixo capital social
- Alta densidade populacional
- Presença de tráfico de drogas
- Altos níveis de desemprego
- Grande isolamento social
- Áreas de pobreza ou deterioração física
- Pouco apoio institucional
- Fracas sanções comunitárias em relação à violência doméstica

SOCIAIS:

- Normas culturais que apóiam a violência como uma forma aceitável para solucionar conflitos
- Normas que dão prioridade aos direitos dos pais sobre o bem-estar da criança
- Normas que reafirmam o domínio masculino sobre as mulheres e as crianças/normas tradicionais de gênero

Para além da situação de pobreza que, indiscutivelmente, corrobora para a vulnerabilidade das relações familiares para a violência, mas que requer uma discussão específica que ultrapassa os objetivos deste trabalho, poderíamos agregar a maior parte dos fatores de risco listados em três grandes temas: **normas vigentes da cultura patriarcal, a violência como forma de resolução de conflitos e o baixo capital social.**

Os valores atribuídos ao patriarcado quando encarnados no cotidiano das relações familiares contribuem para sua vulnerabilidade em adotar a violência, pois geram uma hierarquização na posição ocupada socialmente por cada pessoa. Coloca-se cada um sobre um eixo em cujos pólos estão, de um lado, características de maior valor social e, de outro, as de menor importância, ou, de um lado, os detentores de direitos ou privilégios e, de outro, os desprovidos de direitos. Desse modo contrapõem homens e mulheres, adultos e crianças, adultos e idosos, heterossexuais e homossexuais, brancos e negros ou brancos e índios, altos e baixos, ricos e pobres etc., proporcionando sentimentos de onipotência e arrogância em uns e de impotência e baixa auto-estima em outros.

A promoção de reflexão sobre os valores do patriarcado, questionando os papéis tradicionais atribuídos aos gêneros, desmistificando as novas configurações familiares e questionando os modelos de educação muito repressores ou muito permissivos, são enormes contribuições a prevenção da violência intrafamiliar.

Podemos dizer, em relação à violência como forma de resolver conflitos, que a imposição da vontade dos mais fortes sempre esteve presente na história de nossa civilização, mas não podemos, a partir disso, entendê-la como natural ou inerente ao Ser Humano.

Sabemos que os conflitos, sim, são inevitáveis em qualquer convívio, pois somos seres diferentes uns dos outros. Mas temos formas de administrar esses conflitos, sem apelarmos para a violência. Precisamos, cada vez mais, valorizar, mobilizar, aprimorar as formas pacíficas de lidarmos com nossas diferenças.

O baixo Capital Social de uma comunidade é o terceiro tema em torno do qual agregamos alguns fatores de risco para a violência intrafamiliar. Juarez de Paula[5] define Capital Social como "a capacidade de organização de uma dada sociedade, ou seja, a capacidade das pessoas de estabelecerem relações de confiança, de cooperação, de associação em torno de interesses comuns".

Depreendemos que o aumento do capital social, ou, o incremento na organização de uma comunidade pode ampliar sua capacidade de resposta às situações de violência intrafamiliar que ocorrem em seu território.

Para ampliarmos uma reflexão sobre o tema do aumento do capital social ou do incremento à organização da sociedade, queremos acrescentar outras informações sobre as famílias que têm violência em suas relações.

Em primeiro lugar sabemos que[6]:

> "As famílias que vivem situações de violência tendem ao isolamento, seja por sua iniciativa, pelo sentimento de vergonha que a situação gera, seja pelo preconceito de outros em relação à problemática. No interior da própria

família, o silêncio sobre o tema se impõe, por medo, pela impossibilidade de acharem uma solução ou para evitar reviver o sofrimento. A conseqüência é mais silêncio, pois não se pode tocar no assunto, nem em outros que possam lembrá-lo e, assim, sucessivamente. Nas ações de atenção voltadas para essas famílias ou para seus membros, portanto, é extremamente oportuno incluir atividades conectivas com outras pessoas, famílias ou grupos".

Também sabemos que é a sua rede mais próxima, afetiva ou espacialmente, que a família primeiro aciona nas ocasiões em que ocorre violência. Muitas vezes é a simples presença ou a ação imediata dos membros dessa rede que impede que atos de violência aconteçam ou se agravem. A não tolerância comunitária funciona como freio social a outros tantos casos.

O capital social pode ser visto tanto em seu aspecto interno a um grupo ou comunidade como em relação à sua conexão externa com outros grupos. No caso das famílias que vivem situação de violência, podemos dizer que tanto seu capital social interno como sua capacidade de conexão ficam comprometidos, bem como, por conseqüência, sua capacidade de procurar ajuda e ter acesso aos serviços adequados.

Quando uma comunidade não está minimamente organizada, dificilmente sua população consegue usufruir dos serviços que estão disponíveis. Muitas vezes, pela desinformação sobre a existência desses serviços. O acesso à informação é muito facilitado pelos grupos de pertinência das pessoas:

> Hoje sabemos que, mesmo em locais nos quais os governos conseguem suprir a população com serviços adequados às suas necessidades, se a comunidade não está organizada de alguma forma, em associação de moradores, nas igrejas, em sindicatos, cooperativas, partidos políticos, etc.., ela não consegue usufruir plenamente daqueles serviços. Portanto, essas organizações sociais são portas de entrada privilegiadas, não só para o debate público, que gera sensibilização sobre a questão, como também em criar outras iniciativas que possam levar informação à comunidade de seu entorno. Incluímos as escolas nesta rede não só pela proximidade com as famílias e as comunidades em que estão inseridas, como também por sua vocação de formação, e, portanto, promotora de reflexão e pensamento crítico de crianças e adolescentes.[5]

Propus, em outro momento[6], uma categorização da rede social potencialmente conectada a uma família em cujas relações ocorra situação de violência. Tomando como exemplo a violência cometida contra as mulheres, as crianças e os adolescentes identificamos os seguintes atores sociais como participantes da rede que se forma a partir deste problema: a família nuclear, a família extensa, os amigos, os vizinhos, a comunidade, o policial da delegacia de mulheres, o conselheiro tutelar, o médico do pronto-socorro e o do IML, os profissionais do centro de atenção à mulher ou do centro de defesa da criança e do adolescente, os serventuários da justiça, o promotor público, o defensor ou advogado, o juiz, chegando, por extensão, até o legislador.

Esses atores sociais podem ser categorizados em quatro tipos de rede: a familiar, a comunitária, a de justiça e a de atenção ou de serviços.

Vamos nos limitar aqui a sublinhar a importância de essas redes estarem conectadas e, em especial, a rede de atenção ou de serviços. Nesta rede incluímos os serviços oferecidos pelos órgãos governamentais, em qualquer de seus níveis, por entidades privadas de assistência social ou, ainda, pela rede particular de saúde.

Em busca de uma rede comunitária para a prevenção da violência na família

Muitas vezes a promoção de um encontro entre representantes desses serviços é capaz de iniciar um processo de referência e contra-referência, até então inédito. A integração de serviços complementares entre si, em relação às necessidades de um mesmo público-alvo, pode ser considerada uma ótima contribuição para o aumento do capital social de uma comunidade.

A articulação entre os serviços deve vir conjugada a sensibilização e capacitação de seus respectivos funcionários, pois são muitas as portas de entrada para a rede de serviços dedicada a esta problemática. Uma vítima da violência dentro de casa pode entrar na rede de serviços, por exemplo, por um hospital, por uma delegacia de polícia ou por um centro de defesa. Se os funcionários que atuam nestes serviços desconhecem os serviços complementares ao que sua instituição oferece, poderemos ter situações em que a pessoa envolvida não se beneficie dos serviços que estejam à sua disposição ou, ao contrário, haja uma sobreposição de serviços, o que poderia causar uma revitimização, ao ter, a vítima, que recontar sua história desnecessariamente.

A integração entre os serviços, portanto, é uma necessidade para a eficácia e a eficiência dos serviços prestados às pessoas envolvidas nas situações de violência intrafamiliar, e esta integração passa pelo conhecimento dos técnicos sobre a rede de atenção disponível.

Mas não só os profissionais que se dispõem a lidar com essas situações devem conhecer os serviços disponíveis para bem encaminhar as pessoas que chegam ao seu serviço, também os demais profissionais das áreas de saúde, educação e assistência social precisam estar inteirados ou ter como acessar essas informações rapidamente, pois todos que trabalham diretamente com o público podem ter que fazer este tipo de encaminhamento.

E, em um esforço de ampliar o alcance do acesso aos serviços, seria importante ter nas comunidades lideranças sensibilizadas sobre o problema da violência intrafamiliar e com informação suficiente para acolher e indicar caminhos possíveis de ajuda e, ainda, promover discussão sobre o tema nos diferentes espaços onde as pessoas da comunidade se encontrem.

Se pegarmos aqueles três grandes temas: **normas vigentes da cultura patriarcal, a violência como forma de resolução de conflitos e o baixo capital social**; como agregados de fatores de risco ou de vulnerabilidade para a violência intrafamiliar, quais são as ações ou atividades que podemos desenvolver que possam mitigar, amenizar, esses fatores ou reforçar os fatores de proteção?

Toda estratégia de debater o tema de forma mais abrangente possível, promover organizadamente a difusão de informações sobre os serviços disponíveis e a sua articulação, aproveitar toda a capilaridade social existente para conectar famílias socialmente isoladas, são passíveis de serem iniciativas da sociedade civil organizada, ativada por profissionais conscientes da dimensão do problema.

Listamos a seguir algumas atividades, como exemplos de ações de prevenção que podem contribuir para a interrupção e prevenção da violência intrafamiliar nas comunidades:

- Sensibilização da população e de profissionais em temas como: violência intrafamiliar, conflitos familiares, gênero, gestão de conflitos, relação pais e filhos, educação dos filhos, formas de lidar com as diferenças etc..
- Formação de equipes de voluntários para multiplicar as palestras e oficinas.
- Elaboração e execução de campanhas.
- Elaboração, produção e distribuição de material impresso ou audiovisual, como cartilhas, folderes, cartazes, peças de teatro, vídeos, etc..

- Capacitação de lideranças comunitárias e profissionais voluntários.
- Criação de centros de apoio voluntário para orientação aos envolvidos nas situações de violência (oferecidos por profissionais voluntários ou por membros da comunidade).
- A articulação das redes familiar, comunitária, de justiça e a de atenção ou serviços, através da promoção de eventos, reuniões ou encontros.

Neste momento de crise que estamos vivendo como nação, temos que nos conscientizar, de uma vez por todas, que não teremos heróis ou salvadores da pátria.

Cabe a todos nós, a cada um de nós, a construção do país justo e democrático que queremos.

Que o caminho para isso é o da organização da sociedade em todos os níveis, pois assim garantimos o acesso de todos à informação.

Este caminho passa também pelo aprendizado de que é mais produtivo buscar compor com a diferença do que querer convencer os demais sobre nossos pontos de vista.

E que só a partir da conscientização de que uma violência é toda ação que desconsidera a legitimidade da diferença e que tenta impor ao outro uma realidade[7], é que poderemos vislumbrar o que será uma cultura da paz.

Referências bibliográficas

1 KRUG, E. G. et al., eds. *Relatório mundial sobre violência e saúde*. Genebra: Organização Mundial da Saúde, 2002.

2 ZUMA, C. E. *A violência no âmbito das famílias: identificando práticas sociais de prevenção*. Rio de Janeiro: LTDS/COPPE/UFRJ e SESI/DN, ago. 2004. (mimeo).

3 BRASIL. Ministério da Saúde. Secretaria de Políticas de Saúde. *Violência intrafamiliar: orientações para prática em serviço*. Brasília: Ministério da Saúde, 2001.

4 INSTITUTO NOOS, INSTITUTO PROMUNDO. *Homens, violência de gênero e saúde sexual e reprodutiva: um estudo sobre homens no Rio de Janeiro/Brasil*. Relatório da pesquisa coordenada por Fernando Acosta e Gary Barker. Rio de Janeiro, 2003.

5 DE PAULA, Juarez. Desenvolvimento e gestão compartilhada. In: SILVEIRA, C. M. REIS, L. C. (org.). *Desenvolvimento local: dinâmicas e estratégias*. Rio de Janeiro: Comunidade Solidária/ Governo Federal/ RITS, 2001.

6 ZUMA, C. E. *A visão sistêmica e a metáfora de rede social no trabalho de prevenção de violência intrafamiliar em comunidades*. Rio de Janeiro, Nova Perspectiva Sistêmica, ano XIII, número 23, fevereiro de 2004.

7 PAKMAN, Marcelo. Terapia familiar em contextos de pobreza, violência, dissonância ética. *Nova Perspectiva Sistêmica*, n. 4, out. 1993.

CORRUPÇÃO

Quem é o culpado?
A sistêmica do silêncio

7. Não ser corrupto em um sistema que induz à corrupção: eis o desafio

Aldenildo Araújo de Moraes Fernandes Costeira
Secretaria de Saúde e Ação Social do
Município de Sobral, Ceará.

A corrupção nos últimos dias tem sido o principal assunto de discussão nacional. Não tirando a sua importância, diria que talvez com certo exagero, pois outros assuntos tão importantes e endêmicos, tais como: a fome, a pobreza, a violência deixam de ser tratados e esquecidos temporariamente. E quanto aos assuntos positivos, que trazem projetos e experiências que dão certo, estes que já são tratados raramente, nem se quer ouvimos falar.

Porém, não quero dizer que não seja importante de estarmos aqui discutindo nesta mesa redonda, cujo tema é: "Corrupção: quem é o culpado? A sistêmica do silêncio". Pelo contrário, ele é bastante pertinente, pois a corrupção faz parte do cotidiano das pessoas.

Quando recebi o e-mail da comissão organizadora para participar desta mesa, achei que teria havido um erro. Afinal de contas eu não sou um estudioso da área. Acreditando no erro, fiquei "na minha". Foi então, num contato da doutora Miriam Rivalta, que resolvi aceitar o convite, já que ela me convenceu que eu poderia falar sobre o assunto. Mesmo assim, por muitas vezes me perguntei: "será que eu não estou sendo corrupto ao aceitar este convite? Ora eu não fiz nenhum estudo aprofundado sobre o assunto, e na dinâmica de como está a minha vida hoje, trabalho, vida pessoal etc.., dificilmente terei tempo para realizar uma pesquisa que dê conta dele."

Então pensei, motivado pelo estimulo da Miriam Rivalta Barreto e de uma coisa meio misteriosa nossa que trabalhamos com formas não hegemônicas de cuidar, que se este tema caiu para mim, não era de graça, existia alguma relação com outros momentos que está por vir. Então resolvi topar.

Inevitavelmente veio a pergunta: do que vou falar deste tema? E aí num momento de inspiração, escrevi o resumo de um trabalho que não existia. Então este já não é um ato de corrupção? Pensei comigo. E aqui um parêntese, vou falar de corrupção num contexto mais ampliado do que aquele a que seu significado está relacionado, à utilização de bens públicos, geralmente do governo, para se beneficiar, enriquecer, tirar proveito para si. Mas, respondi a mim mesmo, não acho que é um ato de corrupção, pois ao resumir, na verdade eu o estou fazendo a partir de um conjunto de conhecimentos armazenados e vivências experimentadas.

Sendo assim, escrevi sobre a idéia de que nós todos somos de certa forma, pressionados, consciente ou inconscientemente a cometer atos de corrupção, do mais simples ao mais complexo e deletério à sociedade, como estes noticiados recentemente e de que não preciso estar falando detalhadamente porque o *reality shows* dos canais de tevê já têm mostrado muita coisa para nós.

Pensei, antes de falar da corrupção na terceira pessoa do singular ou plural, ele, ela, eles ou elas, obedecendo a uma regra básica da terapia comunitária, como tem sido a corrupção em minha vida? Engraçado que quando provocamos este exercício, geralmente nos remontamos a coisas longínquas, da infância. Lembrei de um fato, quando ainda

Terapia Comunitária

fazendo o primeiro grau: era membro do centro cívico e organizamos uma festa. Na ocasião, ficou acordado com a diretoria da entidade e os professores que só teriam acesso ao primeiro andar do colégio membros da comissão organizadora. No dia da festa, meus irmãos e alguns amigos foram comigo, e num determinado momento eles sugeriram a possibilidade de subir comigo ao primeiro andar, e eu não concordei, mesmo me deparando com a situação de que outras pessoas da comissão organizadora subiam com os seus. Quando chegamos em casa este assunto rendeu, pois meus irmãos davam outra conotação, que só eu não permiti que eles subissem. Quando relembro esta situação confesso que, mesmo sabendo que agi correto, me dá um remorso de não ter atendido ao desejo deles. E o que tinha lá em cima? Na verdade, eram refrigerantes e salgados providenciados para uma confraternização mais íntima. Lá embaixo na quadra era muita gente do colégio dançando, existia uma cantina para o consumo das pessoas.

E pensei outros atos de corromper, já que corrupção de forma mais ampla é ação ou efeito de corromper. E vieram lembranças de situações, tais como: furar fila (banco, restaurante universitário), na pressa passar o sinal vermelho, ficar em fila dupla para pegar as crianças no colégio. Mas, graças a Deus, neste exercício de revisar atos de corrupção, não encontrei nada que maculasse a minha honra de cidadão correto.

Mas diante destes meus exemplos, e considerando toda a lavagem cerebral que recebemos da mídia, (novelas, revistas etc..), e os exemplos reais dos noticiários, vivemos um bombardeio de estímulos para cometermos atos de corrupção. O pior é que para os que gostam de dizer que estas coisas são da atualidade, "antigamente não era assim", isto parece não corresponder à verdade. Vejamos o exemplo bíblico, da forma que você faça o entendimento da leitura, mais ao pé da letra ou abstraindo. Deus, quando criou o homem e a mulher, e estes criados no paraíso, deu uma única ordem negativa, que todos conhecem, a de que não comessem do fruto de uma determinada árvore. No entanto, Adão cometeu o primeiro ato de corrupção ao desobedecer, tentado pela serpente, e comendo o fruto proibido. E ao longo da história da humanidade, o homem tem cometido os diversos atos de corrupção, ficando aquela dúvida, será que o homem é corrupto por natureza? E aproveitando a unicausalidade genética para doenças ou mazelas humanas, será que existe um gene que responda pela corrupção?

Porém é importante também considerar, que para cada período da história, nas suas normas de condutas, e aspecto culturais, algo que é considerado um ato de corrupção por uma cultura ou por uma determinada época, pode não ser para uma outra cultura ou determinado tempo diferente.

O que talvez podemos afirmar é que vivemos tentados a buscar caminhos curtos de felicidade, e que nestes encurtamentos geralmente estejamos prejudicando outros e o coletivo.

Acredito, no entanto que existe um sistema, um padrão, que determina que a corrupção se manifeste em maior quantidade. E sem medo de ser considerado retrô ou ultrapassado, até porque as formas de socialismo experimentadas no mundo, para mim foram corrompidas, eu diria que o sistema capitalista é um grande foco de corrupção, e que da mesma forma que esse sistema vive um modelo globalizado, ele implementa a corrupção globalizada.

Sem deixar de reconhecer que o capitalismo trouxe diversos avanços à humanidade, de cunho tecnológico, de aumento na expectativa de vida, e que talvez tenha sido uma maneira ou rumo necessário para o desenvolvimento da humanidade, ele trouxe também consigo uma maneira de continuar negando a maioria dos homens e mulheres, e talvez de uma forma mais perversa que os sistemas anteriores, porque se diz democrático, e propagandeia que, se todos quiserem, são livres para consumirem e serem o que quiserem, porém deixando de explicitar, que não basta querer é preciso também poder. E aí grandes sonhos de consumo, e de formas de ser são vendidas, dentro de um padrão de competitividade e individualismo. Afinal de contas, o sistema coloca no imaginário das pessoas, que você não é ou não pode ter, porque não se esforça, escamoteando toda a maquina estruturada para a exclusão da maioria dos povos.

Então é vendido no imaginário de todos (e pena que ainda para atual geração de crianças) que você pode ser (no sentido de ter e poder), o Ronaldinho jogador, a Gisele modelo, o Bill empresário, o Alexandre pagodeiro, o Severino político, a Madonna cantora etc.., o topo do ter e do poder. Quando sabemos, sem ainda entrar no mérito destas formas de ser, que isto é impossível. Ora, mas você está sendo bombardeado, vinte quatro horas do dia com esta idéia, *outdoor*, novelas, propagandas, Internet, rádio, revista, jornais etc.., mas ao mesmo tempo sabe que pelos caminhos normais do estudo e do trabalho, você não acessa esses degraus. Então você fica tentado a procurar um atalho. E dentre os atalhos, a criminalidade, a corrupção, o dar um jeitinho, o pisar no vizinho passa a configurar como formas e meios possíveis a alcançar a espaço tão propalado.

Além disso, dentro desta perspectiva de ser, o padrão de consumo que está estruturado, em que todos sonham ter um carro, o celular melhor, a casa ou o apartamento maior, associado ao fato de que a geração de riquezas se sustenta na produção e comercialização destes produtos, ao uso e descarte mais rápido possível, vai levando o planeta ao rumo sem volta, já que fica difícil renovar na natureza o que é retirado, na quantidade que é retirada, e sem permitir um reequilibrio, gerando ainda poluição, devastação entre outras mazelas. Alguns afirmam que se todo o mundo consumisse no padrão do povo estadunidense, haveria necessidade de quatro planetas para dar conta deste consumo.

Então a corrupção faz parte de esquema de vida, inviável, utópico para maioria, e que precisa ser revisto. A preocupação maior que acho que devemos ter é que esse esquema encontra-se numa velocidade rápida, e sabendo que não existem soluções mágicas, necessitamos, de forma coletiva, solidária, inclusiva, dentro de uma cultura de paz, reverter este processo. A preocupação maior é que a velocidade de reversão, e as práticas que estão acontecendo para isso, na minha observação têm se dado de forma lenta.

Mas temos que acreditar, e acredito que Gaia, nome que Fritjof Capra dá ao planeta Terra, numa forma de reversão do padrão dominante de vida e consumo, e num processo sistêmico, possa encontrar o seu ponto de mutação, permitindo um "rejuvenescimento", uma melhor respiração, uma caminhada em espaços menos sombrios.

Para tanto, colaborando num espaço comum e que cada vez mais deve ser comum a todos, se evidencia a necessidade de rever nossa existência, e como diz a propaganda, nos pequenos gestos, e numa prática social de olho no olho, bem como, no questionar o que está ao meu alcance para colaborar com a vida do outro e do nosso planeta. Neste sentido a Terapia Comunitária tem sido um desses espaços privilegiados, por tudo o que conhecemos dela e vivenciamos nela.

Por último não gostaria de deixar de tomar partido, no sentido de posicionar-me politicamente, em apoio à permanência do Lula na presidência do Brasil. Não no sentido de deixar de reconhecer todos os atos incorretos e de corrupção que existiram e que possam continuar existindo dentro do governo, mas no sentido da necessidade de contrapor ao movimento que as elites desse país estão fazendo para incutir nas pessoas a idéia de que não tem jeito, que somos todos iguais, e brasileiro ainda mais, que basta ter acesso ao poder que cometemos o mesmo, nos corrompemos. Sendo assim, "deixem os ricos, que eles não vão precisar roubar tanto quanto os pobres, pois eles já têm". E nesta confusão toda, ir mantendo este sistema perverso de consumo. Além de reconhecer pequenas e representativas mudanças que o governo Lula vem implementando, e que estas precisamos apoiá-las, devemos exigir que o governo mude os rumos em defesa das classes menos favorecidas.

Não ser corrupto em um sistema que induz à corrupção: eis o desafio

8. A Terapia Comunitária e o "empoderamento" social, ou, crenças e atitudes que legitimam e reforçam a corrupção, a impunidade e o crime

Lígia Forjaz Lesbaupin
ligiaforjaz@uol.com.br

O que a TC tem a ver com corrupção, violência e dinâmica do silêncio? Somos vítimas indefesas e desesperançadas da corrupção e da violência? Temos que nos conformar e conviver com elas buscando soluções particulares e individuais? Existe algo que possamos fazer como cidadãos e Terapeutas Comunitários no sentido de combater ou desestimular esses males? O "empoderamento" *pessoal* é incompatível com o "empoderamento" *social*? Existe solução? Ou soluções? Individuais ou coletivas? A postura mais conformada ou mais consciente do Terapeuta Comunitário pode influenciar quem freqüenta a TC.? O governo é o único responsável por garantir nossa segurança e a lisura no gasto do dinheiro público? Quem é o governo, quem são os corruptos, os ladrões, os sonegadores...? O dinheiro do governo tem dono? Quem corrompe os corruptos? Este trabalho tem como objetivo levantar algumas questões com as quais nos defrontamos no dia-a-dia e, de acordo com nossas opiniões e crenças, tomamos decisões e atitudes. Parecem simples, mas são questões muito complexas, e portanto polêmicas, sobre as quais nossa reflexão e diálogo são fundamentais para a construção de um Brasil mais próspero, que ofereça uma melhor qualidade de vida para todos os brasileiros, independente de cor, credo, sexo, instrução ou classe social. A autora nos convida a refletir sobre algumas frases populares, crenças e atitudes muito corriqueiras, a fim de tentarmos clarificar no que acreditamos, o que, portanto, fundamenta o que afirmamos e fazemos, e quais os valores que gostaríamos fossem os alicerces sobre os quais construir a nossa família, nossa comunidade, nosso país...

Este trabalho nasceu numa "conversa acalorada" com doutor Adalberto Barreto há cerca de um ano! Da mesma forma que lá, algumas das questões que abordarei aqui parecem simples e óbvias porque se baseiam em nossas crenças mais arraigadas ou na percepção da realidade característica da cultura brasileira. São afirmações que a princípio nos parecem tão óbvias que nem questionamos porque acreditamos que elas são inquestionáveis (porque as percebemos como se fosse "A Realidade")!

Minha intenção, hoje e aqui, é lembrar algumas crenças e atitudes, do nosso quotidiano, que reforçam e legitimam a corrupção, a impunidade e o crime para, junto com vocês, **ousar_questioná-las!**

Porém, antes de tanta ousadia, quero me apresentar, ou melhor, dizer-lhes de onde partem minhas reflexões, quais são minhas crenças, de onde eu venho e para onde quero ir...

I – Abordagem Sistêmica: minhas crenças, de onde eu venho e para onde eu quero ir...

Assim como a Terapia Comunitária, parto do princípio da Teoria Sistêmica de que o indivíduo, a família, a comunidade, a sociedade, o mundo são sistemas, membros de sistemas maiores que os influenciam ou determinam, mas que concomitantemente são influenciados e "determinados" por cada um de seus subsistemas ou membros. Portanto, *somos conseqüência daquilo que construímos, e ao mesmo tempo, somos construtores daquilo que nos constrói!* Somos agentes e pacientes, ao mesmo tempo! Por exemplo: Somos como somos porque somos brasileiros, mas o Brasil é como é porque nós o construímos desta maneira, *Nós somos o Brasil!* O povo, nós que estamos aqui somos os políticos, os funcionários públicos, *nós* somos o "governo", os juízes, os patrões, os empregados, os pequenos e grandes ladrões, os policiais,...

Partindo dessa premissa, eu acredito, e proponho, que nós brasileiros construamos um Brasil à altura de nossas aspirações! Aí entra o "empoderamento social".

II – "Empoderamento" social

Se acreditarmos que *"nós somos o Brasil"* e que *"o Brasil somos nós"*, deixamos de ser "vítimas indefesas" do governo, dos políticos, dos patrões, dos machões, e nos apoderamos da capacidade de transformar o Brasil! A *consciência de que muito depende de nós* faz-nos fortes para assumirmos nossa responsabilidade e *poder de transformação* coletiva!

III – Crenças imperceptíveis que fundamentam nossos atos

Voltando para a ousadia de questionar crenças que a gente confunde com "A Realidade", gostaria que vocês refletissem sobre esse cartaz afixado no banheiro de um clube e refletissem cuidadosamente na mensagem está por trás, em qual crença levou esse cartaz a ser escrito dessa maneira:

"SOLICITAMOS QUE MANTENHAM SEUS PERTENCES GUARDADOS DENTRO DOS ARMÁRIOS E TRANCADOS COM CADEADO.
NÃO NOS RESPONSABILIZAMOS POR OBJETOS DEIXADOS NESTE LOCAL"

A mensagem que salta aos olhos é:

1) Tranque suas coisas se você não quiser ser roubado!
2) A Diretoria reconhece a existência de ladrões e não tem nada a ver com isso! Você que se cuide!

De fato, uma criança de 9 anos leu o cartaz, olhou ao redor, viu um pé-de-pato junto a uma mochila, pegou o objeto e saiu feliz pois o objeto não estava trancado e "achado não é roubado"...

IV – Inversão de valores

Vejamos quais crenças fundamentam o cartaz e quais comportamentos ele legitima e incentiva:

1) *A vítima é a culpada e merece ser roubada* porque é desleixada e imprudente, não trancou com cadeado seus pertences!
2) *O ladrão é inocentado porque "Achado não é roubado"*, ele é esperto, antenado e por isso deve "levar vantagem" sobre o "imprudente"!

3) O clube legitima e incentiva o roubo quando reconhece a existência do ladrão, deixa-o impune e não explicita que roubar é errado.

Ou seja, uma *Inversão Total de Valores* fundamenta esse cartaz!

V – Valores positivos e dizeres construtivos

Ao contrário, baseados nas crenças de que *em princípio, as pessoas são honestas,* "achado" é roubado, que *quem rouba é culpado,* que *roubar é inaceitável* e que os *honestos devem ser prestigiados e os ladrões punidos,* o cartaz poderia dizer:

"O DEPARTAMENTO DE 'ACHADOS E PERDIDOS' ESTÁ À DISPOSIÇÃO PARA RECEBER E RESTITUIR OS OBJETOS AQUI ENCONTRADOS"
ou
"ENSINE ÀS CRIANÇAS A RESPEITAR O QUE É DOS OUTROS, DESTA FORMA O QUE LHES PERTENCE TAMBÉM SERÁ RESPEITADO!"

Ou, depois que ocorrer algum furto, se isso acontecer:

"ANTES DE MEXER NO QUE É DOS OUTROS, LEMBRE-SE QUE SERÁ EXPULSO DO CLUBE QUEM SE APODERAR DE OBJETOS QUE NÃO LHE PERTENCEM"

Um dia, ao ir buscar minha filha na aula de balé, encontrei a professora dando uma bronca nas alunas porque haviam sumido uma sapatilha e um casaco! Sabem para quem a bronca era dirigida? Para as duas vítimas, porque não cuidaram de suas coisas! Nenhuma palavra sobre as meninas que roubaram os objetos das colegas!

Até há pouco tempo, nos casos de estupro a vítima era considerada culpada porque teria "provocado" o crime por ser "exibicionista", ou "imprudente"!...

As vítimas de assalto muitas vezes são consideradas culpadas por andarem despreocupadas, como se o correto fosse vivermos apavorados, à espreita do assaltante! Já ouvi frases do tipo: "Bem feito para ele, foi assaltado porque saiu à noite!" Devemos nos trancafiar em nossas prisões domiciliares, enquanto os bandidos usufruem a liberdade de ir e vir?

E se começássemos a acreditar que as *vítimas são vítimas,* que *os ladrões são culpados,* que nós podemos, através da *solidariedade,* unir forças e reverter a expectativa, ou a certeza, da impunidade dos bandidos? Por exemplo, uma conhecida viu uma senhora sendo assaltada. Muita gente viu e não fez nada! Essa conhecida saiu correndo até encontrar um policial que conseguiu prender o bandido! Outro exemplo aconteceu com uma senhora, que viu um larápio roubando uma bicicleta no quintal de uma casa. Disfarçadamente chamou o forte e jovem vizinho da vítima e pediu-lhe que fizesse algo para evitar o roubo, ao que ele respondeu: "Eu não! Depois o ladrão vem se vingar de mim! A polícia é que cuide disso!" "Então chame a polícia!" "Eu não! Ela que devia ver que o ladrão entrou no vizinho!" A senhora, quase idosa, percebeu que teria que tomar alguma providência, e, bem escondida atrás do muro começou a gritar "Pega ladrão! Pega ladrão!..." O larápio se assustou, largou a bicicleta, pulou o portão e saiu correndo...

Exige-se da polícia onipresença, quando não somos capazes nem de dar um telefonema!... Ou um grito!... Não existe no mundo polícia eficiente sem o apoio da população! Os seqüestradores, por exemplo, só são apanhados se a população colaborar na localização do esconderijo, o que pode ser feito através da "Denúncia Anônima"!

VI – "Empoderamento Social" – Consciência de direitos e deveres

Penso que é essencial dar aos Terapeutas Comunitários a possibilidade de tomarem consciência, já na sua formação, do poder que a comunidade tem de juntos prevenirmos e enfrentarmos a corrupção e a violência no nosso dia-a-dia. Além disso, precisamos conquistar o apoio, prestigiar e exigir responsabilidade dos políticos, policiais e funcionários públicos cujos salários são pagos com nossos impostos, para que eles nos dêem proteção e prestem serviços! Afinal, quem é patrão de quem? Quem é a "autoridade"? Quem está a serviço de quem? Qual é nosso papel? Seria fundamental que os Terapeutas Comunitários soubessem com clareza quais são nossos *direitos e deveres* de forma a poder difundir uma *postura firme e não submissa* de cidadãos que sabem que influenciam, que constroem a sua "realidade" pessoal *e social* tanto quanto são influenciados e são dependentes dela!

VII – "A corrupção faz parte e ajuda no desenvolvimento do país"

Estudos apontam para um prejuízo de 30 % do PIB com a corrupção! Ou seja, sem corrupção seríamos 30 % mais ricos. O Brasil, e cada um de nós, 30% mais ricos do que somos!

VIII – Consumo de produtos ilegais mais baratos versus consumo produtos legais que geram empregos, renda, impostos, saúde, educação,...

Pensamos ser "alternativos e modernos" quando consumimos drogas, ser "espertos" e bons quando damos "emprego" para os vendedores ambulantes comprando coisas roubadas, contrabandeadas, pirateadas... Ignoramos que estamos financiando e sustentando todo um círculo vicioso de corrupção, tráfico, violência, lavagem de dinheiro... e nos afastando de um círculo virtuoso que começa com o consumo de produtos legais, que sustenta um sistema produtivo que dá empregos, gera riqueza, impostos, saúde, educação, bem estar, desenvolvimento...

IX – "Eu quero ajudar, eu dou esmola" e Chantagem e esmola *versus* trabalho e salário

Acreditamos estar fazendo o bem quando caridosamente damos esmolas para crianças (que têm por trás adultos que as exploram) ou adultos, "flanelinhas", guardadores de carro que muitas vezes nos chantageiam e ameaçam (pagamos por medo, e assim alimentamos a máfia da extorsão miúda). Mas nos recusamos a pagar bons salários àqueles que nos prestam serviços, por exemplo, à empregada, que pode ser a mãe daquela criança a quem demos esmola! Em São Paulo, muitas das crianças pedintes ganham mais do que as mães que trabalham! Novamente a Inversão Total de Valores! Ou seja, pagamos quem não trabalha ou "finge" trabalhar e não valorizamos quem trabalha! Penso que essas atitudes são herança de uma piedosa sociedade escravagista na qual para ir para o céu era necessário dar esmola, "fazer caridade", mas o trabalho manual era indigno, era coisa para escravos... Gente fina não trabalhava nem pagava pelo trabalho... tinha escravos... Mais uma vez a Inversão Total dos Valores: desprezamos quem trabalha e sustentamos, perdoamos e justificamos quem não trabalha.

A maior dificuldade dos assistentes sociais cujo trabalho é tirar as crianças da rua é a polpuda fonte de renda que advém dos turistas apiedados, das mães sensíveis ao sofrimento das crianças, das almas caridosas que culpam o Sistema... Essas esmolas sustentam os exploradores de crianças, os moradores de rua *na rua*, pagam drogas e b0

X – "Rouba mas faz", "rouba para o partido"

Os políticos não nasceram políticos, *nós* votamos neles e os colocamos lá! Nós temos o Poder! Somos nós que os elegemos, somos nós que pagamos seus salários. Se não queremos ladrões é só não votar em ladrão! Você contrataria um ladrão para trabalhar na sua casa ou administrar o seu dinheiro? O dinheiro do governo é nosso...

XI – "Todos os políticos são corruptos"

Esta é uma crença que favorece e legitima os corruptos e a corrupção. Se acreditamos que todos os políticos são corruptos, votaremos nos corruptos e eles serão eleitos! Novamente, os honestos são punidos porque não conseguem ganhar as eleições e ainda são considerados desonestos, ou trouxas! Somos um país em que os honestos são "trouxas"!

Existe corrupto sem corruptor? Quem corrompe os políticos? Quem elege os políticos corruptos? Eles sempre foram corruptos ou foram se corrompendo?

XII - "Eu não tenho nada a ver com tanta sujeira e podridão porque eu não voto, eu não sujo minhas mãos" – "Eu voto branco ou nulo para protestar"

Quem pensa assim simplesmente está se omitindo da responsabilidade e delegando para outros o *poder* de decidir, de escolher, de melhorar,...

XIII – "Dar um dinheirinho para o guarda não multar não tem problema nenhum..."

Você está pagando para o funcionário não fazer o que você já pagou para ele fazer! Pagamos o salário do guarda para ele proteger nossa vida contra quem dirige alcoolizado, quem corre demais, quem atrapalha o trânsito, etc.... Ao invés de pagar a multa e nunca mais cometer uma infração, eu pago para o guarda não me multar, continuo ameaçando a minha vida, a dos meus filhos, a dos parentes e amigos, e ainda o autorizo a achacar outros motoristas para ganhar algum! Quem promoveu e legitimou a violência e a corrupção, o motorista corruptor ou o guarda corrupto? Corruptor e corrupto cometem o mesmo crime, ambos são criminosos e passíveis de punição!

XIV – "Dar uma cerveja para o funcionário público passar o seu serviço na frente dos outros não é corrupção, é só para ir mais rápido...", "se não der algum $ o serviço não sai!... não tem jeito, infelizmente é essa a realidade!"

É a realidade que nós como sociedade construímos. Ao pagar nossos impostos, nós pagamos o salário do funcionário público para ele fazer o serviço, na ordem de chegada! Mas nós queremos "levar vantagem" e pagamos novamente para o funcionário fazer o serviço que já estava pago. Corrompendo o funcionário estamos autorizando e incentivando que ele só trabalhe para os corruptores que lhe oferecerem dinheiro! Novamente, o corruptor é premiado, e o cidadão correto se torna a vítima dos corruptores e corruptos, e é punido porque o seu serviço não sai! Uma vez que não se dá recibo da corrupção, existe um batalhão de intermediários da propina (advogados, contadores, Valérios, despachantes) que simplesmente pedem em nome das "autoridades" mas embolsam todo o dinheiro da propina. Assim, muitos funcionários passam por corruptos, sem sê-lo! E com o tempo... podem deixar de ser "trouxas"... Exemplo: o pai que paga para livrar seu filho do Serviço Militar. Porém, o excesso de contingente é tão grande que o Exército só chama para prestar o Serviço Militar os jovens que desejam servir. Nestes casos, o pai corruptor pensa que é "esperto", mas na realidade é enganado por um "intermediário da propina" mais "esperto" porque seu filho sairia livre de qualquer forma, sem propina!

A grande maioria dos "corruptos" desiste da chantagem quando percebe que o cidadão conhece seus *direitos e deveres*. Para que arrumar encrenca com o "cidadão", se existem tantos outros que desconhecem seus direitos e deveres e se submetem à chantagem?

É como se as pessoas começassem a perceber que a cidade é suja porque as pessoas jogam lixo na rua! Se as pessoas deixarem de jogar o lixo, o serviço público de limpeza, que nós pagamos, ficará menos sobrecarregado e a cidade ficará muito mais limpa!

Não se trata de fazermos uma caça às bruxas, julgamentos, acusações, condenações. Minha proposta é parar para pensar como somos, como queremos ser, quais crenças e valores nortearão nossas ações, nossas relações, nosso jeito de conviver... E, *se quisermos* mudar, comecemos por acreditar que *podemos assumir juntos nosso poder* de construir uma sociedade melhor... Sem delegar para o "governo", os "políticos", o "Poder Judiciário", o "Salvador da Pátria", etc.. uma *responsabilidade que também é nossa*, independente de classe social, instrução, credo, cor, partido político, *de todos nós que somos e fazemos o Brasil!*

E, para finalizar, uma foto do Canadá, só para mostrar que *é possível*, que não é utopia construir um país onde os cidadãos confiam, são confiáveis e são tratados como cidadãos confiáveis...

A foto é a de um caminhão, numa estrada deserta, cheio de sacos de batatas, ao lado de um pratinho cheio de moedas, com um cartaz afixado:

"PEGUE SEU SACO DE BATATAS E DEIXE $3 DÓLARES CANADENSES NO PRATINHO AO LADO"

Ninguém para vigiar!... Ninguém rouba o caminhão, nem as moedas, nem as batatas...

FAMÍLIA, COMUNIDADE E VALORES HUMANOS

9. A fragilidade dos valores e a ética do terapeuta

Maria Rita D'Angelo Seixas
UNIFESP-Universidade Federal de São Paulo-SP
ritaseixas@uol.com.br

O título fragilidade de valores pode trazer alguma estranheza, porque na realidade os valores em si não são frágeis nem fortes. O que é frágil é a forma como as pessoas na atualidade assumem alguns valores, principalmente os altruístas.

A preocupação com os outros parece estar perdendo espaço na ética hedonista ou, ética do prazer ou, ética da felicidade, que forma a nossa cultura a partir dos anos 80.

O que me motivou a apresentar este trabalho foi a busca de uma coerência que penso que nós, terapeutas e multiplicadores, devemos ter entre a visão de mundo HOMEM E REALIDADE em nosso comportamento relacional terapêutico.

Em busca dessa coerência é que trago aqui alguns questionamentos porque acredito ser este um espaço de trocas em que se podem debater questões, o que sem dúvida nos enriquecerá a todos.

A vida humana é resultante de um contínuo e variado inter-relacionamento entre um organismo vivo humano e outros organismos vivos, humanos (a começar pela mãe e, os que lhes são próximos, os conterrâneos-contemporâneos); bem como com os outros diferentes elementos ambientais – socioculturais, materiais, biofísicos, históricos.

Estas inter-relações físicas e mentais vão desenvolvendo os sentidos e os sentimentos das pessoas (humanas) determinando o surgimento de *preceitos* (que orientam e condicionam ações) e *comportamentos relacionais*.

Preceitos e comportamentos que vão sendo valorizados diferencialmente uns mais desejados que outros e distinguidos como mais facilitadores de uma vida com convivência mais estável e agradável, e a ser vivenciados e transmitidos para seus semelhantes.

Certos preceitos e comportamentos relacionais vão sendo valorizados de tal forma que passam a ser princípios orientadores de outros preceitos e comportamentos e formam um conjunto de premissas básicas, que desencadeiam reações emocionais, informam decisões e guiam ações.

Quando este conjunto de premissas e valores são facilitadores aumentam as opções para a resolução de problemas, a cura e o crescimento. Quando restritivos, perpetuam os problemas e restringem opções.

Por vezes são tão condicionadores e valorizados que chegam mesmo a orientar a vida e dar-lhe sentido e o chamamos de "preceitos e comportamentos éticos".

São eles tão valorizados para direcionar a vivência e a convivência humana que:

> Observá-los e praticá-los, ou não, nos permite o uso numa fala simplificada, dizer que temos ou não uma existência "com fragilidade de VALORES" ou "sem VALORES". E, se fosse possível prever o total desaparecimento dos mesmos, teríamos assegurado o prenúncio de uma existência humana caótica e infeliz.

Estes valores relacionais, estes preceitos e comportamentos éticos são tão importantes existencialmente que, para não deixar de considera-los e observa-los, se justificam aceitar sacrifícios pessoais e, até mesmo grupais. As famílias e comunidades desenvolvem esses valores compartilhados ao longo do tempo influenciados pelo seu contexto cultural a que chamamos Ética.

Com esta nossa apresentação da Ética, é possível compreender que os preceitos e comportamentos éticos em geral são decorrência existencial da pessoa humana e de seus prolongados, diferenciados, intensivos e refletidos inter-relacionamentos HOMEM-MUNDO. Assim, são "valores" mutáveis, não ao acaso, por razões espontaneístas e voluntaristas, individualistas, meramente intelectuais e interpretativas, mas são mutáveis pela diversidade, pela multiplicidade, pela intensidade dos acontecimentos. Na rapidez das experiências relacionais do mundo atual, não facilitam a explicitação clara de preceitos e comportamentos norteadores, devidamente vivenciados e valorizados, deixando-nos meio desamparados de valores.

Isto entendido e aceito retomemos o tema em consideração: vivemos uma realidade social, histórica, com quebra de "valores" pré-existentes e com ausência de novos valores relacionais estruturados, estáveis e bem aceitos. O que não permite a inferência da inutilidade dos mesmos, ou da aceitação de sua total relatividade. Nem tão pouco permite buscar uma causa única, determinante da situação atual, especialmente, no âmbito institucional como, por exemplo: uma decadência da Igreja ou das Igrejas, uma desestruturação da família, numa decadência de Governo, a dominância ideológica e política do individualismo capitalista, etc..

Vivemos numa transição, mas as pessoas, as comunidades, a humanidade, buscam consciente e inconscientemente encontrar valores harmonizadores e facilitadores de uma vida mais completa, duradoura e prazerosa.

Os intelectuais fazem mais interpretar, segmentar e denominar diferentes proposições éticas que estão sempre sugerindo, o que comprova a busca permanente da humanidade, mas contribuem pouco para o encontro de novos paradigmas.

Importante se torna que, mais consciente, reflexiva e persistentemente, instituições de vivência relacional mais intensa e tradicionalmente transmissoras de valores relacionais (éticos, morais, e mesmo legais) se empenhem nesta busca de explicitação de valores mais resolutivos para a atualidade. Em especial, os grupos familiares, as instituições de ensino, as instituições de comunicação social e os terapeutas.

Gostaria de trazer à consideração dos senhores a filosofia de um pensador pós-moderno que sugere a Ética da Felicidade.

Lipovetsky (1994) afirma que em nosso atual contexto histórico, carente de ideologias, existe um vazio que provoca um desvio em direção à ética, o que permite à humanidade tomar consciência da sua responsabilidade em relação ao futuro reforçando os valores humanos.

Sua aspiração é que se desenvolva uma ética dentro dos valores individualistas. Não aquele individualismo no qual tudo é permitido. Pontua um individualismo onde é exigida a fixação de limites e que reage contra os excessos de permissividade individual, tecnológica e capitalista da mídia. Seu objetivo é o reforço do espírito de responsabilidade, único, capaz de estar à altura dos desafios do futuro.

Não se trata de uma volta à Ética do Dever, pois esta é baseada na obrigação e na culpa de não termos cumprido a norma estabelecida, o que muitas vezes gera raiva e punição, mas nem sempre transformação.

A ética da responsabilidade é baseada nas conseqüências felizes que advirão do cumprimento das normas. Nem poderia ser diferente, em uma sociedade do prazer como a nossa. Esta ética leva à transformação, porque é baseada no sentimento e compreensão de que se não forem seguidos determinados valores teremos prejuízos e infelicidade.

Aqui, portanto, é o desejo da felicidade que nos leva à ética.

A família (principal transmissora de valores) na época da Ética da Felicidade, deixa de ser uma instituição transmissora dos deveres para se transformar em instituição emocional, flexível a serviço da realização pessoal.

Nesta sociedade individualista há uma cultura centrada na criança que deve ser feliz a todo custo. A família vira uma empresa em todas a suas dimensões e nada pode ser negligenciado: saúde, estudos, férias, programa de TV.

Parece-nos, contudo que o mundo ainda não achou que esse desvio em direção a ética mencionado por Lipovesky.

Vejamos alguns fatos – tanta exigência familiar tem seu preço. Está é a época também dos maiores abusos intrafamiliares contra a mulher e a criança.

- A guerra que estamos presenciando, em que os explorados se rebelaram e despejam o seu ódio reprimido sobre todo o mundo e mais uma vez subjugados continuam seus atos terroristas, o que parece não ter fim, resultando tanto sofrimento e dor para todos, além da disseminação das drogas, da prostituição e do desemprego.
- Os nossos políticos que em nome de conseguirem impor uma ideologia que pensam ser a correta, recorrem a meios ilícitos de suborno e aproveitamento da ganância do próximo, não tendo escrúpulos em mais uma vez tornar mais pobres os que já são, usando o dinheiro do país em benefício próprio.

Estes são exemplos que nos fazem perguntar: Onde está a mudança de paradigmas trazidos pelo pós-modernismo?

Será que a ética da responsabilidade terá forças para mudar as coisas, ou ela mesma presa em um individualismo sem transcendência, não é suficiente para provocar mudanças?

Será que a filosofia pós-moderna devolveu a capacidade de sonhar aos homens, ou ainda continuamos uma geração imediatista "a geração dos sem terra, sem teto, sem sonhos?"

Pode ser também que estas coisas estejam acontecendo porque estamos ainda em fase de transição, em que os novos valores não estejam suficientemente disseminados para terem força de mudança.

Se assim é, cabe-nos como terapeutas de família e terapeutas comunitários, já que nos é dado o papel de transformadores sociais, apressarmos esta transformação.

Para onde devemos caminhar?

São muitos os pensadores que nos apontam caminhos. Capra, Morin, Maturana, todos eles e cada um de uma forma diferente, afirmam que a única maneira de construirmos uma nova sociedade e sairmos do caos em que nos encontramos é através da transcendência do nosso individualismo, do respeito e amor ao próximo, ou seja, da compaixão pelo outro, diminuirmos as situações de injustiça social em que hoje vivemos.

Quero deixar bem claro, que nenhum destes homens chegou a este pensamento, por caminhos ou valores religiosos, mas pela compreensão de que ou os homens começam a se amar e respeitar, ou assistiremos à autodestruição da humanidade.

Um pensador que nos apresenta uma visão diferente da proposta ética anterior é Leonardo Boff (2003) que conta-nos o interessante Mito do Cuidado.

O Mito do Cuidado

Certo dia, ao atravessar um rio, Cuidado viu um pedaço de barro, tomou o barro e começou a dar-lhe uma forma. Enquanto contemplava o que havia feito, apareceu Júpiter.

Cuidado pediu-lhe que soprasse espírito na criatura que havia feito. Júpiter atendeu-o de bom grado.

Quando Cuidado quis dar um nome à criatura, Júpiter o proibiu. Queria que pusesse o seu nome.

Enquanto os dois discutiam, surgiu a Terra. Também ela quis conferir o seu nome à criatura, porque havia sido feita do material de seu corpo. Iniciou-se uma discussão.

De comum acordo pediram a Saturno que funcionasse como árbitro. Este decidiu o que lhe pareceu justo:

> "Você, Júpiter, deu-lhe espírito e receberá de volta o espírito por ocasião da morte da criatura. Você, Terra, deu-lhe o corpo e o receberá de volta quando a criatura morrer. Mas, como você, Cuidado, foi quem primeiro a moldou, a criatura ficará aos seus cuidados enquanto viver. E uma vez que a discussão acalorada é sobre o nome, decido eu: esta criatura será chamada Homem, isto é, feita de húmus, que significa terra fértil".

A partir daí Boff tece reflexões sobre o cuidado.

As figuras de Júpiter, Terra e Saturno existem como metáforas, para expressar as dimensões profundas dos seres humanos, difíceis de serem traduzidas na linguagem conceitual.

Através dessa fábula, Boff resume as três dimensões do Homem: a material, a espiritual e transcendental e a utópica.

A Terra – dimensão material da existência. Homem vem de húmus = terra fértil. Somos a própria Terra que na evolução chegou ao estágio de sentimento, compreensão, vontade, responsabilidade e veneração. Somos a Terra no momento de autorealização e autoconsciência.

Ser Terra é ter os pés no chão é ser capaz de sentir as coisas, é ser concreto e ter limites. Estes são os valores femininos.

O Céu – Júpiter é a dimensão espiritual. É a capacidade de transcendência, de ir além dos próprios limites. Uma espiritualidade de procura de novas visões, em busca do infinito. São os valores masculinos.

Como fazer a síntese entre nosso enraizamento na casa (Terra) e o desejo do infinito (Céu)? Através de Saturno, que é a realização dos remidos e libertos que atingiram a plena identidade, que é a Utopia.

O ser humano não pode viver sem utopia. Não podemos deixar de ter sonhos, projetá-los e buscá-los. Sem isto, cairíamos no pântano de uma história sem esperanças, porque dominada pelos mais fortes.

A utopia cria novas perspectivas e deve realizar-se num processo histórico (Terra), para não virar fantasia.

A história exige tempo, paciência, espera, superação de obstáculos e trabalho conjunto.

Como manter vivos esta síntese entre céu e terra/ utopia e história? É aqui que entra o cuidado.

O cuidado acompanha o ser humano (projeto infinito) enquanto peregrino pelo tempo.

O cuidado é o caminho histórico-utópico, a síntese possível à nossa finitude como homens. Por isto ele é o *ethos*, ou ética fundamental.

Como colocar na nossa prática de vida a ética do cuidado?

Nós já "somos" Cuidado. Sem o cuidado não somos completamente humanos, porque não fizemos a síntese entre a utopia e a história, não temos projeto nem sonho.

Cuidado vem do latim = *cura* e tem duas dimensões:

1. Atitude de desvelo de solicitude e também de atenção para com o outro.
2. Preocupação e inquietação porque a pessoa que tem cuidado, sente-se envolvida e afetivamente ligada ao outro.

O cuidado é assim uma forma de ser no mundo, significa forma de co-existir, de estar presente, de se realizar no mundo com todas as coisas.

Nesta co-existência e com-vivência, neste jogo de relações, o ser humano vai construindo seu próprio ser, sua autoconsciência e sua própria identidade.

Existem dois modos básicos de ser no mundo: o trabalho e o cuidado, de onde emerge o processo de construção da realidade humana.

As pessoas atualmente vivem escravizadas pelas estruturas do trabalho produtivo, racionalizado, despersonalizado. A ideologia de trabalho hoje é a dominação e conquista do outro, do mundo, da natureza, na forma do submetimento puro e simples. Este modo de ser mata a ternura, liquida o cuidado.

É preciso resgatar o trabalho e isto só se fará quando o ser humano voltar-se sobre si mesmo e descobrir seu modo de ser cuidador.

Isto não se faz através da razão, mas através da capacidade de emocionar-se, de envolver-se, de afetar e de sentir-se afetado. Construímos o mundo a partir de laços afetivos. Estes laços tornam as pessoas, e as situações preciosas e valorizáveis.

Preocupamo-nos por elas e com elas e pelos laços que nos unem. Somos humanos. Este sentimento profundo é o cuidado.

Pelo cuidado todos nos sentimos ligados e re-ligados uns com os outros, formando um todo orgânico, único, diverso e sempre includente. Dar centralidade ao cuidado não significa deixar de trabalhar, mas renunciar à vontade de poder e dominação.

A ditadura do trabalho – dominação está atualmente conduzindo a humanidade a um impasse crucial. Leonardo Boff afirma: "ou pomos limites à voracidade produtivista, associando trabalho e cuidado, ou vamos ao encontro do pior". Daí a urgência de resgatar o cuidado entre os seres humanos, como corretivo indispensável a esta forma de ser.

Como nós, terapeutas, poderemos usar nosso trabalho integrando-o com o cuidado?

Nada mais fácil, uma vez que como terapeutas somos cuidadores de pessoas, famílias e comunidades. A forma de cada um cuidar vai depender da visão da realidade de mundo e de homem que tiver.

Já foi dito que situação pós-moderna é uma situação de crise. Crise de nossas verdades, de nossos valores, das crenças que mais apreciamos.

Mas como – estando o próprio terapeuta envolvido pela crise social e tendo seus valores abalados pela mesma –, pode ajudar outros em crises de valores semelhantes?

Principalmente como proceder, quando os valores da família que atende são muito diferentes dos seus?

É o terapeuta comunitário um terapeuta de valores? Muitos autores pensam que sim.

Gostaria de citar aqui dois terapeutas, sua maneira de pensar e a terapia que propõem para nos ajudar a cumprir o papel que nos cabe de críticos da ideologia social.

Um é um Terapeuta de Família que nos ensina a trabalharmos com valores sem impormos os nossos valores: Borzomeny Nagy (1998).

O outro é um Terapeuta de Grupo que pela sua concepção pós-moderna da realidade e do homem, nos aponta também teoria e técnica condizentes com nosso momento histórico e com a concepção de autonomia tão hoje decantada. Chama-se Jacob Levy Moreno (1970).

Nagy, criador da terapia contextual (1998), diz que o objetivo da terapia familiar deve ser o de permitir a cada componente do sistema, o acesso a uma autonomia real. Esta autonomia é inseparável da capacidade de cada um assumir suas parcelas de responsabilidade, no que se refere às relações e procurar perceber as necessidades dos demais.

É a dimensão da ética relacional que permite a integração familiar e abre campo para a intervenção terapêutica. Esta ética consiste em cada um preocupar-se em saber como o seu comportamento vai atingir os demais membros da família.

O cimento de toda relação próxima é o respeito ao princípio de eqüidade e reciprocidade e toda terapia deve fundamentar-se na "ética relacional". Todo princípio de justiça e injustiça deve ser o centro de preocupação da terapia.

Para Nagy, a parcialidade multigeracional é uma estratégia pela qual o terapeuta convida cada um dos membros da família a definir sua posição e a se aperceber das implicações que esta traz para os demais, por meio de um **diálogo interpessoal**, que permita a cada uma das partes presentes definir e validar sua posição.

O terapeuta é empático e compreensivo com cada um. Sua atitude servirá de modelo para os membros da família, até que possam manter uma atitude similar de respeito uns com os outros e de disponibilidade para entender o ponto de vista alheio.

O objetivo terapêutico em uma situação de conflito será o de restabelecer uma possibilidade de confiança entre aqueles que participam da relação.

O fato de o terapeuta dirigir-se seqüencialmente, a cada membro da família, para poder descobrir a parcela de vulnerabilidade, ou ao contrário, de responsabilidade que cada um possui em relação aos demais, facilita a reestruturação das relações. A oportunidade que através da fala de cada um é dada aos outros, de entender como cada um percebe a realidade de forma diferente dele e a possibilidade de cada pessoa perceber, como sua visão afeta os demais, também são instrumentos de reequilíbrio do sistema.

Não precisamos para isto dar lição de moral.

Moreno, 1970, fundador do psicodrama, apesar da época em que lançou sua teoria é bastante pós-moderno, na cosmo-visão que embasa sua obra.

Para Moreno, o homem é um ser cósmico, responsável por todo o Universo e uma terapia só tem sentido enquanto se dirigir e preocupar-se com o conjunto da humanidade.

O Universo para ele é um todo relacional e está em contínuo desenvolvimento.

O homem ao nascer encontra um Universo que milhões de companheiros ajudaram Deus a criar e ele mesmo, participará da criação do porvir. Para que o Homem possa participar da co-criação universal, é preciso que recupere sua espontaneidade e não pode se deixar engolir pelo consumismo, pela ciência ou por qualquer padrão repetitivo que impeça sua criatividade.

O objetivo da terapia Moreniana é levar através de um processo de convivência co-experiência e co-ação (ação conjunta) as pessoas a desenvolverem na dramatização, novos papéis, diferentes daqueles que vêm vivendo, para que tenham a possibilidade de liberando sua espontaneidade criativa co-construir uma nova realidade vivencial e descobrir novas alternativas.

Para Froma Walsh (2005), as crenças e vivências compartilhadas se desenvolvem ao longo do tempo em um sistema e favorecendo a resiliência do mesmo.

Para Moreno (1970), os problemas compartilhados e concretizados em uma dramatização promovem uma re-leitura conjunta do drama ou da "dor" do sistema em questão, facilitando sua resolução através da ajuda mútua.

Por isto esta técnica pode ser usada com grandes grupos e facilitar enormemente a terapia comunitária.

Desta foram, o terapeuta, sem impor seus valores, facilita ao sistema através das técnicas de ação, viver seus mitos, crenças e valores no cenário, e criar situações esclarecedoras geradoras de respostas novas, portanto, geradora de espontaneidade.

O respeito à espontaneidade das pessoas nesta aprendizagem é absolutamente imprescindível, sendo intolerável qualquer tipo de interferência ou dominação, o respeito à escolha é primordial, bem como aos limites do outro.

Moreno vê o homem em relação desde o nascimento, que para ele é o seu primeiro ato espontâneo e relacional, que desempenha em conjunto com a mãe. A partir daí, para o homem só se desenvolve através da ação conjunta que lhe permite aprender seus papéis no mundo.

A relação EU-TU na qual o homem vive deve desenvolver-se em um clima de respeito e Encontro. Esta é a utopia moreniana.

Como vemos, esses dois terapeutas apesar de serem críticos da ideologia familiar e social e trabalharem com mudanças de idéias, valores, mitos e crenças, oferecem-nos caminhos para fazermos isto sem impormos nossos valores ou dirigirmos as famílias para a solução que pensamos ser a melhor.

São cuidadores e respeitam a espontaneidade e autonomia do outro, sem tampouco serem neutros.

Antes os terapeutas trabalhavam mais com a repressão, hoje com o abandono, a falta de limites, e a violência. Ninguém trabalha com isso se não for capaz de respeito, amor e cuidado para com outro.

Felizmente, como diz Toinbee, in Capra (1982), sempre aparecem no caos personalidades criativas com novas propostas. A proposta que vem lentamente surgindo é a de uma **ética renovada**. Esta implica na procura social de limites justos, responsabilidades capazes de proteger os direitos de cada um. Não a obrigação fundamentalista de uma responsabilidade só pelo dever incondicional, mas a responsabilidade protetora, que respeita as necessidades e a espontaneidade no contexto de cada um.

Estamos em uma fase de transição que saiu de valores absolutos, para nenhum valor e que parece estar encontrando um ponto de equilíbrio. Chegaremos a ser mais amorosos, mais cuidadores e felizes?

Referências bibliográficas

BERMUDEZ, J. G. R. *Introdução ao Psicodrama*. São Paulo: Mestre Jou, 1980.

BOFF, L. *Saber Cuidar: ética do mundo – compaixão pela terra*. Petrópolis, Vozes, 2003.

CAPRA, F. *O Ponto de Mutação. A Ciência, a Sociedade e a Cultura Emergente*. São Paulo: Cultrix, 1982.

HORKEIMER, M.; ADORNO, T. W. *Temas básicos da sociologia*. São Paulo: Cultrix, 1978.

LIPOVETSKY, G. *O Crepúsculo do dever: a ética indolor dos novos tempos democráticos*. Lisboa, Publicação Dom Quixote, 1994.

MORENO, J. L. *Psicodrama*. São Paulo: Cultrix, 1970.

NAGY, C.D. A terapia contextual in Mony Elkaim, *Panorama das Terapias familiares*. Vol. 1, Secção II, São Paulo: Summus, 1998, p.101-117.

POSTER, M. *Teoria crítica da família*. Rio de Janeiro: Zahar, 1979.

SEIXAS, M.R. *Sociodrama familiar sistêmico*. São Paulo: Aleph, 1992.

WALSH, F. *Fortalecendo a resiliência familiar*. São Paulo, Roca Ltda., 2005

10. O desenvolvimento de valores em famílias e comunidades

Rosa Maria Stefanini de Macedo
NUFAC – Núcleo de Família e
Comunidade – PUC-SP

A palavra "valores" vem sendo usada desde a Antigüidade para indicar a utilidade e o preço dos bens materiais e também a dignidade e o mérito das pessoas. Com os estóicos seu significado foi generalizado, passando a indicar qualquer objeto de preferência ou escolha, o que o introduz no domínio da ética, referindo-se aos objetos de escolha moral.

Os valores e o âmbito ético se articulam com o campo da moral, fazendo surgir as normas e as interdições, motivadas pela cisão entre o desejável e o preferível, que começa a colocar os valores ao abrigo da arbitrariedade de cada um. Nesse sentido o ponto de partida é a liberdade e o ponto de chegada, a lei.

Assim fica fácil compreender a implicação social dessa questão e a responsabilidade que cabe não só ao indivíduo mas também à família e à comunidade

O que são valores?

De acordo com o Novo Aurélio Séc. XXI – (1999) Valor significa: normas e princípios sociais, aceitos ou mantidos por indivíduos, classes ou sociedades, que de modo relativo ou absoluto é tido ou deve ser tido como objeto de estima e desejo. Valor positivo é aquele que tem mais valor.

> "Valor diz respeito à oposição que o ser humano estabelece entre o principal e o secundário, o essencial e o acidental, o desejável e o indesejável e entre o significante e o insignificante. Ele expressa a ausência de igualdade entre as coisas, os fatos ou as idéias. Desta forma, a palavra valor aplica-se em todas aquelas circunstâncias em que uma delas é julgada superior à outra, em que uma delas é objeto de preferência do sujeito diante dos objetos, dos eventos ou das idéias. A manifestação de preferência por algo ou por alguém é, talvez, o comportamento mais comum da vida cotidiana. Neste sentido, a palavra expressa uma experiência comum a todo ser humano". (TAMAYO, 1999).
> Portanto, "valor" implica necessariamente **escolha**; a qual, por sua vez implica oportunidades ou possibilidades para escolher.

Valores, sociedade, comunidade

Considerando que educar é transmitir valores, o grande desafio da educação é então inscrever os valores comuns de uma cultura no projeto de liberdade de cada um, mas de tal forma que a liberdade individual não seja asfixiada por um processo de socialização perigoso para a dignidade da pessoa. (MACEDO, KUBLIKOWSKI, PIMENTA, BERTHOUD, 2003).

Na passagem de uma geração à outra há uma renovação dos valores, pela exigência de um remanejamento de competências que permitam aos filhos uma melhor gestão do futuro. A transmissão de valores positivos pode então ser considerada o maior bem que podemos oferecer aos jovens como guia para suas ações, permitindo-lhes serem bem sucedidos mesmo em ambientes adversos.

Importante frisar aqui o caráter relacional de nossas ações; daí a importância de moral social e da ética como guias de nossos juízos morais, nossos julgamentos no ato das escolhas que fazemos, porque nossas ações têm que ser compreendidas sempre na relação com os outros. No dizer popular "Não faça aos outros o que não quer que façam a você". E, mais que isso, é importante saber que a responsabilidade das escolhas não é apenas em relação a si mesmo, mas, ao grupo a que você pertence e à sociedade da qual esse grupo faz parte em cada época e lugar. Escolhas baseadas no benefício pessoal ou de pequeno grupo sem se ater às consequências mais amplas para outros grupos, são típicas desses nossos tempos em que impera o individualismo desenfreado do "se dar bem a qualquer custo, doa a quem doer". Os escândalos na política, a ação dos governantes tanto no Brasil como mundo afora, são testemunhos vivos da fragilização dos valores positivos e da crença disseminada na crise de valores que legitima o "vale-tudo".

O fundamentalismo religioso se combate com um fundamentalismo ideológico que mal disfarça os interesses de dominação das fontes energéticas tão necessárias para a manutenção do poder.

A miséria e a pobreza se combatem com o mínimo necessário para que não se morra de fome em lugar de empregar as fabulosas somas de dinheiro desviados dos cofres públicos na construção de uma infra-estrutura social: saneamento básico, moradia, educação, saúde, meios de transporte e trabalho. Tais medidas levariam a integrar o povo de fato, como cidadãos dignos com oportunidades para decidir sobre suas vidas. Isto é o mínimo que se espera dos governantes: que sejam propulsores do desenvolvimento de base não *bene factors* que distribuem benefícios como dádivas e mantém a dependência do contexto, sem desenvolver competências.

Apoiados em pesquisas atuais, alguns autores americanos preocupados com a propalada "crise de valores" apontam duas importantes mudanças visíveis na sociedade hoje: a diminuição da importância da religião e respeito à autoridade, à família e à nação e uma mudança no significado dos valores de sobrevivência como: auto expressão, respeito à diversidade, busca espiritual e intelectual, realização pessoal. Nas sociedades neoliberais, tais valores foram substituídos por posições relativistas radicais em relação à vida (aborto, eutanásia) casamentos ou uniões casuais sem grande compromisso com a prole, bem-estar material, segurança física pessoal e intolerância com o diferente, o forasteiro, valores que se podem observar nas sociedades de modo geral, graças à globalização. (Baker, 2005)

Família e comunidade frente à crise de valores contemporânea

Diante desses resultados, o que se pode concluir analisando mais de perto grupos, comunidades e famílias é que não se pode dizer que os valores positivos foram substituídos por outros menos positivos. O que se observa sim, é menor polarização entre atitudes extremamente tradicionais e conservadoras, maior relativização, na construção de valores, porém, nem sempre nihilista, sem responsabilidade moral, ou contra a ética do respeito pelo outro.

Podem-se notar muitas vezes soluções ou escolhas na linha do "salve-se quem puder", porém em extratos localizados da sociedade em geral, aí sim, nos dois extremos: dos que detêm o poder e dos totalmente desempoderados.

E aqui, então, nos deparamos com a complexidade da vida em sociedade, com uma grande variabilidade de comportamentos baseados em valores desde os mais tradicionais aos mais atuais.

Como então formar cidadãos com sólidos valores positivos?

Daí a importância da família, núcleo básico da formação da identidade das novas gerações, em termos dos valores que cultiva e consequentemente transmite aos filhos através de palavras e ações.

Crianças que crescem em ambientes que cuidam de desenvolver valores positivos, têm alta probabilidade de se tornarem jovens saudáveis e adultos idem.

Da mesma maneira, uma comunidade de uma sociedade com fortes princípios morais que exercita os valores positivos de justiça, equidade, respeito pela vida, com distribuição equânime de bens sociais e direitos e criação de oportunidade de escolhas para todos é uma sociedade que tem condições de produzir comunidades saudáveis e famílias idem.

E assim, o círculo se fecha de forma recursiva, da sociedade para a família e os indivíduos e desses para a sociedade, pois, como diz Morin (1991) não existe sociedade sem indivíduos nem indivíduos sem sociedade.

Daí a enorme responsabilidade de todos, cada qual como indivíduo e como parte de alguma instância institucional da sociedade: Igreja, Estado, Escola, Trabalho, Associações de Classe, Esportivas ou Sociais, de agir de acordo com escolhas desejáveis para a construção de valores positivos que sirvam como guia para si próprios e para as gerações vindouras.

Valores e família

- ✓ De acordo com a abordagem sistêmica, há uma transmissão intergeracional de padrões familiares referentes aos valores que envolvem o tipo de relacionamento familiar, as práticas educativas e os estilos de criação utilizados pela família, sendo também necessário considerar aspectos sociais múltiplos envolvidos no comportamento, que permeiam a comunidade a que pertencemos.
- ✓ Os valores transmitidos são selecionados e transformados, de forma a articular a micro cultura familiar ao sistema sócio cultural;
- ✓ Valores não são simplesmente transmitidos, mas reflexivamente reconstruídos; uma das dificuldades da família no que se refere a utilizar o que aprendeu é saber o que é pertinente transmitir à próxima geração; em função das mudanças sociais constantes;
- ✓ Portanto, a reconstrução dos padrões familiares tradicionais constituem a construção de um novo território social. (MACEDO, KUBLIKOWSKI, PIMENTA, BERTHOUD 2003).

Que valores seriam fundamentalmente importantes para profissionais que trabalham com família e comunidade?

Baseados em mais de 50 anos de experiência com jovens, comunidades e valores, o Search Institute (EUA) elencou 40 valores básicos para o desenvolvimento de Juventude e Comunidades Saudáveis. Dividiram em dois grandes grupos: valores internos e valores externos, cada qual com quatro categorias:

VALORES EXTERNOS
- Apoio
- Capacitação
- Limites e expectativas
- Uso construtivo do tempo

VALORES INTERNOS
- Compromisso com a aprendizagem,
- Valores positivos,
- Competências sociais
- Identidade positiva.

Os externos dizem respeito a valores que se desenvolvem tendo por base as relações na família e na comunidade, enquanto os internos resultam daqueles princípios apropriados por crianças e jovens a partir dos exemplos e ações da família, da comunidade e da sociedade em geral, às quais pertence.

São nomeados a seguir e, evidentemente devem ser vistos como indicadores para o bom desenvolvimento dos jovens, bem como, para, servir de base para programas de educação e intervenção social, ajudando crianças e jovens a não se tornarem vulneráveis a comportamentos de risco.

VALORES EXTERNOS:

Apoio
1. Apoio familiar
2. Comunicação familiar positiva
3. Outras relações com adultos
4. Vizinhança que cuida
5. Clima de cuidado na escola
6. Envolvimento dos pais na vida escolar

Capacitação
7. Comunidade valoriza a juventude
8. Juventude como recurso
9. Voluntários na comunidade
10. Segurança

Limites e expectativas
11. Limites familiares
12. Limite na escola
13. Limite na vizinhança

14. Modelos adultos
15. Influência positiva do grupo
16. Alta expectativa

Uso construtivo do tempo
17. Atividades criativas
18. Programas para jovens
19. Comunidade religiosa
20. Tempo em casa

Estudos do Search Institute (1994) mostram que os valores, relacionados a apoio são de grande importância para o bom desenvolvimento da criança e dos jovens.

Eles se referem ao apoio familiar em termos de presença; interesse pelo que os jovens fazem, boa comunicação, envolvimento dos pais na vida escolar, acompanhamento das atividades fora da escola, propiciar segurança, dar limites, deixar claras suas expectativas. Além disso, é importante frisar que tal apoio não se restringe à família, mas a outros adultos da comunidade, bem como à escola, aos professores. O jovem deve sentir que os adultos, em geral, se importam com ele.

É importante que o jovem não seja anônimo na vizinhança, mas que seja chamado pelo nome; que os adultos da comunidade também lhes cobrem limites nas atividades sociais ou comportamento em público, lhes exijam respeito e os respeitem. A melhor maneira de respeitar o jovem é reconhecendo suas potencialidades, chamando-o a participar dos movimentos comunitários, dando-lhes responsabilidades e, ao mesmo tempo criando espaços sociais, culturais, religiosos e, esportivos para que eles ocupem criativamente o tempo livre.

Os jovens precisam de modelos adultos, não só dos familiares mas dos professores, dos amigos da família, dos vizinhos.

Percebe-se assim, que na educação de crianças e jovens, a transmissão de valores positivos vai além da responsabilidade da família e se torna responsabilidade da comunidade a que pertence e de toda a sociedade.

Por essa razão, cada qual tem o dever moral de agir de forma respeitável contribuindo assim para a construção de comunidades com fortes valores positivos, que cuidam de suas crianças e jovens colaborando para que tenham ambiente saudável para se desenvolver.

Os valores internos referem-se a aspectos pessoais, interiorizados pelos jovens e incluem a motivação para aprender, desejo de saber, engajamento na escola e cumprimento das tarefas.

VALORES INTERNOS:

Motivação
21. Motivação para aprender
22. Engajamento na escola
23. Tarefa de casa
24. Ligação com a escola
25. Ler por prazer

Valores positivos
26. Cuidado
27. Igualdade e Justiça Social

28. Integridade
29. Honestidade
30. Responsabilidade
31. Controle

Competências sociais
32. Planejamento e tomada de decisões
33. Competência interpessoal
34. Competência cultural
35. Habilidade de resistência
36. Resolução pacífica de conflitos

Identidade positiva
37. Poder pessoal
38. Auto-estima
39. Senso de propósito
40. Visão Positiva do futuro pessoal

Que tenham competência social no que diz respeito às relações com as pessoas, capacidade de planejar, tomar decisões, resistir a situações difíceis, de risco e que consigam resolver situações conflitivas de maneira pacifica, sem agressões, sem armas, sem depredação.

Que tenham controle sobre si mesmo, responsabilidade para assumir compromissos e não se deixarem levar por desafios que os tornem vulneráveis a riscos com bebidas, drogas e outros vícios, ações ilegais, vandalismo.

Para que todos esses valores sejam desenvolvidos e fortalecidos é de capital importância uma orientação, apoio e cuidado dos adultos responsáveis pelas novas gerações.

Ao se sentirem amados, valorizados e vistos como adultos responsáveis de amanhã, esses jovens terão condições de desenvolver boa auto-estima, acreditar no seu poder pessoal e assim cultivar uma visão positiva do seu futuro pessoal.

Portanto, ao trabalhar em comunidades, não pode deixar o profissional de estimular ao máximo o interesse pelo desenvolvimento de todos os jovens da mesma.

Que eles sejam chamados a participar das atividades comunitárias.

Que façam parte inclusive dos movimentos para o desenvolvimento da própria comunidade e dos recursos para crianças e jovens: escolas, parques, bibliotecas, centros de recreação, afim de que se sintam úteis e capazes.

Trabalhar com os adultos de todas as famílias da comunidade no sentido de evitar condições adversas: ficar só em casa muito tempo, ser abusado física ou sexualmente, situações de violência, super exposição à tevê. São considerados comportamentos de risco que a família e a comunidade devem desestimular através do desenvolvimento de valores positivos:

- Uso do álcool;
- Tabaco;
- Maconha;
- Outras drogas ilícitas;
- Manter relações sexuais;
- Comportamento anti-social;
- Violência;

- Cabular aula;
- Jogar;
- Distúrbios alimentares;
- Depressão;
- Tentativa de suicídio.

- Todos nós precisamos de valores;
- Todos nós construímos valores;
- O relacionamento é a chave para o desenvolvimento de valores;
- O desenvolvimento de valores é um processo continuo não tem fim;
- Mensagens consistentes e repetição intencional são fundamentais para a construção de valores. (MACEDO, KUBLIKOWSKI, PIMENTA, BERTHOUD 2003)

Pesquisa realizada com mais de 2.500 jovens de várias regiões da cidade de São Paulo, das mais pobres e com poucos recursos às de maior renda e desenvolvimento urbanístico, social, de saúde e educacional mostrou alguns aspectos que podem servir como importantes indicadores para o trabalho com valores na comunidade a saber:

- ✓ A família é a maior fonte de apoio para os jovens.
- ✓ Os jovens percebem pouco envolvimento dos pais na escola.
- ✓ Poucos jovens percebem que a comunidade os valoriza como recurso.
- ✓ Em nossa sociedade o trabalho voluntário é uma realidade; mas como o jovem não é valorizado como recurso, não é chamado para realizá-lo.
- ✓ Limites impostos pela família, escola e comunidade são percebidos por aproximadamente 60% dos jovens.
- ✓ Nossos jovens, de forma geral, não estão usando o tempo de forma construtiva.
- ✓ A grande maioria permanece em casa a sós (sendo que 4% com amigos), o que é uma condição desfavorável, pois propicia comportamentos de risco.
- ✓ Apenas metade da amostra evidencia estar engajada no processo de aprendizagem e motivada para sair-se bem na escola.
- ✓ Gostam da escola muito mais como local de camaradagem e encontro com amigos.
- ✓ Poucos jovens lêem por prazer e em geral dedicam pouco tempo para as tarefas de casa.
- ✓ Há grande envolvimento dos jovens com questões de igualdade e justiça social, honestidade, responsabilidade e solidariedade, o que é próprio da idade.
- ✓ A capacidade de controle dos jovens está presente em menos da metade dos participantes, porém, o ponto fraco é a capacidade de solução pacífica de conflitos, presente em apenas 27% dos jovens. Tendem a participar de brigas, agredirem-se e machucarem-se.
- ✓ Outro comportamento de risco freqüente é o alto consumo de álcool, dificilmente controlável pelo caráter social do beber em nossa sociedade. (MACEDO, KUBLIKOWSKI, 2005).

E, finalmente, o valor fundamental em qualquer grupo social nesta sociedade globalizada e individualista e a capacidade de organização em redes que têm por base o respeito mútuo e a valorização de cada um como capaz de contribuir para o bem comum, apoiando-se mutuamente.

Referências bibliográficas

BAKER, W. E (2005) *América's Crisis of Values: Reality and Perception USA* – Princeton Uni. Press.

MACEDO, R. M. S., KUBLIKOWSKI, I., PIMENTA, L, BERTHOUD, C. – (2003) e (2005). *Os Valores positivos e o desenvolvimento do adolescente: da vulnerabilidade à responsabilidade.* Relatório de Pesquisa Núcleo de Família e Comunidade PUC - São Paulo.

MORIN, E (1996) *Ciência com consciência* – Rio de Janeiro, Bertrand Brasil.

SEARCH INSTITUTE (1994) – *Profile of Student Life – Attitudes and Behaviors* – Minneapolis.

TAMAYO, A. (1999) Valores e Clima Organizacional – In Paz, M.G.T & TAMAYO, A. (Orgs.) *Escola, Saúde e Trabalho: estudos psicológicos* – Brasília, D.F. – Ed. da UNB

QUESTÕES DESAFIADORAS:

Crianças, Adolescentes e Idosos em Situação de Vulnerabilidade

11. O corpo como objeto de exploração: uma experiência terapêutica com adolescentes em situação de prostituição. Um fenômeno associado ao turismo sexual

Elismar de Paula Nepomuceno Santander
Conselho Estadual Sobre Drogas e Coordenadora da
Prevenção de Drogas da Policia Federal no Ceará.
e-mail: elismarsantander@fortalnet.com.br

O tema criança e adolescência ganhou grande visibilidade nos últimos anos no Brasil e em todo mundo, o que não significa que não tenha sido anteriormente alvo de atenção.

No Brasil ocorreu uma verdadeira mudança de perspectiva no seu tratamento: não se fala mais do "menor", mas sim de crianças e adolescentes que são vistos como sujeitos de direito e de responsabilidade no contexto social. (do conjunto da sociedade.)

O ECA resgata o reconhecimento da criança e do adolescente enquanto cidadãos que devem ser protegidos, respeitados em sua condição e em seu desenvolvimento.

Contraditoriamente, esses grandes avanços não inibiram nem impediram o crescimento acelerado da exploração sexual de crianças e adolescentes, notadamente nas regiões de grandes desigualdades sociais.

Sem dúvida, o modelo socioeconômico vigente no país é caracterizado por má distribuição de renda, miséria acentuada, desemprego crescente, crescimento da economia informal e ausência de políticas públicas que garantam ao homem do campo os avanços básicos de educação, saúde e habitação.

(Estas são algumas das causas que acabam forçando famílias a migrarem para os grandes centros urbanos, a viverem na rua, mendigando, roubando para sobreviver e buscando compensação no álcool ou drogas nas drogas, o álcool entre outras)?

Em meio a esse problema social, estão inseridas as crianças e adolescentes em situação de abandono, jogadas a própria sorte e expostas a todo tipo de exploração.

Crianças e adolescentes, filhos das condições básicas de sobrevivência vão para a rua em busca de ajuda, apoio e até de fantasias da idade. O espaço público passa a ser o lugar de referencia, de educação, de sobrevivência e de liberdade, liberdade essa, que acaba se tornando um dos fatores relevantes, que os atrai para o mundo do desconhecido.

Esse jogo de sobrevivência desumana e perigosa produz relações sociais nefastas, sujeitas às influências que exercem no campo de estruturação dessas mesmas relações.

É nessa ciranda patológica, onde as desigualdades são evidenciadas e os direitos não são efetivados que se abre o espaço para a exploração sexual de crianças e adolescentes.

Da necessidade o espaço se estende para estratégia de atender à própria lógica imposta pelo sistema – a luta para ser incluída, criar uma identidade própria, se distanciar da pobreza excludente, pertencer a um grupo e garantir a sobrevivência.

O primeiro aspecto a ser considerado quando tratamos do tema da exploração sexual de crianças e adolescentes é a contextualização histórica, cultural e social em face da multiplicidade de situações que envolvem a problemática. Entretanto destacamos dois pontos fundamentais: a condição da idade e a situação de pobreza.

Essa população não exerce seus direitos fundamentais como cidadãos e falho é o seu desenvolvimento biopsico-social, sendo, portanto, uma população vulnerável e de permanente risco.

Considerando os últimos anos, Fortaleza vem se colocando no cenário nacional e internacional como uma das capitais de grande potencial turístico. O crescimento do turismo, particularmente, o internacional, vem contribuindo de forma acentuada para a ampliação da violência e exploração sexual de crianças e adolescentes.

Na verdade, foi reproduzida uma imagem de Fortaleza (no exterior) como uma capital que oferece belas praias, mulheres jovens e disponíveis para programas sexuais e/ou bacanais, por baixo custo, sem dificuldades e/ou perigos eminentes, melhor dizendo: é o lugar ideal para o turismo sexual.

Logicamente, essa situação não foi criada pelo turismo, mas é um espaço utilizado pelos inescrupulosos e oportunistas que encontram nesse serviço um meio de ganhar a vida. Por outro lado, esses mesmos agentes implantaram uma rede interligada de serviços complementares que auxiliam, apóiam e expandem essa prática, criando um verdadeiro círculo de exploração sexual.

Sem dúvida, essa situação está presente no nosso cotidiano de forma real e agressiva, sem que tenhamos condições efetivas de evitá-la e/ou reduzi-la.

Tal fato decorre da própria contradição da sociedade, que ao mesmo tempo em que tenta abafar e/ou reduzir essa situação através de medidas paliativas e moralistas, super valoriza o consumo desenfreado, a aquisição de bens e do poder a qualquer preço, o extremo erotismo e individualismo.

A mídia (com toda sua força apelativa) coloca a sexualidade como razão fundamental da sociedade contemporânea, assim o corpo passa a ser um fetiche, mercadoria de troca, de venda e de prazer. Nesse cenário patológico as adolescentes se tornam presas fáceis, particularmente às de classe menos privilegiada, que não têm segurança afetiva, família estruturada e não dispõem de meios financeiros para atender suas necessidades e os apelos da sociedade de consumo.

Minha experiência nessa área foi desenvolvida através de estudos de casos e investigação de ordem qualitativa. Teve como foco central adolescentes na faixa etária de 14 a 18 anos, exploradas sexualmente, com vistas a reconstruir suas histórias e seus significados na conjuntura histórica de Fortaleza.

O diagnóstico do contexto sociofamiliar dessas adolescentes de baixa renda foi o ponto de partida para entender sua situação, visão de mundo, perspectiva cotidiana, afetividade entre outros aspectos.

Vale ressaltar que, nosso estudo ainda vem se consolidando e ainda não temos respostas efetivas para esse fenômeno. Mas sinalizamos algumas características desse grupo de adolescentes do sexo feminino exploradas sexualmente por turistas estrangeiros.

De acordo com as observações e entrevistas realizadas, foi identificado que:

1. Todas são oriundas de comunidades populacionais de baixa renda, sem condições de atender, mesmo que parcialmente, às mínimas necessidades familiares.
2. Em 95% dos casos foram abusadas na infância pelos pais, padrastos, ou parentes próximos, gente de confiança da família;
3. Ausência da figura paterna e materna;

4. Ausência de perspectiva e/ou projeto de vida, a visão imediatista é para suprir as necessidades momentâneas;
5. Sentimento de exclusão e de revolta motivada pela pobreza exposta – não há ilusão com a pobreza e nem perspectivas de mudanças futuras;
6. Negação e desidentificação com a miséria;
7. Compulsão auto-erótica, tensão;
8. Não há sentimento de culpa com relação à situação a que estão expostas.
9. Não há reconhecimento da exploração pelos agentes do sexo e nem sentimento de vitimização mas sim de perseguição por parte do poder público.
10. Ausência de valores e/ou normas de convivência nas relações sociais;
11. A sobrevivência é expressa no individualismo e na responsabilidade individual – eu tenho que ir à luta, ninguém me dá nada, eu tenho que sobreviver. Esse individualismo assume proporções maiores à medida que vão sofrendo decepções, frustrações e abandono;
12. Auto-estima fragilizada;
13. Vínculos familiares frágeis;
14. O uso do álcool ou outras drogas como canalizadores da compulsão auto-erótica desenvolvida, ou para dar conta de atender às fantasias dos clientes;
15. Apresentam baixa capacidade para entender a realidade vivida e para evitar sofrimento; elas preferem adotar uma postura de indiferença "não estou nem ai", "estou chutando o pau da barraca".
16. Perda de identidade e internalização da miséria – como obstáculo maior para sua realização e inclusão;
17. Sentimento de revolta com tudo que diz respeito a normas e comportamentos éticos, já que a própria sociedade expõe suas misérias, violências, atitudes amorais – sem qualquer constrangimento de natureza ética;

É importante esclarecer que essas adolescentes nem sempre vêem essa prática pelo lado doloroso como consideramos, o prazer não vem do sexo, mas pelo que conseguem obter através do sexo, como: roupas de grife, perfumes caros, passeios, hospedagem em *flats* e hotéis e a fantasia de que, um dia, poderão casar com um gringo loiro de olhos azuis, remetendo aos contos de fadas;

O lúdico passam a ser as boates, a praia, o ponto de encontro, a disputa pelo cliente. O corpo não abriga o sofrimento percebido por nós.

O programa representa o espaço de afirmação perdido, de auto-estima, de escolha, de liberdade, de violência, de catarse. É um espaço dinâmico e de nuances variáveis.

Concluindo, o estudo qualitativo revela histórias e dramas de algumas adolescentes, sinalizando a necessidade de aprofundamento na compreensão da teia de significado que compõem a sua dinâmica interna e a sua inserção social.

Nosso olhar sobre essa realidade "constrangedora" deixa claro que as políticas públicas não devem se pautar pela estigmatização. Deve ser dirigida ao fortalecimento dos vínculos e referência afetiva, para a redução da violência e dos fatores de tensão da vida das famílias de baixa renda que vive em situações de miséria nas comunidades populacionais.

12. Vulnerabilidades familiares, adolescentes e abuso de drogas

Eroy Aparecida da Silva
Unidade de Dependência de Drogas –
Departamento de Psicobiologia – UNIFESP
e-mail: eroy@psicobio.epm.br

Vulnerabilidades Familiares, adolescentes e abuso de drogas

Baseado em alguns dados sobre a situação atual da juventude no Brasil, assim como da família, este artigo abordará de forma globalizada e contextual as vulnerabilidades das famílias de adolescentes usuários de droga entendendo que sistemicamente o que ocorre na vida do adolescente tem repercussão na família e vice-versa.

O Brasil é responsável atualmente por 50% dos jovens da América Latina e 80% do Cone Sul. De 1980 a 2002, foram registrados cerca de 258 mil casos de Aids no país.Desse total, 5.597 são adolescentes de 13 a 19 anos de idade. Houve crescimento de casos de HIV/Aids entre meninas de 13 a 19 anos, constituindo hoje cerca de 63% dos casos nesse grupo etário (Ministério da Saúde,2002).

Em relação à morte de jovens no Brasil, cerca de 70% são de adolescentes na faixa de 15 a 24 anos de idade por causas externas – incluindo,suicídios, homicídios e acidentes de trânsito (Castro & Abramovay, 2002).

Em 2001, o desemprego na faixa de 15 a 24 anos de idade correspondia a 49% do total de desempregados no país. Os jovens representaram 51% e 49% dos desempregados brasileiro em 1990 e 1998, respectivamente (PNAD,1990; FIBGE, 1999).

No que diz respeito ao lazer para jovens no Brasil, também existe carência significativa: indicadores apontam falta de espaços de lazer e de cultura para a população jovem, em especial para aqueles em situações de pobreza. 19% dos municípios brasileiros não tem uma biblioteca pública; 73% não dispõem de um museu; 75% não contam com um teatro ou casa de espetáculo, e em 83%, não existe cinema. 35% não tem um ginásio poliesportivo; e em 64% não há uma livraria. Muitas vezes a carência de atividades de diversão na comunidade é explorada pelo tráfico de drogas, que em muitos lugares, marca presença, ocupando espaço deixado em aberto pelo poder público, constituindo referência para os jovens (Castro & Abramovay, 2002).

Após estes dados sobre os adolescentes, vale ressaltar algumas informações também sobre a família brasileira.

No Brasil, em 2001, cerca de 14,6% da população pertencem às famílias com renda inferior à linha de extrema pobreza e 34% às famílias com renda inferior à linha de pobreza. Para uma população de 165 milhões de pessoas, em 2001, o número de pessoas consideradas pobres é de cerca de 56 milhões enquanto que o de indigentes é de 23 milhões. De 1992 a 2001, a proporção de mulheres chefes de família cresceu 5,3pontos percentuais no Brasil, ficando em torno de 27,4.Esse movimento certamente tem suas raízes no aumento da participação da mulher no mercado de trabalho e, conseqüentemente, na sua maior capacidade de produzir renda e de promover o sustento de uma família, muitas vezes assumindo o papel de seus companheiros em situação de desemprego ou de subemprego. No Brasil, a escolaridade não varia entre chefes homens e chefes mulheres ficando em média em 5,7 anos de estudo, no ano de 2001, é possível observar também um aumento da freqüência de chefes de famílias desempregados e inativos.(PNAD/ IBGE,IETS,2001).

Diante desta realidade é necessária a compreensão integrada dos conceitos de vulnerabilidade, exclusão e a contextualização da família e dos adolescentes na pós modernidade frente as situações de risco.

A definição teórica do conceito de vulnerabilidade esteve relacionada inicialmente ao contexto da epidemia da Aids, por pesquisadores advindos da área de saúde pública e ciências humanas, preocupados com as dimensões plurais da epidemia, suas conseqüências e impactos sociais. Estes propuseram uma visão mais plural da questão, até então baseadas na idéia de grupo e comportamento de risco. Assim com o decorrer do tempo, o conceito de vulnerabilidade se ampliou para além do comportamento voluntário e individual.

Vulnerabilidade é definida, atualmente, não como uma essência ou algo inerente a algumas pessoas e grupos, mas está relacionada a determinadas circunstancias e condições que podem ser revertidas e minimizadas levando em consideração tanto os aspectos sociais, institucionais e os individuais (Man,1992,Ayres,1996,Paiva, Paulilo & Jeolás). Os aspectos sociais incluem acesso à escolarização, informação, garantia de acesso aos serviços de saúde, respeito aos direitos humanos; os aspectos institucionais são programas e projetos preventivos no sentido de contribuir de maneira antecipada ao desenvolvimento dos problemas, e o aspecto individual relaciona-se adoção de comportamentos protetores que estão diretamente relacionados aos dois aspectos anteriores. Quanto menos acesso à educação e à saúde, quanto mais excluídos e marginalizados, quanto menos recursos os indivíduos tiverem para elaborar escolhas para suas vidas, mais vulneráveis estarão a diferentes riscos. É possível observar assim, que a compreensão do conceito de vulnerabilidade está diretamente relacionado ao de exclusão, estes caminham paralelos na reflexão sobre as vulnerabilidades das famílias de adolescentes com problema de drogadição.

Exclusão é um estado de carência material, psicológica, de segregação, de discriminação em diferentes esferas na vida e está ligada a um processo de desvinculação sócio e espacial. Existem várias formas de exclusão: a econômica, a cultural, a étnica e a territorial. Alguns autores (Townsend,1979, Feijó e Assis 2004) ressaltam que a exclusão econômica é uma das mais graves, pois gera outros tipos de exclusão; quando uma nação por razões diversas não gera emprego, por exemplo, para as pessoas, deixa a margem, de modo geral os menos preparados e que já estão em um lugar menos privilegiado. A exclusão cultural impede que o indivíduo de obter escolaridade, que é a chance de empregos melhores e conseqüentemente maiores remunerações. A exclusão étnica provoca comportamento de revolta entre os envidemos, classificando-os como seres inferiores e diferentes dificultando o convívio social e com a comunidade. A exclusão territorial afasta o indivíduo do convívio com seus semelhantes, do emprego, da escola, do local de moradia, da terra produtiva (Feijó & Assis,2004, Bezerra & Linhares,1999).Todas estas formas de exclusão levam a um conjunto de vulnerabilidades que operam em cadeias de obstáculos, onde a superação exige além da capacidade de resiliência dos excluídos, também o cuidado e atenção no bem estar coletivo advindo de políticas públicas. A falta de oportunidade para o jovem e sua família afeta o sentido de pertencimento ao grupo social e compromete as expectativas de futuro. O envolvimento com a droga, com o tráfico, assim como a entrada para gangues são diferentes buscas do sentido de pertencer dos jovens; onde estes muitas vezes buscam nos comportamentos "a margem" formas de potencialização frente ao sentimento de impotência, isolamento, exclusão e falta de perspectivas em relação à vida e ao futuro. Neste sentido discutir sobre família, adolescência e abuso de drogas implica em considerar os múltiplos planos das estruturas sociais vulnerabilizantes.

Assim, este artigo indaga os paradoxos da pós-modernidade que trouxe ao mesmo tempo avanços nas esferas sociais, culturais e individuais, mas trouxe também muitas contradições: a cultura do consumo, geradora de necessidades rápidas imediatas e descartáveis, temores e desafios dos mais variados dentre eles o enfrentamento das famílias em relação ao uso de drogas.

A família contemporânea brasileira está em fase de transformação no seu modelo de organização nuclear tradicional (pai,mãe e filhos vivendo sob o mesmo teto): a inserção da mulher no mercado de trabalho, a ampliação do papel paterno para além das tarefas de provedor, o aumento do número de separações conjugais, as uniões não formalizadas, assim como mulheres sozinhas cuidando da família são alguns dos inúmeros aspectos que têm contribuído para mudanças.

Essas transformações trouxeram para a família atual muito desafios: lidar com as ansiedades e temores frente à violência urbana, o desemprego, a sobrecarga de trabalho, a globalização, as doenças sexualmente transmissíveis, a violência doméstica, o abuso de drogas lícitas e ilícitas dentre outros (Silva,2002).

Não existe atualmente um modelo único de família; ao contrário, as famílias apresentam muitas diversidades e constroem valores, regras e modelos de afetividade baseados na sua própria história, com múltiplas realidades e diferentes contextos.Entretanto por família atualmente se entende vários tipos de arranjos, mas cuja função básica é a de socialização primária da criança e a dos adolescentes, permeados de afeto e cuidado que muitas vezes ficam comprometidos frente a situações de risco (Schenker & Minayo,2003).

O abuso de drogas é um tema que em geral preocupa as famílias. O assunto provoca reações variáveis: desde os temores associados ao uso de drogas de pais de crianças e jovens que delas nunca fizeram uso, até sentimentos de raiva, impotência nas famílias que já convivem com o abuso ou a dependência ou ainda um padrão de comportamento aprendido do jovem que convive com a droga/tráfico presente em sua própria casa.

O uso de drogas pode ter várias causas, assume várias funções em diferentes famílias e afeta tanto o indivíduo como seu sistema familiar. Condições de vida adversas, pobreza, abandono, violência, desemprego, sentimentos de abandono, desamparo, solidão, ansiedade, auto-estima baixa, exclusão social são situações potencialmente de risco para o uso de drogas tanto lícitas quanto ilícitas, no entanto isso não tem uma relação direta de causa e efeito. Porém compreender a presença das drogas no sistema familiar é refletir fundamentalmente sobre os contextos que as mantém (Noto e Silva, 2002).

O consumo de drogas, principalmente as lícitas: álcool, cigarro e medicamentos tem atingido uma parcela significativa e vulnerável da população: crianças e adolescentes A experimentação precoce e abuso de drogas pelos adolescentes é preocupação em vários locais do mundo. Estudos desenvolvidos mundialmente apontam que 50% a 80% das crianças em idade escolar usam drogas lícitas ou ilícitas recreacionalmente. Estudos brasileiros com estudantes apontam o álcool e o cigarro como as drogas de maiores prevalências de uso na vida(53% e 39)-CEBRID-2001. O adolescente de maneira geral entra em contato com o álcool e o cigarro na própria casa. Existem indicadores de um possível aumento de consumo de drogas, principalmente entre os jovens, no entanto a falta de dados mais abrangentes em diversas populações ainda não permite afirmar claramente este fenômeno. Vale a pena, entretanto discutir as implicações sociais, psicológicas do uso de droga pelos adolescentes que estão inseridos em diferentes famílias,seja em relação à cultura familiar, nível socioeconômico, valores e regras de educação, etc., seja em relação à dinâmica das tarefas, papéis, construção dos vínculos no interior da família, assim como na expressividade e envolvimento afetivos.

A adolescência é uma transição entre as fases da infância e vida adulta, caracterizada por aspectos desenvolvimentais variáveis, de acordo com a os valores culturais de cada sociedade. Na nossa cultura ocidental é encarada como um período onde ocorrem nos jovens, mudanças físicas, psicológicas e sociais importantes: essa ultima determinada principalmente pelo nível socioeconômico no qual esta inserido o adolescente. As modificações corporais, o desenvolvimento da sexualidade, a busca de independência, a necessidade de pertencimento a outros grupos sociais além do familiar, o imediatismo, a onipotência e o destemor são aspectos marcantes desta transição e trazem tanto para o jovem como para as famílias desafios.

A construção de identidade própria do jovem, pode levá-lo a insegurança e incertezas sobre si mesmo, levando em várias ocasiões a situações de transgressão, busca de prazer imediato, necessidade de liberdade onde utilização de droga pode ocorrer por vários fatores: curiosidade, influência do grupo social, disponibilidade de drogas, influência familiar, "modismo da turma". Vários estudos citam os fatores de risco e de proteção em relação ao consumo de drogas pelos adolescentes, ressaltando a importância da família tanto na predisposição como na prevenção do consumo. No entanto, muitas vezes a própria família desconhece a importância de seu papel neste processo, e de modo geral se sente impotente, culpada. O trabalho com as famílias deve ser o de resgatar a competência e força existentes no próprio sistema. O cuidado tanto da família quanto do adolescente se faz necessário no sentido de propiciar a ambos (in)formações sobre o problema. É comum a visão do adolescente de que ele não tem problema nenhum com drogas, a família é que está demasiado preocupada; que todos os adolescentes de sua 'idade bebem e fumam maconha'. Isso se deve em parte aos paradoxos culturais e culturais em relação ao uso de droga na sociedade. Embora exista permissividade social para o consumo de várias drogas (principalmente as lícitas) pelos adolescentes, é consenso que o uso, dependendo da forma como é realizado, pode afetar o desempenho escolar, alterar a capacidade de crítica, o humor, a motivação em relação aos seus projetos de vida, e relações interpessoais, exigindo cuidados seja a nível primário e secundário quanto terciário.

Desta forma neste artigo convido o leitor a refletir sobre atenção sobre os desafios das famílias de adolescentes na pós modernidade, pois embora o jovem nesta fase da vida esteja voltado para fora de casa, ou seja na valorização dos vínculos com amigos, diferentes grupos ("galera", "tribos"etc.) para melhor compreendê-los torna-se necessário inseri-lo no seu contexto familiar e social. As principais finalidades das abordagens voltadas para famílias com adolescentes abusadores de drogas devem ser as da reconstrução do vínculo emocional dos pais em relação ao adolescente, de forma a atender as necessidades de ambos (Schenker & Minayo, 2003). Entretanto isso só será possível com a construção/ampliação de políticas sociais que considerem as famílias prioridades em programas sociais.Apesar do número reduzido de dados epidemiológicos sobre a família brasileira, os vários dados populacionais do IBGE(são indicadores que determinados tipos de famílias e adolescentes em diversas regiões no Brasil encontram-se em posição de maior fragilidade e risco social, necessitando assim de atenção especial e projetos voltados para a inclusão social incluindo a melhor distribuição de renda.

Referências bibliográficas:

AYRES, J. R. C. M. *Vulnerabilidade e avaliação de ações preventivas.HIV/AIDS e abuso de drogas entre adolescentes.* São Paulo Faculdade de Medicina da Universidade de São Paulo. 1996.

BEZERRA, V. C. & LINHARES, A. C. B. A família o adolescente e o uso de drogas. In N. Schor; M.S.T.Mota & V.C.Branco.; *Cadernos Juventude Saúde e Desenvolvimento*,1,184-196,Ministério da Saúde, Brasília, 1999.

CASTRO, M.G.; ABRAMOVAY, M. Jovens em situação de pobreza, vulnerabilidades sociais e violências, *Cadernos de Pesquisa, 116*, São Paulo,Julho,2002.

FIBGE. Pesquisa de informações básicas municipais, 1999. Disponível em: <www.ibge.gov.br>. Acessado em: 15/05/2001.

_____. *PNAD-1999: trabalho e rendiment*o. Disponível em: <www.ibge.gov.br>. Acessado em: 15/05/2001a.

_____. *Diretoria de Pesquisas, Departamento de População e Indicadores Sociais.* Pesquisa de informações básicas 1999. Rio de Janeiro: FIBGE, 1999.

Fundo das Nações Unidas para a Infância-UNICEF & Instituto Brasileiro de Geografia e Estatística-IBGE - *Indicadores sobre crianças e adolescentes*: *Brasil, 1990-1999*, Brasília e Rio de Janeiro, 2001.

Instituto de Estudo do Trabalho e Sociedade – *Análise Socioeconômica* disponível em http//www.iets:inf.br/acervo/BoletimRJE Especial-Conhecimento/Desigualdade,2001.

Ministério da Saúde. *Boletim epidemiológico – AIDS – Julho a Setembro de 2001*: Sistema Nacional de Notificação. Brasília: 2001, Coordenação Nacional de DST e AIDS. Disponível em: www.aids.gov.br. BRASIL. Data do acesso: fevereiro de 2002.

PAULILO, M.A.S.; JEOLÁS,L.S.A.; *A questão das Drogas na cidade de Londrina*, Relatório-CPG/UEL, 1999.

CEBRID. Levantamentos entre estudantes. Disponível em: <www.cebrid.drogas.com.br> Acessado em: 15/05/2001.

Centro Brasileiro de Informações sobre Drogas Psicotrópicas-CEBRID-II Levantamento Domiciliar Sobre Drogas Psicotrópicas no Brasil, Carlini, E. A.; Galduróz,J.C.; Noto,A.R.; Nappo, S.A.; Universidade Federal de São Paulo, 2001.

FEIJÓ, M. C., ASSIS, S. G. O contexto de exclusão social e de vulnerabilidade de jovens infratores e de suas famílias, *Estudos de Psicologia*, 9(1),157-166,2004.

MAN, J. (Org.) *A Aids no mundo*, Rio de Janeiro: Relume-Dumará/ABI/ims-Universidade Estadual do Rio de Janeiro,1992.

NOTO. A.R.; SILVA,E.A.; Dependência Química, adolescência e família. In: O. Furtado (Org.), *Psicologia e Adolescência, Concepções práticas e reflexões críti*cas, Conselho Federal de Psicologia, 2002.

SILVA, E.A. Abordagens Familiares, *Jornal Brasileiro de Dependências Químicas* – ABEAD, 2 (I), 21-24, 2001.

SCHENKER, M.; MINAYO, M. C.; A implicação da família no uso abusivo de drogas: uma revisão crítica. *Ciência & Saúde*, 8(1),299-306,2003.

TOWNSEND, P.; Conceptualising povert. In P. Townsend (Org.), *The international analysis of poverty*, pp.27-39, New York:Harvester Wheatsheaf,1979.

Eroy Aparecida Da Silva

Psicoterapeuta Familiar, Pesquisadora na Área de Álcool e Outras Drogas, Unidade de Dependência de Drogas-Departamento de Psicobiologia – Universidade Federal de São Paulo.

Unidade de Dependência de Drogas eroy@psicobio.epm.br

13. Terapia Comunitária: resgatando a auto-estima dos adolescentes

Raimunda Nonata do Nascimento Silva
Secretária de Saúde e Ação Social –
Sobral – Ceará

O presente trabalho relata experiência vivida da Terapia Comunitária em parceria com programas e projetos sociais, beneficiando moradores com atendimentos terapêuticos e ações coletivas, especialmente através do PÓLO DE ATENDIMENTO – Projeto ABC. Reconhecendo que os adolescentes constituem um grupo populacional vulnerável, sobretudo em relação aos aspectos socioemocionais, e que a maioria das ações dos serviços de saúde se voltam somente para o monitoramento físico, buscou-se o campo da Promoção da Saúde para nortear a estruturação de ações da atenção básica em saúde voltada para compreensão das necessidades de determinada área. Neste sentido, o estudo sistematizou o processo de intervenção por meio do reconhecimento das atitudes do grupo de adolescentes, familiares e profissionais do Pólo de Atendimento.

O Projeto ABC atende crianças e adolescentes entre 7 e 18 anos incompletos, prioritariamente os que se encontram em situação de risco pessoal e social através de atividades socioeducativas, culturais, esportivas e profissionalizantes para o fortalecimento dos vínculos familiares e comunitários, tendo como base o planejamento participativo e a co-gestão comunitária, promovendo um impacto positivo na qualidade de vida do indivíduo, bem como de sua família e comunidade.

Com a variedade de atividades desenvolvidas dentro do projeto ABC para essa comunidade juvenil, o coordenador observou que um grupo de adolescentes distava dos demais que vivem no projeto; eles não tinham alegria, viviam isolados, pouco comunicativos, cabisbaixos ao adentrar no espaço do projeto e sem interesse para realizar as atividades requeridas pelo projeto; porém, no que se refere ao compromisso da presença diária, à freqüência, o número de faltas desses jovens era pequeno. Diante da observação do comportamento desses adolescentes, o coordenador do pólo, ao conversar com eles, identificou que a saúde deles estava bastante prejudicada, pois tinham sonhos, mas não coragem de buscar força interior para realizar seus desejos. Então foram avaliados pelo médico da família através de exames físicos e laboratoriais, os quais foram normais. Assim, em uma reunião de conselho local do bairro foi sugerido pela presidente a terapia comunitária como extensão de cuidados também para os filhos, haja vista que semanalmente no período vespertino há sessão de terapia comunitária neste pólo para pais e/ou responsáveis e comunidade. Portanto, foi necessário ampliar a parceria com a Saúde Comunitária em mais dois terapeutas comunitários, para que semanalmente ocorresse uma sessão de terapia comunitária em horário e turno diferenciados para esses jovens, que formam um grupo de 23 participantes com idade entre 12 a 17 anos, matriculados neste projeto.

O perfil dos adolescentes que formam o grupo da terapia comunitária desse projeto é: baixa renda, **dificuldade de atenção e não participação das tarefas do projeto, desinteresse pelo autocuidado, vindo de famílias carentes onde não existem limites nas** relações familiares, tudo isso gerando ansiedade, angústia nos trabalhadores de referido projeto. Vida é conflito. Não há como evitar-se conflitos no convívio humano, porque premissas diferentes geram inevitavelmente confrontos; como diz o ditado, "cada cabeça uma sentença." O que é viável, contudo, é reduzir ao mínimo possível as tensões existentes entre pais e filhos pelo mútuo reconhecimento dos direitos e deveres. Por outro lado, estas tensões poderão ser mitigadas na medida em que os pais deixem de usar os filhos como instrumentos de suas realizações pessoais; estes, por sua vez, poderão então compreender que são a consciência viva da finitude de seus pais, ou seja, que o simples fato de estarem se tornando adultos comprova a inevitabilidade da velhice e morte dos pais, o que gera neles intensas e nem sempre reconhecidas ansiedades existenciais, certamente não menores do que as que permeiam a adolescência de seus filhos. Isto me lembra que "família é um sistema altamente interativo, pois o que ocorre com um de seus elementos repercute em todo ele" (REGEN). Percebia-se no grupo uma alta expectativa negativa de desempenho em atividades, e sentimentos de incapacidade de produzir. Com a terapia comunitária; os participantes das sessões colocavam o problema do conflito familiar e começaram a compreender que a família está inserida numa unidade socialmente maior, sofrendo o impacto de sociopatologias, como guerra, fome, recesso econômico, etc.., mas que também é na família que encontramos espaço de relações afetivas e conflituosas, capazes de gerar um equilíbrio entre mudanças e estabilidade dos elementos que a compõem.

Especificar as diferenças existentes nas relações de família e conscientizar tais jovens das formas mais adequadas de educação familiar foi o desafio do grupo, haja vista que os terapeutas comunitários agem como maestros de uma orquestra. Então, a socialização brota nestes jovens, quando desenvolvem a capacidade de se relacionar com outros grupos no tempo e ritmo de cada um; preservando sua auto-identidade; oferecendo aos familiares e amigos noção de realidade e consciência dos limites: Quem sou? Qual o meu valor?

Nós, terapeutas comunitários, facilitadores deste processo inacabado, estamos convictos de que a afeição da família e dos responsáveis em oferecer afeto à juventude, possibilitando aos filhos desenvolver a capacidade de amar a si e aos outros, de expressar emoção vem ao encontro da visão de mundo que se forma na consciência juvenil e a transforma.

A dosagem nesta política terapêutica está condicionada a: compreensão, respeito, solidariedade, carinho, atenção, amor, repressão, raiva, desprezo, rejeição, abandono.

O mote para refletir em casa: como é o relacionamento de vocês (mães-filhos-pais)? O arsenal de possibilidades encontradas nos relatos de experiências verbalizados na terapia comunitária faz-nos lembrar das fases da criança; desde o estado de indiferenciação e fusão com a mãe até à aquisição de sua identidade adulta.

O Universo sou Eu – criança no útero da mãe.

O Universo existe em função de mim – criança nos primórdios da vida extra-uterina.

O Universo é meu – criança ao completar o primeiro ano de vida.

O Universo existe independente de mim e eu sou parte dele – criança durante o processo de aprendizagem escolar.

O Universo é algo de que compartilho com outros seres vivos – indivíduo no limiar da condição adulta (adolescente).

A Terapia Comunitária vem sendo espaço de transformação social, dando ao ser humano poder de situar-se e atuar por recuos e avanços

Objetivos

Geral

Oportunizar o desenvolvimento de atitudes construtivas, através de discussões coletivas e terapia comunitária, preparando o adolescente para assumir suas responsabilidades sociais.

Específicos

- Contribuir para o fortalecimento da auto-estima através de reconhecimento do adolescente enquanto cidadão de direitos e sujeito do processo de construção de uma nova identidade, dispertando para o protagonismo juvenil;
- Estimular o resgatar da afetividade e fortalecer vínculos familiares e comunitários através do respeito por si e pelo próximo;
- Possibilitar um espaço de reflexão sobre os benefícios e malefícios causados pelas drogas e sua interferência no exercício das atividades sociais do jovem;
- Desenvolver o espírito de solidariedade e elevar conhecimento de si e do outro a partir da dimensão holística do ser humano enquanto parte indissociável da natureza.
- Incentivar que as respostas sejam buscadas pelo grupo dentro da sabedoria e cultura peculiares a cada um;
- Desenvolver a confiança e capacidade de cuidar de si mesmo e de seus amigos, irmãos, pais e sua posteridade;
- Estimular com paródias, provérbios, contos e histórias o nascer dos sentimentos de afeto, carinho e cuidado; despertar o interesse em ouvir o outro e estar junto; discutindo os problemas, angústias e ansiedades, assim compartilhando vivências; estimulando ânimo e distração dos participantes; incentivando exercícios de fala sem acanhamento nas sessões de terapia comunitária.

Metodologia

Na sessão de TC; sistematicamente o grupo escolhe um tema para reflexão do contexto que circula; sendo perceptível a dificuldade de entendimento entre o contexto da pessoa escolhida e do terapeuta (facilitador). Então é necessário que nós, terapeutas, na nossa abordagem, verbalizemos algo que sirva como base para compreensão do que o assunto traga como foco para a problematização da ação; pois não há sincronicidade do que é expresso puramente no verbal com a expressão corporal dos participantes. O grupo revela traumas passados e personalidades embotadas de sentimentos expressos e sentimentos ocultos. Nos encontros semanais da roda de conversa dos terapeutas discutimos o que o corpo mostra, o que pode ser aprendido sobre uma pessoa, observando-se sua postura corporal. Então abrangemos conceitos básicos, tais como energia, gravidade, etc., as bases teóricas e filosóficas da abordagem corporal. Então olhamos nossos próprios corpos detalhadamente: estrutura, postura e fisionomia corporal de nós mesmos. Daí percebemos, através de comentários; que é preciso saber reconhecer a nós próprios para podermos compreender os outros. Faz-me lembrar BARRETO (2005) "só reconheço no outro o que conheço em mim". Após o estudo em equipe com os terapeutas, a terapia comunitária do projeto ABC ganha força e animo e contagia os adolescentes, que mostram confiança e aos poucos vão desabafando seus sentimentos ocultos, dando-lhes novos significados. Dos 23 participantes da TC, 10 atualmente estão envolvidos com atividades de arte – educação, esportes e ações socioeducativas oferecidas pelo Projeto ABC. Também, durante a sessão de Terapia Comunitária, que é aberta aos adolescentes, estes trazem algo positivo da comunidade e suas adjacências. Como resultado tivemos: os temas escolhidos na primeira sessão da terapia comunitária foram: tristeza (75,5%), dor (20,0%) e raiva (5,0%); enquanto na segunda avaliação apareceram: alegria (60,0%), amor (20,0%) e paz(10,0%). Registrou-se também: aumento do número de participantes nos encontros; redução de agressividade dos integrantes, aumento do vínculo de confiança entre os participantes para expressar sentimentos e dúvidas, ouvir e ser ouvido, compartilhar problemas socioeconômicos e culturais, resgate da boa auto-estima, entendimento da responsabilidade da família no seu cotidiano.

Conclusão

O contágio da experiência introduzida na mente e no coração dos participantes da terapia comunitária no grupo de adolescentes está relacionado às condições ambientais (pobreza, más condições de habitação e de saneamento) e a aspectos psicológicos e socioculturais. Para tanto, à medida em que os jovens foram abrindo seus problemas na sessão, foram externando sentimentos que antes lhes eram nebulosos, vergonhosos e secretos. A compreensão da integração de pensamentos positivos é um importante instrumento para o entendimento dos problemas não se sendo dominado pelo medo, mas se espelhando na imagem saudável que existe dentro do interior de cada pessoa. Isso faz com que, a partir desse momento, se gerem alternativas positivas, que aliviam, dão forças para guardar na lembrança e usar no dia-a-dia.

A terapia comunitária resgata a esperança, o modo de pensar e agir e devolve a esses adolescentes o desejo de ser melhores a cada dia; acentua relações de proximidade com a cultura, como expressões variadas de um povo, e a saúde como qualidade de vida. A utilização dos valores que vemos brotar dos adolescentes faz renascer, a liberdade de escolher seu lado criativo e inovador pela alegria do que está renascendo. Comparamos isso a uma árvore que cresce na direção para onde o tronco se inclina. Os resultados da terapia comunitária nesta parceria com o Pólo de Atendimento-Projeto ABC ampliou o modo de atuação dos terapeutas comunitários e trouxe ao parceiro satisfação e tranqüilidade ao se ver um produto humano, sem obstrução pela miséria, mas de fortes vínculos de integração e desenvolvimento individual e social.

Depoimentos

- "Sou um menino muito desobediente a meus pais e meus colegas. E quando me mandam, fico com raiva e violento. Tenho tristeza disso e sinto vergonha também. Mas aqui com essa terapia vi o motivo da raiva, da violência e da tristeza, porque sentia-me explorado e não tinha o que queria. Vou querer ser diferente, fazer tudo para mudar."
- "Aprendi durante as sessões de que participei que nada se perde ou se finda realmente, mas se renova, floresce. É o que acontece comigo e com cada um de nós; especialmente pelo Pólo ABC."
- "Sinto que sou uma pequena peça que pode ajudar a emperrar ou movimentar toda a engrenagem, corpo, mente e alma".

- "O que escutei na terapia comunitária encoraja-me a procurar proximidade com outras pessoas e ter certeza que não sou dominado pelo medo."
- "O caminho me foi indicado, e tenho uma fonte de energia da qual não preciso mais me privar."
- "Participação na terapia comunitária é ouvir com atenção, querendo aprender e falar com honestidade, deixando de lado rancor, o querer saber mais do que outros. É o exercício da solidariedade, da compaixão, da gentileza, da humildade, do respeito às possibilidades dos outros; é vivenciar a igualdade e reciprocidade."

Referências bibliográficas

BARRETO, A. P. *Terapia Comunitária passo a passo*. Fortaleza: Gráfica LCR., 2005

KURTZ, R. *O corpo revela: um guia para leitura corporal*. São Paulo: Summus, 1989. (Novas buscas em psicoterapia; v. 36).

REGEN, M.; CORTEZ, M.L.S.; ARDORE, M. *Dinâmica familiar: Conceitos e funções da família*. Disponível em www.Entreamigos.com.br/semimagem/textos/ydinfamydinfam.htm>. Acesso: 5 de jan.2004.

Raimunda Nonata do Nascimento Silva
Enfermeira Especialista em Saúde da Família –
Enfermagem Obstétrica eTerapeuta Comunitária
Secretaria da Saúde e Ação Social – Sobral – Ceará

14. Grupos multifamiliares: contexto com possibilidades terapêuticas

Liana Fortunato Costa
Maria Aparecida Penso
Tânia Mara Campos de Almeida

Nossa proposta para uma intervenção psicossocial com famílias nas quais ocorreu abuso sexual envolvendo crianças e/ou adolescentes teve início a partir da adaptação de um modelo de Grupo Multifamiliar (COSTA, 1998a) para este tipo de contexto. Essa experiência está formalizada no convênio, iniciado em 2002, entre o Laboratório de Psicologia Social e Comunitária do Curso de Psicologia da Universidade Católica de Brasília (UCB) e o Setor Psicossocial Forense (SEPAF) do Tribunal de Justiça do Distrito Federal e Territórios (TJDFT).

Tal experiência constitui-se ainda em uma pesquisa interinstitucional formalizada junto ao Programa de Pós-Graduação em Psicologia na UCB e ao Departamento de Psicologia Clínica do Instituto de Psicologia da Universidade de Brasília (PCL/IP/UnB), sob o título *Construção de Metodologia de Grupos Multifamiliares no Contexto de Abuso Sexual*. Esta pesquisa conta, portanto, com a participação efetiva de professores pesquisadores, alunos de pós-graduação, alunos de pesquisa e alunos estagiários da Psicologia de ambas as instituições.

Esse trabalho de intervenção e essa pesquisa visam oferecer subsídios reflexivos e práticos a todos os profissionais que se interessam em compreender as implicações teóricas e metodológicas que envolvem os estudos e a atuação psicossocial em casos de abuso sexual de crianças e adolescentes realizados pela SEPAF. Ou seja, a pedido de um juiz, é feito pelo SEPAF um estudo psicossocial de famílias nas quais ocorreu abuso sexual. Após este estudo e por determinação judicial, algumas dessas famílias são encaminhadas para atendimento terapêutico pelo convênio com as referidas universidades. Muitas são as questões críticas que solicitam respostas nesse processo de encaminhamento e atendimento – respostas que as universidades se empenham em auxiliar o SEPAF a encontrá-las. Por exemplo, as famílias são obrigadas pelo juiz a procurarem um terapeuta, não possuem condições econômicas para se locomoverem até consultórios e/ou instituições, estão traumatizadas e, geralmente, buscam mais esconder os acontecimentos, não mais tão recentes, do que expô-los, já que o tempo entre a denúncia e a decisão judicial costuma ser longo.

Como, então, encontrar e viabilizar um modo de encaminhamento mais efetivo? Qual modo de atendimento é mais indicado nesses casos, considerando-se que essas famílias são de baixo poder aquisitivo e pouco vêm o trabalho de um psicólogo como uma fonte de apoio a seus problemas? Como manter o enfoque sistêmico, a família como o cliente, na presença de tema tão sensível? Foram estas, a princípio, algumas das questões críticas que nos fizeram adentrar em um contexto de intervenção tão complexo, mas que também vieram a nos incitar a produzir reflexões inovadoras acerca dessa interface de atribuições entre a Psicologia e o Direito.

Todas as famílias encaminhadas para o Grupo Multifamiliar estão envolvidas em casos de litígio, com agravante de abuso sexual (intrafamiliar), ou tiveram algum de seus membros na condição de vítima de violência sexual perpetrada por um agressor externo. Todas elas também foram atendidas pela SEPAF, por meio de um processo de avaliação (o referido estudo psicossocial) solicitado por um juiz.

O primeiro aspecto fundamental identificado nesse processo de atendimento, contínuo e articulado, é a construção do vínculo com as famílias, que começa a se constituir a partir do encaminhamento judicial. Esse encaminhamento é feito pela equipe da SEPAF quando percebe ser necessária a continuidade de um atendimento a essas famílias, sendo dada essa conclusão em seu parecer, o qual, na maioria das vezes, é acatado pelos juizes responsáveis pelos casos.

A nosso ver, esses magistrados possuem um papel fundamental no encaminhamento dessas famílias, pois as intimam e recomendam o prosseguimento dos atendimentos. Nesse momento, embora saibamos que não existe obrigatoriedade prevista em lei para tal atendimento terapêutico, notamos o quanto a figura da justiça, encarnada em seus representantes, simboliza a autoridade, a força, a lei, para as famílias, asseverando a importância do trabalho (SELOSSE, 1989). Nem sempre é consenso entre os juízes esse entendimento sobre a obrigatoriedade de atendimento psicológico; sendo assim, a indicação do atendimento psicológico dada pelo juiz, na sentença, não é fundamentada nos termos da obrigatoriedade, mas em termos de sugestão.

Outra estratégia para fortalecer a continuidade do atendimento fora da dimensão de obrigatoriedade é o fato de que as famílias são acompanhadas, ainda no processo de avaliação, por alunos estagiários, porque a SEPAF também se constitui em área de estágio curricular para cursos de Psicologia do Distrito Federal. Antes do primeiro contato com as famílias, a equipe formada por professores e alunos das instituições de ensino superior encontra-se com a equipe da SEPAF para o conhecimento e repasse das informações acerca das famílias que constituirão o próximo Grupo Multifamiliar.

Esse momento de encaminhamento tem seu ápice num ritual de acolhimento que envolve os profissionais da SEPAF responsáveis pelo estudo psicossocial (Justiça), e os professores e alunos (Psicologia), promovendo mais segurança às famílias e a garantia de um processo seqüencial ao Grupo Multifamiliar, não dissociado de sua justificativa. Em nossa opinião, esse ritual (BERGMAN, 1986) é fundamental e dá início ao contrato extra e intra membros do Grupo Multifamiliar, construído em conjunto, Justiça e Psicologia, equipes e famílias, com formalidades como convites constando endereço, contato telefônico, datas e horários dos encontros. Nesse primeiro momento, ocorrem apresentações das famílias entre si e delas com a equipe, bem como é exposta a proposta de trabalho. Além disto, podem ser convidadas a participar desse ritual famílias que já integraram um Grupo Multifamiliar anterior (experiência em curso).

Em linhas gerais, os atendimentos do Grupo Multifamiliar fundamentam-se nos seguintes aportes teóricos:

a) da Psicologia Comunitária, visando o trabalho em equipe com diferentes saberes, científicos e populares (SANTOS, 1999) e o enfoque na Psicologia Social Crítica e Histórica (LANE & SAWAIA, 1995) percebendo o ser humano em construção, que é constituído e constitui o meio em que se insere;

b) da Terapia Familiar, tendo a visão de família como sistema, sendo a relação o ponto focal do trabalho, priorizando o interpsíquico mais que o intrapsíquico, e utilizando os recursos sistêmicos como a circularização e a provocação (MINUCHIN, COLAPINTO & MINUCHIN, 1999);

c) do Sociodrama, em que o grupo é o protagonista e as famílias possuem objetivos comuns além de se identificarem mutuamente (MORENO, 1993);

d) da Teoria das Redes Sociais que enfoca a interação humana com a troca de experiência, desenvolvendo a capacidade auto-reflexiva e autocrítica (SLUZKI, 1996).

Partimos, ainda, da proposta de Saidón (1995), na qual pensar em rede é acreditar que já existe uma rede natural de relações na qual as famílias já estão inseridas. Logo, reconhecemos que as possibilidades de soluções estão na própria rede natural e espontânea, as quais podem oferecer e mobilizar o desenvolvimento e as mudanças tanto individuais como grupais.

Caracterização do Problema e Justificativas

A questão do abuso sexual de menores em contexto intrafamiliar é uma problemática que cada vez mais vem a público. Com o advento da denúncia anônima, esse tipo de conflito, que está mais afeto à vida privada, vem sendo também muito mais encaminhado ao contexto judicial, e exigido as providências oriundas da esfera pública.

Em países de primeiro mundo, o atendimento terapêutico nesse contexto é realizado sob obrigação (SELOSSE, 1989; CIRILLO & DI BLASIO, 1991; MADANES, KEIM & SMELSER, 1997). No Brasil, a legislação não oferece elementos para a exigência dessa obrigatoriedade. Sendo assim, a UCB, a UnB e a SEPAF fizeram um convênio para a realização de um trabalho pioneiro constituído pelo oferecimento de Grupos Multifamiliares para as famílias que passaram por uma avaliação psicossocial na Vara de Família desse Tribunal, e nas quais foi apontada a existência de conflito familiar envolvendo crianças e/ou adolescentes abusadas sexualmente.

Um dos aspectos do pioneirismo referido deve-se ao fato de realizarmos uma adaptação original de outras experiências de construção de metodologia de Grupo Multifamiliar em contexto de baixa renda e atendimento sob obrigação, como indica a literatura publicada por pesquisadores brasileiros (COSTA, 1998A, 1998B, 1998/1999, 1999, 1999 A; HOLZMANN & GRASSANO, 2002; PÓVOA & SUDBRACK, 2003).

Em recente publicação, Faleiros (2003), pesquisando sobre a trajetória das denúncias de abuso sexual, encontra um grande espaço de tempo entre a denúncia e o término do processo (de 3 a 5 anos) e uma falta de condições de encaminhamento para atendimento dessa população. Neste sentido, a pesquisa que desenvolvemos vem oferecer respostas também pioneiras ao impasse do atendimento, tanto do ponto de vista de uma metodologia apropriada a processos que ainda se encontram em andamento na justiça, quanto do ponto de vista do oferecimento de ações que colaboram com o melhor desfecho dos casos na justiça.

Por isso, acreditamos que, em relação ao nível de contribuição tecnológica oferecido pelo projeto em questão, tem-se a elaboração de uma metodologia que traz inúmeros benefícios para ao conjunto de instituições governamentais e não governamentais que integram a rede de atendimento e de diagnóstico sobre esse tema. Afinal a temática do abuso sexual segue sendo um problema que toca a intimidade dos participantes, o que gera uma enorme dificuldade em se conhecerem e divulgarem os avanços sobre a resolução dos conflitos que subjazem ao abuso. Desse modo, há uma grande potencialidade de aplicação da nossa metodologia, uma vez que os grupos profissionais e institucionais que trabalham nesse âmbito encontram-se carentes de informações, reflexões e publicações sobre essa área de conhecimento.

Podem-se ainda relacionar, na condição de mecanismos de transferência dessa tecnologia, os treinamentos, os fóruns de debates, os cursos, os materiais impressos, as comunicações orais e as reuniões de trabalhos conjunto com os técnicos do TJDFT. A equipe que propôs inicialmente a pesquisa segue sendo a responsável pela implementação, desenvolvimento e avaliação da referida metodologia, no próprio TJDFT e em outros âmbitos que venham a ter interesse nesse produto.

Com relação aos impactos provocados por ela, identificamos a sua presença em três planos. Primeiramente vislumbramos que, no que diz respeito à parceria com o TJDFT, o estudo dessa metodologia influencie novos procedimentos de avaliação psicossocial que estão sendo adotados atualmente, possibilitando que alguns recursos judiciais sejam implementados, tais como atendimentos de tutela e guarda que podem ser realizados em grupos, em alguns casos. Em segundo lugar, no que diz respeito ao conjunto de instituições e profissionais que trabalham em atendimentos clínicos a essa população, também esperamos a emergência de avanços nas práticas e possibilidades de inovações nos atendimentos, bem como a emergência de avanços nas reflexões teóricas e na formação de psicólogos mais talhados para atuarem nesse contexto. Por fim, no que diz respeito às famílias atendidas, podemos esperar transformações em suas interações, bem como divulgação do potencial de recuperação de cidadania e bem estar a partir das intervenções do grupo.

Grosso modo, por conseguinte, podemos sintetizar o problema para o qual dirigimos a pesquisa da seguinte forma: criação de uma metodologia de atendimento familiar em grupo, em casos de abuso sexual envolvendo crianças e/ou adolescentes, própria para esse tipo de problemática e possível de ser difundida e aplicada a outras situações correlatas.

Objetivos

O objetivo geral desse projeto visa aprofundar e ampliar o conhecimento na área de metodologia de Grupo Multifamiliar direcionado ao contexto clínico, numa modalidade de atendimento especial que ocorre a partir de intimação judicial. Quanto aos objetivos específicos, pretendemos descrever a adaptação feita com a experiência do Grupo Multifamiliar (COSTA, 1998A; COSTA, 1998B; COSTA, 1998/1999; COSTA, 1999; COSTA, 2003) para famílias de baixa renda no contexto clínico; compreender melhor a dimensão de sofrimento presente nessas famílias; aprofundar a compreensão acerca da proteção/desproteção devida às crianças e aos adolescentes; dar continuidade ao trabalho iniciado na SEPAF; e também conhecer o modo como implementar a auto-reflexão do abusador e a co-participação de outros membros da família, em especial da mãe. Pretendemos, ainda, apontar os limites teórico-metodológicos e as possibilidades de trabalhar em Grupo Multifamiliar com a problemática da violência intrafamiliar, mais especificamente com o abuso sexual envolvendo crianças e seus pais.

Metodologia

Situamos nosso trabalho dentro do quadro metodológico da pesquisa-ação. Hollanda (1993), pesquisadora da área de saúde pública, encara a pesquisa-ação como uma ação social voltada à resolução de problema coletivo. A perspectiva da pesquisa-ação inclui a participação efetiva da população alvo no seu processo de educação coletiva e a utilização desse método em favor de camadas mais despossuídas, cujo objetivo central é a mudança social.

Thiollent (1986) define a pesquisa-ação como um tipo de pesquisa social, que é planejada e realizada em estreita associação entre pesquisadores e participantes, sendo que ambos estão nela envolvidos de forma cooperativa ou participativa. Hollanda (1993) e Thiollent (1986) preocupam-se com a distinção entre pesquisa-ação e pesquisa participante, mostrando que esta última caracteriza-se mais por promover uma motivação na população pesquisada, no sentido de estimulá-la a participar como agente ativo em seu universo social. Ainda Barbier (2002) aponta a pesquisa ação como uma verdadeira transformação da maneira de conceber e de fazer pesquisa em Ciências Humanas.

Em busca de se alcançar os objetivos da pesquisa-ação, nossa proposta de Grupo Multifamiliar recebeu o formato de quatro ou cinco sessões, com duração de três horas cada uma. O grupo é constituído por quatro a cinco famílias e possui os seguintes recursos de registro: sala com espelho unidirecional, gravação e filmagem. A equipe de atendimento é formada por professores supervisores, alunos de pós-graduação e graduação do curso de Psicologia. Contamos, ainda, com duas ou três salas auxiliares durante o atendimento, para divisão do grupo em pequenos subgrupos.

Sendo um dos objetivos do grupo dar continuidade ao trabalho iniciado na SEPAF, os temas dos encontros buscam avançar as questões relacionadas à proteção e ao cuidado às crianças, restabelecer a auto-estima dos membros das famílias, trabalhar a dimensão transgeracional do abuso e a responsabilização dos pais, bem como oferecer um espaço de expressão do sofrimento para que haja mudanças na vida intrafamiliar, possibilitando um projeto de compromisso futuro.

O Grupo Multifamiliar desenvolve-se com ênfase no aspecto lúdico por intermédio de jogos dramáticos (MONTEIRO, 1979; MOTTA, 1995; YOZO, 1996). Nestes, os dramas concretos são intermediados pelos jogos, produzindo a vivência sensibilizada; com uma preocupação num enfoque de responsabilização pela presença da violência na família; maior atenção à voz e vez das crianças, entendendo que todos participam do grupo – portanto também produzem situações novas e reproduzem outras antigas, bem como as compartilham. Além disto, procuramos dar ênfase no papel de cuidadora das mães, pois na maioria dos casos são elas que estão mais presentes no cotidiano doméstico e assumem cuidados diretos com as crianças.

A metodologia utilizada é uma adaptação da sessão psicodramática (COSTA, 1998a) que se desenvolve em três etapas bem definidas. A primeira etapa consiste num momento de aquecimento no qual todas as famílias estão juntas e se procura atingir melhor integração grupal, bem como aquecer todos para o aprofundamento do tema específico daquele dia (por exemplo, dar proteção e pedir proteção). Esse aquecimento é realizado por meio de jogos dramáticos.

A segunda etapa é aquela na qual se busca maior aprofundamento de um dos objetivos do grupo, por meio da subdivisão em subgrupos de adultos, adolescentes e crianças (em função da distinção das faixas etárias). Seus objetivos são aqueles já apontados no parágrafo anterior. A atividade se passa por meio de jogos, dramatizações, discussões, conforme a adequação ao subgrupo, sendo que, ao final dessa etapa, cada subgrupo prepara um informe de sua produção para ser apresentado aos demais.

A terceira etapa consiste na reunião de todos os participantes novamente, a fim de compartilharem essa produção variada, visando que todos tenham conhecimento do que cada um pensa sobre os temas daquele dia. É momento também para que os pais possam falar aos filhos e os filhos aos pais, ou que adultos e crianças emitam suas opiniões ao coletivo e sejam aí escutados. O Grupo Multifamiliar se encerra com um ritual no qual se privilegia um compromisso com o tema desenvolvido no dia, por exemplo, todos se comprometem a prestar mais atenção à proteção das crianças e essas, por sua vez, se comprometem a pedir ajuda aos pais, quando se sentirem ameaçadas.

O desenrolar da metodologia do Grupo Multifamiliar é ativado a partir da ênfase na dimensão lúdica, como já foi dito, com uma preocupação na responsabilização de todos com relação aos membros violentados na família, e com maior atenção à voz e vez das crianças em cada sessão. Procuramos, todo o tempo, enfatizar o papel de cuidadora das mães ou de algum(a) substituto(a) desta, mobilizando-os diante dos temas acima relacionados.

> *A metodologia permite que alcancemos esses objetivos ao se discutirem os temas dentro de subsistemas de forma bem específica. Assim, podemos agrupar as mulheres adultas ou as crianças ou os adolescentes, ou ainda o subsistema feminino ou o subsistema masculino, conforme as necessidades de se trabalhar o tema do dia de modo mais pertinente à dinâmica de cada Grupo Multifamiliar.*

Nessa pesquisa, as ações previstas são: (1) contatos com a SEPAF do TJDFT firmando a parceria já existente; (2) indicação das famílias para comporem o Grupo Multifamiliar por parte do TJDFT; (3) reunião de discussão dos dados informativos sobre cada família a compor o Grupo Multifamiliar nas dependências do TJDFT, com a presença das equipes do TJDFT e da Pesquisa; (4) rito de recebimento e passagem das famílias indicadas para o Grupo Multifamiliar nas dependências do TJDFT, com a presença das equipes do TJDFT e da Pesquisa; (5) operacionalização dos atendimentos de Grupos Multifamiliares, previstos de 4 a 5 por semestre, quinzenais, nas dependências das clínicas escolas das universidades, com a equipe da Pesquisa; (6) realização de relatórios por Grupo Multifamiliar a ser enviado para o TJDFT, contendo a freqüência; (7) ao longo de todas as etapas serão realizadas revisões bibliográficas, reuniões de estudo, reuniões de supervisão, e de avaliação final dos dados coletados; (8) todos os Grupos Multifamiliares serão registrados em vídeo para posterior transcrição e análise; (9) realização de Fórum de Debates, juntamente com o pessoal do TJDFT, sobre os resultados da pesquisa; (10) divulgação dos resultados em publicações, e eventos técnico científicos; (11) consolidação da metodologia a ser desenvolvida.

Concomitantemente à execução dessas etapas, temos os seguintes produtos esperados:

a) No campo da ação: oferecer uma ação já descrita que consolidará o convênio com o TJDFT; oferecer treinamento técnico a estagiários do curso de graduação em Psicologia; acrescentar e consolidar experiência e conhecimento a outras pesquisas já em andamento por ambos os programas de pós-graduação da UCB e UnB; oferecer atendimento a famílias carentes da comunidade que dificilmente poderiam fazer usufruir desse tipo de atendimento pago; e, estabelecer com o TJDFT um fórum de trocas teóricas e metodológicas já previstas no convênio, e que se ampliariam para outras instituições como a Vara de Infância e Adolescência – VIJ, e o Hospital Regional da Asa Sul – HRAS, por conta das parcerias do TJDFT com essas instituições.

b) No campo da pesquisa: descrever e incluir na literatura já existente conteúdo teórico metodológico sobre o tema da violência intrafamiliar; publicações e apresentações em congressos dos resultados visando ampliar a discussão acerca da efetividade de Grupos Multifamiliares em outros contextos que não os já pesquisados; possibilitar trocas com outros pesquisadores que se interessam tanto pelo tema da violência intrafamiliar, como pelos processos metodológicos de condução, manejo e reestruturação de grupos envolvendo várias famílias simultaneamente.

Resultados alcançados

COM RELAÇÃO ÀS METAS PROPOSTAS NO PROJETO

Até o momento, atendemos a cerca de 25 famílias ao longo desses três anos, por intermédio do oferecimento de 1 a 2 Grupos Multifamiliares por semestre. Essas 25 famílias representam de 50 a 60 adultos, cerca de quase 100 crianças, e 50 a 60 adolescentes. Com relação aos alunos de estágio regular de graduação, contamos com a participação de 10 alunos em cada semestre, o que totaliza 20 alunos de graduação ao longo do ano. Oferecemos ainda 3 bolsas de Iniciação Científica (IC) por semestre, vagas para alunos de pesquisa voluntários da graduação, e profissionais voluntários da comunidade, que desejam ser treinados na metodologia. Com relação aos alunos da pós-graduação oferecemos condições para coleta de informações à elaboração de projetos de mestrado e doutorado, para no mínimo dois alunos por semestre. O grupo também oferece condições de observação para elaboração de Trabalho de Final de Curso para 4 a 5 alunos de graduação.

Nestes três anos, aconteceram 4 reuniões conjuntas – UCB-UnB-TJDFT, com o objetivo de discussão teórico metodológica com os profissionais do TJDFT, o que implica a presença de aproximadamente 20 profissionais do tribunal e da equipe interdisciplinar da pesquisa. Desse modo, as reuniões também viabilizam a construção e acompanhamento da parceria com o TJDFT. Dentro desses encontros, ocorreu um fórum de debates que incluiu a participação da equipe de pesquisadores, os profissionais do TJDFT e os juízes, promotores e advogados integrantes das várias instâncias judiciais (Violência sexual infantil no contexto judicial e terapêutico, 2002).

Realizamos duas grandes revisões de literatura sobre o tema de pesquisa, as quais subsidiaram a elaboração de artigos: Costa; Penso; Gramkow; Santana & Ferro (2003); Costa; Penso & Almeida (2004); Costa; Santana; Gramkow & Ferro (2005); Penso; Legnani; Costa & Antunes (2005); Penso; Costa & Almeida (2005).

Houve, também, a elaboração de comunicações em eventos: no Seminário Interno de Psicologia na UCB e na VI Conferência Internacional sobre Filosofia, Psiquiatria e Psicologia, ambos ocorridos em 2003. Nesses seminários, a equipe se responsabilizou pela apresentação e coordenação da mesa-redonda "Linguagens Particulares e Sofrimento em Casos de Violência Intrafamiliar", com os seguintes trabalhos: Violência intrafamiliar: uma análise da dinâmica das famílias violentas; Os contextos jurídico e terapêutico em casos de violência intrafamiliar: possibilidades e limites; e A narrativa religiosa sobre um caso de estupro incestuoso.

Com relação aos dados qualitativos

Em nossa experiência, podemos perceber a intervenção em grupos com as famílias e seus filhos adolescentes e crianças como um espaço de grandes e boas possibilidades de êxito na reversão do quadro de violência sexual. Afinal, as crianças, por intermédio de várias estratégias expositivas, conseguem indicar como querem e precisam ser cuidadas no dia-a-dia. Simultaneamente, por parte dos adultos, ocorre melhor compreensão de seus deveres em relação aos cuidados para com suas próprias crianças e as demais da comunidade.

Adentramos, assim, numa dimensão socioeducativa quando realizamos dramatizações sobre os Direitos Universais das Crianças (UNICEF, 2001) e procuramos fazer um *treinamento de dizer* NÃO. Este envolve principalmente as crianças com relação ao desrespeito para com seus direitos e seu bem-estar, assim como o esclarecimento de quais partes do seu corpo podem, ou não, ser tocadas por adultos em estratégias de atração, envolvimento e sedução. Enfim, buscamos oferecer condições de acolhimento ao sofrimento específico das crianças, sua reelaboração no seio familiar e condições de criação de barreiras eficazes para o seu prosseguimento.

O Grupo Multifamiliar também oferece possibilidades de compreensão e intervenção nas dificuldades conjugais. Ou seja, o abuso sexual infantil traz à tona uma expressão clara de desajustes conjugais preexistentes ou fornece condições de desgaste emocional para o surgimento de conflitos como disputa de razão, estabelecimento de poder e acusações mútuas, indicando a necessidade de o casal realizar um resgate de uma conversação transformadora sobre si mesmo, tendo o evento da violência como porta de acesso a ela (ANDERSON & GOOLISHIAN, 1993).

> *Essa conversa deve incluir um aprofundamento da relação do casal sobre sentimentos e emoções, tais como: culpa, medo, silêncio, fantasia de vingança e repressão dos afetos, além da recuperação da intimidade conjugal, proporcionando aproximação e união – ou, pelo menos, melhor capacidade de diálogo e equilíbrio, quando os pais das vítimas não mais se encontram em vida matrimonial. Consideramos fundamental a atualização e a harmonia da relação conjugal nesses casos de abuso sexual infantil, seja por membro externo ou interno à família.*

Outro resultado visível importante é o fato de que a metodologia em questão oferece condições para a revisão e a reconstrução das relações entre pais e filhos. As conversações entre gerações, base desse tipo de trabalho, nos dão a oportunidade para realizar uma reflexão sobre as relações entre pais e filhos, tendo ênfase no resgate da dimensão do respeito mútuo. Vemos que tal resgate é possível ao se favorecer a reelaboração dos papéis de protetor e de cuidador dos pais, a partir de seu repensar sobre suas próprias histórias, especificamente nas experiências vividas no papel de filho e filha.

Essa possibilidade surgiu ao entendermos, como parte de nossa responsabilidade na atuação de coordenadoras do Grupo Multifamiliar, a criação e mediação de um espaço de conversação que traga novas dimensões do sofrimento familiar, em especial uma perspectiva transgeracional da violência. Ou seja, tentamos trazer à tona, nos atendimentos, o fato de que os pais abusadores ou negligentes provavelmente aprenderam essas formas de relacionamento intrafamiliar quando eles mesmos eram crianças. No passado, em suas infâncias e adolescências, inscreveram tais comportamentos, sentimentos e atitudes em suas memórias, que foram modelares para o desempenho de suas atuações maternas e paternas nos dias de hoje.

Por isso, Ravazzola (1997) afirma que, em tais casos de violência, todos são vítimas – aquelas pessoas que sofrem a violação atual, seus perpetradores e a família na qual eles ocorrem. Todos os envolvidos, portanto, merecem atenção e suporte psicológico dos profissionais e das instituições competentes.

Impactos éticos e políticos dos resultados

Percebemos, ainda, esse espaço de conversação do Grupo Multifamiliar como um espaço de possibilidades sobre a reconstrução do que estamos denominando de cidadania ferida, uma vez que o aspecto sociopolítico da violência sexual deve ser evidenciado, discutido e tratado no âmbito das ações públicas. As dolorosas e complexas situações humanas presentes nos acontecimentos do abuso sexual infantil requerem que a sociedade dê atenção tanto à vítima quanto ao abusador, apoiando-os em processos de ressimbolização e recuperação de suas trajetórias individuais e familiares de modo a favorecer a irrupção de atores sociais íntegros, responsáveis e saudáveis.

Na verdade, por intermédio dessa atenção, esperamos que tais pessoas possam assumir a posição ativa de sujeitos de suas histórias, agindo de modo a não apenas reproduzir os modelos apreendidos e introjetados hoje, no caso das crianças, ou no passado, no caso dos adultos envolvidos. Para tanto, é fundamental assegurar-lhes, em estruturas e recursos apropriados, a participação plena e consciente nas decisões e nos processos que lhes afetam diretamente, rompendo muitas vezes com padrões antigos. Trata-se aqui de possibilitar-lhes um mecanismo de *empoderamento (empowerment)* (PNUD, 1996).

Demo (1991; 1996) é enfático ao comentar sobre a constituição da cidadania em nosso país. Uma substancial parcela da sociedade vem vivendo durante gerações seguidas somente com o recebimento e sob o impacto de medidas de caráter assistencialista, caracterizando muito mais a consolidação de uma cidadania assistida e tutelada do que a expressão de uma cidadania plena de direitos e deveres.

Soma-se a esse comentário a reflexão de Moreira das Neves (2000) sobre os avanços na legislação portuguesa em relação à responsabilização em casos de abuso sexual. Ou seja, sua afirmação enuncia a necessidade de a sociedade assumir o cuidado tanto da vítima quanto do agressor, oferecendo a oportunidade a esse último de receber atendimento apropriado. É fundamental a atribuição da natureza pública ao crime da violência sexual. Colocamo-nos ao lado desse juiz português, indicando que se faz urgente tal oferecimento, porque o agressor também demanda um espaço de compreensão de suas ações no âmbito da sociabilidade, bem como por serem essas ações desenvolvidas em longos processos socioculturais por eles vivenciados, evidenciando em indivíduos as marcas de seus contextos mais amplos e de suas histórias transgeracionais.

Além disso, cabe ressaltar que as vítimas de agressão sexual e seus familiares, via de regra, têm seus espaços de locomoção bastante restringidos pelas ameaças dos agressores externos que permanecem na impunidade. Empenhamo-nos em enfocar uma conversação que resgate o direito fundamental de ir e vir das famílias e também das pessoas que participaram das denúncias, em geral alguém bem próximo da família. Não basta a polícia ou a justiça darem acolhimento a denúncias, é preciso que ofereçam espaços de proteção física e emocional porque há muito constrangimento vivido por parte das vítimas no trato com os abusadores que permanecem inseridos no cotidiano do contexto familiar ou comunitário.

A experiência das famílias, ao relatarem as muitas idas e vindas às delegacias, aos juizados ou às audiências, nos mostram que esse evento e suas conseqüências policiais e jurídicas acabam por colocar as famílias na condição de cidadania restrita, ou seja, tutelada e assistida. Assistida pelo aparato policial e judicial é verdade, porém também tuteladas e submetidas às limitações e precariedades desses mesmos aparatos ao dependerem deles diretamente.

Violência e o desafio da interdisciplinaridade

Um importante desafio que esse tipo de trabalho nos impõe é a elaboração de ações e reflexões interdisciplinares, vinculando en-

tre si duas grandes áreas de intervenção com diferentes paradigmas como são a Psicologia e o Direito. A Psicologia pauta-se por uma busca compreensiva das ações humanas em searas que vão do indivíduo aos seus respectivos contextos socioculturais, enquanto o Direito busca normas e parâmetros já legitimados na sociedade como fundamento e meta de suas decisões. Por conseguinte, em linhas gerais, podemos afirmar que a Psicologia interpreta e atua na dimensão psicossocial do problema da violência sexual, enquanto o Direito legisla nesses casos, muitas vezes tomando por subsídio a interpretação oferecida pela Psicologia aos seus oficiantes.

Como, então, aproximar e reconhecer os limites e as possibilidades dessa parceria? Pensamos que o Direito, por intermédio da sua dimensão decisória, favorece e mesmo ajuda a Psicologia a fazer o resgate do sentido reparador da desproteção com a criança, que ocorre nessas famílias, quando é possível a expressão das emoções em palavras e a reelaboração da vivência com o outro dentro de um profundo processo de mudança. A decisão judicial de encaminhar as famílias para atendimento possibilita a inclusão social dessas pessoas, levando a Psicologia a assumir um papel diferente daquele que apenas realiza diagnósticos para a justiça. Este saber passa a atuar diretamente na reconstrução de significados e sentidos presentes nos atos de violência, vinculando-se a um novo compromisso ético-político dentro da sociedade (COSTA, PENSO & ALMEIDA, 2003).

Dentre a enorme gama de significados reconstruídos, chama-nos a atenção o redirecionamento do olhar sobre o abusador dentro da própria justiça. A partir dessas reflexões da Psicologia, juízes e outros legisladores começam a entender atos de violência sexual, em especial aqueles ocorridos no seio familiar, como resultados não apenas de crimes hediondos, isolados de contextos socioculturais e inumanos. Ou seja, esses atos ganharam sentidos novos ao serem compreendidos dentro de uma perspectiva humana e de uma dinâmica familiar e transgeracional, levando seus perpetradores a receberem outras penas e tipos de tratamentos, que podem produzir resultados mais eficazes.

A reconstrução e a ampliação desse significado, proporcionada pelos estudos da Psicologia, vem revolucionando a Justiça, abrindo a possibilidade de se garantirem de novos direitos de cidadania não apenas às vítimas, como também aos próprios agressores. Por conseguinte, este movimento de ressignificação acaba por implicar a sociedade, em suas diversas instituições, a se comprometer em oferecer suporte efetivo, proteção e encaminhamento a vítimas e agressores – ambos vistos agora como sujeitos de plenos direitos.

Assim, vimos assinalando a importância de uma continuidade da intervenção psicossocial fora do contexto jurídico, resgatando a certeza da proteção permanente e integral para todos aqueles envolvidos no ato de violência a partir de um trabalho conjunto entre a Psicologia e o Direito. Logo, o envolvimento de toda a família e do seu entorno comunitário nos Grupos Multifamiliares, por um lado, facilita a implantação de estratégias eficazes em diversas dimensões do apoio às crianças e aos adolescentes para que possam seguir suas vidas sem danos psíquicos profundos e impeditivos do exercício pleno da cidadania. Por outro lado, facilita a imposição de limites e a oportunidade de tratamento aos já agressores e potenciais agressores dentro de recursos socioculturais da própria rede familiar e comunitária.

Quando o agressor é um membro interno à família, faz-se necessário que se restabeleça a circulação do afeto entre os membros da família, demarcando as fronteiras intergeracionais, bem como os papéis e as regras familiares. A família, nesses casos, ressente-se de uma exclusão frente aos vizinhos e à comunidade e necessita de um trabalho específico de reinserção social a partir do evento. Muitas vezes, as famílias permanecem presas ao silêncio, ao não-dito e ao não-interpretado (BANDEIRA & ALMEIDA, 1999).

Quando o abusador é externo à família, ocorre um acréscimo da experiência da violência trazida pelo andamento dos processos policial e judicial. As famílias se queixam de que se sentem violentadas pela constatação do favorecimento à liberdade dos agressores. Nesse caso, questionamos quais medidas ainda podem ser tomadas em conjunto, pela Psicologia e pelo Direito no sentido de potencializar as reivindicações das famílias por uma vida cidadã, para que vítimas não sejam transformadas em algozes e responsáveis pelos atos violentos ocorrido com seus filhos.

Intervenção Psicossocial, seus Desdobramentos e suas Questões

Na realização do trabalho com essas famílias, surgem muitas questões sobre a intervenção psicossocial no contexto do abuso sexual. Uma das questões que nos tem proporcionado muitas discussões diz respeito a intervenções específicas com o sujeito abusador, compreendido aqui como alguém também portador de sofrimento psíquico. Em um dos casos atendidos, tivemos a presença de um suposto pai abusador nos Grupos Multifamiliares e foi muito importante trabalhar os vínculos desse pai com seus filhos (possivelmente abusados por ele).

Temos situações específicas e diversificadas. Quando o abusador é alguém da família (pai, padrasto, tio, etc..), além de vergonha, medo e dor de seus membros, muitas vezes a criança é afastada desse familiar. Além disso, muitos desses abusadores, em função da denúncia, são presos, dificultando-lhes assim qualquer intervenção e apoio psicológico. Mesmo com estas limitações, compreendemos a importância de se pensar em propostas de ações específicas para estes abusadores, procurando conhecer sua realidade e seu possível sofrimento. Quando o abusador é alguém externo à família, a possibilidade desta intervenção é mais remota, já que, de modo geral, envolve outros níveis de relações entre a família da criança abusada e o abusador.

Outra questão diz respeito às diferentes significações que são atribuídas ao ato pela família, no contato com o juiz, nos atendimentos no Setor Psicossocial Forense e no Grupo Multifamiliar, e que apontam para possibilidades de construção de novas narrativas sobre o fato ocorrido. Temos observado no Grupo Multifamiliar como as famílias, a partir de uma reflexão sobre o ato e sobre o seu funcionamento, ao longo dos anos, conseguem transformar a compreensão de suas histórias, mudando os modos de se relacionarem internamente. A possibilidade de múltiplos olhares sobre o ato permite discutir sobre a complexidade das situações vividas, além de validar a importância de equipes multiprofissionais e de intervenções em diferentes âmbitos e contextos.

Mais do que uma hipótese, uma certeza que temos tido ao longo das atividades com Grupos Multifamiliares, é o enorme valor do trabalho com as crianças, nas quais os efeitos estão presentes na fala a partir de suas reivindicações explícitas por proteção. Ao sentirem-se compreendidas e apoiadas no grupo, elas se permitem reivindicar seus direitos a cuidados e proteção e, também, questionam seus pais sobre a forma como vêm sendo educadas. Por último, a intervenção psicossocial levanta questionamentos sobre os aspectos éticos do trabalho, já que, em razão da sua complexidade e do significativo número de instituições sociais envolvidas, pressupõe diferentes compreensões da realidade, bem como intervenções diferenciadas, conforme afirmamos anteriormente.

Com relação ao processo do Grupo Multifamiliar, pressupomos a *Ética do Compromisso*: troca lógica da importância do sigilo privado, pela lógica do compromisso público, no qual, se privilegiam mais as soluções e as relações a partir das experiências e vivências de diferentes pessoas. Nossa posição baseia-se em Maturana & Verden-Zöller (1997) que buscam definir uma maneira "matrística" (p. 65) de viver, ou seja, um espaço de convivência, aceitação e legitimidade de todas as maneiras de se viver, de acordo com a geração de um projeto comum de coexistência. Essa maneira "matrística" de ver a vida nos abre a possibilidade de compreender a natureza a partir da vida como integração e co-participação de todos os seres vivos no fluxo da vida.

No que diz respeito às diferentes instâncias envolvidas no trabalho que estamos desenvolvendo, partimos do pressuposto da complexidade ao percebermos que a simplificação obscurece as inter-relações existentes entre todos os fenômenos do universo (VASCONCELLOS, 2002). Por isto, ao se compreender a impossibilidade de um conhecimento único e objetivo sobre o mundo, podemos nos situar de modo profícuo na interface da Psicologia com o Direito, respeitando as diferentes interpretações possíveis sobre os fatos. Respeito, este, que se dá por não vê-las de modo excludente, mas complementar, confluindo as interpretações em ações concretas de intervenção jurídica e psicossocial que auxiliem famílias, oriundas de situações traumáticas de violência sexual, a resgatarem o seu valor próprio e a recuperarem sua cidadania plena. Para tanto, vimos trabalhando em cada atendimento do Grupo Multifamiliar no intuito de fazerem-se reconhecer e serem reconhecidas como sujeitos de plenos direitos.

A partir de tais resultados, visamos ampliar a discussão acerca da efetividade de Grupos Multifamiliares em outros contextos que não os pesquisados até o momento. Esperamos, também, efetuar trocas com outros pesquisadores que se interessam tanto pelo tema da violência intrafamiliar e do abuso de crianças/adolescentes quanto pelos processos metodológicos de condução, manejo e reestruturação de grupos, reunindo em torno de si várias famílias simultaneamente.

Referências bibliográficas

ANDOLFI, M. *A terapia familiar*. Lisboa: Vega, 1981.

APONTE, H. Training on the Person of the Therapist for Work with the Poor and Minorities. *The Journal of Independent Social Work*, 5 (3-4), 23-39, 1991.

ANDERSON, H. & Goolishian, H. O Cliente é o Especialista. Uma abordagem para terapia a partir de uma posição de NÃO SABER. *Nova Perspectiva Sistêmica*, ano II (3), 8-23, 1993.

ATTNEAVE, C. Social Networks as the Unit of Intervention. In: Guerin Jr., P. (ed.) *Family Therapy. Theory and Practice*. New York: Gardner Press, 1976.

BANDEIRA, L. & ALMEIDA, T.M. C. Pai e avô: o caso de estupro incestuoso do pastor. In: Suárez, M. & Bandeira, L. (Orgs.) *Violência, gênero e crime no Distrito Federal*. Brasília: UnB/ Paralelo 15, 1999.

BARBIER, R. *A pesquisa-ação*. Brasília: Plano, 2002.

BERGMAN, J. *Pescando barracudas. Pragmática de la terapia sistemica breve*. Buenos Aires: Paidós, 1986.

BOSCOLO, L.; CECCHIN, G.; Hoffman, L. & Penn, P. *A Terapia Familiar Sistêmica de Milão. Conversações sobre teoria e prática*. Porto Alegre: Artes Médicas, 1993.

BOWEN, E. Principles and Techniques of Multiple Family Therapy. In: Guerin Jr., P. (ed). *Family Therapy. Theory and Practice*. New York: Gardner Press, 1976.

CIRILLO, S. & DI BLASIO, P. *Niños maltratados. Diagnóstico y terapia familiar*. Buenos Aires: Paidós, 1991.

CORRÊA, S. Violência e os direitos humanos das mulheres. In: Novaes, R. (Org.). *Direitos humanos: temas e perspectivas*. Rio de Janeiro: Mauad, 2001.

COSTA, L. F. Reuniões Multifamiliares: *Uma Proposta de Intervenção em Psicologia Clínica na Comunidade*. Tese de Doutorado, Programa de Pós Graduação em Psicologia, Universidade de São Paulo. São Paulo, 1998a.

Costa, L.F. Reuniões multifamiliares: condição de apoio, questionamento e reflexão no processo de exclusão de membros da família. *Ser Social*, 3, 245-272, 1998b.

COSTA, L. F. Possibilidade de criação de um contexto educativo: grupos multifamiliares. *Linhas Críticas*, 4, (7-8), 159-174, 1998/1999.

COSTA, L. F. O Trabalho da Psicologia Clínica na Comunidade através do Psicodrama: a Reunião Multifamiliar. *Revista Brasileira de Psicodrama,* 7, (2), 17 – 34, 1999.

COSTA, L. F. E *Quando Termina em Mal Me Quer? Reflexões acerca do Grupo Multifamiliar e da Visita Domiciliar como Instrumentos da Psicologia Clínica na Comunidade*. Brasília: Universa, 2003.

COSTA,L. F.; Penso, M. A. & ALMEIDA, T. M. C. *Grupos Multifamiliares em Casos de Litígio envolvendo Abuso Sexual*. Trabalho apresentado no VI Conferência Internacional sobre Filosofia, Psiquiatria e Psicologia, Brasília, julho, 2003.

COSTA, L. F.; PENSO, M. A.; GRAMKOW, G.; SANTANA, P. & FERRO, V. S. Demandas judiciais: resgatando a cidadania e o sofrimento em intervenções psicossociais. In: Lima, H. G. D. (Org.). *Construindo Caminhos para a Intervenção no Contexto da Justiça*. (pp. 125-141) Brasília: TJDFT, 2003.

costa, l. f.; penso, m. a. & almeida, t. m. C. Intervenções psicossociais a partir da justiça: garantia de direitos humanos para crianças e adolescentes vítimas de violência sexual. In: Maluschke, G.; Bucher-Maluschke, J. S. N. F. & Hermans, K. *Direitos Humanos e Violência: desafios da Ciência e da Prática* (pp. 259–272). Fortaleza: Fundação Konrad Adenauer/ UNIFOR, 2004.

COSTA, L. F.; SANTANA, P.; GRAMKOW, G. & FERRO, V. S. O genograma de família com abuso sexual. In: Costa, L. F. & Almeida, T. M. C. *Violência no cotidiano: do risco à proteção* (pp. 75-86). Brasília: Universa/Líber, 2005.

Terapia Comunitária

DABAS, L. N. A Intervenção em Rede. *Nova Perspectiva Sistêmica*, 6, 5-18, 1995.

DEMO, P. *Assistência Social Como Direito da Cidadania*. Apostila: Brasília, DME/SAE, 1991.

DEMO, P. *Participação é Conquista*. (3ª ed.) São Paulo: Cortez, 1996.

FALEIROS, E. (Org.) *O Abuso Sexual Contra Crianças e Adolescentes: os (des)caminhos da Denúncia*. Brasília: Secretaria Especial dos Direitos Humanos, 2003.

HOLZMANN, M. E. & GRASSANO, S. M. *Multifamílias. Construção de redes de afeto*. Curitiba: Integrada, 2002.

LANE, S.T.M. & SAWAIA, B. B. La Psicología Social Comunitaria en Brasil. In: Wiesenfeld, E. y Sánchez, E. (Comp.). *Psicología Social Comunitaria. Contribuiciones Latinoamericanas* (pp. 69-112). Caracas: Fondo Editorial Tropykos, 1995.

LAQUER, P. Multiple Family Therapy. In: Guerin Jr., P. (ed.). *Family Therapy. Theory and Practice*. New York: Gardner Press, 1976.

LAQUER, P. Terapia Familiar Múltipla: Perguntas e Respostas. In: Bloch, D. *Técnicas de Psicoterapia Familiar*. São Paulo: Atheneu, 1983.

MADANES, C.; KEIM, J. P. & SMELSER, D. *Violência masculina*. Barcelona: Granica, 1997.

MATURANA, H. R. & VERDEN-ZÖLLER, G. *Amor y Juego. Fundamentos Olvidados de lo Humano*. (5ª ed.) Santiago: Instituto de Terapia Cognitiva, 1997.

MINUCHIN, P.; COLAPINTO, J. & MINUCHIN, S. *Trabalhando com Famílias Pobres*. Porto Alegre: Artes Médicas, 1999.

MONTEIRO, M. R. *Jogos Dramáticos*. São Paulo: Mc Graw Hill do Brasil, 1979.

MOREIRA DAS NEVES, J. F. *Violência Doméstica: um problema sem fronteiras*. Workshop sobre o tema, Ponta Delgada, Portugal, 2000.

MEJIAS, N. P. A atuação do psicólogo: da clínica para a comunidade. *Cadernos de Psicologia*, 1, 32-43, 1995.

MIERMONT, J. (Dir.) *Dictionnaire des Thérapies Familiales. Théories et Pratiques*. Paris: Payot, 1987.

MORENO, J. L. *Psicoterapia de Grupo e Psicodrama*. (2ª ed.) Campinas: Psy, 1993.B

MOTTA, J. (org.). *O Jogo no Psicodrama*. São Paulo: Agora, 1995.

PENSO, M. A.; LEGNANI, V.; COSTA, L. F. & ANTUNES, C. O grupo multifamiliar com famílias de crianças e adolescentes vítimas de abuso sexual no contexto da crise. In: Costa, L. F. & Almeida, T. M. C. *Violência no cotidiano: do risco à proteção* (pp. 87-105). Brasília: Universa/ Líber, 2005.

PENSO, M. A.; COSTA, L. F. & ALMEIDA, T. M. C. Pequenas histórias, grandes violências. In: Costa, L. F. & Almeida, T. M. C. *Violência no cotidiano: do risco à proteção* (pp. 125-137). Brasília: Universa/Líber, 2005.

PNUD *Relatório sobre o desenvolvimento humano no Brasil*. Rio de Janeiro: IPEA/ Brasília, 1996.

PÓVOA, M. L. S. & SUDBRACK, M. F. O. Reuniões multifamiliares: acolhendo o adolescente usuário de drogas e sua família no contexto da justiça. In: Sudbrack, M. F. O.; Conceição, M. I. G. & SILVA, M. T. (Orgs.) *Adolescentes e drogas no contexto da justiça* (pp. 147-166). Brasília: Plano, 2003.

RAVAZZOLA, M. C. *Historias infames: los maltratos en las relaciones*. Buenos Aires: Paidós, 1997.

SAIDÓN, O. Las redes: pensar de otro modo. In: E. Dabas, E. & Najmanovich, D. (Orgs.). Redes. *El lenguaje de los vínculos. Hacia la reconstrucción y el fortalecimiento de la sociedad civil* (pp. 203-207). Buenos Aires: Paidós, 1995.

SANTOS, B. S. *Um discurso sobre as ciências.* (11ª Ed). Porto: Afrontamento, 1999.

SELOSSE, Jacques Les intervections des psychologues en justice. *Psychologie Française,* 34, 4, 293 – 300, 1989.

SLUZKI, C.E. Violência Familiar e Violência Política: implicações terapêuticas de um modelo geral. In: Schnitman, D. F. (Org.). *Novos Paradigmas, Cultura e Subjetividade* (pp.228-243). Porto Alegre: Artes Médicas, 1996.

UNICEF *Para Toda Criança.* São Paulo: Ática, 2001.

VACONCELLOS, M. J. E. *Pensamento Sistêmico. O Novo Paradigma da Ciência.* Campinas: Papirus, 2002

Violência sexual infantil no contexto judicial e terapêutico Fórum de debates. Brasília: Tribunal de Justiça do DF, 11 de outubro, 2002.

YOZO, R. Y. K. 100 *Jogos para grupos.* São Paulo: Agora, 1996.

LIANA FORTUNATO COSTA Universidade de Brasília – e-mail: lianaf@terra.com.br

MARIA APARECIDA Penso Universidade Católica de Brasília – e-mail: penso@ucb.br

TÂNIA MARA CAMPOS DE ALMEIDA Universidade Católica de Brasília – e-mail: tmara@pos.ucb.br

15. Integração e Cidadania: investindo nas pessoas

Maria Áurea Bittencourt Silva
Maria Herlinda Borges

A Terapia Comunitária funciona como base para o desenvolvimento de redes sociais solidárias, reforço da identidade e diversidade cultural das comunidades, trabalhando perdas, crises, e valorizando as competências do indivíduo e da família. Tem na dialogicidade a essência da educação como prática da liberdade e considera que a superação passa pela vivência da emoção e identificação com o sentimento, dando possibilidade de ressignificação, com objetivo de assegurar o aprofundamento de questões relativas à singularidade do *Eu*. Nas diferentes experiências vivenciadas, a identificação e valorização das competências dos sujeitos sociais envolvidos e a descoberta de temas e *motes* construídos, revelam potencialidades e limitações identificadas num esforço de descobrir as interrelações mais aproximadas dos fatos, contribuindo para a libertação do ser humano pela sua humanização.

A Biodança, através do movimento, da música e do continente afetivo do grupo, trabalha com o real e o concreto da vida para o resgate da expressão do ser em sua totalidade, livre de todas as misérias e de todo tipo de opressão. Considera restituir o prazer de viver e formar uma identidade forte e combativa, que possa efetuar mudanças e ter poder de criar e transformar a realidade concreta, tão fundamental quanto libertar a pessoa da vulnerabilidade econômica. Tem, ainda, a finalidade social de integrar afetivamente a pessoa à espécie humana, independente de discriminações de qualquer ordem, aguçando a percepção do contexto em que estão inseridas, com reforço do convívio saudável.

Nossa vivência profundamente afetiva e integradora, como facilitadoras de Biodança e Terapeutas Comunitárias, nos demonstra o quanto as duas abordagens educativo-terapêuticas, apoiando-se sobre os pilares comuns da teoria sistêmica, teoria da comunicação, antropologia cultural, resiliência e pedagogia de Paulo Freire, compartilham a perspectiva biocêntrica: **a vida, como referencial maior, gerando mais vida.**

As amplas possibilidades de multidisciplinaridade e inclusão, intrínsecas à TC, nos estimularam a, com todo nosso respeito, envolvimento, identificação e carinho por ambos, transformar em prática a integração dos dois sistemas. Em sessões programadas, buscamos a ativação e integração do grupo através da Biodança, como abertura da TC desenvolvida em todas as suas etapas metodológicas: Acolhimento, Escolha do Tema, Contextualização, Problematização e Encerramento. Na roda do Encerramento, voltamos à Biodança, aprofundando a entrega ao grupo pelo embalo para potencializar vivências, intensificar vínculos afetivos e celebrar a grandiosidade do encontro. Atendendo a demandas imprevistas mostradas pela mobilização do grupo, quando depoimentos emocionados durante a vivência verbal do início das sessões de Biodança nos pedem para ser aprofundados, trazemos a TC, como trazemos a Biodança, quando emoções transbordadas na TC buscam por ela dentro de nós, como forma de expressão não verbal. E a cada dia vivenciamos mais intensamente a força e imensidão de possibilidades que esta integração coloca diante de nós, mostradas nos relatos e depoimentos que ouvimos dos participantes e confirmadas na vida pelas demonstrações de empoderamento, competência, autonomia, cidadania, com que nos brindam.

A proposta de trazer a Terapia Comunitária e a Biodança para o cotidiano da população em situação de vulnerabilidade do Recife foi deflagrada em 2001, com a Biodança. A partir de 2003, nosso comprometimento com a TC, ainda como terapeutas em formação, agregou-a ao processo que vem sendo mantido, até o presente, pela Prefeitura do Recife dentro do conjunto de ações deflagradas pela execução da Política Municipal de Assistência Social. Duas frentes principais de ação foram estabelecidas:

- inclusão da TC e da Biodança nas ações de atendimento a crianças, adolescentes, adultos e idosos em situação de vulnerabilidade, abrigados em um Centro de Reintegração Social, no período 2003-2004.
- implantação de grupos semanais nas RPA's (Regiões Político-administrativas), inseridos no programa de atendimento aos idosos e idosas, embora abertos a toda população adulta do Recife e demais municípios da Região metropolitana, iniciado em 2001 e mantido até o presente;

A heterogeneidade e a condição de vulnerabilidade da população então abrigada no CRS – crianças, idosos, pacientes psiquiátricos, portadores de HIV, dependentes químicos, portadores de necessidades especiais, profissionais do sexo, ex-presidiários – desafiou e emocionou a todos que constituíram a equipe, terapeutas comunitários ainda em formação: Alexandre Magno, Antonio Bezerra, Aurea Silva, Fabíola Brandão, Geisa Maia, Herlinda Borges, Nadja Barbosa, Rosário Austregésilo, Virgínia Airola. As 37 sessões de TC, realizadas paralelamente com a Biodança, se mostraram espaços de afirmação de direitos, formação para a cidadania, inspiração para os princípios de liberdade e ideais de solidariedade humana. Isto não teria sido possível sem a colaboração constante, efetiva e afetiva, de toda a equipe comprometida e consistente que atuava no CRS, norteada pelo mestre Paulo Freire na sua Pedagogia do Desejo.

A contribuição para a melhoria da qualidade social de vida, com elevação do senso de dignidade, autonomia e auto-estima de pessoas socialmente excluídas que reconstruíram seus processos de vida, foi se mostrando a cada dia: a dificuldade de encontrar um horário para as sessões, já ao final do terceiro mês, porque quase todo o grupo havia retornado ao trabalho, aos estudos, aos tratamentos abandonados desde há muito; casais que se estruturaram, tornaram-se trabalhadores, montaram suas casas para criar os filhos, amenizando a vulnerabilidade de muitas crianças; a artesã que reencontrou na sua arte a garantia da autonomia e de uma nova casa; o jovem usuário de drogas, afastando-se delas e tentando o vestibular; o jovem gay que ao escolher a rua para viver sua liberdade, fundou e preside a Associação dos Moradores de Rua do Recife, que protege um sem número de adolescentes; a menininha, franzina nos seus 7 anos, trazendo como tema escolhido o sofrimento com mãe usuária de drogas, despertou nela a força para, abandonando-as, começar a ser mãe; dona Rita, idosa, com anos de reclamações e recusas até ao banho diário, chegando cheirosa e risonha após chorar seu histórico abandono; o idoso sempre calado que ficava ao longe, nos confrontando todas as semanas com nossa impotência ao não conseguir que participasse como queríamos, falando, para se despedir do grupo por ter arranjado um trabalho e um canto para morar; e tantas outras emoções que estão guardadas dentro de nós, mas que, como expressões vivas da resiliência, tornaram-se superação da vulnerabilidade.

Os grupos semanais voltados para a população idosa das comunidades do Recife, como ação socioeducativa para fortalecimento da cidadania, iniciados em 2001, até o primeiro semestre de 2005 acolheram cerca de 1.300 idosas e apenas 12 idosos. Muitos em situação de vulnerabilidade, excluídos da vida. A quase totalidade sofrendo sintomas físicos como dores crônicas, hipertensão, insônia, enxaquecas, diabetes, tonturas e problemas de estômago, associados a transtornos emocionais e depressão, agravados pelas condições econômicas, distúrbios de comportamento e estados de humor da família, despidos da auto-estima, esquecidos do próprio valor, vulnerabilizados.

Os efeitos no estado geral – disposição, alegria, animação – e a melhoria da qualidade dos relacionamentos, surgidos da intensificação da vivência do próprio valor e ampliação da auto-estima, caracterizando processos de resiliência, evidenciaram-se já nos primeiros 3 meses do grupo, através dos depoimentos espontâneos e em entrevistas de acompanhamento.

As constantes referências à progressiva atenuação dos sintomas físicos nos motivaram realizar um estudo epidemiológico sistemático. Já no primeiro semestre, a significância dos percentuais encontrados nos surpreendeu, confirmando-se a cada semestre:

- 91% mostraram melhora acentuada nos transtornos emocionais e depressão;
- em 94% dos casos desapareceram os sintomas de enxaqueca e dores de cabeça forte;
- 87% livraram-se das tonturas;
- 77% deixaram para trás a insônia;
- em 66% desapareceram os problemas de estômago;
- 38% dos hipertensos passaram a ter a pressão arterial controlada sem medicação e 49% tiveram a medicação significativamente reduzida;
- no que diz respeito a dores crônicas no corpo 46% informaram seu desaparecimento e 49% melhora acentuada.

Para nós, que abraçamos essa política em favor da vida como uma oportunidade socioeducativa que influi no estilo de viver e amplia a consciência diante das questões sociais, as constatações das superações são pérolas muito preciosas que nos são ofertadas todos os dias. Difícil escolher só algumas para compartilhar: a idosa que, de chegar alcoolizada e suja passou gradativamente a cuidar da higiene e aparência, no ano seguinte, já sem beber, retornou ao interior para cuidar da tia velhinha e nos telefona sempre rindo para contar seu encantamento com vida saudável com que está se presenteando; a mulher franzina, velha e curvada, que chorava escondendo equimoses no corpo e na alma, obras da violência da filha drogada, reúne forças e coragem para trazer o tema escolhido, na semana seguinte relata como soube exigir respeito e já sem precisar esconder hematomas, nos diz sorrindo que a filha está se tratando para abandonar as drogas; a idosa despedaçada pela descoberta de haver sido contaminada com o HIV pelo marido, único homem nos mais de 70 anos de vida, se fortalece, busca tratamento, acompanha a agonia do marido, prossegue inteira, continua sem sintomas e se desdobra em auxílio de outras mulheres contaminadas da sua comunidade; a mulher forte, 76 anos de muita luta que vomita o sofrimento de haver acolhido, horas antes, a neta adolescente violentada pelo padrasto e expulsa de casa pela mãe, sua filha, sai acompanhada por duas companheiras do grupo para DPCA e torna-se o útero de renascimento da neta, enquanto o padrasto é preso, processado, e a mãe, indiciada como conivente.

Mas são os depoimentos que atestam ainda melhor a capacidade restauradora. Colher apenas alguns foi outro desafio:

Terapia Comunitária

- 65 anos, mulher: *Estava deprimida, chorando muito e já cheguei em casa melhor, não tive problema de pressão alta durante a semana e estou até dormindo bem.*
- 79 anos, mulher: *Não pensava que um dia ainda ia ter novamente alegria de viver, vontade de sair, de ver gente e fazer as coisas, como estou sentindo agora.*
- 66 anos, mulher:...*melhorou muito minha maneira de ser... até a professora dos meus netos, que eu tomo conta, me chamou pra perguntar o que mudou lá em casa, porque os meninos estão muito mais calmos, alegres, com mais disciplina e mais rendimento nos estudos... e vi que eu é que estou diferente, fazendo cainhos, contando histórias, ficando num chamego bom toda noite antes de dormir...*
- 72 anos, mulher: *Agora sinto que sou acolhida, não sou criticada. Melhorei de tudo. Tinha ficado viúva, deprimida. Melhorei tanto que até estou dando força aos outros.*
- 62 anos, mulher:... *foi minha vizinha que me estimulou a vir... estou me sentindo muito bem... aqui é um lugar onde se dá e se recebe também amor, muito afeto... é aquela união, aquela força espiritual dentro de cada um de nós...*
- 78 anos, mulher: *Estou tendo mais coragem de enfrentar as brigas com minha filha... ela já sentiu isso... está muito mais calma, me agredindo menos... parece até que começou a me respeitar... (na Terapia Comunitária da semana anterior o tema escolhido foi o seu sofrimento pelas constantes agressões da filha).*
- 74 anos, mulher: *Resolvi não ligar mais para o que dizem de mim... estou mais feliz, gostando mais das pessoas... até descobri que tenho umas vizinhas que querem ser minhas amigas (na Terapia Comunitária da semana anterior, apresentou o sofrimento pelas intrigas das vizinhas e o tema não foi escolhido).*
- 74 anos, mulher: *Meu marido morreu dois dias depois que falei dele aqui e sabe que estou até sentindo saudade?... botei pra fora as mágoas que sentia dele... ouvi muita coisa aqui que serviu pra ver que também teve coisa boa na vida da gente... agora vou viver a minha vida, sem o peso dele... vou viver tudo o que não podia viver antes... sem culpa... dançar muito... viajar... ser alegre... bem feliz... por isso estou aqui, mesmo no luto, sem faltar ao nosso grupo.* (Duas semanas antes teve escolhido a o seu tema, a infelicidade no casamento)

E tudo isso, cada dia mais, vai nos comprometendo com essa teia de respeito à vida, troca afetiva, superação, acolhimento e crescimento, em todos os níveis, na busca por uma realidade mais justa, em que as crianças, os adolescentes e os idosos não se descubram tão submetidos a situações de vulnerabilidade.

Maria Aurea Bittencourt Silva
Maria Herlinda Borges
Facilitadoras de Biodança e Terapeutas comunitárias, Recife, PE.

PSICOSSOMÁTICA:

Quando a boca cala
o corpo fala

16. A violência do silêncio

Ceneide Maria de Oliveira Cerveny
Núcleo de Família e Comunidade (NUFAC) – PUCSP
ceneide@uol.com.br

Cale a boca!
Homem não chora!
Psiu!
Não é pra contar!
Quem cala vence!
É segredo!
Isso não se fala lá fora!

Essas locuções são algumas entre muitas que ouvimos em nossas vidas e que são ditas na maioria dos lares. O que falar, o como falar, o quando calar, fazem parte de um sofisticado aprendizado que começa no seio da família, continua em outros contextos como escola, trabalho, comunidade e parece que nos acompanha por toda a existência.

É interessante lembrar que a aquisição da linguagem pela criança é festejada por toda a família. Os pais se preocupam quando seu filho demora para falar, acompanham o aumento do repertório verbal com interesse e satisfação, aplaudem a conquista da habilidade em se comunicar de seus rebentos.

No entanto, assim que essa habilidade se instala, começa para a criança um outro aprendizado que é o de selecionar o que pode e não pode ser dito nos diferentes lugares e ocasiões. Dizer que gostou de um presente que na verdade odiou, que não quer mais sobremesa quando é o que mais deseja, que ama o irmãozinho quando na verdade quer que ele suma, são situações vividas cotidianamente por uma grande maioria de filhos.

Em todos esses anos dedicados à clínica com famílias temos orientado os pais que os sentimentos das crianças necessitam ser expressos por mais que estes assustem e contrariem os pais. O que não pode ser aceito e deve ser limitado é a transformação da expressão no ato físico. Assim, uma criança dizer que odeia o irmão mais novo é um sentimento que quando expressado, alivia a criança e pode ser trabalhado pela família. O que não pode é agredir fisicamente o irmão odiado e causar-lhe dano físico. Muitas vezes temos encontrado crianças que, tendo de calar seus sentimentos, atacam às escondidas.

Ainda dentro do contexto da expressão dos sentimentos, temos os segredos de família que mesmo falados continuam segredos, as situações de triangulação e coalizões onde alguns escondem coisas de um ou mais membros da família e as mentiras usadas para proteger, machucar, ignorar etc..

Crianças que viveram situações de triangulação, frequentemente se tornam adultos com habilidade para triangular em outras relações sociais, profissionais, assim como as que foram obrigadas a mentir e esconder, usam esse modelo pela vida afora.

Todos esses padrões de comunicação estabelecidos na família, através da comunicação são passados para as gerações subseqüentes perpetuando-se então intergeracionalmente.

Uma das frases do inicio dessa comunicação, *"quem cala vence"*, era usada na família de M., que a ouvia desde pequeno. M. casou-se e sua esposa vinha de um sistema familiar mais aberto, onde as relações eram discutidas e havia enfrentamentos entre seus membros. O casal tinha 3 filhos que com o tempo passaram a interagir fortemente com a mãe, e o pai ficava excluído o tempo todo. As relações familiares deterioravam-se entre o casal e entre o pai e os filhos e na terapia familiar pôde-se perceber a força do padrão comunicacional herdado por M. e seu conflito de lealdade com a sua família de origem e a família atual em relação ao assunto. M. ficava calado, dando para a sua família a impressão de que não gostava de interagir e com isso os filhos se afastavam. A comunicação afetiva de M. para com a família passou a ser através da sua habilidade manual: fazia pequenos móveis para a esposa e filhos e cuidava dos jardins da casa com muito carinho. Os rótulos de triste, taciturno, distante foram sendo atribuídos a M., que nos surpreendeu quando terminando um canteiro, resolveu colocar nele uma plaqueta de madeira onde se lia: **"Aqui mora uma família feliz"**.

Por que M. não conseguia expressar oralmente aquilo que pensava?

Quando na terapia a história intergeracional de M. foi desvendada através do genograma, ficou claro para todos a força que para ele tinha o "quem cala vence". Falar, rir, brincar, trocar com a esposa e filhos era ser desleal para com a mãe, que M. visitava regularmente. Um câncer intestinal surgiu nessa mãe e como sempre o lema dessa família foi usado na doença. Não se falava da mesma e M. acompanhava sua mãe aos médicos, mas não conversavam sobre diagnóstico, prognóstico e assim também M e seus irmãos também não conversavam sobre a doença da mãe.

Com o trabalho terapêutico familiar, M, com a ajuda da sua esposa e filhos resolveram "quebrar" esse lema do silêncio e falar com a mãe, sogra e avó sobre a doença, as possibilidades de ajuda que poderiam dar etc.. Essa avó ficou emocionada quando o neto do meio aceitou um trabalho temporário em uma clínica especializada em oncologia e passava para ela as novidades do campo, os recursos atuais nos tratamentos da doença.

Todo conflito, principalmente aqueles que têm em sua base a comunicação, dificilmente serão compreendidos se deixarmos de lado o contexto onde ele ocorre e suas origens, por mais remotas que sejam.

Ainda em meu trabalho clínico, comecei a observar que existiam duas categorias bem distintas de indivíduos: aqueles que como M são extremamente calados, sóbrios, com movimentos corporais limitados, que ficam "ruminando" os acontecimentos e aqueles que não param de falar, contam tudo, se abrem com todos, são expansivos, gesticulam muito e assim por diante. São indivíduos que ficam em dois extremos da comunicação, enquanto a maioria de nós mescla momentos de expansividade e de silêncio, dependendo da ocasião, do local, da intimidade, do contexto e assim por diante.

Nas minhas reflexões muito íntimas, pensava nos primeiros como pessoas obstipadas, que guardam suas fezes com carinho, só indo ao banheiro quando não agüentam mais e que evacuam como cabritos. Os segundos eu os pensava como diarréicos que não conseguem segurar suas fezes e vomitam com facilidade, não podendo escolher o lugar para suas excreções.

Minha vontade como clínica e pesquisadora é fazer uma comparação entre a saúde física e psicológica dos diarréicos e obstipados para investigar se existem famílias também com esse padrão e como convivem com as doenças principalmente as psicossomáticas.

Assim, conseguiríamos legitimar ou não o título dessa mesa-redonda que usamos constantemente nas sessões de Terapia Comunitária: "Quando a boca cala, os órgãos falam!"

Quando pensamos em comunicação é importante resgatar o trabalho de Watzlawick (1967) que propôs cinco axiomas para o entendimento da comunicação que são:

a. Não se pode não comunicar
b. Toda comunicação tem um aspecto de conteúdo e um de relação tal que o segundo classifica o primeiro
c. A natureza de uma relação está na contingência da pontuação das seqüências de eventos entre os comunicantes.
d. Os indivíduos se comunicam digital e analógicamente
e. Todas as permutas comunicacionais são simétricas ou complementares, segundo se baseiem na igualdade ou na diferença.

Todos os axiomas são importantes na compreensão dos padrões comunicacionais e suas conseqüências, porém neste trabalho vamos nos deter especialmente no 1º e no 4º axiomas.

Não se pode não comunicar!
Comunicamo-nos verbal e não-verbalmente!

Nesses axiomas Watzlawick nos mostra a impossibilidade de não nos comunicarmos pois tudo tem o valor de mensagem: nossas palavras, nossos atos, nosso silêncio, nossas roupas, nosso olhar, nosso riso, tudo tem valor de comunicação.

O segundo axioma complementa o primeiro e nos comunicamos por palavras e também pelo não-verbal.

Partindo dessas premissas, podemos pensar que nossos sintomas, nossas doenças também podem ser formas de nos comunicarmos com os nossos familiares, amigos e também como um dialogo interno do emocional com o nosso corpo.

Assim, minha voz pode desaparecer quando estou em conflito porque não desejo participar de uma reunião, dar uma conferência ou simplesmente ir a uma festa. A tosse, por sua vez, pode aparecer quando não consigo dizer não e todas as outras manifestações somáticas podem ter alguma origem no silêncio.

É comum quando nossas espáduas doem nos perguntarem o que estamos carregando emocionalmente nos ombros e via de regra nesse momento temos o *insight* do que nos incomoda.

Porém, nem sempre essa conscientização é tão rápida e tão simples! Temos dores antigas, silêncios que passaram despercebidos, violências sofridas que não podem ser resgatadas e como fazer isso se transformar em palavras?

Nesse momento, me vem na mente outra regra da Terapia Comunitária, onde dizemos que grandes segredos não devem ser expostos, pois sabemos os nossos limites nesse tipo de trabalho.

De um lado o sofrimento do indivíduo e do outro o cuidado com a exposição demasiada desse mesmo indivíduo na comunidade!

Parece que estou me remetendo ao início deste trabalho onde após dizer que quando a boca cala os órgãos falam e quando a boca fala os órgãos calam, tenho que lembrar também que algumas coisas não podem ser ditas naquele contexto.

O que fazer?

A solução me parece é a abertura do espaço no final da terapia para aconselhamento e orientação na busca de serviços de apoio especializados como terapias de família, casal e individual. No entanto, é necessário que tenhamos conhecimento de onde esses serviços possam ser encontrados e para isso é necessário que na nossa rede da TC isso seja informado.

Referências bibliográficas

BARRETO, A. P. *Terapia Comunitária passo a passo.* Fortaleza: Gráfica LCR, 2005.

CERVENY, C. M. O. *Família e Comunicação em "Família e..."* São Paulo: Ed. Casa do Psicólogo.

WATZLAWICK, P. et. Al. *Pragmática da Comunicação Humana* São Paulo: Ed. Cultrix, 1967

17. O uso da fala como instrumento restaurador dos males psicossomáticos e melhoria da qualidade de vida

Edna Malheiros
emalhei@click21.com.br

Introdução

Muito se tem falado sobre as causas psicológicas e/ou emocionais de problemas de saúde, problemas físicos mesmo. Quer dizer, muitas vezes temos ou sofremos um mal físico e sua causa é, na verdade, um problema psicológico ou uma tensão emocional. Muitas vezes as pessoas acham isso muito estranho, não entendem direito ou mesmo acham que isso é uma outra forma de dizer que é "frescura", que a pessoa não tem nada sério e está somente fazendo carnaval a troco de nada. Hoje em dia, essa é uma idéia realmente atrasada. Antigamente, havia uma separação clara entre mente e corpo. Segundo essa idéia, algo que acontecia no corpo era uma coisa totalmente isolada do que acontecia na mente e vice-versa. Um sentimento não poderia afetar o físico... um sentimento era um substantivo abstrato e o corpo um substantivo concreto. Pertenciam a mundos diferentes!!! Não dava para uma coisa afetar a outra. Até hoje muita gente pensa assim...

Mas não há como separar mente de corpo e um influencia muito o outro. E nossa saúde depende de uma boa integração mente-corpo. Não há como pensar em uma boa saúde, se não pensarmos em uma avaliação conjunta de nossa vida!

A "mente" é uma parte integrada no conjunto todo do organismo e qualquer coisa que afete uma parte, afeta a outra. É como um relógio, não dá para tirar uma engrenagem e o resto continuar como está... o que acontece com qualquer peça vai afetar todo o conjunto!!!

Exemplificando como as emoções causam mudanças imediatas no físico: quando você toma um susto!!! É uma emoção, mas... todo o corpo reage a isso de modo intenso. Sua respiração muda, a taxa de batimentos cardíacos muda, você fica branco; quando temos um exame para fazer, é muito comum ficarmos com "dor de barriga"; quando sentimos vergonha, ficamos vermelhos; quando temos muita raiva, ficamos muito fortes e nem sentimos dor; quando alguém de quem gostamos muito aparece, nosso coração dispara; nossas mãos tremem quando não podemos errar; quando ficamos muito tensos e com raiva, acabamos com dor de cabeça, e assim por diante... É tão claro e óbvio que nossa mente afeta nosso corpo, isso acontece tantas vezes por dia, que é realmente muito claro que o corpo e a mente são, na prática, uma coisa só, e que as emoções têm muito a ver com nossa saúde, portanto é importante nos conscientizarmos de que saúde e felicidade são a mesma coisa. Quando dizemos que ninguém infeliz é saudável e que ninguém sem saúde é feliz, só estamos declarando que uma coisa é igual à outra, só que em pontos diferentes. E, portanto, cuidar da saúde, é cuidar da felicidade e vice-versa! Uma pessoa precisa ser vista de forma integrada, como o conjunto bio-psíquico-social.

Nossa realidade hoje

Vivemos em um mundo cuja velocidade das mudanças é cada vez maior, o índice de violência toma proporções assustadoras, os dias parecem ter menos horas, temos muitas atividades e todas são urgentes. Esses e outros motivos nos tornam cada vez mais individualistas, mais isolados, distantes daqueles a quem amamos, sem condições de dar e, até mesmo, de receber carinho e atenção dos que nos rodeiam, sejam familiares ou amigos. Então surgem os problemas, doenças, estresse. Problemas e doenças guardam muita semelhança entre si, são sinais de emergência, são avisos que a vida está nos dando para que possamos promover mudanças na forma de vivermos. Nossos inimigos, da mesma forma que os problemas e as doenças, são gritos de alerta para cuidarmos de algo que não está certo em nossa vida. Quando os ouvimos com atenção, nossos inimigos podem se transformar em maravilhosas alavancas de crescimento pessoal.

Assim como as doenças e os inimigos, os problemas nos enviam avisos que precisamos aprender a codificar. Quando temos um problema que está se repetindo em nossa vida, é chegada a hora de fazer uma análise do seu significado para poder superá-lo. Neste mesmo sentido, as doenças são recados que precisamos levar a sério, principalmente as doenças que se repetem, dores de cabeça, alergias de pele, má-digestão, todos esses distúrbios querem nos mostrar ou nos comunicar o quanto estamos fora dos trilhos em nossa vida pessoal.

Mas como mudar, se na nossa vida cada vez mais temos problemas, de toda ordem, tais como financeiro, de segurança, entre outros? Descuidamos da nossa saúde, nos isolamos porque "não temos tempo" para conviver, para desfrutar das coisas boas da vida, nem das amizades. É um verdadeiro ciclo vicioso, onde cada vez mais reclamamos e cada vez menos vemos saídas, cada vez mais sentimos falta das pessoas, mas freqüentemente nos distanciamos delas, e assim não conseguimos visualizar as possibilidades de mudança. As pessoas estão cada vez interagindo menos, as relações, em geral, sejam profissionais ou sociais, são superficiais, restritas a determinada situação ou contexto.

Então nos tornamos pessoas cada vez mais carentes, mais frágeis, mais desconfiadas, mais sensíveis a tudo que venha de encontro a nosso desejo ou necessidade.

Mas o que fazer, se às vezes nem mesmo percebemos que estamos cada vez mais ficando isolados e adoecidos?

Saber procurar e achar as causas é uma atitude muito sábia, pois no momento em que superamos um problema que nos acompanha por algum tempo, nasce uma nova pessoa.

Considerações finais

As pessoas apresentam reações diferentes diante das situações. Todo ser humano possui duas teorias de ação, uma é a teoria da ação que ele prega, o que ele acha ideal e a outra e a teoria da ação que ele pratica, é o que ele faz. É através da sua prática que o percebemos e não através do que ele diz que é e que faz. Quanto maior a divergência entre uma e outra, mais conflitos internos, ansiedade, mais repressão gerado por medos de não corresponder à cultura e padrões educacionais recebidos.

Para não adoecer, precisamos verbalizar os sentimentos e as emoções que são escondidos, reprimidos; precisamos desabafar, confidenciar, partilhar nossa intimidade, nossos segredos, nossos pecados. O diálogo, a fala, a palavra, é um poderoso remédio e excelente terapia. Quando conseguimos verbalizar o que sentimos, compartilhando a nossa dor, ocorre uma diminuição das tensões geradas pelas perdas e pela angústia.

E esse resultado pode ser ainda mais positivo quando ocorre num grupo disposto a se auto-apoiar, onde a fala e seguinte de imediato ao *feedback* que advém da experiência de vida, de pessoas que falam o que sabem, porque o seu saber foi vivenciado e não apenas estudado. E é desta forma que funcionam os encontros de Terapia Comunitária, um espaço de escuta que tem se mostrado eficaz na busca do alivio para os males provocados pelo estresse e pela ansiedade, propiciando a busca das melhores soluções para cada uma de nossas dificuldades e para isso lançamos mão dos nossos valores crenças e intenções guardados em nossa mente e que são representados por nossa teoria de ação praticada, que é o que verdadeiramente somos.

A eficácia da Terapia Comunitária tem se mostrado muito clara, porque ela atua nas questões que afligem o cotidiano das pessoas e da comunidade, propiciando um acolhimento afetuoso às pessoas; a oportunidade de cada um falar de si e ser ouvido com respeito e sem julgamento; a escuta de situações semelhantes à sua, que já tenham sido superadas e um ambiente de interiorização e reflexão num clima afetivo em que as pessoas se sentem apoiadas umas pelas outras, levando-as a construir um sentimento de pertença, melhoria nas relações interpessoais, na auto-estima, na saúde, na expressão emocional mais sadia e na qualidade de vida das pessoas.

18. Psicossomática: uma reflexão baseada no paradigma da complexidade

Maria Cecília Astete Salazar
PROTEF-UNIFESP Escola Paulista de Medicina
cecilia.astete@uol.com.br

A preocupação do homem com a relação saúde-doença e a relação mente-corpo é tão antiga quanto a sua própria existência.

No ocidente a medicina pré-helênica era dominada por concepções mágico-animistas, compreendendo que as forças da natureza agiam com poder sobre o homem. Neste contexto as práticas xamânicas eram as práticas médicas. Sendo assim, a cura para o xamã era uma questão espiritual e a doença tinha a sua origem no espírito. Deste modo, o objetivo da cura xamânica era nutrir e preservar a alma e aumentar o poder da pessoa doente e secundariamente lidar com o agente externo presente na doença. A medicina xamânica estava ligada às práticas religiosas.

A medicina religiosa pré-helênica dá lugar a formas diferentes de conceber a doença e a saúde derivadas das mudanças da organização social política e principalmente das idéias dos filósofos pré-socráticos os quais já "tentavam encontrar um princípio que explicasse a unidade da natureza, tentando situar o corpo e suas doenças na trama das forças do Universo" (VOLICH, 2000, p.20) questionando a sua origem divina e considerando-as como fenômenos naturais. Trazendo a idéia do homem responsável pela sua doença.

Aproximadamente no ano 480 AC durante o governo de Péricles a Grécia antiga vive um período de prosperidade refletido em todos seus âmbitos principalmente da ciência e da filosofia. Nesse contexto surgem Sócrates e seus discípulos Platão e Aristóteles os quais concebem o homem constituído não apenas de matéria corpo e suas funções mas também de uma essência imaterial ligada aos sentimentos e a sua atividade mental *alma*.

Na tentativa de compreender a relação mente-corpo e a sua relação com a doença a filosofia e a ciência ao longo da história foram configurando diversas formas de entender esta relação. Entretanto, ainda existe tanto na medicina quanto na psicologia uma confusão conceitual quando se trata da relação mente-corpo, doença-saúde.

Segundo Ramos (1994) a forma específica de conceber o fenômeno da relação mente-corpo denominada psicossomática foi usada em 1808 por um psiquiatra alemão Heinroth ao tentar explicar a origem da insônia.

Em 1922 surge o termo medicina psicossomática introduzido por Deutsch. Contudo, foi na década dos 30 do século passado que Helen Dunbar cria a psicossomática moderna nos Estados Unidos ao criar a Sociedade Americana de Psicossomática em 1939 e a primeira revista.

Atualmente Lipowski (1986) ressalta que até a década de 1960 predominaram as teorias que tinham como base o conceito de psicogênese, isto é fatores psicológicos que causam doenças orgânicas. Na opinião de Lipowski o conceito tradicional de psicogênese é obsoleto e deve ficar relegado aos anais da história, pois é um conceito linear, simplista incompatível com noções modernas da etiologia multifatorial da doença.

A compreensão unidirecional é própria do paradigma da simplicidade[1] nesta perspectiva a psicossomática se baseia no modelo biomédico que usa como referencial epistemológico a visão newtoniana cartesiana a que assume um caráter reducionista. Isto é, reduz o fenômeno a fragmentos, usando uma lógica causa-efeito.

Ao percebermos uma realidade fragmentada percebemos um corpo e mente separados. Segundo Capra (1982) a visão cartesiana concebe o corpo como uma máquina, o corpo sadio como um relógio bem construído e a doença como uma falha da máquina e a terapia médica como a manipulação técnica. Desse modo, observamos uma rigorosa divisão corpo-mente.

Esta visão não abrange a totalidade do fenômeno que se apresenta no homem na saúde e na doença como os fatores culturais sociais espirituais, perpetuando a divisão corpo mente e criando uma nova categoria de doença a doença psicossomática.

Sendo que na atualidade a tendência é conceber toda doença humana como psicossomática, pois afeta um ser provido de soma e mente inseparáveis anatômica e funcionalmente. Já que os processos biológicos mentais e os físicos são simultâneos se expressando predominantemente em numa ou outra área.

O outro conceito básico da medicina psicossomática, segundo Lipowski (1986) pode ser referido como "holismo". Esta palavra deriva do grego *holos*, ou todo. Tal conceito tem sua origem na Grécia antiga, sendo proveniente de Hipócrates e outros pensadores os que consideraram mente e corpo como componentes de uma unidade indivisível. Desse modo, o termo "psicossomática" refere-se ao postulado de que mente e corpo são dois aspectos inseparavelmente ligados do homem e distintos somente por um propósito metodológico e comunicativo, cujo objetivo são os mecanismos de interação corpo-mente num contexto social e cultural que abrange aspectos espirituais e ecológicos do ser humano.

A ótica da complexidade reconhece uma multiciplidade de níveis do real que são ao mesmo tempo autônomos e inter-relacccionados. Cada um deles mantém a sua própria singularidade e especificidade, contudo adquire forma e sentido no âmago da totalidade. Sendo assim, Morin (2001) define a complexidade com um tecer junto um religar e ao propor o religar não exclui o outro, vislumbrando todas as dimensões da realidade. Nessa ótica, as contraposições dicotômicas corpo-mente, biológico e psicológico, indivíduo-família perdem o seu significado. Morin (1997) salienta que do ponto de vista da epistemologia da complexidade os opostos são reconhecidos e são ao mesmo tempo complementares e antagônicos.

Segundo Onnis (1997), quando se fala em psicossomática e complexidade deve se enfatizar um método que possa contemplar a complexidade do fenômeno psicossomático. Salientando que não se trata só de substituir, senão propor um método que nos oriente a uma nova forma de conhecer a uma nova epistemologia: a "Epistemologia da Complexidade". essa nova metodologia considera a multiciplicidade de componentes que estão presentes no fenômeno como uma totalidade, mas podendo também individualizar cada nível para articulá-los e estabelecer as conexões que geram significado.

Para compreendermos o sintoma, alerta Onnis (1990) há de se recorrer ao seu significado etimológico. Etimologicamente, o termo significa reunir. O sintoma é uma tentativa de recompor uma unidade perdida. Tentativa devolver ao ser humano o sentido global do seu ser biológico, emoções, afetos, pensamentos. relações com os demais, com si próprio e com seu ambiente. O sintoma reúne em si, recompõe o sentido comunicativo de um contexto de relações.

Do nosso ponto de vista, essa falta de integração, essa perda da unidade se manifesta na vivência de estar fragmentado. Assim o sintoma físico ocupa o foco principal da experiência do indivíduo, desconhecendo os outros níveis que formam a totalidade.

Morin (1991) propõe que para compreendermos um fenômeno desde a perspectiva da epistemologia da complexidade é preciso lembrarmos dos princípios da complexidade que nos auxiliam metodologicamente.

Os princípios são três: hologramático, dialógico e recursivo

O princípio hologramático salienta que o que está na parte está no todo e o que está no todo está na parte por exemplo a mente está no corpo e o corpo está na mente por exemplo os afetos que são ao mesmo tempo fenômenos mentais e físicos. Entretanto, se pensarmos em um sintoma freqüente nas comunidades pobres a desnutrição infantil não está só na criança está no contexto da família, na comunidade no contexto social.

Segundo Morin (2001), o princípio dialógico é propiciador da possibilidade de duas instâncias contrarias possam se ligar e se articular mesmo se opondo, pois se complementam. O que possibilita a convivência com a diferencia e dai favorecer o diálogo indivíduo-família, mente-corpo, biológico-psicológico, indivíduo-comunidade.

O princípio recursivo nos coloca diante da idéia de circularidade. Morin (1977) refere-se a volta do processo sobre si próprio, isto é, o fim do processo alimenta o seu começo. O estado final torna-se o inicial e o inicial torna-se o final por exemplo: Quanto mais pobre de recursos de saúde e higiene o contexto familiar e social da criança, mais possibilidades de se manter desnutrida, quanto mais desnutrida, mais doente menos possibilidades de mudar o contexto social.

Podemos compreender também desta maneira que quando a boca cala o corpo fala. Quanto mais cala a boca mais fala o corpo mais a boca cala.

Para finalizarmos esta reflexão gostaríamos de salientar que a psicossomática envolve uma maneira de definir o humano. O ser humano como uma totalidade, portanto o fenômeno psicossomático não pode ser fragmentado, desarticulado e descontextualizado. Envolve também uma postura profissional, pois está atenta aos fatos subjetivos e objetivos do adoecer humano. Sendo também uma prática de interconexão entre os diferentes profissionais da saúde. Uma ideologia sobre a saúde e o adoecer e um campo de pesquisa sobre a saúde e a doença.

Referências bibliográficas

ACHTERBERG, J. A Imaginação na cura. In: *Xamanismo e medicina moderna*. São Paulo, Summus, 1996.

ASTETE SALAZAR, M. C. *Cefaléia e Sistema Conjugal: imagens do relacionamento conjugal sob o paradigma da complexidade*, Dissertação de Mestrado em Psicologia Clínica, PUC-SP, 2004.

CAPRA, F. *O ponto de mutação*, São Paulo, Cultrix, 1982.

Lipowski, Z. J. Psychosomatic Medicine: Past and Present Part I Historical Background, *Canadian Journal of Psychiatry*,31, February 1986a, pp2-7.

_____. Pschosomatic Medicine: Past and Present Part II Current State, *Canadian Journal of Psichiatry*, 31, February 1986b, pp 8-13.

ONNIS, L. *La palabra del cuerpo Psicosomática y perspectiva sistémica*. Barcelona Editorial Herder 1997.

ONNIS, L. *Terapia Familiar de los Trastornos Psicosomaticos*. Barcelona: Paidos, 1990.

MELLO FIHO, J. *Concepção Psicossomática: Visão Atual*. Rio de Janeiro Tempo Brasileiro, 1994.

MORIN, E. *Os Sete saberes necessários à Educação do Futuro*. São Paulo. Cortez Editora, 2001.

_____. *Meus Demônios*. Rio de Janeiro, Bertrand Brasil, 1997.

_____. *Introdução ao Pensamento Complexo*. Lisboa, Instituto Piaget, 1991.

RAMOS, D. G. *A Psique do Corpo – Uma Compreensão Simbólica da Doença*. São Paulo, Summus Editorial Ltda,1994.

VOLICH, R. M. *Psicossomática*. São Paulo, Casa do Psicólogo, 2000.

MORTE

Convivendo com a ameaça e a angústia

19. O nascer e o morrer de cada dia

Márcia Moreira Volponi
Assistente Social e Psicóloga,
Terapeuta de Família e Casal pela PUC-SP,
Terapeuta Comunitária – PUC-SP.
Interfaci – Instituto de Terapia Família, Casal e Indivíduo
marcia_volponi@yahoo.com.br

No apego do ser humano à sua existência, há algo maior do que todas as angústias do mundo, que é a realidade da morte e neste caminhar diário pela vida transitamos entre esses dois pólos, ora questionando o sentido de viver e ora nos debatendo para compreender o porque de ter que morrer e sem nenhuma medida que quantifique esses dois juízos como bons ou ruins. Então nos perguntamos: quando este nascer e morrer começou conscientemente em nós? Segundo Campbell, pesquisador da mitologia, não existe evidência de que os seres humanos pensassem a respeito da morte, de forma significativa, até o período de Neandertal e fala também de um importante mito da Indonésia que conta uma história onde os ancestrais não se distinguiam em termos de sexo, não havia nascimentos, não havia mortes. Então, uma imensa dança coletiva foi celebrada e no seu curso um dos participantes foi pisoteado até a morte, cortado em pedaços e os pedaços foram enterrados. Tinha chegado o tempo do ser, morrer, nascer e de matar e comer outros seres vivos para a preservação da vida. O tempo sem tempo, do início, tinha terminado por meio de um crime comunitário, um assassinato ou sacrifício deliberado.

A mitologia, segundo ele, tenta conciliar a mente com essa pré-condição brutal da vida que sobrevive matando e comendo vidas e a conciliação da mente e da sensibilidade humana com este fato fundamental é uma das funções desses ritos brutais, cujo ritual consiste basicamente em matar por imitação daquele primeiro crime primordial.

É o início da consciência do nascer e morrer de cada dia, a percepção do estar no mundo, a percepção do outro, a percepção de um mundo temporal e espacial.

Trazendo essa questão para uma realidade mais palpável para nós, penso que a primeira experiência do nascer e morrer que o ser humano vivencia é o nascimento, quando, passando pelo evento de vir à vida, passa também por muitas mortes, como a perda do conforto do útero, perda da íntima ligação com a mãe no corte do cordão umbilical, perda da segurança gerando sentimentos como medo, dor, que são dificuldades do próprio processo do nascimento e que passam a fazer parte da consciência humana. São sentimentos ambíguos que traz também o amor, o toque e todos os outros movimentos de afetividade compartilhados mais proximamente pela mãe também pelo pai e as famílias de origem. Este compartilhar intensifica ou ameniza o nascer e morrer de acordo com a forma de lidar de cada um desses participantes do mundo da pessoa que chega à vida. É o ser aquático transitando para a condição de ser mamífero, vivenciando a angústia e a frustração ao entrar para a consciência do mundo novo e desconhecido. Da inconsciência do feto no útero, surge a identidade, o "eu sou", trazendo consigo a responsabilidade, o medo do enfrentamento. O ser que viajava no trem da vida, no ventre da mãe, pisa no chão registrando o início da sua própria caminhada através do tempo.

Nesse movimento, passando por cada etapa do ciclo vital onde alegrias e frustrações permeiam o caminho, as metas vão surgindo e família, conquistas profissionais, sociais, econômicas são respaldos para que o ideal maior da vida, trazida no discurso humano, que é ser feliz, possa se tornar realidade. Nessa jornada diária, o ser humano tenta manter o vagão do trem da vida fechado para não dar espaço a situações de ameaças ao bem viver, porém, acaba passando por caminhos previsíveis e imprevisíveis que delineiam o nascer e morrer de cada dia. E,no trem da vida, onde o início e a finitude, o amor e a dor são partes integrantes da existência, a cada estação, essas interfaces estarão presentes trazendo outros sentimentos importantes para o processo da vida.

Um desses sentimentos que mobiliza a caminhada é a esperança que nos faz entender que o homem é fundamentalmente um ser itinerante e é nesta peregrinação pela vida que ela se revela. Ela é a antecipação do futuro aberta através do tempo e com um caráter profético que mesmo não podendo dizer o que vê traz-nos uma visão velada sobre o vindouro. A esperança é a memória do futuro que persegue uma viagem onde o nascer e morrer de cada dia está presente e, acompanhado por ela, o dia, mês, ano seguintes estarão sempre carregados de expectativas.

Um dia, cada um de nós descerá na estação para morrer de fato e morreremos para o outro como também, muitas vezes, presenciamos e a vivenciamos através da morte do outro. Nós, que estaremos até o último suspiro respirando a vida que nos pertence, não vivenciaremos a própria morte e o medo que tanto nos persegue é o medo do desconhecido da morte em nós e a realidade dela no outro. Assim, esse movimento do nascer e morrer são faces que ajudam na maturação dos nossos sentimentos, resoluções das nossas necessidades e responsabilidades perante a vida visando um existir melhor.

Gabriel Marcel, um representante do existencialismo cristão, diz que o importante não é a tua ou a minha morte mas, a morte daqueles que amamos e amar um ser é dizer-lhe "Tu não morrerás".

Vida

Um dia você nasce e talvez haja uma razão
Vem para um mundo onde nem tudo tem explicação
Abre os olhos e ainda não entende nada
Esse é apenas o ponto de largada
De uma corrida contra o tempo
Tente nela viver cada momento
Afinal ninguém é imortal
Um dia ela acaba e isso é normal

Cada dia é um novo dia e você aprende um novo conceito
E começa a fazer as coisas do seu próprio jeito
Mas por mais que achem que é o pior
Faça o que achar melhor
Para poder sempre acordar feliz
E nunca esquecer que é apenas um aprendiz
De um mundo completamente desconhecido
Ninguém sabe tudo por mais q seja vivido

Nem sempre acordará com um sorriso no rosto
Talvez seja o completo oposto

No mundo há muita desgraça e pobreza
E isso para alguns também é motivo de tristeza
Procuramos a felicidade nas coisas mais fúteis
E isso fará nos sentirmos inúteis
Nas coisas mais insignificantes é onde está a felicidade
Parece mentira, mas é a pura realidade

Sendo assim sorria sempre que puder
Não importa onde ou com quem estiver
No mundo não existe ninguém perfeito
Mas trate todos com o devido respeito
Não magoe nem deixe aquele q ama ficar triste
Isso é pior coisa que existe
Se sente que é realmente amado
Saiba que será perdoado

Tudo tem um começo e um fim nem sempre esperado
E isso pode fazer com que fique desesperado
Mas saiba que para tudo existe uma solução
Quando se usa um pouco do coração
Saiba que ainda terá muitas decepções
Não espere muito das coisas, não viva de ilusões
Muitas vezes iremos sonhar
Mas nem tudo conseguiremos alcançar

A vida é sua e de mais ninguém
Viva por você e não por outro alguém
Sempre seja honesto com você
Nem sempre as coisas são aquilo que se vê
Não engane a você e aos outros achando que com isso terá sorte
"A verdade está entre a vida e a morte"

Diego Francisco Volponi

Referências bibliográficas

CAMPBELL, J. *O Poder do Mito*. São Paulo: Palas Athena, 1990.

DASTUR, F. *A Morte Ensaio sobre a Finitude*. Rio de Janeiro: Difel, 2002.

MARANHÃO, J. L. Souza. *O que é morte*. São Paulo: Brasiliense, 1998.

20. O viver solidário e a Terapia Comunitária

Mathilde Neder
Pontifícia Universidade Católica de São Paulo
psiclini@pucsp.br

Vivemos e morremos, a cada dia, a cada instante, renovando-nos continuamente. Nascemos, crescemos,envelhecemos. Caminhamos para a morte final, com grande garra de vida. Teremos que morrer um dia, de um modo ou de outro, por doenças ou acidentes. Doenças foram amedrontadoras, de tempos em tempos e vimos os estragos que já nos causaram os surtos epidêmicos, o mal de Hansen, a tuberculose, o câncer ou a Aids, e que ainda nos atingem. Em qualquer dessas circunstâncias surgiu o preconceito, o estigma. Mostraram-se a vergonha e a dor. Envolvimentos se deram em função de fantasias, de mitos, de relações familiares e comunitárias. Questões problemáticas se estabeleceram em função do desrespeito e da fuga ao enfrentamento da dor do outro.

Trata-se de uma questão de humanização nas relações pessoais, em qualquer ambiente. É ser solidário, é praticar o amor em termos comunitários, no sentido em que o que se partilha não são apenas os bens ou os cuidados materiais e físicos, mas é a própria pessoa que se dá, relacionalmente, que recebe o outro, que partilha, que lhe reconhece o direito de viver com dignidade e que zela por isso. Nessa relação, a solidariedade é a base para a segurança social, na derrubada do preconceito, da culpa, do estigma. É a base de ação para o resgate do humano esquecido.

Em nossa experiência hospitalar, no Hospital das Clínicas da Universidade de São Paul-HC, tivemos oportunidades de aprender vivencialmente, incorporando valores e atitudes, reconhecendo no cliente hospitalar o outro relacional, com quem pudemos trabalhar solidária e construtivamente.

No HC, a tríade Assistência, Ensino e Pesquisa sempre constitui, associadamente, à área de ação dos seus profissionais, dedicados a Saúde. E nessas três áreas os psicólogos da instituição exercem suas funções com clientes, seus familiares, com as equipes de profissionais e com os demais trabalhadores que prestam serviços auxiliares e de manutenção, de base ou complementar. A assistência psicológica, proporcionada pelas avaliações psicológicas, pelas orientações e terapias, sempre foi dependente da formação, preferência e capacitação do psicólogo, assim como as consultorias e as interconsultas, também componentes do trabalho assistencial psicológico. Também se expandiram as formas de trabalho, reconhecendo a natural relação de interdependência entre as diferentes contribuições de diferentes disciplinas e profissões, reconhecendo-se como natural a relação pela interdisciplinaridade e transdisciplinaridade.

O que se pretendia, e o que se pretende, é levar à população hospitalar, particularmente aos clientes, sua família e equipes de trabalho, os benefícios que um trabalho bem articulado pode proporcionar.

Terapia Comunitária

Assim é que se pode dizer que assistência psicológica pode processar-se construtivamente no ambiente hospitalar. E isto tanto no trabalho diagnóstico, como na orientação, na terapia ou na psicoterapia, seja esta individual, grupal, familiar, breve ou prolongada, no hospital, no domicílio ou na comunidade do paciente e, principalmente, com o envolvimento da equipe interdisciplinar.

O cliente busca o hospital quando está doente, e requer um trabalho de reconstrução. Assim: compreendendo essa doença ou condição de dependente, no trato da Saúde, como uma quebra no ciclo evolutivo do indivíduo e da família, e pensando-se que esse doente busca tratamento e necessita de assistência psicológica para enfrentar a situação e admitindo ainda que essa assistência venha a ser a terapia ou a psicoterapia, podemos pensar que essa assistência poderá dar-se como construtivista.

Para tanto o psicólogo se propõe à criação, através da terapia ou da psicoterapia, de um contexto facilitador da reconstrução dos significados pessoais do doente, nas suas relações humanas, particularmente as familiares.

Assim,o trabalho terapêutico hospitalar, no âmbito psicológico, foi por nós satisfatoriamente ampliado pela prática terapêutica comunitária.

A prática clínica psicológica vem apontando para nós a contribuição que a terapia Comunitária (TC), tal como a concebeu Adalberto Barreto (2004), pode dar para o enfrentamento de situações problemáticas como essas. Desde que fizemos o curso com Adalberto na Oca dos índios, no Ceará, em 2001, vimos praticando a TC, com resultados bastante satisfatórios.

Trabalhamos em diferentes comunidades. Essas experiências se deram em Hospitais, incluídos: Divisão de Medicina de Reabilitação (DMR),[1] do Hospital das Clínicas FMUSP e no Centro de Referência da Saúde da Mulher – Hospital Pérola Byinton,[2] em São Paulo; no interior do Estado, em Piracicaba, realizaram-se as terapias comunitárias em dependências escolares e de Centros Assistências – Brinquedotecas[3].

Notáveis as mudanças, o aproveitamento, o aprendizado sobre si mesmos, sobre suas famílias, sobre as relações humanas, sobre o respeito mútuo. Notável a melhora na tolerância ou aceitação do outro e de si mesmo, particularmente de seus familiares. São comuns as expressões afetivas e de confraternização. É o amor, pelo outro e por si mesmos.

Permitem-se viver, na alegria e na tristeza.

Não se trata de soluções milagrosas, mas de abertura de novos caminhos e/ou revisão dos existentes.

A Terapia Comunitária, em nossa experiência, como grupo aberto, com diferentes participantes, seguindo os passos previstos por Adalberto, tem clara a sua expressão terapêutica, embora não se trate de psicoterapia. Questões de profundidade têm sua oportunidade no tratamento, sem qualquer expressão interpretativa, mas com adequada abordagem que leva à compreensão, reflexão, entendimento e abertura a mudanças.

É notório o aumento da flexibilidade, pessoal ou familiar, nos julgamentos e relações, favorecendo sobremaneira a evolução e crescimento dos participantes.

---

[1] Divisão de Medicina de Reabilitação do HC. em parceria com as psicólogas, terapeutas comunitárias Christina Ribeiro Neder Filha e Nidia Lizun, acompanhadas pela violeira Tereza Celestina Romão.

[2] idem (1), com a participação das psicólogas Dulce Conte e Letícia Alminhana.

[3] idem (1), com a ampliação do grupo de TC com Zahira Neder, coordenadora dos grupos do interior

Referências bibliográficas

BARRETO, A. *Terapia Comunitária passo a passo*. Fortaleza: Gráfica LCD, 2005.

MC NAMEE, S., Gergen KJ. *La terapia como construcción social*. Barcelona: Paidós, 1996.

NEDER, M. Saúde, qualidade de vida e instituição. *Revista de Psicologia Hospitalar*, ano 2 número 2, jun/dez.,1992.

_____. Viver e Morrer: a certeza do cotidiano. *Revista de Psicologia Hospitalar*, ano 3, número 1, jun/jul,1993.

_____. Construtivismo no trabalho psicológico hospitalar. *Revista de Psicologia Hospitalar*, ano 7, n. 2 jul./dez..,1997.

Anais do III Congresso de Terapia Comunitária. Sobre o conviver humanitariamente, p.49-50.

21. Grupo da mama – Tecendo a harmonia entre a dor, a perda e a morte

Regina Célia Frota Vieira
Serviço de Oncologia do Hospital de
Clínicas Dr. Alberto Lima-Macapá
rcfv@uol.com.br

Introdução

A má reputação do câncer, em particular do câncer de mama, atravessa as décadas e as culturas. No livro *Doenças de Mulheres*, citado por Gimenes,em 1997, no livro *A Mulher e o Câncer*, Hipócrates descreve o câncer de mama como um mal que mina cotidianamente as energias começando pela interrupção da menstruação, passando pelo aumento das dores, seguindo para a dificuldade na respiração e chegando até a morte. A. Furetière, em *Dictionnaire Universel*, em 1684, refere-se ao câncer como vindo das carnes, como uma gangrena que pouco a pouco devora. Em 1996, a senhora E.S., 65 anos, relata em depoimento a Gimenes:
"Esta doença ruim não tinha cura. Era algo assim, horrível sabe, não se falava, era uma palavra que eu não queria nem ouvir".

No Brasil, o câncer de mama é o que mais causa mortes entre as mulheres. Em 2004, segundo o INCA, foram 10 mil mortes entre os 41 mil casos registrados. Este ano, o câncer de mama é responsável por 49.470 novos casos.

Citações como essas demonstram ao longo da história a forte associação entre câncer, dor, perda e morte. Embora a angústia gerada pelo diagnóstico e pelo tratamento tenha se transformado ao longo deste século, ela sempre esteve presente, mesmo em dias atuais, quando a eficiência técnica propicia tratamentos mais seguros e menos mórbidos, são fortemente presentes o medo da morte, o estigma do diagnóstico e a angústia da discriminação social.

Pensamento e linguagem são capacidades indissociáveis: processos mentais e concepção de mundo surgem com a língua que falamos e com a comunicação. "A palavra cria o mundo", segundo o professor Ludwig Jäger, *Revista Viver Mente & Cérebro*, 2005. O que se tem visto na maioria dos casos quando do recebimento do diagnóstico é a significativa diferença de significado/conceito entre o câncer que a pessoa realmente tem, detectado pelo exame, e o câncer que ela imagina que tem, sendo o segundo assustadoramente maior.

A visualização ou imagem mental é um processo psico-biológico natural ao homem, que acontece sempre. É a comunicação entre a percepção (sentidos), a emoção e a mudança corporal. Segundo Epstein, citado por M.M.Carvalho, no livro *Introdução à Psico-oncologia*, 1994, é a mente pensando por meio de imagens. Sabemos que as imagens mentais tanto afetam a saúde como a doença, chegando a provocar reações dramáticas.

O grupo

Em nossa experiência no grupo da mama podemos perceber os vários estágios do lidar com o câncer e a iminência da morte, principalmente diante das reincidências. Elizabeth Kübler-Ross, em seu livro *Sobre a Morte e o Morrer*,1969, cita como primeiro estágio a negação e isolamento diante do conhecimento do diagnóstico, o que percebemos como a instalação do caos, como uma energia que se desorganiza. Em seguida, pode-se perceber a raiva, ressentimento e a culpa. Pergunta como Por que eu?, é freqüente, e seguida da depressão que se instala, com dois aspectos a serem considerados: a depressão reativa (diante das perdas) e a depressão preparatória (para o enfrentamento da nova realidade-mudanças, limites e até mesmo a morte). Nesta fase o isolamento é percebido e até necessário, mas em excesso, combatido pelas próprias companheiras de grupo.

Com o tempo de término em aberto para cada participante, o grupo da mama, existente há sete anos e assim denominado pelas próprias pacientes, se constitui num grupo de auto-ajuda, com sessões conduzidas a partir do trabalho multidisciplinar com orientações nutricionais, reabilitação fisioterápica, acompanhamento clínico-oncológico, apoio psicológico e esclarecimento do serviço social.

Associando técnicas como a da Roda de Terapia Comunitária, Exercícios Fisioterápicos, a Visualização sob relaxamento dirigido, criou-se um espaço de fala e escuta, marcado principalmente por aspectos fundamentais: a informação precisa seguida de orientação adequada a cada caso específico; a aceitação positiva incondicional, transmitida através da compreensão empática.

Ainda não temos estudos que estabeleçam de forma definitiva a validade dos grupos de longa duração e aqueles de curta duração. O que se tem percebido nesses sete anos de grupo é que as pessoas que dele efetivamente fazem parte saem modificadas: adquirem nova perspectiva em relação a problemas de vida, mudanças de atitudes, renovação constante do desejo de viver (criando um novo ciclo reforçado a partir de novo estado mental, ficando "melhores" que antes do câncer na saúde como um todo) exercendo um autocontrole sobre o estresse fortalecendo a função imunológica, como podemos citar, a senhora Iracema, 47 anos, feirante, mastectomizada há três anos, enfrentando reincidência, atualmente nos relata: *"Hoje, mesmo que seja meia-noite, e me der vontade de brincar com meus filhos, sento no chão e brinco. Antes do câncer, nunca fiz isso."*

Conclusão

A convivência em grupo vem permitindo a troca de conhecimento, o esclarecimento de dúvidas com os profissionais e com outras mulheres que passaram pela mesma experiência, a abertura para a exposição de sentimentos como medos e angustias, a percepção de que suas angustias não são só suas e nem são únicas, proporcionando um processo de identificação.

Pode-se observar que a partir das vivências no grupo, emerge um processo de abertura conceitual sobre a consciência de si mesmo, seus limites, e novas competências elaboradas ou em constante processo de re-elaboração, como no caso específico do enfrentamento da morte, a qual nos remete à vida, onde vida e morte estão inexoravelmente unidas como opostos complementares de uma mesma realidade. Dar-se conta da finitude, como diz Buda, "todas as coisas devem findar", citado por Elizabeth Kübler-Ross, é o caminho para levarmos uma vida de modo mais fecundo, onde o aqui e agora se enriquecem de significados novos e mais salutares, é então que no grupo da mama podemos perceber termos que lhes são próprios e estruturam a nova condição de vida, tais como: *choro* (seu segundo nome é remédio); *viver* (o aqui e agora, intensamente); *ser vivo* (aquele que nasce, cresce, se desenvolve e morre).

Referências bibliográficas

GONDRA, J. M. *La Psicoterapia de Carl R. Rogeres* Bilbao, Desclée de Brouwer, 1981.

ROGERS, C. – R. *Um jeito de ser*, EPU, 1983.

CARVALHO, M.M.M.J. de. *Introdução à Psiconcologia*, Editorial Psy, 1994.

KÜBLER-ROSS, E. *Sobre a Morte e o Morrer*. São Paulo, Martins Fontes, 2000.

GMENEZ, M.G.G. *A Mulher e o Câncer*. São Paulo, Editorial Psy, 1997.

BRANDÃO, L.M. *Psicologia Hospitalar: uma abordagem holística e fenomenológico – existencial*, São Paulo, Editora Livro Pleno.

http://www.inca.gov.br

Viver mente & Cérebro. Revista de Psicologia, Psicanálise, NeuroCiências e conhecimento Ano XIII, n° 151, agosto 2005.

Revista Brasileira de Mastologia, volume 10, número 4, dezembro 2000:192-198.

COMUNIDADE, ESPIRITUALIDADE E RESILIÊNCIA

22. Redes tecidas na espiritualidade

Eliane Malheiros Ferraz
Regina Célia Simões de Mathis
UNIFESP – São Paulo – SPB
eliane.ssoc@epm.br
rcsmathis@yahoo.com.br

O bservar e compreender o mundo que nos cerca tem nuances de complexidade infinita. O mesmo objeto, uma mesma pessoa ou um mesmo cenário pode despertar interpretações completamente diferentes conforme o sentimento de quem observa.

Eliane e eu pensamos e repensamos em muitas maneiras de apresentar este trabalho; sua forma e conteúdo foram modificadas, deletadas e resgatadas em vários momentos. Conversamos muito e envolvemos familiares e amigos em nossas "viagens" pelo universo da espiritualidade, da comunidade e da resiliência. Percorremos a dimensão da complexidade de cada uma dessas palavras; voamos longe e voamos alto, para enfim voltarmos à realidade com corações e cabeças repletos de simplicidade. Não pudemos escapar da evidência de que o tema desta mesa nos remetia sempre às nossas experiências pessoais e profissionais: afinal, *espiritualidade* permeia intrinsecamente o nosso viver; e há mais de trinta anos trabalhamos com pessoas e minorias reunidas em *comunidades* e a elas devemos muito do nosso saber sobre *resiliência*, um saber construído num tempo em que essa palavra ainda não era usada para definir características humanas.

Espiritualidade pode ser definida através de vários olhares, de diferentes perspectivas e contextos. Partimos de um conceito obtido em dicionário: *"tomar ciência da existência do espírito, da vida do espírito, e desenvolve-lo de alguma maneira: ou através da doutrina, ou do aprendizado da ética"*. Preferimos, mais simplesmente, citar Haim Grunspun e nos referir à espiritualidade como *"a apreciação do milagre do mundo e a crença de que um Ente Superior é responsável por ele"*. É Ele que nos dá a vida e vida é oportunidade de aperfeiçoamento para todos os reinos e espécies. Cada um no seu ritmo e adiantamento se encaixa na sua própria *rede* para evoluir.

A angústia existencial diante dos mistérios de sua vida e do mundo ao seu redor pode ter sido o impulso inicial do desenvolvimento no ser humano de seu caráter místico e transcendente; o vazio que sentiu frente à consciência de sua fragilidade e sua perplexidade perante a complexidade do universo o levou a pensar e refletir; ao criar rituais e crenças religiosas, o homem estabeleceu regras que disciplinaram a ética e a moral, e que o levariam a distinguir o comportamento certo e o errado, e o objeto sagrado do profano. Podemos então inferir que "pensar" foi a ponte que conectou o homem a uma Dimensão Maior, que podia intuir ou mesmo sentir, mas nem sempre conseguia entender ou explicar. É a essa conexão que vamos nos referir quando falarmos de "espiritualidade".

Para falar de espiritualidade, não poderíamos partir de um lugar diferente do que aquele em fundamentamos nosso viver. Compomos nossa rede espiritual na doutrina espírita codificada por Alan Kardec. Como espíritas, aprendemos a duvidar, perguntar e estudar, para entender e só então, aceitar. Como terapeutas sistêmicas aprendemos a respeitar a complexidade da conexão entre mente e natureza: Bateson enfatiza que o padrão que conecta é um princípio inquestionável de organização da vida. Tudo está ligado, tudo tem motivo, tudo faz sentido. Nada existe ao acaso, aliás, o acaso não existe. É esse padrão humano e transcendental, que através do diálogo desenvolvido na terapia comunitária, buscamos interconectar.

Sabemos que cada um de nós "sonha" com o mundo conforme suas experiências. No nosso dia-a-dia, ao observarmos a realidade que nos cerca, estamos compondo em torno de nós um cenário mental constituído por formas e figuras que nos acompanham, e esse cenário psíquico direciona nossos comportamentos. Considerando que todos nós

Gostaríamos de exemplificar com a história de um homem. Um homem comum, como qualquer um de nós. Ele nasceu em Portugal, em 1839, numa cidade chamada Freguesia das Águas Santas. Recebeu o nome de Antonio e foi trazido para o Brasil, ainda criança.

Antonio cresceu entre o Rio de Janeiro e Campinas, interior de São Paulo e por volta de seus dezesseis anos foi para a capital. Trabalhou em diversas atividades e prosperou. Optou por fixar residência numa grande área de terreno que comprou, localizada próxima ao centro, porém desvalorizada, por ser uma região alvo de constantes inundações,e para onde iam viver, em condições precárias, toda sorte de excluídos sociais da época. Nesse lugar, logo ficou conhecido como um homem que aconselhava, socorria e amparava pessoas necessitadas. Acolhia a todos em sua própria casa, e logo estava construindo, ao redor dela, muitas outras, formando e ocupando toda uma rua. A morte de seu filho de onze anos o aproximou da doutrina de Kardec, que passou a estudar e adotou para nortear o seu viver. A rua onde morava passou a ser conhecida como a "rua do espírita".

Antonio era um homem de baixa estatura e andava sempre muito rápido, e por isso, desde sua adolescência, recebeu o apelido de Batuíra, nome de pequena e ligeira ave migratória, também conhecida como *narceja* ou *maçarico*.

No Natal de 1904, fundou a Instituição Cristã Beneficente Verdade e Luz, com sede em sua casa e cujos estatutos, publicados no *Diário Oficial do Estado de São Paulo*, determinavam como objetivo o abrigo a órfãos, viúvas e doentes, independente de raça, cor ou credo. Administrou a instituição até sua morte, em 1909, e para mantê-la deixou todos os seus bens.

A "rua do espírita", como era conhecida, tem hoje o nome oficial de rua Espírita; fica na Baixada do Glicério, região até hoje pouco valorizada e ainda alvo de inundações. O nome de Batuíra é conhecido e respeitado em toda comunidade espírita; seu trabalho ganhou novos seguidores e novas frentes direcionadas aos socialmente excluídos. Funcionando no mesmo local desde a sua fundação, a sede da Verdade e Luz continua a ser uma casa de orientação espírita kardecista que atende a todos sem distinção de raça, cor ou credo.

Trouxemos a história de Batuíra para dividir com vocês, colegas e amigos terapeutas comunitários, o respeito que sentimos por esse homem e sua obra. Na mesma casa em que ele viveu, sempre houve uma comunidade voltada para a continuidade do trabalho começado há mais de cem anos e nunca interrompido.

Batuíra, através de seu comportamento disseminava a importância de acolher e conviver com os excluídos, de formar redes interligadas socialmente. Objetivando propiciar condições para evolução de corpo, mente e alma, dentro de uma visão do humano em suas diversas dimensões, também organizava um teatrinho em espaços públicos para entreter e distrair seus amigos e protegidos. Esse teatrinho se tornou famoso bem como sua filosofia de contemplar os vários tipos de "fome" ou mesmo "gula" do ser humano.

Em nosso século XXI, o lúdico continua tendo espaço em sua casa, e ao lado de programas antigos e ainda hoje necessários, há espaço também para novas formas de trabalho, como a nossa terapia comunitária. Hoje, por redes tecidas na espiritualidade, na mesma casa em que ele viveu encontramos alimento para nossa espiritualidade, e doamos uma parte de nosso tempo para o trabalho com os novos acolhidos.

Cientes dos novos desafios trazidos pelo novo milênio, trabalhamos hoje procurando minimizar, ou neutralizar alguns efeitos desastrosos da perversa exclusão material, emocional e/ou espiritual que envolve as pessoas. Novos problemas precisam ser enfrentados, e nos parece que ainda não existem tratamentos seguros para tantas novas adversidades. O estudo e a promoção da resiliência se apresentam como um caminho.

Aqui vamos nos referir à *resiliência*, como a capacidade do ser humano para enfrentar traumas, estresses e adversidades, dar a volta por cima e se sair bem. Não por mágica ou milagre, nem por um dom especial ou fazendo uso de práticas amorais, mas pelo desenvolvimento do auto-conhecimento, e aprimoramento pessoal.

Assim, procuramos nas ações conjuntas voltadas à comunidade, resgatar e ampliar potencialidades. Conscientes de sua dignidade e cidadania, indivíduos passam a fazer conexões; a evitar enxergar crises como problemas insuperáveis; a aceitar que mudanças e imprevistos fazem parte da vida; a fazer movimentos para objetivos e decisões ativos; a perceber e aproveitar oportunidades de auto-encontro; a alimentar visões positivas de si mesmos; a treinar perspectivas e aceitar o diferente; a manter cuidados consigo mesmo e, principalmente, a ter esperança. Cada qual no seu ritmo, e no seu desenvolvimento...

Nosso trabalho não realiza ações grandiosas, mas prioriza a grandeza do ser humano. Dizia Mário Quintana: "o segredo é não correr atrás das borboletas, e sim cuidar do jardim para que elas venham até você".

Todos nós, terapeutas comunitários, quando nos envolvemos na construção ou participação de redes solidárias, cuidamos de um jardim especial; e como jardineiros ajudamos a tornar possível, aqui, agora, no nosso tempo e espaço material, os propósitos das redes tecidas na espiritualidade.

Baseadas no conceito de inclusão de Marshal, 1996, e a partir do nosso respeito à riqueza da diversidade, queremos deixar a metáfora do caleidoscópio, como homenagem a todos que compõem a rede da Terapia Comunitária, originários das mais diferentes cidades, regiões, credos, idades e raças, além das mais variadas práticas profissionais: *"O caleidoscópio precisa de todos os pedaços que o compõem. Quando se retiram pedaços dele, o desenho se torna menos complexo, menos rico".*

Referências bibliográficas

GRUNSPUN, H. *Criando Filhos Vitoriosos: Quando e Como Promover a Resiliência.* São Paulo: Atheneu, 2005.

MONTEIRO, E.C. BATUÍRA – *Verdade e Luz.* São Paulo: Lúmen Editorial, 1999.

Revista Espiritismo e Ciência – Ano 2 – No. 19. São Paulo: Mythos Editora.

23. A doença como fonte de transformação: um estímulo à resiliência comunitária

Maria Henriqueta Camarotti[1]

Introdução

O ser humano é único e irrepetível. O sofrer psíquico pode ser um encontro caleidoscópico, pluridimensional, vivido e expressado nas suas infinitas possibilidades.

Compreender o sofrimento humano mister se faz valorizar a historicidade de cada pessoa, sua relação com o corpo e ciclos bio-fisiológicos, seus estados emocionais, atividades laborativas, família, cultura, religiosidade e relações sociais. A ampliação dessa compreensão enriquece não só a prática clínica como também os profissionais envolvidos, construindo assim condutas e caminhos terapêuticos pertinentes aos processos de cada indivíduo.

Compreendendo o enriquecimento da prática clínica e também das ações sociais e comunitárias amplia-se um link construtivo entre o que se vivencia nas relações cotidianas de um serviço de saúde e as construções coletivas do humano.

O objeto deste texto é refletir sobre o que a vivência de um processo de doença contribui para o crescimento individual e como esse crescimento reverbera na comunidade. Entender também a resiliência individual apreendida no viver das patologias e como esta se transforma em resiliência familiar e comunitária.

Para atingir esses objetivos refletiremos sobre o significado da doença para o ser humano, resiliência e a visão do binômio Saúde-Doença. Discutiremos sobre os princípios do atendimento nos serviços de saúde e finalmente vamos buscar entender como desdobrar o aprendizado da resiliência individual para a resiliência familiar e coletiva.

Significado da doença para o ser humano

Para Groddeck (D'ÉPINAY, 1988) a doença signfica um *"caminho para o conhecimento de si mesmo." "Integrar a doença à existência é o único meio de integrar a morte à vida"*. Assim como a arte, a doença é compreendida como uma criação do ser humano. Seria o *"último esforço ao mesmo tempo de compreensão e de ocultamento do que, nele, o ultrapassa"*. Esse autor sintetiza seus conceitos afirmando que esse processo está sempre na perspectiva de uma busca de solução de um conflito que é preciso esclarecer.

Na perspectiva da Terapia Comunitária a doença, o sintoma, a queixa seria o *"dedo que aponta a estrela"* (BARRETO, 2005). Como chegar à estrela sem nos perdermos nos emaranhados dos sintomas? Como entender a angústia em si mesma sem

---

[1] Neuropsiquiatra, Gestalt Terapeuta, Mestre em Psicologia, Terapeuta Comunitária.

estacionarmos na ante sala do sintoma? Como decodificar a linguagem implícita numa queixa, num sofrimento físico, psíquico ou psicossomático?

Como profissionais da área da saúde, somos preparados nos conhecimentos da biologia, anatomia, fisiologia, psicopatologia, etc.. Somos levados a fazer conexões entre o corpo biológico e os fatores etiológicos externos causadores das doenças. Falta-nos ampliarmos essa compreensão incluindo os aspectos socioculturais que moldam as relações dos grupos sociais. Falta-nos ainda compreendermos os interstícios da angústia humana que perpassam a etiogênese das doenças.

Neste texto vamos dá uma ênfase aos aspectos intrapsíquicos que contribuem e quiçá forjam os adoecimentos. Um caminho será nos valermos das reflexões do Groddeck (1988)[2] para entender o significado da doença, e mais precisamente, da compreensão do binômio SAÚDE-DOENÇA. De forma enfática, o referido autor ressalta a questão da *linguagem*, da *comunicação* e do sentido *da expressão no corpo* de um sofrimento psíquico/existencial.

Outro caminho, por certo complementar ao anterior, é entendermos o sintoma como uma forma de comunicação. Na Terapia Comunitária ressalta-se a expressão *"quando a boca cala os órgãos falam"* para significar exatamente que o sintoma está dizendo algo, algo da alma, da vida psíquica, da vida...

As queixas e as disfunções fisiológicas são a ponta do *iceberg* do sofrer humano. Essas disfunções são o motivo da procura da rede de saúde e de toda dedicação das ciências médicas e biológicas que objetivam entender o sofrimento. Mesmo com todos os esforços muitas das patologias crônicas ainda são pouco compreendidas e muitas vezes incuráveis.

Juntando então o conceito groddeckiano, a doença como linguagem e o conceito da Terapia Comunitária que fala do sintoma como uma forma de comunicação, reafirmamos que os canais expressivos da dor da alma se manifestam na dor corporal, da dor metafísica expressam-se na dor física. A dor da alma significando aqui como a dor que brota das perdas, lutos, disfunções relacionais, ajustes pessoais. E por que não do vazio existencial, da falta de pertença, da ausência de crença e da hipersensibilidade humana. Estas nos atingem e provocam transformações profundas, algumas criativas e positivas outras destruidoras da homeostase constitucional.

Segundo J. William Worden (1998), 10 a 15 % das pessoas que buscam clínicas de saúde mental possuem uma reação de luto não resolvida. Esse autor conceitua luto como reação aos vários tipos de perdas: morte, divórcios, amputações, perda de emprego, vítimas de violência etc..

Muito da doença psiquiátrica é uma expressão do luto patológico. Segundo o mesmo autor (WORDEN, 1998) o luto exacerba a morbidade física e psiquiátrica, favorecendo o aparecimento dos sintomas de cefaléia, tremores, tonturas, sintomas gastrointestinais, baixa imunidade, etc. Essas manifestações são denominadas de "luto mascarado", significando expressões corporais provindas das emoções e história de vida que reverberma nas entranhas do ser. Essa "máscara", passa a ser tão dominante que mitiga seu próprio significado, desviando todos os esforços da pessoa para combater seus mecanismos de defesa contra a doença.

Percorrendo os conceitos da psicopatologia de Karl Birnbaum, as manifestações dos sintomas psíquicos podem ser organizadas de acordo com os fatores da *Patogenia*, da *Patoplastia* e da *Psicoplastia*. O fator patogenético refere-se ao sintoma evidente no transtorno, o humor triste, delírio de perseguição, insônia, anorexia etc.

---

[2] D'ÉPINAY, M. L. (1998). *Grodeck, a doença como linguagem*. Campinas: Papirus.

O fator patoplástico refere-se aos fatores relacionados a personalidade pré mórbida, mas que intervém de forma marcante na constituição dos sintomas e na exteriorização do quadro clínico. Enquanto o fator psicoplástico está relacionado às reações do indivíduo decorrentes do adoecer, modo de reação aos conflitos familiares, às perdas sócio-ocupacionais associadas aos episódios da doença.

Aproveitando esses conceitos, observamos que no adoecer tanto psíquico quanto físico, se podemos distinguí-los assim, essas três dimensões – patogenética, patoplástica e psicoplática – interagem e se moldam de forma dinâmica na formatação das doenças e logicamente são mecanismos mascaradores nas anamneses e avaliações clínicas.

Nos estudos da compreensão psicodinâmica das doenças essa morfoplastia também é influenciada pela bagagem cultural, intelectual e social dos indivíduos. As apresentações patológicas se moldam também pela mitologia do grupo social, pelos símbolos preponderantes, pela linguagem utilizada entre as pessoas e estrutura econômico-financeira.

Em síntese, pode-se entender as vivências psicopatológicas em duas vertentes 1) os sintomas emergentes e o 2) contexto vivencial. Essas duas vertentes na Gestalt Terapia são denominadas de figura e fundo, de parte e do todo, de pontual e contextual. A Gestalt Terapia ainda chama atenção para o fenômeno que se passa na interrelação eu-tu (between us), naquilo que mobiliza e é mobilizada na relação entre cliente e terapeuta.

Elisabeth Kubler-Rossi (1996), estudando o psiquismo da pessoa diante da morte observou que as pessoas mais simples, com histórias de privações e dificuldades psicossociais mostraram maior tranqüilidade em aceitar a morte com paz e dignidade, quando comparadas às pessoas mais aquinhoadas de bens materiais e que passaram a vida controlando ambiciosamente o mundo.

Bebendo das visões groddequianas relacionadas ao processo Saúde-Doença e influenciadas pelos princípios da Terapia Comunitária expomos as seguintes sugestões quando numa anamnese clínica:

a) Compreender o contato inicial e o seu significado como fundamental para todo o tratamento;

b) Buscar compreender empaticamente a pessoa em sofrimento, evitando frases de consolo: *"tudo vai dar certo, não se preocupe!"*. O paciente precisa sentir que seu sofrimento é valorizado e que é real;

c) Entender que, ao expressar seu sofrimento psíquico, a pessoa pode estar sufocada por preconceitos e vergonha de ser possuidora de transtornos mentais, buscando uma atitude de escapismo em relação às verdadeiras queixas;

d) Permitir a livre expressão da pessoa, gerando confiabilidade e espontaneidade nesse contato inicial. Na seqüência, e à medida que o vínculo se constrói, podem-se fazer perguntas diretivas e também fundamentais para a avaliação, cumprindo-se um estilo flexível de abordagem. Muitas vezes são necessários vários contatos para fazer uma hipótese diagnóstica;

e) Entender que anamnese e terapêutica se interagem desde o início; ao mesmo tempo em que se busca informações, trabalha-se também a possibilidade de uma intervenção;

f) Possibilitar que durante a anamnese o paciente tenha uma atitude ativa, conquistando assim a compreensão do seu processo;

g) Numa anamnese é importante que o profissional se conscientize dos seus próprios sentimentos e emoções, pois muitas vezes os mesmos sinalizam as dificuldades vivenciadas pelos pacientes;

h) Desenvolver uma postura que permita a interação da personalidade do profissional com o interlocutor. Destarte, os indivíduos avaliados sentir-se-ão num *encontro genuíno.*

Compreender uma pessoa não se trata de escolher "isso" e excluir "aquilo". A sensibilidade e acuidade do profissional residem na inclusão dinâmica dos vários aspectos, ampliando as possibilidades e a visão dos fatores envolvidos. Compreender e interrelacionar, eis os verbos que norteiam as ações e a pesquisa do sofrimento humano. Reafirmando Zélia Serra: *"Compreender não significa levantar dados, mas perceber a ligação existente entre eles, a rede que os sustenta e que não é visível, mas que se revela nos fatos"* (SERRA,1997).

Saudosamente relembramos Henry Ey (s/d) quando afirmava que a observação clínica e/ou psiquiátrica não pode ser puramente objetiva – *descrição dos comportamentos* –, nem puramente subjetiva – *uma análise do indivíduo e de suas experiências íntimas.* Esse autor enfatiza que a essência do conhecimento das doenças é centrada na relação médico-paciente e afirma que *"O exame clínico psiquiátrico constitui, de fato, o mais singular dos colóquios singulares onde o observador que procura compreender e do espírito do paciente que se abandona ou se recusa ao contato com o outro"* (EY, s/d).

Finalmente nos deparamos diuturnamente com as seguintes questões: qual a importância dessa compreensão no tratamento da pessoa com sofrimento psicofísico? Como aplicar de forma dinâmica e individual as reflexões colocadas objetivando uma postura clinico-terapêutica?

Princípios do atendimento na saúde

Refletir sobre a compreensão do adoecer, da construção resiliente que brota desse adoecer leva invariavelmente a suscitar questões importantes sobre as equipes de saúde: quais os ensinamentos pertinentes ao profissional de saúde? como prepará-los ? que caminhos percorrer nessa preparação ? Quais as questões envolvidas na prática da saúde?

Exemplificando a questão da organização da Rede Pública de Saúde, os prontuários das pessoas atendidas estão repletos de pareceres de especialistas, profissionais de áreas distintas do corpo. Os encaminhamentos se sucedem formando o famoso *"au, au"* (encaminhamentos sucessivos). Na grande maioria dos casos essas pessoas não são escutadas como indivíduo que sofre e sim como queixoso de um órgão, de um local afetado. Muitos procedimentos, exames, cirurgias são realizadas sem amenizar de fato sua dor.

O que se deseja numa rede de saúde? Como integrar os princípios filosóficos de uma abordagem integral do homem numa prática clínica? Como facilitar a fluidez de uma abordagem que atenda suas peculiaridades, modos de produção, suas crenças, seus sistemas de conhecimento e tudo mais que o integre na sociedade?

No passado os profissionais de saúde contavam com o suporte das famílias que ofereciam vários recursos para que numa situação de crise servir como rede afetiva. As famílias extensivas eram próximas e os bairros ofereciam uma ligação coesa que ajudava as pessoas a lidar com o luto. Hoje as pessoas buscam o sistema de saúde e outras instituições para obter o suporte e o cuidado que antes obtinham em outras fontes. O número de pessoas solitárias tem crescido assim como o sentimento de solidão.

Então fica evidente que as equipes de saúde sejam procuradas não só em situações de doenças "reais", mas também como escuta para as vivências emocionais. Mister se faz a consciência desse papel profissional e a necessidade de desempenhá-lo com profundidade e competência. Preconiza-se que os profissionais, no âmbito comunitário ou de suas unidades de saúde, estejam imbuídos dessa nova filosofia, desenvolvendo sua prática e atuando distintamente.

Tomemos por exemplo a doutora Kubbler-Rossi, que realizou durante vários anos seminários interdisciplinares num hospital geral para estudar e refletir sobre os pacientes em fase terminal. Nesses seminários os pacientes falavam francamente sobre suas reações e fantasias no confronto com a idéia da morte. Ficou muito evidente nesses seminários a mudança psíquica dos pacientes decorrentes da mudança de clima hospitalar onde os profissionais, médicos, enfermeiras podiam se expressar mais livremente, desmistificando o tema da morte, permitindo assim a espontaneidade dos pacientes.

O profissional de saúde seria o promotor natural da fala da pessoa em sofrimento, estimulando a fluidez de fantasias, medos, conteúdos do imaginário que correm junto aos sintomas patológicos. Entende-se que as equipes de saúde trabalhando sob a estratégia da Terapia Comunitária poderiam desempenhar papel fundamental de acolhimento, primeira instância de atenção e cuidado. Poderiam desenvolver o estreitamento dos vínculos existentes – família, amigos, comunidade e unidades de saúde.

Neste sentido, a equipe da unidade básica de saúde encontra-se em um lugar privilegiado, pois, em geral, o vínculo com os profissionais tende a ser mais próximo. Essa equipe pode efetivamente contribuir na resolução do problema ao promover simultaneamente o cuidado com o *"cuidador"*, que são os familiares ou pessoas da comunidade próximas ao usuário. Eles necessitam de atenção à própria saúde – um esclarecimento, um suporte individual aos membros dessa família ou mesmo uma reunião desse grupo de apoio pode representar um salto qualitativo na evolução dos usuários da saúde. Lembramos que o cuidador, na medida em que compreende o sofrimento do outro, resgata sua própria história e também promove seu aprendizado resiliente.

Resiliência e a visão do binômio Saúde-Doença

A resiliência é um dos pilares fundamentais do paradigma da Terapia Comunitária (BARRETO, 2005). O princípi o básico da Resiliência é a *carência que gera competência, o sofrimento que gera capacitação, fortalecimento*. Nos princípios da Terapia Comunitária-TC consta que a vivência pessoal é uma fonte de saber e que os obstáculos, os traumas, os sofrimentos são fontes de conhecimento.

A prática e o aprofundamento teórico da TC têm demonstrado que a promoção da fala, a socialização, identificação e compartilhamento das situações de perdas e sofrimento tem sido um veículo poderoso na sedimentação da resiliência das pessoas envolvidas nos grupos dessa terapia. Sueli Watts (s/d) afirma que a resiliência *"é um fenômeno psicológico construído e não uma tarefa da pessoa sozinha"*. Encontramos nesta afirmação a corroboração na defesa de ajudarmos a construção do processo resiliente. Eis a nossa missão!

Essa mesma autora fala que esse processo resiliente não é apenas um fenômeno individual; existe resiliência grupal, institucional e comunitária. *"A resiliência se propõe à reconstrução de um novo repertório baseado na capacidade de resistir e crescer na adversidade"* (Watts, S. s/d). Falarmos dos processos de adoecimento e suas recursões sobre o aprendizado resiliente leva-nos a encontrar os caminhos para o desenvolvimento da resiliência nas situações de doença e de sofrimento psíquico.

A proposta de integrar a prática da TC nos serviços de saúde viabilizaria o espaço para fala e construção das redes solidárias promovendo assim a canalização do sofrimento que até então embutido, mascarado. Significa metamorfosear este sofrimento para uma instância palpável e identificável, gerando uma referência de alteridade grupal.

Como fazer então a relação entre a vivência de uma doença em si ou numa pessoa próxima, suas possibilidades de perdas, limitações e restrições físicas e a possibilidade de crescimento e de aprendizado?

As perdas por processos de adoecimento podem acontecer nas várias fases da vida. Quando na infância as marcas ficam mais proeminentes pois provocam mudanças no desenvolvimento pessoal e no comportamento dos pais. Muitas vezes esses pais se tornam inseguros, cheios de medos, instalam restrições, fantasias catastróficas sobre o filho. Nessas situações a criança cresce e se desenvolve numa atmosfera de insegurança e fragilidade. Como seria importante se esses pais pudessem já trabalhar sua própria resiliência no sofrimento vivido e acreditassem na possibilidade de superação do filho!

Propomos então que na vivência grupal, nos espaços da troca, da fala e da escuta fizéssemos circular os atributos das pessoas resilientes: 1-alta capacidade de resistência; 2 - facilidade de construção coletiva; 3 - alta capacidade para amar; 4 - alta capacidade para crescer profissionalmente e 5 - alta capacidade de troca com o mundo. Assim tantos os doentes entre si como doentes/familiares e familiare/familiares estimulariam a troca desses atributos, construindo uma nova história para seu sofrimento.

Surge aí a pergunta central do texto: como desdobrar o aprendizado da resiliência individual para a Resiliência familiar e coletiva?

Nossa tarefa agora é destrinchar os possíveis caminhos que essa resiliência individual estimularia a resiliência do grupo social e familiar. Como esse processo ocorre? Quais os fatores facilitadores para essa ampliação?

Alguns exemplos são bastante ilustrativos da TC como facilitador da resiliência. Citamos primeiramente as rodas de TC realizadas em Planaltina-DF interligados ao ambulatório de psiquiatria.[3] Os pacientes e seus familiares são encaminhados pelo psiquiatra assistente para o grupo de TC. Nesse grupo são abordados temas sobre a doença, resistência ao tratamento, estigmas enfrentados pelos pacientes, dificuldades de aceitação dos familiares. São percebidas transformações a olhos vistos na postura dos pacientes e na evidência de sua participação consciente como co-responsável pela melhora, compromisso com a medicação e descobertas de suas potencialidades no enfrentamento da doença psíquica.

Este exemplo tem nos estimulado a querer expandir essa experiência nas outras unidades de saúde e preparar os profissionais da saúde mental, para incluir a TC nos seus procedimentos terapêuticos.

Outro exemplo contundente da participação das rodas de TC no atendimento em saúde foi sua prática durante um ano no corredor do Ambulatório do Hospital Regional da Asa Norte (PEDROZA, 2004). Com as reuniões da TC os pacientes já entravam para os vários consultórios mais aliviados de seus sofrimentos cotidianos. Esse alívio facilitava as consultas específicas e ganhava-se em qualidade nos objetivos do tratamento.

Mister se faz que o arcabouço científico da Terapia Comunitária desenvolva orientações práticas para incorporá-la nas políticas públicas de saúde. Precisamos desenvolver estudos e conteúdos diversificados para ampliar as ações realizadas em todas as instâncias de atendimento a saúde. A proposta neste momento é a impregnação da Terapia Comunitária tanto como paradigma, princípio norteador das ações, como instrumento e abordagem nas diversas dimensões dos serviços de saúde.

Gostaríamos de estimular as equipes de saúde para absolver essa tecnologia social que aqui poderíamos conceituá-la como *tecnologia social e pedagógica para saúde*.

---

[3] Grupo de TC Coordenado pelas psicólogas e terapeutas comunitárias Inez Pinheiro e Cecília Basso.

Referências bibliográficas

BARRETO, A. (2005) *Terapia Comunitária passo a passo*. Fortaleza:LCR

BORJA, G. (2001) *A loucura cura*. São Paulo: Editora Esfera.

CAMAROTTI, H. E. BARRETO, A. (2003) *A terapia Comunitária no Brasil*: Anais do I Congresso Brasileiro de Terapia Comunitária. Brasília-DF

D'ÉPINAY, M. L. (1988) *Groddeck: a doença como linguagem*. Campinas: Papirus

FLACH, F. (1991) *Resiliência: a arte de ser flexível*. São Paulo: Editora Saraiva.

KUBBLER-ROSSI, E. (1996). *Sobre a Morte e o Morrer*. São Paulo: Martins Fonte.

PEDROZA, M. (2004) *Anais do II Congresso Brasileiro de Terapia Comunitária*. Brasília: Grafimaq

YALOM, I. D. (1995) *Quando Nietzsche chorou*. Rio de Janeiro: Ediouro Publicações

WATTS, S. (s/d) *Resilência. Texto do Serviço de Orientação primária à Saúde* Integral.

WORDEN, J. W. (1998). *Terapia do Luto*. Porto Alegre: Artes Médicas.

TERAPIA COMUNITÁRIA

Epistemologia, teoria, prática

24. Terapia Comunitária: uma prática pós-moderna crítica – Considerações teórico-epistemológicas

Marilene A. Grandesso
NUFAC – Núcleo de Família e Comunidade da PUC-SP
INTERFACI – Instituto de Terapia Família Casal e Indivíduo
mgrandesso@uol.com.br

Teoria e prática: uma interconstituição

Teoria e prática se interconstituem. Pensar a teoria a partir da prática favorece uma atitude coerente para um terapeuta novo-paradigmático de refletir sobre sua ação, gerando um sistema de inteligibilidade que organize a prática, favorecendo a coerência entre os pressupostos epistemológicos e teóricos do terapeuta, a busca de consistência e muitas vezes de mudanças quer no sistema de idéias, quer na prática dele derivada. Da mesma forma, tem uma função generativa refletir sobre uma prática tomando como eixos norteadores questões epistemológicas e teóricas. É neste sentido que compreendo a fala de Cecchin no Congresso sobre novos paradigmas de Buenos Aires em 91 – "como clínico, eu faço meu trabalho; de tempos em tempos, peço a um epistemólogo que veja o que faço e me diga o que estou fazendo." Assim, independente da qual a porta de entrada – teoria ou prática – o fazer do terapeuta que vai se tornando um saber do ofício, se enriquece e se fortalece dessa aproximação em que a prática direciona a elaboração teórica e a teoria impulsiona e dá novas direções para a prática. É neste lugar que se coloca esta minha reflexão.

A Terapia Comunitária Integrativa, conforme proposta por Adalberto Barreto (Barreto, 2005), nasceu da demanda da população carente e da criatividade de seu criador, sensível e ousado o suficiente para quebrar certos protocolos e criar um contexto de mudança fora dos padrões habituais. Abrindo as portas daquilo que antes se limitava a um *setting* terapêutico no exercício da psiquiatria clínica, levou a terapia para espaços abertos e públicos não convencionais para as práticas de terapias sistêmicas.

A Terapia Comunitária tem sido desenvolvida nos mais diferentes contextos – um clube, os fundo de uma igreja, salas de espera, penitenciárias, assentamentos, instituições públicas e privadas e como temos feito, desde 22 de junho de 2004 – dia da luta nacional antidrogas – em praças públicas, numa parceria ABRATECOM SENAD/CONEN-SP. São 18 anos de prática e cerca de 7000 pessoas entre formados e em formação. Tem sido tão forte a adesão a esta prática sistêmica que se justificou em 1º de Maio de 2004, quando do II Congresso Brasileiro de Terapia Comunitária em Brasília, a fundação da ABRATECOM – Associação Brasileira de Terapia Comunitária, que tenho o prazer de estar presidindo.

Como se trata de uma prática simples, especialmente para terapeutas familiares já habituados a lidar com sistemas amplos, muitas vezes temos visto uma incorporação desta prática como se fosse uma mera derivação das terapias sistêmicas usuais, quando não, usada como um recurso técnico. Contudo, considero importante ressaltar a necessidade de fundamentação e capacitação específicas, dado que a Terapia Comunitária tem um desenho próprio, exigindo um olhar diferenciado, não para problemas e suas possíveis soluções, mas para busca de competências, além da habilidade de se trabalhar de acordo com um outro referencial teórico no que tange, especialmente, a uma teoria da mudança.

A Terapia Comunitária não se propõe a resolver problemas, mas a formar redes solidárias de fortalecimento da auto-estima de pessoas, famílias e comunidades, de onde a mudança decorre. O foco da Terapia Comunitária Sistêmica não está sobre os diagnósticos ou definições de problemas e teorias de mudança, mas sobre o sofrimento humano em qualquer de suas formas e manifestações, visando ações básicas de saúde comunitária, tendo como metas a prevenção, mediação de crises e inserção social. Reforçar os vínculos entre as pessoas da comunidade, mobilizar e valorizar as competências vindas da experiência, do saber local e da cultura, coloca o terapeuta comunitário a serviço da consciência social transformadora que devolve às pessoas a condição de autoria de sua própria história e sujeito de suas escolhas.

Como a Terapia Comunitária de acordo com esta abordagem é uma prática com um desenho objetivo, definido por etapas com um tempo mais ou menos determinado:

1 - Acolhimento (10 minutos);
2 - Escolha do Tema (15 minutos);
3 - Contextualização (20 minutos);
4 - Problematização (45 minutos);
5 - Ritual de agregação (20 minutos);

e, além disso, tem regras próprias para organizar a conversação:

- Não dar conselhos
- Não julgar
- Falar sempre na primeira pessoa, usando *eu*
- Fazer silêncio / ouvir quem está falando
- Não fazer discursos
- Ao lembrar de uma música, poesia, história, relacionada ao tema que está sendo falado, apresentar.

Um primeiro olhar não muito cuidadoso pode rotular esta prática como uma abordagem sistêmica de primeira ordem. Um terapeuta que conduz a sessão com um caminho pré-determinado, tornando na sua estrutura cada sessão muito semelhante a cada outra, pode sugerir que temos um modelo estratégico, tendo o terapeuta num lugar de condutor e, portanto, hierárquico. Contudo, numa aproximação mais cuidadosa, a Terapia Comunitária, como qualquer outra prática sistêmica, é moldada pela epistemologia do terapeuta e, nesse sentido, pode tanto ser organizada de acordo com uma epistemologia moderna como pós-moderna.

É meu entender que a Terapia Comunitária apresenta-se coerente com uma prática terapêutica pós-moderna crítica, conforme se organiza em torno de significados preferidos de autonomia, solidariedade, valores comunais, inserindo-se harmoniosamente entre as terapias narrativas de desconstrução de histórias dominantes, das terapias colaborativas estruturadas pelo diálogo e das práticas reflexivas. Assim, considero que a prática da Terapia Comunitária Pós-moderna pode ser definida como novo-paradigmática alicerçada nos princípios da complexidade, imprevisibilidade e intersubjetividade, conforme definidos por Esteves de Vasconcelos (2002).

Na linha dessa argumentação, passo a considerar a seguir alguns conceitos e práticas afins da Terapia Comunitária.

Comunidade: um enfoque sistêmico novo-paradigmático

Uma comunidade, diferentemente de um agrupamento de pessoas ou uma multidão, caracteriza-se como um espaço de *relações*, daí poder ser pensada sistemicamente. Pensar em relação implica pensar numa rede de trocas intersubjetivas, caracterizando interações complexas e imprevisíveis que se constituem na linguagem, nas quais uma pessoa se posiciona na direção de outra pessoa (GRANDESSO, 2005 a; GUARESCHI, 2004). Compreendidas como sistemas lingüísticos, as comunidades constroem significados compartilhados que formam um tecido comum no qual pessoas em relação reconhecem-se a si mesmas, o outro como seu semelhante, num lugar de pertencimento e construção de identidade (ANDERSON & GOOLISHIAN, 1988; GRANDESSO, 2000). Assim, os vínculos entre as pessoas e as práticas de vida desenvolvidas organizam-se num inter-jogo entre ação e emoção, através do qual vão se organizando as formas de pensar, sentir e agir de uma comunidade.

De um ponto de vista novo-paradigmático, a comunidade pode ser compreendida à luz da:

- *COMPLEXIDADE* desta diversidade dos contextos de vida organizados pela multicultura dos participantes presentes nos contextos comunitários e da imensa gama de relações possíveis a partir da idiossincrasia das suas vivências. A interdependência entre esse inestimável entrelaçamento de contextos de vida em distintos momentos evolutivos de seus ciclos vitais torna a comunidade uma fonte inesgotável de possibilidades e arranjos possíveis de serem canalizados para uma ação transformadora.
- *IMPREVISIBILIDADE* dos sistemas que funcionam afastados do equilíbrio, autopoiéticos, tornando cada momento como único e auto-organizado a partir das relações do momento e das histórias vividas pelos participantes.
- e da *INTERSUBJETIVIDADE* das trocas que se dão na linguagem, co-construindo e compartilhando significados que organizam tanto os valores como as práticas de convivência cidadã entre as pessoas.

Assim, numa comunidade, compreendida como um sistema complexo, autopoiético e auto-organizador, as relações sociais entre seus membros e a qualidade dessas relações definem a forma como as pessoas constroem suas singularidades bem como as configurações da própria comunidade como um sistema. Como toda e qualquer mudança, para quem compartilha desse enfoque, só pode vir do próprio sistema, podemos dizer que as comunidades têm tanto os seus problemas como as suas soluções, podendo gerar suas próprias mudanças, dadas as condições propícias para o exercício da espontaneidade criativa de suas potencialidades. Se pensarmos de acordo com uma ecologia sistêmica estruturada em torno de valores da preservação da humanidade e das condições de vida saudável neste planeta, a organização de redes solidárias numa comunidade favorece a construção de momentos de transcendência, ao construir suas próprias possibilidades de mudança dos impasses existenciais que as oprimem. "Nesse sentido, trabalhar com comunidades implica trabalhar na construção de contextos para que os membros que a compõem criem e/ou acessem suas próprias competências e transformem as oportunidades e adversidades em momentos de transição para outros arranjos de existência" (GRANDESSO, 2005 a).

Terapia comunitária: um sistema gerador de linguagem e significados

A Terapia Comunitária (BARRETO, 2005; GRANDESSO, 2003; 2005a; 2005b) pensada sistemicamente, define-se como uma prática comunitária que trabalha com grupos abertos que se caracterizam como um sistema conforme participam de um contexto de conversação organizada em torno de um tema de escolha coletiva. Muitas vezes, os participantes de uma sessão de Terapia Comunitária estabelecem relações inéditas, uma vez que não apresentavam uma história de convivência e de vínculos anteriores e, talvez não venham a se relacionar novamente. Nesse contexto da Terapia Comunitária as conexões que se estabelecem durante todo o processo desenvolvido no momento permitem que os presentes se organizem sistemicamente numa rede de trocas interativas que os coloca em relação uns com os outros, num inter-jogo de ação, emoção e reflexão. As *redes de conversações* que se desenvolvem em torno de um problema levantado no tempo presente, escolhido como tema de conversação, as trocas de experiência que se dão num contexto de escuta respeitosa contribuem tanto para constituir o sistema como para dissolvê-lo.

Nesse sentido, caracterizada como uma prática pós-moderna, a conversação terapêutica se organiza pelo interjogo de perguntas e respostas, sendo de responsabilidade compartilhada entre todos os participantes. É a comunidade que escolhe o tema-problema sobre o qual quer falar; todos os presentes podem fazer perguntas para a pessoa que protagoniza a história a ser contextualizada; todos os participantes podem compartilhar suas vivências quando o terapeuta propõe um mote. O mote, embora sugerido pelo terapeuta, apresenta-se como um processo reflexivo no qual o terapeuta oferece um tema para a comunidade refletir, surgido das ressonâncias da conversação em torno do problema escolhido para ser trabalhado.

Assim, a prática da Terapia Comunitária configura-se como um contexto de ampliação da consciência crítica sobre os dilemas existenciais e as condições e possibilidades da existência, nos moldes que Freire (FREIRE & FAUNDEZ, 1998) considera necessários para a transformação da história. Como toda prática de terapia pós-moderna, a pessoa do terapeuta está implicada no processo que está sendo conduzido. Assim, cada pessoa, participante da Terapia Comunitária se coloca como especialista na suas histórias de dor e de superação e resiliência. Quanto ao terapeuta, este se apresenta como um organizador da conversação, um especialista, se assim pudermos dizer, na organização do processo terapêutico. Sua competência, da mesma forma que em outras práticas pós-modernas, está em organizar o contexto de conversação e em cuidar do sistema-comunidade. Para isso, o terapeuta cuida para que a conversação, de acordo com o contrato proposto pelas regras, se restrinja ao compartilhar de histórias vividas, tanto as de sofrimento como as de competências e aprendizados, permitindo dar visibilidade para as formas que as pessoas encontraram de transformar sofrimento em aprendizado. O fazer isto num contexto comunitário, amplia as possibilidades de validação e legitimação de cada pessoa que usa desse espaço diante de testemunhas abertas para escutá-la respeitosamente e a favorecer seu processo de troca e de reflexão generativa.

Um dos aspectos que se destacam nos sistemas que se organizam nos espaços de Terapia Comunitária, especialmente quando conduzida com populações carentes, é a centralidade de certas condições de sofrimento. Pobreza, violência, injustiças decorrentes de situações de discriminação, preconceito, desigualdade e exclusão social aproximam pessoas distintas, neste contexto apresentando-se como íntimas, embora muitas vezes jamais tenham se visto antes, conforme se reconhecem umas nas falas das outras, em histórias vividas não apenas de sofrimento, mas também de luta e superação. Histórias ouvidas nestes contextos, embora sejam de outras pessoas, remetem às suas próprias histórias, numa condição de reflexão que permite a ressignificação da própria história, da visão de si mesmo e de suas perspectivas futuras. Embora cada pessoa seja única, e da mesma forma o seu sofrimento, as ressonâncias e a compaixão permitem a cada participante se conectar com suas próprias histórias, podendo colocar em linguagem narrativa sobre o vivido, de modo a favorecer uma ampliação da consciência crítica sobre sua condição, seu contexto e suas possibilidades.

Da mesma forma, as competências dos outros, presentes nas histórias narradas sobre superações e experiência acumulada nos contextos de adversidades e oportunidades presentes no cotidiano da vida, permitem a cada presente reconhecer e nomear também as suas. Todos nós sabemos que reconhecer uma situação como sendo um problema é o primeiro passo na busca de possibilidades de mudança. Da mesma forma, se pudermos identificar uma de nossas competências poderemos usá-la como uma ferramenta para contextos de necessidade futura. Aqui temos toda uma fundamentação teórico-epistemológica de constituição do *self*. Quando a comunidade acolhe de forma respeitosa as histórias compartilhadas, reconhece cada participante como um legítimo outro, como diz Maturana. Da mesma forma, as perguntas reflexivas e comentários compartilhados, permitem a construção de autobiografias com protagonistas mais competentes e recursivos e já reconhecidos diante de muitas testemunhas, ali presentes. Esta é uma função extremamente rica do contexto comunitário para construção da mudança – cada participante ao compartilhar suas histórias pode construir novas versões de si mesmo, de sua vida e suas possibilidades futuras.

Assim sendo, esta prática de terapia pode ser compreendida como facilitadora para a construção de novas autobiografias, de protagonismo competente, nascido da troca entre um eu e um tu–comunitário. Histórias não só de sofrimentos, mas também de competências trazidas pelos participantes da Terapia Comunitária, principalmente durante a Contextualização e Problematização, apresentadas em narrativas sobre o vivido, são acolhidas numa atitude de legitimação, solidariedade, respeito e compaixão, constituindo um contexto para que cada pessoa possa ser reconhecida como um ser humano de valor, independente de sua origem e suas circunstâncias. Essa abordagem, nesse sentido, funda-se na crença de que cada pessoa pode transformar a sua história e que a mudança decorre da organização do próprio sistema, nas trocas sociais interativas entre o eu e o outro.

Terapia Comunitária e mudança – esboços para uma teoria da mudança

Uma das coisas que mais têm me sensibilizado como terapeuta comunitária e formadora é a riqueza dos depoimentos vindos tanto da comunidade como dos terapeutas comunitários que conduzem as sessões de terapia. Espontaneamente ou obtidos através de entrevistas organizadas em torno de alguma questão de investigação (CAMARGO, 2005) os dados têm apontado para a efetividade da Terapia Comunitária. As pessoas mudam a comunidade muda. Aumento do sentido de autoria, maior disposição para seguir sua vida e enfrentar seus problemas, melhora nas relações interpessoais e familiares, enfim, distintas maneiras de referência a um aumento do sentido de autoria, de agenciamento e empoderamento tão necessários para uma vida com qualidade e exercício da cidadania. Aumento do número de vínculos (BARRETO, 2005), engajamento em práticas de vida cidadã, tem indicado a Terapia Comunitária como uma alternativa viável para as demandas por práticas de saúde e de prevenção primária pra um país tão carente de recursos diante da infinita demanda.

Contudo, a Terapia Comunitária, como uma forma de terapia define-se como uma prática de transformação social. Não se apresenta, nem se propõe como uma psicoterapia. Pode ser compreendida como uma prática de intervenção social de caráter preventivo e profilático, tendo como cliente a comunidade. Não se trata da terapia pública de um indivíduo na comunidade, mas da terapia da comunidade a partir de um problema trazido por um indivíduo e escolhido pela comunidade para tema organizador da conversação (GRANDESSO, 2005c).

A Terapia Comunitária se propõe a promover contextos de mudança a partir do favorecimento da organização de redes solidárias que possam tanto reconhecer como legitimar competências. A rede como desenho, apresenta-se como um contexto de trocas laterais, não hierárquicas. Embora a Terapia Comunitária tenha bem estruturados as posições do terapeuta, e geralmente de um co-terapeuta, não há no seu desenho, uma proposição de lugar de saber privilegiado de especialista para a pessoa do terapeuta, a não ser o de organizador do contexto de terapia como uma prática de conversação com regras próprias. Não se espera de sua parte qualquer função orientadora ou interpretativa no sentido de definir o que possa ser melhor para qualquer dos membros da comunidade.

Dentro desse contexto, como a mudança é possível? No meu entender, a mudança pode ser compreendida pela desestabilização das histórias dominantes que organizam os problemas como fixos e incapacitantes, a partir da ampliação da possibilidade de olhar e ouvir a própria história, e da consideração de outras versões reconhecidas pela pessoa em sofrimento como versões possíveis. Ou seja, quando uma pessoa vive um problema, este problema passa a organizar as narrativas sobre sua experiência, determinando a seleção dos eventos da vida que mantém a congruência de sua história. Daí a sua força. Não há diferença que faça diferença, conforme os dizeres de Bateson. A identidade da pessoa, suas relações, sua perspectiva de futuro passam a ser coloridas pelo problema presente nessas narrativas sobre o vivido, estruturadas pelo problema e restringindo suas possibilidades existenciais. Contudo, quando, mediante perguntas feitas e respostas dadas pela pessoa protagonista do problema escolhido ou da escuta da experiência dos outros membros da comunidade que compartilham suas histórias, histórias alternativas podem surgir. A pessoa por si pode reconhecer alternativas possíveis para os dilemas que vive sem qualquer necessidade de uma retórica de convencimento externo, mudando, assim, a força contextual que mantém a história dominante, diluindo sua força e promovendo a possibilidade da construção de outras versões mais esperançosas, com maiores possibilidades existenciais. É como se a história dominante organizadora do problema configurando um hiper zoom sobre a experiência vivida, desse passagem para uma grande imagem panorâmica, na qual a versão veiculada pela história dominante representa um ponto, ou sistemicamente falando, apenas uma parte. Portanto, é uma prática bem distinta das psicoterapias, em que o psicoterapeuta busca promover a mudança pela estruturação do processo através de um mergulho longitudinal nas histórias sobre experiências vividas dos clientes.

Diferentemente, na Terapia Comunitária, no meu entender a mudança decorre da conexão das histórias dominantes sobre os problemas com outras versões possíveis vindas da história da própria pessoa ou de outras pessoas presentes. É como se, ao estender os conteúdos narrativos na horizontalidade de outras versões possíveis, a força contextual da narrativa dominante sobre o problema se diluísse, promovendo novas versões em que as pessoas aparecem mais competentes, mais empoderadas pelo reconhecimento de seus próprios recursos. É nesse sentido que compreendo muitos depoimentos ouvidos em distintas comunidades por onde transitei que os problemas podem ser ainda os mesmos, mas as pessoas já não são as mesmas. Suas vidas ganham mobilidade, suas possibilidades existenciais se ampliam, bem como muda a visão de si mesma para uma identidade mais senhora de suas escolhas e autora de sua própria história. Portanto, há uma recuperação do lugar de sujeito da história.

Terapia comunitária: uma prática pós-moderna crítica

A Terapia Comunitária, de acordo com uma orientação epistemológica pós-moderna apresenta-se como uma prática Cibernética de Segunda Ordem, calcada na autorreferência, no poder generativo da linguagem e na organização autopoiética dos sistemas humanos com ênfase na construção de significados, nos modelos dialógicos e nas metáforas narrativas e hermenêuticas.

O terapeuta comunitário apresenta-se como um agente de transformação social para a qual contribui sua experiência pessoal, profissional e posicionamento político, implicando necessariamente uma ética das relações e a consciência de que as práticas e métodos terapêuticos não são ideologicamente neutros. Quando atuamos como terapeutas estamos construindo certa forma de mundo, legitimando um determinado conjunto de relações sociais e de forma de tratamento e valorização das pessoas (GRANDESSO, 2000).

Assim, a Terapia Comunitária, ao construir um contexto de acolhimento pela alteridade e legitimação de competências permite a construção de novas narrativas com ampliadas condições de existência. Dentre os seus referencias conceituais está a visão da pessoa e das comunidades como competentes para a ação, para o agenciamento de escolhas a partir de um posicionamento moral e ético, podendo criar e expandir suas possibilidades existenciais. Se, coerentemente com o posicionamento do terapeuta a Terapia Comunitária definir-se como uma prática pós-moderna crítica a conversação terapêutica deve-se organizar em torno de significados preferidos de eqüidade e justiça social, considerando que muitos dos problemas e saúde mental e de relacionamentos, decorrem das conseqüências das diferenças de poder e de injustiças sociais. O terapeuta comunitário, num recorte transdisciplinar que excede o psicológico, reconhece que as influências do macro-contexto socioeconômico, político, cultural, étnico, de gênero e espiritual manifestam-se no micro contexto familiar e nas organizações comunitárias.

Portanto, para os terapeutas comunitários pós-modernos críticos há significados preferidos para as narrativas emergentes edificados em torno de valores promovendo a igualdade de gênero, a autodeterminação cultural, o pertencimento e a espiritualidade. Tal proposta coloca o terapeuta no lugar de um profissional engajado com a transformação das políticas sociais mais amplas, comprometidas com uma ética da igualdade e legitimação da pessoa, encorajando uma metodologia de ação/reflexão que considere não apenas indivíduos, casais e famílias, mas comunidades, sociedades e países.

A história tem ilustrado que, como parte dos sistemas de saúde mental as práticas da terapia têm veiculado os discursos dominantes com seus respectivos padrões morais a serviço da manutenção do *status quo* (HARE-MUSTIN, 1994), tendo trabalhado, muitas vezes, mais a serviço do controle e da normatização dos sistemas e instituições do que da mudança social.

O respeito pela diversidade cultural e pela multiplicidade de contextos com seus saberes locais implica numa terapia construída a partir da aceitação da responsabilidade social do terapeuta, legitimando os direitos humanos de bem estar e de exercício da livre escolha. Tal postura coloca-se como imperativa, considerando-se as diversidades territoriais, a miscigenação cultural, étnica, religiosa e social de nosso país. Contextos como este, exigem práticas locais, como a terapia comunitária, trabalhando com camadas de populações econômica e culturalmente carentes.

Considerar as idiossincrasias dos contextos locais conduz a nós terapeutas para além das noções tradicionais de cultura, raça, gênero, classe social, com ênfase na complexidade, para além dos modelos e com espaço para inclusão de questões de espiritualidade. Assim, a Terapia Comunitária se constrói a partir das noções de complexidade, imprevisibilidade e intersubjetividade.

Os imensos desafios que se apresentam para o terapeuta, vindos do campo da saúde mental, das instituições voltadas para o cuidado e tratamento da pessoa, dentro de uma perspectiva pós-moderna, convidam para a humildade na construção do conhecimento e conduzem, cada vez mais para a transdisciplinaridade, numa instância de trocas colaborativas entre os distintos domínios de saber e a construção de um terapeuta engajado no seu tempo e história, comprometido com os macro contextos políticos e sociais que afetam a vida das pessoas e as conduzem para terapia. Como este também é o contexto no qual o terapeuta vive, o caráter auto-referencial da reflexividade das terapias pós-modernas, desafiam o terapeuta a tornar explícitos seus pré-juízos, seus valores, suas opções ideológicas, enfim, os limites da sua subjetividade que estabelece os parâmetros para a clínica que pratica.

Pós-modernismo crítico fala em significados preferíveis (WALDEGRAVE, 1998), significados que emergem de valores. Igualdade entre gêneros – preferível à dominância masculina; autodeterminação cultural – preferível a dominação monocultural. Assim se organiza a Terapia Comunitária, em torno de significados preferíveis – autonomia / respeito / solidariedade / troca colaborativa / competências. Como não existem significados objetivos, necessário examinar os nossos valores e nossa ética em relação a estes significados. Sentimentos de pertencimento, de identidade, e de confiança variam de cultura para cultura. O respeito pela cultura repousa sobre a crença de que cada cultura determina os significados mais influentes que expressam a humanidade e a cooperação de grandes grupos de pessoas durantes longos períodos de tempo.

De acordo com Waldegrave (1989), o terapeuta e as práticas de terapia que não tratam das redes de significado cultural de maneiras informadas são racistas, mesmo que não intencionalmente. Isto porque tendem a predominar os valores das classes que controlam as instituições.

A construção de um contexto responsivo e não avaliativo entre os participantes da Terapia Comunitária favorece a emergência de descrições alternativas de problema e de si, bem como de formas alternativas de vida. Ao dar voz a cada participante, legitimando suas descrições de si e da sua experiência, o terapeuta comunitário, ao assumir uma postura pós-moderna crítica, coloca-se responsivo aos participantes, numa abertura para o diálogo e para novas possibilidades de sentido.

Referências bibliográficas

ANDERSON, H. & GOOLISHIAN, H. (1988). Human Systems as linguistic system: preliminary and evolving ideas about the implications for clinical theory. *Family Process, 27*:371-393.

BARRETO, A. DE P. (2005). *Terapia comunitária passo a passo.* Fortaleza: LCR.

CAMARGO, A. C. (2005). *Tempo de falar e tempo de escutar: a produção de sentido em um grupo terapêutico*. Dissertação de mestrado apresentada na Universidade São Marcos, São Paulo.

ESTEVES DE VASCONCELOS, M. J. (2002). *Pensando o pensamento sistêmico: o novo paradigma da ciência*. Campinas: Papirus.

FREIRE, P. & FAUNDEZ. A. (1998). *Por uma pedagogia da pergunta*. Rio de Janeiro: Paz e Terra.

GRANDESSO, M. A. (2000). *Sobre a reconstrução do significado: uma análise epistemológica e hermenêutica da prática clínica*. São Paulo: Casa do Psicólogo.

GRANDESSO, M. A. (2005 a). Oi gente... Eu não roubei galinhas: Contribuições do enfoque narrativo para a Terapia Comunitária. In H. CAMAROTTI, L. B. MARCHETTI e L. FUKUI (ORGs.). Brasília: *ANAIS do II Congresso Brasileiro de Terapia Comunitária*.

GRANDESSO, M. A.(2005b) *Community Therapy*. Trabalho apresentado no American Family Therapy Association Congress – AFTA, em junho de 2005 em Washington.

GRANDESSO, M. A. (2005c). Terapia comunitária: um contexto de fortalecimento de indivíduos, famílias e redes. *Família e Comunidade: 1* (2); PP.103-113.

GUARESCHI, P. A. (2004). *Psicologia Social Crítica como uma prática de libertação*. Porto Alegre: EDIPUCRS.

HARE-MUSTIN, R. & MARECEK, J. (1994). Discourses in the mirrored room: a postmodern analysis of therapy. *Family Process, 33*: 19-35.

WALDEGRAVE, C. (1998). The Challenges of Culture to Psychology and Post Modern Thinking. In: M. Mc GOLDRICK (ed.). *Re-visioning Family Therapy: Race, Culture and Gender in Clinical Practice*. New York: Guilford Press.

25. Antropologia cultural: base epistemológica da Terapia Comunitária

Ada Nícia Nogueira Diógenes Santos[*]
adanicia@superig.com.br
Universidade Católica do Salvador

Ao colocarmos a Antropologia Cultural como base epistemológica da Terapia Comunitária, queremos deixar claro que a entendemos como uma terapia de construção social, inserida no contexto do pensamento científico pós-moderno. E, assim entendendo, afirmamos que a antropologia entra, com o foco na teoria da cultura, dado pelas ciências sociais, e não como uma especialização destas.

O objetivo da Antropologia Cultural de base semiótica, e por isso interpretativa, é explicar a cultura não como um poder, mas como uma teia de signos atribuídos de modo arbitrário a eventos, comportamentos e instituições sociais. A cultura é contextualizada e deve ser explicada de modo inteligível e com densidade.

Para compreender a interpretação antropológica, temos que entender com precisão o que esta se propõe a dizer, que, no essencial, consiste na explicação da cultura de cada povo em particular, sem reduzir a uma particularidade. Assim, a pesquisa etnográfica vai buscar as bases da explicação, com densidade, dos significados dos termos expressos em cada cultura, possibilitando ao texto científico *status* de empreendimento científico.

A dificuldade da pesquisa etnográfica e do texto antropológico, na explicação da cultura, reside primeiro no fato de o estudo da cultura colocar sempre o antropólogo diante de duas situações difíceis em termos do proceder cientificamente: ou faz parte do corpo do objeto, desde que vai pesquisar a cultura da qual este faz parte, ou da que lhe é desconhecida e que vai interpretar, muitas vezes, com base na interpretação, de outrem, pois tem, como principal fonte, a narrativa de eventos pelos informantes.

A superação dessa dificuldade, na Antropologia, se dará mediante a passagem da mera descrição da cultura, para sua explicação em densidade. É o que Geertz (1989) denomina de Antropologia Interpretativa e Teoria da Cultura. Para entendê-la, começamos pelo conceito de cultura, que parte da idéia de que o homem é enredado em uma teia de significados, por ele próprio tecida e analisada. "Vista dessa maneira, a cultura é um 'elemento de referência' fundamental na construção de nossa identidade pessoal e grupal, interferindo, de forma direta, na definição do quem sou eu, quem somos nós" (BARRETO, 2005, p. XXII).

A Antropologia é uma ciência interpretativa que busca explicar em profundidade estes significados, indagando sobre a importância dos eventos, como estão acontecendo e sendo transmitidos. Em decorrência disso, trabalha com "[...] uma multiplicidade de estruturas conceptuais complexas, muitas delas sobrepostas ou amarradas umas às outras, que são simultaneamente estranhas, irregulares e inexplícitas e que tem que, de alguma forma, primeiro apreender e depois apresentar" (GEERTZ, 1989, p.20).

---

[*] Professora titular da Universidade Católica do Salvador, Mestra em Educação, Terapeuta de Família e Terapeuta Comunitária

Geertz (1989) observa que a cultura é um documento de atuação pública porque o significado assim o é. A cultura, então, consiste em uma estrutura de significados socialmente estabelecidos, por isso possibilitando familiaridade para os que fazem parte de seu contexto, e estranheza para os que estão de fora.

O que procura a Teoria da Cultura é a familiaridade com esta estrutura de significados que formam uma cultura. Daí a importância da Antropologia Cultural para as terapias de construção social e, mais especificamente, para a Terapia Comunitária.

Podemos dizer que o significado emerge do papel que desempenha nos mais variados artefatos e estudos da consciência, através do fluxo do comportamento humano, ou das ações sociais articuladoras das formas culturais.

No estudo antropológico, cultura assume vários significados (relativos às diferentes dimensões que possui): cultura universal, particular, objetiva, subjetiva, real, ideal etc. Todas com interface. Mesmo assumindo sentidos variados, a cultura é constituída de três elementos essenciais: idéias, abstrações e comportamentos. Estes, por sua vez, vão gerar os cinco componentes básicos da cultura: conhecimento, crenças, valores, normas e símbolos.

Em seus múltiplos aspectos, a cultura é construída, perpetuada, modificada pelo homem, como obra coletiva, produto das múltiplas experiências individuais e da capacidade mental destes. Neste sentido, Barreto (2005) vai afirmar ser a cultura o referencial no qual os indivíduos vão buscar sua habilidade para pensar e fazer suas opções cotidianas.

A explicação antropológica, assim, tem que ultrapassar os limites do aparente e mergulhar em profundidade no texto para descobrir e explicar a teia articuladora das ações sociais e, dessa forma, construir uma teoria da cultura que seja não apenas interpretativa, mas que também, nesta interpretação, dê conta do fluxo do discurso social e da essência do seu conteúdo. A análise antropológica, a partir de eventos particulares, consegue, então, fazer inferências que mostram a inserção destes no contexto, esclarecendo o significado neles contidos, sendo constituída, portanto, de interpretações densas e análises mais abstratas como toda teoria científica.

Na Antropologia, o estudo da cultura se confunde com a própria Antropologia e vai explicar os significantes dos atos simbólicos, ou o conjunto destes, através da análise do discurso social, construindo uma estrutura conceitual e elucidativa do papel da cultura na vida humana. É uma abordagem semiótica da cultura que possibilita acesso ao universo conceitual que lhe dá escopo, mas não livra da tensão inerente à pesquisa antropológica e que diz respeito à necessidade de penetrar em um universo não familiar para interpretá-lo e, a partir daí, explicar significados em uma teoria da cultura. Principalmente quando sabemos que o antropólogo, para fazer interpretações, parte de conhecimentos teóricos e vivenciais já construídos. Nesta linha de raciocínio, inserimos o terapeuta comunitário, vivenciando em cada sessão de Terapia Comunitária as dificuldades acima colocadas para o antropólogo, no exercício do seu ofício.

Diante do exposto, concluímos este trabalho reafirmando a importância da Antropologia Cultural na Terapia Comunitária, onde é colocada como base epistemológica, não apenas pelo fato de ser esta uma terapia sistêmica, de construção social, inserida no contexto do pensamento científico pós-moderno, mas também por termos clareza da necessidade de o terapeuta comunitário conhecer a cultura da comunidade onde desenvolve as sessões de Terapia Comunitária, principalmente para a contextualização, com ênfase para a construção do mote específico e a problematização. Vale ainda destacar aqui o fato de que a Terapia Comunitária trabalha com as manifestações da cultura, que somente podem ser conhecidas em todas as suas dimensões e manifestações, permitindo o uso adequado nas sessões de Terapia Comunitária, através da pesquisa antropológica.

Finalmente, podemos afirmar que a Antropologia Cultural, e mais especificamente a teoria da cultura e a pesquisa antropológica, vão possibilitar ao terapeuta comunitário, as ferramentas possíveis de permitir colocar em prática, nas sessões de Terapia Comunitária, a frase emblemática de Bateson – "diferença que faz a diferença" – fazendo uma terapia contextualizada e significativa para todos os participantes.

Referências bibliográficas

BARRETO, A. P. *Terapia comunitária*: *passo a passo*. Fortaleza: Gráfica LCR, 2005.

GEERTZ, C. *A interpretação das culturas*. Rio de Janeiro: Guanabara Koogan, 1978.

LAPLATINE, F. *Aprender antropologia*. 4.ed. São Paulo: Brasiliense,1991.

LARAIA, R. B. *Cultura*: *um conceito antropológico*. 16.ed. Rio de Janeiro: Zahar, 1992.

MARCONI, M. A.; PRESOTO, Z. M. N. *Antropologia*: *uma introdução*. 4.ed. São Paulo: Atlas, 1998.

SANTOS, A. N. N. D. *De equipe reflexiva a processos reflexivos*: *como entendemos e aplicamos*. Salvador: UCSAL/COFAM, 2003.

26. Metodologia de trabalho em rede como uma forma de ação política comunitária: fundamentos epistemológicos, teoria e prática

Juliana Gontijo Aun
EquipSIS – Equipe Sistêmica – Atendimento, Formação
e Pesquisa em Recursos Sistêmicos e Terapia De Família
juliana@aun.psc.br

Historicamente, desde sua origem na década de 1960, as práticas comunitárias têm sido constituídas por ações políticas desenvolvidas conjuntamente por profissionais das diversas áreas das ciências humanas, lideranças e os próprios membros da comunidade. Na academia essas ações têm sido descritas como pesquisa-ação, pesquisa participante, pesquisa-ação-participante, dependendo do autor. O que elas têm em comum é que o pesquisador participa da pesquisa também como ator social, juntamente com os membros da comunidade. Ou seja, essas práticas traziam em si, embutidas nelas próprias, a participação da comunidade, nas políticas públicas sociais. Um exemplo foi o Movimento de Desintistucionalização na Saúde Mental, da década de 1970 em Minas Gerais. Defino essas ações como políticas propostas na "direção dos técnicos e comunidade para o governo" (AUN, 1996).

A partir de 1988, o Capítulo II – DA SEGURIDADE SOCIAL, do Título VIII – DA ORDEM SOCIAL, da nova Constituição Brasileira, define as diretrizes para as políticas públicas sociais das áreas da SAÚDE, da ASSISTÊNCIA SOCIAL e a da PREVIDÊNCIA SOCIAL. São definidas como de competência do Poder Público, tendo os mesmos objetivos, listados no Parágrafo Único do Art. 194:

QUADRO 1

CONSTITUIÇÃO DA REPÚBLICA FEDERATIVA DO BRASIL de 1988
Capítulo II – DA SEGURIDADE SOCIAL Seção I – Disposições Gerais Art. 194, Parágrafo único. Compete ao Poder Público, nos termos da lei, organizar a seguridade social com base nos seguintes objetivos: I – universalidade da cobertura e do atendimento; II – uniformidade e equivalência dos benefícios e serviços às populações urbanas e rurais; III – seletividade e distributividade na prestação dos benefícios e serviços; IV – irredutibilidade do valor dos benefícios; V – equidade na forma de participação no custeio; VI – diversidade da base de financiamento; VII – caráter democrático e descentralizado da gestão administrativa, com a participação da comunidade, em especial de trabalhadores, empresários e aposentados.

Interessa-me especialmente o item VII que especifica o *"caráter democrático e descentralizado da gestão administrativa, com a participação da comunidade, em especial de trabalhadores, empresários e aposentados"* e que é novamente reafirmado, com pequenas variações, como diretriz das políticas públicas sociais da SAÚDE e da ASSISTÊNCIA SOCIAL:

QUADRO 2

Seção II – Da Saúde	Seção IV – Da Assistência Social
Art. 198 – As ações e serviços públicos da saúde integram uma rede regionalizada e hierarquizada e constituem um sistema único, organizado de acordo com as seguintes diretrizes: I – descentralização, com direção única em cada esfera de governo; II – atendimento integral, com prioridade para as atividades preventivas, sem prejuízo dos serviços assistenciais; III – participação da comunidade.	Art. 204 – As ações governamentais na área da assistência social serão (...) organizadas com base nas seguintes diretrizes: I – descentralização política administrativa, cabendo a coordenação e as normas gerais à esfera federal e a coordenação e a execução dos respectivos programas às esferas estadual e municipal, bem como a entidades beneficentes e de assistência social; II – participação da população, por meio de organizações representativas, na formulação das políticas e no controle das ações em todos os níveis.

Comparando as diretrizes, para a saúde e a assistência social, relativas à participação, encontramos uma correspondência estreita entre elas.

Entendo essas políticas / programas como ações propostas na *"direção do governo para a sociedade"* (AUN, 1996). Minha experiência nos últimos anos – de 1994 até atualmente – tem sido prioritariamente com esse tipo de políticas exatamente porque a legislação delas traz o convite à participação da comunidade, e há também uma forte tendência em deslocar o foco das políticas sociais do indivíduo para a família e para o contexto social. É a partir dessa experiência, com as políticas propostas na *"direção do governo para a sociedade"*, que falarei aqui.

Nos últimos anos, em Belo Horizonte, temos observado uma forte tendência à ação efetiva no sentido da descentralização e da democratização (no sentido de acesso) das políticas sociais para a família. Dois exemplos são: na área da saúde, o PSF, em que as equipes de saúde são sediadas nos Centros de Saúde de vários bairros e se espalham pela periferia das cidades, isto é, fazem um movimento em direção ao domicilio das famílias. Na área da Assistência Social, o Muriki – Inclusão de crianças e adolescentes com deficiência – da SMAS da PBH, cujas equipes estão regionalizadas e têm como uma das principais atividades o acompanhamento e apoio domiciliar às famílias dos portadores de deficiência.

Tenho acompanhado também uma tendência à democratização da gestão administrativa: na Assistência Social, por meio das CLAS – Comissões Locais de Assistência Social e das CRAS – Comissões Regionais da Assistência Social; na Saúde, da mesma forma, temos as Comissões Locais de Saúde e as Comissões Distritais de Saúde.

Porém, observo também, tanto na legislação (Constituição, LOAS) quanto na prática, uma dificuldade na concepção e na concretização plena da *"participação da comunidade"*.

Quem é essa comunidade / sociedade civil / população a que a Constituição se refere? *"Organizações representativas"*? *"Entidades beneficentes e de assistência social"*?

Hospitais conveniados? Usuários da respectiva política? Comunidade em geral? Em que consiste a participação? Em que posição deve participar essa comunidade? Na formulação das políticas? Na execução delas por meio de prestação de serviços? Como usuários usufruindo de seus serviços e apenas opinando sobre elas?

Fundamentada no Pensamento Sistêmico, fiz uma pesquisa procurando compreender como se dá a participação em nove políticas de assistência ao portador de deficiência, implementadas ao longo do século XX, nas áreas da educação, saúde, previdência social. Observei que a grande maioria delas adquire uma organização em hierarquia, especialmente aquelas que são pospostas na "direção do governo para a sociedade" (figura 1). Isto significa que as diferentes posições são hierarquizadas e são ocupadas por atores específicos. Pode haver mais ou menos trocas de sugestões, de opiniões, de consultorias, tanto na direção vertical como na horizontal, mas quem executa a função específica de cada posição são atores específicos definidos a priori. O que acontece mais comumente é que a posição de decidir e planejar tende a ser ocupada por técnicos administradores de órgãos mais centrais; a posição de executar, por técnicos de órgãos governamentais ou de entidades privadas conveniadas; e a posição de receber é ocupada pelos usuários (AUN, 1996).

Considero que a estrutura de funcionamento das Comissões Locais e Regionais da Assistência Social e da Saúde, tal qual tem ocorrido em Belo Horizonte, é um grande avanço na direção da participação dos diversos atores no nível das decisões, respondendo à diretriz da "democratização da gestão administrativa". Mas ainda conserva uma organização hierarquizada, em que as Comissões Locais ocorrem nos bairros, levam suas reivindicações e decisões para as Comissões Regionais, de onde são levadas para a Gerência Regional, são levadas para o órgão municipal central e assim, sucessivamente... Em algum ponto da hierarquia são tomadas decisões que pretendem responder às demandas iniciais.

FIGURA 1 – ORGANIZAÇÃO EM HIERARQUIA

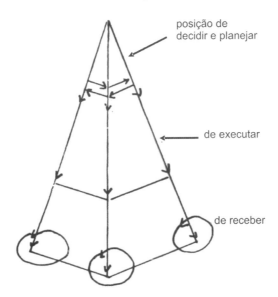

Penso que esta modalidade não é ainda satisfatória: a responsabilidade das decisões fica ainda com administradores e/ou técnicos que ocupam as posições de decisão e os usuários não vêem suas reivindicações respondidas segundo as expectativas criadas nas comissões locais. Tenho trabalhado para desenvolver uma outra modalidade de participação, em que o usuário participa ativa e diretamente na definição das políticas que lhe dizem respeito, co-construindo, juntamente com os outros elementos da rede social, alternativas viáveis de ação. Para isto, temos proposto a abordagem das políticas sociais constituindo-as como organizadas em rede, como veremos mais adiante.

Por outro lado, as famílias pobres das comunidades, com as quais temos trabalhado nos programas de assistência social de agências governamentais ou não governamentais, têm se caracterizado por se constituírem como famílias multiproblemáticas (COLETTI E LINARES, 1997; COELHO, 2005). Na última década, as políticas sociais têm priorizado especialmente a promoção social de crianças e adolescentes, havendo uma concordância em que, para se conseguir esta meta, o foco de atenção deve ser a família. Assim, vários programas e políticas têm sido desenvolvidos, tentando superar os vários problemas sociais que vivem – fome, violência, desemprego, baixa escolaridade, drogadição, etc. Com a pulverização e difícil integração desses programas essas famílias tornam, além de multiproblemáticas, famílias multi-assistidas.

Esse contexto político-sócio-familiar tem colocado pelo menos dois grandes desafios para superar esta situação:

– primeiro, o desafio de desenvolver programas e/ou políticas sociais que permitam que as famílias atendidas sejam, elas mesmas, protagonistas das políticas de que são usuárias e de suas próprias mudanças;

– segundo, o de que essas novas políticas não se constituam como mais um programa a prestar mais uma assistência a essas famílias, tornando-as ainda mais multi-assistidas, mas sim, que se constituam como políticas que promovam a integração dos diversos programas que já existem.

Para responder a esses desafios, tenho desenvolvido a Metodologia de Trabalho em Rede, fundamentada no "pensamento sistêmico novo-paradigmático", segundo descrição de Esteves de Vasconcellos (2002; 2005).

A metodologia de trabalho em rede

Ao longo do tempo, no exercício de uma prática coerente com essa nova visão de mundo, isto é, abordando os fenômenos mantendo sua complexidade; respeitando sua instabilidade – concebendo-os como em constante transformação; assumindo uma posição construtivista – posição de não saber na abordagem das políticas / programas sociais, foi emergindo a Metodologia de Trabalho em Rede. Essa metodologia constituiu-se de pelo menos três ações mutuamente exigentes – para que qualquer uma delas ocorra, é necessário que as outras duas também ocorram. São elas:

(1) pensar as políticas/programas sociais como sistemas organizados em rede,

(2) desenvolver práticas fundamentadas na noção de atendimento sistêmico de famílias e redes sociais que são diferenciadas do contexto clínico terapêutico (AUN, 2003/2005), e

(3) desenvolver programas de capacitação para os profissionais das diversas áreas de graduação e técnicos que trabalham em políticas sociais.

Para alcançar os objetivos deste texto, focalizarei especialmente os itens 1 e 2.

1) Pensando políticas/programas sociais como sistemas organizados em rede

Para se distinguir as políticas / programas sociais como organizadas em rede, deve-se desconstruir a organização hierarquizada delas, permitindo o surgimento de uma organização em rede. A figura abaixo mostra como isto pode ser feito.

FIGURA 2 – DA ORGANIZAÇÃO EM HIERARQUIA PARA A ORGANIZAÇÃO EM REDE

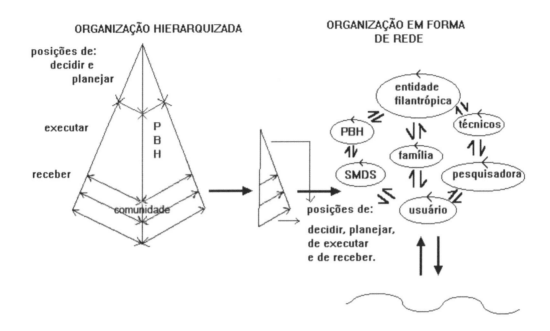

Fonte: Programa MURIKI – SMAS/PBH

Inicialmente, concebo a política como um sistema e represento sua organização hierarquizada. Como as políticas costumam incluir uma grande população de pessoas e entidades, é necessário dividi-la em grupos menores a serem abordados. Porém, não se deve dividi-la por linhas horizontais, pois estas constituiriam grupos homogêneos – grupos de usuários, grupos de técnicos, de administradores, etc. –, simplificando o fenômeno, o que quero evitar. Pelo contrário, divido a representação hierarquizada da política com linhas verticais, constituindo grupos heterogêneos, isto é, grupos que incluem elementos de todas as posições envolvidas, segundo os critérios de territorialidade e de distribuição da população abordada pela política. Essa divisão é inspirada nas noções de micro, meso, exo, e macrossistema de Bronfebrenner (1994/1996) e não na noção de subsistemas da família, de Minuchin (1974/1982), que mantém ainda a idéia de hierarquia. Desta forma, apesar da divisão do sistema maior em vários sistemas menores, é mantida a mesma complexidade em cada um dos sistemas menores.

Essa divisão permite também construir o *"mapa de rede em torno do problema"* (AUN, 2002), distinguindo seus elementos constitutivos básicos. Com base na noção de sistema determinado pelo problema de Goolishian e Winderman (1988/1989), é possível ampliar o mapa fazendo um exercício de imaginação e flexibilidade, introduzindo todos aqueles elementos que conversam sobre o problema, isto é, que estão relacionados com o problema a ser abordado pela política em questão.

Para que a organização em rede possa emergir, não é suficiente apenas fazer este tipo de divisão do sistema. É necessário criar um *"contexto de autonomia"* – um contexto conversacional no qual todos têm direito igual à voz e participam em todas as posições: na de decidir e planejar, na de executar, na de receber, tornando possível o desenvolvimento do *"processo de co-construção"* (AUN, 1998/2000). Em algum momento da abordagem da política segundo a Metodologia de Trabalho em Rede, serão realizadas "assembléias de rede", ocasião em que as pessoas (em torno de 40), membros do mapa de rede em torno do problema, participam de uma conversação conjunta, na qual tornam-se mais visíveis o processo de co-construção e o contexto de autonomia.

2) Práticas de atendimento sistêmico de famílias e redes sociais x terapia de família

Terapia Comunitária

Tenho proposto uma diferenciação entre atendimento e terapia fundamentada em uma definição pelo <u>contexto</u> que se constitui no exercício da prática, e não pelas atividades exercidas, nem pela graduação do profissional implicado nela. Com o termo *contexto* refiro-me, não ao local em que o processo tem lugar, mas ao conjunto de regras (explícitas ou implícitas) que definem as relações de todos aqueles envolvidos na prática e que é definido tanto pelos clientes como pelos profissionais – pelos demandantes e demandados (AUN, 2003/2005).

Na EquipSIS, temos nos interessado em desenvolver práticas que constituam contextos de atendimento sistêmico, que evitam o contexto clínico. Aproximam-se muito mais das práticas sociais comunitárias; têm um caráter inclusivo, permitindo que tanto os profissionais quanto os membros da comunidade mantenham suas identidades profissionais e pessoais; e se dão em contextos de autonomia, conversacionais, seguindo processos co-construtivos. Como resultado desse interesse, as seguintes práticas têm surgido:
- atendimento de família ampliada
- atendimento de multifamílias em conversações em torno de algum problema comum a elas
- atendimento da rede em torno do problema de uma família
- atendimento da rede em torno do problema de várias famílias
- articulação das metodologias de multifamílias e de rede

Todos esses formatos de atendimentos sistêmicos de famílias e redes sociais seguem também um "processo de co-construção em um contexto de autonomia", abordam sistemas mais amplos que a família, especialmente programas / políticas sociais. E surgem a partir da combinação de três conjuntos de noções teórico-práticas desenvolvidas no domínio da terapia de família:

a) o conjunto de noções referentes à rede social:
- noções de micro, meso, exo, macrossistema, de Bronfebrenner (1994/1996)
- processo de atendimento em rede social em 6 etapas, de Speck e Atteneave (1973/1974)
- mapa de rede de Klefbeck (1995/1996)
b) o conjunto de noções referentes às reuniões de multifamílias, como descritas por Costa (1998)
c) o conjunto de noções referentes ao sistema determinado pelo problema: sistema a tratar, problema, posição cooperativa do coordenador, de Goolishian e Winderman (1988/1989).

O "processo de co-construção em um contexto de autonomia" requer que o profissional abdique da idéia de provocar mudança ou transformação e, adotando uma posição de não saber, assuma como sua tarefa a de constituir contextos de autonomia. Ou seja, contextos conversacionais nos quais todos os participantes têm direito igual à voz, de forma tal que aumente a possibilidade dos próprios participantes co-construírem as políticas e as mudanças e/ou transformações que afetam a si próprios e à comunidade a que pertencem, por meio da criação de consensos em conversações conjuntas. O profissional deixa de ser *expert* em conteúdo e passa a ser *expert* em processo – na criação do contexto de autonomia.

Como foi sugerido no início deste trabalho, a adoção do Pensamento Sistêmico novo-paradigmático implica no desenvolvimento de novas práticas. Agora, podemos afirmar que o inverso também é verdadeiro: abordar políticas por meio da Metodologia de Trabalho em Rede implica necessariamente na adoção de uma nova visão de mundo – o pensamento sistêmico novo-paradigmático tal qual descrito por Esteves de Vasconcellos (2002; 2005).

3) Desenvolvendo programas de capacitação para profissionais de diversas áreas de graduação e para técnicos membros de políticas / programas sociais

Para desenvolver a abordagem de políticas / programas sociais segundo a Metodologia de Trabalho em Rede, torna-se necessário desenvolver processos de capacitação para profissionais interessados em trabalhar nessa área. Mas, além disto, quando somos convidados a trabalhar com alguma política que já esteja em andamento, acreditamos ser essencial criar processos de capacitação para os profissionais, graduados ou não, que já participam daquela política. Trata-se, de uma atitude autorreflexiva, de criar, para a própria equipe, o contexto de autonomia que será criado na execução da política em questão.

Quanto aos profissionais em formação que irão constituir as equipes multidisciplinares de políticas sociais, entendemos que querem continuar trabalhando dentro de seu mandato, isto é, querem ampliar seu atendimento incluindo a família de seu cliente, mas mantendo a identidade profissional de sua graduação. Então, acreditamos que sua capacitação deve se dar para trabalhar no contexto de atendimento.

Tanto os profissionais graduados quanto os técnicos, não graduados – agentes comunitários, cuidadores sociais, líderes comunitários – que constituem as equipes de programas sociais que já estão em curso, devem ter a oportunidade de participar de capacitação que inclua pelo menos uma introdução ao pensamento sistêmico novo-paradigmático e à Metodologia de Trabalho em Rede.

Um exemplo

Antes de concluirmos, apresentarei um exemplo de atendimento sistêmico realizado por alunos do curso de Especialização em Atendimento Sistêmico de Famílias e Redes Sociais, da EquipSIS em parceria com o IEC-PUC Minas. É um trabalho de conclusão do curso, de curta duração, abordando apenas alguns aspectos de uma política já em curso, proposta na "direção do governo para a sociedade". Para agradável surpresa nossa, alguns desses trabalhos desenvolvidos por nossos alunos, têm continuidade e se transformam em programas incluídos nas respectivas políticas, como é o caso do apresentado aqui.

Articulação das metodologias de grupo multifamiliar e de rede em torno do problema:
Título: Co-construindo novos projetos de vida com os adolescentes do Programa Liberdade Assistida *(FREITAS, A.N.L.; MARINS, F.S.S.; MACHADO, L. F., JUN 2005).*
Contexto: jurídico e sociopedagógico.
Local: Sede do Programa Liberdade Assistida que recebe jovens que cometeram atos infracionais e são encaminhados pelo Juizado para cumprirem medida socioeducativa; e Centro Pastoral de uma igreja católica, onde os atendimentos foram realizados.
Problema: co-construção de novos projetos de vida com os adolescentes do Programa Liberdade Assistida

Foram realizadas visitas domiciliares a 85% das famílias convidadas; 2 atendimentos de grupo de multifamílias com o objetivo de conversar sobre o fortalecimento dos laços entre os participantes, a preparação e organização do grupo para os encontros da rede social, a co-construção das demandas que adolescentes e famílias desejavam apresentar às instituições que participariam da rede, co-construção do mapa de rede; 2 atendimentos da rede em torno do problema – novos projetos de vida – com o objetivo de ampliar as possibilidades de articulação dos recursos já existentes na própria rede social:

- reuniões de multifamílias: 20 famílias convidadas – na primeira reunião, compareceram 6 famílias – 15 pessoas, na segunda, compareceram 6 famílias – 10 pessoas;
- assembléias de rede constituída em torno do problema, à qual compareceram 35 pessoas: 8 famílias – 20 pessoas, Programa Liberdade Assistida – diretoria e técnicos – 4, ONG – oficinas profissionalizantes – 1, ONG – assistência a dependentes de drogas – 1, Secretaria de Promoção Humana – 1, Conselho Tutelar – 1, líder comunitária – 1, escola regular – 1, ex-usuário de droga – 1, psicólogo – 1, equipe de atendimento (3 membros).

Resultados: apareceram falas denotando reformulação de vida, inclusive por jovens; surgiu um crescente sentimento de esperança; família e adolescentes conversaram sobre novos projetos de vida e juntamente com as instituições, pensaram em possibilidades para tais projetos, levando à formação de comissões para trabalhar nesse sentido.

Concluindo

Então, pensamos as comunidades como redes sociais. Pensamos as políticas / programas sociais para as famílias pobres que constituem nossas comunidades, como organizadas em rede. Propomos a abordagem dessas políticas pela Metodologia do Trabalho em Rede, que, em síntese, tem constado de (1) desenho (no sentido de concepção) da política e/ou programa como organizado em rede; (2) desenho do mapa de rede em torno do problema; (3) realização de assembléias de rede em torno do problema segundo um processo de co-construção em um contexto de autonomia.

Desta forma, a organização em hierarquia da política/programa transforma-se em organização em rede e emerge a possibilidade de reunião dos vários programas, agências, entidades, ações, pessoas, famílias, etc. para conversar sobre o problema, o que vai ganhar visibilidade nas assembléias de rede. Assim torna-se possível a integração das políticas/programas.

Ocorrendo as assembléias de rede, emerge a participação com direito igual à voz, de todos os elementos que constituem a rede, inclusive os usuários, as famílias das comunidades. Estes últimos tornam-se protagonistas das políticas em questão, por meio da participação nas diversas posições. Uma vez pensada a política segundo a Metodologia de Trabalho em Rede, o atendimento às famílias e às redes sociais pode assumir qualquer um dos formatos descritos acima.

Esta metodologia de trabalho tem sido desenvolvida, co-construída, constantemente reavaliada e pensada por nós, membros da EquipSIS, desde 1994, juntamente com os coordenadores, profissionais e usuários do Programa de Apoio à Pessoa Portadora de Deficiência e, a partir de 1999, do Programa Muriki – Inclusão de crianças e adolescentes com deficiência. Ambos os programas da Secretaria Municipal de Assistência Social da

Prefeitura de Belo Horizonte – SMAS/PBH. Com o desenvolvimento de outros trabalhos, em outros programas/políticas pela EquipSIS e através da supervisão dos trabalhos dos alunos nos cursos de pós-graduação de Especialização em Atendimento Sistêmico de Famílias e Redes Sociais, temos tido a oportunidade de avaliar sua expansão para outros contextos e programas sociais.

Na grande maioria dos casos, nossa experiência tem sido em políticas propostas na "direção do governo para a sociedade" e tem se fundamentado em uma posição cooperativa entre os órgãos governamentais e a sociedade civil. Na realidade, todo o trabalho na área das políticas sociais que eu, especialmente, tenho desenvolvido a partir de 1994, tem sua origem na constatação de que três das nove políticas que estudei, tiveram de se afastar dos órgãos governamentais para manterem sua organização em rede. Outras duas, inicialmente constituídas com organização em rede, pretenderam mudar a organização dos órgãos governamentais, mas foram envolvidas e desarticuladas nessa interação. Perderam sua identidade.

Nesse Congresso de Terapia Comunitária, considerando o que foi exposto sobre as novas diretrizes da Constituição Brasileira de 1988, cometo aqui a ousadia de afirmar que: por mais que a ação política comunitária, proposta 40 décadas atrás como uma luta contra o sistema de poder constituído, tenha sido extremamente importante, criativa e forte como resistência e quebra de estruturas injustas, no século passado, seu tempo, como tal, passou. Afirmo que agora é tempo de cooperação, de articulação, de exercício da cidadania, de co-construção de consensos, entre sociedade civil e governo, respeitando as diferenças.

Convido a rodos a considerarem a Metodologia de Trabalho em Rede como uma alternativa promissora neste sentido, inclusive para as políticas propostas na "direção da comunidade e técnicos para o governo", como costumam ser as práticas comunitárias.

Referências bibliográficas

AUN, J. G. *O processo de co-construção como um contexto de autonomia: uma abordagem às políticas de assistência às pessoas portadoras de deficiência*. Belo Horizonte: FAFICH-UFMG, 1996, dissertação de mestrado.

AUN, J. G. O processo de co-construção. Uma metodologia sistêmica para a "implantação" de políticas sociais. *Anais do III Congresso Brasileiro de Terapia Familiar*, Rio de Janeiro, ATF – RJ, 1998/2000.

AUN, J. G. Abordando as políticas sociais segundo uma visão Sistêmica Novo-Paradigmática: a experiência do Projeto Muriki, tema livre e vivência, *V Congresso Brasileiro de Terapia Familiar e III Encontro Latino Americano de Terapia Familiar*, promovido pela ABRATEF, em Salvador, 28-31 agosto 2002.

AUN, J. G. Psicoterapia / terapia de família / atendimento sistêmico à família: propondo uma diferenciação. In: AUN, J. G.; ESTEVES DE VASCONCELLOS, M. J.; COELHO, S. V. *Atendimento sistêmico de famílias e redes sociais*. Vol. 1, Bases teóricas e epistemológicas. Belo Horizonte: Ophicina de Arte e Prosa, 2005 (original:*Nova Perspectiva Sistêmica,* 2003).

BRONFEBRENNER, U. *A ecologia do desenvolvimento humano: experimentos naturais e planejados*. Porto Alegre: Artes Médicas, 1996 (original inglês, 1994)

COELHO, S. V. Família em contexto de pobreza. In: AUN, J. G.; ESTEVES DE VASCONCELLOS, M. J.; COELHO, S. V. *Atendimento sistêmico de famílias e redes sociais.* Vol. 1, Bases teóricas e epistemológicas. Belo Horizonte: Ophicina de Arte e Prosa, 2005

COLETTI, M. e LINARES, J. L. (comp.). *La intervención sistémica en los servicios sociales ante la família multi-problemática.* La experiencia de Ciutat Vella. Barcelona: Paidós, 1997.

COSTA, L. F. Reuniões multifamiliares: condição de apoio, questionamento e reflexão de membros da família. Ser Social, Brasília, UnB, 1998, no.3, p.245-272.

ESTEVES DE VASCONCELLOS, M. J. *Pensamento sistêmico: O novo paradigma da ciência.* Campinas, SP: Papirus, 2002.

ESTEVES DE VASCONCELLOS, M. J. Implicações do pensamento sistêmico em diversos contextos de práticas profissionais. In: AUN, J. G.; ESTEVES DE VASCONCELLOS, M. J.; COELHO, S. V. *Atendimento sistêmico de famílias e redes sociais.* Vol. 1, Bases teóricas e epistemológicas. Belo Horizonte: Ophicina de Arte e Prosa, 2005.

FREITAS, A.N.L.; MARINS, F.S.S.; MACHADO, L.F. *Co-construindo novos projetos de vida com os adolescentes do Programa Liberdade Assistida.* Belo Horizonte: IEC-PUC Minas / EquipSIS, 2005.

GOOLISHIAN, H. A. e WINDERMAN, L. Constructivismo, autopoiesis y sistemas determinados por problemas. *Sistemas Familiares 5*, no.3: 19-29, 1989 (original 1988).

KLEFBECK, J. *Os conceitos de perspectiva de rede e os métodos de abordagem em rede.* Belo Horizonte: EquipSIS, 1996, digitado, tradução de M. J. Esteves de Vasconcellos. Publicado também em Dabas, E. e Najmanovich, D. *Redes. El lenguaje de los vínculos.* Buenos Aires, Paidós, 1995.

MINUCHIN, S. *Famílias, funcionamento & tratamento.* Porto Alegre: Artes Médicas, 1982, (original em inglês, Families & family therapy, 1980/1974)

SPECK, R. V. e ATTNEAVE, C. L. *Redes familiares,* Buenos Aires, Amorrortu, 1974 (original inglês, 1973).

PESQUISAS EM TERAPIA COMUNITÁRIA

27. Perfil: considerações sobre a pessoa do terapeuta comunitário

Lia Fukui[1]
Liliana Beccaro Marchetti[2]
TCendo.sp – Nemge – USP[3]

Introdução

No II Congresso Brasileiro de Terapia Comunitária (II CBTC 2004), fizemos um levantamento de dados para iniciar uma caracterização do que denominamos: Perfil do Terapeuta Comunitário. Partimos de algumas referências do *Manual do Terapeuta Comunitário*[3] publicado atualmente como *Terapia Comunitária Passo a Passo,* de Adalberto Barreto e da tese de mestrado de Miriam Barreto *A trajetória vocacional do terapeuta comunitário: um novo ator social.* Queríamos saber quem é e quais são as características desse trabalhador social. Daí a nossa pergunta: O que faz um trabalhador social tornar-se terapeuta comunitário?

O que move o profissional que se volta para um campo novo de atuação? Estamos interessadas, portanto, numa perspectiva sociológica, isto é, trajetória profissional *(cursus honorum)* e origem social do terapeuta. Diferentemente dos trabalhos acima citados, que se ocuparam do perfil psicológico do terapeuta comunitário.

Apresentamos nesta comunicação, alguns dados preliminares e exploratórios. Este levantamento não tem a pretensão de representatividade estatística. Ele apenas aponta tendências, permite levantar hipóteses de trabalho e tecer algumas considerações visando a problematização do tema.

Método
População estudada

A população estudada é constituída de três grupos sendo 35 participantes do II Congresso Brasileiro de Terapia Comunitária, 44 participantes de um curso de capacitação numa ONG e 91 participantes de um curso de capacitação no setor público. Atribuímos a estes grupos uma caracterização pelo investimento financeiro e interesse em terapia comunitária para salientar a diversidade da população. Sendo assim, no grupo do congresso a participação pressupõe um investimento pessoal e financeiro, busca de informação, contatos e visibilidade do trabalho. Na ONG o investimento pessoal é acompanhado de um investimento financeiro dado que o curso se prolonga por 18 meses e é dividido em quatro módulos. No setor público o investimento financeiro e pessoal é

---

[1] *Lia Fukui – Socióloga e Terapeuta Comunitária. Coordenadora do TCendo.sp-Nemge-USP.*

[2] *Liliana Beccaro Marchetti – Psicóloga Clínica e hospitalar, Terapeuta de Família e Terapeuta Comunitária. Coordenadora do TCendo.sp-Nemge-USP*

[3] *TCendo.sp – Site: www.usp.br/nemge*

menor, pois o recrutamento para a capacitação foi feito pelos chefes de unidades que selecionaram entre os trabalhadores sociais tanto agentes comunitários como profissionais de nível superior e o curso foi pago pelo serviço público.

Instrumentos

Com o objetivo de investigar a trajetória profissional e origem social foi construído um formulário padronizado composto por três áreas conceituais: identificação (variáveis: sexo, idade, local de nascimento, instrução e profissão), origem social (local de nascimento, situação familiar situação financeira, situação habitacional, prática profissional e participação em associações) e formação (local de formação, *status* profissional, tempo, quantidade, freqüência, duração dos grupos e avaliação da formação).

Foram analisados 170 formulários.

Resultados

1. Distribuição por grupos estudados

No grupo do congresso encontram-se terapeutas comunitários formados ou em formação que estavam no momento praticando terapia comunitária. Na ONG o grupo freqüentava o módulo III e no grupo do serviço público freqüentava o módulo I da capacitação. Dados colhidos em maio de 2004 no primeiro grupo, em abril de 2005 no segundo grupo e em novembro de 2004 no terceiro grupo.

2. Distribuição por sexo

Participação maciça de mulheres na população estudada.

3. Distribuição por idade.

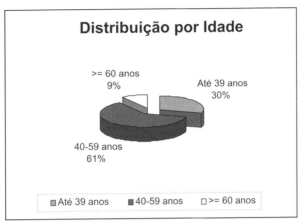

Pelo quadro 61% dos que responderam aos formulários estão acima de 40 anos o que podemos pensar que estão firmados profissionalmente. Surpreende a faixa acima de 60 anos onde há um número significativo e participantes. Estas pessoas já completaram o ciclo profissional, estão em vias de aposentadoria ou aposentados, procuram novas atividades e áreas de inserção, muitas vezes como trabalho voluntário.

4. Distribuição por escolaridade

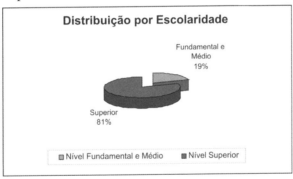

Os 19% de pessoas com escolaridade de nível médio aponta a presença de agentes comunitários tanto entre os participantes do Congresso como em ambos os cursos de capacitação. Este dado mostra que a presença de agentes comunitários nos três grupos estudados confirma que a capacitação em terapia comunitária não se destina apenas aos profissionais de nível superior. No setor público o recrutamento de agentes foi intencional e na ONG a presença é garantida por um sistema de bolsas.

5. Distribuição por profissão de nível superior

Constata-se a presença das mais variadas profissões no conjunto dos profissionais de nível superior, apesar da presença expressiva de psicólogos, assistentes sociais, médicos, enfermeiros e educadores. Chama a atenção 35% de outros profissionais que provavelmente garantem a diversidade cultural dos terapeutas comunitários.

Levantamento de dados do II CBTC 2004

No II CBTC realizado em Brasília em maio de 2004 fizeram inscrição 220 participantes entre terapeutas comunitários, terapeutas em formação e pessoas interessados em terapia comunitária. Foram distribuídos 50 formulários entre os participantes que estavam efetivamente capacitados e praticando terapia comunitária. Dos 35 (15%) que responderam obtivemos os seguintes resultados:

Procedência

Responderam os participantes dos principais centros onde se realiza a prática e a formação de terapia comunitária: Brasília, DF (Planaltina e Taguatinga); São Paulo, SP (Capital, Campinas, São José do Rio Preto); Belém, PA; Porto Alegre, RS; Goiânia, GO (Formosa); Salvador, BA; Sobral, CE; Curitiba, PR; Macaé, RJ; Recife, PE. Enquanto terapeutas comunitários filiam-se às organizações de âmbito estadual como MISMEC-DF MISMEC-CE, MISMEC-RS, MISMEC PE, INTERCEF-PR, SOPSI-PA; Universidade Católica de Salvador. A exceção é São Paulo que não tem uma organização em âmbito estadual, mas congrega vários grupos NUFAC-PUC, ECCO-COMENIUS, CEAF, SOS-Mulher Campinas, PROSEF-UNIFESP. Um único estado Rio de Janeiro não tem filiação.

Dos grupos de terapia comunitária no IICBTC/2004

Destas informações é possível inferir que os terapeutas comunitários compõem três grupos:

Agentes comunitários de instrução de nível fundamental ou médio; praticam em postos de saúde, ou associações religiosas (Fraternidade Espírita), etc..

Terapeutas Comunitários de instrução superior.

Formadores distinguem-se por trabalhar em universidades (públicas e/ou privadas) ou ONG de atendimento à saúde. Exercem posição de poder em suas instituições o que as capacita para introduzir a terapia comunitária como uma inovação que necessita angariar aliados, obter reconhecimento e percorrer trâmites burocráticos de natureza diversa. Tornam-se responsáveis pela institucionalização da terapia comunitária.

Hipótese de trabalho

O que move o trabalhador social para a atuação na terapia comunitária é uma insatisfação no campo profissional ou no exercício da liderança comunitária. Insatisfação que pode ser entendida como descontentamento, desprazer, contrariedade ou aborrecimento; representada por uma limitação da ascensão na carreira entendida como acesso a postos de poder ou ainda a uma necessidade de ampliar o âmbito de atuação social em seu trabalho.

A terapia comunitária trabalha com grupos. Atende simultaneamente a um grande número de pessoas. O que permite ao trabalhador social ter um aumento do alcance da sua atividade profissional. Nada mais compensador diante de situações onde predominam a burocracia, a hierarquia, a superposição constante de tarefas, a ausência de linha diretriz e clareza de propósitos. A terapia comunitária permite associar de maneira imediata a prática à teoria. Baseada na ajuda mútua, na não hierarquização das relações, na busca de soluções concretas e coletivas e na crença da autonomia e competência de cada um, apresenta-se como um instrumento valioso para a educação para a cidadania.

Assim sendo, o profissional que se volta para a terapia comunitária assume uma posição crítica em relação a sua atuação profissional. Isto faz com que ele busque outras formas de atuação e de competência que sejam mais adequadas a atender grandes grupos e ao enfrentamento de novas situações e desafios.

Conclusões

A terapia comunitária nasceu com duas vocações bem definidas: a primeira como prática voltada para grandes grupos; a segunda como reflexão no âmbito da produção de conhecimento e do trabalho acadêmico. Solidamente ancorada no pensamento sistêmico, na teoria da comunicação e na antropologia cultural, preocupa-se primordialmente em atingir as camadas populares, isto é, aquelas que têm dificuldade de acesso aos serviços básicos de emprego, habitação, saúde, educação e segurança. Desta dupla origem e vocação delineia-se sua singularidade e identidade. Preenche um nicho de atuação para o trabalhador social sem paralelo em outras práticas grupais ou comunitárias.

Os agentes representam a linha de frente de implantação da terapia comunitária entre os segmentos pobres da população. Pode-se afirmar que à liderança na comunidade (seu capital social) acrescentou-se a capacitação em terapia comunitária (capital cultural) que possibilita ao líder comunitário a afirmação de prestígio, o reconhecimento de sua posição diante do grupo e, no limite, a qualificação profissional muitas vezes seguida de ascensão social.

Os profissionais de nível superior das mais diversas áreas que acrescentaram à sua atuação profissional a prática da terapia comunitária são agentes sociais que contribuem para implantação da terapia comunitária tanto na área pública como nas ONG e no setor privado. São profissionais que associam prestígio pessoal e uma posição peculiar na instituição o que permite adotar uma atuação inovadora em sua área de trabalho A capacitação em terapia comunitária acrescenta uma diversificação de atuação e dá possibilidade ao profissional de exercer um trabalho social mais efetivo.

A expansão da terapia comunitária pelo território nacional data dos últimos cinco anos. A criação da Associação Brasileira de Terapia Comunitária (ABRATECOM) no II Congresso Brasileiro de Terapia Comunitária marcou mais uma etapa de institucionalização desta prática. A atuação dos terapeutas comunitários, seja enquanto lideres comunitários, trabalhadores sociais no setor público ou privado, seja como formador, é que vai determinar a amplitude e o alcance da terapia comunitária como prática social capaz de atingir grandes contingentes de população. Isto posto, cabe levantar algumas questões. Visto que a capacitação é institucionalizada e reconhecida pela universidade qual será o seu futuro? Alcançará o terapeuta comunitário um *status* profissional autônomo?

Referências bibliográficas

1.BARRETO, A. P. "Terapia Comunitária passo a passo". Fortaleza: Gráfica LCR, 2005.

2. BARRETO, M. R. "A trajetória vocacional do terapeuta comunitário: um novo ator social" - Dissertação de mestrado – PUCRS – Novembro, 2001.

28. Abuso sexual infantil e resiliência: um estudo de suas características e conseqüências[1]

Marli Olina de Souza[2]

Esta pesquisa, intitulada *Abuso Infantil e Resiliência: Um estudo de suas características e conseqüência,s* foi realizada em Porto Alegre, no Centro de Ensino e Atendimento Familiar – CAIF.

A supervisão foi da psicóloga mestre Vera Vaccari, do Instituto Paulista de Sexualidade que acompanhou o pré-projeto, tornando o exeqüível na fase posterior.

Deixei de lado as dúvidas sobre quais aspectos deveriam ser focados no tema abuso e comecei a escrever o projeto de pesquisa quando surgiram as primeiras ambivalências e dúvidas. Que sujeito? Que amostra? Que perfil? Crianças? Adolescentes? Adultos? Avaliação? Intervenção? Que problemática levantar? Quais os objetivos a serem alcançados?

Lembrei-me de mulheres ainda em atendimento, outras já atendidas, em condições de intenso sofrimento. Inadaptadas em suas vidas de companheiras, mães e profissionais. Pensei em conhecê-las melhor, embasando essa prática na teoria da teoria da psicossomática, do abuso sexual e da resiliência.

As mulheres aceitaram participar do estudo.

Todas são mulheres ainda vinculadas ao Centro de Ensino e Atendimento Familiar de Porto Alegre, ou que já receberam alta.

A partir de então, não tive mais dúvidas. O projeto de pesquisa seria sobre o aspecto traumático sofrido por mulheres quando crianças. Pretendia entender como acontecia o processo pelo qual passavam meninas abusadas sexualmente para não "trazerem os abusadores" ao seus ciclos de vida e de que forma conseguiam externalizar e elaborar essa sua dor para não somatizar. Por outro lado, também pretendia compreender por que algumas levam para a vida a dois os traumas sofridos, sem conseguirem ter uma vida plena.

Investigaria suas dinâmicas, suas interações, repetições, características, capacidades de interação e promoção de saúde, e intervenções. Os objetivos, perguntas, hipóteses, instrumentos metodológicos, justificativas, perfil e cronograma completavam o todo. Como objeto tive o foco direcionado para crianças ——> Tr aumas ——> Somatização ——> **Resiliência**

Os objetivos gerais desta pesquisa foram

- Contribuir de forma significativa para a melhoria das condições de entendimento e atendimento das mulheres que buscam ajuda para resolver seus conflitos intra e ou extrapsíquicos.

---

[1] Parte da pesquisa apresentada no III Congresso de TC em Fortaleza em 2005 e no X Congresso Brasileiro de Sexualidade Humana em Porto Alegre. Também em 2005.

[2] Assistente Social e Psicóloga Terapeuta Familiar, Coordenadora do Centro de Ensinos e Atendimento Familiar. Presidente da Associação Gaúcha de Terapia Familiar (2005 – 2006). Fundadora do MISC/RS.

- O Projeto Resiliência e Abuso Sexual tem como objetivos criar as condições para que os psicólogos e terapeutas de família, que enfocarem seu interesse nas disfunções sexuais feminina conheçam melhor sua clientela, possam ter uma ação mais condizente às demandas de suas clientes e também usarem ferramentas que integrem o conhecimento da resiliência, psicossomática e abuso sexual infantil.

Os objetivos específicos

- Entender o processo que crianças abusadas sexualmente desenvolvem durante o seu ciclo vital.
- Estudar o fato de algumas mulheres passarem pelos mesmos traumas infantis e não desenvolverem disfunções emocionais ou somáticas por possuírem um traço de personalidade chamado resiliência.

As perguntas e as hipóteses a serem estudadas

Em que medida as dinâmicas familiares atuais representam a repetição de modelo e de padrões de interação abusiva transgeracionais?

1. As mulheres que procuram a terapia estão mais conscientes de seus traumas.
2. O sofrimento está relacionado ao fato de a paciente não ter tido rede familiar ou social continente em sua infância e de não ter contado com fatores de proteção em seu ciclo vital.
3. Mulheres resilientes conseguem passar pelas adversidades, superá-las, transformá-las e construir uma vida ativa e significativa.

Participantes – Para a realização da pesquisa foram convidadas 20 mulheres, das quais 10 (dez) pacientes abusadas sexualmente na infância e com disfunções na sexualidade, 05 (cinco) abusadas sexualmente na infância e que superaram o trauma, vivendo uma vida íntima conjugal satisfatória e 5 (cinco) abusadas sexualmente na infância e que desenvolveram doenças nos órgãos sexuais.

Idade – Mulheres entre 22 e 62 anos, nível de escolaridade média, superior e de pós-graduação, casadas ou que já tinham sido casadas.

Instrumento – Entrevistas abertas, com um roteiro preestabelecido que contém idade, estado civil, quantos anos de casamento ou união, número de filhos, grau de instrução, motivo da procura de atendimento, características da união (se houve harmonia durante a conjugalidade, por quanto tempo), quanto ao prazer sexual (se houve prazer nas relações sexuais). Outro aspecto estava relacionado aos motivos que as mantinham unidas aos parceiros e, em caso de ruptura, o que as mobilizou ao afastamento. O roteiro também abordava como, com quem e com que idade tinha tido a primeira relação sexual; como superou o trauma e com quem contou para isso; se houve dificuldades na vida adulta atribuída ao abuso; e que problemas ginecológicos manifestava.

Também era critério para participar da pesquisa assinar um termo de consentimento e livre esclarecimento.

Antes do relatório sobre os achados na pesquisa vou caracterizar as famílias, para facilitar o entendimento de que lugar ou organização é esse que, em alguns casos, em vez de proteger e promover desenvolvimento, amarra, aprisiona, mobiliza dor, crises, traumas e aciona doenças físicas e/ou mentais.

Mas tudo seria determinista de dor, fracasso e involução se não fosse o estudo de um aspecto do ser humano conceituado como resiliência.

Violência e abuso nosso de cada dia...

Há bastante tempo o tema violência, especialmente contra a criança, é foco de minha atenção desde minha intervenção como assistente social em comunidades e instituições, mais tarde como psicóloga e terapeuta de família e casal.

Pesquisas revelam um alto índice de pais biológicos e padrastos agressores contra seus filhos e enteados. Isso me faz pensar onde estão as mães que não protegem seus filhos. Nos índices, mães agressoras são em menor números. Uma pergunta é se elas são cúmplices ou vitimas de um contexto mais amplo das questões instituídas de gênero e de valores sociais.

Uma das entrevistada deste trabalho refere:

"...ela sabia, nossa casa era de madeira, o marido dela vinha todas as noites na minha cama. Fazia barulho, por vezes até dormia na minha cama; minha mãe preparava o café e o chamava para a refeição matinal"... (2004, Fala de uma paciente)

Assassinato da alma é uma metáfora que designa uma categoria de experiências traumáticas.

Um exemplo dessa metáfora é quando ocorre uma superestimulação repetida e crônica, alternando-se com pressão emocional, infligidas por uma pessoa adulta que em vez de proteger a criança, acusa-a de participativa no processo de abandono e abusos.

Meu interesse nesse termo "assassinato da alma", iniciou com uma série de pacientes mulheres que haviam sido expostas a abuso quando crianças. Não me refiro ao abuso sexual, somente, pois a categoria de abuso, designada como abuso sexual infantil, por si só não se define, pois, na verdade, a criança é violada nos seus direitos de sonhar, fantasiar e de ser protegia da violência. Freud originalmente havia atribuído as neuroses tais traumas na infância e depois descobriu que muitos (não todos) destes eventos que seus pacientes "lembravam" eram produtos de fantasias. Então, se considerou fantasia, como universais. Exemplo o complexo de Édipo. Uma questão a esse respeito: como se estruturam as fantasias, tão necessárias para um saudável desenvolvimento psico-sexual maduro, no caso de haverem vivenciado tais realidades/fantasias?

Uma de minhas pacientes referiu:

"Meu pai cometeu um crime – tirou minha vontade de viver". Continua -, isso não pode ser perdoado.

Reflito então: houve não uma morte da capacidade para amar, para alegria e para confiar?

Meu foco diz respeito ao impacto do ambiente, na mudança estrutural que mobiliza certa defesa, desenvolvendo um processo chamado "resiliência" ao não encontrar uma rede familiar ou social continente. Essa hipótese deve-se ao fato comparativo que mulheres cuja infância tinha sido penosa e desesperançosa "levam seus abusadores" para seu ciclo vital. Já outras apesar de "assassinadas" ressuscitam como fênix das cinzas e desenvolvem uma boa condição emocional e social através da voz sexual, chagando a uma construção de identidade sexual.

É um crime do homem para com o homem usando o poder sobre o outro. É o homem "predador", que aniquila a individualidade do outro, nos parece que o ato

Abuso sexual infantil e resiliência

ainda é mais hediondo, por se tratar de uma criança "Carne da minha carne", "sangue do meu sangue". Retira da criança sua dignidade, sua capacidade de sentir profundamente (alegria, amor e até mesmo ódio). O processo de abuso suprime da vítima o uso de sua mente, de sua capacidade de pensar racionalmente e testar a realidade.

O efeito de trauma e de privação no desenvolvimento da criança vem sendo estudado extensivamente pelos analistas e estudiosos da área da saúde, educação e sociedade. O ensaio de Ferenczi de 1933 é um esforço pioneiro sobre a incidência e os efeitos de abuso sexual e crianças, cheio de valor clínico. Spitz (1945, 1946ª, 1946b, 1964) põe em evidência os primeiros anos, em uma série de escritos sobre abuso em crianças, usando o termo "síndrome da criança espancada".

É claro que um vestígio de assassinato da alma pode ser um acontecimento diário. Toda vida contém ocasiões nas quais alguém é vítima ou perpetrador de um ataque ao direito das pessoas a uma identidade separada e a uma gama completa de respostas humanas. Poucas pessoas não têm, no mínimo, momentos de bestialidade, de comportamento tão malvado que o malfeitor tenta não registrar o que foi dito ou feito. Repetindo uma das citações de Nietzsche favoritas de Freud: "'Eu fiz aquilo,' diz minha memória, 'eu não poderia ter feito aquilo', diz meu orgulho, e permanece inexorável. Finalmente – a memória rende-se" (1886, 451). A aceitação como verdadeiro pela vítima do não registro do que aconteceu pelo malfeitor é essencial ao aniquilamento da criança ou para o assassinato da alma.

Crianças podem ser fragmentadas muito mais facilmente do que os adultos e o efeito nelas de tortura, ódio, sedução e estupro, ou até mesmo de indiferença, ou privação de amor e cuidado a deixa vulnerável. É o impedimento devastador do desenvolvimento; pois suas almas – sua estrutura e funcionamento psicológico – ainda estão em formação. Aqui entendendo alma como *self*. Aniquilamento da alma envolve trauma pelo mundo externo à mente, que é esmagador, fazendo o aparelho mental ser inundado com sentimentos negativos. (O mesmo estado pode resultar como uma reação a grave privação).

A menininha abusada por seu pai não pode voltar-se para ele, naquele momento, para socorro. Entretanto, para quem mais ela pode voltar-se? Como ela pode lidar com a dor, o medo, a humilhação e a raiva (sobretudo a raiva) por si própria? Sabemos que, quando esmagadas por sentimento, as pessoas podem desmaiar ou (mais adaptadamente) barrar toda emoção (freqüentemente pelo uso de auto-hipnose) (FLIESS, 1953; DICKES, 1965;). Porém, se a crise é recorrente ou crônica, as defesas regressivas de anular sentimento tornar-se-ão crônicas também. O que está acontecendo é tão terrível que não deve ser sentido nem pode ser registrado; um isolamento maciço de sentimento com confusão e negação é preferido. Uma morte hipnótica em vida, um estado de viver "como se" o indivíduo não estivesse lá é o resultado freqüente de crônica superestimulação ou privação precoce. Como coloca Ferenczi (1933, 163), *"a criança maltratada transforma-se num autômato mecânico obediente"*.

"meu pai quando sair da prisão, vai ser bom pois lá vão ensinar ele"...
(Fala de uma criança que viu o pai abusar de sua irmã)

A mente da criança divide-se em fragmentos contraditórios para separar o mau do bom (FERENCZI, 1983.165).

A psicossomática é outro aspecto necessário nesse momento, para melhor entendimento das seqüelas da mulher abusada sexualmente na infância.

As bases culturais e os valores herdados pelas mulheres participantes da pesquisa e suas famílias, dão subsídios para formular novas hipóteses narrativas, respeitando seus valores culturais sem introduzir idéias preconcebidas, mas arriscando formular pensamentos sobre famílias que abandonam suas filhas, que por sua vez também foram abandonadas. Sim, nos deixam claro que são pessoas transformadas em órfãs desde muito cedo. Como sabemos a pessoa tende a utilizar o *script* vivido na família de origem, que emaranha-se na história familiar.

Emoções e câncer

Em meus estudos e reflexões cheguei ao seguinte entendimento: o indivíduo possui três corpos ou dimensões: um **Físico**, que adoece como resposta ao corpo de **Emoções**, que não teve espaço para expressão, e o corpo **Transcendente**, necessário para um entorno do ser humano. Essas três dimensões precisam estar em equilíbrio para uma qualidade vital. Nos últimos anos, a psicossomática vem sendo bastante pesquisada. Havia no passado uma dicotomia entre corpo e mente. Médicos tratavam as doenças do corpo e psiquiatras e psicólogos, as da mente.

Num curso efetuado com doutor Barreto[3] da Universidade Federal do Ceará em 1996, tive meu interesse aguçado quando o médico cearense relatou uma pesquisa feita por ele na qual mulheres com anorgasmia ou disfunções sexuais, que não possuíam voz sexual própria, adoeciam seus órgãos do prazer. Naquele momento não entendi muito bem o que ele dizia mas, o resultado de minha pesquisa veio ao encontro da hipótese confirmada pelo professor. Outro fato que dificulta o aprofundamento do tema, segundo Barreto são os altos custos para pesquisa e acompanhamento longitudinal – nos quais se seleciona determinado segmento da população que é estudado previamente e acompanhado com entrevistas e exames vários ao longo dos anos – Thomas e colaboradores (1979) estudaram um grupo de estudantes de medicina da Universidade John Hopkins. Encontraram uma semelhança na história e no perfil psicológico daqueles que desenvolveram câncer ou tiveram doenças mentais.Esses grupos relatavam uma história de relacionamento emocional distante com seus pais, o que não aconteceu no grupo considerado normal e naqueles que desenvolveram cardiopatias.

Por tudo o que foi dito, é possível deduzir que um número cada vez maior de clínicos e cirurgiões pesquisadores reconhece o papel dos fenômenos psicossociais no câncer. Apesar disto, um número grande de médicos presta pouca ou quase nenhuma assistência psicológica aos seus pacientes e não os encaminham a um profissional de psicologia. Provavelmente como descrito, a pessoa que sinaliza estar em "entres" emocional, encaminhada de pronto ao ser detectado a possibilidade de desenvolver uma doença psissomática, seria beneficiada pela psicoterapia.

Para mim, o esquema seguinte é muito especial na seqüência desse trabalho, pois poderemos propor alguma prática para trabalharmos com pessoas cuja alma tenha sido assassinada na infância. A proposta é de Renato Caminha (2004). Nos brinda com esquema, para entendermos como se agregam na mente dos indivíduos, as influências de construção do *SELF*.

Nos casos de abuso, o entendimento da vítima fica paradoxal. Como eliminar o ambiente abusivo e dentro dele as pessoas que deveriam servir de base, de apoio para o

---

[3] Doutor em Psiquiatria pela Universidade René Descartes – Paris; Doutor em Antropologia pela Universidade de Lyon; Licenciado em Teologia pela Universidade Santo Thomas de Aquino em Roma e Faculdade Católica de Teologia de Lyon – França, Terapeuta Familiar; Professor de Medicina Social da Universidade Federal do Ceará.

crescimento e desenvolvimento satisfatório? Nessa contradição de afetos, o comportamento da vítima é afetado e levaram seus "algoz" para a união a dois, manifestando-se reações fisiológicas com o adoecimento.

Na Física, "resiliência" refere-se a uma força de recuperação (por exemplo: a capacidade que tem uma barra submetida a forças de distensão até seu limite elástico de voltar ao seu original quando essas forças deixam de atuar sobre ela (GROTBER, 1995).

Tomado emprestado pela saúde mental, o termo "resiliência" define a capacidade que o indivíduo tem de ser imune, se recuperar psicologicamente e sair bem na vida, quando submetido à violência de outros seres humanos ou das catástrofes da natureza. Enquanto a maioria dos indivíduos se torna vítima, adquirindo transtornos do desenvolvimento ou psicológicos na infância, de conduta na adolescência e juventude, e psiquiátricos na vida adulta, outros são resilientes e saem bem na vida.

Talvez as crianças resilientes sejam, nas palavras do doutor Norman Garmezy, os "depositários do sonho", nossas melhores esperanças de aprender como usar as lições do passado para nos ajudar no presente (citado por doutores Steven e Sybil Wolin, 1994).

Um dos benefícios inesperados de se trabalhar com indivíduos portadores de sofrimento psíquico é que, em algum ponto, começamos a respeitar sua força em face da adversidade. "Como", pergunto-me, "essa mulher chegou a sobreviver a seus primeiros anos?" "Como esse homem conseguiu ir até o fim no colégio?" "O que os capacitou a se tornarem profissionalmente bem-sucedidos, fazer bons casamentos, e criar filhos saudáveis?" É admirável como todos progridem no continuum saúde mental – transtorno psíquico, e como, mesmo aqueles com os mais sérios transtornos psíquicos têm as forças suficientes com as quais eles e seus cuidadores podem contar.

Em minha práxis como assistente social ainda não havia descoberto o benefício do conceito resiliência, mas, ao longo dessa incessante busca por afiar ferramentas para meu trabalho, deparei-me com este conceito.

Fundamental à resiliência é o conceito de plasticidade, o fato de que, uma mudança psicológica é possível quando o ambiente de uma pessoa muda. Garmezy (1985) insiste em que *"a possibilidade contínua de mudança tem recebido suporte através do trabalho de neurocientistas que estudam as alterações na estrutura cerebral produzidas pelo ambiente"* (1985, 902).

Para abraçar o conceito de plasticidade, é preciso rejeitar o que Rack-Yarrow & Brown (1993) chamam de "quatro mitos" que impedem a promoção de resiliência. O primeiro deles é o mito da predeterminação que diz que "as crianças não serão capazes de escapar aos ciclos de violência, pobreza ou fracasso que caracterizaram as vidas de seus pais, dos membros da família, ou membros da comunidade" (p. 16). O próximo é o mito do dano irreparável. Ver crianças em risco se transformarem em adultos saudáveis e bem sucedidos nos faz entender que não devemos nos precipitar a fazer conclusões prematuras sobre como uma criança irá se sair. Como diz Rutter (1987) "o potencial de auto-adequação da juventude não é um (fenômeno estático... nós podemos causar um grande prejuízo a nós mesmos e a nossa juventude ao decidir sobre os parâmetros para suas vidas muito cedo)" (p. 16)

O Mito da Identidade de Rutter (1987) nos acautela para não rotular ou desqualificar crianças em risco, mas para nos engajarmos constantemente "na busca de talentos, definindo as identidades desses jovens em termos de seus pontos fortes" (p. 17). Muito mais produtivo é reenquadrar a superação das dificuldades pelas pessoas como prova de sua força, inteligência, discernimento, criatividade e tenacidade. Tal reenquadramento não apenas ajuda os profissionais e pessoas praticantes a serem mais compreensivas e eficazes, mas também ajuda os jovens a se verem como heróis de seu próprio esforço para se adequar. Como disse uma mulher, abuso é o que aconteceu comigo, não o que eu sou. Finalmente, qualquer um que tenha feito um bom trabalho sabe que deve rejeitar o Mito de que, em última instância, NÃO FAZ DIFERENÇA, nas palavras de Rutter, as pessoas "carregam consigo as lições de gentileza, compaixão, e simples atitudes de benevolência para o resto de suas vidas" (p. 17). É crucial lembrar que dado um ambiente adequadamente facilitador, as pessoas mantêm a capacidade de mudança positiva e para o desenvolvimento de, pelo menos, algumas características de resiliência por toda vida.

Para concluir essa fase do trabalho desejo colocar que duas hipóteses foram confirmadas em praticamente 100% dos casos: 1) a de que os abusos praticados pelo pai deixam a criança com menos possibilidade de estruturação, 2) a de que as crianças que não tiveram uma rede de segurança são castradas da chance de desenvolver um *self* positivo e de terem uma experiência adulta satisfatória.

As mulheres que chegaram para terapia estavam conscientes de seus traumas e vieram para entender o que lhes aconteceu e se o envolvimento ocorrido entre ela e o abusador poderia ter sido evitado.

Terceira hipótese: o sofrimento está relacionado ao fato da paciente não ter tido rede familiar ou social continente em sua infância e não ter contado com fatores de proteção em seu ciclo vital.

Há uma quarta hipótese: mulheres resilientes conseguem passar pelas adversidades, superá-las, transformá-las e construir uma vida ativa e significativa.

Considerações finais

A experiência superou minhas expectativas iniciais que partindo da formulação do problema era detectar qual o processo que meninas abusadas sexualmente desenvolviam para não "trazerem os abusadores" aos seus ciclos de vida adulta e de que forma conseguem na terapia externalizar e elaborar essa sua dor para não somatizar?

Entendo que todas as mulheres participantes desenvolveram alguma seqüela, coincidência ou não a teoria sobre a somatização nos remete à possibilidade de uma verdade dentro dessa hipótese.

Partindo dos achados e relacionando com a bibliografia, estou certa da importância de conhecer melhor o processo de resiliência e poder contribuir com outros colegas com o material encontrado. Após o exposto desejo compartilhar uma forma de promover resiliência.

Para os pais e cuidadores das crianças uma forma de promover resiliência na primeira infância pode ser:

- proporcionar amor e expressar amor tanto físico como verbal quando segura o balanço, embala o berço usando palavras suaves que acalmem, confortem, e encorajem a criança;
- impor regras para crianças possíveis da criança entender, e não privilegiar formas de disciplina que façam rejeição ou dano a criança;
- ter comportamento modelo que comunique confiança, otimismo, e bons resultados para crianças acima de dois e três anos;
- elogiar a criança quando estiver fazendo algo certo tal como treinamento de banheiro, acalmar-se, ou quando fizer perguntas;
- encorajar a criança para tentar fazer coisas para si com apenas ajuda mínima de adultos;

- estimular a criança a reconhecer e expressar seus próprios sentimentos e reconhecer alguns sentimentos em outros (por exemplo: triste, alegre, arrependido, feliz, etc.);
- ajudá-la descobrir habilidades;
- prepará-la para situações desagradáveis ou adversas (gradualmente, se possível) por conversar sobre eles, lendo livros, jogo ou por ação, etc...

Ainda podem:

- equilibrar a liberdade para explorar com apoios seguros;
- as explicações de oferta e reconciliação junto com regras e disciplina (quando tiver a linguagem desenvolvida);
- dar o conforto à criança e estímulo em situações de estresse;
- proporcionar um ambiente estável para a criança pequena, mas algumas vezes levá-las a experienciar lugares novos;
- modificar a disciplina com segurança conforme ela for crescendo, dando explicações sobre os valores sociais e ou da família;

Referências bibliográficas

ELKAIM, Mony. *Las practicas de la terapia de rede*. 2 Ed. Barcelona, Gedisa, 1995.

FERENCZI, S. (1933). Contusion of tongues between adults and child, In: Final Contributions to the *Problems and Methods of Psychoanalysis*. New York: Basic Books, 1955, pp 155-167.

_____. *Perspectivas em análises* (em colaboração com O. Rank).(1924). São Paulo., Martins Fontes, 1983.

GARMEZY, N. (1971). Vulnerability research and the issue of primary prevention. *American Journal Of Orthopsychiatry*, 41, pp. 101-16.

GROTBERG. *Manual de Identificación Y Promoción de la Resiliencia em Niños y Adolescentes*. Chile, 1996/ Paidos.

MILLER, Ann. *Os sexos e o poder nas famílias*. RJ, Editora Sumus 1994.

RACK, C. F. & PATTERSON, L. E. (1996). Promoting resilience in at-risk children. *Journal of Counselling and Development*, 74 (4), pp. 368-73.

RACK-YARROW, M. & BROWN, E. Resilience and Vulnerability in children of multi-risk families. *Devolopment and Psycopatlogy*: 1993: 5, 581-582.

RUTTER, M. (eds.). (1983). *Stress, coping and development in children*. New York, McGraw-Hill.

SPITZ, R. (1945), Hospitalism: An inquiry into the genesis of psychiatric conditions in early childhood. *The Psychoanalytic Study olf the Child*, 1:53-74, New York: International Univenities Press.

TAVARES, J & ALBUQUERQUE, M. (1998) Sentidos e implicações da resiliência na formação. In: *Psicologia, Educação, Cultura. Colégio Internato dos Carvalhos*, n° 1, vol. II, maio, pp. 143-152.

29. Terapia Comunitária e visualização criativa: recursos de ajuda aos pacientes em tratamento quimioterápico

Christina Ribeiro Neder Filha
Letícia Oliveira Alminhana
Pontifícia Universidade Católica – SP
cymonografia@yahoo.com.br

Introdução e Justificativas

Atualmente, aproximadamente 50% dos casos de câncer são considerados curáveis[1], porém ele tem sido uma das maiores causas de morte nos países desenvolvidos[2]. A quimioterapia, como uma das principais "armas" do "arsenal" terapêutico da oncologia, tem alcançado vitórias e derrotas. Entre as vitórias, temos os tantos casos de remissão da doença ou de redução de tumores. E, entre suas derrotas, estão os efeitos colaterais, que incluem problemas gastrointestinais, queda de cabelos, estomatite, mielodepressão, (depressão da medula óssea, que é a grande responsável pela produção dos linfócitos T e B) e redução do número de plaquetas (coagulação do sangue)[3].

Por todos estes efeitos colaterais decorrentes da quimioterapia, os pacientes que vencem o câncer são chamados de "*survivors*" ou sobreviventes. Pois, além disso, as células cancerígenas mortas durante a quimioterapia são reabsorvidas pelo organismo, fazendo com que, provavelmente, as mesmas toxinas que causaram o câncer sejam redistribuídas, aumentando dramaticamente os riscos de desenvolvimento do mesmo tumor, de metástases ou de outros tipos de câncer. Recentemente foi observado que as células mortas pela quimioterapia envenenam a imunidade e outros mecanismos que nos protegem contra o câncer[4].

Nesse sentido, a depressão imunológica e emocional dos pacientes oncológicos em tratamento quimioterápico tem sido alvo de grandes preocupações por parte dos profissionais da área da saúde, os quais reconhecem a agressividade do tratamento e, ao mesmo tempo, a falta de suporte fisiológico, emocional e social oferecidos aos pacientes.

Por outro lado, crescem o número de pesquisas que estudam a imunidade humana, apontando para a existência de uma íntima relação entre o que Hans Seyle chamou de "Reação de Estresse" e a redução da competência imunológica do organismo. Segundo Seyle, a resposta de estresse é um conjunto de reações fisiológicas decorrentes da avaliação de um acontecimento como algo que está além de sua capacidade de superação. Sendo assim, eventos como perdas de pessoas queridas e adoecimento podem ser vistos como situações potencialmente estressantes. E, no caso específico do câncer, seu próprio tratamento gera uma Reação de Estresse importante, onde o organismo instintivamente lança mão da resposta "lutar ou fugir", sendo a redução imunológica uma de suas conseqüências mais danosas[5].

---

[1] Sthephen Doral STEFANI, *Compreendendo o Câncer*, p39.
[2] Adriana BRONDANI, *Aspectos Etiobiológicos do Câncer*, p.43 e Hope S. RUGO, *Cancer*. p.62.
[3] Augusto César OBANDO,. *Quimioterapia Antineoplástica*, p.128-129.
[4] D. Galen KNIGHT, *Surgery, Detox and Immunotherapy vs. chemotherapy and radiation*.
[5] Susan ANDREWS, *O stress a seu favor*, http://www.visaofuturo.org.br.

Com tudo isso, fica clara a necessidade de se oferecer alternativas psicofisiológicas e sociais no intuito de acolher e sustentar as pessoas que enfrentam uma doença como o câncer e que estão expostas ao tratamento quimioterápico. Desta forma é que a Terapia Comunitária, juntamente com a utilização de Técnicas de Relaxamento e de Visualização Criativa podem ser instrumentos de grande valor.

Com relação às Técnicas de Relaxamento, Lambert[6], cita seus efeitos terapêuticos:

➢ Dissolução de tensão acumulada;
➢ Diminuição da pressão arterial;
➢ Melhora da circulação e da função cerebral;
➢ Melhora da capacidade respiratória;
➢ Redução da dependência psicológica do álcool, fumo e drogas em geral;
➢ Ação anti-estresse;
➢ Retardação do envelhecimento;
➢ Método auxiliar na recuperação de doentes de enfermidades diversas;
➢ Melhora a atenção, a aprendizagem, a concentração, a criatividade, a inteligência e a memória;
➢ Aumento do auto-conhecimento;
➢ Equilíbrio das emoções.

Já sobre a Visualização Criativa, há uma importante pesquisa realizada pelo casal Carl e Stephanie Simonton, no Centro de Pesquisa sobre o Câncer de Dallas, no Texas. O estudo foi realizado com 159 pacientes oncológicos que utilizaram o tratamento de Visualização e um grupo controle tratado exclusivamente com terapia de apoio, sendo que todos os pacientes eram considerados "terminais", com expectativa de vida de aproximadamente doze meses. O que se confirmou para o grupo de controle, enquanto no grupo experimental, dois anos depois, foram registradas incidências elevadíssimas de regressões parciais (19%), regressões clínicas completas (22%) e uma boa porcentagem de estabilização (27%). Somente em 32% dos casos registrou-se progressão do câncer[7].

Neste contexto, a Terapia Comunitária é um instrumento que une as Técnicas de Relaxamento e Visualização promovendo a construção de redes sociais solidárias, mobilizando os recursos e as competências dos indivíduo nas dimensões pessoal e comunitária[8].Foi criada no Departamento de Saúde Comunitária da Faculdade de Medicina da Universidade Federal do Ceará, há 18 anos, e tem sido desenvolvida pelo prof. Dr. Adalberto Barreto sendo implementada em diversas regiões do Brasil, atualmente. A Terapia Comunitária consiste num trabalho realizado em grupo, onde os participantes são convidados a expressarem seus conflitos, sofrimentos e experiências, sendo incentivada a empatia, o acolhimento e a formação de vínculos que poderão se tornar potencializadores de um movimento em direção à saúde, à prevenção e à socialização, entre outras coisas.

Desse modo, a Terapia Comunitária, juntamente com a utilização de Técnicas de Relaxamento e Visualização Criativa mostra-se como uma intervenção completa que oferece suporte psicofísico e social a pessoas que se deparam com um momento decisivo para suas vidas. Somar esforços de profissionais da saúde comprometidos com a qualidade de seu trabalho e empatizar com o sofrimento do outro é a intenção que guia esta pesquisa.

---

[6] E. LAMBERT, *Relaxterapia: A cura pela respiração*, p.57.
[7] Simonton, Matthews-Simonton e Creighton, citados por Bizzarri, *A Mente e o Câncer*,p.178-182.
[8] Adalberto Barreto www.projeto4varas.com.br

Problema de pesquisa

- A Terapia Comunitária e a Visualização Criativa são recursos que beneficiam os pacientes oncológicos em quimioterapia?

Objetivos da Pesquisa

- Objetivo Geral: Observar se a Terapia Comunitária e as técnicas de Relaxamento e Visualização Criativa são recursos que beneficiam os pacientes em quimioterapia;

- Objetivos Específicos:
- Identificar emoções e sentimentos ligados à doença e tratamento;
- Aprender a utilizar técnicas de relaxamento e visualização criativa, reforçando a participação ativa do terapeuta no tratamento clínico do câncer;
- Proporcionar a elaboração por parte dos pacientes de lutos adiados;
- Integração com os membros da enfermagem;
- Apoio e informação ao paciente e acompanhante;
- Fortalecimento da esperança e auto-estima;
- Cuidar de quem cuida.

Método

O método utilizado foi a pesquisa exploratória, segundo Gil[9], ou seja, a pesquisa cuja finalidade principal é "desenvolver, esclarecer e modificar conceitos e idéias, tendo em vista a formulação de problemas mais precisos ou hipóteses pesquisáveis para estudos posteriores". Sendo assim, este trabalho busca proporcionar uma visão geral, aproximando-se do tema abordado, a fim de poder observar, conhecer e chegar a perguntas adequadas e úteis, a serem respondidas em pesquisas futuras.

Sujeitos: As participantes da pesquisa foram 50 mulheres, pacientes do Serviço de Quimioterapia do Hospital das Clínicas de São Paulo, no Centro de Referência de Saúde da Mulher (Pérola Byton). A participação das pacientes foi livre e estas foram convidadas a realizar os encontros, sem que isso viesse a prejudicar de forma alguma os procedimentos de seu tratamento;

Intervenções: Foram realizados cinco encontros de Terapia Comunitária, com duração de uma hora e meia, durante as sessões de quimioterapia. Ao final de cada encontro foram aplicadas Técnicas de Relaxamento e Visualização Criativa.

Instrumento da coleta de dados: Os dados desta pesquisa foram coletados através de depoimentos das pacientes logo após a realização dos encontros.

Análise e Discussão dos Resultados: Foi realizada a categorização dos dados resultantes desta pesquisa, de modo a reunir os principais temas encontrados nos depoimentos das pacientes. Posteriormente estes dados foram discutidos à luz da fundamentação teórica estudada nesta pesquisa, que embasa a Terapia Comunitária, a Psicooncologia e as Técnicas de Relaxamento e Visualização.

---

[9] Atônio Carlos GIL, *Métodos e Técnicas de Pesquisa Social*, p.43.

Resultados

Principais temas encontrados, relacionados a:

QUIMIOTERAPIA É...
Para matar a doença; Cura; Solução; Remédio; Uma tristeza; Cansativa; Solução depois de Deus; Dolorida porque o cabelo cai; Saúde; Tratamento; Terapia

TERAPIA COMUNITÁRIA
• **Relacionados a questões familiares:** Afastamento de familiares; Problemas conjugais; Desprezo da família e amigos; Falta de paz em casa;
• **Relacionados a questões emocionais: MEDO:** Medo de morrer; Tornar-se dependente; Medo da reação dos outros;
DEPRESSÃO: Luto adiado; Pensamentos negativos na mente; Depressão por causa da recidiva; Perda de interesse pelas outras atividades e pessoas – focalização só na doença;
AUTO-ESTIMA: Perda do cabelo; **ANSIEDADE:** Ansiedade ao ir para a quimioterapia; Ansiedade para que a quimioterapia acabe; Desespero;
EFEITOS DA QUIMIO: Insônia; Excesso de apetite; Mudança da rotina; Angústia aumenta na sala de espera; **GRATIDÃO:** Gratidão pelo atendimento gratuito.
Questões relacionadas a preconceito:
Perda de cabelo – que gera deboche de vizinhos e pessoas que passam e pena.

TÉCNICAS DE RELAXAMENTO E VISUALIZAÇÃO CRIATIVA
Leveza; Sensação de paz; Sensação de bem-estar; Relaxar tanto até cochilar; Dificuldade de concentração; Esquecimento dos problemas; Alívio de dores.

Discussão dos resultados

De acordo com os objetivos e a metodologia desta pesquisa, os resultados obtidos apresentam a relevância de se debruçar sobre o tema da psicooncologia, não somente como terapeutas que oferecem alívio para as dores emocionais dos pacientes, mas também enquanto profissionais cujas intervenções são indispensáveis para auxiliar todo o amplo processo de tratamento e cura dos diversos tipos de câncer.

Assim sendo, ao longo de nossa pesquisa, observamos o crescente apoio da equipe de enfermagem. Em nossas primeiras intervenções, observamos que esta parecia desconhecer os objetivos de nosso trabalho, mostrando-se incompreensiva, não cooperativa e resistente. Durante todo o tempo, inclusive quando pedíamos silêncio para a realização dos relaxamentos e visualizações, enfermeiras e técnicas falavam e riam alto. Pensamos que vários motivos podem ter levado a estas atitudes por parte desta equipe, como o fato de sentirem como se um espaço que é "seu" estivesse sendo invadido por duas psicólogas que iriam "conversar" com as pacientes e "atrapalhar" seu trabalho já tão complicado. Por trás disso é possível que haja o temor em lidar com as questões afetivas e emocionais relacionadas ao câncer. Diante da tarefa dolorosa que precisam executar, fica muito difícil olhar de frente para o "fantasma" da quimioterapia e lembrar que seu trabalho não consiste apenas em administrar doses de medicamento intravenoso, mas também em relacionar-se com a pessoa que é dona da veia que recebe a quimioterapia. Relacionar-se com as pacientes de forma integral e não apenas mecânica, significa entrar em contato com seus próprios conflitos com relação à morte, perdas, sofrimento etc. Por tudo isso, é imprescindível que a equipe de enfermagem (que poderá incluir auxiliares, técnicos, enfermeiros e médicos) seja encaminhada a atendimentos terapêuticos e psicoterapêuticos. A realização de Terapias Comunitárias com a equipe está em primeira ordem em nossas futuras intervenções.

Contudo, com o passar do tempo, fomos observando muitas mudanças nas manifestações da equipe. Vimos que enfermeiras e auxiliares foram compreendendo e apoiando pouco a pouco nosso trabalho. Com a periodicidade, é possível que tenham nos integrado à rotina de serviço e nós não mais representávamos um elemento a mais para ser administrado. Atualmente, duas ou três auxiliares sentam-se junto com as pacientes para fazer o relaxamento, pedem silêncio a quem quer que entre na sala e, quando, começamos a técnica de relaxamento e de visualização, uma delas fica ao lado do interruptor de luz, esperando para apagar as luzes! No último encontro do ano de 2005, as técnicas se juntaram ao grupo não apenas para o relaxamento, mas também para a Terapia Comunitária. Falaram de como era para elas trabalharem naquele ambiente, contaram das diferenças entre cada paciente e sua forma de enfrentar a doença. E, para nossa surpresa, a enfermeira-chefe, que apresentava maior resistência, pediu para falar e desabafou bastante, falando que elas se sentiam muito sozinhas no setor de quimioterapia, sem receber suporte ou apoio algum para a realização de seu trabalho. Quando perguntei qual era o apoio que ela julgava necessário, ela respondeu: "apoio psicológico" (sic).

Tal depoimento evidencia o esgotamento e a ausência de suporte emocional adequado que precisa ser oferecido aos funcionários da quimioterapia, na medida em que o tratamento não se constitui enquanto uma intervenção externa e mecânica, mas também passa por uma dimensão psíquica e emocional, a qual faz toda a diferença no que tange à maneira do paciente de lidar com a doença.

Pensamos que esta mudança pode estar ligada ao reconhecimento dos benefícios de nossa intervenção, mas, é possível que esteja mais relacionada ao desejo da equipe de ser auxiliada de alguma forma. É como se, primeiro, os medos, as resistências e as projeções fizessem frente à incerteza da qualidade do que estávamos oferecendo e, em seguida, a confiança e o vínculo permitissem que as defesas minimizassem, abrindo espaço para o pedido de ajuda e para a cooperação. É claro que ainda temos um longo caminho pela frente, no sentido de desenvolver um trabalho verdadeiramente transdisciplinar, onde nós mesmas, enquanto psicólogas e terapeutas comunitárias, sejamos capazes de sair da posição de detentoras de um conhecimento pronto, conseguindo estabelecer mais trocas de saberes, experiências e cuidado. Esperamos poder construir, no futuro próximo, uma forma de intervir mais integrada com todo o serviço de quimioterapia, possibilitando o tratamento mais completo às pessoas que necessitam desta alternativa.

Com relação aos dados obtidos através de depoimentos das pacientes, especificamente relacionados à quimioterapia, observamos que estas vêem seu tratamento, em geral, como a única solução para a doença. Muitas chegam a afirmar que, depois da quimioterapia, somente Deus poderá curá-las. É provável que isto aponte para uma falta de confiança em si mesmas, ou seja, sua luta pessoal contra a doença estaria, talvez, em terceiro lugar, depois de Deus e do tratamento medicamentoso. Vimos que somente em nosso último encontro, algumas pacientes relacionaram quimioterapia com "tristeza", "cansaço", e "dor" (sic), o que pode demonstrar a dificuldade de expressar sentimentos considerados "negativos", como raiva, revolta, tristeza etc. Observamos que a auto-estima é um fator decisivo para a saúde emocional das pacientes, visto que a grande maioria referiu que o fato de perder o cabelo por causa da quimioterapia era o que as tinha levado à depressão, sentindo-se excluídas pelos familiares e pessoas em geral.

Nesse sentido, a Terapia Comunitária foi muito proveitosa, na medida em que facilitou a troca de experiências e o encontro de pessoas com dificuldades semelhantes. Muitas vezes os temas escolhidos eram bastante parecidos como o "desprezo", os "pensamentos negativos na mente", o "desengano dos médicos" (sic), entre outros. Na realidade, as questões se dividiram em três grandes dificuldades: familiares, emocionais e sociais (preconceito). Os problemas relacionados ao âmbito profissional não foram mencionados tantas vezes, o que nos leva a pensar que a quimioterapia encaminha estas pacientes a um resgate e uma reavaliação, sobretudo pessoal. São levadas a repensar questões familiares, posicionamentos e papéis, bem como entram em contato com o tema da morte, da perda, do desapego etc. Também se sentem vítimas do julgamento da sociedade, do preconceito. Com tudo isso, pensamos que mesmo nas maiores adversidades, o ser humano possui o potencial para desenvolver algo de positivo em sua vida. É esse desenvolvimento que buscamos auxiliar os pacientes da quimioterapia a realizar através da Terapia Comunitária associada às práticas mente-corpo (relaxamento e visualização).

Desta forma, vimos que tais intervenções são bem aceitas pelas pacientes e, em se tratando das técnicas aplicadas, observamos uma mudança importante em suas expressões e posturas corporais ao término das intervenções. Seus depoimentos traduziram o que percebíamos olhando para elas, ou seja, a leveza, a serenidade. Em todas as aplicações esperamos um tempo antes de retornar a falar, porque muitas cochilavam ou permaneciam sob o efeito das visualizações e do relaxamento. Os momentos que se seguiram a isso eram sempre mais tranqüilos. Estas observações nos levam a pensar nos benefícios de um atendimento contínuo, no sentido de auxiliar respostas fisiológicas em seu organismo através do bem-estar provocado pela TC somada às técnicas mente-corpo. Estas questões serão trazidas à tona futuramente, num estudo sistemático, onde serão pesquisadas conseqüências psicofisiológicas deste tratamento.

Considerações Finais

Esta pesquisa alcançou o principal objetivo que era chamar a atenção para os benefícios da Terapia Comunitária e das Técnicas de Mente-corpo enquanto intervenções terapêuticas para o tratamento do câncer, sobretudo durante a quimioterapia. Certamente este é apenas o primeiro passo para futuras pesquisas que possam evidenciar o importante papel das emoções e das imagens mentais na origem e no tratamento das doenças. O compromisso com a saúde integral do ser humano será decisivo para o avanço dos estudos no campo da psiconeuroimunologia.

Referências Bibliográficas

ANDREWS, S. *O stress a seu favor.* In: http://www.visaofuturo.org.br, 2004. (orgs). *Equilíbrio mente e corpo - como usar sua mente para uma saúde melhor.* Rio de janeiro; Campus, 1997.

BIZZARRI, M. *A Mente e o Câncer* . São Paulo: Sumus, 2001.

BRONDANI, A. *Aspectos Etiobiológicos do Câncer.* In: SCHWARTSMANN, Gilberto e col. *Cancerologia para Leigo.* Porto Alegre: Conceito, 2001.

CARVALHO, M.J. de; KOVÁCS, M. J. *Pesquisas*. In: CARVALHO, Maria Argarida M.J. de. *Psico-oncologia no Brasil – resgatandoo viver*. São Paulo: Sumus, 1998.

CARLSON, C. R.; HOYLE, R. H. H.. *Efficacy of Abbreviated Progressive Muscle Relaxation Training. A Quantitative Review of Behavioral Medicine Research*. Journal of Consulting and Clinical Psychology, v. 61, no. 6/December, 1993, p.1059-1067.

CAVALCANTI, M. S. *Relaxamento: uma estratégia no contexto da assistência da enfermagem*. Revista Brasileira de Enfermagem, V. 51, n. 1.p.35-52, Jan/Mar, 1998.

COHEN, S.; HERBERT, T. B. Health Psychology: Psychological Factors and Physical Disease from the perspective of human Psychoneuroimmunology. Annual Review of Psychology, v.47:113-142, 1996.

CONGER, J. P. JUNG e REICH – o corpo como sombra. São Paulo: Summus, 1993. KNIGHT, D. Galen. *Surgery, Detox and Immunotherapy vs. chemotherapy and radiation*. In: http://www.ergogrips.net/~galenvtp/vtrefab.htm. 2002.

DAHLKE, R.; DETHLEFSEN, T. *A Doença como Caminho*. São Paulo: Cultrix, 1983.

DEITOS, T.F.H.; GASPARY, J.F.P. *Teorias Psiconeuroimunológicas – Implicações Clínicas*. V. 4, no. 3: 127-136, 1996.

DURÁ, E.; IBÁÑEZ, E. *Psicología Oncológica: Perspectivas Futuras de Investigación e Intervención Profesional*. Psicología, Saúde e Doenças, v. 1, no. 1: 27-43, 2000.

ELIAS, C. A.; GIGLIO, J. S. *Realxamento Mental, Imagens Mentais e Espiritualidade na Re-Significação da Dor Simbólica da Morte de Pacientes Terminais*. Revista da Sociedade Brasileira de Cancerologia, São Paulo, n.16, p.14-22, 2001.

EPSTEIN, G. *Imagens que curam: guia completo para terapia pela imagem*. Rio de Janeiro: Xenon, 1990. Tradução de Célia Szterenfeld.

FLECK, M. P. A.; BORGES, Z. N.; BOLOGNESI, G.; ROCHA, N. S. *Desenvolvimento do WHOQOL, módulo espiritualidade, religiosidade e crenças pessoais*. Rev. Saúde Pública v.37 n.4 São Paulo ago. 2003.

FOWLER, J. W. *Estágios da Fé*. São Leopoldo: Sinodal, 1992.

GAWAIN, S. *Visualização Criativa*. São Paulo: Pensamento, 2002.

GERBER, R. *Medicina Vibracional*. São Paulo: Cultrix, 1988.

GIL, A. C. *Métodos e Técnicas de Pesquisa Social*. São Paulo: Editora Atlas, 1999.

HOLLAND, J. C.; *Psychological Care of Patients: Psycho-Oncology's Contribution*. American Cancer Society Aware Lecture. Journal of Clinical Oncology, v. 21, no. 23s (December 1 Supplement), 2003: 253s-265s, 2003.

KNIGHT, D. G. *Surgery, Detox and Immunotherapy vs. chemotherapy and radiation*. In: http://www.vitaletherapeutics.org/vtlsdicr.htm.

LAMBERT, E. *Relaxterapia: A cura pela respiração*. São Paulo: Siciliano, 1995.

LESHAN, L. *O Câncer como o Ponto de Mutação*. São Paulo: Sumus, 1992.

LIPP, M. N. e col. *Relaxamento para todos - controle o seu estresse*. Campinas: Papirus, 2000.

_____.(org.). *Pesquisa Sobre Stress no Brasil: Saúde, ocupações e grupos de risco*. São Paulo, Papirus, 1996.

_____; Rocha, J.C. *Stress, Hipertensão arterial e qualidade de vida: Um guia de tratamento para o Hipertenso*. São Paulo, Papirus, 1997.

MANSON H, MANDERINO MA, JOHNSON MH. *Chemotherapy: thoughts and images of patients with cancer*. Oncol Nurs Forum. 1993 Apr;20(3):527-31; discussion 531-2. PMID: 8497420 [PubMed - indexed for MEDLINE]

MARQUES, L. F.. *A Saúde e o Bem-Estar em Adultos Porto-Alegrenses*. Tese(Doutorado em Psicologia) - Faculdade de Psicologia, PUCRS, 2000.

MARTY, P. *A Psicossomática do Adulto*. Trad. RAMOS, Patrícia Chittoni. Porto Alegre: Artes Médicas Sul, 1993.

MELLO F., Júlio de e col. *Psicossomática Hoje*. Porto Alegre: Artes Médicas, 1992.

MELLO F., Júlio de.; MOREIRA, Mauro Diniz. *Psicoimunologia Hoje*. In: MELLO FILHO, Júlio de e col. *Psicossomática Hoje*. Porto Alegre: Artes Médicas, 1992.

MILLER, A. H. *Neuroendcrine and Immune Systeminteractions in Stress and Depression*. V.21, no. 2:443-463/ june, 1998.

MOLINA, O.F. *Estresse no Cotidiano*. São Paulo, Pancast, 1996.

MOTTA, M.C. M. *Psiconeuroimunologia*. In:http://ioh.medstudents.com.

br/imuno5.htm, 2001.

OBANDO, A. C. V. *Quimioterapia Antineoplástica*. In: SCHWARTSMANN, Gilberto e col. *Cancerologia para Leigo*. Porto Alegre: Conceito, 2001.

REICHE, E. M. V.; ZAHA I., MARTA M.; RUBENS, P. *Visão Atual: A Psiconeuroimunologia*. Semina, v. 2, no. 12: 91-94/junho, 1991.

REICHEL, T. J. *Os Efeitos de um Diagnóstico Oncológico*. In: SCHWARTSMANN, Gilberto e col. *Cancerologia para Leigo*. Porto Alegre: Conceito, 2001.

ROSSMAN, M. L. *Imaginação Guiada: Aprendendo a Usar o Olho da Mente*. In: GOLEMAN, Daniel e GURIN, Joel (orgs). *Equilíbrio mente e corpo - como usar sua mente para uma saúde melhor*. Rio de janeiro; Campus, 1997.

RUGO, H. S. *Cancer*. In: TIERNEY, Lawrencw, jr.; McPHEE, Stephen Jr.; PAPADAKIS, Maxine A. *Current Medical Diagnosis e Treatment - a web-enhanced current-med.com medical book*. São Francisco: Lange Medical Books/McGraw-Hill Medical Publishing Division, 2001.

SAUSVILLE, E.; LONGO, Dan L. *Harrison's principles of international medicine – 15th edition – principles of cancer treatment*. In: http://www.harrisonline.com, 2001.

SCHNEIDER-HARPPRECHT, C. (org). *Teologia Prática no Contexto da América Latina*. São Leopoldo: Sinodal, 1998.

SCHÁVELZON, J. *Sobre Psicossomática e Câncer*. In: MELLO, Júlio de e col. *Psicossomática Hoje*. Porto Alegre: Artes Médicas, 1992.

STEFANI, S. D. *Compreendendo o Câncer*. In: SCHWARTSMANN, Gilberto e col. *Cancerologia para Leigo*. Porto Alegre: Conceito, 2001.

Sogyal Rinpoche, *Livro Tibetano do Viver e do Morrer*

VASCONCELLOS, E. G. *Psiconeuroimunologia: uma história para o futuro*. In: CAMON, Valdemar Augusto Angerami (Org.). *Psicologia da Saúde - um novo significado para a prática clínica*. São Paulo: Pioneira, 2000.

VOLLHARDT, L. T. *Psiconeuroimmunology: A Literate Review*. American Journal of Orthopsychiatry, v. 61, no. 1: 35-45/January, 1991

TERAPIA COMUNITÁRIA EM DISTINTAS INSTITUIÇÕES E POPULAÇÕES

30. Reflexões da prática de Terapia Comunitária em diferentes contextos

Liliana Beccaro Marchetti[1]
Lia Fukui[2]
TCendo.sp – Nemge – USP[3]

A terapia comunitária vem se desenvolvendo intensamente nos últimos tempos. Já temos experiência prática e empírica suficientes para caracterizá-la como um instrumento útil para aqueles que procuram à redução da dor e do seu sofrimento psíquico. O fato de se ter acesso a um grupo de ajuda mútua, compartilhar a dor e o sofrimento, ser ouvido, respeitado e poder ouvir outras estórias semelhantes, que ajudem a refletir e apresentem novas possibilidades para o mesmo problema, torna este instrumento valioso para quem o utiliza.

Ao nosso entender é um instrumento novo que está no momento de pensar a sua prática. Na nossa experiência prática, em alguns momentos tivemos a necessidade de fazer adaptações que nos trouxeram algumas reflexões que queremos compartilhar.

Ao refletirmos sobre a prática da terapia comunitária procuramos trazer luz ao como fazer, ao como compreender o que ocorre, ao como buscar adaptações necessárias para determinada situação que ocorre. Quando fazemos a terapia comunitária em diferentes situações surgem questionamentos e possibilidades inusitadas de mudança na forma e acréscimo no conteúdo da prática. O que parecia ser fácil torna-se difícil e o que não havíamos pensado surpreende e dá alternativas relevantes para o trabalho. Então, pensá-la permite refletir sobre os ganhos, as dificuldades, avaliar seus limites, o alcance da sua prática, sua aplicabilidade inclusive em diferentes contextos, e principalmente prover o conhecimento teórico que dê suporte a esta prática.

O objetivo aqui é apresentar algumas reflexões resultantes da nossa prática de terapia comunitária em diferentes contextos. Queremos então convidar o leitor a compartilhar esta reflexão!

Histórico da terapia comunitária

A terapia comunitária começou numa das maiores favelas de Fortaleza, Ceará, a favela do Pirambú, em 1986, idealizada pelo doutor Adalberto Barreto. Hoje se espalhou pelo Brasil inteiro, de norte a sul, leste a oeste, sendo cogitada em algumas prefeituras como política pública e já introduzida em Londrina, Sobral e São Paulo.

Na cidade de São Paulo, onde as autoras são pioneiras, a terapia comunitária está em expansão pelos bairros da cidade, empregada pela secretaria municipal de saúde como uma das políticas públicas e fora do serviço público por voluntários, ONG, empresas, etc..

---

[1] Liliana Beccaro Marchetti – Psicóloga Clinica e hospitalar, Terapeuta de Família e Terapeuta Comunitária. Coordenadora do TCendo.sp-Nemge-USP

[2] *Lia Fukui – Socióloga e Terapeuta Comunitária. Coordenadora do TCendo.sp-Nemge-USP.*

[3] TCendo.sp – site: www.usp.br/nemge

A terapia comunitária tem uma sólida fundamentação calcada em três pilares: pensamento sistêmico e resiliência, teoria da comunicação e antropologia cultural.

Desenvolvimento

DEFINIÇÃO DA TC
A terapia comunitária é um instrumento que propicia a formação de vínculos e redes solidárias, proporcionando a um grupo de pessoas a oportunidade da resolução de suas aflições e problemas.

OBJETIVO
Atendimento básico, em grupo, de um grande número de pessoas, para alívio das suas tensões, inquietações, angústias, sofrimento e dor psíquica. Sem assistencialismo, buscando a autonomia, respeito e o resgate da auto-estima.

A QUEM SE DESTINA – POPULAÇÃO ALVO
Àquelas pessoas que têm dificuldade de acesso a trabalho, habitação, saúde, educação e segurança.

QUAL É A ESPECIFICIDADE DOS TERAPEUTAS COMUNITÁRIOS
Para se ser um terapeuta comunitário é necessário fazer uma capacitação específica que prepara o interessado nesta abordagem. Esta capacitação pode ser feita num dos pólos formadores espalhados pelos estados brasileiros e reconhecidos pela Associação Brasileira de Terapia Comunitária (ABRATECOM). A terapia comunitária tem como uma de suas especificidades a ênfase na riqueza de vida do terapeuta e sua inserção em grupos e ou comunidades. Devido à sua simplicidade técnica e forma muito bem estruturada a terapia comunitária prescinde de exigências muito técnicas. Mais importante que a técnica que o terapeuta possa conhecer, seu ideário de autonomia, respeito e confiança no humano são o que mais importa.

ESTRUTURA DAS SESSÕES
Como acontece?
Inicia-se com os terapeutas dando as boas vindas aos participantes, explicando o que é a terapia comunitária e apresentando as regras de funcionamento. Segue uma brincadeira que descontrai, estimula e prepara as pessoas para a reflexão. Faz-se o levantamento dos temas da reunião e a escolha pelo voto de um tema a ser tratado com profundidade.

O momento seguinte é o de se entender o que traz sofrimento à pessoa que trouxe o tema escolhido. Nele as relações se humanizam. O terapeuta faz um mote para o grupo refletir sobre o tema e trazer suas experiências.

O protagonista, assim como os integrantes do grupo, se beneficia desta prática de solução de problemas. O acesso a soluções criativas e múltiplas dentro de um ambiente acolhedor, qualificador e de suspensão de julgamentos capacita o indivíduo para novas experiências na sua vida e em seu próprio ambiente familiar.

Finalizando, o terapeuta pede aos participantes que digam o que perceberam de bom no protagonista, o que aprenderam com o tema e o que estão levando da reunião. Despedem-se se cumprimentando. Este é o ponto alto da terapia, onde todos sentem que não estão sós e sabem que podem contar com o grupo.

TÉCNICAS UTILIZADAS

A terapia comunitária conta com um conjunto de técnicas específicas com uma seqüência imprescindível para o seu bom andamento. São exemplos o acolhimento, aquecimento, contextualização, problematização e um ritual de agregação. Todas estas técnicas são aprendidas nos cursos de capacitação em terapia comunitária, pois são específicas deste modelo.

No nosso entender uma característica da terapia comunitária é a de fazer uso adicional do conhecimento técnico que o terapeuta possa vir a ter, desde que promova o desenvolvimento da atenção, concentração, interiorização, busca de si mesmo, contacto, verbalização.

Onde se faz! Quais são os diferentes contextos?

Este modelo não exige muito aparato, necessitando-se de um local qualquer que permita uma reunião, entre dois terapeutas (nós pensamos este trabalho sempre em dupla) e pessoas.

Nossa prática tem mostrado que foi possível implantar a terapia comunitária nos mais diferentes contextos. Ilustrando abaixo, tentamos uma categorização.

Os terapeutas têm sido muito criativos! Como a demanda é muito grande, fazem a terapia acontecer em lugares bem originais, tais como nas casas das pessoas, na rua, nos salões de clubes, enfim, em qualquer lugar em que se possa fazer uma reunião.

O que muda e o que não muda na terapia comunitária nos diferentes contextos: nossa reflexão

Iniciando a nossa reflexão, vamos levantar algumas **dificuldades** que enfrentamos no trabalho com os grupos de terapia comunitária.

Implantação. Na implantação da terapia, uma dificuldade é a ambigüidade demonstrada por uma demanda obscura, que não torna clara a necessidade local. Nesta situação ocorrem a desqualificação do trabalho do terapeuta e o descompromisso com o contrato firmado. Outra dificuldade é a rigidez de costumes que eventualmente se encontra no local em que se implanta a terapia comunitária que impede a congregação de outras possibilidades diferentes das habituais. Estas dificuldades trouxeram um aprendizado muito importante. Descobrimos que a assertividade é muito importante no trabalho do terapeuta. Ele necessita ter o cuidado de antes de iniciar seu trabalho conhecer a instituição na qual pretende fazer a implantação da terapia, conferir suas necessidades, verificar e esclarecer a demanda. Conhecendo-se a especificidade do local de implantação é possível se manter o foco no objetivo da terapia e pensar nas estratégias para lidar com uma possível falta de organização, desqualificação ou a falta de flexibilidade em algumas situações.

Manutenção dos grupos. Esta é uma das maiores dificuldades, principalmente no início dos grupos que levam algum tempo para tornarem-se rotina. A freqüência é pequena no início, com alta rotatividade o que requer persistência por parte do terapeuta.

Tipos de grupos. Aqui residem dificuldades muito importantes. Levantamos duas possibilidades que queremos discutir. Primeiramente, há o risco dos grupos pequenos tornarem-se "grupos terapêuticos" – o que foge do objetivo da terapia comunitária e exige uma formação diferente do terapeuta comunitário. Outra situação difícil é a dos grupos espontâneos, em praça pública, difíceis de serem mantidos, exigindo grande disposição para a divulgação constante de manutenção da freqüência, são grupos trabalhosos e na maioria das vezes desanimam os terapeutas. Para a viabilização deste tipo de grupo é muito importante o papel de um articulador local.

O terapeuta "estrangeiro". Neste caso, a dificuldade reside no estabelecimento do vínculo de confiança com o grupo, que necessita tempo para aceitar o seu papel de liderança.

Para nossa felicidade não só de dificuldades vivemos! Pudemos observar **ganhos** muito interessantes. Vamos manter mais ou menos a mesma categorização.

Implantação. Na implantação pudemos observar que a clareza de proposta e assertividade do terapeuta facilitam o seu trabalho e tornam a sua relação com a instituição mais sólida.

Adaptação de técnicas à terapia comunitária. A flexibilidade do modelo da terapia comunitária permite o uso de várias técnicas para se atingir o objetivo desejado. O terapeuta deve ter o cuidado de fazer o uso adequado das técnicas de aquecimento e mobilização.

Introdução da informação. Uma de nossas adaptações foi à introdução da informação (socialização do conhecimento), desde informações gerais, higiene, até sobre doenças como alcoolismo, epilepsia, depressão, etc.. Isto se verificou com mais intensidade nos grupos mais específicos e em situações específicas. Então percebemos a importância do terapeuta ter informações mínimas que o ajudem a encaminhar as pessoas da forma mais adequada possível. Cada grupo necessita de um tipo de informação específica, o que é sabido através dos temas apresentados pelo grupo. O terapeuta precisa estar atento e procurar informações sobre aqueles temas de que o grupo precisa, para melhor informa-lo.

Tipos de grupos. Quanto aos grandes grupos, os ganhos são evidentes, pois a grande rotatividade de participantes faz com que o terapeuta sempre tenha um mínimo razoável de pessoas para a terapia. Outra situação interessante é quando do grupo organizado que já tem uma estrutura prévia, em geral com um coordenador e a uma rotina pré-estabelecidos, o que facilita muito a reunião das pessoas para a terapia. Este tipo de grupo facilita muito o trabalho do terapeuta.

Terapeuta da comunidade. Nas situações em que o terapeuta era da comunidade foi possível observarmos que já havia uma identificação e um vínculo estabelecidos. Além disso nesta situação o terapeuta se sente seguro e é altamente criativo, tornando a qualidade do grupo exemplar.

Atividades derivadas. Em alguns contextos em que a necessidade é grande, o estímulo ao envolvimento comunitário na solução de problemas tem como conseqüência o surgimento de outras atividades. Pudemos observar o desenvolvimento ou a introdução de algumas dessas atividades nos grupos com quem tivemos oportunidade de estar, tais como bordado, madeirinha, artesanato e a formação de um centro de terapias alternativas. Estas atividades, a nosso ver, criam uma ação auto-sustentável da terapia.

Rede solidária de apoio. A formação de rede solidária de apoio, a nosso ver, é uma das coisas mais importantes do trabalho com a terapia comunitária, pois cria um suporte social que equilibra os momentos mais difíceis pelos quais as pessoas podem passar. Verificamos que *não estar só, não se sentir sozinho nem o único,* pode ser um "santo remédio".

Reflexão constante do terapeuta. A terapia comunitária nos diferentes contextos permite a reflexão constante do terapeuta, na busca da compreensão e conhecimento técnico e pessoal. Hoje, apesar de experientes na prática da terapia comunitária, também sabemos que os grupos podem sempre nos surpreender. Cada sessão é única, cada estória é uma. O tema pode ser o mesmo, mas nunca é comunicado sob o mesmo ângulo. A diversidade de possibilidades é impressionante. Pensamos que nunca poderemos dizer que sabemos tudo.

Conclusão

A terapia comunitária se pauta por ter um ritual, ou "script", como nós apelidamos a sua seqüência. Este "script" foca o terapeuta no objetivo da terapia, torna a relação horizontal, humana, evita exageros técnicos e torna fácil a sua aplicação. Segundo SENNET, o ritual é uma união afetiva alcançada por meio do drama. O ritual unifica, mas é um sentimento de união estranho, porque desaparece no instante que termina. Se o terapeuta seguir o "script" não terá problemas, pois independente do contexto o "script" sempre será o mesmo, mesmo que necessite de alguma adaptação.

Aprendemos ainda que os temas comunitários nos grupos só surgem após o sofrimento pessoal, individual, diminuir. O grupo começa a pensar no sofrimento comum, de todos, quando o sofrimento pessoal melhora. Observamos também que a identidade do grupo só surge quando se reconhece o eu individual, antes do que isto não é possível. Podemos então, pensar que os processos dos grupos dependem do processo individual. Só pode existir grupo quando existem pessoas.

Finalizando, consideramos o modelo da terapia comunitária flexível e organizado o suficiente para permitir sua adaptação a uma diversificada gama de contextos. Pudemos aqui explorar um pouco suas possibilidades dentro de contextos diferentes. Então a questão que se coloca é: quais são os limites da terapia comunitária? Valeria pensar onde ela não caberia?

Esperamos que tenha sido útil caminhar conosco nesta reflexão, caso você possa, gostaríamos de saber sua opinião sobre o artigo. Mande-nos um e-mail com as suas impressões e sugestões.

Referências bibliográficas

BARRETO, A, CAMAROTTI, H. *A Terapia Comunitária no Brasil – Anais dos trabalhos apresentados no I Congresso Brasileiro de Terapia Comunitária* – Morro Branco, CE – Maio, 2003.

MARCHETTI, LB, Fukui, LFG. *Situações Familiares na Terapia Comunitária.* Trabalho apresentado na II Jornada Paulista de Terapia Familiar – São Paulo, Outubro 2003.

MARCHETTI, LB. *Semelhanças que fazem diferença na terapia comunitária*. Anais dos trabalhos apresentados no I Congresso Brasileiro de Terapia Comunitária – Morro Branco, CE – Maio, 2003.

BARRETO, A. *Terapia Comunitária passo a passo*. Gráfica LCR, Fortaleza, 2005.

SENNET, R. *Autoridade*. Editora Record – Rio de Janeiro – São Paulo, 2001

31. I Curso de especialização em Terapia Comunitária promovido pela UCSAL

Margarida Maria de Carvalho Rêgo
UCSAL – Salvador – BA

No I Congresso de Terapia Comunitária, realizado em Morro Branco, Ceará, em maio de 2003, tivemos a oportunidade de apresentar um trabalho, no qual relatamos a trajetória para a aprovação, pela UCSAL, do Curso: "Terapia Comunitária: Curso Básico de Formadores de Redes Sociais de Apoio". Comprometemonos a levar para o II Congresso o relato da experiência.

Naquele momento, experimentávamos a euforia da convicção do sucesso do empreendimento, tendo por base a aceitação demonstrada por profissionais de diversas instituições, aos quais expusemos sobre Terapia Comunitária e sobre os objetivos do curso.

A realidade, porém, foi bem diferente. Não foi possível o número de inscrições que garantissem à UCSAL a viabilidade financeira do curso.

Aconteceu o segundo Congresso e não pudemos cumprir o que havíamos prometido.

Feita avaliação dos fatos ocorridos, relacionada ao reduzido número de matrículas para o Curso, algumas conclusões se tornaram evidentes:

1. A TC não era ainda suficientemente conhecida em Salvador, logo a divulgação do curso deveria ter sido precedida de intensa divulgação da própria TC.
2. O público-alvo para a divulgação deste 1º Curso deveria ter sido, prioritariamente, as instituições que já desenvolvessem trabalhos com grupos na comunidade ou que pudessem ser estimuladas nessa direção.
3. Não ocorreu a inscrição, no Curso, de líderes comunitários e de pessoas não graduadas. A maioria de inscritos argumentou, com a Universidade, que a carga horária era compatível com nível de pós-graduação *lato sensu*, isto é, de especialização, o que seria mais interessante para eles. A UCSAL foi sensível a argumentação.
4. Os custos das Vivências Terapêuticas e Módulos específicos de TC (total de 120 horas), com professores não residentes em Salvador, e em regime de internato, oneravam bastante o curso (4 encontros de 3 dias: sexta, sábado e domingo)
5. Os candidatos ao curso, na maioria assistentes sociais e pedagogos, têm baixo nível salarial.

As avaliações feitas conduziam às seguintes ações:

1. Elaboração de novo do projeto do curso, e aprovação do mesmo, pela UCSAL

1.1 Mudança do nome do Curso, que passou a denominar-se Curso de Especialização para Formação em Terapia Comunitária. Retirou-se a expressão Curso Básico, que poderia ser interpretada como noções introdutórias, apenas; substitui-se o termo "Redes Socais de Apoio", embora seja o mesmo muito significativo por denominar objetivo social relevante e atual, por Formação em Terapia Comunitária, que é mais compatível com seu objetivo final.

1.2 Inclusão de disciplinas (Metodologia Científica, Psicologia Social e do Desenvolvimento Humano e Trabalho de Conclusão de Curso) e compatibilização da carga horária, para atender à exigência de 360 horas de aulas presenciais.

1.3 Reavaliação dos custos e efetivação dos cortes possíveis, para a tornar o curso mais acessível, financeiramente:

1.3.1 Conservou-se apenas a 1ª Vivência Terapêutica, em regime de internato, com os custos de hospedagem de alunos assumidos pela UCSAL. Nossa esperança era de que, tendo os alunos experimentando as vantagens qualitativas do regime de internato (integração grupal, melhor aproveitamento de tempo, possibilidade de utilização dos três turnos, clima social mais favorável pela realização de atividades fora da universidade, vantagem de alimentação no local, redução dos de gastos com locomoção, permanência em ambiente adequado à concentração e reflexão), os mesmos estariam dispostos a assumir as despesas com hospedagem, nos três outros próximos encontros, de três dias.

Este fato não ocorreu e as Vivências passaram a ser realizadas na UCSAL, às sextas e aos sábados, nos turnos matutino e vespertino.

1.3.2 Corte dos lanches oferecidos pelo Curso.

1.3.3 Redução da cota individual de xerox de material didático.

1.3.4 Dilatação do tempo e conseqüente aumento do número de parcelas mensais

Com tais medidas, os custos do curso puderam ser reduzidos: 15 parcelas mensais de R$ 190,00.

2. **Elaboração de textos explicativos sobre TC.**

3. **Divulgação do Curso,** por etapas, de forma que o tema TC e Curso fossem tratados progressiva e continuamente, com pequenos intervalos, através de material escrito, contatos diretos e telefônicos, com pessoas significativas que pudessem servir de apoio.

4. **Correspondência escrita com as Secretarias do Estado e Municípios, Direção das Instituições e Organizações, estimulando a inscrição de seus técnicos.**

5. **Exigência de apresentação de Intenção de Projeto de Implantação de Terapia Comunitária,** na própria Instituição, ou não como requisito para a inscrição no curso. Enfatizou-se que o investimento, feito no Curso, teria imediato retorno, pois a metodologia utilizada no mesmo previa que os alunos deveriam iniciar, imediatamente, o trabalho com grupos comunitários, ou institucionais, contando com a supervisão técnica da Universidade.

6. **O curso deixou de ser uma atividade direta e exclusivamente assumida pela UCSAL,** a qual designaria seu Coordenador e Professores, assumindo todos os custos e auferindo os lucros ou prejuízos derivados de sua execução. **O programa Professor Empreendedor desenvolvido pela UCSAL através do Centro de Pesquisa**

e **Extensão – CEPEX acolheu o curso.** O Professor Empreendedor apresenta o projeto e assina um contrato com a UCSAL, comprometendo-se com a Coordenação do curso. No final do mesmo, se houver superávit, este será dividido entre a Universidade e o Professor Empreendedor, em partes iguais, o mesmo acontecendo com possíveis prejuízos.

7. **Elevação do número de vagas para 40 alunos.** Segundo os cálculos de viabilidade financeira, o ponto de equilíbrio ficou em 30 alunos (número mínimo que o curso deverá manter até o final do mesmo).

8. **Elaboração de cadastro das pessoas que demonstrarem interesse pelo curso**, visando contatos posteriores.

Com todas estas medidas, foram abertas as inscrições para o curso, sabendo-se que o mesmo só seria realizado se houvesse o número mínimo de 35 alunos. O número de vagas fixado foi de 40 alunos. O ponto de equilíbrio ficou definido em 30 alunos, ou seja, é necessário que se chegue ao final do curso com esse número para que não acarrete prejuízo à Universidade.

É quando acontece o II encontro em Brasília. Quando viajamos para lá havia apenas 28 inscritos e o Curso estava previsto para maio. Ao retornar do Congresso, tivemos a feliz surpresa de que as 40 vagas já estavam preenchidas, e mais 10 alunos, que haviam feito matrícula acadêmica, aguardavam meu retorno para decidir sobre a ampliação de vagas. Agora, completando um ano de funcionamento, já se pode fazer uma avaliação.

Devido ao tempo reduzido de que se dispõe para exposição de trabalhos em Congressos, resolvemos trazer em CD, disponibilizando-o, para quem se interessar, contendo o Projeto Pedagógico e avaliação de alunos e professores sobre sua execução.

Início do Curso

FORAM PROGRAMADOS:

1. Quatro encontros com a duração de 30h (sexta, sábado e domingo) destinado a Metodologia de TC e Vivências Terapêuticas, com Profº Dr. Adalberto Barreto ou seus assistentes. Haveria, nos meses em que Profº Adalberto viesse, dois encontros mensais. O primeiro encontro foi feito em regime de internato, sendo as despesas com hospedagem assumidas pela UCSAL. Realizou-se num local aprazível, na praia de Buraquinho e foi um sucesso. Os alunos saíram "encantados" com a TC: com a simplicidade da aplicação do seu método e efeitos "palpáveis" das várias sessões realizadas. As supervisoras participaram desta primeira vivência, juntamente com os alunos. No último dia, a turma foi dividida em três subgrupos e os próprios alunos já coordenaram sessões, contando com a presença dos supervisores. Cada subgrupo realizou duas sessões. Adalberto acompanhou o trabalho de todos os subgrupos, fazendo as pontuações pertinentes.

2. 15 encontros mensais, coma carga horária de 15h (sexta e sábado; a UCSAL não funciona aos domingos), nos quais seriam ministradas as disciplinas teóricas (Antropologia Cultural, Psicologia Social e do Desenvolvimento Humano, Metodologia Científica, Políticas Públicas, Teoria Sistêmica e da Comunicação e Supervisão de Estágios).

Os alunos saíram do primeiro encontro, realizado de 13 a 15 de agosto de 2004, orientados quanto ao registro das sessões de TC e comprometidos a tomar as necessárias providências para que a "Intenção de Projeto" fosse operacionalizada.

Na avaliação deste encontro ficou evidenciado o aproveitamento da turma, a convicção de que só se aprende a fazer TC, fazendo. Vínculos afetivos entre colegas foram criados e estimulou-se a comunicação entre eles, de modo a apoiarem-se mutuamente nas práticas que, imediatamente, deveriam começar.

O fato de haver sido solicitada a "Intenção de Projeto", como documento necessário à seleção dos candidatos ao Curso, facilitou, de alguma forma, o processo, mas não foi suficiente para garantir a co-responsabilidade das Instituições e Organizações na Implantação do programa de TC.

No próximo encontro, programado para o dia 10 de setembro 2004, já deveriam ser partilhadas as experiências iniciais de implantação de TC, nas respectivas Instituições ou grupos comunitários.

Desenvolvimento do curso

Em cada encontro, foram distribuídos horários para todas as disciplinas, proporcionalmente às cargas horárias. Buscou-se com tal procedimento, facilitar a interlocução entre as várias disciplinas.

Destinaram-se duas horas, em cada encontro, para supervisão, mas a prática logo revelou a necessidade de ampliá-la para três horas.

A turma foi dividida em três subgrupos com 15 participantes contando cada grupo com três supervisores. A partir de 1º de outubro de 2004, mais uma supervisora foi incluída.

Com o desenvolver do curso, optou-se pela não realização de dois seminários mensais, quando da vinda de Adalberto Barreto ou Miriam Rivalta Barreto. Assim, o curso que fora programado para terminar em outubro de 2005, deverá concluir todas as disciplinas teóricas até dezembro de 2005. Ficarão para 2006 algumas horas destinadas à Supervisão e ao TCC, devendo o mesmo estar concluído até Junho de 2006.

O que dizem os professores e alunos sobre TC e seu I Curso de Especialização – Professores

1) Qual a sua opinião sobre Terapia Comunitária?

— A Terapia Comunitária é muito importante para esse mundo cheio de contradições, desníveis socioeconômicos, etc.., pois oferece oportunidade, a um número maior de pessoas, de compartilharem seus sofrimentos e aprenderem, com as vivências dos outros, criando novas possibilidades.

— A Terapia Comunitária oferece:

1. possibilidade de fortalecer vínculos de afetividade e solidariedade entre os indivíduos que vivem em uma determinada comunidade, o que pode gerar resultados positivos em termos de mobilização e organização da respectiva comunidade para o enfrentamento das necessidades e desafios do seu cotidiano.
2. desenvolvimento da auto-estima das pessoas "trabalhadoras" pela troca e compartilhamento de experiências.

— Pelo pouco que eu conheço da T.C., percebo que ela trabalha com e emergência de temas presentes na comunidade. Desta forma, ela favorece a protagonização dos elementos participantes do grupo, ao trabalhar emoções e problemas comuns aos mesmos. Sua metodologia busca, no "aqui e agora", recursos espontâneos e criativos para a transformação de condutas dos elementos protagonizadores envolvidos.

— Com base na experiência vivenciada na TC, minha opinião é a de que ela oferece uma oportunidade de grande alcance social, uma vez que é que a própria comunidade, com o apoio do terapeuta, que atinge, em cada sessão, ao mesmo tempo, um número significativo de pessoas, melhorando sua qualidade de vida".

— "Penso que a TC, como forma de integração e socialização dos indivíduos, no seu contexto, vem atender a uma necessidade, aqui no Nordeste, onde as condições financeiras não são compatíveis com as necessidades de seu povo. Ameniza o sofrimento e, ao mesmo tempo, cria uma rede de apoio solidário. É uma inovação salutar para todos; não só os que buscam a TC, mas também para os que trabalham com grupos".

— "A TC é realizada dentro de um contexto amplo, onde a compreensão dos sistemas humanos é o foco para construção de uma vida partilhada, com trocas de experiências, reflexão sobre valores, construindo redes solidárias, de maneira que a própria comunidade pratique uma convivência saudável. Ela é um meio de integrar as pessoas no sistema familiar e social, possibilitando uma melhora na sua qualidade de vida, a qual vai se refletir na própria comunidade".

— Trabalho que possibilita um espaço para o indivíduo trocar suas experiências com outros em situação semelhante. Neste espaço ele se sente acolhido, respeitado e valorizado. Um dos grandes méritos da Terapia Comunitária é o resgate dos valores culturais e da auto-estima dos indivíduos que dela participam.

A "Terapia Comunitária", ao meu ver, não deveria chamar-se de "Terapia" e sim "Apoio Comunitário". É um contexto criado para desenvolver a rede social de apoio. É uma "Ouvidoria Comunitária", num contexto onde as pessoas podem levar as suas preocupações e podem discutir com outras pessoas sobre os seus dilemas interiores; um contexto onde não se é criticado, mas pode-se ouvir o que as outras pessoas, com dificuldades semelhantes, fizeram quando passaram por tais situações.

2) QUAL A CONTRIBUIÇÃO QUE SUA DISCIPLINA OFERECE À TERAPIA COMUNITÁRIA?

— **Teoria Sistêmica e da Comunicação**: é uma matéria que pretende embasar os alunos sobre a teoria sistêmica, a família, o seu ciclo vital, a comunicação, suas patologias, a construção de hipóteses, a redefinição, a conotação positiva e o questionamento circular. Com estas noções, o aluno estará melhor instrumentalizado para ouvir e acolher incondicionalmente os participantes de um grupo de apoio.

— **Psicologia Social e Desenvolvimento Humano**, contribui bastante para o entendimento e a prática do terapeuta comunitário, porque:

- lida com aspectos teóricos que subsidiam o aluno na leitura grupal: matriz de identidade; matriz familiar; matriz social; intersubjetividade; teoria dos papéis; teoria de espontaneidade/criatividade; transferência, etc..
- lida com técnicas grupais, baseadas nas teorias acima citadas, que possibilitam:
a) Processos de Aquecimento para: integração, surgimento de espontâneo-criativo e emergência de pretagonizações de temas grupais;
b) Diferenciação de Processos Grupais, através da utilização de dramatização, compartilhamento e recursos técnicos como: duplo, espelho, inversão de papéis, jornal vivo, teatro espontâneo, etc..

— **Antropologia**

A importância da antropologia cultural na Terapia Comunitária é de ordem teórico/prática, pois, permite ao terapeuta comunitário conhecer a cultura do grupo onde faz a Terapia Comunitária. (o que só é possível através das ferramentas dadas pela Antropologia Cultural). Este conhecimento é fundamental e por isto vai fazer a diferença para a prática do terapeuta comunitário, principalmente para a contextualização, com ênfase na construção do mote específico, e na problematização. Também percebo a aplicabilidade da Antropologia Cultural na Terapia Comunitária, porque trabalha com manifestações da cultura (músicas, histórias, lendas, provérbios etc..), e só a pesquisa antropológica vai permitir o conhecimento destas, em todas as suas dimensões e manifestações, possibilitando assim, o uso adequado nas sessões de Terapia Comunitária.

Finalmente, podemos afirmar que a Antropologia Cultural, e mais especificamente a teoria da cultura e a pesquisa antropológica, dão ao terapeuta comunitário as ferramentas que vão possibilitar colocar em sua prática terapêutica a frase emblemática de Bateson – "a diferença que faz a diferença" – fazendo uma terapia, contextualizada e significativa para todos os participantes.

— **"A Supervisão** traduz-se num esforço de articulação teórico/prática. É o momento em que se discutem as dificuldades trazidas pelos(as) alunos(as) no exercício das sessões realizadas em suas Instituições. Nesse espaço de auto-conhecimento, não só os(as) alunos(as), como as supervisoras aprofundam o conhecimento sobre a TC."

— **"A Supervisão** em TC alcança todos os agentes sociais que estão realizando os seus trabalhos comunitários e terapêuticos. Os(As) alunos(as), têm suas ansiedades, angústias e dificuldades próprias dos relacionamentos conjugais, familiares e sociais, necessitando, assim, serem acolhidos na sua realidade. O exercício do diálogo, o incentivo para produção escrita, considerando os diferentes campos de trabalho, fazem com que o grupo valorize a sistematização da prática, visando apresentações posteriores, quando se fizerem necessárias."

— **"A Supervisão** é um meio de abordar as dificuldades trazidas pelos alunos com relação ao seu trabalho com os grupos de TC e, também, com as suas próprias. As supervisoras, juntamente com os alunos, procuram, através da própria TC, encontrar respostas que facilitem o trabalho de cada um".

— **"A Supervisão** é de grande valia para este curso, já que nessa disciplina há uma relação teoria x prática".

— **Políticas Públicas:**

"Na medida em que as políticas sociais representam estratégias de concretização de diretrizes sociais de cidadania, a compreensão do processo de formulação e controle social destas políticas fortalece o protagonismo dos sujeitos sociais que atuam neste campo, instrumentalizando-os para o direcionamento e fiscalização das políticas setoriais no sentido da efetivação dos interesses do público-alvo das mesmas. Sendo assim, a capacitação de profissionais para atuarem com competência, com ética e com senso crítico no espaço das políticas sociais setoriais, poderá contribuir para o trabalho pedagógico com as populações (comunidades), particularmente as periféricas, no sentido de exercerem a cidadania ativa, pressionando o Estado pela democratização do acesso aos serviços sociais".

3) QUE DIFICULDADES O CURSO DE TERAPIA COMUNITÁRIA TEM ENFRENTADO?

— Uma dificuldade que identifico é o fato de boa parte dos alunos residirem no interior do Estado, o que dificulta a participação, quer nas aulas, quer na preparação de estudos em grupo, na turma.

— Por se tratar de uma nova proposta de teor social e, conseqüentemente, um curso novo na UCSAL, ele vem enfrentando dificuldades tais como:

- não aceitação como curso de extensão, devido ao fato de sua carga horária ser compatível com a de Curso de Especialização (pós-graduação *lato-sensu*);
- dificuldade de encontrar professores no quadro acadêmico com experiência em TC;
- encontrar local apropriado para desenvolver algumas atividades;
- custo incompatível com a realidade dos cursistas, principalmente, aqueles que residem fora do município.

— Dúvidas quanto ao tempo de duração, monografia, aplicação de questionários, número de sessões de TC a serem realizadas pelos os alunos concluírem o curso, e outras.

— Por ser o primeiro curso de especialização, há ainda insegurança quanto ao valor dos conteúdos a serem ministrados. Algumas disciplinas talvez estejam exigindo além do necessário, o que deixa os alunos estressados.

4) COMO TEM SIDO SUA EXPERIÊNCIA COMO PROFESSOR DO CURSO DE TERAPIA COMUNITÁRIA?

— É bastante gratificante. Percebo o interesse dos alunos, o que me estimula a preparar as aulas e participar das discussões.

— "Minha experiência como supervisora do curso de TC tem sido muito gratificante. É um desafio no sentido de responder às demandas do grupo."

— "Gratificante, pois nada melhor que um grupo para pontuar todos os acertos e verificar o que é preciso melhorar para os próximos encontros. Subdividir o grupo para que cada uma de nós acompanhe mais de perto cinco alunas, tornou-se prazeroso, pois os vínculos entre nós, também tornaram-se mais fortalecidos."

— "A experiência que tenho tido como supervisora do curso de TC tem sido muito rica e gratificante, pois minha visão com relação ao trabalho com grupos tem se ampliado a cada dia."

— "A minha experiência é de um grande desafio, porém está sendo um momento de crescimento tanto pessoal, quanto profissional. E, sem dúvidas, aperfeiçoando meu trabalho junto à comunidade em que realizo a Terapia Comunitária.".

— Qualificamos e nossa experiência como positiva, pelas razões que destacamos:

Mantivemos com a coordenação uma relação muito respeitosa, aberta e estimuladora do nosso crescimento pessoal e profissional.

A experiência representou um desafio e estímulo para o nosso crescimento pessoal e profissional por se tratar de uma experiência "nova" que exigiu, de nossa parte, flexibilidade e maturidade para os ajustes que se fizeram necessários no decorrer do curso (alteração do conteúdo programático com uma carga horária restrita para o atendimento das demandas do corpo discente e reformulação de trabalho acadêmico solicitado para "avaliação" da turma)

Desenvolvemos com a turma de alunos uma relação pedagógico muito positiva, horizontal, ética e centrada na responsabilidade bilateral, exercitando o processo ensino-aprendizagem como um processo de troca de saberes e de experiências. Consideremos a turma, em sua maioria, motivada para os conteúdos e discussões da disciplina, como um bom nível de participação na sala de aula.

I Curso de especialização em terapia comunitária promovido pela UCSAL

5) Sugestões para a melhoria do curso

— Com base na experiência vivenciada neste curso, seria interessante:

a) Avaliar a proposta do curso no que tange à carga horária teórica e prática;
b) Rever a carga horária e conteúdo da supervisão
c) Rever o Instrumental a ser utilizado no curso: questionários, bibliografias.
d) Definição da forma mais adequada para o Trabalho de Conclusão de Curso (artigo, monografia, relatório final);
e) Definição clara do professor orientador do trabalho final.
f) Maior atenção quanto à seleção dos candidatos, no que se refere ao público alvo da Instituição/Comunidade onde irão atuar. O conhecimento desses dados, desde o primeiro mês de trabalho, é fator importante pata o desempenho dos alunos.
g) Conhecimento suficiente para utilização do material de registro das sessões (fichas, questionários), com todos os detalhes, antes do trabalho ser iniciado. Fazer com todo o grupo ou subgrupos a ficha que será elaborada por eles, posteriormente.
h) Rever a questão do pagamento das supervisoras, até mesmo como um meio de valorizar seu trabalho e estímulo para continuá-lo. Embora não se tenha atingido, ainda, um nível ideal de desempenho, existe uma preocupação e dedicação, muito grande para alcançá-lo.
i) Políticas públicas: – "rever a proposta de respectiva disciplina no entido de ampliar a carga horária para 30 a 45 horas e 2) redirecionar o conteúdo para o estudo e discussão das políticas sociais e setoriais (saúde, assistência social, infância e juventude, idoso, moradia, etc.), o que possibilitará, ao corpo docente, o acesso a conhecimentos mais "especializados" sobre os campos de atuação onde exercerão o trabalho profissional".

Síntese das respostas dos(as) alunos(as):

1) Qual a sua opinião sobre Terapia Comunitária?

— Terapia Comunitária é um espaço fraterno e solidário de identificação, de compreensão entre as pessoas,.de construção e fortalecimento de vínculos, de aprendizado mútuo, tanto para terapeutas como para os participantes, onde as inquietações, sofrimentos, dores e angústias podem ser externalizadas, sem medo de julgamento. Neste trabalho, as pessoas são valorizadas, eleva-se sua auto-estima e são estimuladas a descobrirem suas competências e se tornarem protagonistas de suas vidas, buscando alternativas para suas histórias e soluções criativas e inteligentes para seus problemas.Sua metodologia ajuda a pessoas,grupos e comunidades a se auto-avaliarem,tomarem decisões e partirem para a ação. Pode ser utilizada com pequenos e grandes grupos., sendo accessível a qualquer classe social.Tem trazido bons resultados

2) Qual a contribuição que as diferentes disciplinas do curso oferecem à Terapia Comunitária?

O curso tem desenvolvido formação consciente e consistente, oferecendo respaldo e orientação para o estudo teórico e análise da prática. Oferece subsídios para entender os eventos que ocorrem durante as sessões de TC, permitindo aplicar a técnica de forma adequada. Desperta no aluno interesse por temas antes despercebidos, fortalece o desejo de conhecer e favorece a construção de uma visão mais ampla a respeito do homem, da família e da sociedade.

Contribuições das diferentes disciplinas

A) TEORIA SISTÊMICA

Oferece uma nova concepção de teoria, esclarecendo que os problemas são circulares e envolvem aspectos biológicos, psíquicos e sociais. É um dos fundamentos sobre os quais está baseada a Terapia Comunitária. Fortalece a percepção de que todo participante está inserido num sistema que é influenciado e que também influência.

B) ANTROPOLOGIA CULTURAL

Mostra que cada grupo, cada povo tem uma cultura e que não podemos intervir nas comunidades sem conhecê-la. Colabora para o entendimento da diversidade do contexto socioeconômico-cultural dos participantes da Terapia Comunitária

C) METODOLOGIA CIENTÍFICA

Orienta a sistematização do pensamento na avaliação da prática, ou seja, orienta a elaboração do trabalho científico.Há quem não veja utilidade prática nesta disciplina.

D) POLÍTICAS PÚBLICAS

Oferece suporte para avaliar as políticas sociais que são ofertadas ao público. Importante para contextualizar a Política atual e de que forma ela interfere sobre os participantes da Terapia Comunitária.

E) PSICOLOGIA SOCIAL E DO DESENVOLVIMENTO HUMANO

Ajuda a conhecer e entender as fases do desenvolvimento da pessoa e suas reações no próprio grupo.

3) QUE DIFICULDADES VOCÊ, COMO ALUNO (A) DO CURSO DE TC, TEM ENFRENTADO?

1. Dificuldade em assimilar tanta teoria para uma atividade que requer praticidade (corpo a corpo, olho no olho). Temos muita teoria e precisamos peneirar para perceber o que é essencial. Unir o conteúdo teórico à pratica da Terapia. Na teoria, tudo está pronto e preestabelecido. Na prática, trabalhamos com o imediato. Assimilar as teorias e colocá-las na prática da TC.
2. Necessidade de divulgação da TC. Como fazer a mobilização para comparecerem à sessão.
3. Dificuldade de entendimento dos problemas apresentados pelos participantes, de coordenar a contextualização, de formular o mote e a conotação positiva.
4. Definir o tema para o trabalho de conclusão do curso.
5. A dificuldade em conviver com problemas que não podem ser superados, a nível individual, como o desemprego que assola o país.
6. A metodologia utilizada por alguns professores: Apresentação de trabalhos durante todo decorrer do curso.
7. Condição financeira para enfrentar as despesas com o curso.

4) COMO TEM SIDO SUA EXPERIÊNCIA COMO ALUNO DO CURSO DE TC, INCLUSIVE NA IMPLANTAÇÃO DE TC, EM SUA INSTITUIÇÃO OU GRUPO COMUNITÁRIO?

— Por ser algo novo, é gratificante, muito boa, rica de elementos,tem sido muito positiva.

— A Terapia Comunitária desperta o sentimento de pertença,a capacidade de olhar o seu semelhante, de. reconhecer a força interior de cada um,de. entender melhor as pessoas. - Há dificuldades para iniciar a Terapia, mas quando se começa, o processo vai fluindo. As pessoas vão aos poucos se identificando, começam a falar.

— É necessário aguardar o momento certo para falar sobre a T.C., com a chefia do setor, nas Instituições pois há questões burocráticas e dificuldades, em vista da ausência de conhecimento sobre TC. A reportagem na revista *Época* foi muito importante, pois há, ainda, uma certa desconfiança, quando se apresenta a TC.Entretanto, quando se percebe a TC como mais um recurso de ajuda às famílias e às pessoas, de certa forma,melhora sua aceitação.A experiência de trabalhar com outra colega, no mesmo setor, tornou mais fácil a aplicação da T.C.É preciso acreditar no contágio da TC na vida das pessoas, pois é uma realidade.

No momento, "atendemos como" "CLANDESTINAS", pois a chefia não nos permitiu divulgar o trabalho, temendo "represálias".

Se alguns assuntos tivessem sido colocados no início do curso (aula de Mirian), eu não teria me atrasado para iniciar a aplicação das sessões de TC.

5) SUGESTÕES PARA A MELHORIA DO CURSO

1. Desenvolver as disciplinas de forma mais dinâmica, interativa. Avaliar através de seminários. Indicar textos para leituras livres, sem muitas exigências para apresentação de seminários.
2. Ampliar a carga horária das Vivências Terapêuticas e fazê-las em regime de internato. Os alunos estão sempre citando exemplos das Vivências.
3. O curso poderia durar dois anos, para não atropelar os conteúdos e as vivências.
5. Incluir a disciplina "Cuidando do Cuidador", acompanhando todo o desenvolvimento do curso (3 horas em cada encontro mensal).
6. Continuar com a flexibilidade e negociações.
7. Rever os conteúdos das disciplinas teóricas. Parece estar havendo muito conteúdo.
8. Que as atividades didáticas capacitem a realizar um trabalho voltado para a realidade da população.
9. O curso está sendo bem coordenado. Temos uma coordenadora sensível e presente. As dificuldades fazem parte de todo o processo, em início. Sugiro a revisão de alguns professores.

Ementas das disciplinas do curso de especialização para formação em terapia comunitária

Metodologia Científica   30h/a

A disciplina está estruturada em três módulos: o primeiro apresenta a estrutura do método científico a partir das operações do conhecimento, tratando cada uma especificamente, mas guardando a inter-relação entre elas. Define a partir delas o processo da pesquisa, incorporando o planejamento e a execução. O segundo módulo trata das abordagens qualitativas nas Ciências Humanas apresentando de forma resumida as abordagens metodológicas, interacionismo simbólico, e a fenomenologia. O terceiro módulo aborda a organização do trabalho intelectual e os modelos de apresentação do trabalho científico.

Antropologia Cultural ——> 45h/a

Conceito, objeto e método da antropologia, com ênfase na Antropologia Cultural. Teoria da cultura: abordagens para explicação da cultura no mundo contemporâneo, especificando a cultura brasileira e baiana.

Psicologia Social e do Desenvolvimento Humano ——> 45h/a

A Subjetividade como processo instituidor e resultante das representações sociais, mediada pelo contexto histórico-sociocultural da sociedade, pela simbologia, pela criação e pelo uso de instrumentos. Conceito de Subjetividade: categorias que fundamentam a Subjetividade, Matrizes Sociais e processos de desenvolvimento da Subjetividade. Espaço público e Subjetividade. Processo grupal e Subjetividade. Modos de Intervenção grupal: Intervenção Socioeconômica.

Políticas Públicas ——> 15 h/a

Conceito de Políticas Públicas e Cidadania. Políticas Públicas e Direitos Humanos. Critérios para avaliação dos serviços prestados às populações. Fichário de Instituições e Serviços Comunitários.

Teoria Sistêmica e da Comunicação ——> 45 h/a

Delineamento do paradigma tradicional da ciência. Introdução ao Pensamento Sistêmico;Teoria Geral dos sistemas. Abordagem sistêmica aplicada à família. O ciclo de vida da família; A estrutura da família. A teoria da Comunicação Humana. A comunicação analógica e digital. Axiomas da comunicação; Patologia da comunicação. Hipótese, circularidade e neutralidade. A redefinição Como matriz da mudança. O questionamento circular. A rede social na prática sistêmica.

Supervisão de Estágio ——> 135 h/a

Participação e coordenação de sessões de Terapia Comunitária. Elaboração e discussão de relatórios das sessões de TC. Trabalho dirigido à situações concretas levantadas pela prática nas sessões de TC. Papel do terapeuta comunitário: conhecimentos atitudes e competências

Trabalho de Conclusão de Curso ——> 45h/a

Análise reflexiva de relatórios de sessões de terapia comunitária, podendo o aluno fazer considerações gerais ou pontuais, de acordo com o projeto de TCC elaborado na disciplina Metodologia Cientifica

Considerações após o III Congresso Brasileiro de Terapia Comunitária

Ao apresentar este trabalho, nosso objetivo é levantar questões sobre a validade de Curso de Especialização em TC e, ao mesmo tempo, partilhar a experiência do I Curso de Especialização para Formação em Terapia Comunitária, ministrado pela Universidade Católica do Salvador – UCSal, colocando à disposição de quem deseje implantar estes cursos, alguns subsídios. Chamamos a atenção para o fato do nome do curso destacar o objetivo de **formação**.

O curso está praticamente concluído. Faltam ainda algumas horas para completar as sessenta sessões de TC e a entrega dos TCC's.

A avaliação global do curso ainda será realizada, após sua conclusão, mas as avaliações parciais, apresentadas neste trabalho, já permitem algumas conclusões.

As sugestões feitas por alunos e professores indicaram necessidade de revisão do conteúdo e metodologia. A validade do curso, no entanto, é confirmada por quase a totalidade. Apenas um aluno coloca dúvidas sobre a necessidade de "tanta teoria para uma atividade que requer praticidade (corpo a corpo, olho no olho)". A coordenação, entretanto, tinha dúvidas e questionamentos:

1. A formação de terapeuta comunitário "especialista" fere a filosofia da TC, prática social que se caracteriza, prioritariamente, por sua simplicidade de aplicação e pela valorização do conhecimento experiencial, propiciado pela própria vida e complementado pelo conhecimento científico, teórico?
2. O curso de especialização teria outros objetivos, além da formação de terapeutas comunitários?
3. O curso de especialização daria ensejo a alimentar comportamentos de exclusão?

Tais questionamentos foram levantados em vários momentos no III Congresso, chegando-se às seguintes conclusões:

1ª) O curso de especialização é válido, contanto que não "deforme" o terapeuta comunitário. Deve garantir a prioridade da prática, pois "é fazendo TC que se aprende a fazer TC". Manter a exigência de 60 sessões de TC, devidamente documentadas, com supervisão que garanta a fidelidade à filosofia e à metodologia especifica da TC.

2ª) Um dos objetivos do curso de especialização deverá ser o de contribuir para a ampliação do acervo teórico de TC, através da reflexão de sua prática: "teorizar a prática e praticar a teoria".

3ª) Quanto ao processo inclusão x exclusão: se o curso de especialização exclui não graduados, também poderá ser atrativo para graduados, incluído-os.

Retornando do III Congresso e com base nas conclusões, foi encaminhado à UCSal o projeto do II Curso de Especialização para Formação em Terapia Comunitária, levando em consideração as avaliações realizadas junto a professores e alunos e as discussões havidas no III congresso.

Desejamos, no IV Congresso, dar continuidade às discussões sobre Cursos de Especialização para Formação em Terapia Comunitária, para que as atividades didáticas cumpram sua função especifica de formação de agentes multiplicadores, com vistas à construção de um mundo solidário e fraterno, onde reinem a justiça e o amor

32. Terapia Comunitária na UnATI – UFPE: Tecendo e Acolhendo o Idoso

Cleide de Melo Ferreira Neves e Kátia Maria Ulisses Saraiva
cleideneves@hotmail.com / kmus@elogica.com.br

1 – Introdução

Nos últimos anos houve um significado aumento dos movimentos envolvendo a terceira idade em nosso país. Movimentos estes direcionados para a melhoria de qualidade de vida dessa faixa etária

Cada vez nota-se um crescente interesse de universidades e outros setores públicos e privados em desenvolverem projetos visando melhoria da qualidade de vida do idoso. Tais estímulos tem proporcionado a idosos possibilidades de reintegrar-se progressivamente no mercado de trabalho, procurando reciclar seus conhecimentos, como também participação em grupos de convivência, seja no âmbito social, cultural ou religioso.

As experiências vividas e os saberes acumulados juntam-se aos estímulos recebidos, encorajando-os ao resgate da auto expressão, autoconhecimento, auto-aceitação, abrindo espaços para que a experiência de envelhecimento possa ser vivida de maneira inovadora.

Nos momentos de crise e de alta taxa de desemprego, a garantia de uma renda mensal mesmo considerando o baixo valor da aposentadoria, amplia as trocas entre gerações na família, transformando os mais velhos num esteio econômico para gerações mais jovens nas várias camadas sociais.

A Terapia Comunitária tem demonstrado ser um instrumento importante para resgatar o "saber fruto da vivência" de cada um, tornando-se instrumento fundamental no trabalho de inserção social e resgate da cidadania.

Encontramos na Universidade Federal de Pernambuco, no Projeto Universidade Aberta para a Terceira Idade (UnATI) o espaço ideal para introduzir a Terapia Comunitária, que visa manter o idoso ativo e integrado, inserido no contexto social, preservando a memória e a identidade cultural, contribuindo para mudanças qualitativas, pertinentes à terceira idade.

2 – Objetivos

2.1 Geral – Ampliar a área de atuação da Terapia Comunitária possibilitando ao idoso oportunidade de viver a idade avançada não mais como decadência, mas, viver diferente.

2.2 Específicos:
Oferecer, através da Terapia Comunitária, oportunidade ao idoso para:
- Externar as emoções.

> - Criar vínculos afetivos.
> - Aceitar o outro.
> - Superar a solidão.
> - Elevar a auto-estima
> - Resgate dos valores culturais.
> - Superar a internalização do sofrimento vivido no decorrer da vida
> - Promover a ajuda mútua, expandindo as relações inter-pessoais.

3. Metodologia

O trabalho foi desenvolvido durante os anos de 2004 (grupo com 25 idosos) e 2005 (grupo com 30 idosos).

Características do grupo: predominantemente feminino, idades entre 60 e 80 anos, nível de escolaridade de 1º grau menor a nível superior, residentes em áreas pobres e nobres do Recife e região metropolitana. Essa diversidade representou a grande riqueza para a Terapia Comunitária. Os saberes foram amplamente partilhados e reconhecidos.

O trabalho foi desenvolvido nas manhãs de segunda-feira, com duas horas diárias. No acolhimento foram usados exercícios de alongamentos, dinâmicas de grupo, exercícios de estimulação cerebral, algumas técnicas de Cuidando do Cuidador, além de músicas, jogos e danças regionais. A apresentação dos temas, a contextualização e a problematização, foram vivenciadas inicialmente com timidez e curiosidade, a continuidade dos trabalhos possibilitou uma abertura para a entrega, para a confiança e a partilha dos sentimentos nos grupos.

4. Constatações

> - As participantes que no início não se conheciam, aos poucos foram se identificando umas com as outras, criando vínculos afetivos.
> - A carta, o telefonema, a visita foram resgatados entre as idosas, para troca de conhecimentos, saber de ausências, prestação de solidariedade, convivências ee passeios.
> - Pessoas mais comunicativas, trocando experiências e compartilhando suas dificuldades.
> - O despertar da fé dando força e esperança uns aos outros.
> - Integração do grupo atavés de novas amizades, amenizando a solidão e o sofrimento relatados durante as sessões de TC.
> - A média da freqüência, sempre em torno de 90 % por sessão, serviu como indicador da grande aceitação da TC pelo grupo de idosos da UnATI.

5. Conclusões

Os depoimentos a seguir demonstram resultados obtidos:

E. (76 anos) – Vivo sozinha, aqui aprendi a ser comunicativa e a não ter ressentimento.

E. (68 anos) – A terapia comunitária abriu meus olhos, ouvidos e cabeça. Rejeitava meu marido, eu era uma rebelde.Achava que o meu problema era o maior, hoje vejo que não tenho problema, aprendi a ser feliz.

B. (60 anos) – Com a terapia comunitária saí para o mundo. Vivia em casa como uma cachorrinha parada, melhorei muito da minha timidez.

E. (60 anos) – Melhorei em todos os sentidos, descobri que a raiva faz mal a quem tem.

N. (67anos) – Fui rejeitada na infância. Provoquei um aborto quando solteira, tinha medo de sair na rua. A terapia comunitária foi ótimo porque desabafei, melhorei muito.

I. (79 anos) – Esta luz não pode se acabar. Foi importante entender a mim mesmo para entender o meu irmão.

J. (79 anos) – Encontrei apoio e melhorou muito a minha vida.

L. (60 anos) Estou ficando mais desinibida e me soltando mais na família, aprendi a me comunicar.

L. (65 anos) –Perdi um filho e me sentia só. Mesmo tendo marido, vivia numa solidão a dois, mas agora estou ótima, inclusive melhorou muito a minha timidez.

M.D. (65anos) Vi que o meu problema era o problema de muita gente.

N. (62 anos) – Aprendi a lidar e respeitar o problema de cada um e aceitar o que o outro tem para me dar.

L. (61) –A história de cada um está me ajudando, estou mais desinibida e aprendendo a perdoar.

Avaliando os avanços e resultados a partir da Terapia Comunitária, concluímos que o trabalho possibilitou maior competência do idoso na valorização de sua auto-estima, na família e na comunidade.

Referências bibliográficas

BARRETO, A. *Terapia Comunitária Passo a Passo*. Fortaleza, MISMEC-CE

SECRETARIA NACIONAL DOS DIREITOS HUMANOS – *Política Nacional do Idoso* – Brasília 1998.

SENADO FEDERAL / CÂMARA DOS DEPUTADOS – *Estatuto do Idoso* – Brasília – 2002

JEAN-PIERRE / DUBOIS-DUMÉE – *Envelhecer sem ficar velho – A aventura espiritual*.

MINISTÉRIO DA SAÚDE – *Viver mais e Melhor – Um guia completo para você melhorar sua saúde e qualidade de vida*.

33. Cultura dos excluídos e a cultura dos excessos

Adriana Carbone*
UNIFESP: PROTEC – Programa de Terapia Comunitária
UNISA - Universidade Santo Amaro

A partir do convite feito pela ABRATECOM, propor um tema para mesaredonda de Terapia Comunitária, me fez desta vez, inicialmente pensar nas polaridades. No Congresso do ano passado dialoguei no âmbito das relações de poder e do saber, com o trabalho "CAMPO da terapia comunitária e as relações de poder contraditórias" (CARBONE, 2004). Entendi que as polaridades e contradições, não estavam presentes apenas em mim, então estão presentes em nosso planeta, dois terços de água e um terço de terra. O planeta Terra assim chamado, talvez devesse se denominar planeta Água, pela proporção. No entanto, entendo que pela evolução das espécies, o ser humano precisou sobreviver em terra e para tanto evoluiu e desenvolveu-se no tempo e no espaço. Evidentemente não vou propor uma discussão sobre a teoria evolucionista ou criacionista, pois isto também depende da cultura, do saber de cada um e de suas crenças. *Saber* anteriormente discutido (popular, cientifico, religioso ou filosófico). Este desenvolvimento também nos trouxe um avanço tecnológico e tanta desigualdade social, e estes paradoxos ou polaridades sempre me chamaram atenção e fizeram surgir o tema desta conversa com vocês: A cultura dos excluídos e a cultura dos excessos.

Gostaria de iniciar falando sobre a noção de cultura. E lembrar que uma das bases da Terapia Comunitária é a Antropologia Cultural. Pode parecer estranho a vocês que uma psicóloga esteja novamente apresentando um trabalho que se norteia pela ótica das ciências sociais, então gostaria de esclarecer que desenvolvo a disciplina de psicologia social, na qual inclui no conteúdo programático a Terapia Comunitária, e ao fazer está inclusão me questionei novamente sobre: vertentes inclusão/exclusão, poder e saber; tempo/espaço. Vale lembrar meus estudos na psicomotricidade, e sua ênfase na filogênese e ontogênese humana, bem como a disciplina que ministro há mais de dez anos em fenomenologia e existencialismo com prática de gestalt-terapia. E ao conhecer a Terapia Comunitária reconheci muitas interfaces de meu trabalho, como por exemplo, a regra "falar em primeira pessoa". Nós psicoterapeutas que trabalhamos com objeto de estudo focado na relação e no significado que se constrói nela, já compreendíamos a importância do " eu", na gestalt-terapia promovendo a conscientização, ou "estar *awereness*", bem como encontramos uma ressonância na pedagogia de Paulo Freire, quando propõe a conscientização na educação popular. Assim penso que são

---

* Profª. responsável: Adriana Carbone é psicóloga, gestalt-terapeuta, terapeuta comunitária, especialista em terapia familiar e de casal PUC/SP, mestre Psicologia clínica PUC/SP, membro do pró-comunidade da APTF – Associação Paulista de Terapia Familiar, membro da diretoria da ABRATECOM, professora do Curso de Terapia Comunitária da UNIFESP – Escola Paulista de Medicina, Professora e supervisora da UNISA – Universidade Santo Amaro, da FAPA (Faculdades Paulistana) e do curso de especialização em atendimento familiar na |UNISANTOS.
Endereço: Av. Rouxinol, 55 conj. 314 Moema cep. 04516-000 ou no e-mail: adricarbone@ig.com.br

múltiplas as maneiras de incluir na Terapia Comunitária, e como diz Adalberto Barreto, podemos somar, isto é, agregar. E como vamos fazer isto neste trabalho? A proposta de inclusão e exclusão apresentada no título deste texto pode conotar a polaridade sim, mas também nos remete à dialética, ao movimento, nas artimanhas da exclusão e me proponho a olhar deste lugar (*uma abordagem sócio-histórica e construcionista*) para a noção de exclusão/inclusão. E assim sendo, de qual cultura, linguagem e significado estou compartilhando com vocês.

A noção de *Cultura* tem sido apresentada por diversos Antropólogos de diferentes maneiras. Talvez a mais famosa ou antiga seja a de Tylor's em 1871 (apud HELMAN, 1994): "Um complexo formado por conhecimento, crenças, artes, moral, leis, costumes e toda e qualquer capacidade ou hábito adquiridos pelo homem como membro de uma sociedade." Segundo ele as culturas compreendem sistemas de idéias compartilhadas, sistemas de conceitos, regras e significados que modelam e são expressas nas formas como os seres humanos vivem.

Para Barreto (2005) a cultura pode ser vista como um elemento de referência na construção de nossa identidade grupal, interferindo de forma direta na definição de quem sou eu, quem somos nós. E é, a partir dessa referência que podemos nos afirmar, nos aceitar e nos amar, para então podermos amar os outros e assumir nossa identidade como pessoa e cidadão.

Constituindo no tempo a história da exclusão e dos excessos, poderíamos dizer que as civilizações antigas, para estabelecer sua história, utilizaram o recurso de criar seu passado. Nosso conhecimento inicial do tempo provinha das *narrativas*, como uma forma "contar" o tempo. O discurso provinha da força de desejo da comunidade, em entrelaçar o passado norteando as leis do presente e o futuro se deveria construir certamente a partir dessa base, como nos mitos.

- Mito, "narrativa com base nas crenças populares dos tempos fabulosos, pagãos ou heróicos" (AURÉLIO,1977)
- "a representação de fatos exagerada pela tradição" (AURÉLIO, 1986)
- caráter histórico da significação de mito, na narrativa ou numa representação de fatos transmitidos culturalmente.

Todas as culturas possuíam maneiras de calcular o tempo: o calendário, as estações, o dia e a noite. O advento da modernidade separa progressivamente o espaço do tempo, com a invenção do relógio mecânico (séc. XVIII). Neste momento, o fator tempo começa a poder ser concebido sem o fator espaço: da-se à uniformidade na organização social do tempo. Na pós-modernidade, a trajetória do desenvolvimento social conduz as instituições rumo a um novo tipo de ordem econômica e social por inúmeros fatores. 1. a descoberta de que não há certeza absoluta, 2. nova agenda político-social em face das crescentes preocupações ecológicas, dentre outros.

Na pós-modernidade, o advento do telefone celular é um símbolo da dependência *tempo/espaço*. Pensando primeiramente em espaço nas cidades, os espaços urbanos seriam os locais onde estranhos se encontrassem e compartilhassem o espaço social, talvez num estilo parisense isto ainda ocorra, mas em geral, não é assim. Hoje, o espaço público, *o não lugar*, é aquele destinado a servir os consumidores, donde se traduz *shopping-centers*, quando olhamos a partir da perspectiva do tempo, e os *softwares*, feitos para durar menos de um ano? No mundo instantâneo do *software*, o tempo não tem conseqüências, mas realização imediata. Mudam as formas de convívio humano, vale o *ficar, beijar muito...* e o toque como lidar com o corpo no tempo e espaço atual? a memória do passado e a confiança no futuro, os pilares culturais e morais é o "viver o momento". Muito *fast-food*, e *muita fome zero... **cultura dos excessos, cultura dos excluídos...**

Criam-se templos do consumo e culto aos excessos. Muita *malhação*, muita *comunicação, pertenço a comunidade do Workout...* A progressiva irrelevância do espaço e do tempo – no universo do computador distâncias são atravessadas em quase tempo nenhum e isto provoca uma enorme mudança existência humana. O que me fez brincar neste texto com a idéia de polaridades no sentido de excesso de carência. A idéia de ter muita ausência de muitas coisas. Assim um movimento dialético e nos faz brincar com a linguagem.

- Muito desemprego: quem tem trabalho tem muito, quem não tem trabalho tem muita falta de trabalho
- Muito rico, muita pobreza
- Muita violência
- Muita corrupção
- Muito avanço tecnológico, para muito poucos
- Muita internet, muito pouco contato / toque
- Muita comida instantânea (para muito poucos), muita falta de alimento para muitos
- Muita diminuição de movimento, muito conforto (para muito poucos)
- Muita doença....

A terapia comunitária, com seus pilares, é apresentada como um encontro entre o tempo e o espaço, bem como para a dialética da inclusão/exclusão:

1. Antropologia Cultural: estuda a descoberta e respeito à diversidade no conjunto de realizações de um povo expressos na cultura, a partir de crenças e valores e normas.
2. Pedagogia de Paulo Freire: aprender no diálogo, numa relação horizontalizada;
3. Teoria Geral dos Sistemas: que nos faz pensar inter-relacionalmente;
4. Teoria da Comunicação: multiplicidades de significados e sentidos estão nos comportamentos e são construídos na linguagem e nas relações humanas;
5. Resiliência: identificando e suscitando forças nas pessoas;

Assim a terapia comunitária, seria entendida, então um espaço interpessoal do mundo comum, uma proposta para a construção da dialética exclusão/excesso.

Esquecemos frequentemente da recursividade que envolve as relações de desigualdade, um dos riscos da relação terapêutica. Porém uma conversação terapêutica conduzida num contexto que "reconhece o outro como legítimo outro", Maturana (1990), pode ser útil facilitando para que a pessoa se sinta mais fortalecida podendo usar recursos provenientes de sua própria cultura de origem. Pensando na base da Antropologia Cultural proposta por Barreto (2005), para a Terapia Comunitária, acredita-se que esta prática vem sendo facilitadora da busca da resolução de conflitos através de um modelo de conversação construcionista que considera a diversidade implicada numa cultura tão ampla quanto a nossa de ser BRASILEIRO.

Para o Construcionismo Social, as idéias, as recordações e os conceitos surgem no intercâmbio social, expressando-se na linguagem e no diálogo. O ato mesmo de conhecer é um ato de linguagem. Anderson e Goolishian (1988a), e Anderson (1997). O conhecimento de si e do mundo só pode se desenvolver nos espaços interpessoais do mundo comum, nos contextos compartilhados na linguagem e na cultura. A comunidade na terapia comunitária está num movimento de conversação. É somente pela conversação permanente com os que lhe são próximos é que o indivíduo desenvolve um senso comum de identidade ou uma voz interior.

Quando reconhecemos que num único país convivem várias culturas, a do índio, negro, branco, e aprendemos a respeitá-las, descobrimos que a diversidade cultural é uma das maiores riquezas de um povo e de uma civilização.

Enquanto as famílias pobres no Brasil sobrevivem pelas redes que constroem, as famílias de classe média já tiveram em suas famílias extensas uma rede natural de recursos frente às dificuldades, no entanto estou me perguntando se isto ainda ocorre, na medida em que vejo cada vez mais os encontros para o diálogo serem mediados por profissionais, nos consultórios, ou por pastores, padres, conselheiros, etc..

Pensando com minha formação de origem, a de psicóloga, entenderia que se o individualismo que é pregado pelas psicoterapias desenvolvementistas como forma de diferenciação do *self* e maturidade emocional for pregado como direção à normalidade nem uma família brasileira de classe média ou pobre sobreviverá.

Como diz Grandesso (2000), começamos a entender antes de encontrarmos o que estamos tentando entender. Mas quando trabalhamos com pessoas que vêm de uma cultura e classe social diferentes, isso demanda do terapeuta uma reflexão sobre sua visão de mundo e seu sistema de significados.

A cultura, a renda, as condições de vida, o gênero e a classe social das pessoas estão incluídos na criação de significados. Já que as instituições de saúde usualmente definem as pessoas como "doentes, vulneráveis, fracas e desamparadas" necessitando de ajuda e assistência, estas definições também ajudam a perpetuar o problema. Isto porque elas implicam o fato de que o profissional de Saúde Mental é forte, protetor e tem um conhecimento de perito para resolver os problemas.

As terapias podem continuar a dominar pessoas ou a liberá-las.

Assim como fui convidada a participar desta conversação em mesa-redonda, convido vocês para que pensemos sobre a prática da TC nesta perspectiva dialética e horizontalizada, a partir das questões:

- Como compartilho em meus trabalhos de TC com a dialética dos excessos e da exclusão. Será que estes temas são paradoxais?
- A TC é uma maneira de realizar uma prática pós-moderna de cuidado, na qual se preserva a intersecção do tempo e do espaço como na modernidade, e valoriza o sujeito em sua singularidade legitimando sua voz, retomando os mitos, os ditos populares, como nos tempos pré-modernos, dos gregos, de maneira a garantir na história uma construção de narrativa que provem da comunidade?
- A TC é uma forma de estar no espaço público, sem viver a cultura dos excessos e privilegiar a dos excluídos?

Para cuidar de pessoas precisamos ouvir suas descrições da realidade e compreender seu sistema de significados, assim nas práticas da TC penso que estamos de acordo com Paulo Freire, e diante algumas reflexões quanto à postura do Terapeuta em:

- adotar postura de curiosidade
- reconhecer diferenças no âmbito de classe social, sistema de crenças e valores e de percepções de mundo.
- aprender mais do que ensinar maneiras de fazer e enfrentar dificuldades

- rejeitar a tentação de poder que nos colocaria numa posição verticalizada, hierárquica, ao invés de propiciar uma relação colaborativa, horizontal.
- perceber que só reconhecemos no a outro aquilo que conhecemos em nós, portanto só saberemos de nossos clientes se escutarmos suas vozes e nossas voz.

Portanto, para finalizar, penso que a terapia comunitária permite um movimento nesta dialética do tempo/espaço, da inclusão/exclusão numa perspectiva da transculturalidade e do construcionismo social demonstrando alguns princípios no âmbito da prática e da ciência:

1. libertar a prática e a definição da terapia e de seus limites modernos, culturais de classe e de gênero, ampliar contextos.
2. o campo da clínica está sendo estendido para fora da clínica em direção às comunidades.
3. os conceitos de saber e cura foram levados além das tradições para os significados que as pessoas dão a eles.
4. valorização de outras formas de conhecimento (científico, filosófico, religioso e popular).

Referências bibliográficas

1. ANDERSON. H. (1997) *Conversation, language, and possibilities: a postmodern approch to therapy*. New York, Basic Books, 1997.

2. BARRETO, A. P. (2005) *Terapia Comunitária passo a passo*, Grafica LCR. Fortaleza.

3. BERTALANFFY, L. von. *Teoria geral dos Sistemas*. Petrópolis; Editora vozes. (1975, orig. 1968)

4. CARBONE, A. (2001) Psicologia social na Ilha do Cardoso, in Gandesso, M. *Terapia e Justiça social: respostas éticas a questões de dor em terapia*, APTF, São Paulo.

5. CARBONE, A. (2004) CAMPU da terapia comunitária e as relações de poder contraditórias, in: *A Terapia Comunitária no Brasil*, anais II congresso Brasileiro de terapia comunitária, Brasilia-DF.

6. ESTEVES DE VASCONCELLOS, M. J. (2002), *Pensamento Sistêmico: o novo paradigma da ciência*, Campinas-SP, Papirus.

8. FREIRE, P. (1992) *Pedagogia da Esperança, um encontro coma pedagogia do oprimido*, São Paulo Paz e Terra, 11ª ed.

10. GRANDESSO, M.A. (2000) *Sobre a reconstrução do significado: uma análise epistemológica e hermenêutica da prática clínica*, São Paulo, Casa do Psicólogo.

11. HELMAN, C.G. (1994) *Cultura, Saúde e Doença*, Artes Médicas, Porto Alegre.

12. MATURANA, H. (1998) *Da Biologia à Psicologia*, Porto Alegre, Artes Médicas.

13. WEAKLAND, J. Comunication theory and clinical change, in *Family Therapy* (ed.), P. J. Guerin, Gardner Press, New York, 1976.

14. WATZLAWICK P., HELMICK B. J., Jackson, D. D. (1967) *Pragmática da comunicação humana; um estudo dos padrões, patologias e paradoxos da interação* São Paulo: Ed. Cultrix.

Parte II

TEMAS LIVRES
PÔSTERES/OFICINAS

34. Contemporaneidade: os novos sintomas e a Terapia Comunitária

Marlene Rodrigues Gomes da Silva
Movimento Integrado de Saúde Comunitária de Minas Gerais – MISC-MG
Logos Psicanálise – Centro de Estudos, Pesquisas e Aplicação das Ciências Humanas

Introdução

A contemporaneidade traz em seu bojo um número grande de desafios para o ser humano. De uma forma muito veloz, os imperativos da moda, do consumo, do utilitarismo e do capital, ocupam o tempo dos pais, impedindo os encontros, o diálogo em família; a mulher sai para trabalhar – muda os papéis nas funções de pai e de mãe. O discurso da ciência gera uma nova definição sobre o estatuto dos novos produtos tranqüilizantes e alucinógenos – para os novos sintomas, novas tecnologias são inventadas e avalizadas pelo mestre moderno: a medicina. As relações trazem mal-estar, angústia e estresse, de um modo diferente.

Para possibilitar alguma saída para aqueles que não deram conta de enfrentar a angústia decorrente das relações do mundo contemporâneo, e optaram pela droga, busquei subsídios na Terapia Comunitária (TC), pelo fato de possibilitar o espaço para o sujeito falar de sua própria história e perceber que há ressonância num outro que, para cumprir uma regra de funcionamento do grupo, escuta. Outra possibilidade é de o programa resgate da auto-estima na comunidade ser a grande saída para o sujeito poder ouvir o seu corpo – quando a característica dos novos sintomas é o sujeito usar seu corpo "máquina" para marcar (com tatuagens, com *piercings*, com a droga...) o que ele não dá conta de resolver pela palavra. Encanta ver a alegria brotar quando o sujeito começa a se perceber, a perceber seu corpo e usá-lo em sua função primordial de prazer que o coloca na relação com o outro e possibilita fortalecer o laço social.

O presente trabalho tem por objetivo estudar as formas de melhor compreender os sintomas emergentes do mundo contemporâneo e buscar respostas dentro das perspectivas da Terapia Comunitária e do Programa Resgate da Auto-estima na Comunidade. Uma contribuição para o ser "dependente" perceber-se como sujeito de sua história, utilizando-se para isso dos estudos de Adalberto Barreto, cuja prática tem como pressupostos teóricos a Comunicação, o Pensamento Sistêmico, a Resiliência, a Antropologia e a Pedagogia de Paulo Freire. Os conceitos de *novos sintomas* e *função paterna* são fundamentados na Teoria Psicanalítica.

Os Novos Sintomas e a Terapia Comunitária

Mesmo antes de nascer, a criança já tem um lugar destinado a ela, criado a partir do desejo do pai e ou da mãe. Os pais escolhem o nome, criam expectativas sobre ela. A função da mãe está ligada a cuidar da criança, alimentá-la, e com isso ela cria o campo dos afetos, possibilitando que a criança cresça emocionalmente. Como a mãe não é completa e plena, a criança é "convocada" a ocupar o lugar que lhe falta. "Ela tenta ser o que a mãe deseja: o bonzinho, o pestinha, o homenzinho ou a princesinha da mamãe...", como afirma Heliane Gramiscelli, em seu texto "O Sujeito como o avesso do eu".

E, nesse contexto do discurso da mãe, lhe é apresentado o pai. A Psicanálise afirma que o pai, como função, é essencial para instauração e desenvolvimento da linguagem e da dimensão simbólica.

A função paterna (pai – o grande Outro, ou 'o isso aí', para o qual a mãe olha) surge como aquele que se interpõe na relação da criança com a sua mãe. É a partir desse evento que a criança cria novos interesses – época das identificações – e, nas brincadeiras com outras crianças, nas pequenas tarefas que lhes são confiadas, vai construindo as bases de sua autonomia.

Aqui cabe uma alusão às expectativas dos pais, que tendem a influenciar o destino do filho. Cite-se, dentre outras:

- "desejava que fosse menino e veio menina" ou vice-versa:
- desejo de que o filho realize todos os sonhos que os pais não conseguiram realizar;
- desejo de que ele não sofra as frustrações e dificuldades que esses pais sofreram.

Com essas expectativas, os pais, sem perceber, estão sendo reativos a sua própria história. Culpam os progenitores pelo que fizeram ou não fizeram por eles, e idealizam a vida dos seus filhos, sem perceber que a história se repete, e se frustram, continuando infelizes. Pelo fato de rejeitarem a própria história de vida, continuam presos a padrões transgeracionais.

Aqui, podemos identificar uma das riquezas da proposta de doutor Adalberto: quando a pessoa se volta no tempo, encontra os personagens, reflete e compreende o que se passou, ela se empodera e pode transformar os eventos de sua história.

Quando se busca a própria história, com o olhar de reflexão e não de julgamento, pode-se perceber que, no contexto onde as pessoas cresceram, foram exatamente essas dores e dificuldades que fizeram com que chegassem à condição atual de realizar com competência o que fazem.

Mais uma vez, nos apoiamos em Adalberto: "A primeira escola é a família, e o primeiro mestre é a criança", para instigar a busca de compreender e aceitar a história e o contexto cultural onde a pessoa cresce.

Vejamos os fatores que propiciam dependência ou autonomia, de acordo com o ambiente em que crescem crianças:

FATORES QUE LEVAM º DEPEND'NCIA	FATORES FAVOR VEIS º AUTONOMIA
A criança vem para preencher uma falta dos pais	Ser fruto do amor entre um homem e uma mulher
Nascer num contexto de insegurança e medo	Nascer num contexto de confiança no ser humano
Dependência e carência do casal	Co-participação
Confusão nos papéis de pai e mãe ˇ invertidos	Papéis naturalmente claros
Espaço com pouca demanda para a criança	Espaço para iniciativa e autonomia
Silêncio ou os não-ditosf no ambiente familiar	Diálogo e comunicação claros
Geralmente ambiente de muita agressividade	Ambiente de respeito à diversidade

A criança é tanto mais autônoma e saudável, quanto mais o pai e a mãe dão conta de seus desejos, como homem e mulher. Não importam tanto as dificuldades financeiras dessa família, se os pais trabalham ou enfrentaem outros desafios, contanto que propiciem ao filho um ambiente de confiança, sinceridade e dêem bons exemplos de autonomia, compaixão, amor, presença. E que não se apeguem a atender a todas as necessidades e tenham consciência de que a criança precisa ser frustrada, como vimos.

Percebe-se que todo o trabalho de Adalberto – em especial, Terapia Comunitária e o Programa Resgate da Auto-estima na Comunidade – possibilita essa compreensão e assunção da responsabilidade desse sujeito pela sua própria história.

Nesses cursos, conseguem-se identificar os padrões e as heranças que as pessoas carregam, como possibilidade para a transformação pessoal.

Considerando a vida em processo, onde se interage e se transforma, presenciamos, hoje, as novas formas de sintomas. Estas caracterizam-se por um modo de tratar o mal-estar da pulsão, por via da sensação – anestesiar o corpo. Desse modo, há um fazer no lugar de dizer. Assim, ao invés de o sujeito dizer 'eu sou', 'eu sinto', ele atua ou faz. Por exemplo: os toxicômanos, os transgressores, os delinqüentes – agarram-se a esses nomes, que vêm do outro – ou ainda, marcam o corpo com *piercings*, tatuagem, anorexia, bulimia. Dessa forma, degradam seu corpo biológico, para serem corpo-máquina. "Um sujeito solto, sem rumo, arrastado pelos neurolépticos, pelo consumo metonímico, pela imagem narcisista, pelo massacre da mídia, pela velocidade do tempo urbano." (PEREIRA, 2001). O mal estar nesses casos, surge do lado do outro. É esse outro – pai, mãe, professor... – que se queixa.

Em seu artigo "As regras e a lei na Instituição" Lilany Vieira Pacheco afirma que, nas toxicomanias, o que ocorre não é a ausência da função fálica, mas uma ruptura com o gozo fálico. Isto significa que, apesar da inscrição fálica, o sujeito funciona fora dessa lei, o que não impede que os efeitos do mal-estar recaiam sobre ele. A droga funciona então como um parceiro que livra o sujeito de ter que lidar com o impasse decorrente da inexistência da relação sexual – a relação pode até acontecer, porém o sujeito aborta o prazer. Desse modo, ele consegue, através do uso da droga, um gozo artificial. Hugo Freda afirma: "droga é aquilo que permite romper o casamento com o pequeno pipi."

São apresentados, aqui, os resultados de três trabalhos de campo, como subsídio ao presente estudo.

Primeiro trabalho

Foi realizado com mulheres de dependentes químicos. Percebe-se nelas o padrão de vítima, têm atitudes de fazer, de tomar frente, porém, e, de modo implícito, há uma baixa auto-estima. Escondem-se no sintoma do marido, para não deixar aparecer sua fraqueza, sua dor, sua carência. Com isso, a primeira reação é interromper a relação sexual. Não dão "boneca" para seus maridos, como ouvimos. Só reagem a um outro que também não suporta a frustração.

Segundo trabalho

Foi realizado na casa de recuperação de dependentes químicos. Iniciei o trabalho com as rodas de TC. Nas primeiras quatro rodas, ou seja, o primeiro mês, os participantes se fixaram na questão da droga: "a culpa pelo sofrimento da família", "como será quando eu sair daqui?", "vou conseguir deixar a droga / o álcool?". Só na quinta roda é que veio um tema de inquietação pessoal: "não controlo minha agressividade e isso está me prejudicando, me fazendo mal," ou seja, "estão me rejeitando aqui". Foi uma das rodas mais marcantes para os terapeutas presentes. Lançou-se o mote: "O que você tem feito e que o ajuda a controlar ou conviver melhor com a agressividade?"

Depois de vários depoimentos, O senhor X, já bem idoso, disse à pessoa que trouxe a inquietação que foi escolhida como tema da roda: "ontem, quando você entrou no quarto fazendo barulho e acendeu a luz, eu já estava dormindo. Você me acordou. Tive vontade de lhe dar uma surra, mas suportei, pois sabia das conseqüências para mim. Só lhe digo que, se fosse em outro lugar, eu o teria acertado".

O jovem ouviu em silêncio todos os depoimentos dos participantes – os que apontavam em que havia falhado, e outros que ressaltavam suas competências. A sua expressão foi se transfigurando.

Na semana seguinte, foi realizada também uma vivência do Programa de Resgate da Auto-estima. Ele se envolveu profundamente.

Quando se quer mudar um padrão, é necessário compreender o contexto e aprender novas estratégias, como buscar apoio, se esforçar e treinar, treinar e treinar, viver o agora.

Terceiro trabalho

Numa roda de Terapia Comunitária com presidiários, o tema escolhido foi: "estou sofrendo: pelo fato de eu estar aqui, não posso ser um pai presente."

1º mote: o que você faz e que o ajuda a se sentir pai, apesar de estar aqui? Houve depoimentos significativos. Como o tempo permitiu, lancei um segundo mote.

2º mote: o que você fez ou faz para conviver melhor com seu pai?

Aqui, os depoimentos foram surpreendentes, pois, de 15 pessoas presentes na roda, três conviveram com os pais. Os demais fizeram os seguintes depoimentos:

- Não tive pai, só eu e minha mãe;
- Papai morreu quando eu tinha quatro anos;
- Só conheci meu pai aos 15 anos e foi uma decepção;
- Se meu pai estivesse vivo, possivelmente eu não estaria aqui;
- Meu pai é meu avô;
- Meu pai morreu quando completei dois meses;
- Fui conhecê-lo aos 14 anos;
- Quando saiu de casa, eu tinha 12 anos;
- Meu pai era pobre, dava mais coisas para meus irmãos, saí de casa aos 12 anos, para buscar o que não recebi;
- Perdi meu pai, me senti rejeitado;
- Meus pais se separaram quando eu ainda era criança;
- Meu pai tinha outra família.

Jésus Santiago, em seu livro *A Droga do Toxicômano*, afirma que o artifício da droga opera segundo o registro de um simbólico que visa a uma única finalidade: a de dar sentido à falta do pai, constituindo-se, desta forma, o verdadeiro não-dito do ato toxicômano, na medida em que guarda uma contestação da lei do pai que é a do sujeito pagar com a ruína de seu próprio corpo.

Em síntese, pode-se concluir que o que ocorre com os toxicômanos e "dependentes" é que, na falta de linguagem e simbolização, eles partem para o "ato", marcando, assim o seu corpo. Como diz o professor Jéferson Jersey, "a doença aparece na falta do termo". Este termo ou palavra, toma nova dimensão em um grupo de Terapia Comunitária. Esta tem um caráter preventivo. E, em sendo em grupo, torna-se um lugar próprio a aceitação, a compreensão, falar do mal-estar, da dor do abandono e da falta, e, também das superações. Acolher em cada etapa da roda: a pessoa, a dor, explicitar competências, possibilitando a cada um sentir-se encorajado para seguir em frente. É como ouvimos, muitas vezes, nas conversas: "Os problemas continuam acontecendo, porém eu lido com eles de forma diferente".

Referências bibliográficas

BARRETO, A. *Terapia Comunitária Passo a Passo*. Fortaleza. Gráfica LCR. 2005

FREDA, F. H. *O Outro que não existe e seus comitês de ética*. Seminário de 02.04.1997. BH.

FREUD, S. As pulsões e suas vicissitudes (1915). *Obras psicológicas completas Vol. XIV*. RJ. Editora Imago.1996.

_____. O mal-estar na civilização (1930 [1929]). *Obras psicológicas completas. Vol. XXI*. RJ. Imago.1996.

GARCIA, C. *O porão da família: ensaios de psicanálise*. Belo Horizonte: Casa do Psicólogo, 2003.p.23-40.

_____. *Psicologia jurídica operadores do simbólico*. Belo Horizonte. Editora Del Rey. 2004.

GRAMISCELLI, H. *O Sujeito como o avesso do eu*. Trabalho elaborado para FaE/UFMG. Belo Horizonte. 2004.

LACAN, J. *O Seminário 11. A transferência*. Trad. M.D. Magno, RJ. Jorge Zahar Editor, 1992.p.218.v.8

_____. *O Seminário 5 As Formações do Inconsciente*. RJ.Jorge Zahar Editor, 1999.

_____. *Os complexos familiares na formação do indivíduo*. Trad. Marco Antônio Coutinho Jorge e Potiguara Mendes da Silveira Jr. RJ.Zahar,1987.

PACHECO, L.V. *As regras e a lei na Instituição*. Apostila do Curso Psicanálise Aplicada à Saúde Mental. (p. 67).Cel. Fabriciano.2003.

RODRIGUES, M. *A Contemporaneidade: Novos Sintomas*. Monografia de final de curso de Pós-Graduação em Psicanálise Aplicada à Saúde Mental – UNILESTE-MG; 2004

ROSA, M. O que é um pai? In: *Alethéia*. Belo horizonte,1996.

ROZA, L.A.G, *Freud e o inconsciente*. RJ. Jorge Zahar Editor.2001

35. Terapia Comunitária como difusora de cultura de paz

Maria Carmela Matos Martins, Márcia Roberta Quadros Martinez,
Mônica Altiman Ferreira Lima, Madalena Mendonça
e Vagno Ramos da Silva

PRÓ-PAZ

Programa© vinculado ao gabinete do governador com proposta de maximizar ações e atividades desenvolvidas para a infância, adolescência e juventude na esfera estatal. Criado em junho de 2004, tem como missão fomentar a articulação e a integração de políticas para a infância, adolescência e juventude visando a redução dos índices de violência através da inclusão social e da disseminação da cultura da paz no estado do Pará. Fundamenta-se em três valores: integração, interação e inclusão.

SOPSI

Serviço de Orientação Primária à Saúde Integral S/S LTDA.

Empresa privada criada em março de 2004 com o objetivo de promover consultoria, assessoria, cursos treinamentos e eventos outros que visem a saúde integral.

FUNCAP

A Fundação da Criança e do Adolescente do Pará FUNCAP, criada em 22 de dezembro de 1993, pela lei nº 5789 é uma instituição do governo estadual, vinculada à SEEPS – Secretaria Especial de Estado e Proteção Social.

Tem como missão atender adolescentes em conflito com a lei, crianças e adolescentes em situação de risco pessoal e social e seus familiares. Como filosofia de trabalho a doutrina da proteção integral preconizada pelo ECA – Estatuto de Criança e do Adolescente.

Fundamentos do projeto

Como princípios adotamos o manifesto 2000 da UNESCO.

1.respeitar a vida; 2.Rejeitar a violência; 3. Ser generoso; 4. Ouvir para compreender; 5. Preservar o planeta; 6. Redescobrir a solidariedade.

Como alicerce jurídico adotamos o Estatuto da Criança e do Adolescente.

Como eixo filosófico adotamos princípios de Martin Buber, que propõe saídas para crises que englobam o homem contemporâneo.

"A comunidade quando surgir deve satisfazer não a um conceito mas a uma situação. A concretização da idéia de comunidade é como concretização de qualquer idéia não terá validade universal e permanentemente: ela será sempre apenas uma resposta do momento" (Socialismo Utópico, 1971).

Terapia Comunitária

TC. vem sobretudo, com sua capacidade ímpar de interlocução interagir numa linguagem compreensível que lança seu objetivo, garantindo o espaço a participação comunitária onde todos têm oportunidade de ouvir e ser ouvidos, reforçando a dinâmica interna de cada indivíduo, aumentando sua auto-estima dando-lhe condições de descobrir seus valores, suas potencialidades e tornando-se mais autônomo e menos dependente.

A participação através do diálogo proporciona o relato de experiência de vida que contém conhecimento implícito, que faz refletir em situação de crise.

As relações entre as pessoas podem ser comparadas a teias que servem à aranha, como meio de sustentação, de alimentação de reprodução, um misto de gerar vida e morte para o renascimento.

"O fio, com o qual se 'tecem' as relações sociais, vem do que somos, do que pensamos, da forma como agimos" (ADALBERTO BARRETO).

Objetivos do Projeto Pró-Paz Terapia Comunitária.
- Promover e valorizar nos grupos as práticas culturais tradicionais, que são dentetoras do "saber fazer" e guardiãs da identidade cultural.
- Realizar as rodas de TC estabelecidas, visando amparar e promover aos adolescentes, familiares e servidores da FUNCAP
- Estimular a busca do diálogo, do conhecimento de competências para a construção de vínculos de convivência participativa e comunitária pautada na cultura de paz.
- Estabelecer laços de confiança em cada indivíduo diante de sua capacidade de evoluir como pessoa.

Desenvolvimento do Projeto

A TC foi eleita pelo Pró-Paz como uma ferramenta que pretende através da interação proporcionar a saúde mental de pessoas que circunstancialmente encontram-se vulnerábilizadas e confusas, frente a conflitos do cotidiano, contribuindo para a melhoria das relações sociais e de vida dos adolecentes, jovens, familiares e servidores da FUNCAP.

A partir de agosto de 2004 essa ferramenta é utilizada na FUNCAP, para atendimento de adolescentes autores de ato infracional, em cumprimento de medidas socioeducativas: Liberdade Assistida, Semiliberdade e Internação, incluindo ainda familiares e servidores.

Em 2005 estabelece uma parceria com o SOPSI, para formação e assessoramento técnico da equipe.

A TC tem favorecidos aos adolescentes uma reflexão sobre sua situação e também dado a seus familiares o suporte para o resgate de sua condição dialógica de ser, capacitando-os a refletir e agir potencializando-os para o enfrentamento e solução de conflitos.

Depoimentos:

"...A TC veio para nos ajudar nesse momento de muita apreensão..." (o grupo recebera a notícia da destratação). (servidor)

"...Sinto alívio de ter compartilhado minha angústia com todos. Aqui tive a visão para ajudar o próximo..." (servidor)

"...Aqui eu percebi que a gente não deve se acomodar no emprego... estou com mais coragem para recomeçar a vida..." (servidor)

"...Confirmei que cuidar do outro é bom mas, cuidar do meu eu é melhor..." (servidor)

"...Vejo que vou precisar estudar mais, correr atrás do meu objetivo, sempre pedindo a mão de Deus..." (servidor)

"...A TC é boa como integração da equipe. Faz com que a equipe ouça o problema que não pode colocar no dia-a-dia..." (servidor)

"...Vejo que prego tanto limite e não pratico. Estou ultrapassando os meus limites..." (servidor)

"...Saio daqui com a certeza de que não devo alimentar o medo da perda. Devo buscar ajuda externa e outros profissionais e não me acomodar..." (servidor)

"...Aqui eu entendi que a união e o amor são importantes na superação do problema..." (familiar de abrigado)

"...A Terapia é um espaço muito bom, onde a gente é ouvido e ajudado... A gente fala sem sentir que está falando..." (família de abrigado)

"...Saio daqui com certeza da necessidade do tratamento de meu filho..." (família de abrigado)

"...Aqui é a oportunidade de receber ajuda. Isso (TC) é um trabalho muito bom que o governo nos deu..." (família de abrigado)

"...É bom saber que outras pessoas se preocupam em nos ouvir... Foi bom ver a união do grupo e saber que é preciso termos persistência e esperança..." (família de abrigado)

"...Que seja um dia só para terapia e outro para reunião..." (família de abrigado)

"...Foi bom poder falar o que sinto. Aprendi que nunca devo desistir da luta. Adorei este trabalho; não sabia que tinha algo assim..." (família de abrigado)

"...Vejo que na TC nossas mentes ficam iluminadas..." (família de abrigado)

"...Estou mais aliviada por ter falado do meu problema. Gostei. Poderíamos ter mais momentos como este..." (família de abrigado)

"...Aqui eu vi que quem mais gosta da gente é a nossa família..." (abrigado)

"...Aprendi que preciso me abrir mais, falar o que estou sentindo, desabafar meus sentimentos e tentar entender minha família e perdoar meus familiares..." (abrigado)

"...Aprendi que não devo confiar nos amigos de rua..." (abrigado)

"...A TC permite falar dos nossos problemas. Seria bom que tivesse TC todos os dias..." (abrigado)

"...Foi uma boa experiência ouvir os outros colegas... é muito bom poder levar o problema para o grupo..." (abrigado)

"...Eu percebi que preciso conversar mais com os meus pais..." (abrigado)

"...Aqui eu aprendi a coragem de aceitar ajuda de outras pessoas..." (abrigado)

"...Nessa reunião eu aprendi que quando se coloca para fora os nossos problemas, mais melhora a nossa vida..." (abrigado)

"...Nessa roda eu aprendi que devemos dar valor aos nossos pais. Eu preciso melhorar de vida para andar de cabeça erguida..." (abrigado)

"...Aqui eu tive coragem de colocar meu sentimentos..." (abrigado)

"...Hoje eu saio daqui levando a esperança de sair e mudar..." (abrigado)

"...Foi bom para a gente desabafar e eu aprendi que não devemos fazer as coisas precipitadas... Devemos ter mais chances para tentar mudar... Devemos pagar pelo que fizemos..." (abrigado)

"...Agora eu aprendi que os melhores amigos são meus parentes mais próximos (mãe e irmãos)..." (abrigado)

"...Estou aliviado porque falei das minhas dificuldades. Me sinto bem..." (abrigado)

"...Aprendi que é a referência familiar que desenvolve a nossa solidariedade e que a gente pode aprender e se enriquecer com a fragilidade dos outros..." (servidor)

"...A TC faz bem ao nosso corpo e a nossa alma. É um momento de relaxamento..." (servidor)

"...Aqui eu vi que não se devem centralizar as coisas, nem fazer um planejamento único para os trabalhos..." (servidor)

36. Terapia Comunitária: uma abordagem facilitadora do atendimento às comunidades

Maria Áurea Bittencourt, Maria Herlinda Borges e Lorena de Oliveira[1]

A comunicação que ora apresentamos refere-se ao programa de sensibilização realizado em dezembro de 2004, com médicos e enfermeiros do PSF – Programa Saúde da Família, no município de Jaboatão dos Guararapes (PE). O objetivo geral desse programa foi o aprimoramento da qualidade do atendimento realizado pelos profissionais, *rompendo com o isolamento entre o saber científico e o saber popular*, como tão bem coloca Adalberto Barreto, favorecendo o envolvimento multiprofissional e desenvolvendo redes de atenção, cuidado e prevenção.

A importância de sensibilizar os profissionais do PSF do município para a necessidade de aprofundamento dos vínculos com as pessoas em sofrimento psíquico foi identificada por uma assistente social da equipe do CAPS-Jaboatão, companheira de *entrada na casa do Zé*, no 1º Curso de Formação em TC do Recife.

Destacaram-se como objetivos específicos pretendidos: aprimoramento do comportamento pessoal e profissional, estimulando relações interpessoais afetivas e integradoras; facilitação dos processos de inserção dos profissionais nas comunidades; desenvolvimento da segurança pessoal e dos potenciais de mudança, no desempenho do trabalho comunitário; estímulo a atitudes mediadoras que contribuam para a prevenção em saúde mental e inserção social de pessoas em situação de crise e sofrimento psíquico; estabelecimento de redes sociais solidárias envolvendo profissionais, comunidades, famílias e indivíduos atendidos, com respeito ao referencial cultural de cada um e às variadas alternativas e soluções nascidas da competência de cada pessoa, família, grupo, comunidade.

O programa foi realizado em duas turmas, em tempo integral, durante uma semana, com cinco encontros de oito horas de trabalho, perfazendo o total de 40 horas para cada turma. Apesar de todos os argumentos sobre a importância da integração dos profissionais de cada equipe, foram alegadas exigências de continuidade dos atendimentos e programas em andamento e médicos/médicas e enfermeiros/enfermeiras, dos 46 postos do PSF então em funcionamento no município, participaram de turmas diferentes. Muito nos gratificou ouvir de participantes das duas turmas que não será mais assim nas próximas capacitações!

A primeira turma foi composta por 41 médicos e médicas e teve freqüência média de 32 participantes em cada período (manhã e tarde). A segunda turma contou com 36 enfermeiras e enfermeiros, com freqüência média de 24 participantes em cada período. Nas duas turmas foi aplicado o mesmo programa, apresentado no anexo.

---

[1] Facilitadoras de Biodança e Terapeutas Comunitárias - Recife (PE) e-mails: mabsilva@hotlink.com.br / herlinda@terra.com.br / lorenadeoliveira@yahoo.com.br

Terapia Comunitária

A Terapia Comunitária e a Biodança, abordagens sistêmicas que interagem sinergicamente na direção dos objetivos propostos, foram utilizadas como recursos metodológicos básicos. As duas abordagens terapêuticas apóiam-se sobre pilares comuns: teoria sistêmica, teoria da comunicação, antropologia cultural, resiliência, pedagogia de Paulo Freire. Ambas agem no sentido de reforçar a auto-estima e os vínculos, desenvolver resiliência e promover o estabelecimento de redes sociais afetivas, solidárias e inclusivas. Constituem, assim, ferramentas eficazes para enfrentamento de crises, reforço da saúde mental e promoção de cidadania.

A Terapia Comunitária (TC), sistema terapêutico em grupo com finalidade de promoção da saúde e atenção primária em saúde mental, promove o reforço do vínculo entre as pessoas, com profundo respeito ao referencial cultural de cada um e às variadas alternativas e soluções geradas pelos próprios sujeitos para o enfrentamento das crises. Leva à transformação de todos em co-responsáveis na superação de conflitos e transformação do sofrimento em crescimento, das carências em competências, tecendo teias solidárias que unem e fortalecem as pessoas e as comunidades.

Foram realizadas quatro sessões de Terapia Comunitária em cada turma, com as três primeiras realizadas entre os participantes da capacitação, sendo duas orientadas para o trabalho na comunidade e na equipe, e a terceira com tema livre. A quarta sessão de cada grupo foi realizada em um posto do PSF disponibilizado pelos participantes, que cuidaram da mobilização da comunidade e organização do espaço. E como foi gratificante reencontrar quase todos os médicos e médicas na TC promovida pelos enfermeiros e enfermeiras, em uma comunidade extremamente sofredora!

A Biodança[2] constitui um sistema de desenvolvimento humano em que movimentos e cerimônias de encontro, realizados em grupo e acompanhados de música e canto, oportunizam vivências capazes de modificar o organismo e a existência humana em seus diversos níveis. Promove o rápido estabelecimento de vínculos afetivos profundos consigo mesmo, com o outro e com a totalidade, além de desenvolver a integração ideo-afetiva-motora, facilitando a incorporação plena dos conteúdos vivenciados. Obedece a um modelo-teórico operatório que permite o direcionamento para uma ampla gama de objetivos específicos. Foi oferecida na abertura e encerramento de cada período, manhã e tarde, com objetivo de integração e sensibilização dos participantes, vinculação afetiva, abertura para mudanças, mobilização e energização do grupo para as atividades desenvolvidas.

Como recursos didáticos, foram ainda utilizados vídeos e CD-rom's produzidos pela Casa da Memória, Projeto 4 Varas (CE), bem como textos dos professores Adalberto Barreto, Henriqueta Camaroti e Roberto Faustino, obtidos no 1º Curso de Formação de Terapeutas Comunitários do Recife (2003-2004).

Os depoimentos de médicos, médicas, enfermeiros e enfermeiras emocionados e emocionantes, nos confirmam o valor do trabalho realizado, demonstram resultados positivos e nos impelem a prosseguir *entrando na casa do Zé*, abrindo novos espaços para encontros verdadeiros e abraços afetivos:

> § *A lição que levo é de mais amor, mais afeto, mais toque, menos medo de amar, cheirar, abraçar... deixá-las (as crianças) fazer mais o que quiserem...não é somente a sabedoria do médico, que de tão sábio se torna ortodoxo, e é "não, pode, não pode, não pode"... sarna não pega com carinho, é só lavar as mãos... tratar a*

---

[2] Biodança em Biodanza, marca registrada da International Biocentric Foundation (Chile) para o sistema desenvolvido pelo psicólogo e antropólogo chileno Rolando Toro Araneda.

criança como criança, deixá-las bagunçar o consultório e segurar a mãe para não as repreender... as minhas crianças sempre me tratam pelo nome, cheiro, abraço e deixo trelar e agora, mais ainda: sinto-me autorizado e justificado.

§ *Vejo que o nosso tratamento e a nossa conduta têm que ser muito mais humanizados... depois de todos esses dias que passamos aqui, de todos esses ensinamentos, de todos esses testemunhos que trocamos com tanto afeto, a gente sai daqui convencido de que nossa humanização como cuidadores vai ser muito mais efetiva e vamos, sem dúvida, alcançar nossos objetivos com muito mais facilidade, até nos deixando mais disponíveis para as demais tarefas... fazendo a comunidade perceber, como estamos percebendo agora, que a própria comunidade tem como ajudar a resolver ou atenuar os seus problemas... essa nova maneira de atuar que desenvolvemos aqui vai facilitar o nosso trabalho e colocar na comunidade a percepção de que são capazes de se ajudar e até resolver seus problemas... é isso que a gente vai levando: a necessidade de horizontalizar a relação com a comunidade... sem dúvida, isso vai facilitar o nosso trabalho e dar muito mais credibilidade e poder à própria comunidade... cuidador é um termo completamente novo dentro da estrutura de relação médico-paciente... há uma palavra que resume tudo que foi dito aqui: diálogo.*

§ *Este curso nos mostrou que a comunidade pode resolver os seus problemas e que nós também somos comunidade junto com eles... foi como uma terapia para nós profissionais... a questão agora é como colocar em prática isso tudo que descobrimos aqui e que não fique somente na proposta, porque tudo é muito válido...*

§ *É realmente muito importante podermos tomar conhecimento de tudo que surge de novo e que pode melhorar a qualidade da nossa intervenção... pensar no ser integral é muito relevante... agregar esses conhecimentos que estou levando ao meu trabalho vai ser muito relevante... estamos na era da educação e esse processo vai nos acrescentar muito como educadores... só podemos amar alguém quando amamos a nós mesmos, isso foi dito fortemente aqui de outra maneira, quando foi dito que só posso encontrar no outro o que trago em mim... também me tocou muito quando foi dito que precisamos calar para poder ouvir... com essa bagagem de conhecimentos, vamos chegar lá... aprendi mais ainda a escutar e ter paciência... tem um ditado que diz "é morrendo e aprendendo" e eu, o mais idoso daqui, aprendi muito nessa terapia, inclusive não interferir muito no processo cultural do meu paciente, deixar que tomem seus chás, que é ótimo.*

§ *O que me impressionou durante essa semana foram palavras, frases, conceitos que vagam na mente da gente e que agora foram se agrupando e se arrumando... ontem eu estava emocionado... a gente sentiu essa união nossa, foi impressionante... a palavra mais importante para nós agora é amor... diálogo é importante, mas a gente vai dar prioridade agora ao amor... algumas palavras e conceitos ficaram pairando na minha cabeça: abordagem, contexto, sistema, subsistema, construindo redes, o indivíduo visto como parte de um sistema, o ser humano visto como um membro ativo e reativo dos grupos sociais... é impressionante que essa terapia tenha sido criada há 18 anos, numa favela, no Ceara, é muito pouco tempo e a gente já vê que muita coisa pode acontecer com ela... vamos esperar que isso tenha apoio governamental para ser implantado oficialmente e para que possamos nos capacitar para ter participação ativa como terapeutas... como a palavra da gente foi amor e a gente aprendeu que faz bem trazer músicas para os momentos sérios e cantar todos juntos " eu tenho tanto pra lhe falar, mas com palavras não sei dizer, como é grande o meu amor por vocês / e não há nada pra comparar, pra poder lhe explicar como é grande o meu amor por vocês/ nem mesmo o céu, nem as estrelas, nem mesmo o mar, o infinito, não é maior que o meu amor, nem mais bonito / me desespero a procurar alguma forma de lhe falar como é grande o meu amor por vocês / nunca se esqueça nem um segundo que eu tenho o amor maior do mundo / como é grande o meu amor por você"*

- *Nós nunca mais vamos ser os mesmos uns com os outros... nos meus 20 anos de profissão e muitos cursos nunca havia tido nada como isso... aprendi a ser afetivo também com meus companheiros de trabalho.*

- *Me ajudou a perceber mais o outro, me soltar mais, participar afetivamente... cheguei com muita timidez, muita rejeição, muito travado... vou levando experiência... ouvir, ouvir, ouvir... me relacionar melhor com a comunidade... agora sei que não posso resolver, mas posso colaborar para irem buscar neles mesmos as soluções...*

- *Agora sei que não estou na comunidade para resolver seus problemas e isso me deixa mais relaxada, menos estressada e mais confiante de que, mesmo sem resolver os problemas, estou colaborando com a comunidade... aprendi que cada pessoa é que pode e deve procurar resolver seus problemas... eu posso até ajudá-las, mas não posso resolver por elas... isso me deixa mais leve e com mais energia para fazer bem o meu trabalho.*

- *Aprendi que tenho que me colocar na comunidade como fazendo parte dela e não como salvadora da pátria... procurar interagir e trabalhar com eles para que eles encontrem o que têm de melhor é o que posso fazer... ajudá-los a entender sem interferir no comportamento...*

- *A angústia que tinha antes de tentar o tempo todo resolver tudo, o que me angustiava mais do que meus próprios problemas, parece que se tornou a consciência de que só posso resolver os meus problemas... estou tentando tirar isso de mim... não sou a salvadora da pátria!*

- *Aprendi que posso deixar de ser a mãezona, de querer resolver tudo e agradar a todos... e entrar em depressão, estresse... Minha terapeuta ontem me achou "o dez" e disse que vou vencer... Para mim foi uma benção ter sido esse curso e não o de Saúde da Mulher, que eu pensava que estava vindo fazer!*

- *O problema é que eu tenho muita resistência... mas vou tentar me trabalhar...vou continuar apontando a estrela, mas vou lembrar de tirar o dedo para poder enxergá-la.*

- *Vou saindo convencida de que posso ter força... cheguei chorando por tudo, mas agora até tento chorar, mas não choro mais... me sinto muito mais forte e muito melhor... aprendi que a forma como eu queria ajudar não era a forma de ajudar a crescer... não vou mais gastar meu salário quase todo comprando as coisas para a comunidade e acostumando todo mundo a só receber, sem fazer qualquer esforço para encontrar as soluções.*

- *Eu já pensava dessa forma, que não estava ali para resolver os problemas por eles e até me achava errada, a pessoas todas me criticavam e eu ficava em dúvida... me diziam que era ruim porque não fazia por eles... outra coisa boa que levo foi o contato com os outros colegas... e muitos sorrisos... muita gente que eu só conhecia das reuniões e agora podemos rir juntos... e chorar também... quero dar uma sugestão: que a coordenação da gente participe de um curso desse... e o pessoal da Secretaria de Saúde também... iriam passar a nos ver com outros olhos...*

- *Aprendi que posso ajudar mais às pessoas do que eu pensava... pensava que você faz, faz, faz, e quando sai de lá não ajudou nada e continua tudo no mesmo... vi que eles podem se juntar para resolver eles mesmos... vou levando o conhecimento da Terapia Comunitária como uma forma de lidar melhor com os meus problemas e com os dos outros... acho que até a comunidade da minha casa vai se beneficiar com tudo o que aprendi aqui... até fiquei descalça! Nem lembrava mais como é bom pisar no chão e sentir o corpo firme... até esse resgate vou levando dentro de mim!*

Resultados concretos, sim!

Na semana que se seguiu aos programas, a Associação dos Funcionários do PSF, criada há quase 2 anos e que até então só existira como preparação para a greve, ocupava destaque na mídia pelas denúncias e exigências voltadas para a melhoria das condições de atendimento às famílias.

Seis meses depois, a rede continua viva, comunicando-se, indagando sobre novas turmas de formação em TC, abrindo espaços para a TC nos postos do PSF, facilitando e agilizando encaminhamentos, programando encontros, freqüentando socialmente as comunidades, *entrando na casa do Zé*!

Referências bibliográficas

1. BARRETO, A. *Terapia Comunitária Passo a Passo*. Fortaleza: Gráfica LCR, 2005

2. TORO, R. *Biodanza*. São Paulo: Editora Olavobrás/Escola Paulista de Biodanza, 2002

3. BORGES, H. *A Pedagogia de Paulo Freire e os Pilares Teóricos da TC*. Texto base da palestra proferida na supervisão do 2º Curso de Formação em TC do Recife. Recife: 2005.

4. SEIXAS, M. R. *Entrar na casa do Zé: um testemunho e um convite*. Texto Extraído do site da Associação Paulista de Terapia Familiar – www.aptf.org.br. São Paulo: 2004.

ANEXO – PROGRAMAÇÃO

Programação	2ª feira	3ª feira	5ª feira	6ª feira
Tema	A vinculação afetiva no trabalho comunitário	A Terapia Comunitária: construindo redes solidárias	A Terapia Comunitária: como se dá	A Terapia Comunitária na comunidade
Lema	Ser afetivo para ser efetivo	Eu só reconheço no outro o que tenho em mim	Não há mais ou menos saber, há saberes diferentes	Quem olha o dedo que aponta a estrela, jamais verá estrela
Programação	• Abertura • Levantamento das Expectativas • Apresentação da proposta • Acordo de convivência • Eu e a comunidade • Avaliação do dia	• A Terapia Comunitária Conceitos Objetivos Histórico Bases teóricas Funcionamento • Vídeo: O projeto 4 Varas • 1ª TC – O trabalho nas comunidades • Avaliação do dia	• O Terapeuta Comunitário • Modelos • Metodologia da Terapia Comunitária • Vídeo: Terapia comunitária passo a passo • 3ª TC - Tema livre • Avaliação do dia	• TC na comunidade • Avaliação da TC • Avaliação da capacitação • Encerramento

---

Maria Áurea Bittencourt, Maria Herlinda Borges e Lorena de Oliveira são Facilitadoras de Biodança e Terapeutas Comunitárias, Recife, PE, m.aureasilva@terra.com.br / aureasilva2005@yahoo.com.br / herlinda@terra.com.br

37. Da multidão ao sistema – Reflexões sobre particularidades da Terapia Comunitária com grandes grupos

Marilene Grandesso e Ceneide Cerveny
NUFAC – Núcleo de Família e Comunidade da PUC-SP

A terapia comunitária como uma prática grupal de transformação social

A Terapia Comunitária Sistêmica Integrativa apresenta-se como uma prática grupal extremamente simples, uma vez que é estruturada em fases, orientando o terapeuta e co-terapeuta na condução do processo (BARRETO, 2005; GRANDESSO; 2005). Sua estruturação contribui para que o terapeuta possa conduzir de forma produtiva e, numa única sessão, uma prática de terapia com começo, meio e fim. Seguindo as fases da Terapia Comunitária o terapeuta certamente dará conta de acolher o grupo; aquecer as pessoas presentes colocando-as numa condição de abertura para participar; conseguirá organizar um tema de escolha coletiva, atendendo à demanda do grupo presente; criará um campo consensual de conversação organizado pela emoção da vivência da pessoa protagonista do problema escolhido; poderá construir se devidamente capacitado para tal, um mote útil e agregador colocando a comunidade num grande mercado de trocas de experiências compartilhadas e finalizará o processo num contexto de reflexão tecido na emoção de um clima intimista de pessoas em comunhão de vivências, histórias e perspectivas transformadoras.

Nesse contexto as pessoas presentes têm voz e são ouvidas num clima de amoroso respeito, legitimando cada pessoa como uma pessoa digna de ser ouvida e preciosa, dona de um universo de experiências adquirido na prosopopéia da vida em que, certamente, tem não apenas seus problemas, dificuldades e carências, mas também seus tesouros e suas competências. Muitas vezes, inúmeras vezes, as pessoas nem se dão conta de quanto caminharam, transformaram, saíram-se vencedoras, pois os desafios em condições de sofrimento ainda presentes são às vezes tão arrebatadores que fica difícil olhar para trás e aquilatar o caminho percorrido de modo a perceber o lugar de herói ou heroína diante de tantas adversidades vencidas em função das quais poderiam ter sucumbido. Diante das histórias de sofrimento que ouvimos nos contextos de Terapia Comunitária, defrontamo-nos com nossa própria fragilidade, levando-nos a pensar que ali, onde aquela pessoa em questão viveu e sobreviveu, nós, possivelmente, não teríamos resistido nem mesmo uma semana...

No que se refere à possibilidade generativa de mudanças construtivas da Terapia Comunitária, cumpre ressaltar o contexto reflexivo promovido pela abordagem. A conversação organizada em torno dos problemas trazidos em cada sessão permite a cada pessoa, mesmo se não estiver no lugar de protagonista ou narradora, debruçar-se sobre a própria história, re-visitando seus dilemas, desafios, suas formas de enfrentamento e estratégias de sobrevivência. Esta é uma das condições propiciadas pela Terapia Comunitária que favorecem a mudança construtiva alicerçada pelo reconhecimento dos próprios recursos de modo a poder usá-los intencionalmente como ferramentas possíveis em situações futuras.

Por outro lado, para os que se expõem compartilhando suas histórias com a comunidade presente, configura-se ali uma oportunidade ímpar de mudança, uma vez que, dado o contexto de respeito e acolhimento, estão presentes uma grande quantidade de testemunhas diante das quais cada pessoa pode tanto ter seu sofrimento reconhecido como tal, mas suas competências legitimadas, contribuindo não apenas para uma melhora da auto-estima, mas, muitas vezes para a reescritura da autobiografia. O enfoque narrativo aliado à Terapia Comunitária permite fundamentar esse contexto como um contexto possível de transformação pessoal, uma vez que ressalta que cada pessoa necessita do outro para poder se reconhecer como a pessoa que é.

Ainda sobre a Terapia Comunitária em geral, quando finalizamos a sessão num ritual de agregação, criamos um clima de intimidade em que o grupo se irmana num sentimento de cada um e todos serem parte de um mesmo sistema, semelhantes na sua condição de humanidade e muito próximos na emoção. Geralmente, temos essa fase estruturada como um processo reflexivo, no sentido definido por Andersen (1997), organizada em torno do compartilhar de algum pensamento, sentimento ou idéia que alguém espontaneamente queira dizer para algum dos presentes que expuseram suas histórias, ou respondendo à pergunta – *"O que estou levando daqui?"*.

Por outro lado, a música, presente do início até o fim do processo de Terapia Comunitária cria o tecido que conecta, enreda e enlaça na emoção as histórias narradas. Uma música bem colocada funciona como uma metáfora extremamente eficaz, conseguindo traduzir para a emoção o que dificilmente conseguiríamos dizer em palavras. A música pode tanto acolher a emoção, especialmente quando as pessoas se mobilizam mais profundamente ou choram, com uma espécie de mensagem latente – *"Compreendo sua dor como dor"*, como também pode ajudar a construir sentido, quando coloca em palavras cantadas uma emoção presente no relato e capturada pela letra e melodia da música.

Enfim, essas são algumas das considerações possíveis sobre essa prática grupal que promove a formação de redes solidárias e favorece a transformação social à medida que legitima pessoas e suas organizações e promove a consciência crítica.

Terapia comunitária com grandes grupos

Uma das características da Terapia Comunitária é a possibilidade de sua realização sem grandes exigências de contextos e de não ter restrições para o número de pessoas. Qualquer espaço é possível para essa prática: uma sala, uma praça, uma igreja, uma escola, um ambulatório, uma sala de presídio, um ginásio de esportes, uma sala de aulas, enfim, qualquer lugar que possa ter as pessoas juntas em condições de proximidade e com possibilidade de escuta. Geralmente preferimos a disposição em círculo e solicitamos microfones para a garantia da escuta. Quanto ao número de pessoas, é sempre uma incógnita, uma vez que o grupo é aberto e participa quem quiser e puder estar presente.

No que se refere ao número de pessoas presentes nas sessões de Terapia Comunitária, nossa experiência como terapeutas e também como supervisora para uma das autoras (GRANDESSO), temos observado que os grupos variam em sua grande maioria de 10 a 60 pessoas, numa média de 30 pessoas por sessão, das quais boa parte participa de cada encontro continuamente. Contudo, o que pretendemos apresentar aqui diz respeito a três experiências atípicas e especiais realizadas com grandes grupos: de 250, 450 e 1400 pessoas.

Caracterizando os grupos

O grupo de 250 pessoas foi realizado num evento comemorativo da Semana do Idoso, em setembro de 2004, promovido pela Secretaria da Inclusão Social da cidade de Embu, no interior de São Paulo. A Terapia Comunitária teve como responsáveis Adryana Rodrigues e Liz Verônica Vercillo Luisi como co-terapeutas, Marilene Grandesso como terapeuta e Teresa Celestino como terapeuta comunitária cantora. A sessão foi conduzida no ginásio de um parque municipal e, dado o tamanho do grupo e as condições do contexto, tivemos que nos dispor numa imensa forma oval. Nesse dia tínhamos disponíveis apenas um microfone móvel e um fixo para a cantora.

O grupo de 450 pessoas foi realizado durante um evento da PROERD – uma polícia municipal da cidade de São Paulo com função educativa que trabalha na prevenção do uso de álcool e outras drogas nas escolas para crianças e adolescentes. A sessão foi conduzida tendo Ceneide Cerveny como co-terapeuta, Marilene Grandesso como terapeuta e Maria Teresa Celestino como terapeuta comunitária cantora. Dado o grande número de pessoas presentes e a indisponibilidade do local prometido para a realização da sessão – ela havia sido programada para um ginásio de esportes da Faculdade Salesiano que no dia estava indisponível por questões técnicas – tínhamos apenas um anfiteatro. Como as cadeiras do anfiteatro eram fixas, resolvemos fazer a sessão no palco, que era grande o suficiente para abrigar todo o grupo. Assim, cada policial subiu ao palco com sua cadeira e tivemos que nos dispor em círculos concêntricos, muito próximos um do outro para dar conta do grande grupo. Além de dois microfones móveis e um fixo para a cantora, contamos com a colaboração de um policial que nos ajudava na movimentação necessária para disponibilizar o microfone para cada participante.

Já o grupo de 1400 pessoas consistiu num grande evento no Memorial da América Latina em comemoração aos 50 anos da Polícia Militar Feminina Brasileira. O convite chegou através de uma policial capitã que estivera presente no evento da PROERD e considerou a Terapia Comunitária uma prática pertinente para o evento. Em princípio nos foi dito que se tratava de um grupo de 1000 pessoas e que teríamos que realizá-lo num imenso anfiteatro com cadeiras fixas em forma de arena com um palco. Ceneide Cerveny foi a co-terapeuta, Marilene Grandesso a terapeuta e Maria Teresa Celestino e Mário como cantores.

Considerações e reflexões a partir dessas práticas

1. Quanto à realização da Terapia Comunitária em geral

Nos três grupos foi possível seguir as fases da Terapia Comunitária, conforme o proposto pelo modelo de Adalberto Barreto (Barreto, 2005) no tempo médio aproximado de 1h 45min. O acolhimento e a música ajudaram, no nosso entender, a configurar o clima de descontração necessário para um começo convidativo para a participação. As três sessões foram apreciadas pelos presentes, em especial as duas sessões da Polícia Militar.

2. Quanto às condições do ambiente físico

Embora as três experiências tenham sido bem-sucedidas, pudemos notar que, das três, a do grupo de 450 promovido pelo PROERD pareceu criar um clima mais favorável à Terapia Comunitária. Como o palco era pequeno para tanta gente, tivemos que ficar muito próximos e com isso, pudemos experimentar também uma proximidade afetiva num clima mais intimista.

No grupo de idosos, embora fosse menor, o formato em oval muito comprido pareceu distanciar as pessoas, a grande maioria que ficava nas laterais e que também continha várias fileiras de cadeiras.

Já no Memorial da América Latina, dada a imensidão dos participantes, a configuração da sessão teve que colocar as terapeutas no palco. Essa situação exigiu de nós uma atuação própria de manejo de palco diante de uma multidão: dinamismo e descontração por estarmos em evidência o tempo todo.

3. Quanto aos recursos materiais

Das três situações, a de 250 pessoas foi a mais comprometida pela existência de apenas um microfone móvel. Isso exigiu da terapeuta locomover-se pelo espaço oval para disponibilizar o microfone para os participantes, tomando tempo desnecessário caso houvesse mais que um. A tarefa não tinha como ser delegada ao co-terapeuta, pois o terapeuta sem microfone ficaria impedido de participar fazendo suas perguntas e organizando a conversação.

No PROERD, embora fossem 450, o fato de estarmos muito próximos e de contarmos com um sargento para movimentar o microfone dos participantes ajudou a criar uma dinâmica envolvente e prática.

No Memorial, o atendimento à solicitação quanto à disponibilidade de seis microfones para o anfiteatro, dispostos estrategicamente em pontos distintos e de podermos contar com o apoio logístico de seis policiais de platéia e um de palco, garantiu o sucesso da prática em termos de dinâmica e otimização do tempo.

4. Quanto à participação dos cantores

Nas três experiências, a presença dos cantores foi fundamental. Não teríamos tido o mesmo resultado, no nosso entender, não tivéssemos nós contado com a participação de Teresa Celestino, acrescida de Mário no Memorial. A presença de uma violeira terapeuta comunitária beneficia a condução da terapia desde o início. Enquanto as pessoas vão chegando e se ajeitando a música cria um clima de envolvimento, construindo os primeiros passos para que esse agrupamento de pessoas possa se configurar como um sistema. As pessoas se envolvem com a música, cantam, acompanham com palmas e, aos poucos, cria-se um espaço de pertença, alegre e descontraído. Por outro lado, a experiência de Teresa Celestino como cantora-terapeuta comunitária, transforma a música numa espécie de recurso técnico a cada momento da Terapia.

5. Quanto ao acolhimento e aquecimento

Como em qualquer sessão de Terapia Comunitária, o acolhimento é fundamental para favorecer a participação do grupo. Ao se tratar de um grande grupo, cumpre pensar em dinâmicas possíveis diante das condições do ambiente. A dança em Embu foi bastante descontraída, envolvendo os participantes num clima lúdico, bem como a tradicional Casa do Zé no PROERD. A adaptação dessa música para adequá-la ao Memorial da América Latina imenso e de cadeiras fixas também mostrou-se adequado.

6. Quanto à escolha do tema, contextualização e problematização

Uma das diferenças que nos chamou a atenção nesses grandes grupos, tomando como referência especialmente os dois grupos da polícia, foi a quantidade de gente querendo participar oferecendo suas histórias para escolha do tema. Embora como terapeuta eu (Marilene) tivesse pensado em levantar no máximo seis temas, nos dois casos tivemos 11, conseguindo parar a muito custo e sob protestos. Quando foi encerrada a fase de levantamento de temas, muitos se manifestaram ainda tentando falar de seus problemas e a terapeuta teve que manejar habilidosamente, esclarecendo que haveria outros momentos para fala, no decorrer do trabalho. Da mesma forma, durante a problematização, a quantidade de gente querendo falar foi muito maior que a possibilidade temporal de ouvi-los. Isto nos leva a pensar na necessidade de pontuações verbais do terapeuta, estruturando a conversação e a prática da terapia, para não frustrar as pessoas que ficam impossibilitadas de falar. Em grandes grupos a disponibilidade de participação aumenta proporcionalmente ao tamanho do grupo. Isto exige um terapeuta envolvente para organizar o espaço de conversação de forma harmoniosa, lúdica e respeitosa, mas eficiente para não perder o controle sobre o processo.

No Memorial da América Latina, a decisão de levar as pessoas para o palco, tanto para a contextualização do problema escolhido como para compartilhar suas histórias e reflexões sobre o mote foi uma decisão feliz. A terapeuta, pós-mote, pediu para a platéia revisitar suas histórias e solicitou que seis pessoas que tivessem algo a compartilhar sobre o mote proposto subissem ao palco. Mesmo assim, acabaram subindo 11. Contudo, foi possível conduzir a sessão a bom termo,, com comprometimento da participação da platéia no que diz respeito à contribuição com perguntas durante a contextualização. Essa possibilidade sequer foi aberta para a platéia.

7. Sobre o papel dos terapeutas

Manejar grandes grupos exige um terapeuta experiente e habilidoso na coordenação de grupos para favorecer as conexões entre pessoas, próprias das organizações sistêmicas. Nos dois grupos de 450 e de 1400, tivemos a participação total de início ao final, sem gente levantando-se para deixar o local e sem burburinho durante as falas. Este foi para nós um indicador da eficácia das sessões.

Na sessão de palco com 1400 pessoas, a terapeuta atuou em vários momentos tecendo as conversações com sua narrativa esclarecedora sobre o contexto e a prática, tendo como intenção estruturar o contexto no que dizia respeito aos seus propósitos.

Um outro aspecto que se destacou, especialmente na Terapia com 1400 pessoas, foi que a existência de um palco e de um telão transformou o contexto intimista próprio para a Terapia Comunitária numa espécie de espetáculo envolvente, em que co-terapeuta e terapeuta ficaram muito em evidência. Contudo, isso não comprometeu, no nosso entender, a validade desse tipo de prática. Tratava-se de uma terapia pontual, a ser realizada naquele dia, apenas naquele dia e no contexto daquele evento. A repercussão do evento foi grande, de acordo com depoimentos que tivemos da corporação.

8. Da multidão ao sistema

Uma das perguntas que poderíamos nos fazer a partir de práticas como estas é – *Qual a utilidade de uma prática de Terapia Comunitária num contexto como este e nestas condições?* Ou ainda – *Seria essa prática terapêutica?* No nosso entender, essas experiências mostraram-se válidas, úteis e coerentes com o propósito da abordagem. O modelo mostrou-se eficaz para grandes grupos e a prática favoreceu um contexto de formação de redes pontuais, unidas pelos temas e problemas, estruturados numa conversação organizada e embaladas pela música. Duas das participantes da fase da problematização, por exemplo, disseram que procuraram guardar bem o rosto da protagonista do tema escolhido, apresentado no telão quando ela subiu ao palco para as perguntas da terapeuta. Ambas disseram que teriam que encontrá-la para poder compartilhar com ela o que haviam passado nas suas próprias vidas, em relação ao problema que ela trouxera com seu filho com depressão, que tentara o suicídio.

Por outro lado, o fato de as pessoas poderem compartilhar suas histórias diante de tantas testemunhas configurou uma espécie de ritual de mudança em que o tornar público atesta, documenta, alivia, expia. Uma das participantes da problematização no grupo de 1400 agradeceu a oportunidade de poder estar ali contando sua história. No meio de seu depoimento a policial afirmou que tinha guardado todo o seu sofrimento para si, não tendo dividido nada com ninguém de sua equipe. Assim, textualmente, a policial considerou uma espécie de encerramento de uma etapa da vida poder tornar público o que tinha vivido e poder dizer quanto lhe fizeram mal ter-se isolado do grupo por estar sofrendo.

Portanto, como acreditamos que os sistemas se organizam e se dissolvem conforme se organizam, se desenvolvem e também se dissolvem as conversações, compreendemos que multidões podem constituir-se como organizações sistêmicas, conforme a estruturação de seu contexto permita conectar as pessoas presentes numa grande rede de conversações intencionadas e organizadas pelo terapeuta. Terapia Comunitária, especialmente num grande grupo, não pode ser um barco à deriva. Se, além disso, tratar-se de uma conversação legitimadora das alteridades, estes contextos podem funcionar como locais de intimidade temporária e de sentimento de pertença a um grupo que se irmana e se emociona junto. A emoção presente nas falas e na música e o clima amoroso de aceitação da legitimidade de cada pessoa presente, independentemente de sua origem, idade, condição social, intelectual ou física, aparência ou qualquer outra circunstância tece a trama em que se desenvolvem as relações. Por outro lado, tais contextos mesmo sendo pontuais, acontecendo apenas uma vez, favorecem com que esses eventos possam, com maior ou menor intensidade, ser inseridos na história de cada presente, levando a mensagem implícita de que, se as pessoas se juntarem, conforme diz Adalberto Barreto nas suas falas por este Brasil afora, *o bicho corre.*

Referências bibliográficas

1. ANDERSEN, T. (1997). *Processos reflexivos.* Rio de Janeiro: Noos/ITF.

2. BARRETO, A. de P. (2005): *Terapia Comunitária Passo a Passo.* Fortaleza: Gráfica LCR.

3. GRANDESSO, M. A. (2005). Terapia comunitária: um contexto de fortalecimento de indivíduos, famílias e redes. *Família e Comunidade: 1* (2); PP.103-113.

4. FREIRE, P. (1979). *Pedagogia do oprimido.* Rio de Janeiro: Paz e Terra.

Da multidão ao sistema

38. Terapia Comunitária: precisamos de você! A Terapia Comunitária surge como demanda do trabalho social da APTF na favela do Jaguaré

Adriana Carbone[1], Cristiana Pereira[2], Eliana Lino Chaves[3], Márcia Volponi[4], Sylvia van Enck Meira[5] e Zélia Temin[6]

1. Um pouco de história... as mãos que tecem também são as mãos que se dão!

APTF – Associação Paulista de Terapia Familiar, encontra-se no seu 11º ano de existência. Primeiramente a APTF foi consolidando sua estrutura como entidade representativa dos profissionais ligados à família que culminou com a criação de seu Estatuto, o qual continha várias clausulas dentre elas uma que preconizava trabalhos sociais.

No inicio de 2001, durante a presidência de Marilene Grandesso, a APTF voltou-se para as relações externas, tendo como principal preocupação o social e a ética das relações sociais e criou o PRO-COMUNIDADE, respondendo às questões de justiça e política social, envolvendo famílias, comunidades e redes. A equipe de trabalho envolvida buscou um espaço junto à comunidade para construir parceria que propiciasse um projeto de intervenção, e foi assim que se deu o encontro com o trabalho da Congregação de Santa Cruz, que desenvolve diversos programas na Favela Nova Jaguaré zona oeste de São Paulo, com mais de 11.000 moradores, contando com três creches, um centro de juventude, atual NUSE - Núcleo socioeducativo e dois centros profissionalizantes.

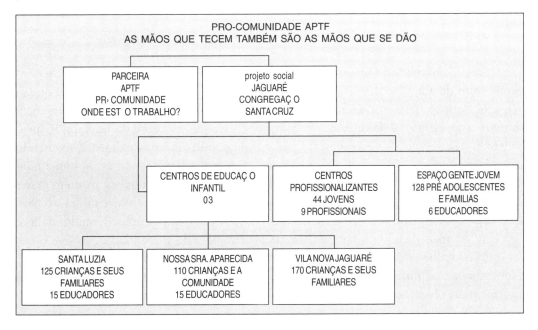

Na gestão de 2000-2002 construímos um modelo de intervenção, a partir da demanda encontrada no Centro de Juventude, que abriga crianças de 7 a 14 anos. Acreditamos na possibilidade de promover a autonomia e a competência das pessoas para gerarem recursos efetivos para a resolução de seus problemas, especialmente, quando colocadas num contexto de escuta respeitosa e conversação dialógica, envolvendo respeito mutuo, aceitação do outro e legitimação das diferenças.

Também durante este período e prosseguindo na gestão de 2002-2004, com Eliete Belfort, então presidente da APTF, mantivemos também reuniões mensais envolvendo toda equipe e realizando articulações entre subsistemas no decorrer da gestão.

O Objetivo Geral do programa PRO-COMUNIDADE mantém-se até esta data no sentido de promover um contexto que propicie reflexão das famílias sobre seus problemas, questionamentos e dificuldades. Desenvolvemos uma metodologia de trabalho que inclui uma diversidade de atendimentos:

1. grupos de multifamílias: (com equipe reflexiva), duas vezes por mês
2. terapia comunitária quinzenalmente
3. conversações entre pais e educadores construídos a partir de demandas que surgiam em reuniões com as diretoras das creches e NUSE.
4. multiplicadores reflexivos, semanal, com crianças e adolescentes do NuSE
5. reunião coordenada mensal: participação de toda equipe na sede da APTF

2. "Bater as mãos, bater os pés para entrar na casa do Zé", a demanda...

Entramos no projeto social: PRÓ-COMUNIDADE da APTF. Inicialmente chegamos como terapeutas familiares e nos perguntávamos de quem era o pedido para nosso trabalho, da APTF? Da escola parceira? Do padre? Das creches? Da população?

Ao chegar à favela decidimos que para responder a esta questão deveríamos nos fazer três outras perguntas:

- Sei diferenciar a minha demanda da demanda deste povo?
- A partir de meu saber consigo identificar qual o método adequado para realizar este trabalho?
- Qual é a identidade deste povo? Como vive? Qual é sua cultura?

Decidimos, abrindo nossos corações, ver como se constituía a comunidade, sentindo o cheiro de um povo diferente com quem fomos nos misturando e permitindo que as sensações nos ajudassem a responder as perguntas que pretendemos contar para vocês durante a apresentação deste trabalho. Fomos penetrando no cerne da favela, nos aproximando das diretoras das creches, do padre e da população, semanalmente, mantendo conversas informais e ao mesmo tempo reuniões de pais quinzenais, e assim numa relação de proximidade e afeto fomos constituindo uma rede solidária que se mantém nestes cinco anos. No entanto necessitávamos aprimorar nossas técnicas nas reuniões de pais, que nesta comunidade ora se apresentavam como recursos de grupos de multifamílias, ora com recursos da terapia familiar, da gestalt-terapia e do psicodrama.

Nas creches, várias foram as atividades desenvolvidas: plantão de escuta para as famílias e para as funcionárias; grupos de conversação entre pais e professoras e entre as funcionárias; observação das crianças nas diferentes atividades de rotina e a participação nas reuniões de pais, momento compartilhado com a direção da creche, onde buscávamos gradativamente criar um espaço para a escuta da dor e do sofrimento das pessoas.

No NuSE as atividades realizadas eram: conversas com famílias da comunidade, que nos procuram cada vez mais; participação na reunião de pais juntamente com a coordenadora, educadoras e funcionários; inclusão das educadoras nas conversas reflexivas colaborativas com as crianças de 6 a 14 anos. Com as crianças menores, foi desenvolvido um trabalho de leitura de histórias e com as mais velhas roda de conversas dos temas por elas escolhidos. Este trabalho tem como proposta desenvolver a capacidade reflexiva através do diálogo, despertando nos participantes a identificação e apropriação de suas habilidades e recursos.

Após dois anos de intervenção, sentíamos que mais aprendiamos com a comunidade do que ensinávamos a ela, as relações se horizontalizavam, e já não tínhamos garantias de que estes eram os únicos métodos de intervenção. Naquele momento fomos construindo parceiras entre nós. Em 2002, convidadas por Marilene Grandesso, viemos a Fortaleza fazer a capacitação com Adalberto Barreto. Ao retornarmos a São Paulo estávamos mais fortalecidas tanto com recursos técnicos como com o mais sublime de nossa pessoa, aquilo que poderíamos denominar aqui de alma, e esta mais renovada para que pudéssemos atuar naquele contexto comunitário.

O espaço de compartilhar vivências, dores, preocupações e alegrias num contexto de cooperação mutua abria novas possibilidades, mostrando recursos de resgate competente da pessoa, de suas ações e de seus direitos. O trabalho de nossa equipe era então, norteado pelo desafio de despertar nos pais, crianças, adolescentes, educadores, ou seja, nos participantes de nossas conversações reflexivas, a apropriação de suas habilidades e recursos, favorecendo a construção de histórias alternativas e de soluções mais úteis às situações por eles nomeadas de problemáticas.

Neste momento, estávamos presentes nas creches Vila Nova Jaguaré, Nossa Senhora Aparecida, Santa Luzia e no Núcleo Sócio Educativo (NUSE) Santa Cruz, como também este trabalho alcançava toda uma rede social que circunda esses locais. Esta rede que se ampliou é o resultado de um trabalho de ação conjunta dos membros da equipe e da comunidade.

3. E o que estamos levando daqui, considerações finais...

Este trabalho de atenção psicossocial vem buscando na perspectiva de construção de uma ética e equidade, uma prática comprometida com um saber sistêmico comunitário em saúde mental, estando de acordo com as portarias 189/91 e a 224/92, que impulsionaram a existência de diversas políticas públicas comprometidas com a formação do modelo assistencial e afirmação dos direitos de cidadania, bem como está de acordo com a III Conferência Nacional de Saúde Mental (2001), que indica a necessidade de elaboração de propostas, estratégias e metas de transformação, consolidadas neste projeto do PRO-COMUNIDADE.

Estando de acordo com o Relatório de Saúde Mundial (2001) que refere os princípios primordiais as ONU:

1º A não discriminação em virtude de doenças mentais,

2º A concessão a todos os participantes o direito de ser tratado e atendido em sua própria comunidade,

3º Todo paciente será tratado num ambiente menos restritivo, que pressupõe a necessidade de acolhimento das entidades cuidadoras em Saúde Mental e para tal a atenção psicossocial.

Nossa equipe de trabalho sentia necessidade de maiores trocas. Frutos dos encontros de avaliação e supervisão, novos arranjos aconteceram. A nossa trajetória nesse projeto foi sentida mais como receber do que dar. Recebemos da APTF o espaço e a confiança; recebemos de nossos amigos de jornada carinho, compreensão e parceria; recebemos dos membros do SAN abertura para transitar com segurança e harmonia; recebemos da comunidade do Jaguaré ternura, entrega e aprendizado, o que gerou mais sentido para nossa vida profissional.

O trabalho que vimos desenvolvendo ao longo destes dois anos com a parceria Pró-Comunidade-SAN (NUSE, Creches da Comunidade de Vila Nova Jaguaré – zona Oeste de São Paulo) têm se mostrado como uma vivência tal qual o tecer uma rede onde somos vários elementos artesãos. Como artesãos, vemo-nos aprendendo uns com os outros, tecemos num trabalho de ação conjunta na comunidade. Ao olharmos para cada nova parte construída dentro desta rede, vamos identificando possibilidades de ampliação, através de novas inserções, gradativamente mais refletidas e mais compartilhadas: as mãos que tecem também são as mãos que se dão.

"Entrar na casa do Zé", refrão da música que inicia os trabalhos de terapia comunitária criada por Adalberto Barreto, significa pedir licença à comunidade para que ela nos permita entender seu ambiente, seu histórico, sua cultura, seus valores e demanda humildade para nos dispormos a perceber nossos pré-conceitos e preconceitos, uma maturidade que vamos assimilando no dia a dia da construção paulatina da rede e que vem conferindo ao longo destes anos a esta relação um grau de afinidade e intimidade. Significa também a identificação de que as ações desenvolvidas em cada unidade deste Projeto possuem suas interseções e que estas podem ser ampliadas dentro deste conjunto comunitário que tem um lugar que é próprio, que é legítimo no cerne da Comunidade.

Ao mesmo tempo em que este trabalho se iniciava em espaço junto ao grupo de pais das creches, ia sendo construído outro espaço que anteriormente era exclusivo da direção com os pais e que passou, gradativamente, a se abrir para receber um formato que hoje entendemos como caminhando em direção à terapia comunitária.

Toda esta trajetória percorrida durante os anos de 2001 e 2002, suscitou em nós um movimento de transpor várias portas e etapas para desenvolver uma proximidade que não ocorreu no momento do encontro, mas através de posturas que fomos desenvolvendo durante o processo de trabalho, entendendo as regras daquele contexto e deixando transparecer também as nossas para que a porta da confiança se abrisse bilateralmente e um código de fidelidade fosse se estabelecendo entre projeto-profissionais e projeto-comunidade. Pensamos que nenhuma porta poderia ser aberta se não estivéssemos dispostos a trocar um pingue-pongue o que nos possibilitou achar um parceiro de fé que caminha paralelamente rumo ao mesmo propósito. É um compartilhar de saberes onde a cada bola que passamos ou recebemos galgamos mais um degrau nesta construção. Como temos a mesma meta, não deixamos a bola cair.

Nutridos pelo II Módulo da Terapia Comunitária, desta vez realizado em São Paulo, sem as brisas de Morro Branco e também longe do "Projeto Quatro Varas", mas com o mesmo alimento da alma e do corpo: a terapia de Adalberto e os cuidados de Agatah, retomamos nossos trabalhos em 2003 na "comunidade do Jaguaré".

No re-encontro com nossos companheiros de jornada, estava o querido padre Roberto, que abriu suas portas e o coração para o trabalho da APTF, e vem dia a dia nos incentivando e facilitando a inserção na favela e com o pessoal das creches. Sob o olhar de Adalberto Barreto (2005), assim como para Fritjof Capra, estaríamos na construção de uma teia, mas ao lembrar das varas é como se nos sentíssemos parte do "cerco". Influenciadas pela imagem da "pesca do cerco", forma de pescar artesanal com varas alinhavadas, herança cultural indígena, na qual os mais sábios ensinam os mais jovens a construir o cerco de bambus para pesca de peixes, e intergeracionalmente transmitem seus saberes permitindo que a comunidade de pescadores se nutra e sobreviva (Carbone,2001). Da mesma forma esta imagem nos remete ao trabalho da APTF desde 2001, na parceria com SAN-Jaguaré. Iniciando o trabalho nas creches, realizamos co-construções de "cercos" em parceria com as diretoras das creches, a partir dos grupos de multifamílias para conversação sobre problemas do cotidiano, da vida em família e comunidade. Foram realizados encontros mensais em cada uma das creches, no total 40 conversações durante o ano de 2002. Puxa! foram muitos peixes que ficaram no cerco de bambu... Peixes que propiciaram a definição dos temas propostos pela própria comunidade que giraram em torno das questões de discriminação, estereótipos, dependência e co-dependência, mortes e perdas de filhos, roubo nas próprias creches, problemas de moradia e de enchentes, desemprego e falta de perspectiva, violência doméstica, criar e educar os filhos, dificuldades no relacionamento conjugal e traição. Como Bergman (1996), nos sentíamos "pescando barracudas" e para tanto construímos juntos diretores, funcionários das creches e os moradores do Jaguaré, alinhavando nó a nó o "cerco de bambus" que permitiu espaço e escuta deste problemas cotidianos e tão sofridos, com uma fala seguida de medos e choros contando com a presença de 40 a 50 pessoas em cada encontro que compartilhavam sua dor e sofrimento na expectativa de serem ajudados ou apenas ouvidos.

Este "cerco – comunidade Jaguaré" ampliou-se com a presença de pessoas do REMIS – Rede Multidisciplinar Interativa de Saúde (voluntários do Colégio Santa Cruz) – que abordaram o cuidado que os pais e as profissionais devem ter com a alimentação e nutrição das crianças da creche. Com o Projeto Morungaba, que apresentou o trabalho sobre a exclusão social e uma proposta de aproximação entre as crianças da creche e as do colégio Santa Cruz. Contamos também com a presença de membros da Prefeitura do Município de São Paulo em nossos encontros comunitários quando foram discutidas propostas de urbanização e como lidar com as enchentes. Todos estes temas foram transformados em motes de conversação para os membros da comunidade com proposta de otimizar os recursos e competências das pessoas resgatando o saber fruto da vivência e deixando o saber técnico e cientifico à margem das propostas de resolução de conflitos no âmbito da realidade da favela.

Do saber científico ao saber popular, continuamos co-construindo cercos e pescando barracudas, para o convívio em comunidade que conforme nos lembra Sawaia (1996), "significa todas as formas de relacionamento caracterizado por um grau de intimidade pessoal, profundeza emocional, engajamento moral e continuado no tempo. A comunidade encontra fundamento no homem visto em sua totalidade e não neste ou naquele papel que possa desempenhar na ordem social. A comunidade é a fusão do sentimento e do pensamento, da tradição e da ligação intencional, da participação e da volição". Assim estamos no Pró-comunidade, um projeto da APTF.

Na gestão atual (2005-2006), com Elisabeth Polity como nossa presidente, estamos continuando nossa caminhada e iniciando o NUSE II, em parceria com o Instituto André Franco e com o SAN do Colégio Santa Cruz, felizes pois desta vez a demanda da terapia comunitária partiu da própria comunidade, a pedido da atual diretora deste II núcleo socioeducativo.

A TC parte do trabalho do Pró-Comunidade da APTF, no Jaguaré, a sua maneira, vem dando voz às pessoas da comunidade legitimando-as como autoras de sua própria história, além de criar contextos favoráveis para reflexão dos dilemas e sofrimentos do cotidiano, fazendo com que cada um busque dentro de si resiliências como fonte de recursos no reconhecer-se cidadãos.

Referências bibliográficas

1. BARRETO, A. P. (2005) *Terapia Comunitária passo a passo*, Gráfica LCR. Fortaleza.

2. BERGMAM, I.(1996) *Pescando Barracudas: a pragmática da terapia sistêmica breve*, Artes Médicas, Porto Alegre.

3. CARBONE, A. (2001) Psicologia social na Ilha do Cardoso, in Gandesso, M. *Terapia e Justiça social: respostas éticas a questões de dor em terapi*a, APTF, São Paulo.

4. CARBONE, A. (2002) Comunidade: A ilha do Cardoso, um trabalho com sistemas ampliados no paradigma sistêmico, *Caderno UniABC de Psicologia*, ano IV, n° 32.

5. CARBONE, A. (2004) CAMPU da terapia comunitária e as relações de poder contraditórias, in: *A Terapia Comunitária no Brasil*, anais II congresso Brasileiro de terapia comunitária, Brasilia-DF.

6. GRANDESSO, M. S.(2000) *Sobre a reconstrução do significado: uma análise epistemológica e hermenêutica da prática clínica*, São Paulo, Casa do Psicólogo.

7. *Relatório sobre a saúde no mundo.* (2001) OMS – Organização Mundial da Saúde.

8. SAWAIA, B. B (1996) Comunidade: uma apropriação cientifica de um conceito tão antigo quanto a Humanidade. In Campos R. H. F. *Psicologia Social Comunitária: da solidariedade a autonomia.* Petrópolis, Vozes.

9. VOLPONI, M. M. (2001) Deus faz o homem e a mulher vem se fazendo... in: Gandesso, M. *Terapia e Justiça social: respostas éticas a questões de dor em terapia*, APTF, São Paulo.

---

[1] Adriana Carbone: psicóloga, terapeuta comunitária pela UFCE, especialista em terapia familiar e de casal PUC/SP, mestre Psicologia Clínica PUC/SP. adricarbone@ig.com.br

[2] Cristiana Pereira: psicóloga, terapeuta comunitária pela UFCE, especialista em terapia familiar e de casal PUC/SP. crispgp@uol.com.br

[3] Eliana Lino Chaves: psicóloga, especialista em terapia familiar e de casal pelo Familiae. linochaves@hotmail.com

[4] Márcia Volponi: psicóloga, especialista em terapia familiar e de casal PUC/SP, terapeuta comunitária pela UFCE. marcia_volponi@yahoo.com.br

[5] Sylvia van Enck Meira: psicóloga, terapeuta comunitária pela UFCE, especialista em terapia familiar e de casal PUC/SP, mestre Psicologia Clínica USP. sylviaenck@hotmail.com

[6] Zélia Temin: psicanalista, especialista em terapia familiar e de casal. ztemin@uninet.com.br

39. Terapia Comunitária na Favela do Oleoduto

Neusa Cecília Cardin Farias
NUFAC-PUC-São Paulo-SP

Este trabalho refere-se à minha vivência em um grupo de Terapia Comunitária, realizado no período de janeiro 2005 a junho 2005 num total de 20 sessões sema nais aos sábados à tarde.

Meu primeiro contato com TC aconteceu no ano de 2002; em 2004 fiz o curso em Morro Branco – Fortaleza – Ceará.

A TC tem preenchido minhas expectativas, sendo um marco, deixando-me à vontade para ser menos impessoal; porém, mais afetiva e alegre no contato profissional; refletindo é claro na vida pessoal. Eu diria que comecei a dar um tom mais leve e solto ao meu ser. Deste contato com a TC saí convicta de que não sou um para ou pelo outro, mas um com o outro e este contato veio ao encontro de minha busca de prestar serviço à comunidade.

O trabalho foi realizado em São Bernardo do Campo, região metropolitana de São Paulo, nas favelas Oleoduto, Montanhão e Biquinha, que formam o bairro Jardim Silvina, com população estimada de 20.000 pessoas; local de alto risco de desmoronamento, aliado à extrema violência.

Este trabalho foi implantado na creche Betel, instituição mantida pela Associação Presbiteriana de Assistência Social, conveniada com a Secretaria de Educação da Prefeitura de São Bernardo do Campo.

Problemas freqüentes: A direção da instituição identificou casos de violência doméstica, drogas, pais e mães no sistema penitenciário e abandono.

O trabalho foi desenvolvido em parceria com Denivaldo Bahia de Mello, assistente social, e, como voluntários, iniciamos o programa de TC na comunidade. Cada encontro contava com 65% de pessoas ligadas à instituição (principalmente mães de crianças assistidas pela creche) e o restante do pessoal oriundo da comunidade.

Nas 20 sessões os principais temas abordados foram: desemprego, depressão, medo, insônia, alcoolismo, obesidade, luto, separação, educação de filhos, impotência, religiosidade, discriminação e perda de identidade cultural.

Os encontros foram iniciados sempre com o acolhimento das pessoas que nos procuravam e percebemos ali uma comunidade extremamente sofrida pelo cenário apresentado. Ao perguntarmos o que os trazia aos encontros, escutávamos como respostas: *'estou precisando de ajuda'*, *'estou quase louca'*, *'porque ia me ajudar em muitas coisas'* *'aliviar os problemas'*, *'meu marido enche a cara'*.

Com a implantação da TC nessa comunidade, e durante seu desenvolvimento, registramos vários relatos dos participantes. Destacamos um que chamou nossa atenção e que a nosso ver mostra com clareza os resultados positivos e as mudanças ocorridas:

Uma mulher casada de aproximadamente 25 anos de idade narra sua situação-problema:

> *"Estou tendo um problema de relacionamento com meu marido, isto começou meses depois dele sair do emprego e comprar um veículo para transportes em sociedade. A partir de um determinado momento, ele passou a não contar mais o que estava ocorrendo, qual era o rendimento, quando viaja não dá satisfação, além de não informar data de retorno, não deixa dinheiro e chega a ponto de cruzar comigo na rua e sequer olhar. Assim, estou sentindo que somos dois estranhos no mesmo lugar, estou com muita tristeza, a maior que já senti".*

Ela fez este depoimento ao lado de sua filha de sete anos, que ficou calada durante todo o tempo da narrativa.Percebemos ter sido um depoimento carregado de emoção

Foi aberto um espaço para outras pessoas contarem a vivência pessoal em situação parecida com a dela. Surgiram alguns depoimentos.

Uma outra mulher de meia-idade contou que a situação ficou insustentável em casa (não revelou o motivo); ela e o marido já não se falavam mais, porém ela tomou a iniciativa e procurou o marido para conversar, pois alguém tem que *"dar o braço a torcer"* e este diálogo foi o início de uma caminhada para reverter o processo de separação iminente.

Na semana seguinte essa mulher, com um semblante mais sereno, conta o que ocorreu durante a semana em sua casa:

A filha contou ao pai o que havia acontecido na TC e que a mãe havia chorado muito e dissera que o pai não falava mais com ela.

O pai procurou a mãe para conversar. *"A conversa foi longe rendeu até as 3 horas da madrugada"* segundo seu depoimento. Continuando seu relato, a criança disse ao pai que ele não olhou a mãe na rua, e ele explicou que a mãe fazia a mesma coisa com ele. Ela se surpreendeu: *"quando eu fiz isto?"*. Ele explicou que quando passava com o sócio no veículo, ela não olhava e o sócio fazia comentários pejorativos! Ela disse que não viu: *"eu não enxergo com estes óculos de fundo de garrafa!"* (sofre de miopia em alto grau). Ele começou se desculpando e dizendo que achou que ela estava com raiva dele, em seguida que não tinha dinheiro mesmo e estava preocupado com a situação do pequeno negócio; enquanto ela estava pensando que ele tinha outra mulher e deixando o dinheiro com ela. A conversa resultou em decisão dele fazer algumas viagens para pagar o veículo e depois colocar à venda saindo deste pequeno negócio e voltar a trabalhar como empregado.

Pensamos que houve uma mudança no comportamento desta pessoa e também uma melhora em suas relações. Isto pode ser confirmado pelos relatos que trouxe aos encontros seguintes.

Vale lembrar o que escreveu Adalberto Barreto (2005): *"com o que se ouve na TC algo muda na vida dessas pessoas, elas saem da sessão com elementos novos, por isso não são mais as mesmas"* (p. 72). Neste sentido, ele diz ter ocorrido um salto qualitativo.

Acreditamos que as conversações que acontecem no espaço da TC sejam elementos disparadores de mudança, pois esse é um lugar protegido, sem privilégios. Cada um, a seu tempo, pode falar e escutar com respeito, acolhimento, sem julgamentos e assim poder refletir sobre suas dificuldades, buscando a abertura de possíveis saídas. À medida que os participantes se expressam, manifestando suas emoções, mudam também suas ações. Maturana (1998) diz que do fluir entrelaçado do linguajar e emocionar acontecem as mudanças.

Penso que a vida pode ser boa ou má, dependendo da mudança de pensamento, saindo do ponto em que se estava paralisado, indo em frente, re-significando sua vida. Pode-se também ficar com os fantasmas que surgem de algum lugar do passado.

Realizamos este trabalho de TC com um grupo de aproximadamente 25 pessoas e pudemos ouvir relatos de melhora no padrão de comunicação, relacionamento, auto-estima. Isto pode ser percebido pelos terapeutas ao observarem o clima de descontração aumentando a cada sessão, assim como a disponibilidade de ouvir. Quando um novo "entrante" colocava seu drama, freqüentemente diziam: *"vou votar neste tema porque é mais importante que o meu!"*. Eles foram percebendo que poderiam comunitariamente partilhar os problemas e encontrar caminhos para a busca de soluções; há uma saída para a vida sofrida que levam, como pudemos verificar em falas emocionadas ao final das sessões: *"sei que vou resolver este problema"; "aprendi a negociar!"; "ceder para ganhar"; "estou saindo cheia de dúvidas, mas com a cabeça leve"*.

Esta saída está ligada ao ato de falar e entender a situação do outro e não de dar ou impor conselhos, mas, sim, valorizando a vivência pessoal de cada um. Isto me faz pensar no que fala Maturana (1998) como fatores fundamentais para mudança: a validação do outro, a aceitação, a legitimação, o não culpar e o direito de mudar de opinião.

Este despertar da comunicação integrada (ouvir e falar) foi uma "pequena semente" plantada no seio desta comunidade e oferecida pela TC que pretendemos estar ampliando, oferecendo para outras comunidades do meio em que vivemos.

> * Psicóloga.
> Aluna do 2º ano do Curso de Especialização em
> Terapia de Casal e Família da PUC de São Paulo.

Referências Bibliográficas

BARRETO, A., *Terapia Comunitária passo a passo*, Gráfica LCR, Fortaleza, 2005.

MATURANA, R. H. *Da Biologia à Psicologia,* Artes Médicas, Porto Alegre, 1998.

40. Terapia Comunitária: principais problemas e estratégias de enfrentamento de seus participantes

Maria de Oliveira Ferreira Filha[1]
Maria Djair Dias[2]
Fábia Barbosa de Andrade[3]
Talita Tavares Alves[4]
UNIVERSIDADE FEDERAL DA PARAÍBA

Considerações iniciais

Nos últimos anos, no contexto mundial, vêm ocorrendo várias transfor mações, de cunho social, político e econômico, as quais repercutem significativamente em todos os setores da sociedade, e não poderia ser diferente no âmbito da saúde, que cada vez mais vem procurando compreender sua dimensão e por sua vez resgatar a visão de integralidade que precisa se fazer presente no seio da comunidade.

Compreendemos comunidade como pessoas que têm objetivos comuns, ou seja, partilham sofrimentos, angústias e soluções para os problemas vivenciados no cotidiano. Faz-se necessário reconhecer a comunidade como um lugar que traz consigo um conjunto de peculiaridades, entendidas *a priori* como fonte de experiências enriquecedoras, que uma vez partilhadas entre os moradores dessa comunidade, faz-nos compreender que de fato a integralidade do homem – *integralidade essa tão preconizada para o bem-estar individual* – precisa ser cada vez mais considerada e por que não dizer vivenciada.

Cada ser humano que habita no seio da comunidade precisa ser entendido em sua individualidade e escutado em sua coletividade. Coletividade esta percebida no que se refere às experiências pessoais, profissionais, familiares, enfim, uma coletividade humana que compreende que esse homem, peça chave da sociedade, é um contínuo construtor e mantenedor de vínculos sociais, e que se por algum motivo esses vínculos não se encontrem verdadeiramente afetivos e efetivos, esse homem naturalmente começará a apresentar cisão em sua identidade. Uma cisão que se não for partilhada, trabalhada e desenvolvidas estratégias de enfrentamento, ele poderá começar a sentir-se sozinho, acreditando que seu problema não tem solução e, o que é pior, como ser social, não tem mais importância e com isso se refugia em seus medos e decepções, se fechando em um mundo solitário. E não podemos deixar de considerar as repercussões dessas experiências na Saúde Mental do indivíduo.

---

[1] Profa. Dra. em Enfermagem, pela Universidade Federal do Ceará. Docente do DESPP/CCS/UFPB e do Programa de Pós Graduação em Enfermagem, na área de Saúde Mental das Américas. OPS/OMS. E-mail: marfilha@yahoo.com.br

[2] Profa. Dra. em Enfermagem pela USP. Docente do DESPP/CCS/UFPB e do Programa de Pós Graduação em Enfermagem, na área de Saúde da Mulher. E-mail: mariadjair@yahoo.com.br

[3] Aluna do 9º período do Curso de Graduação em Enfermagem da Universidade Federal da Paraíba – UFPB. Bolsista PIBIC CNPq. E-mail: fabiabarbosabr@yahoo.com.br

[4] Aluna do 8º período do Curso de Graduação em Enfermagem da Universidade Federal da Paraíba – UFPB. Voluntária do PIBIC CNPq. E-mail: talitaweb@yahoo.com.br

Desse modo, interessados em proporcionar esse espaço de troca de experiências, através da partilha de problemas e por sua vez desenvolvimento das estratégias de promoção da Saúde Mental e de prevenção de transtornos mentais, buscou-se na Terapia Comunitária (TC) um novo caminho.

Tal atividade vem sendo desenvolvida há mais de 19 anos no Ceará, uma nova estratégia de integralidade, que se baseia na troca de experiência e vivências da comunidade a fim de nutrir a autonomia dos participantes através do rompimento da concentração de informações tidas pelos profissionais, fazendo com que estes conhecimentos circulem entre todos, para que dessa forma se beneficiem, deixando de ser limitado para ser compartilhado entre todos os participantes da Terapia Comunitária de forma horizontal e circular.

A Terapia comunitária vem se consolidando em alguns municípios brasileiros como uma atividade de integração e de recuperação de vínculos familiares e sociais. Tem estimulado também a formação de redes de apoio social. No município de João Pessoa, Paraíba, a Terapia Comunitária vem sendo desenvolvida com a comunidade da área de abrangência da Unidade Saúde da Família Ambulantes, no bairro de Mangabeira IV, tendo como objetivos estimular nos participantes a partilha de sofrimentos e angústias, consolidando vínculos e a conquista da auto-estima, facilitando o processo de empoderamento.

No município de João Pessoa, ainda inexistia na rede de cuidados básicos de saúde, uma atenção mais específica à saúde mental da população e a Terapia Comunitária tem demonstrado ao longo dos anos sua eficiência na promoção da auto-estima, na prevenção de transtornos mentais, bem como ajudado as pessoas a resgatar vínculos afetivos e sociais, sendo considerada um instrumento que facilita a agregação e a inclusão social.

Na Terapia Comunitária cada um torna-se terapeuta de si mesmo, a partir da escuta das histórias de vida. Todos são co-responsáveis na busca de soluções e superação dos desafios do cotidiano (BARRETO; RIVALTA, 2004). Entende-se por cotidiano aquilo que se faz habitualmente, que ocorre todos os dias (NASCIMENTO, 1995). Centrando a atenção no agir cotidiano, se pensa nos gestos e ações do dia-a-dia, como por exemplo, a fala, o riso, o abraço, percebidos como triviais e julgados sem valor, entretanto são esses gestos que marcam e caracterizam a vida de uma comunidade.

É na TC que se busca a construção de uma rede solidária, onde as pessoas começam a conversar, partilhar, trocar idéias e tecerem vínculos que levam a comunidade a agir onde a família e as políticas sociais falham, valorizando desse modo o saber e a competência dos indivíduos (BARRETO; RIVALTA, 2004).

Com isso, justifica-se a relevância do presente estudo, acreditando que esses encontros de Terapia Comunitária proporcionam não só melhoria na qualidade vida para os indivíduos que habitam na comunidade, mas também para os que promovem os encontros de TC.

Objetivo

Discorrer sobre os principais problemas e estratégias de enfrentamento apresentados pelos participantes da Terapia Comunitária no bairro de Mangabeira IV, município de João Pessoa – PB.

Caminho metodológico

Trata-se de um relato de experiência que foi vivenciado pelos autores do estudo, através dos encontros de Terapia Comunitária que ocorreram no período de agosto de

2004 a maio de 2005, na Associação de Moradores dos Vendedores Ambulantes, do bairro de Mangabeira IV, no município de João Pessoa – PB.

Os encontros de terapia são realizados semanalmente, tendo uma média de 23 participantes. Geralmente estão presentes idosos, adultos, adolescentes e crianças, com predominância de adultos e do sexo feminino. Participam também os profissionais que integram a Equipe de Saúde da Família Ambulantes, cuja Unidade de Saúde da Família se localiza ao lado da referida associação.

Para a coleta do material empírico utilizou-se a transcrição das falas dos participantes dos encontros de TC, através do registro do caderno de campo, sendo tomadas para construir o *corpus* do trabalho.

Resultados e discussão

PRINCIPAIS PROBLEMAS APRESENTADOS NOS ENCONTROS DE TC

Os encontros de Terapia Comunitários se desenvolvem de acordo com cinco fases: *acolhimento, escolha do tema, contextualização, problematização e encerramento.* O presente estudo se deterá na segunda e quarta fases que dizem respeito à apresentação dos problemas e estratégias de enfrentamento apresentadas pelos participantes dos encontros. É na segunda fase que os participantes abrem o seu coração e relatam o que está afligindo sua alma, sem medo de serem julgados e repreendidos. O problema é dito de forma sucinta e no final desta fase é feita uma votação para escolher o tema que será contextualizado. Após a contextualização do problema, segue a quarta fase onde os outros participantes relatam suas estratégias elaboradas para o enfrentamento de semelhante problema.

Para efeitos de análise, inicialmente foram levantados os problemas mais evidenciados pela comunidade, por meio dos registros do caderno de campo durante a fase de escolha do tema. Tais problemas são apresentados esquematicamente na figura abaixo.

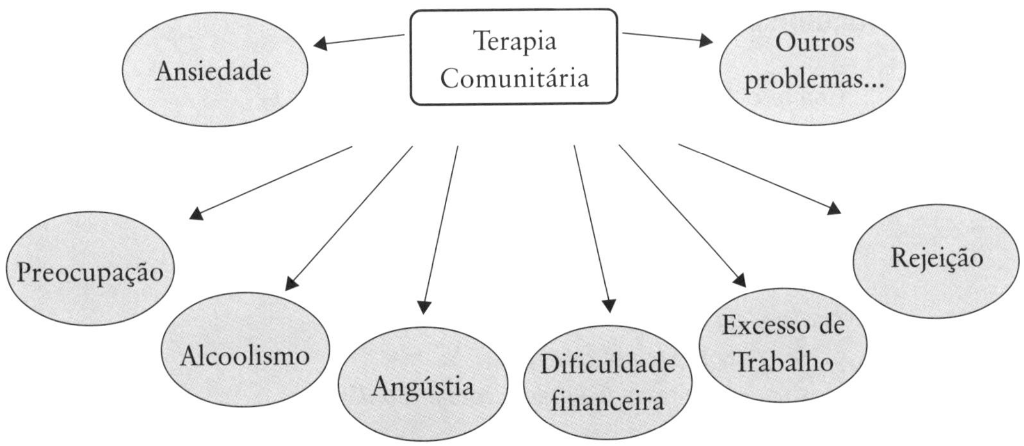

FIGURA 01: Problemas mais referidos durante os encontros de TC.

Observa-se que os problemas mais referidos nos encontros de Terapia Comunitária foram: ansiedade, preocupação, alcoolismo, angústia, dificuldade financeira, excesso de trabalho, rejeição, dentre outros problemas como medo, desânimo, dificuldade de aceitar a morte, saudade, tristeza e problemas de saúde.

Percebemos que as situações apresentadas são de caráter individual e coletivo sendo partilhadas durante os encontros, que *a priori* podem ser vistas como simples, mas que têm uma significativa influência na sua vida.

Tais problemas podem ser relacionados ao estilo de vida moderno, que valoriza o ter em detrimento do ser, favorecendo a desagregação social. No momento em que as comunicações estão mais acessíveis, as pessoas tendem a concentrar-se no "eu" e este fator é levado para as famílias as quais geram indivíduos despreocupados com seu semelhante. Segundo Machado (2001) o "código individualista", cada vez mais presente nos modelos das famílias da modernidade é, em grande parte, responsável pela autonomização dos indivíduos e dessensibilização em relação ao seu semelhante.

Assim, apesar de o acesso às comunicações permitir uma maior rede de diálogo entre as pessoas, percebe-se a dificuldade na formação de vínculos solidários, que permeia o cotidiano.

Principais estratégias de enfrentamento apresentadas pelos participantes da TC

Neste item apresentaremos as estratégias de enfrentamento de acordo com cada problema apresentado acima, que foram citadas nas falas dos participantes durante os encontros da TC.

Angústia

...Investi em uma terapia para me fortalecer...
...Aprendi a dividir o tempo para brincar com minha filha...
...Busquei uma terapia para não me sentir culpada...
...Dividi as tarefas com o meu marido...
...Confiei em Deus, ter fé e esperança me ajudou a superar...
...Procurei meus parentes que vivem na mesma cidade...

Alcoolismo

... Coloquei limites na convivência para ser respeitado...
... Tive muita fé, rezei e orei sem abandonar meu marido...
... O levei para fazer tratamento psiquiátrico...
... Tomei vergonha na cara e parei de beber...
... Levei meu marido para os A.A....
... Tive muita paciência, carinho e não julguei nem critiquei...
... Ajudei ele a ver seu lado bom...
... Converso com ele no outro dia...
... Mostrei o lado prejudicial do álcool à família...

Dificuldade financeira

...Procurei outros meios de ganhar dinheiro como vender tapiocas, cocadas...
...Tive fé em Deus e paciência..
...Acreditei que as coisas iriam melhorar...
...Procurei emprego para ajudar nas despesas da casa...

Excesso de Trabalho

...Busquei outra atividade de trabalho para organizar melhor a minha vida...
...Pedi ajuda para os colegas...
...Procurei a família para não me sentir abandonada...
...Entreguei a Deus meu excesso de trabalho e pedi para se guiada...
...Administrar o tempo para priorizar os problemas...

Rejeição

...Valorizei mais a mim mesma..
...Procurei estar junto das pessoas que nos ama...
...Dei o primeiro passo em relação à pessoa pela qual me senti rejeitado...
...Conversei sobre o assunto com a pessoa que me rejeitava..
...Quando fui machucada devolvi com amor aquele sentimento...
...Orei e pedi a Deus ajuda...

Verificam-se nos relatos algumas das estratégias referentes a cada problema verbalizado, apresentado pelos participantes, sendo as mais referidas a fé e confiança em Deus, e sentimentos apresentados como amor incondicional, bem como comportamentos indispensáveis nos relacionamentos interpessoais como humildade, paciência, perdão, entre outros.

Percebe-se que as pessoas têm se utilizado de conhecimentos advindos de sua experiência pessoal com o sofrimento e que a Terapia Comunitária tem facilitado e estimulado o processo resiliente, consolidando vínculos e a conquista de sua auto-estima, facilitando o processo de empoderamento, entendido, de acordo com Vasconcelos (2003) como o aumento do poder e autonomia pessoal e coletiva de indivíduos e grupos sociais nas relações interpessoais e institucionais, principalmente daqueles submetidos a relações de opressão, discriminação e dominação social.

Camarotti (2005) propõe que na vivência grupal circulem os atributos das pessoas resilientes: 1 - alta capacidade de resistência; 2 - facilidade de construção coletiva; 3 - alta capacidade para amar; 4 - alta capacidade para crescer profissionalmente e 5 - alta capacidade de troca com o mundo. Dessa forma, as relações de troca entre os participantes estimulam esses atributos, construindo uma nova história para seu sofrimento.

Considerações finais

Em virtude dos aspectos mencionados, podemos observar que no decorrer das terapias realizadas os problemas mais encontrados foram: angústia, medo, alcoolismo, preocupação, dificuldade financeira, excesso de atividades no trabalho e ansiedade; e as estratégias de enfrentamento individual e coletivo foram: busca de diminuição do sofrimento pela fé; maior restabelecimento de vínculos com a família através do diálogo; expressões de sentimentos e afetos tais como: amor incondicional, humildade, respeito, paciência, perdão, otimismo; procurar grupos de ajuda como as terapias complementares.

Acredita-se que a terapia comunitária possibilita a formação de vínculos e o fortalecimento da auto-estima, pois cada um aprende com a experiência do outro e além do mais vê-se que a comunidade tem seus próprios meios de resolver problemas cotidianos que acarretam sofrimento físico e emocional, melhorando a cada dia a sua qualidade de vida.

Referências bibliográficas

BARRETO, A. *Manual do Terapeuta Comunitário*. Textos mimeo. Fortaleza, 2004.

_____. *Manual do(a) cuidador (a) – Formação de multiplicadores em técnicas de resgate da auto estima na comunidade*. Textos mimeo. Fortaleza, 2004.

BARRETO, A., RIVALTA, M. *Treinando as Etapas da Terapia Comunitária*. Texto mimeo. Fortaleza, 2004.

CAMAROTTI, M. H. *A doença como fonte de transformação: um estímulo a resiliência comunitária*. Artigo do mês. Disponível em: http://www.abratecom.org.br. Acesso em outubro, 2005.

FERREIRA FILHA, M. O. et al. *Terapia comunitária: uma ação básica em saúde mental*. Projeto de extensão. João Pessoa, 2005.

MACHADO, L. Z. Famílias e individualismo: tendências contemporâneas no Brasil. *Interface*, v. 5, n. 8, p. 11 - 26, fev, 2001.

NASCIMENTO, E. S. Compreendendo o quotidiano em saúde. *Rev. Enfermagem*. V. 2, n. 4, Belo Horizonte, dez. 1995, p. 31-38.

VASCONCELOS, E. M. *O poder que brota da dor e da opressão: empowerment, sua história, teorias e estratégias*. São Paulo: Paulus, 2003.

41. "A Terapia Comunitária resgatou meu amor pela vida". Relato de experiência de um morador de rua em albergue

Márcia de Oliveira Novaes
Maria Auxiliadora Camargo Cusinato
Nilza de Fátima da Silva
Simone O. R. Tavares

Colaboradores: Grupo de Supervisão de Terapia
Comunitária da Região Sudeste de São Paulo

Instituição: Unidade Básica de Saúde / Programa Saúde
da Família Pari (UBS/PSF) – Prefeitura Municipal
de São Paulo (PMSP)

Endereço eletrônico: mnovaes@uol.com.br

Introdução

Em abril deste ano, na supervisão da região sudeste, foi decido eleger uma das experiências do grupo para ser apresentada no III Congresso Brasileiro de Terapia Comunitária.

O trabalho relatado é realizado por Nilza, ou Branca como é conhecida, e Simone, Terapeutas Comunitárias e Agentes Comunitárias de Saúde da UBS/PSF Pari.

Realizam as terapias comunitárias na Casa de Cuidado Ana Carolina, localizado no "Complexo Canindé", como é conhecido, no Distrito Administrativo Pari – DA Pari, na Subprefeitura Mooca – SP Mooca, do município de São Paulo.

A região da SP Mooca possui 308.161 habitantes, sendo 14.000 no DA Pari. É o distrito administrativo com maior índice de evasão populacional da cidade, com muitos galpões e fábricas abandonadas e quantidade irrisória de área verde. A região da SP Mooca é a segunda maior em número de população em situação de rua, perdendo apenas para SP Sé. Existem 11 albergues no território, sendo que 5 estão ao redor da UBS/PSF Pari. Existem 4 equipes de saúde da família –ESF nesta unidade de saúde, cobrindo aproximadamente 90% do território do Pari.

No "Complexo Canindé" há três equipamentos para moradores de rua: o Albergue Uezi Zarham com capacidade para 150 albergados por 24 horas e 150 albergados por 12 horas, entre homens, correspondendo à maioria, e mulheres; a Casa de Mulheres, com 70 vagas, para mulheres em situação de rua encaminhadas de outros albergues, que possam responsabilizar-se pelas tarefas da casa; e a Casa de Cuidados Ana Carolina, com 70 leitos masculinos para moradores de rua convalescentes, funcionando como retaguarda hospitalar. Estes equipamentos são conveniados à Secretaria de Assistência Social – SAS, do município de São Paulo, sendo que a Casa de Cuidados possui parceria com a Santa Casa de São Paulo.

Em 2004 a Secretaria Municipal da Saúde realizou capacitação para funcionários da atenção básica.

No mês de junho de 2004 as Agentes Comunitárias de Saúde – ACS iniciam as terapias comunitárias na Casa de Cuidados. A escolha foi feita pela necessidade do território, de um trabalho de escuta com a população em situação de rua, próxima a unidade de saúde.

Características da TC na Casa de Cuidados

A TC acontece todas as quartas-feiras às 14h, com 45 a 50 pessoas, sendo que 10 são novos participantes. Os grupos são heterogêneos, formados por homens e mulheres, idosos, pessoas com transtornos mentais, portadores de HIV, dependentes químicos.

A TC passou a fazer parte da rotina semanal como atividade legitimada pelas instituições, a partir da presença assídua dos participantes:

"A TC é a luz da semana." (assistente social da Casa de Cuidados)

As terapeutas comunitárias percebem a grande necessidade de escuta dos albergados, muitas vezes verbalizada nas sessões, e também pela percepção da mudança de vida a partir da transformação de sentimentos dos participantes.

O grupo aguarda Branca e Simone, pontualmente, toda semana, e quando atrasam um pouco, ligam para a unidade querendo saber se elas farão a TC.

O grupo faz uma recepção diferente para as terapeutas comunitárias a cada sessão, cantando a música ensaiada durante a semana, tocando instrumentos improvisados como: caixa de remédios, baldes, bacias, latas de refrigerantes, entre outros, encontrados no seu dia-a-dia na instituição e fora dela.

A TC está presente no cotidiano dos moradores (as) e não apenas no dia do grupo. Branca e Simone são paradas na rua para que eles possam contar suas conquistas, demostrando que estão retomando laços afetivos e sociais.

"Consegui arrumar um trabalho".

"Escrevi uma carta para meus familiares."

Criou-se também uma rede de comunicação e negociação dos albergados com a instituição, quanto a seus direitos. A TC facilitou a união das três instituições, pois é um momento em que é permitido o livre acesso de uma unidade para a outra.

Há relatos dos participantes terem parado o uso abusivo de álcool e drogas:

"Vocês e a TC me fizeram ver o mundo de forma diferente."

"O sucesso do outro me ajuda a perceber que também posso."

As Terapeutas Comunitárias referem que os albergados chegam a contar segredos importantes, por não sentirem-se julgados pelo grupo. Branca e Simone surpreendem-se quando em poucos encontros as pessoas relatam transformações dos seus sentimentos.

"Eu consegui perdoar minha mãe, pois percebi que também é minha a responsabilidade dos meus problemas." (Fala de uma pessoa na terceira participação no grupo de TC)

No grupo destacou-se um dos albergados da Casa de Cuidados. No início do trabalho, Santiago encontrava-se numa cadeira de rodas, com sua saúde bastante debilitada, conseqüência dos sintomas do vírus HIV. Foi quando a assistente social comentou sobre o talento de Santiago como músico, que poderia tocar violão nas terapias comunitárias.

Foi assim que muito acanhado inicialmente Santiago aceitou o convite para cantar no grupo. Um dia contou sua história e começou a fortalecer-se, saindo da cadeira de rodas.

Quem é Santiago?[1]

Santiago tem 47 anos, foi mecânico de aviação da TAM por 15 anos. Hoje é músico, compositor e artista plástico. Tornou-se freqüentador assíduo da TC e passou a ser um colaborador ativo como violeiro, resgatando seu trabalho como músico, afastado há três anos pelas intempéries da vida, mostrando seu talento, inclusive como artista plástico, voltando a pintar seus quadros a óleo.

Ele conta que constituiu família, esposa e filhos, quando era mecânico de aviação. Viveu experiências trágicas, como ter sobrevivido a uma acidente de avião. Hoje possui marcas de queimadura em grande parte do corpo.

Uma experiência importante foi quando Santiago foi convidado pela Escola Nossa Senhora das Graças, particular, de classe média-alta, para contar sua história, através de um projeto da escola – Vozes da Cidade. Este projeto tem o objetivo de os alunos conhecerem a realidade da cidade a partir de um passeio por São Paulo. Elegeram o tema sobre moradores em situação de rua depois de visitarem um albergue-modelo na região central, chamado Boracéia.

As crianças da terceira série fizeram perguntas a respeito de sua condição de morador de rua, tirando dúvidas, conhecendo uma realidade diferente, e principalmente esclarecendo e desmistificando que os moradores de rua não possuam talento, sonhos e projetos de vida.

Em maio deste ano, Santiago aceita o convite do grupo de supervisão para nos dar um depoimento a respeito de apresentação no Congresso, sobre sua experiência com a TC.

Destacamos aqui algumas frases de seu depoimento:

"Encontrei saída para os meus sentimentos."

"Voltei a tocar a partir da TC. A música me preenche o vazio e a TC também."

"Uma TC especial foi a do natal. O tema foi religiosidade e a busca da felicidade, e isto está na TC."

"Encontrei alimento pra me fortalecer diante dos sofrimentos da vida, de tudo que passei."

---

[1] Estamos usando o nome verdadeiro de Santiago por autorização do mesmo ao dar seu depoimento no grupo de supervisão da região Sudeste de São Paulo.

"A TC resgatou meu amor pela vida."

"Eu gostaria que vocês levassem este trabalho para além da imaginação, pois muitos albergados precisam deste trabalho. Precisa de uma palavra amiga."

Conclusão

Mediante ao relato desta experiência, concluímos a importância deste trabalho em albergues, garantindo a escuta de pessoas em situação de rua despertencidas, sem uma rede de apoio social e afetivo.

Muitas vezes as instituições que propõem-se a fazer o papel de acolhimento são muito mais lugares descriminatórios, com regra rígidas, não permitindo o resgate de cidadania e reorganização da vida.

Santiago nos fez acreditar que a TC pode ser uma ferramenta essencial no resgate do sentimento de pertencimento, responsável pela motivação da vida, reconhecendo o poder do apoio da comunidade a qual está inserido.

Dias antes do congresso, encontramos Santiago na unidade de saúde, que nos presenteou com um CD contendo sua música gravada em um estúdio. Conta que fez contato com uma dupla sertaneja de sucesso e que está aguardando resposta sobre a possibilidade de ela ser gravada.

Esperamos que esta seja mais uma história de vida que deu certo.

Referências bibliográficas

BARRETO, A. de P. *Terapia Comunitária passo a passo*. – Fortaleza: Gráfica LCR, 2005.

CAMAROTTI, M. H.; FUKUI, Lia e MARCHETTI, Beccaro L. *A Terapia Comunitária no Brasil – Anais do II Congresso de Terapia Comunitária* – Brasília – DF, Maio de 2004.

42. Terapia Comunitária: um instrumento de inclusão social em um semi-internato

Elizabete Maria Santana Oliveira*
e Maria Olívia Chaves Viana Vieira

I – Introdução

O trabalho que desenvolvemos teve desdobramentos, modificações e adaptações. Começou sem muita pretensão, apenas queríamos ser úteis e aplicar nossos recém-adquiridos conhecimentos, apesar de já desenvolvermos a Terapia Comunitária há três anos em uma comunidade que freqüenta a paróquia de um bairro urbano de Salvador. Por acreditar nesse trabalho, o padre da referida paróquia convidou-nos para que fizéssemos um acompanhamento com as alunas do semi-internato do Projeto Bom Viver, na Casa da Providência.

O nosso trabalho é norteado pelo desafio de despertar nos pais, crianças e educadores do Projeto, a apropriação de suas habilidades e recursos, favorecendo a construção de alternativas e de soluções mais úteis às situações por eles nomeadas como problemáticas.

Inicialmente efetuamos uma trabalho de (re)conhecimento, ou estudo diagnóstico, das crianças que cursavam as terceiras e quartas séries, com idades entre 7 e 12 anos, onde fizemos encontros quinzenais durante dois semestres de 2002 e 2003, com a finalidade de nos inteirarmos da problemática destas crianças, seus comportamentos, preocupações, linguagem, desempenho nas aulas, dificuldades, e tudo mais que surgisse nesses encontros. Para que isso ocorresse utilizamos vários mecanismos que despertassem interesse por parte delas, como trabalhos de grupo, brincadeiras, leitura socializada de historinhas, jogos e desenhos. Simultaneamente recebíamos uma ficha de evolução de desempenho, que faz parte da rotina do Projeto Bom Viver, realizada pela coordenadora. Observamos que eram retratadas muitas dificuldades por parte dessas crianças, que têm um período do dia com aula normal, o outro de complementação, ficando assim na Escola durante todo o dia, incluindo o almoço, o banho, lanches, deveres e recreações. Isso deu oportunidade de demonstrarem seus comportamentos, extravasando tudo que estivesse inquietando, como conseqüência do que vivenciavam nas famílias. Os problemas identificados são muitos e sérios, ligados à história familiar, condição social e moradia, refletindo sempre no desempenho de aprendizagem.

---

* Elizabete Maria de Santana Oliveira
Email – emasaoli@hotmail.com
Rua Reitor Macedo Costa, no. 113, Ed. Maison Bougainville, Ap. 903-A, Salvador-Bahia, CEP – 41815070
Telefone – (071) 34515589 / (071) 99846687

Maria Olívia Chaves Viana Vieira
Email – mocvvieira@yahoo.com.br
Rua Alberto Ponde, 175, Ed. Casa de Mozart, ap. 302, Candeal – Salvador – Bahia, CEP – 40296-250
Telefone – (071) 33599241 / (071) 88262301
* Supervisoras do I Curso de Especialização em Terapia Comunitária da UCSAL Universidade Católica do Salvador

Depois desses primeiros anos de convivência nos demos conta de que seria necessário um entrosamento maior com seus familiares a fim de compreendermos a realidade da comunidade e em comum acordo com a coordenadora do projeto, nas reuniões de pais, fizemos a primeira Terapia Comunitária. As pessoas presentes, pais, mães, parentes e responsáveis, demonstraram muitas dificuldades em lidar com os filhos, pois vivenciam problemas os mais diversos, como drogas na família, traição, desconhecimento da paternidade, falta de afetividade materna e paterna, brigas, rejeição, etc. e de acordo com o interesse em aprofundar as relações, são aprazadas para atendimento na programação da Terapia de Família, na mesma instituição, em dias e horários determinados.

Como a cada ano as crianças que terminam a quata série saem da escola, e outras entram   nas diversas séries, a maneira mais produtiva de oferecer o acompanhamento da Terapia de Família, certamente é Terapia Comunitária. Algumas vantagens ficaram evidentes com este procedimento, que tem o objetivo de atender de forma mais rápida e mais abrangente as famílias das alunas do Projeto Bom Viver, visto que nosso trabalho tornou-se conhecido e respeitado pelos familiares e a própria direção e coordenação procuraram valorizar a Terapia Comunitária pois começaram a entender melhor o comportamento das crianças, desde quando participam da problemática que vivenciam o dia a dia das famílias. As datas das Terapias Comunitárias não foram realizadas sistematicamente no início, mas no decorrer dos anos estamos procurando estruturar para realizar no início do ano letivo, no início do segundo semestre no encerramento do ano letivo escolar, ou até mensalmente, de acordo com os objetivos propostos que incluem o acompanhamento das famílias, em terapia de família. Com isso, certamente despertando em cada um, melhor relacionamento e assim possibilitar às crianças maior interação com seus familiares, professores e colegas, tendo como conseqüência uma maior produtividade no rendimento escolar.

II – A instituição casa da providência

A Casa da Providência está vinculada à AIC (Associação Internacional de Caridades) – Brasil, ONG com sede em Bruxelas, na Bélgica, reconhecida pela ONU e pelo Vaticano, atuando em 50 países, numa corrente que promove os valores humanos e sociais, abrindo espaços e levando a esperança de dias melhores para os que estão à margem da sociedade. As ações são realizadas não apenas na esfera econômica, mas em todos os níveis e exclusão. Na sua dinâmica, procura acompanhar o desenvolvimento exigido pelo estágio que atingiu o mundo na era da globalização. No Brasil, as ações recebem apoio dos poderes públicos, entidades privadas e das Senhoras de Caridades – (associação leiga, feminina, pertencente à AIC). Vale ressaltar o trabalho das voluntárias (como o nosso), feito com abnegação, respeito, carinho, incentivo, amor e fé, distribuídos às pessoas mais carentes da sociedade.

Comungando com os objetivos da Terapia Comunitária, registra-se um trabalho consolidado e solicita-se a colaboração de todos os que abraçam essa causa, que busca também a formação de cidadãos conscientes dos seus direitos e deveres diante de uma sociedade de tantas injustiças.

A Associação das Senhoras de Caridade fundada na França, no século XVII, e na Bahia desde 1854, tinha como protetores oficiais D. Pedro II e a Imperatriz D. Theresa Cristina. Hoje sua ação social é integrada com voluntariado e destina-se a várias atividades como: grupos de terceira idade, com 160 idosos, recebendo assistência domiciliar, hospitalar e cesta básica; orientação de crianças e adolescentes em regime de abrigo, na faixa de 7 a 18 anos, recebendo assistência educacional integral, assistência médico-hospitalar e odontológica; oficinas de trabalho para crianças e seus familiares; escola conveniada com a SEC (Secretaria de Educação e Cultura), para a comunidade, tendo como linhas operacionais: autopromoção, formação educacional, comunicação e solidariedade.

A Casa da Providência fica no bairro da Saúde, em Salvador, bairro de classe com poder aquisitivo médio, porém cercado por bairros de classe de poder aquisitivo mais baixo, com áreas comerciais bem populares, como a Baixa dos Sapateiros, o Gravatá, Ladeira da Praça, Pelourinho; porém os alunos da Escola Municipal não residem apenas em bairros vizinhos.

O Projeto Bom Viver atualmente absorve 70 crianças do sexo feminino, nas classes de primeira à quarta séries, absorvidas por meio de critérios como morar no bairro, condição econômica, estudar na mesma escola, onde permanecem em períodos contrários ao escolar.

III – Objetivos

As sessões de Terapia Comunitária na escola da Casa da Providência vieram em conseqüência da demanda da escola com "crianças problemáticas", como instrumentos para inserção das famílias dessas crianças de forma mais rápida, e atender ao maior número de pessoas da comunidade assistida pela Casa da Providência.

A partir de um trabalho de conhecimento inicial do comportamento das alunas do Projeto concluímos que seria mais produtivo um acompanhamento dessas alunas a nível familiar. Os conflitos e desajustes não devem ser encarados apenas como problemas coletivos ou intrapsíquicos, mas também como uma disfunção do sistema familiar como um todo, afinal, as partes do sistema estão unidas através de uma relação circular. A família é vista como um grupo dinâmico que se estrutura sob a forma de um sistema, e como tal, seus membros funcionam como elementos interdependentes, que se interrelacionam reciprocamente, formando um todo organizado, tendo um resultado maior do que se cada elemento funcionasse independente. O todo é maior que soma das partes. Dessa forma, a ocorrência de modificação em algum dos elementos provoca mudança nos demais e no sistema como um todo. Assim, o problema é considerado não como o problema de um sujeito, mas como o problema relacional da unidade básica da estrutura social que é a família.

Mas como chegar a essas famílias, tão problemáticas, sofridas, distante das filhas pelas atribulações cotidianas, e que por falta de oportunidade não conseguem saber como agir diante de tantas dificuldades?

O atendimento somente através da terapia de família não nos satisfez, pois a demanda de dificuldades é grande, as famílias pouco crédito dão quando não têm iniciativa própria para procurar o atendimento e nem disposição para freqüentar as sessões desde quando a procura não partiu delas e confiança no terapeuta que ainda não conhecem. Através da Terapia Comunitária abriu-se uma porta para que fôssemos "credenciadas" a penetrar em suas tão sofridas vidas. À medida que procuramos fazer parte da comunidade, participando de reuniões de pais, das datas festivas, nos inteirando das dificuldades através da coordenadora e do contato com os familiares e responsáveis, a confiança foi sendo construída. A Terapia Comunitária entrou como uma ferramenta que abriu possibilidades de mostrar que poderíamos nos ajudar, que muitos pais têm problemas semelhantes como o desemprego, a violência doméstica, dentre outros, que não estavam sozinhos nas suas dificuldades, mas presos, imobilizados nelas.

A Terapia Comunitária nos permite que ao término, quando ainda sensibilizados, compartilhemos emoções que ficaram reprimidas durante a sessão, por vários motivos: vergonha de falar, falta de confiança no grupo, no terapeuta, vergonha de ser apontado, de ser julgado, etc. Então, essas pessoas tendem a querer ajuda mais individualizada e demonstram interesse em aprofundar as reflexões sobre seus padrões de comportamento, seus papéis; parecem conviver em um caldeirão borbulhante de problemas, neste momento de conexão com a dor, se desarmam e sentem-se motivadas para acompanhamento da terapia de família.

IV – Diagnóstico da clientela atendida

Considerando-se o processo de inserção dos pais e responsáveis na escola, onde o desejo de entrosamento mútuo para uma melhor atuação e desempenho dos filhos na escola se faz necessário, e como a escola nem sempre consegue motivação suficiente para que os pais unam forças, a Terapia Comunitária serviu de instrumento adequado. A comunidade vive uma conjunção de forças, pressões e desafios das mais diferentes naturezas e, tendo ou não clareza disto, muitas vezes apresenta limitações e tenta resistir na luta cotidiana.

De um lado, esses pais vivem dificuldades, com sua dinâmica e características próprias, com recursos escassos e tentando sobreviver e resistir dentro de suas limitações e do outro, o projeto, com a preocupação de recuperar e inserir seus filhos em um contexto sócio-político-educacional. As possibilidades têm sido construídas nessa relação projeto *versus* família.

Pode-se dizer que tanto o Projeto como a família podem ter modos de ação diferentes, pois são orientados por visões de mundo diferentes. Por várias razões, a partir de nossa experiência, as possibilidades de entrosamento foram construídas nessa relação, aproveitando o que de maior interesse surgiu nas duas partes, associado com o desejo de ajudar e de serem ajudados. A inserção da Terapia Comunitária revestiu-se de uma preocupação ligada a estratégias para minimizar preocupações, sofrimentos e clamores da comunidade, formando redes solidárias de apoio e afeto, reintegração das famílias, onde pais e educadores pudessem entender as crianças em suas alegrias, sonhos, sofrimentos e frustrações.

O distanciamento de um lado da instituição de formação e as necessidades sociais e de acolhimento de outro, estamparam temáticas e problemáticas vividas por estas alunas que precisavam ser conhecidas e tomadas como objeto de "ajuda" / "investigação".

Na primeira reunião de pais, juntamente com a presença da secretária, da vice-presidente da instituição, foi solicitada autorização para realizarmos o trabalho com as crianças deixando espaço para que pudessem opinar. Alguns deles expuseram seus problemas, falando das dificuldades de educar suas filhas e parentes:

- "Crio a minha sobrinha desde o momento do nascimento, gosto dela por ser uma menina obediente e meiga, sei do quanto este Projeto está ajudando ela".
- "A minha neta foi rejeitada quando bebê e até então está comigo. Ela é desobediente e me dá muito trabalho. Imagino quando ela sair do Projeto para ir para casa".
- "A minha filha tem muita dificuldade de aprendizado, por isso está repetindo de ano e está na segunda série sem saber ler. Ela é muito desobediente e espera uma mudança através das terapeutas".
- "A minha filha tem uma lerdeza em todos os sentidos, acho que ela não é normal, precisa de ajuda e já tem acompanhamento com uma psicóloga".
- "Sou avó das gêmeas. Elas foram rejeitadas pela mãe ao nascer, não conhecem

o pai. A mãe mora na mesma casa conosco mas não se falam. As meninas são meigas, mas às vezes são muito agressivas e desobedientes. Elas não gostam de um tio que também mora na mesma casa".

- "A minha filha é uma boa menina, só que é lenta nos estudos e a outra filha como tem problemas mentais bate muito nela".

- "Eu enfrento problemas com a minha filha pois ela está há cinco anos na segunda série e não sabe ler... Ela é desobediente e preguiçosa".

Várias foram as ações desenvolvidas inicialmente na escola que possibilitassem a formação de vínculo, como: participação de reuniões de pais e educadores, observação das crianças nos momentos de lazer e lanche, comemorações festivas como Páscoa, S. João, encerramento do ano letivo, Natal, onde pudemos descobrir talentos, visualizar olhares de orgulho dos pais e a valorização da nossa cultura.

Desenvolvemos um trabalho com as crianças de 7 a 12 anos, como leitura de histórias, roda de conversa de temas previamente escolhidos, jogos e outras brincadeiras. Este trabalho teve como proposta desenvolver a capacidade reflexiva através do diálogo, observação do comportamento, reações, integração no grupo, despertando nelas a apropriação de habilidades e para as terapeutas, uma visão diagnóstica. Este contato com as alunas nos deixou com um relativo entrosamento, o que certamente facilitou para que ficassem mais desinibidas durante as sessões terapêuticas com os familiares.

Após conhecer, levantar, caracterizar as necessidades daquele grupo e sua dinâmica de comportamento é que foram diagnosticadas situações de risco em que se encontravam envolvidas as alunas inseridas no Projeto Bom Viver.

Em nossa visão, fizemos o possível para questionar e vislumbrar possibilidades de transformação daquela comunidade, tão desvalida, conformista, sem esperanças. Segundo os princípios da Terapia Comunitária "não buscamos identificar as fraquezas, carências, diagnosticar problemas e meios de compensá-las. Ao contrário, a meta fundamental da Terapia Comunitária é identificar e suscitar as forças e capacidades dos indivíduos, das famílias e das comunidades para que estes recursos permitam que sejam encontradas suas próprias soluções e superação das dificuldades impostas pelo meio e pela sociedade". (Barreto, Adalberto – *Nova Perspectiva Sistêmica*, outubro de 2003, no. 22, p. 38)

V – Metodologia

As sessões de Terapia Comunitária foram realizadas, mediante acordo prévio com a direção do Projeto, doordenação e professores, através de convites escritos dirigidos aos pais e responsáveis das alunas do Projeto Bom Viver, em horário conveniente aos familiares, ou seja, que fosse compatível com o horário de saída das alunas. Nessas sessões, as alunas não estavam presentes, encontravam-se em sala de aulas.

Diante do envolvimento com a Terapia Comunitária e dos resultados positivos, neste início de ano, achamos que seria produtiva a participação dos professores, que até o momento não participavam diretamente do processo, a não ser quando tinham que liberar as crianças para as sessões de terapia de família. Então, para motivação da classe, inicialmente sensibilizamos a coordenadora através de conversa informal e de um convite, onde estão expostos os objetivos da Terapia Comunitária.

Para que as sessões de Terapia Comunitária ocorressem, nos foi disponibilizado espaço físico dentro da escola com material básico de trabalho (cadeiras, aparelho de som, etc.) além de salas para atendimento nas sessões de terapia de família. Vide convites no anexo I.

VI – Objetivo da terapia comunitária no projeto bom viver

Para a correlação entre a Terapia Comunitária e a inserção social no Projeto Bom Viver, tivemos como objetivos desenvolver atividades de prevenção e estimular as redes sociais das pessoas que vivem em situação de crise e sofrimento, como mãe usuária de drogas, o resgate da dignidade e da cidadania, como famílias desestruturadas, mães profissionais do sexo, contribuindo para a redução de vários tipos de exclusão, resgate de seus valores e de suas respectivas histórias, da cultura, e a restauração da auto-estima, autoconfiança, pois muitos pais são desempregados e desesperançosos.

As sessões das Terapias Comunitárias, seguiram as etapas:

Co-terapeuta: *acolhimento*: dando as boas vindas, a celebração da vida, lembrando as regras e objetivos da Terapia Comunitária, aquecimento, e apresentação do terapeuta.

Terapeuta: *escolha do tema*: apresentação dos temas, votação, agradecimentos.

Terapeuta: *contextualização*: informações, escolha do mote.

Terapeuta: *problematização*: lançamento do mote.

Co-terapeuta: *conclusão*: formação da roda, conotação positiva.

O fortalecimento de vínculos entre as crianças do Projeto, seus familiares e educadores deixou o padrão de comunicação mais aberto, as mães e responsáveis procuram dar mais satisfação quando a criança não pode comparecer, há troca de orientação e encaminhamento para médicos e serviços.

VII – Considerações finais

Em parceria com o Projeto, de três anos, a confiança tanto dos familiares quanto da coordenação da Casa da Providência foi construída pelo desempenho das alunas na escola, o entrosamento delas com seus familiares e principalmente pela compreensão do comportamento em salas de aula e na convivência no projeto com as outras crianças

Por se tratar de crianças consideradas rebeldes, mal-educadas, respondonas, desinteressadas pelos estudos e com dificuldades na aprendizagem, transmitiam a impressão para estes profissionais que seriam crianças "sem jeito", até porque vivem em meio às drogas, desconhecimento do pai, mãe que co-habita mas não desempenha o papel de mãe, rejeição, promiscuidade, abuso sexual e toda uma problemática a que estão sujeitas famílias desestruturadas. O que se pretende com a Terapia Comunitária não é resolver esta situação, mas o entendimento e aceitação dessas crianças é evidente, na medida em que a Instituição toma conhecimento de como vivem. Como um depoimento espontâneo da coordenadora, após uma das últimas sessões de Terapia Comunitária "Eu ensino religião e mudei a minha maneira de ensinar, agora uso músicas e histórias, não posso falar de Deus com elas do jeito que falava, sabendo da maneira como vivem..." Diante desse depoimento, vimos que a Terapia Comunitária não mobilizou somente o nosso "possível alvo", mas a todos que participam do contexto, e foi além de nossas expectativas, visto que educadores passaram a entender o educando em seus sentimentos e experiências, mudando inclusive a prática educativa para reflexiva.

Procuramos um *feed back* da cCoordenação da escola como medida de avaliação, no sentido de ver a possibilidade de continuarmos com a Terapia comunitária, sua visão dos resultados, e nos foi enviado o seguinte parecer:

"O Semi-internato Casa da Providência funciona atualmente com 70 crianças, na faixa etária entre 5 e 11 anos, do sexo feminino. Sou responsável pela coordenação deste semi-internato e lido diariamente com essas meninas que apresentam dificuldades de relacionamento, de comportamento e de disciplina. Através da Terapia Comunitária e Familiar, observo que esses conflitos vividos por elas são fruto de uma convivência difícil com seus familiares, pois a terapia me fez entender que os problemas apresentados pelos pais refletem negativamente na vida da criança; com a terapia vejo que os pais que têm a coragem de se expor diante dos participantes, num grito de socorro, procuram encarar a vida de forma mais otimista e abre uma porta para a esperança de dias melhores".(M. L. S.)

Referências bibliográficas

BARRETO, A. de Paula. *Terapia Comunitária passo a passo*. Fortaleza: Gráfica LCR, 2005.

BARRETO, A. de Paula. *Nova Perspectiva Sistêmica*, número 22,outubro de 2003, p. 38.

ANEXO I

MODELO DO CONVITE PARA OS PAIS

SEMI-INTERNATO CASA DA PROVIDÊNCIA

CONVITE

Srs. PAIS E RESPONSÁVEIS:

COM A FINALIDADE DE TROCARMOS IDÉIAS REFERENTES ÀS NOSSAS DIFICULDADES DO DIA-A-DIA E APRENDERMOS UNS COM OS OUTROS NUMA **SESSÃO DE TERAPIA COMUNITÁRIA**, Dra. ELIZABETE OLIVEIRA E Dra.. OLÍVIA VIEIRA, TERAPEUTAS DE FAMÍLIA E COMUNITÁRIA, EM PARCERIA COM O PROJETO, CONVIDAM OS Srs. PARA UM ENCONTRO NO **DIA 12/03/03, ÀS 9:00Hs. NA CASA DA PROVIDÊNCIA.**

SUA PRESENÇA É MUITO IMPORTANTE!

SALVADOR......10/03/2003

ATENCIOSAMENTE,

_____

(Coordenadora)

43. Terapia Comunitária em cooperativa de coleta seletiva: a perspectiva feminina na economia solidária. Relato de experiência

Fabiola Zancaner Arvati*
e Jane Wildes Gardini de Lima**

Introdução

A regulamentação das cooperativas no Brasil ocorreu em 1932 com o Decreto-Lei nº 22.232. Na Constituição de 1988 a Lei 5.764/71 no artigo 174, par. 2º apóia a formação do cooperativismo como um tipo de organização que busca "reverter o quadro de desemprego e reunir os trabalhadores com o fim de fazer uma conexão entre o mercado e o trabalhador".(1)

No Brasil há registrado na OCB Organização das Cooperativas Brasileiras 7.355 cooperativas até 2003, nos ramos de agropecuária, consumo, crédito, educacional, especial, infra-estrutura, habitacional, mineral, produção, saúde, trabalho, turismo e lazer e transporte. (1)

São considerados valores do cooperativismo, a ajuda mútua, responsabilidade, democracia, igualdade, eqüidade e solidariedade. Como tradição fundante os membros das cooperativas acreditam nos valores éticos da honestidade, transparência, responsabilidade social e preocupação pelo seu semelhante. (2)

Cooperativas de trabalho na área de coleta seletiva são organizações que apontam para o resgate da dignidade dos catadores, articulando "problemas ambientais e saúde pública com cidadania, resultando na melhoria das condições de vida e trabalho desse grupo social". (3)

Porto et al (3), ao pesquisarem a rotina de catadores, salientam como fundamental para a melhoria das condições de saúde, vida e trabalho desses profissionais, investir "em discussões relativas à cidadania e à auto-estima".

Meneghel et al (4) realizaram intervenção grupal por meio de oficinas de promoção à saúde e gênero (sob a perspectiva psicológica) em grupos de mulheres em situação de vulnerabilidade podendo constatar que tais técnicas "são estratégias capazes de mudar a vida desse grupo e gerar transformações nas estruturas sociais".

Favero e Eidelwein (5) realizaram intervenções por meio de técnicas grupais de reflexão com feirantes em ambiente cooperativo e concluíram que a

> "intervenção psicológica pode se constituir em uma estratégia importante de escuta, que possibilite o esclarecimento de dúvidas, a formação de cultura de participação e relacionamento econômico dentro da proposta da economia solidária prevenindo problemas futuros de não adequação de alguns feirantes à organização da cooperativa".

---

* Prefeitura de São José do Rio Preto/SP – Secretaria da Cultura
** Famerp Faculdade de Medicina de São José do Rio Preto/SP – DESC Departamento de Epidemiologia e Saúde Coletiva – Programa de extensão à comunidade.
e-mail: fabiola.zancaner@uol.com.br

Lopes (6) considera que o trabalho gera ao mesmo tempo sentimento de alienação e "sensações de descabido prazer e desfrute". A força propulsora que mobiliza tais sensações é o "benefício em termos do sentido para si mesmo, a busca de identidade".

Ao citar Dejours (1988), Lopes (6) ressalta: "a Psicopatologia do Trabalho que irá introduzir e reconhecer o lugar das 'vivências subjetivas' como instrumento analítico mais adequado para se acessar seus significados mais profundos". O autor designa o chão-de-fábrica como "lugar onde os indivíduos reivindicam e pelejam pela dignidade, sustentam e afirmam sua cidadania perante os outros".

Em levantamento realizado, durante nossa intervenção, sob recorte de gênero, no grupo de cooperadas da COOPERLAGOS Cooperativa de Coleta Seletiva Beneficiamento e Transformação de Materiais Recicláveis de São José do Rio Preto/SP as principais queixas de sofrimento se reportam à depressão, angústia, ansiedade, conflitos conjugais e uso de álcool pelo cônjuge.

De acordo com os dados do SEADE Fundação Sistema Estadual de Análise de Dados (Censo demográfico de 2002) esse grupo se enquadra nos grupos 5 e 6 do índice de vulnerabilidade social, ou seja alta e muito alta vulnerabilidade.

A OMS acentua a condição de pobreza como mais um fator gerador de transtornos mentais, além dos já conhecidos como alterações genéticas, pressões ambientais e desequilíbrios bioquímicos. Para a OMS, a elevada prevalência das doenças mentais é uma forte razão para abordá-la com mais atenção, principalmente no Brasil, onde a maioria das pessoas acometidas não tem acesso a tratamentos ou medicamentos, somando-se ainda que a doença mental é "subdiagnosticada" e até "negligenciada pelas políticas públicas de saúde". A OMS demonstrou estudos em que os transtornos psiquiátricos estão entre as principais causas de perda de dias de trabalho.(7)

Mostazo e Kirschbaum (8), ao estudarem as representações sociais acerca do tratamento psiquiátrico em pacientes de CAPS Centro de Atendimento Psicossocial, analisaram que a noção de saúde está "bastante vinculada à possibilidade de retomada de trabalho"; estar doente ou não se relaciona à chance de trabalhar. Para o grupo pesquisado, o tratamento psiquiátrico promove condições para inserção no mercado de trabalho e a possibilidade de manter-se apto ao trabalho.

Nesse sentido, a Psicologia Comunitária se apresenta como alternativa eficaz para a atuação em tais grupos, pois seu objetivo é promover processo reflexivo sobre as condições da atividade humana que impedem o indivíduo de ser sujeito e as condições que o fazem sujeito numa comunidade, e ao mesmo tempo trabalhar com ele a partir dessas condições, na construção de sua identidade crítica, de sua corporeidade e de uma nova visão social para o lugar. (9)

Como uma estratégia de intervenção tem-se a Terapia Comunitária, método terapêutico em grupo, intrinsecamente articulado com as medidas de promoção da saúde para a proteção das populações e dos grupos de risco. Tem por objetivo fomentar a cidadania, criar redes sociais solidárias e fortalecer a identidade cultural das comunidades carentes (10). É um instrumento utilizado para a transformação do sofrimento e das dores da alma de populações que vivem em situação de exclusão social. (9)

O cerne da Terapia Comunitária se concentra em resgatar as competências dos sujeitos por meio da valorização da herança cultural e do saber popular produzido pela própria experiência de vida de cada um. Ao resgatar o saber produzido pela vivência, procura ressaltar o processo de resiliência: o processo de transformar dor em competência. A promoção da resiliência intensifica a capacidade de autonomia, reforça a autoestima e fortalece os vínculos interpessoais.

A intervenção por meio da Terapia Comunitária vem a ser uma peça importante junto à educação comunitária e promoção da saúde em ambiente cooperativo de geração de trabalho e renda.

Objetivo

Esta pesquisa teve como objetivo investigar o impacto da Terapia Comunitária, sob o recorte de gênero, como uma estratégia de intervenção comunitária em um ambiente de trabalho cooperativo de geração de trabalho e renda na COOPERLAGOS Cooperativa de Coleta Seletiva Beneficiamento e Transformação de Materiais Recicláveis de São José do Rio Preto/SP.

Material e método

Esta pesquisa é realizada em parceria com o Departamento de Epidemiologia e Saúde Coletiva da Faculdade de Medicina de São José do Rio Preto/SP através do seu programa de extensão à comunidade. Tem orientação da socióloga e colaboração da assistente social do departamento.

A COOPERLAGOS Cooperativa de Coleta Seletiva Beneficiamento e Transformação de Materiais Recicláveis de São José do Rio Preto/SP foi implantada pela ARES Associação Riopretense de Educação e Saúde, uma ONG de São José do Rio Preto/SP em parceria com a Prefeitura. Essa cooperativa iniciou seu trabalho com 49 catadores de lixo reciclável em junho de 2004, tendo a ARES como entidade gestora e incubadora. Hoje compõe 52 cooperados, 30 mulheres e 22 homens.(11)

Os cooperados recolhem material reciclável em aproximadamente 15.000 domicílios em locais pré-estabelecidos munidos de carrinhos de tração de mão e/ou caminhão, de onde retiram 40 toneladas/mês. O material é armazenado e separado em galpão cedido pela Prefeitura. Todo material vendido é dividido de forma igualitária entre os catadores. (11)

O método de pesquisa utilizado foi o da pesquisa-ação. A análise dos dados foi realizada através de análise de conteúdo segundo referenciais de Bardin. (12)

A mulher na economia solidária

Atualmente a organização do trabalho nos moldes cooperativos converge para a terminologia economia solidária. Existem duas correntes ideológicas acerca desse tipo de economia. Uma acredita que "ela vem para agir nas brechas e contradições do capitalismo e desse modo gerar alternativas de luta para os setores marginalizados, outra corrente diz que economia solidária é um paradoxo dentro do princípio e da lógica do capital". (13).

Apesar das diferenças conceituais entre essas correntes, o vínculo solidário deve se dar a fim de quebrar a lógica das experiências individuais, propiciar a vida em cidadania por meio da educação crítica e resgatar as potencialidades dos sujeitos envolvidos, criando práticas que os fortaleçam.

O valor central da economia solidária é a construção da pessoa, é a economia a serviço da pessoa e não o ser humano a serviço da economia.

As desigualdades de gênero, raça e classe caracterizam a classificação social no Brasil desde sua origem. Para as mulheres foi determinado, pelo "autoritarismo social machista" (14), um lugar onde não haveria participação na organização dos sistemas sociais. Mesmo após as conquistas, com o movimento feminista, as mulheres continuam leais diante do poder dominante masculino em suas vidas (pais, filhos, parceiros e Estado), submetendo-se a eles.

Chico Buarque, na canção *Mulheres de Atenas*, compõe versos irônicos, belos, duros, trata do mundo do desejo feminino em "sua dimensão inarredavelmente social" (15). Para citar um deles:

"...não têm gosto ou vontade
nem defeito, nem qualidade
têm medo apenas."

A partir dos anos 70 e 80, no Brasil, é com a presença da mulher, de todas as camadas sociais, sob quaisquer meios de submissão, que se configura a construção de "um novo modelo de economia" (14) que são as organizações de ação comunitária com objetivo de gerar renda, trabalho e cidadania, contudo nos anos 90 tomou maior impulso.

Essa iniciativa das mulheres foi apoiada pela sociedade e pelo Estado por reconhecerem nelas o potencial de maior conhecimento sobre a comunidade em que estão inseridas e por terem um jeito especial e eficiente de trabalharem juntas.

Os mais variados setores da sociedade têm agregado aos seus valores a lógica da responsabilidade social somada à melhor qualidade de vida, visto que há quantidade significativa da população desempregada e analfabeta vivendo em condições de vulnerabilidade e pobreza cruéis e, indignas ao ser humano. Diante dessa realidade social, posicionaram-se a incentivar e desenvolver a economia solidária.

Barreto, Miriam, (16) trata a questão de gênero no mundo do trabalho a partir de questionamentos baseados em manchete da revista *Veja* "Elas Venceram". Indignada, Barreto lança: "elas não têm o direito de vencer?", ainda argumenta: "é como se as mulheres tivessem conseguido sair da sombra para a luz", no sentido de as mulheres, só assim terem conquistado uma identidade.

Mulheres da cooperlagos – perfil

Faixa etária / estado civil

24 a 34	35 a 44	45 a 54	55 a 64	Casada	Solteira	Separada	viúva
25%	37,5%	25%	12,5%	33,3%	20,8%	41,7%	4,2%

Número de filhos / escolaridade

0	1 a 2	3 a 4	Mais de 5	analfabeta	1° grau incomp	1° garu compl	2° compl
12,5%	45,7%	29,2%	12,6%	25%	62,5%	4,2%	8,3%

Tempo de trabalho cooperado / sentimento em relação à cooperativa

meses	1 ano ou mais	Alegria	Marginalização	Esperança
37,5%	62,5%	54,2%	8,3%	37,5%

Uso de cigarro / uso de álcool / usa medicação / dorme bem

Sim	não	Não	eventual	Não	eventual	freqüentemente	Sim	não
83,3%	16,7%	79,2%	20,8%	45,8%	37,5%	16,7%	25%	75%

Embora não apareçam nos instrumentos de entrevista, as mulheres, durante as Terapias Comunitárias expõem como problemas mais sofridos: a depressão, o sentimento de ansiedade e de angústia, uso de álcool por ela ou pelo marido e problemas conjugais.

Discussão

A participação significativa de mulheres na COOPERLAGOS é representada por 30 mulheres num grupo de 52 cooperados, o que reafirma a realidade no campo das organizações de geração de trabalho e renda sob a perspectiva solidária. As mulheres dessa cooperativa buscam afirmar a sua individualidade num contexto grupal, discutem e vivenciam valores de solidariedade, democracia, autogestão e liberdade.

Ao realizarmos a Terapia Comunitária no grupo de cooperados da COOPERLAGOS, sob o recorte de gênero, avaliamos que as mulheres estão resgatando e reconstruindo suas identidades enquanto mulheres, trabalhadoras, mães, filhas, esposas, cidadãs. O trabalho cooperativo, validado pelos seus valores solidários, criam condições para a exploração da capacidade de resilência, pois ele, em si mesmo, já opera segundo princípios ecologicamente resilientes. A transformação do ser humano, de seu meio, em suas relações psicossociais é processo natural dentro dos valores solidários. A degeneração sofrida diante da exclusão social recicla e transforma esse estado de vulnerabilidade ao estado da essência de ser humano.

Depoimentos espontâneos de cooperadas:

> "tô sem bebê, não bebo mais. Agora como, obedeço meus filho e cuido deles. Vou voltar pra casinha que perdi. Tô com força e consegui minha casa e minha vida e meus filhos de volta." (E.Z.)
>
> "eu só sofria, agora com a força do grupo enfrento meu marido, não quero mandá ele imbora, eu amo ele, mas agora eu dou ordens e regras pra ele, se quiser meu amor tem que pará de bebê, ficá caído no chão, eu não tenho mais medo dele." (Z.M.)

Nesses depoimentos e em diversos outros, durante as Terapias Comunitárias realizadas na COOPERLAGOS, de junho até agosto deste ano de 2005, nos deparamos com o paradoxo das mulheres lutando por seus direitos, vivendo a desigualdade no corpo e na alma de modo violento. No convívio familiar submetem-se aos seus maridos e filhos, porém, são resistentes, se incomodam com a própria submissão e às adversidades a que são expostas, lançando mão de suas capacidades resilientes.

As condições psicossociais e econômicas que envolvem a população das cooperadas geram problemas de desagregação familiar, violência doméstica, alcoolismo, distúrbios psicológicos e toxicomania, os quais se mantém num círculo vicioso.

Embora vivam em exposição às adversidades e às situações de risco, há nessas mulheres da COOPERLAGOS, a presença de mecanismos estabilizadores da personalidade os quais garantem a "organização e militância reivindicatória em favor de suas necessidades básicas" (12). Tais mecanismos são característicos da capacidade de "resiliência" que é a capacidade de enfrentar os elementos negativos de modo a transformar as dores em competências.

Nesse sentido a intervenção pela Terapia Comunitária tenta promover processos que envolvem o indivíduo e seu ambiente social ajudando-o a superar as adversidades e os riscos, adaptar-se a sociedade, ao seu grupo e, ter uma melhor qualidade de vida.

Conclusões

As mulheres desejam, por mais paradoxal que lhes possa parecer, ser sujeitas de suas ações, ter condições ativas de quebrar a hierarquia e o poder machista que lhes são impostos culturalmente e que a eles se submetem devido a uma tradição de lealdade a qual não lhes faz sentido, tradições a serem quebradas decorrentes de uma vida concreta que não mais cabe fidelidade. Desejam ser fiéis aos seus próprios sentimentos. Cabe o fortalecimento desses sentimentos e a validade social que os mesmos merecem.

A Terapia Comunitária pode colaborar no processo de desenvolvimento da construção dessas mulheres tanto dentro da cooperativa quanto nas suas relações familiares e sociais, resgatando a oportunidade de ter a linguagem como centro, um meio para argumentar, para se expor, para contra-argumentar, para exercitar a competência de comunicar e auto-organizar, na conquista pelo resgate da auto-estima, da autonomia e da cidadania.

Nessas intervenções analisamos que a experiência de vida de cada um ao ser comunicada no grupo, torna-se fonte de apoio, fortalecimento, encorajamento e motivação para novas atitudes.

Referências bibliográficas

(1) PICCININI, V. C. Cooperativas de trabalho de Porto Alegre e flexibilização do trabalho. *Sociologias*, Porto Alegre, n.12, jul./dez. 2004. Disponível em: <http://www.scielo.br/scielo.php?pid=S1517-45222004000200004&script=sci_arttext&tlng=pt>. Acesso em: 29 jun.2005.

(2) FEDERAÇÃO DAS COOPERATIVAS DE TRABALHO DO RIO GRANDE DO SUL. *Critérios para identificação de cooperativas de trabalho*. Disponível em: <http://www.fetrabalhors.org.br/idedntific/1.htm>. Acesso em: 27 jul. 2005.

(3) PORTO, M. F. S. et al. Lixo, trabalho e saúde: um estudo de caso com catadores em um aterro metropolitano no Rio de Janeiro, Brasil. *Cadernos de Saúde Pública*, v. 20, n. 6, nov./dez. 2004. Disponível em: <www.scielo.br/pdf/csp/v20n6/07.pdf> Acesso em: 28 jun 2005.

(4) MENEGHEL, S. N. et al. Impacto de grupos de mulheres em situação de vulnerabilidade de gênero. *Cadernos de Saúde Pública*, Rio de Janeiro, v. 19, n. 4, jul./ago. 2003. Disponível em: <http://www.scielo.br/scielo.php?script=sci_arttext&pid=S0102-311X2003000400018&lng=pt&nrm=isso>. Acesso em: 30 jun. 2005.

(5) FAVERO, E.; EIDELWEIN, K. Psicologia e cooperativismo solidário: possíveis (des)encontros. *Psicologia & Sociedade*, v. 16, n. 13, set./dez. 2004. Disponível em: <http://www.scielo.br/scielo.php?script=sci_arttext&pid=S0102 - 71822004000300005&lng=pt&nrm=iso>. Acesso em: 28 jun. 2005.

(6) LOPES, José Carlos Cacau. *A voz do dono e o dono da voz: trabalho, saúde e cidadania no cotidiano fabril*. São Paulo: HUCITEC, 2000.

(7) FIORAVANTI, Carlos. Fragilidades expostas: levantamento mundial mostra que os distúrbios psiquiátricos são freqüentes e pouco tratados. *Pesquisa FAPESP*, n. 107, jan. 2005. Disponível em: <http://www.universia.com.br/materia/imprimir.jsp?id=6045>. Acesso em: 25 jun. 2005.

(8) MOSTAZO, R. R.; KIRSCHBAUM, D. I. R. Usuários de um centro de atenção psicossocial: um estudo de suas representações sociais acerca de tratamento. *Revista Latino-Americana de Enfermagem,* Ribeirão Preto, v. 11, nov./dez. 2003. Disponível em: http://www.scielo.br/scielo.php?script=sci_arttext&pid=S0104-11692003000600013&lng=pt&nrm=isso. Acesso em: 25 jul. 2005.

(9) GÓIS, C. W. L. *Noções de psicologia*. 2. ed. Fortaleza: Edições UFC, 1993.

(10) BARRETO, A. (Coord.) *Manual de terapia comunitária*. Ceará: Departamento de Saúde Comunitária e Pró-Reitoria de Extensão da UFC; Movimento Integrado de Saúde Comunitária do Ceará, 2003. Apostila.

(11) COOPERATIVA DE COLETA SELETIVA, BENEFICIAMENTO E TRANSFORMAÇÃO DE MATERIAIS RECICLÁVEIS. Material de apresentação e divulgação da COOPERLAGOS. São José do Rio Preto, 2005. Não publicado.

(12) BARDIN, Laurence. *Análise de conteúdo*. Lisboa: Edições 70, 1977.

(13) MAGANO, F. Economia solidária e exclusão. In: BENTO, M. A.; CASTELAR, M. (Org) *Inclusão no trabalho: desafios e perspectivas*. São Paulo: Casa do Psicólogo/Centro de Estudos das Relações do Trabalho e Desigualdades/Conselho Regional de Psicologia de São Paulo, 2001.

(14) RIBEIRO, M. Em busca de uma economia solidária. In: BENTO, M. A.; CASTELAR, M. (Org.) *Inclusão no trabalho: desafios e perspectivas*. São Paulo: Casa do Psicólogo/Centro de Estudos das Relações do Trabalho e Desigualdades/Conselho Regional de Psicologia de São Paulo, 2001.

(15) MENESES, A. B. *Figuras do feminino na canção de Chico Buarq*ue. Cotia: Ateliê Editorial/ SP/DSP/ BoiTempo Editorial, 2000.

(16) BARRETO, MIRIAM C. R. Avanço feminino: conquistas e contradições. In: STREY, M. NEVES et al (Org.) *Gênero e questões culturais: a vida de mulheres e homens na cultura*. Recife: Ed Universitária da UFPE, 2002.

44. Terapia Comunitária de casal: uma proposta alternativa para combate e prevenção à violência de gênero

Tânia Passos Anastácio Ferroni
e Suely Trombeta Reis

Projeto re-fazendo relações

I – JUSTIFICATIVA

A instituição de que fizemos parte até março de 2005 em Campinas, SP, vem trabalhando na questão da violência doméstica desde 1980. Procurando intervir no fenômeno da violência doméstica que vem se agravando, sentimos a necessidade de uma metodologia que trabalhasse com os agentes da violência (passivos e ativos), de modo que pudessem responsabilizar-se por suas condutas e repensar suas práticas. Esta realidade faz com que apenas um dos envolvidos na relação violenta de gênero seja trabalhado, geralmente o agente passivo, permanecendo a outra parte, o agente ativo, em sua condição inicial e potencializando a reincidência do ciclo.

Este projeto surgiu frente à crescente demanda de casais em situação de violência familiar que procuram o apoio e orientação dessa instituição, que não desejam separar-se, mas têm dificuldades no relacionamento devido aos vínculos disfuncionais e violentos, adquiridos ao longo de suas histórias de vida. A falência dos projetos afetivos de vida sempre causa dor e esse estado é seguido de rancores, mágoas e agressões. É nesse contexto que se faz necessária a intervenção, como alternativa para o restabelecimento de relações saudáveis e na transformação positiva do contexto da violência familiar envolvendo pais e filhos num ambiente saudável.

Como grave problema social e de saúde pública, a violência doméstica se faz sentir em várias ramificações do meio social: vitimiza crianças, adolescentes e mulheres agravando os índices da violência social mais ampla; atua como responsável direto nos processos de migração de crianças e adolescentes para a rua, dado o nível de insegurança e risco de vida existentes no ambiente familiar.

Segundo dados da Conferência sobre Violência Doméstica na América Latina e Caribe (1998), 41% dos homens que espancam suas parceiras também são violentos com as crianças da casa, atingindo-as direta ou indiretamente. Um terço das crianças tendem a perpetuar este ciclo de violência quando crescem, ou seja, a reproduzir esse modelo de forma transgeracional.

As mulheres vítimas de violência tendem a tornarem-se agentes ativas da violência com seus filhos. Pesquisa da ABRAPIA, 1999, (Associação Brasileira de Proteção a Infância e Adolescência), aponta que em 90% dos casos a violência acontece dentro de casa e desse total 70% evidenciam o pai ou mãe biológicos como agressores.

II – PÚBLICO ALVO

É composto por casais que vivem em situação de violência conjugal e contra crianças e adolescentes, usuários da instituição e indicados por outros serviços, tais como: Abrigo Municipal de Proteção à Criança e ao Adolescente, pelo Serviço de

Famílias Acolhedoras, Delegacia da Mulher e Vara da Infância e Juventude, numa perspectiva de intervenção em rede com famílias em situação de violência doméstica e intrafamiliar.

- impacto social com o desenvolvimento deste projeto, aliado à implantação da Terapia Comunitária de Casal em 2004/2005 possibilitou:
- Fortalecer a rede de atendimento à família com a implantação de um programa até então inexistente no município;
- Possibilidade de colocar em reflexão e intervenção a ruptura com os papéis tradicionais de masculinidade e feminilidade vigentes no meio social;
- Profilaxia da violência doméstica nas relações familiares, com ampliação para relações sociais.
- A formação de casais multiplicadores nas comunidades em que residem.

Durante o ano de 2004/2005 foram atendidos com 36 casais, com predominância das regiões Sul e Noroeste da cidade de Campinas, com faixa etária entre 15 a 49 anos.

III – Objetivo geral

O objetivo do projeto é tratar e prevenir a violência doméstica envolvendo os agentes da violência no processo e mudança dos modelos relacionais disfuncionais, através da implantação de um programa de atendimento a casais que vivem relações de violência entre si e com os filhos, propiciando ao casal e família da criança e do adolescente um espaço acolhedor para escuta, apoio e orientação, prevenindo a reincidência da situação de violência, buscando o fortalecimento de seus vínculos, sua autonomia e desenvolvimento das potencialidades nos aspectos emocional e social, tornando-se multiplicadores, e expandido para a comunidade novos modelos relacionais como alternativas de mudança do contexto familiar, transformando o sofrimento vivenciado em competências.

IV – Metodologia

Dessa forma são desenvolvidas oficinas associando a reflexão sobre as relações de violência a um curso de dança de salão, onde este último, além de representar um estímulo para a participação, tem um papel coadjuvante no tratamento das relações conflituosas, oportunizando o exercício da negociação e sintonia da relação para alcançar um objetivo comum.

Os temas abordados são:
- Processo de construção da violência (pensamentos, sentimentos, ações, sintomas físicos);
- Identidade (individual e de casal)
- Percepção (auto e hetero);
- Formação da família no contexto atual;
- Comunicação, assertividade e contexto gerador de violência;
- Gênero, cidadania e direitos humanos;
- Aspectos transgeracionais da violência;
- Agravantes das relações de violência e as possíveis soluções;
- Diálogo e negociação como recursos da resolução de conflitos;
- Técnicas de comunicação não violenta;

- A sexualidade masculina, feminina e do casal

Todos passam por uma entrevista inicial onde são investigados:

Identificação do casal;

Formas de violência exercida;

História familiar e história de violência;

Antecedentes judiciais;

Estado psicológico atual.

A partir da entrevista inicial e considerando os critérios de inclusão e exclusão, os usuários participam do grupo socioeducativo composto de 20 participantes em 10 oficinas com periodicidade semanal, e/ou passam por atendimento individual em psicoterapia breve de casal de acordo com a orientação do caso. Após o término das oficinas iniciam a Terapia Comunitária de Casais.

Critérios de inclusão:

Casais envolvidos em situação de violência doméstica, que tenham condições intelectuais e motivação.

Critérios de exclusão:

Fatores que podem influenciar no processo grupal como desordens psiquiátricas graves e violência de natureza mais ampla, não associada ao tema.

V – PLANO DE AVALIAÇÃO:

O projeto prevê formas distintas de avaliação:

- Avaliação qualitativa e quantitativa ao final das oficinas de trabalho e nas Terapias Comunitárias de Casal (incluindo *feedback* dos participantes), avaliação da participação e do comportamento dos casais, freqüência e índice de evasão. Na avaliação quantitativa pretendemos cruzar as informações da violência intrafamiliar com a perda do poder aquisitivo, perda de emprego, alcoolismo e drogadição.
- Avaliação dos órgãos encaminhadores (avaliando mudanças comportamentais dos casais) e no grupo familiar.
- Acompanhamento longitudinal, com contatos dois meses após o encerramento do curso

Referências bibliográficas

BARRETO, A. DE P. *Terapia Comunitária passo a passo*. 1ª edição. Fortaleza: Gráfica LCR, 2005.

CARTER, B.; MCGOLDRICK, M. & Colaboradores. *As mudanças no ciclo de vida familiar: uma estrutura para terapia familiar*. 2ª edição. Porto Alegre: Editora Artes Médicas Sul Ltda., 1995.

CHAUÍ, M. *Convite à Filosofia*. 9ª edição. São Paulo: Ática, 1997.

CORSI, J. (compilador). *Violência Doméstica: una mirada interdisciplinaria sobre un grave problema social*. 1ª edição. Buenos Aires: Paidós, 1994.

PICHON-RIVIÈRE, E. *Teoria dos Vínculos*. 5ª edição. São Paulo: Martins Fontes, 1995.

STOETZEL, J. *Psicologia Social*. 3ª edição. São Paulo: Companhia Editora Nacional, 1976.

45. Implementação da Terapia Comunitária em uma comunidade da cidade de São Carlos - SP

Eloísa Serpa Zanetti
e Maria Helena Pereira Rosalina

Introdução

Os novos desafios da realidade brasileira: migração, desemprego, conflitos no campo e nas cidades, violência, estresse, exigem novas abordagens, novos modelos que permitam prevenir a doença mental e tratá-la com o apoio de seu contexto familiar e comunitário. É preciso integrar os valores e potencialidades da cultura local, como um dos elementos fundamentais na promoção da saúde do indivíduo, da família e da coletividade. O "saber" de cada um precisa ser considerado (CARBONE, 2002).

Nos contextos culturais onde faltam empregos, habitação, laços familiares, com condições agravadas pelos movimentos migratórios que provocam não apenas a pobreza econômica, mas a pobreza cultural dos laços sociais, da capacidade de organização e sobretudo da pobreza da imagem de si, é fundamental considerar a visão sistêmica como norte para as intervenções profissionais. Enquanto o modelo tradicional de prática terapêutica diz que o transtorno mental se manifesta pela força de conflitos internos, tendo sua origem no próprio indivíduo, o modelo sistêmico dá ênfase a tal transtorno como expressão de padrões inadequados de interações familiares. O tratamento, neste modelo sistêmico, possibilita que mais de uma pessoa seja atendida simultaneamente por um profissional ou equipe, permitindo a emergência do vínculo e da linguagem comum, possibilitando uma reconstrução das narrativas e também dos significados atribuídos aos problemas (CARBONE, 2002).

As mudanças em relação ao conceito de saúde através, principalmente, da promoção de saúde surgem com o propósito de fortalecer pontos positivos em busca de uma melhor qualidade de vida para todos. As discussões acerca da saúde, verificadas nas conferências de saúde, apontam para uma visão da saúde mais globalizada, na qual aspectos ligados a condições físicas, psicológicas, sociais e ambientais também devem ser valorizados para se promover saúde. Deste modo, segundo Andrande e Bucher (2002), parece possível uma articulação da resiliência com a promoção da saúde e ações de modelos de atenção à saúde, que tem como princípio a preocupação com a cidadania, família, participação social, humanização do atendimento, entre outros pontos. A resiliência, conceito que vem sendo discutido desde a década de 70, é considerado como uma capacidade pessoal em se adaptar e superar de maneira construtiva a situações adversas.

A Terapia Comunitária (T.C.) nasce com a posposta de ser um instrumento de aquecimento e fortalecimento das relações humanas na construção de redes de apoio social, em um mundo cada vez mais individualista, privatizado e conflitivo. Barreto (2005), implementou esse trabalho na favela de Pirambu, aonde as pessoas vinham de um contexto de vitimização, conflito, abandono e miséria.

Terapia Comunitária

Segundo Sarti (in: CARVALHO, 2003), no universo cultural dos pobres, não está incluída a participação da emancipação moderna, traduzida no desenvolvimento da dimensão individual, que no mundo contemporâneo vem ocorrendo, como parte de um projeto em que a individualidade adquire cada vez maior importância social. Para os pobres, seu lugar no mundo parte de uma lógica que conta decisivamente da solidariedade dos laços de parentesco e de vizinhança, para viabilização de sua existência. No mundo contemporâneo as mudanças ocorridas na família estão ligadas à perda do sentido da tradição com a perda de papeis pré-estabelecidos e a valorização da individualidade. Portanto, para a autora, o problema da nossa época é, então, o de compatibilizar a individualidade e a reciprocidade familiares. As pessoas querem aprender, ao mesmo tempo, a serem sós e a serem juntas.

Muitos autores falaram sobre os pobres. Sarti (2003) nos mostra a pobreza a partir do significado que ela tem para quem a vive, motivada pela clássica idéia de Durkheim (1958 apud SARTI, 2003) de que a "sociedade não é constituída simplesmente pela massa dos indivíduos que a compõem, pelo solo que ocupa, pelas coisas de que serve, pelos movimentos que realiza, mas antes de tudo pela idéia que ela faz de si mesma".

A Terapia Comunitária (T.C.) trabalha para o crescimento da consciência social, ou seja, para que os indivíduos tomem consciência da origem e das implicações sociais, da miséria e do sofrimento humano, sobretudo para que descubram as suas potencialidades terapêuticas transformadoras. (BARRETO, 2005).

O presente trabalho visa descrever a experiência da Terapia Comunitária desenvolvida numa comunidade da cidade de São Carlos. Essa técnica, segundo Barreto (2005), possibilitaria oferecer um serviço que pudesse compartilhar as experiências de cada pessoa, criar novos vínculos, formar redes sociais solidárias, fomentar a cidadania, a identidade cultural da comunidade, promovendo a atenção primária em saúde mental, como também atendendo um grande número de pessoas.

Método

Um representante da Pastoral da Família de uma igreja da cidade de São Carlos solicitou, a pedido do padre responsável pela paróquia, uma palestra sobre relacionamentos e questões familiares. Então decidimos oferecer a T.C, pois achamos que esta técnica poderia ser adequada para aquela população. A implementação dessa proposta foi aceita e as reuniões ocorreram semanalmente, sempre no mesmo dia e horário, com duração de uma hora e meia. A igreja ofereceu o espaço físico e o padre auxiliou na divulgação, através de informes em reuniões com as pastorais e nas missas. Para essa divulgação inicial, foram confeccionados panfletos e cartazes, patrocinados pela Universidade Federal de São Carlos (UFSCar), através da Secretaria de Assuntos Comunitários (SAC) e do Departamento de Serviço Social (DeSS).

Após algumas sessões, buscamos novas estratégias para a divulgação, pois percebemos a necessidade de ampliar o número de participantes. Elaboramos um folder explicativo sobre a T.C., também patrocinado pela UFSCar. Este foi entregue em reunião realizada com as lideranças das pastorais comunitárias. Nesta reunião foram agendadas Terapias Comunitárias, como uma atividade para os grupos das pastorais de jovens, crianças e casais.

Outro espaço utilizado para propagar a T.C. foi em um programa dirigido pelo padre da paróquia, em uma rádio da cidade. Esse programa visava informar sobre assuntos e serviços de interesse da população.

O perfil da comunidade que freqüentou as sessões era tanto de crianças, jovens, adultos e idosos que estavam engajados em trabalhos comunitários na paróquia, como de pessoas que vinham de outros locais da cidade.

Para as sessões, na etapa do acolhimento, foram utilizados vários tipos de materiais lúdicos, como: lápis de cor, canetinha, sulfite, giz de cera, papel pardo, aparelho de som e outros. Também se valeu de poesias, contos, músicas, dinâmicas de apresentação e aquecimento. Para a etapa de encerramento, utilizamos lembrancinhas como cartões, flores de papel e doces. Em algumas sessões, contamos com a presença de pessoas que tocavam alguns instrumentos musicais.

Atualmente, buscamos parceria com o Núcleo de Extensão da Pró-Reitoria de Extensão da UFSCar, para a criação de um projeto de extensão com o objetivo de ampliar a TC em São Carlos.

Resultados e discussão

O trabalho teve inicio em setembro de 2004 e nos oito primeiros meses ocorreram 31 sessões de T. C., com a presença de 144 pessoas, totalizando 228 participações. Notamos que o número de participantes oscilava conforme a intensidade da divulgação realizada.

Na comunidade em que se deu esta experiência, os grupos tiveram freqüência de pessoas de diferentes níveis socioeconômicos e culturais. Em sua maioria provinham de famílias, que não estavam em situações de extrema pobreza, no entanto elas apresentavam, em suas histórias de vida, grande sofrimento psíquico. Entretanto, foi possível observar que a T.C. permitiu acolher os problemas e sofrimentos trazidos, independentes do nível social em que a pessoa estava inserida.

A Figura 1, abaixo, mostra a porcentagem de cada tema apresentado nestas reuniões, sendo que o total é de 77 ocorrências dentre os temas. Estes temas foram sistematizados conforme a tabela de Barreto (2005): *Divisão dos temas por categoria*.

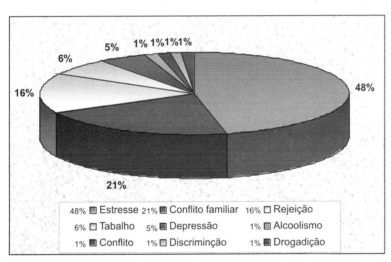

Figura 1 - Porcentagem de temas apresentados no período de oito meses de T. C.

Nota-se que do total de temas apresentados a maioria tratava-se de tema relacionado à categoria "Estresse" (36 ocorrências), "Conflitos Familiares" (16 ocorrências) e "Rejeição" (12 ocorrências). Também apareceram em menores proporções outros temas como: "Trabalho" (5), "Depressão" (4), "Alcoolismo" (1), "Conflito" (1), "Discriminação" (1) e "Drogadição" (1).

A ocorrência de temas não estava ligada a questões sociais, coletivas, comunitárias. Porém, a T. C. foi um espaço importante para que as pessoas pudessem lidar com suas "faltas", principalmente no âmbito familiar. Nesta comunidade não se traziam contextos de faltas de recursos financeiros, mas de faltas de amor, de sabedoria, de doação, de condições satisfatória de convivência e outras.

A Figura 2 mostra a categoria "Estresse", que teve maior ocorrência (48%), subdividida em angústia, ansiedade, medo, mágoa, desânimo, nervoso, raiva, insônia e outros.

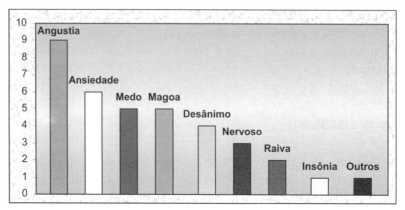

Figura 2 – Quantidade de subtemas da categoria "Estresse" apresentados no período de oito meses de T.C.

Percebe-se, na figura, que a quantidade do subtema Angústia (9 ocorrências) foi o que mais apareceu nas sessões. Os outros subtemas apareceram na seguinte ordem: ansiedade (6), medo (5), mágoa (5), desânimo (4), nervoso (3), raiva (2), insônia (1) e outros (1).

Notamos, com este trabalho, que o estresse é algo presente na vida das pessoas e que a T.C. pôde ajudar nestes momentos de crise. O sofrimento vivenciado, segundo Barreto (2005), é uma grande fonte geradora de competências que precisa ser valorizado e resgatado no seio da própria comunidade. Através, principalmente, das conotações positivas e depoimentos espontâneos, foi possível observar que as pessoas reconheceram e vislumbraram novas saídas para suas questões.

Referências bibliográficas

ANDRADE, A. B.; BUCHER, J. S. N. F. Resiliência como modelo de intervenção na área da saúde. In: SOCIEDADE BRASILEIRA DE PSICOLOGIA; 32.,2002, Florianópolis. *Resumos de Comunicações Científicas do XXXII Reunião Anual de Psicologia*. Florianópolis: UFSC, 2002. 448p. p.363.

BARRETO, A. P. *Terapia comunitária passo a passo*. Fortaleza: Gráfica LCR, 2005.

CARBONE, A. A proposta sistêmica familiar e comunitária em saúde mental. In: SOCIEDADE BRASILEIRA DE PSICOLOGIA; 32.,2002, Florianópolis. *Resumos de Comunicações Científicas do XXXII Reunião Anual de Psicologia*. Florianópolis: UFSC, 2002. 448p. p.8.

SARTI, C. A. **A** *família como espelho: um estudo sobre a moral dos pobres*. 2. ed. rev. São Paulo: Cortez, 2003.

SARTI, C. A. Família e individualidade: um problema moderno. In: CARVALHO, M. C. B. (org) *A família contemporânea em debate*. São Paulo: EDUC/Cortez, 2003. p. 39-60.

46. Terapia Comunitária: uma nova opção de trabalho em grupos. O COFAM assumindo essa nova modalidade

Josephina Nogueira Bacellar da Silva

"O que temos de novo é o jeito de caminhar. Aprendemos (o caminho nos ensinou) a nós e aos que vão conosco. Pois já não vamos sozinhos".[1]

Introdução

O objetivo principal desse trabalho é apresentar a Terapia Comunitária: uma nova modalidade terapêutica assumida pelo Centro de Orientação Familiar-COFAM. Para tanto, julgamos necessário tecer primeiramente algumas considerações sobre a Terapia Comunitária e o seu idealizador Dr. Adalberto de Paula Barreto e, ainda, traçar um perfil do Centro de Orientação Familiar. Esses esclarecimentos, a nosso ver, são básicos e imprescindíveis para a real compreensão da atuação do COFAM na comunidade baiana.

1 TERAPIA COMUNITÁRIA

Segundo os ensinamentos do Dr. Adalberto de Paula Barreto, elaborados no Manual do Terapeuta e no seu mais recente livro *Terapia comunitária passo a passo* (BARRETO, 2005), a Terapia Comunitária não é um método de trabalho alternativo mas uma ação complementar que realiza e integra os recursos locais. Essa metodologia é um estímulo para uma nova forma de tratar pessoas, com o olhar voltado para a sua dor, seu sofrimento. É mais que uma técnica ou metodologia é o despertar para uma nova era na maneira de atender em grupos.

Numa articulação entre o saber das práticas cotidianas de cada indivíduo em questão, já oriundo da prática das lideranças, com o saber científico do terapeuta comunitário, a Terapia Comunitária tem como finalidade prevenir os efeitos do estresse no ambiente das comunidades, especialmente das populações de baixa renda, resgatando-lhes a condição de implementar as mudanças que se fazem necessárias.

Essa forma terapêutica busca tratar a pessoa com dignidade, valorizando-a, retirando-a de sua condição, às vezes alienada, fazendo-a situar-se em seu contexto e em seu ambiente societário.

Ao livrá-lo de uma imobilidade, carência orgânica ou emocional, ele procura colocá-lo como um ser atuante, vivo, participante e sobretudo capaz de buscar, ele próprio, a solução para os seus problemas.

---

[1] Thiago de Melo

Na troca de saberes, à medida que uma nova informação entra no campo cognitivo, haverá uma interação com o conteúdo já existente e o "conhecido" torna-se mais evidente.

A importância de o indivíduo ter, na sua estrutura cognitiva, idéias já disponíveis, possibilita torná-las mais significativas, servindo-lhes de ponto de ancoragem.

Essa "pedagogia para a crise" trazida por Dr. Adalberto é dirigida às populações carentes que, às vezes, se sentem marginalizadas, fora do contexto. Na sua pedagogia ele propõe valorização, que começa pelo diálogo, pela comunicação, por uma relação humana que possibilite ao indivíduo analisar o seu momento e os problemas nos quais está envolvido, sentindo-se parte integral e integrante de um grupo, onde ele pode verbalizar suas dificuldades.

A Terapia Comunitária é, portanto, um processo pedagógico que busca privilegiar os relacionamentos inter e intrapessoais.

A base e origem são o saber de cada um acumulado nas suas vivências pessoais, e a identificação é o sofrimento que vai sendo partilhado na construção de novas informações para que as mudanças aconteçam. Nessa partilha analisa-se o que está por trás desse sofrimento, na busca de trabalhar os conflitos e crises trazidas.

Essa nova forma terapêutica tem como princípios básicos:

- Estimulação para integração em grupos a fim de formar e transformar hábitos.
- Conscientização do momento atual para reformulação de atitudes.
- Valorização do indivíduo no seu meio físico e cultural.
- Participação total do indivíduo, dialogando, apresentando soluções, influenciando nas decisões do grupo.
- Agregação de pessoas, retirando-as do seu imobilismo, conscientizando-as da sua dignidade de pessoas iguais "criada a imagem e semelhança de Deus".

A função da Terapia Comunitária será a de estabelecer pontes entre os participantes, explorando o "já conhecido" de cada um com o que precisa saber, a partir do outro, para assim poder desenvolver o seu raciocínio e conectar melhores idéias a seu próprio respeito e sobre o que mais lhe aflige, naquele momento.

Em conseqüência da reflexão em grupo, a pessoa pode sentir que é capaz e valorizar-se como pessoa humana, única, sobre seu trabalho, seu sofrimento e o poder de transformar aspectos de sua vida e da importância de responsabilizar-se sobre si mesmo.

O homem "criado a imagem e semelhança de Deus" é um ser criador e recriador capaz de assimilar e transmitir conhecimentos do seu ambiente cultural, das suas vivências. Através desses encontros ele pode alterar a sua realidade e da própria comunidade / sociedade da qual participa.

2 O Terapeuta Comunitário

Nessa forma terapêutica o profissional passa a ser um mediador entre os membros do grupo e entre o grupo e seu ambiente social, minimizando os choques e conflitos.

O valor das intervenções psicossociais nos grupos, se baseia na oportunidade de possibilitar abordagens que focaliza:

- O indivíduo e o desenvolvimento de suas potencialidades visando a dignidade da pessoa humana, melhorando a auto-estima.
- O social, visando o bem estar da coletividade.

Tem, assim, um caráter preventivo para grupos vulneráveis a situações de tensões e indivíduos com vínculos Frágeis ou vínculos de Risco.

Nesse quadro, o Terapeuta Comunitário tem, portanto, a tarefa de organizar e provocar o diálogo com "regras" que possibilitam a cada um falar, ouvir e opinar em todas as questões.

Ele facilita a troca de saberes do grupo, solicitando aos participantes que explicitem os motivos que os levaram à Terapia Comunitária. Ele contribui com o grupo fazendo questionamentos e principalmente com o "mote" (pergunta que vai permitir a reflexão coletiva) possibilitando a cada um o exercício e a capacidade de conhecer e interpretar a realidade, na busca de estratégias que mobilizam a capacidade de discernimento e resoluções saudáveis.

Convém salientar que para o embasamento deste trabalho o Terapeuta necessita recorrer a leituras que lhe proporcionam a fundamentação teórica para os procedimentos de coordenação do grupo em questão; alguns destes livros estão citados nas referências.

3 Adalberto Barreto e sua pedagogia para a crise

Adalberto Barreto, além das suas credenciais universitárias, é um cristão militante e revela nesse estilo pedagógico a sua práxis: sua convicção de que o homem precisa ser valorizado e acolhido no seu sofrimento, respeitando a sua especificidade, a sua crença e cultura. Na sua pedagogia o diálogo, em vez de ser veículo de ideologias alienantes e/ou cultura ociosa, torna-se gerador de transformação do homem no seu contexto comunitário.

O Nordeste, com todas as suas mazelas, foi para Adalberto campo fértil para estruturar seu pensamento libertador. Nesse contexto ele inicia seu método inovador: inaugura uma nova postura frente à problemática das pessoas carentes, garantindo-lhes um tratamento acolhedor, condigno, consciente e participativo.

Vê-se que toda a separação entre os que sabem e os que não sabem, assim como a separação entre as elites e o povo, é apenas fruto de circunstâncias históricas que devem e podem ser transformadas.

Seguidor dos ensinamentos do verdadeiro Mestre, Jesus Cristo, autodidata e pedagogo divino, Adalberto orienta-se com a Sua filosofia, utiliza os Seus métodos, para, nos dias atuais, colocar em pauta o que Ele tanto ensinou. Como merecedores do Reino todos podem contribuir para sua concretização.

4 O Centro de Orientação Familiar - COFAM

O Centro de Orientação Familiar-COFAM é um serviço do Movimento Familiar Cristão – MFC, atuante na comunidade baiana há vinte e cinco anos. Tem como principal objetivo dar atendimento a pessoas, casais e famílias em crise de relacionamento interpessoal, na área de Psicoterapia, Educação, Terapia Familiar e Terapia Comunitária. Promove, ainda, estudos e pesquisas, cursos e seminários de aprofundamento relacionados com a temática Família-Sociedade.

Surgiu em 1980, expressando o carisma e a ação do MFC que se preocupava, há muitos anos, em criar um organismo que pudesse atender às necessidades concretas de casais e famílias com problemas de relacionamento interpessoal e familiar. Para isso, conseguiram um espaço da Santa Casa de Misericórdia, situada na Avenida Joana Angélica, nº 79, em Nazaré - Salvador-BA.: uma casa dentro do complexo onde funcionam outras instalações da Santa Casa. Assim, no dia 19 de março de 1980, foi criado o Centro de orientação familiar, na Arquidiocese de São Salvador da Bahia.

Iniciou-se com atendimento pelas próprias pessoas do MFC, com o tempo, porém, observou-se que o atendimento sem base científica era ineficaz e buscou-se uma forma de conseguir atendimentos com pessoal qualificado na área de psicoterapia. Firmou-se então um convênio com a Universidade Federal da Bahia que enviou estagiários. Esses atendimentos individuais especializados muito ajudaram nessa fase, porém, mais uma vez, sentiu-se necessidade de um atendimento mais abrangente, um modelo próprio que atuasse no grupo familiar.

Em 1988, com as coordenadoras Margarida Rêgo, Josephina Bacellar e Vera Minho, iniciou-se um intercâmbio com a Universidade Católica do Salvador – UCSAL, objetivando a realização de um curso de pós-graduação em Terapia Familiar que visava dar aos profissionais das áreas afins condições de se especializarem para dar atendimento mais específico aos grupos familiares. Essa iniciativa concretizou os anseios daqueles que iniciaram o Centro de Orientação Familiar e de todos os que acreditavam ser possível a concretização dessa utopia em nossa cidade.

Em fins desse mesmo ano celebrou-se o convênio COFAM-UCSAL e, em março de 1989, teve início o primeiro curso de Especialização e Formação em Terapia Familiar no nível de pós-graduação, coordenado pela professora Margarida de Carvalho Rêgo, com duração de seis semestres letivos, estando, este ano, na sexta turma.

Em 2004, iniciou-se o Curso de Terapia Comunitária para graduados, funcionando no Centro de Pesquisa e Extensão-CEPEX, com quarenta e três alunos. Nesse curso a professora Margarida é assessorada por dez terapeutas comunitários que fazem a supervisão com o grupo de alunos.

5 Estratégia de aplicação da Terapia Comunitária pelo COFAM

5.1 Ação do COFAM na comunidade

A possibilidade de atender em grupos pessoas da comunidade, cujo poder aquisitivo não permitiria um atendimento em consultórios ou clínicas, vem ao encontro de um desejo nosso de poder atender de forma terapêutica, grupos de pessoas e amenizar o seu sofrimento.

A Terapia Comunitária vem assim atender a uma demanda do COFAM, um organismo de ação social já existente em nosso meio. Para nós foi a ferramenta que necessitávamos para complementar um trabalho, que já realizávamos em grupo, mas sem a conotação terapêutica.

Em 2001 iniciou-se esse atendimento de Terapia Comunitária no COFAM buscando reduzir a lista de espera existente. Chamamos de "sala de espera" no convite feito, às pessoas que aguardavam o chamado para as diversas terapias existentes.

5.2 Os protagonistas da Sala de Espera

A demanda pelos serviços do COFAM aumenta dia a dia. Como se atendem pessoas e famílias individualmente não se pode evitar uma grande lista de espera. Em 2001 resolveu-se introduzir o trabalho com Terapia Comunitária, e iniciou-se tentando reduzir a lista de espera existente, ou, no mínimo, dar a essas pessoas uma outra opção enquanto esperavam; convidaram-se, então, as pessoas que aguardavam o chamado para as diversas terapias oferecidas para experimentar a Terapia Comunitária sem, naturalmente, retirar o nome da lista de espera. A esse atendimento resolvemos chamar de **Sala de Espera**.

A **Sala de Espera** tem como protagonista cada u0m dos indivíduos. Não existem pré-requisitos para o ingresso nesse grupo. A única condição para participar é o desejo de vivenciar essa nova modalidade terapêutica, na busca de minimizar as questões que o incomodam. No momento o COFAM conta com a Terapeuta Comunitária Josephina Nogueira Bacellar da Silva. A conscientização dos problemas individuais e a partilha no grupo fazem com que cada um perceba a importância do convívio e, até, encontre soluções na coletividade; nesse convívio maior ele se sente melhor e, nesse novo ambiente, se sente mais aberto e mais à vontade; desse modo, além de encontrar caminhos para resolver o seu problema, pode também contribuir com todos que o cercam.

Após compartilhar seus sofrimentos e angústias com as outras pessoas e ouvir a palavra do outro, esses indivíduos confessam que passaram a protagonizar uma nova história emocional: a insegurança e a ansiedade vão sendo minimizadas o que contribui para melhorar os relacionamentos.

As dificuldades anteriores vão sendo transformadas em habilidades, "as carências geram competências", ensina Adalberto, e, assim, as pessoas vão podendo expressar seu verdadeiro **eu**, agora menos embaçado pelo sofrimento.

Os relacionamentos melhoram, porque melhora o relacionamento consigo mesmo.

5.3 Primeiros resultados

Nesse período de quatro anos trabalhando com Terapia Comunitária no COFAM, pode-se perceber que:

- a acolhida alegre e todo o andamento do processo, na Terapia Comunitária, faz com que os envolvidos sintam-se como parte de uma rede de obrigações mútuas;
- todos são extraordinariamente permeáveis à influência social;
- o desenvolvimento de um indivíduo pode ser melhorado pela mera presença de outros;
- a intervenção psicossocial leva a mudanças, não só no indivíduo, mas também no seu contexto;
- foi imprescindível, nesse período, a mediação do Terapeuta Comunitário entre os participantes do grupo e entre o grupo e seu ambiente social, minimizando estresses e conflitos.

Vale ressaltar, ainda que algumas pessoas que passaram a participar da Terapia Comunitária sentiram-se atendidas em suas demandas a ponto de não mais buscar outros atendimentos e, portanto, promover a diminuição da fila de espera. Além disso, a partir do atendimento na Sala de Espera, muitos foram encaminhados para atendimentos específicos, conforme a problemática detectada, em órgãos especializados tais como CETAD (Centro de Estudos e Terapias para Abuso de Drogas), AA, ALANOM, ALATEEN, assim como o Hospital Irmã Dulce e outros recursos da Comunidade.

6 Considerações finais

Pelo exposto, pode-se concluir que os benefícios da implantação da Terapia Comunitária já se fazem sentir, porém, sabe-se que esses resultados carecem ainda de uma melhor avaliação, para tanto, já se elaborou fichas para sistematizar de agora em diante, os dados comparativos. Espera-se no próximo congresso poder apresentar uma descrição mais detalhada do trabalho desenvolvido e os seus resultados devidamente computados e analisados. A meta do COFAM é aumentar o número de atendimentos e poder, assim minimizar, com a Terapia Comunitária, o sofrimento de pessoas menos favorecidas.

O grupo do COFAM está aberto para sugestões que possam surgir aqui e que servirão certamente para melhorar esse trabalho. Anexo ao trabalho colocou-se uma tabela demonstrativa do número de sessões realizadas por ano e, ainda uma lista com os sintomas mais relatados nessas sessões, de acordo com o código dos temas, por categorias, apresentado por Barreto (2005, p. 301).

Acredita-se que compartilhar experiências comuns proporciona aos seus integrantes uma nova energia, possibilitando transformações pessoais tão significativas que pode ser destinada para as exigências do cotidiano, ressocializando as relações, ao tempo em que mobiliza e instiga; estimula pessoas a se tornarem Terapeutas Comunitárias. A conscientização de redes solidárias e veículos afetivos mais fortes, transformarão o contexto societário em que vivemos.

Referências bibliográficas

BARBACH, L.; GEISINGER, D. *Juntos para sempre*. São Paulo: Ágora: 1998.

BARRETO, A. de P.; BOYER, J. *O índio que vive em mim*: itinerário de um psiquiatra brasileiro São Paulo: Terceira Margem, 2003.

_____. *Terapia comunitária passo a passo*. Fortaleza: LCR, 2005.

CARTER, B.; MCGOLDRICK, M. *As mudanças no ciclo de vida familiar*: uma estrutura para a *terapia familiar*. Tradução de Maria Adriana Veríssimo Veronese. 2. ed. Porto Alegre: Artes Médicas, 1995.

CASTILHO, Á. *A dinâmica do trabalho de grupo*. Rio de Janeiro: Qualitymark, 1998.

CAVALCANTE, A. M. *O ciúme patológico*. Rio de Janeiro: Rosa dos Tempos, 1997.

_____. *Casal*: como viver um bom desentendimento. Rio de Janeiro: Rosa dos Tempos, 2001.

HERRERO, J. C.: *Encontrar-se consigo mesmo*. São Paulo: Paulinas, 1999.

HOLZMANN, M. E. F. *Jogar é preciso*: jogos espontâneos-criativos para famílias e grupos. Porto Alegre: ArtMed, 1998.

JABLONSKY, B. *Até que a vida nos separe*: a crise do casamento contemporâneo. Rio de Janeiro: Agir, 1991.

MARMILICZ, A. *Auto-estima*: suas implicações no cotidiano. 4. ed. Curitiba: Vicentina, 2003.

MELENDO, M. *Comunicação e integração pessoal*. São Paulo: Paulinas, 1998.

MILITÃO, A. e Rose. *Jogos*: dinâmicas e vivências grupais. Rio de Janeiro: Qualitymark, 2002.

NOVELLO, F. P. *Um mergulho em si*. São Paulo: Paulinas, 2000.

OSÓRIO, L. C. *Grupos*: teorias e práticas. Porto Alegre: Artmed, 2000.

ZIMERMAN, D.; OSORIO, L. C. *Como trabalhamos com grupos*. Porto Alegre: Artes Médicas, 1997.

Principais temas trazidos nesse período nas Terapias Comunitárias do COFAM.

CÓDIGO: conforme a divisão de temas por categorias sugeridas por Barreto (2005, p. 301)

1. CONFLITOS FAMILIARES 1.1 – Conjugal
1.6 – Traição
1.7 – Ciúmes

2. ALCOOLISMO 2.2 – Esposo(a)

3. DROGADIÇÃO 3.6 – Dependência de remédios
3.7 – Uso próprio

4. ESTRESSE 4.1 – Angustia
4.2 – Medo
4.3 – Ansiedade
4.4 – Insônia
4.5 – Nervosismo
4.6 – Raiva
4.9 – Desânimo

7. VIOLÊNCIA 7.2 – Familiar
7.9 – Sexual

8. DEPRESSÃO 8.1 – Pai
8.9 – Saudade
8.10 - Pós parto
8.11 - Sentimento de culpa

9. TRABALHO 9.1 – Desemprego
9.3 – Insatisfação
9.4 – Insegurança

12. DEFICIÊNCIAS MENTAIS 12.1 – Epilepsia

13. DISCRIMINAÇÃO 13.1 – Cor, raça.

COFAM - Centro de Orientação Familiar

Terapia Comunitária

Anos	2001	2002	2003	2004
Total de encontros	12	23	23	16
Total de atendimentos	58	63	168	143
Total de mulheres	50	60	139	117
Total de homens	0	0	29 17%	26 18%
Média por dia	5	6	13	09 presenças
	Encontros quinzenais Horário 10:00 às 11:30		Encontros quinzenais Horário 19:30 às 21:30	

É importante observar o menor número de pessoas no horário da manhã e a ausência total de homens.

47. Terapia Comunitária na formação médica na UFPE

Marluce Tavares de Oliveira[1,2,3], Maria de Lourdes Perez Teixeira[2],
Maria Verônica Carrazzone[4], Pedro Renan Santos de Oliveira[4],
Luisa de Vasconcelos Xavier Viana Sobreira[4],
Andréa Barros Leal R. Aragão[4], Lívia Miranda Marra[4].

RESUMO - A formação de médicos, adequados para atuar na assistência de saúde preconizada pelo SUS e inserida no bojo dos projetos de Reforma Curricular, passa pela incorporação de uma visão multidisciplinar, que contemple a ampla gama de facetas com que se reveste o processo saúde-doença. A proposta de integração ensino-serviço, na capacitação de estudantes de Medicina em ações assistenciais a populações adolescentes, como estratégia de assistência integral, tem apresentado desafios que se concretizam na necessidade de incorporação de outros saberes, além da Clínica, que ensejam a chamada "Síndrome da Adolescência Normal", para identificação de fatores de risco, objetivando atuar sobre nós críticos do processo. A ampliação do escopo de atuação nesta área, consolidou-se através da participação de alunos do 5º. período de Medicina, nas sessões de Terapia Comunitária – espaço de escuta para situações de sofrimento e crise - desenvolvidas no Ambulatório de Adolescentes do Serviço de Puericultura do Hospital das Clínicas da UFPE, no período de abril a julho de 2005. O desenvolvimento se consolidou pela realização de reuniões de grupo, onde se adotou a metodologia da Terapia Comunitária, que inclui seis momentos básicos: Acolhimento, Definição do Tema e Contextualização, Problematização, Encerramento e Avaliação. A análise da experiência vivenciada incorpora a noção de co-responsabilidade, viabilizada através do próprio sujeito da ação, passando pelo resgate das competências dos atores sociais envolvidos e principais temas trabalhados. O relato da experiência vivenciada, na avaliação, ao final das sessões, buscou delimitar as potencialidades e limitações identificadas pelos alunos participantes e vão, desde reflexões sobre a ampliação da percepção da multicausalidade do adoecer e do seu papel como futuros médicos; passando pela visão lúdica, até o resgate de histórias pessoais de dificuldades e sofrimentos partilhados: "*Lá* [no ambulatório] *nós vemos a dor de estômago. Aqui elas nos mostram histórias...*"

PALAVRAS –CHAVE: Educação em Saúde, Formação Médica, Terapia Comunitária.

I . Introdução

A crescente consolidação da cidadania em sociedades em desenvolvimento, como a brasileira, tem colocado a questão dos cuidados de saúde populacionais no foco da cres-

---

[1] Espaço Família
[2] Hospital das Clínicas / UFPE
[3] Faculdade de Ciências Médicas / UPE
[4] Alunos do II Curso de Formação em Terapia Comunitária – AQUARIUS / MISMECDF

cente insatisfação social, que clama pelo direito de assistência integral, equânime e humanizada. Tais bandeiras, integrantes das políticas públicas dirigidas ao setor saúde.e legalmente consolidada na lei que rege o Sistema Único de Saúde, vem sendo alvo dos apelos sociais para a formação de profissionais qualificados para a consecução das mesmas.

Nesse contexto, a formação de profissionais adequados para atuar na assistência de saúde, passa a se constituir como importante desafio a ser enfrentado pelas agências formadoras em geral; onde, Projetos de Reforma Curricular, vêm ganhando destaque como é o caso dos PROMEDs, desenvolvidos pelas escolas médicas nacionais. O perfil profissional buscado, passa pela incorporação de uma visão multidisciplinar que contemple as contribuições de outras áreas do conhecimento, além da clínica – antropologia, sociologia, psicologia, educação em saúde, dinâmicas grupais e comunitárias, entre outras – como elementos aglutinadores e amplificadores de estratégias efetivas de atuação sobre o processo saúde-doença em contextos particulares e/ou singulares.

Um aspecto que merece destaque ao se enfocar a formação de pessoal para atuação nesta área, diz respeito ao enfrentamento de situações de saúde-doença, como é o caso da abordagem de populações adolescentes; onde a capacidade de implementar medidas de educativas efetivas passa pelo desenvolvimento de capacitações que realmente possam identificar e intervir sobre os nós críticos que se apresentam para atingir as metas estabelecidas.Ao se pensar o processo educativo, pelo menos dois importantes desafios se fazem presentes: o "como se aprende", que representa os processos e caminhos internos percorridos na singularidade do sujeito e da "situação de aprendizagem"[2] e, o "como se ensina", a partir da incorporação de modelos pedagógicos e epistemológicos que se prestem a delimitar o espectro de atuação (definição de objetivos e metas) do processo de ensino-aprendizagem (BECKER, 1994), especialmente no que diz respeito à educação de adultos onde, as carências educativas acumuladas ao longo da vida carreiam toda uma gama de incapacidades que vão desde a dificuldade de análise do seu meio (profissional e/ou social), de expressar-se ou mesmo orientar-se diante das diferentes fontes de informação, no sentido de selecionar formas de atuação mais adequadas às demandas suscitadas (MS, 1988; FORTUNA, 1994). O desenvolvimento de práticas educativas, baseadas na abordagem construtivista, baseia-se na exposição a "novos cenários" que facilitem a construção de referenciais, onde o pensar comportamentos se viabiliza através do próprio sujeito da ação, carreando a noção de .co-responsabilidade.

1.1 – *A Terapia Comunitária como Recurso Metodológico no Processo de Ensino-aprendizagem*

A Terapia Comunitária (TC) é um procedimento terapêutico em grupo, que tem como meta a promoção da saúde e atenção primária em saúde mental. Tem sua ação centrada no encontro de pessoas que sofrem / vivenciam juntas os efeitos do viver contemporâneo, seja nas comunidades, seja em ambientes de estudo ou trabalho, na busca de acolhimento e/ou cura para situações de conflito e angústia; através de equipes institucionais públicas, privadas e voluntárias. A TC funciona como base para a identificação / construção de redes sociais[3] solidárias; reforço da identidade cultural das

---

[2] Relação dinâmica entre o sujeito, que detém diferentes formas de pensar e atuar sobre a realidade (esquemas de assimilação e padrões culturais) e o objeto a ser apreendido, dotado de uma estrutura que lhe é própria e que necessita ser decodificada e apreendida.

[3] Para Sluzki (1997), *"existe forte evidência de que uma rede social pessoal estável, sensível, ativa e confiável protege a pessoa contra doenças, atua como agente de ajuda e encaminhamento; afeta a pertinência e a rapidez de utilização de serviços de saúde, acelera os processos de cura, e aumenta a sobrevida,."* (pp.67 e 75-76).

comunidades, pelo respeito à diversidade de cultura; trabalha perdas, crises; resgata / valoriza as competências do indivíduo e da família; sendo, em última instância, fomentadora de cidadania.

III. *Objetivos*

III. 1 – GERAL

Contribuir para reflexão das questões relativas ao processo de formação de profissionais médicos para atuação em grupos comunitários, envolvendo adolescentes, através da incorporação de abordagem metodológica construtivista, favorecedora do processo de desenvolvimento do protagonismo juvenil.

III. 2 – ESPECÍFICOS

Utilizar a Terapia Comunitária como espaço / instrumento propiciador para a/o:

* Fala e expressão do sofrimento e das situações de crise;
* Expressão dos conflitos, dúvidas;
* Identificação da diversidade de soluções existentes, embasadas na valorização da diferença e do referencial positivo de cada um;
* Oportunidade de união de famílias e do grupo social, facilitando a construção da rede de interação entre as pessoas;
* Resgate cultural e da auto-estima dos grupos populacionais envolvidos.

IV. Material e método

Trata-se de um estudo de caso, onde se descreve as etapas de desenvolvimento de proposta de, participação de alunos da graduação de Medicina, da UFPE, nas atividades de Terapia Comunitária voltadas para usuários do Serviço de Puericultura do Hospital das Clínicas/UFPE. A população-alvo foi composta por 40 alunos do 5° período da graduação em Medicina, participantes da 1ª. turma da Reforma Curricular, distribuídos em 10 subgrupos, no período de abril a julho de 2005. A consolidação dos dados, realizada a partir das Fichas de Acompanhamento e Avaliação elaborados pelos alunos do Curso de Formação de Terapeutas Comunitários / UFC[4], baseou-se no método qualitativo de análise temática de conteúdo, e em questionários semi-estruturados, auto-preenchidos e não identificados, de Avaliação Final do Módulo de Assistência ao Adolescente, ao final do período letivo.

V. Resultados e discussão

O módulo de *Assistência ao Adolescente* , com 75 horas, constou de atividades teóricas (35h) e práticas (45 h), das quais, 3 horas foram dedicadas às atividades de reuniões de grupo, onde se adotou a metodologia da Terapia Comunitária, que inclui seis momentos básicos:

---

[4] As atividades desenvolvidas referem-se ao trabalho de campo do Curso de Capacitação de Terapeutas Comunitários, como área de formação extra-*campus* da Universidade Federal do Ceará – UFCE – que tem como campo de atuação o Ambulatório de Puericultura do Hospital das Clínicas / UFPE, e contou com equipe terapêutico-educadora constituída por profissionais de formação básica diversa: médica, psicóloga e estudantes de psicologia.

1. *Acolhimento* – Teve por objetivo ambientar o grupo, de modo a quebrar resistências ao resgatar a "criança" presente em cada um, através de atividades lúdicas
2. *Definição de Tema* - Após a exposição das situações relativas a vivências pessoais apresentadas ao grupo, onde se buscou priorizar um tema geral acerca das *relações pais e filhos* ou *família e adolescentes*; selecionou-se, por votação dos participantes, o tema-alvo de aprofundamento da sessão. Os temas escolhidos nas sessões, encontram-se listados no Quadro 1 e contemplam aspectos relativos a dificuldades familiares, pessoais e outras situações vivenciadas.

Quadro 1 - Temas principais escolhidos nas Sessões de TC, HC/UFPE, Abril-Julho/2005

1. Dificuldades Familiares:
- Medo do que pode acontecer com os filhos
- Falta de paz no relacionamento com a mãe
- Fracassada como mãe
- Tristeza por não se sentir aceita
- Sufocado por não ter espaço

1. Dificuldades Pessoais
- Tristeza por não ser reconhecido pelo seu esforço
- Culpada por sempre deixar para depois
- Frustrada por não conseguir continuar a dieta.

2. Outras Situações:
- Feliz porque sempre vê o lado bom das coisas
- Feliz por estar descobrindo novas visões

---

3. *Contextualização* – A pessoa cujo tema foi escolhido foi solicitada a falar sobre a situação vivenciada, para que as outras pessoas pudessem compreender a situação, o contexto em que ocorreu.
4. *Problematização* - esta etapa se iniciou a partir da identificação do *mote*, ou seja, uma pergunta-chave (Quadro 2) que sintetiza o comportamento, a situação-problema enfrentada pela pessoa eleita, e que deve envolver os diversos espaços de determinação do processo saúde-doença (do individual-particular ao geral-social, passando pelas esferas familiar e comunitária). A principal finalidade desta etapa foi tornar visível para a(s) pessoa(s) que seu(s) problema(s) não são exclusivos, mas que outros já passaram por situações semelhantes e, principalmente, permitir outros olhares que conduzam à resolução do problema vivenciado.

Quadro 2 - Categorias e Motes desenvolvidos nas Sessões de TC para ACS, DS V/ PCR, 2003
1. Mote Curinga: • Quem já se esforçou por alguém que ama e não ouviu um obrigado? • Quem já sentiu falta de amor em um relacionamento e o que fez para correr atrás desse amor? • Quem já sentiu falta do calor humano em relação aos profissionais?
2. Mote Simbólico: • Quem já sentiu enclausurado como lagarta no casulo e como fez para virar borboleta? • Quem já se sentiu culpado por não ter feito uma coisa que havia planejado? • Quem na estrada da vida teve que escolher qual caminho seguir e assumir a responsabilidade desse caminho? • Quem já perdeu o controle da situação e o que fez para superar?

6. *Encerramento* – Rituais de agregação e conotação positiva.
7. *Avaliação da Sessão-* Esta etapa foi reservada à equipe terapêutica, ao final de cada sessão, através do preenchimento de Ficha de Acompanhamento e Avaliação dos Terapeutas e de uma avaliação qualitativa do processo de condução da terapia.

A análise das respostas dos 40 participantes nas atividades de Terapia Comunitária, a partir dos questionários semi-estruturados, revelou que 72,5% dos alunos (29) avaliaram a atividade como ótima ou boa; para 22,5% (9) a mesma foi classificada como regular, enquanto dois deles (5%) consideram-na insatisfatória. Oito alunos teceram considerações sobre suas escolhas, que descreveram-na basicamente como:
• *interessante / excelente /* (5 referências);
• atividade *opcional* (n=3)
• *tempo curto (n=1)*
• *Sem conexão com o módulo (n=1)*
• Substituída por outra atividade, o *aluno ganharia mais conhecimento (n=1)*

A avaliação dos alunos a partir da descrição dos terapeutas que conduziram as sessões, mostrou que o processo participativo foi considerado interessante, pois todos os grupos passaram por uma fase de adaptação, sentavam-se juntos e se retraíam, apenas observando. A participação se deu de diversas formas: colocação de temas, respostas ao mote, pronunciamento na etapa final. Considerando as diversas atitudes e linguagens corporais identificadas também se observou variabilidade de aceitação e "entrega" à atividade: um/a aluno/a retornou voluntariamente em outra sessão; alguns demonstravam sinais de envolvimento emocional empático, frente às situações relatadas (voz embargada, olhares acolhedores, um choro, etc.); enquanto outros sinalizavam para a existência de cumprimento de tarefa escolar (olhar insistentemente o relógio; risos descontextualizados; saídas antes do final, etc.).

Ao final os alunos eram estimulados a relatar suas impressões da importância da terapia para os pacientes e qual a ligação entre aquela vivência para o seu curso. A descrição temática de conteúdo, a partir das falas dos alunos e do grupo comunitário; norteada pela proposta pedagógica construtivista de Paulo Freire, utilizou os pilares básicos da Terapia Comunitária, como categorias de análise:

1. Teoria Geral dos Sistemas   *"Somos parte do problema e parte da solução"*

Um dos pressupostos do processo educativo, aplicado à área da saúde, é de que ele se preste a favorecer mudanças no *"agir de uma pessoa", no* comportamento (hábitos, costumes, mitos, etc.), ou seja, no aparecimento de uma *'nova ordem'* no sistema, relacionada uma reorganização do contexto ou mesmo a novas formas de apreensão do mundo – resignificação (Bateson *IN:* RAPIZO, 1996) baseada na autonomia, na liberdade de escolha do repertório de possibilidades *"do agir e do sentir"* (ANDERSEN, 1996). Tais pressupostos favorecem a visão de que, todo e qualquer problema enfrentado, adquire um caráter de globalidade, o que coloca as possibilidades de solução coletiva, resgatando a noção de co-responsabilidade:

> *"É uma oportunidade muito boa para mim, como estudante de medicina, estar vendo o outro lado. Isso vai fazer uma diferença muito grande na minha formação. Agora eu sei como eu não quero ser."* *(Aluno/a)*

> *"Humildade de pedir ajuda; se manter acordada para poder agir; aprender com o silêncio e se colocar no lugar do outro; tudo tem seu tempo para acontecer". (Usuário/a)*

2. Teoria da Comunicação   *"Quando a boca cala, os órgãos falam"*

Comunicar é buscar a consciência de existir e pertencer, de modo que a consciência que o indivíduo tem de si, nasce de uma relação de comunicação com o outro. Todo comportamento, cada ato, verbal ou não, individual ou grupal, tem "valor de comunicação", existindo múltiplas possibilidades de significados e sentidos ligadas ao comportamento humano. Nesse contexto, a emergência da doença ou agravo; explicitam conflitos interacionais com o meio, com o *outro* (BARRETO, 2003; WATZLAWICK *et al.*, 2002).

Usuário/a:

> *"Se educar; valorizar as coisas que consegue fazer; pensar que aquilo é por você e que ninguém vai fazer; dialogar."*

Alunos/as:

> *"As pessoas, aqui na TC, trazem muito mais coisas, trazem histórias que nós não vemos no ambulatório. Às vezes as pessoas vêm de longe, passam por dificuldades que nós não ouvimos. Lá (no ambulatório) nós vemos a dor de estômago. Aqui elas nos mostram histórias, como eu levo a minha para o birô."*

> *"Eu fiquei com vontade de contar minhas historias, mas fiquei num impasse: eu tenho dificuldade para falar de certos assuntos com pessoas que eu conheço e também dificuldade para falar de certos assuntos com pessoas que eu conheço. E aqui tem os dois públicos. Então o silêncio prevaleceu."*

3. Antropologia Cultural   *"Quem canta, seus males espanta"*

A cultura é o arcabouço de nossas identidades; um *"todo complexo que inclui conhecimentos, crenças, arte, moral, leis, costumes ou qualquer outra capacidade ou hábitos adquiridos pelo homem como membro de uma sociedade"*, o que a coloca enquanto *realizações de um povo, base da maneira de pensar, avaliar, discernir valores e opções para o cotidiano* (Taylor, IN: TOMAZI,1993):

> *"é muito bom, porque o dia-a-dia da gente é muito corrido. Normalmente, a essa hora, eu estaria em algum ambulatório, na maior correria. E hoje a gente ta aqui, sem preocupação." (Aluno/a)*

4. Resiliência   *"Eu só reconheço no outro, o que eu conheço em mim"*

Definida como a capacidade das pessoas aprenderem com a experiência, armazenando conhecimento e possibilidade de solução, ou seja, desenvolvimento de competências a partir de suas vivências. (BARRETO, *op.cit.*).

> *"Procurar ajuda de outras pessoas e especialistas; conversar com outras pessoas; força para brigar pelo que quer." "enfrentar a culpa; coragem para começar" (Usuários)*

Foi avaliado como proveitoso para muitos alunos, que encontraram na TC um espaço para desabafar realmente, entendendo a formação de redes que a TC propõe, mas alguns outros nem sequer deram chance ao processo, portando-se como se em sala de aula, apenas ouvindo e o quão distante possível.

> "É muito bom, a gente se sente muito aliviado quando fala." *(Estudante que respondeu ao mote:* Quem já sentiu falta de amor num relacionamento e o que fez para correr atrás *?).*
> *"Depende muito de aceitação daquele tipo de dinâmica pelo aluno"*
> *"É fácil falar aqui, porque eu não conheço as pessoas. Quando eu sair daqui, vocês não vão comigo"*

VI. *À guisa de conclusões: Potencialidades e Limitações*

- A utilização de músicas repletas de significados e de dinâmicas criativas na condução das atividades, bem como a disponibilidade de participação da maioria, permitiu ampliar e reforçar o papel dos participantes, enquanto profissionais e cidadãos.
- O processo de condução das sessões permitiu, nos diversos momentos, estabelecer o *link* entre as dinâmicas e as questões da vida cotidiana e de formação profissional, favorecendo o processo reflexivo, reforçando a responsabilidade de cada um no processo de mudança social..
- A despeito da dificuldade em se colocar numa relação de horizontalidade com usuários do serviço, a disponibilidade e participação de certos sub-grupos possibilitou a "abertura" necessária para que os alunos falassem de suas próprias experiências.

- Identificação, a partir das experiências/ sofrimentos pessoais vivenciados, das competências aplicadas ao ambiente de trabalho (O que o sofrimento ensinou?)
- Há a necessidade de uma maior reflexão sobre o papel desempenhado pela Terapia Comunitária como parte do processo de humanização do curso de Medicina, na medida em que a obrigatoriedade à freqüência das atividades propostas, os colocam, na maior parte dos casos, como participantes "externos" ao processo e os estudantes que a freqüentavam, o fazem na condição de alunos e não de comunidade, o que se coloca como um campo contraditório com a proposta terapêutica em questão.

VIII. Referências bibliográficas

1. AMARANTE, P. *Loucos pela Vida. A Trajetória da Reforma Psiquiátrica no Brasil.* Rio de Janeiro, Panorama/ENSP, 1995, 143p.

2. ANDERSEN, T. *Processos Reflexivos.* Rio de Janeiro, Instituto NOOS/ITF, 1996, 141p.

3. BARRETO, A. *Terapia Comunitária Passo a Passo.* Fortaleza, MISMEC-CE - AQUARIUS - Núcleo de Atividades Científicas, 2003, 45 p. (s.n.t.)

4. _____. *Teoria da Comunicação.* Fortaleza, MISMEC-CE, 2003, (s.n.t.)

5. BECKER, F. Modelos Pedagógicos e Modelos Epistemológicas. *Educação e Realidade*, Porto Alegre, 19(1): 89-96, jan/jun., 1994.

6. FORTUNA, T.R. Aventuras psicopedagógicas na Sala de Aula – A Contribuição do Construtivismo Piagetiano. *Revista psicopedagogia* 13(31): 19-24, 1994.

7. MS - MINISTÉRIO DA SAÚDE. *O Trabalho Pedagógico do Instrutor/ Supervisor: reflexão crítica.* Secretaria Nacional de programas Especiais de Saúde. Divisão Nacional de DST/AIDS, Brasília, 1988 (s.n.t.)

8. MISMEC-DF *Terapia Comunitária, (mimeo - s.n.t.)*

9. RAPIZO, R. *Terapia Sistêmica de Família – da instrução à construção.* Rio de Janeiro, Instituto NOOS/ITF, 1996, 103p.

10. SLUZKI, C. E. *De como a Rede Social* afeta a saúde do indivíduo e a saúde do indivíduo afeta a Rede Social. IN: SLUZKI, C. E. *A Rede Social na Prática Sistêmica. Alternativas Terapêuticas.* São Paulo, Ed. Casa do Psicólogo, 1997, pp.67 – 85.

11. TOMAZI, ND (Coord) *Iniciação à Sociologia.* São Paulo, Atual Ed., 1993, pp.161-189

12. TRIMBLE, D.W. & KLIMAN, J. *Intervenção na rede.* IN: ELKAIM, M. (org.). *Panorama das Terapias Familiares.* São Paulo, Summus ed., 1998, pp.163-188.

13. VIEIRA FILHO,N.G. & EVARISTO, P. Situação de "Crise" e atendimento psicossocial à família. IN: VIEIRA FILHO,N.G. (org.) **Clínica Psicossocial.** Terapias, Intervenções e Questões Teóricas. Recife, Ed. UFPE, 1998, pp. 55-73.

14. WATZLAWICK, P., BEAVIN, J,H., JACKSON, D.D. *Pragmática da comunicação Humana- Um Estudo dos Padrões, Patologias e Paradoxos da Interação.* Trad. Álvaro Cabral. 19ª. Ed. São Paulo,Editora Cultrix, 2002.

48. Trabalhando famílias em um programa público: a Terapia Comunitária como modelo no atendimento e na capacitação

Cristiana P. G. Pereira

Em 2004 a Secretaria da Assistência Social lançou o PROASF – Programa de Assistência Social às Famílias, baseado em um novo modelo de gestão para a realização de programas públicos, que buscava parceria com organizações da sociedade civil.

A intenção e os resultados das ações eram voltados ao fortalecimento da família para que pudesse desempenhar melhor suas funções de cuidado, proteção e socialização de seus membros.

O PROASF inovava também pois estava baseado em um novo modelo de assistência, onde o benefício oferecido às famílias não era de ordem material (cestas básicas, passes ou quantia em dinheiro) e sim a criação de espaços de conversa e troca chamados grupos socioeducativos, com o objetivo ampliar a consciência social e a cidadania dos indivíduos.

Este formato do programa atraiu a equipe do Instituto de Terapia Familiar, uma associação sem fins lucrativos, criada há 16 anos, com o intuito de formar pessoas que se dedicavam ao trabalho com famílias.

Desta forma, estabelecemos convênio com a prefeitura tendo como meta de atendimento 2.900 famílias em alta vulnerabilidade social, na zona norte do município de São Paulo.

Para desenvolver este trabalho a equipe do ITF se estruturou de forma que para o atendimento de cada 200 famílias havia um técnico (psicólogo ou assistente social) e um estagiário encarregados de coordenarem os grupos e realizarem visitas domiciliares.

Os principais objetivos do programa eram incrementar a presença de trabalho social público nos territórios de altíssima vulnerabilidade; promover inserções na rede sócio-assistencial e demais políticas públicas; possibilitar a reconstrução e fortalecimento de vínculos familiares e sociais e reconhecer capacidades; desenvolver potencialidades e protagonismo social.

Tanto os objetivos do programa, como a metodologia de trabalho com grupos vinha ao encontro dos pressupostos e o formato da Terapia Comunitária.

A TC foi o modelo que nos orientou desde a implantação (seleção e capacitação do pessoal) até o desenvolvimento do programa (reuniões dos grupos).

Sabíamos que o grande diferencial do nosso trabalho estava na qualidade humana, na possibilidade da criação de vínculos, no comprometimento e no acolhimento das famílias por parte dos técnicos na comunidade.

Para tanto, a seleção e a capacitação da equipe técnica realizada pelo ITF foi fundamental, pois trabalhou com os alicerces teóricos da TC: o pensamento relacional sistêmico, a teoria da comunicação, a importância da cultura e diversidade, a idéia da resiliência que foram importantes para que os técnicos se aproximassem dos territórios com o pensamento ampliado e maior possibilidade de ação.

Implantação do programa

A aproximação nos territórios se deu por meio de reuniões com a rede local onde participavam diretores de creche, representantes das unidades básicas de saúde, líderes comunitários, diretores de escolas e centros de juventude, etc.., nas quais além de nos apresentarmos, apresentávamos a proposta de trabalho e buscávamos localidades onde as reuniões pudessem ocorrer e também que essas pessoas nos ajudassem a divulgar para as famílias locais o início das atividades.

Dificuldades Iniciais

As famílias habituadas com um modelo assistencialista, que gera dependência, estranhavam a falta de benefícios materiais, apresentando uma dificuldade em compreender que esse outro benefício por meio dos grupos geraria maior auto-estima individual e coletiva, a descoberta de potencialidades, novas alternativas para lidar com suas dificuldades e a criação gradual da consciência social. Nestes grupos a troca de apoio entre as pessoas fazia com que acreditassem nelas mesmas, em seus recursos pessoais e na criação de uma rede solidária na comunidade.

Outra dificuldade era a descrença da população nos programas públicos uma vez que estes não têm continuidade e mudam a cada nova gestão, além de ser um ano eleitoral.

Sabíamos que para lidar com essa dificuldade e criar vínculos em uma relação de confiança seria necessário tempo e permanência.

Consolidação do Programa

Depois de 5 meses do desenvolvimento das atividades com a rotina semanal das reuniões em diversas localidades, a permanência dos técnicos no território e a familiaridade que estes passam a ter com vários membros da comunidade, começa-se a visualizar o benefício das ações, pois a freqüência nas reuniões aumenta e se mantém. Desta forma, o programa atinge muitas famílias, mas a meta ainda está abaixo do estipulado pela administração pública.

Este foi um dos vários momentos de conflito para a equipe do ITF nesse processo, pois do nosso ponto de vista, víamos o trabalho crescendo, se solidificando, as redes se criando, as famílias e comunidades se fortalecendo; mas por outro lado, tínhamos que responder às exigências da administração pública, quanto a metas, números e índices, como se o trabalho ainda estivesse incipiente.

Ampliação das ações

Para responder à demanda da prefeitura, ampliamos as ações criando outras atividades coletivas além das reuniões, como oficinas e eventos. As oficinas, como acontece em muitos trabalhos sociais espalhados pelo Brasil, resgatam artesãos da comunidade, que por sua vez, ensinam para outros membros suas habilidades (bordado, pintura, bijuteria, etc.), e os eventos possibilitam à comunidade ampliar sua vivência cidadã, conhecendo locais de lazer e cultura da cidade (museus, parques, cinema, etc..)

Ao término da primeira etapa do programa, em dezembro de 2004, em toda a região norte, havíamos superado a meta de atendimento. Por meio de vídeos, entrevistas e questionários de avaliação pudemos observar por parte da população uma aceitação do trabalho e valorização das atividades, com depoimentos muitas vezes emocionantes de como as vivências nas reuniões foram significativas.

Com o tempo constatamos também a formação de organizações comunitárias provindas dos grupos como abaixo-assinados, comissões para reivindicar melhor atendimento tanto na rede de saúde como na educação, entre outros.

Reflexões

Durante todo o desenvolvimento do trabalho sentimos que tínhamos que responder a duas demandas diversas ao mesmo tempo, o que exigiu da equipe muita flexibilidade, pois, de uma lado, existia a realidade do território, das famílias, das relações humanas que necessitam de tempo, cheia de nuances, de circunstâncias, de imprevistos e da busca da sobrevivência cotidiana e a demanda do órgão público que exige o cumprimento de metas, calcada em números, em circunstâncias idealizadas, pensadas em gabinete, distante da comunidade.

Quando pensamos nessa visão idealizada vinda do órgão público, observamos que ela também se apresenta em alguns objetivos do programa relacionados, principalmente, aos encaminhamentos e acessos da população à rede pública de proteção social. O programa lida como se toda a demanda, detectada nas famílias nos grupos e nas visitas domiciliares, pudessem ser atendidas, o que sabemos está muito longe da realidade, pois não existem vagas nas creches, nem nos hospitais, nos poucos cursos profissionalizantes, etc..

Por outro lado, a TC nos ajudou muito a trabalhar o sentimento de impotência que os técnicos apresentavam ao lidar com esses contextos de escassez e violência e as limitações que a falta de estrutura geravam nas suas ações cotidianas.

Para tanto, além de realizarmos a TC entre os técnicos para troca de dificuldades, experiências e recursos, trabalhávamos duas idéias importantes presentes no pensamento de Adalberto Barreto:

- Não somos salvadores da pátria
- Um grande trabalho se faz gota a gota

Finalizando, acreditamos que apesar das limitações e dos conflitos vivenciados, principalmente pela abrupta finalização do programa, ficamos satisfeitos em termos levado a TC a um número significativo de famílias, em reuniões regulares durante 1 ano e meio de trabalho.

49. A Terapia Comunitária na visão dos discentes de enfermagem da Universidade Federal da Paraíba. Relato de uma experiência

Fernanda Jorge Guimarães, Viviane Rolim de Holanda,
Fábia Barbosa de Andrade, Talita Tavares Alves e
Maria de Oliveira Ferreira Filha

Considerações iniciais

Sabe-se que o homem é um ser social e desse modo precisa ser entendido em sua coletividade, pois é nesta que ele consegue estabelecer vínculos sociais, possibilitando-o resolver seus problemas, inquietações e sofrimentos.

Essa visão de coletividade tem sido resgatada nos últimos anos, através de atividades de ensino, da pesquisa e extensão, uma vez que através da mesma é possível introduzir a perspectiva da integralidade do cuidado.

Contudo esse resgate precisa acontecer em primeiro lugar nos pólos formadores de recursos humanos, ou seja, nas Universidades, visto que os discentes precisam também aprender a importante tarefa de estabelecer vínculos no seio da família e da sociedade, para atuarem como profissionais capazes de enxergar a integralidade daqueles que serão o foco de seu cuidado.

A Terapia Comunitária (TC) foi introduzida dentro da extensão universitária da Universidade Federal da Paraíba com intuito de fazer com que o aluno vivenciasse um aprendizado em saúde mental com base na visão comunitária onde as experiências individuais são vistas como um fermento do crescimento coletivo.

Por meio da extensão universitária o aluno se aproxima da comunidade e troca experiências enriquecendo–se, como futuro profissional e como pessoa, uma vez que o saber popular enriquece o conhecimento científico e este permite uma aproximação maior entre o que se aprende na academia e o que se vive na realidade da cultura local (chamada de saber popular).

Essa atuação dentro do projeto tem permitido ao estudante ir além das fronteiras do conhecimento biologicista e fragmentado. A partir do instante em que saímos da visão assistencialista e nos tornamos personagens efetivos da conjuntura sócio-política, não só enquanto estudantes, mas também como comunidade. Além disso, a experiência tem permitido uma vivência baseada no atual paradigma da promoção da saúde e prevenção de doenças, diferente do preventivismo normativo que ainda permeia o nosso saber profissional.

Nas vivências é permitida a partilha de experiências, criação de vínculos pessoais e coletivos e estes por sua vez contribuem para o empoderamento mútuo, compreendido como aumento de poder e autonomia pessoal e coletiva de indivíduos e grupos sociais nas relações interpessoais e institucionais, principalmente daqueles submetidos a relações de opressão, discriminação e dominação social (VASCONCELOS, 2003).

O incremento do poder das comunidades por meio da posse e controle dos seus próprios esforços e destino, produz ações comunitárias concretas e efetivas no desenvolvimento das prioridades, na tomada de decisão, na definição de estratégias e na sua implementação, com vistas a melhoria das condições de vida e de saúde.

No grupo de terapia participam alunos da Graduação e Pós-Graduação em Enfermagem e outros cursos, da Universidade Federal da Paraíba. Os encontros de terapia vêm ocorrendo no Bairro de Mangabeira IV, no município de João Pessoa, PB.

Os alunos atuam como participantes do grupo, expõe seus problemas, estabelecendo vínculos afetivos com a comunidade. Além destas atividades desenvolvem projetos e trabalhos de pesquisa com a finalidade de contribuir com a consolidação da Terapia Comunitária, como estratégia de promoção de saúde no município de João Pessoa, Paraíba.

Dessa forma, pretendemos apresentar nossa experiência na Terapia Comunitária, evidenciando a sua relevância na formação profissional como promotores da saúde.

Trata-se de um relato de experiência que foi vivenciado pelos alunos dos cursos de graduação e pós-graduação em Enfermagem da UFPB, no período de fevereiro a junho de 2005, dentro do projeto de extensão: *Terapia Comunitária: uma ação básica de saúde mental,* coordenado por docentes vinculados ao Departamento de Enfermagem Saúde Pública e Psiquiatria (DESPP) e Programa de Pós-Graduação em Enfermagem da Universidade Federal da Paraíba, nas áreas de Saúde Mental, Saúde Coletiva e Saúde da Mulher.

A TC é realizada semanalmente, na associação de moradores do bairro de Mangabeira IV no município de João Pessoa,PB, em conjunto com a Equipe de Saúde da Família.

Tal projeto tem despertado o interesse de estudantes de enfermagem e outras áreas como medicina e psicologia, bem como estudantes de pós-graduação em enfermagem, que têm buscado uma nova forma de aprendizado, que os levam a compreenderem o sentido da sua prática social, enquanto sujeito atuante e comprometido com a construção da cidadania e da coletividade, tendo em vista o contexto do Sistema Único de Saúde (SUS), onde a integralidade deve ser o eixo norteador da práxis e por meio da interação dos objetivos apontados pela coletividade, estabelecer pontos de reflexão para as ações na construção de uma nova realidade.

A integralidade refere-se tanto ao homem quanto ao sistema de saúde, reconhecendo-se que cada qual se constitui numa totalidade. Assim, as ações de promoção, proteção e recuperação da saúde se constituem em um todo, não podendo ser compartimentalizadas.

O material empírico foi produzido através dos relatos dos estudantes que vivenciaram a experiência desses encontros e estão escritos em forma de depoimentos. Tais depoimentos foram explorados e extraiu-se dos mesmos o material considerado importante para os objetivos do estudo.

Terapia Comunitária: espaço de integração

A Terapia Comunitária é uma atividade de prevenção de sofrimento psíquico que possibilita a partilha de experiências de vida e sabedorias. Dela participam pessoas de diferentes faixas etárias, tanto homens como mulheres, podendo esses recuperar sua autoestima e através do processo de resiliência, empoderar-se, tornando-se terapeuta de si mesmo, a partir da escuta de vida.

Todos são co-responsávies na busca de soluções, na construção de uma vida solidária e na superação dos desafios do cotidiano. Isso pode ser observado nas falas abaixo:

"A Terapia Comunitária tem me ensinado a falar sobre os desafios do cotidiano, sobre como estou me sentindo, me ensinou também a escutar as dificuldades dos outros e tem me ajudado a compreender a realidade de cada pessoa, a pensar no coletivo como também a buscar força interior para superar todas as dificuldades do cotidiano..." (Rosa)

"Como aluna de pós-graduação percebi a importância da escuta e de como posso dispor de estratégias de enfrentamento para a resolução dos meus problemas..." (Jasmim)

Nos relatos acima percebemos a relevância da fala como estratégia para o enfrentamento das inquietações do cotidiano. O cotidiano é permeado por gestos tidos como sem valor, como por exemplo, a fala, o riso, o abraço, mas são esses gestos que marcam e caracterizam o indivíduo, a família, a comunidade.

Quando termina o encontro de terapia comunitária, começa a construção de uma rede solidária, onde as pessoas começam a conversar, partilhar, trocar idéias e tecerem vínculos que levam a comunidade a agir onde a família e as políticas sociais falham. Os terapeutas comunitários fazem parte desta construção, onde ambos obtêm benefícios: a comunidade gerando autonomia e a inserção social e os terapeutas se curando de seu autismo institucional e profissional bem como de sua alienação universitária.

A TC é um espaço onde se é possível ver o lado humano de cada pessoa, não permeando diferenças. Lá eu não sou aluna de Enfermagem, sou apenas uma pessoa que está ali disposta a construir vínculos com a comunidade e ajudá-los a enfrentar os problemas vivenciados pelo coletivo..." (Cravo)

Como observado no discurso, a inserção do aluno no grupo de Terapia Comunitária se dá de tal forma, que o mesmo se sente parte da comunidade e como tal constrói com ela vínculos indissociáveis.

O aluno não está lá para observar, mas vivenciar cada situação-problema exposta e em conjunto com os demais membros do grupo elaborar estratégias de enfrentamento para lidar com as situações vivenciadas pela comunidade.

O encontro de terapia comunitária se desenvolve de acordo com as seguintes fases: *1) acolhimento, 2) escolha do tema, 3) contextualização 4) Problematização e 5) encerramento*, onde a primeira e a última se dão com rituais de agregação. Os encontros de Terapia Comunitária vêm sendo realizados também em salas de aula e muitas vezes em encontros educativos, como forma de manter os vínculos entre as pessoas.

Ela ainda tem servido como instrumento de reflexão sobre a realidade da população atendida no Programa de Saúde da Família e facilitado o trabalho dos profissionais da equipe de saúde da família no sentido de melhorar o relacionamento com a comunidade bem como minimizar a demanda de problemas emocionais que eram levados à equipe.

"A Terapia Comunitária veio resgatar a minha visão de integralidade no sentido de vivenciar as experiências partilhadas pelos indivíduos da comunidade... Percebi que muitas vezes os problemas lá relatados tinham uma dimensão maior daquele que eu aluna estava levando

*para os encontros de terapia, bem como outra coisa que me chamou
atenção foi a forma que eles conseguiam resolver determinado problema, ou seja, as estratégias que eles desenvolviam diante do sofrimento... Então isso tudo se constituiu como resgate e fortalecimento
da minha identidade..."* (Camélia)

Nesse discurso percebemos o empoderamento da aluna, ao perceber estratégias de enfrentamento para seus problemas e a contribuição na sua formação profissional ao resgatar a integralidade, um dos princípios que norteiam a atenção à saúde da população. Por meio desta, o profissional presta uma melhor assistência aos seus clientes, percebendo-o como um todo indivisível, como um micro sistema integrado a um sistema maior, com o qual troca informações; influencia ao mesmo tempo em que sofre influências.

A partir das vivências na Terapia, os acadêmicos têm desenvolvido projetos de pesquisa, com a finalidade de se conhecer melhor a sua prática e avaliar o que se tem construído.

Observou-se que o projeto de extensão desenvolvido pelas docentes da UFPB vem representando um aporte no campo científico e tecnológico do ensino/ aprendizagem, contribuindo para a formação acadêmica dos estudantes participantes, capacitando-os como sujeitos ativos do processo de cuidar na medida que os aproxima da comunidade assistida, permitindo a criação de vínculos, acolhimento da comunidade e a visão de integralidade do cuidado.

Assim, percebe-se que a Terapia Comunitária vem se constituindo em uma estratégia que vai ao encontro das diretrizes estabelecidas pelo Projeto Político Pedagógico, uma vez que os discentes, referem que uma nova visão de saúde e de integralidade está sendo construída, sem perder de vista a conjuntura sócio-política do bairro, do município e do país.

Portanto, considera-se de suma importância a terapia comunitária não só para o crescimento do conhecimento científico dos acadêmicos de Enfermagem, mas também para outros cursos que integram a vida universitária.

*"Na minha vida acadêmica/ profissional a TC tem me ajudado a
entender o ser humano na sua integralidade, através das suas qualidades, do seu mundo cultural e social. A TC vem se mostrando uma
nova terapêutica baseada na humanização onde o cuidar não se baseia na imposição de saberes e medicalização, mas sim, está centrada
no respeito, no compromisso e no despertar da força interior de cada
pessoa para enfrentar a vida a cada dia..."* (Rosa)

No discurso acima, observamos a contribuição da TC na atuação profissional no sentido de engrandecer e enriquecer a sua prática, numa perspectiva mais humanizada, valorizando a cultura e os costumes do outro, aproximando-se de uma abordagem holística.

O comportamento do indivíduo é fortemente influenciado pela cultura. Daí a relevância em tentar compreender alguns aspectos relacionados com seu cotidiano, como a organização social da comunidade em que vive, as influências políticas e econômicas, as crenças e valores.

A cultura seria um conjunto complexo que inclui conhecimento, crença, arte, moral, lei, costumes e várias outras aptidões e hábitos adquiridos pelo homem como membro de uma sociedade (MELLO, 1991 p. 40).

Barreto (2003) chama a atenção para a importância da cultura como referencial a partir do qual cada membro de um grupo se baseia, retira sua habilidade para pensar, avaliar e discernir valores, e fazer suas opções no cotidiano.

Quando se valoriza a cultura do indivíduo, o profissional está favorecendo a aplicação do princípio da integralidade, preconizado no atendimento do SUS, uma vez que permite ver o indivíduo na sua totalidade.

Considerações finais

Diante do exposto, verifica-se a relevância da Terapia Comunitária como um espaço para a inserção do discente, resgatando sua identidade como ser social, e a partir daí estabelecer vínculos sociais, culturais e políticos com a comunidade, e por sua vez capacitando-os como profissionais detentores do saber técnico-científico, mas também possuidores de um olhar humanizado que procura identificar e atender as necessidades da comunidade assistida.

A TC possibilita ao discente um espaço para falar do seu sofrimento, das suas angústias, o que não é possibilitado na academia; aproxima-o da comunidade, despertando nele uma visão crítica-reflexiva da realidade e um atendimento integral ao ser humano por ele cuidado.

Portanto, considera-se de suma importância a inserção da TC na formação acadêmica do profissional de saúde, em especial do enfermeiro por permitir uma abordagem sistêmica dos hábitos e costumes da cultura local, uma aproximação real do conhecimento popular e cientifico através do resgate do saber produzido pela vivência e pela escuta da experiência do outro.

Referências bibliográficas

BARBOSA, MSB. O controle social e a participação popular: algumas considerações. *Toques de saúde cunhã coletivo feminista*. N3 fev/2004. João Pessoa, p 3-5.

BARRETO, Adalberto, RIVALTA, Miriam. *Treinando as Etapas da Terapia Comunitária*. Texto mimeo. Fortaleza, 2004.

_____*Manual do terapeuta comunitário*. Texto mimeo. Departamento de Saúde Comunitária -UFC: Ceará, 2003.

FERREIRA FILHA, M. O. et al. *Terapia comunitária: uma ação básica em saúde mental*. Projeto de extensão. João Pessoa, 2005.

GIL, A. C. *Métodos e Técnicas de Pesquisa Social*. 5. ed. São Paulo: Atlas, 1999.

SALMASO, J. L.; FERMI, R. M. B. *Projeto Político Pedagógico: Uma perspectiva de identidade no exercício da autonomia*. Disponível em: <http://www.cefetsp.br/edu/sinergia/4p32c.html>. Acesso 28 mai 2005.

MELLO, L.G de. *Antropologia Cultural: Iniciação, Teorias e Temas*. 5 ed. Petrópolis: Vozes, 1991.

TRIVIÑOS, A.N.S. *Introdução à pesquisa em ciências sociais: a pesquisa qualitativa em educação*. São Paulo: Atlas, 1987.

VASCONCELOS, E. M. *O poder que brota da dor e da opressão: empowerment, sua história, teorias e estratégias*. São Paulo: Paulus, 2003.

Fernanda Jorge Guimarães
Aluna do Programa de Pós-Graduação em Enfermagem-Nível Mestrado da UFPB. Bolsista CNPq. E-mail: ferjorgui@hotmail.com

Viviane Rolim de Holanda
Aluna do Programa de Pós-Graduação em Enfermagem-Nível Mestrado da UFPB. E-mail: vivi_rolim@yahoo.com.br

Fábia Barbosa de Andrade
Aluna do 9º período do Curso de Graduação em Enfermagem da UFPB. Bolsista do PIBIC CNPq. E-mail: fabiabarbosabr@yahoo.com.br

Talita Tavares Alves
Aluna do 8º período do Curso de Graduação em Enfermagem da UFPB. Bolsista no Projeto de Extensão. E-mail: talitaweb@yahoo.com.br

Maria de Oliveira Ferreira Filha
Profa. Dra. Em Enfermagem, pela Universidade Federal do Ceará. Docente do DESPP/CCS/UFPB e do Programa de Pós Graduação em Enfermagem, na área de Saúde Mental. Membro do Grupo de Enfermeiras Experts no Ensino de Enfermagem em Saúde Mental das Américas. OPS/OMS. E-mail marfilha@yahoo.com.br

50. TCendo em São Paulo

Liliana Beccaro Marchetti e Lia Fukui
TCendo-sp - NEMGE - USP

O que é a terapia comunitária?

A terapia comunitária é um instrumento que permite construir redes sociais solidárias de promoção da vida e mobilizar os recursos e competências dos indivíduos, das famílias e das comunidades. É uma atividade em grupo, de ajuda mútua que através do compartilhar e da reflexão promove a resolução de problemas e sofrimentos. Além disto é um instrumento totalmente brasileiro.

Como a terapia acontece!

Inicia com os terapeutas dando as boas vindas aos participantes, explicando o que é a terapia comunitária e apresentando as regras de funcionamento. Segue uma brincadeira que descontrai e estimula a refletir sobre o tema que gostariam de trabalhar naquela reunião. Faz-se um levantamento dos temas a serem discutidos na reunião e a escolha pelo voto de um tema a ser tratado com profundidade.

Após, é o momento para entender o que traz sofrimento aquela pessoa. Neste momento as relações se humanizam. O terapeuta faz um mote para o grupo refletir o tema e trazer suas experiências.

O protagonista, assim como os integrantes do grupo, se beneficia desta prática de solução de problemas. O acesso a soluções criativas e múltiplas dentro de um ambiente acolhedor, qualificador e de suspensão de julgamentos capacita o indivíduo para novas experiências na sua vida e em seu próprio ambiente familiar.

No encerramento o terapeuta pede aos participantes que digam o que perceberam de bom no protagonista, o que aprenderam com o tema e o que estão levando da reunião. Despedem-se se cumprimentando.

Este é o ponto alto da terapia, onde todos sentem que não estão sós e sabem que podem contar com o grupo.

Quem somos!?

O TCendo.sp é um grupo de trabalho de terapeutas comunitários, multidisciplinar, que possuem formação em terapia comunitária pela Universidade Federal do Ceará. Desenvolve desde agosto de 2001 a terapia comunitária em São Paulo.

Temos uma parceria com o NEMGE-USP – Núcleo de Estudos da Mulher e Relações Sociais de Gênero da Universidade de São Paulo por afinidade em prestar um serviço à comunidade que tem como finalidade desenvolver atividades de prevenção e inserção social daqueles em situação de crise e sofrimento psíquico.

Nossa missão!

O TCendo.sp tem como missão desenvolver, difundir e fortalecer a terapia comunitária como pólo formador em São Paulo.

São atividades desenvolvidas pelo TCendo.sp

- Praticar a terapia comunitária;
- Ser um pólo formador;
- Capacitar os terapeutas comunitários através da formação, supervisão e do cuidado;
- Desenvolver o cuidado ao cuidador, "Tirando as Cangalhas";
- Contribuir na produção de conhecimento do instrumento;
- Fornecer informações on line através do site;
- Promover a formação da rede dos terapeutas comunitários;

Dar apoio aos eventos realizados pela rede dos terapeutas

51. O pensamento sistêmico, a teoria da comunicação e a ação-reflexão a serviço da ajuda mútua no contexto escolar

Adalberto Barreto[1]
Marilene Grandesso[2]
Miriam Rivalta Barreto[3]

Introdução

O clima de harmonia e confiança nas comunidades educativas privadas ou públicas está cada vez mais raro. As razões são muitas e diversificadas. Porém a estratégia de enfrentamento dessa crise tem sido basicamente uma: transferência de responsabilidade, ou dito de outra forma, a tua culpa é a minha salvação. O presente artigo visa sinalizar o impacto dessa estratégia, bem como apresentar um projeto de intervenção vivenciado por uma escola particular de Fortaleza (CE), que buscou aprender com a crise pelo exercício da ação – reflexão.

1. Empurra pra lá, empurra pra cá – afinal existe um culpado?

Só uma coisa me entristece
O beijo de amor que não roubei
A jura secreta que não fiz
A briga de amor que não causei (...)
Só uma palavra me devora
Aquela que meu coração não diz
Só o que me cega, o que me faz infeliz
É o brilho do olhar que não sofri
(Sueli Costa e Abel Silva)

Com muita freqüência, escuta-se nas escolas públicas e privadas brasileiras que os alunos hoje, já a partir da pré-escola, não colaboram com o trabalho do professor. Alguns depoimentos de professores, ilustrados por Vasconcelos (2005, p.5-6), sinalizam essas queixas também denominadas por indisciplina:

---

[1] Doutor em Psiquiatria pela Universidade René Descartes de Paris; Doutor em Antropologia pela Universidade de Lyon; Licenciado em Teologia pela Universidade Santo Thomas de Aquino de Roma e Faculdade Católica de Teologia de Lyon; Terapeuta Familiar e Professor de Graduação e Pós Graduação de Saúde Comunitária da Universidade Federal do Ceará.
[2] Psicóloga, Doutora em Psicologia Clínica, Terapeuta Comunitária e Familiar, professora e supervisora do Curso de Especialização em Terapia Familiar e de Casal – PUC/SP, coordenadora do INTERFACI, vice-presidente da ABRATECOM.
[3] Psicóloga, Mestra em Psicologia Social e da Personalidade, Terapeuta Comunitária, Familiar e Psicopedagoga, Professora na Universidade Federal do Ceará nos cursos de especialização: Saúde Mental e Saúde da Família. Assessora de Educação da Congregação Cordimariana, Coordenadora do Serviço de Psicologia do Colégio Nossa Senhora das Graças, Presidente da ABRATECOM.

A falta de interesse está muito grande. Os alunos estão dispersos, não respeitam mais o professor, estão vivendo em outro mundo. A tecnologia avançou demais... As crianças de hoje são mais espertas do que antigamente. A família não tem colaborado; os alunos vêm sem limites de casa... A própria família não sabe o que fazer... tem hora que dá vontade de bater em todo mundo. Às vezes você é completamente ignorado na sala de aula; você entra e parece que não entrou ninguém... Como manter uma aula decente se você não tem material pedagógico, não tem condição de trabalho, não tem nada?... Há também a indisciplina social. Há muita impunidade na sociedade: as pessoas fazem coisas e não acontece nada com elas. Falta perspectiva ao jovem: não sabe para que estudar... Às vezes muitos de nós, profissionais da área, ficamos desmotivados, pois o professor não ganha tão bem... O que é pra nós disciplina? É a prática do silêncio?

Por outro lado, os alunos se queixam com freqüência de que as aulas são chatas, monótonas, repetitivas, descontextualizadas; que os professores geralmente são impacientes, preconceituosos – fazem comparações, não gostam quando alguém pensa diferente dele, são autoritários, geralmente cumprem as regras quando estão de mau humor; agem injustamente – ficam várias aulas sem usar o livro didático solicitado, e, quando resolvem usar, quem está sem o livro é colocado para fora da sala de aula. Passam tarefa e não pedem, só elogiam os que tiram "boas notas". E ainda colocam apelidos nos alunos e depois passam trabalhos para no final do ano letivo facilitar a reposição de notas.

Para fomentar o repertório das queixas, ainda temos a reuniões de pais e mães: verdadeiros encontros de lamentações. De um lado, a escola apontando as deficiências do aluno, e do outro a família reclamando que não agüenta mais ser chamada à escola e que não sabe mais o que fazer. Os professores dizem que já fizerem de tudo e que não tem mais jeito.

Um outro elemento a ser considerado são as observações, em cadeia, de diretores, supervisores, orientadores educacionais: os professores perderam o **domínio** com os alunos; se os professores soubessem motivar os alunos, isso não estaria acontecendo. Por sua vez, os professores contestam: a direção é muita frouxa, passa a mão na cabeça dos meninos, e os técnicos têm muitas teorias que não se aplicam no dia-a-dia da sala de aula; eles dizem que é pra fazer isso ou aquilo, porque não são eles que estão no dia-a-dia com os alunos.

Como podemos observar, a estratégia de transferência de responsabilidade deixa o saldo de que alguém sempre poderia ter feito algo que não fez.e que, se tivesse feito, tudo seria diferente – para melhor. Portanto, na visão tanto dos professores quanto do corpo técnico, se a escola está nessa situação é porque alguém falhou, alguém deixou de fazer o que devia ser feito.

2. Fatalismo ou oportunidade? Eis a questão

> *Eu tenho uma espécie de dever, de dever de sonhar sempre,*
> *Pois, sendo mais do que um espectador de mim mesmo,*
> *eu tenho que ter o melhor espetáculo que posso.*
> *E assim me construo a ouro e sedas, em salas supostas,*
> *invento palco, cenário para viver o meu sonho entre*
> *luzes brandas e músicas invisíveis.*
> (Fernando Pessoa)

O círculo vicioso do "tua culpa-minha salvação" coloca a todos da comunidade educativa numa posição de fragilidade e dependência, isto porque se espera por uma poção mágica, algo feito por alguém que daria resultado, de preferência imediato. Assim os problemas seriam resolvidos:

a) se os pais cobrassem mais;
b) se os alunos estudassem mais, tivessem mais vontade, interesse;
c) se os professores soubessem motivar os alunos;
d) se a direção fosse mais firme;
e) se os alunos tivessem limites;
f) se os psicólogos e orientadores fossem mais realistas.

Diante desse quadro, a questão que fica é: o jogo da transferência de responsabilidade não estaria sinalizando uma oportunidade para que todos na comunidade educativa se percebam como sujeitos de transformação, uma vez que responsabilizar alguém pelo que está acontecendo não seria atingir a identidade pessoal e profissional dos outros envolvidos, colocando-os numa posição de incapacidade? A quem este jogo interessa? Quem lucra com seres humanos com autoconceito negativo? Tal perversidade contribuiria em que com a nação brasileira e com a crise vivenciada na comunidade educacional? Será que só alguns privilegiados são providos da capacidade de intervir na realidade e mudá-la? E quando este salvador não estiver presente o que vai acontecer? Será que a insatisfação dos vínculos na comunidade educativa não está pedindo medidas que vão além de soluções que possibilitem a transmissão de conteúdos, cumprimento dos roteiros programáticos, controle do comportamento? E a reflexão sobre o que impede cada um de acreditar em si, no outro e na mudança? E a relevância do fato de cada um ter um papel importante a desempenhar na construção e reconstrução da transformação social?

Thompson (2000) lembra que esta estratégia de ver o outro desprovido de competência é exclusão, portanto é uma estratégia profundamente ideológica. São formas simbólicas para criar, ou reproduzir relações de dominação, não levando a relações que respeitem o diferente, pois não são democráticas nem participativas.

3. A participação: seu valor e sua importância

> *Vida de grupo tem: alegria, riso aberto, contentamento, folia,*
> *concentração, medo, dor, choro, conflito, perdição, desequilíbrio,*
> *hipótese falsa, pânico, entendimento, diferenças, desentendimento,*
> *briga, busca, conforto, silêncios, fala escondida, berro, fala oca,*
> *grito, fala mansa, generosidade, escuta, olhar atento, pedido de colo,*
> *ódio, decepção, raiva, recusa, desilusão, amor, bem-querer,*
> *gratidão, afago, gesto amigo de oferta.*
> (Madalena Freire)

Compreendendo que professores, aluno, família, direção, técnicos e demais funcionários formam uma comunidade educativa no contexto educacional e que comunidade são pessoas que vivem, não deste ou daquele interesse em particular, mas de um complexo conjunto de interesses, de modo a viabilizar suas vidas, dando-lhes um significado de pertencimento e identificação, é possível destacar a participação como o elemento fundamental da comunidade.

A participação é a alma do senso e do trabalho comunitário, como também de toda transformação social. Afinal, é a participação que permite a adoção de técnicas culturalmente pertinentes; estimula novos esforços; desperta o senso de responsabilidade, união; garante que as necessidades reais sejam atendidas; valoriza as competências locais; torna as pessoas mais confiantes e menos dependentes da ação externa; e é fator de conscientização. A participação possibilita sair do unitário para o comunitário, rompendo com o modelo do "deixa-comigo", do salvador da pátria; possibilita encontrar uma solução juntos. A idéia é: fazemos parte do problema e da solução (BARRETO, 2005).

As relações comunitárias implicam que todos possam ter vez e voz, que todos possam ser reconhecidos em sua singularidade, e as diferenças possam ser respeitadas – "sozinhos certamente não podemos ver reconhecida nossa humanidade, conseqüentemente não nos reconhecemos como humanos" (CIAMPA, 1987, p.38). Portanto, desmobilizar a participação comunitária para encontrar soluções para os seus conflitos é um ato de violência – "impõem ao outro mutismo e passividade, não lhe conferindo condições para o desenvolvimento ou a abertura de sua consciência que, nas democracias autênticas, há de ser cada vez mais criticas". (FREIRE, 1989, p.57).

4. Mobilizando a comunidade: construindo a co-responsabilidade

Eu é que não me sento no trono de um apartamento
com a boca escancarada e cheia de dentes
esperando a morte chegar.
(Raul Seixas)

Diante da constatação de que a comunidade constitui um sistema de interações, é auto - regulável e dispõe de mecanismos reguladores para seus conflitos e crises, um colégio privado na cidade de Fortaleza (CE), elaborou um projeto de intervenção, tendo como referencial o pensamento sistêmico, a teoria da comunicação e a pedagogia de Paulo Freire. Esses referenciais não se contrapõem à proposta educativa do colégio, qual seja a de aprender a aprender, aprender a fazer, aprender a conviver e aprender a ser.

O projeto teve como objetivo levantar questões e partilhar reflexões que pudessem colaborar com a compreensão e a vivência de que ninguém constrói, nem destrói nada sozinho, posto que o que se constrói e o que se destrói se faz em comunhão. Nesse sentido, a auto-avaliação é fundamental para vencer os desafios pertinentes às diferentes relações e para lembrar que toda crise pode ser uma possibilidade para fazer melhor o que já se faz, sem procurar culpados ou se vitimizar.

Para o desenvolvimento do projeto, nos indagamos: em que o pensamento sistêmico, a teoria da comunicação e a ação-reflexão proposta por Paulo Freire contribuíram com o projeto, considerando os seus objetivos? É o que passamos a responder.

a) o **pensamento sistêmico:** essa abordagem indica para a comunidade educativa que as crises e os problemas só podem ser entendidos e resolvidos se forem percebidos como partes integradas de uma rede complexa, cujas ramificações ligam e relacionam as pessoas num todo, que envolve o biológico (corpo), o psicológico (a mente e as emoções) e a sociedade. Em outras palavras, a abordagem sistêmica é uma maneira de abordar, de ver, de situar, de pensar um problema em relação ao seu contexto. Propicia a comunidade educativa perceber a pessoa humana imersa no conjunto de suas relações com a família, com a comunidade, com a sociedade, com seus valores e suas crenças, entendendo o contexto em que indivíduo e grupo estão inseridos.

b) a **teoria da comunicação**: o entendimento da teoria da comunicação aponta para a comunidade educativa que a participação envolve, necessariamente, a expressão, a linguagem, a **comunicação**. Para que haja uma boa comunicação, é necessário, segundo Watzlavick (1998), que se compreendam alguns princípios básicos: todo comportamento é comunicação; toda comunicação tem dois componentes: a mensagem e a relação entre os que estão se comunicando; toda comunicação depende de pontuação; toda comunicação tem duas formas de expressão: a verbal (falada e escrita) e a não-verbal (analógica ou gestual); a comunicação pode ser simétrica (baseada na semelhança) ou complementar (baseada na diferença). Tais princípios demonstram que a consciência que se tem de si é fruto de uma relação de comunicação com o outro. E também de acordo com Grandesso (2000, p. 29), "todo ato comunicativo caracteriza-se como uma infinita fonte de novas expressões e significados, daí também nunca se poder dizer que a compreensão foi finalizada, como um processo acabado".

c) a **ação-reflexão**: chama a atenção da comunidade educativa que ensinar não é apenas uma transferência de conhecimentos acumulados por um educador experiente e que sabe tudo para um educando inexperiente que não sabe nada. Ensinar é um exercício de **diálogo**, de troca, de reciprocidade. Para ser funcional, essa troca exige uma associação pertinente entre **teoria e prática**. A aprendizagem só se efetiva quando o educando relaciona os conteúdos programáticos à sua realidade (familiar, comunitária, eclesial, escolar, etc..). A relação com a realidade passa pelo plano de expressão dos educandos, através da explicitação do seu saber e da apreensão dos novos saberes, de modo que educandos e educadores se assumam como sujeitos sócio-histórico-culturais. Do ponto de vista do educador, é necessário que haja, entre outros, conforme Freire (2000), respeito aos saberes dos educandos; criticidade; estética e ética; corporeificação das palavras pelo exemplo; risco, aceitação do novo e rejeição a qualquer forma de discriminação (preconceituosa); reflexão crítica sobre a prática; reconhecimento e assunção da identidade cultural; consciência do inacabamento; reconhecimento de ser condicionado; respeito à autonomia do ser do educando; bom senso; humildade, tolerância e luta em defesa dos direitos dos educadores; apreensão da realidade; alegria e esperança; convicção de que a mudança é possível; curiosidade; segurança, competência profissional e generosidade; comprometimento; compreensão de que a educação é uma forma de intervenção no mundo; liberdade e autoridade; tomada consciente de decisões; saber escutar; reconhecimento de que a educação é ideológica; disponibilidade para o diálogo; querer bem aos educandos.

5. Partilha da experiência – saindo do conformismo

Não ande na minha frente. Posso não querer seguir.
Não ande atrás de mim. Posso não querer guiar.
Ande ao meu lado e seja simplesmente meu amigo.
(John Lenonn)

Para Guareschi (2005, p. 24), "a grande tarefa da comunidade educativa é fazer perguntas, mas não qualquer uma". A pergunta, isto sim, que desestabiliza a pessoa, que problematiza, que faz refletir, que lhe apresenta as contradições, que a coloca numa situação de inquietação, até mesmo de angústia. Ela, a pessoa mesma, se obriga, então, a agir, a tomar uma atitude.

Veja abaixo os quadros de questões e respostas apresentadas aos alunos do Ensino Fundamental II e Médio numa das vivências do referido projeto.

QUADRO I: REFLEXÕES

Quando é que você percebe que um professor está engajado com o desenvolvimento do aluno?	Quando é que você percebe que o aluno colabora com o desenvolvimento do professor?
Dá aula olhando para o aluno	Chega no horário
Pede e valoriza a opinião do aluno	Escuta
Sorri, dá bom dia, não fica de cara fechada o tempo todo	Pergunta e questiona
Não fica apontando só os defeitos dos alunos	Agradece
Tira as dúvidas sem perder a calma	Coloca limites nas brincadeiras
Reflete com os alunos os resultados das avaliações	Tira as dúvidas
È exigente, fala e cumpre, cobra mesmo	Ajuda a construir as regras e as respeita
Não humilha o aluno no grupo, chama para conversar individualmente	Não coloca apelido no professor
Não fica o tempo todo só pedindo para os alunos mudarem, mas também percebe em que pode mudar	Fala para o professor o que está e o que não está bom na sua aula.
Não muda as regras a toda hora	Faz as tarefas e pede para o professor valorizar o trabalho
Explica o porquê e a importância dos conteúdos	Conta para o professor coisas do seu dia-a- dia
Chama o aluno pelo nome	Não compara com outros professores
Faz observações nas provas: parabéns ou precisa melhorar	Pagando a escola
Não desconta o mau humor no aluno	Elogia o professor

QUADRO II: APRENDIZAGEM SOBRE AS REFLEXÕES

O que aprendi com esta reflexão?
Tudo tem dois lados
Preciso colaborar
Dedicação e carinho fazem a diferença
Preciso assumir responsabilidade pelos meus atos
Se cada um cuidar da sua parte, tudo sai bem

A reflexão feita pelos alunos se contrapõe à afirmação freqüentemente comum de que os adolescentes só pensam em lazer, diversão, sexo e drogas e que não se incomodam com o que está em torno deles, e só fazem só o que querem. Por outro lado não poderiam ficar totalmente isentos dos apelos incansáveis da ideologia liberal que não permite espaço para o social, ideologia segundo a qual a regra principal é o isolamento, o egoísmo, o consumismo, o comprar, o ter, o adquirir, o possuir, deixando à margem da sociedade quem não cumpre a regra. Dever, alegria, prazer não estão a todo momento lado a lado no cotidiano desses adolescentes, mas isso não significa concluir que são incapazes de compreender que para todo direito existe uma incumbência, o que possibilita o exercício da co-responsabilidade e o rompimento com a dinâmica de transferência de responsabilidades.

QUADRO III: REFLEXÕES PARA OS PROFESSORES

Em que situação você percebe que está engajado, comprometido com o desempenho dos seus alunos?	Em que situação você percebe que o aluno está engajado com o seu desempenho enquanto professor?
Sou pontual	Escuta
Cumpro o programa	Pergunta
Busco novidades, dinamizando a aula	Respeita as regras
Estudo e consigo dar sentido aos conteúdos	Faz as tarefas de casa
Obedeço às regras	Não cola nas avaliações
Falo e cumpro o que foi dito	Traz o material escolar
Mostro disponibilidade para esclarecer as duvidas, bem como mantenho um bom relacionamento com os alunos, dialogando.	Não dorme durante a aula
Procuro unidade de ação com os colegas	Participa ativamente da aula sem conversas paralelas

Na reflexão feita pelos professores, há indícios de que ele, professor, já sabe que nem tudo depende do outro para que ele possa sentir-se realizado, feliz, cumpridor de seus deveres e que denunciar uma situação-problema não o isenta de anunciar soluções, o que o torna consciente da globalidade em que está inserido, sem que perca de vista a relação entre as várias partes do conjunto a que pertence. Porém dos deslizes para manter a dinâmica da transferência de responsabilidades não estão isentos. Em processos de ruptura de modelos, espera-se que haja resistências com retorno de práticas antes apreendidas.

Considerações finais — explosão de cidadania: liberdade e responsabilidade

> *Sonho que se sonha só*
> *Pode ser pura ilusão*
> *Sonho que se sonha junto*
> *È sinal de solução*
> *Então vamos sonhar companheiro*
> *Sonhar ligeiro, sonhar em mutirão.*
> (Zé Vicente)

O contato com este projeto de promoção da co-responsbilidade na comunidade educativa nos reenvia ao ditado popular que diz: Não existe ninguém tão pobre que não tenha nada para dar e ninguém tão rico que não tenha nada para receber. È na relação de entre - ajuda que as mudanças acontecem e não por decretos e leis. É na solidariedade e no respeito aos diferentes saberes que uma comunidade pode refletir e encontrar soluções para as aflições do seu cotidiano. Se isto não acontece freqüentemente, sinaliza Vasconcelos (2002, p. 7), é porque não sabemos como fazer, não encontramos condições para fazer, não estamos totalmente convencidos, ficamos inseguros. È nesse momento que a reflexão da prática na comunidade educativa tem uma função extremamente relevante: procurar resgatar os integrantes da comunidade para condição de sujeito histórico cultural, em outras palavras, procura resgatar: Quem sou eu? Do que sou capaz?

O desenvolvimento das potencialidades de cada um a serviço do bem-comum certamente não é não uma tarefa fácil numa comunidade, mas é imprescindível para que possamos, com afirma Barreto (2005), participar das decisões e nos situarmos melhor no contexto político, social, econômico, para não mais sofrermos seus efeitos, mas, sobretudo, agirmos sobre ele. E não vamos nos iludir: a mudança não acontece de uma vez, é preciso tentar e acreditar que ela, inevitavelmente, virá.

Referências bibliográficas

BARRETO, A. P. *Terapia Comunitária passo a passo*. Fortaleza: Gráfica LCR, 2005

CIAMPA,A.C. *A estória do Severino e a história da Severina: Um ensaio de psicologia social.* São Paulo: Brasiliense, 1987.

FREIRE, P. *Educação como prática da liberdade*. 19. ed. Rio de Janeiro: Paz e Terra, 1989

GRANDESSO, M. *Sobre a reconstrução do significado: uma análise epistemológica e hermenêutica da prática clínica.* São Paulo: Casa do Psicólogo, 2000

THOMPSON, J.B. *Ideologia e cultura moderna: teoria social crítica na era dos meios de comunicação de massa.* Petrópolis – RJ: Vozes, 2000

GUARESCHI, P.A. *Psicologia Social Crítica como prática de libertação.* 3 ed. Porto Alegre: EDIPUCRS, 2005

VASCONCELOS, C. S. *O desafio da (in)disciplina em sala de aula e na escola.* São Paulo: Centro de Formação e Assessoria Pedagógica, 2002

VASCONCELLOS, M.J.E. *Pensamento sistêmico: O novo paradigma da ciência.* 5. ed. Campinas – SP, 2002.

WATZLAWICK, P.; BEAVIN, J.H.; JACKSON,D.D. *Pragmática da comunicação humana.* São Paulo: Cultrix, 1998

52. Realização de levantamento epidemiológico por região no município de São Bernardo do Campo

Antônia Aparecida Eulálio Jezieiski, Edílson Rezende de Souza,
Edite Garcia, Margarida Maria De Almeida Souza,
Mara Aparecida Silva Moraes e Sueli Maria Galvão.

Síntese:

Estudo epidemiológico que busca caracterizar amostra de pacientes da fila de espera de psiquiatria do Ambulatório de Saúde Mental e através das fichas de avaliação levantar os temas escolhidos verificando a incidência de sofrimentos emocionais/transtornos mentais por região num período de 08 (oito) meses.

Introdução

JUSTIFICATIVA/ RELEVÂNCIA

O conhecimento das condições de saúde da população, seus determinantes e tendências, constituem elementos de fundamental importância para o campo da saúde coletiva. A OMS (1995) define saúde como o estado de pleno bem-estar físico psicológico e social do indivíduo e, nesta linha de raciocínio, entendemos a saúde mental como eixo regulador social, dado a suas conseqüências na qualidade de vida, nas interações familiares, nas relações interpessoais – sociais e de trabalho.

O binômio saúde-doença mental, é uma variável não só de preocupação clínica, mas também epidemiológica, na medida em que permite, pelos estudos descritivos e exploratórios, visualizar ou proporcionar um panorama da doença, bem como apresentar dados sobre taxas de incidência, prevalência, e indicativos viáveis para as estratégias de saúde – prevenção e tratamento da população.

Segundo Mari e Almeida (2003), o Brasil vive uma situação de transição epidemiológica, o país ainda não erradicou os problemas de saúde decorrentes da pobreza e tem de responder a uma nova demanda das condições emergentes da mudança demográfica, de rural para urbano, com o incremento das doenças crônico-degenerativas e dos transtornos mentais.

Assim, entendemos como Almeida Filho (1999) que os estudos epidemiológicos dão subsídios à prática clínica; por isso sua importância. Também compreendemos, como Rouquayrol (1999, p. 15) que a pesquisa epidemiológica traça o perfil de saúde-doença na sociedade e, "...analisa os fatores ambientais e socioeconômicos que possam ter alguma influência na eclosão de doenças e nas condições de saúde; constitui um dos elos de ligação comunidade/governo, estimulando a prática da cidadania através do controle, pela sociedade, dos serviços de saúde."

É compartilhando destas posições que o presente trabalho, ao se constituir como uma pesquisa epidemiológica, visa estimar a incidência de sofrimentos emocionais/transtornos mentais de um universo amostral da fila de espera do Ambulatório de Saúde Mental de São Bernardo do Campo. Busca com isso, obter dados para uma visão panorâmica da situação de novos casos, fornecendo indicativos para a verificação de gravidade ou regularidade de doença mental na região, bem como a presença de outras variáveis que circundam o adoecimento, tais como: variáveis sociais, demográficas e culturais.

Compreendemos ainda, que estudos desta natureza podem permitir análises futuras da situação cultural e social, com vistas ao oferecimento de proposições para a estruturação de políticas públicas preventivas. Segundo Rouquayrol (1999), a epidemiologia "proporciona as bases para a avaliação das medidas de profilaxia, fornece pistas para diagnose de doenças transmissíveis e não-transmissíveis e enseja a verificação da consistência de hipóteses de causalidade." (p. 15).

Deste modo, privilegiar a produção e ampliação do conhecimento, no que diz respeito à saúde/doença, da região em que estamos inseridos, justifica a realização desta investigação.

Destacamos dois aspectos de importância nesta pesquisa, o primeiro refere-se à produção do conhecimento em saúde mental para os profissionais da região, fornecendo-lhes subsídios quando da elaboração de programas de intervenção profiláticos e tratamento psicológico e psiquiátrico na rede de saúde; enquanto que um segundo refere-se ao estreitamento do relacionamento entre os serviços de saúde mental do município e a comunidade em que ele se insere.

Fundamentação teórica

AS DIFERENTES COMPREENSÕES ACERCA DA DOENÇA MENTAL

O enfoque da doença mental varia de acordo com o contexto histórico. Na Grécia Antiga, Belmont et al. (1998), o "louco" era visto pela sociedade como portador de poderes divinos, era um instrumento para a compreensão de mensagens divinas. Não era necessário, portanto, controlá-lo ou excluí-lo.

No início da Idade Média, a loucura é vista como uma expressão da natureza e é exaltada, porém, há também sentimentos de terror, atração e receio pelo dito insano. No mundo antigo e ainda na Idade Média, segundo Foucault (1972), o louco era alvo de certo temor, de um terror sagrado. Até o Século da Razão, a loucura encontrava-se mais ou menos associada à vida pública ou, associada a uma ordem sagrada.

No decorrer da chamada "idade das trevas", a loucura passa a ser entendida como o reverso da razão, ganhando um caráter moral e desqualificante. Não é algo que transcende o homem, trata-se de uma fraqueza própria. O "louco" é entendido, segundo Foucault (1972), como aquele que se afasta da própria razão, a loucura seria um traço de caráter dos homens. É possível fazer uma crítica sobre ela e tentar revertê-la. É uma loucura mais tênue, que pode ser tratada. A experiência trágica nunca some, porém, vai ficando esquecida, possibilitando o domínio e a consolidação da experiência moral, que dá origem ao surgimento da internação.

No século XVII, com o mercantilismo, quem não pode contribuir com o movimento de produção, comércio ou consumo na Europa, é encarcerado em estabelecimentos de internação que constituíam depósitos humanos sem intenção de tratamento, onde velhos, crianças abandonadas, aleijados, mendigos, portadores de doenças venéreas e loucos realizavam trabalhos forçados, como forma de punição ao vício da ociosidade.

Tal realidade, só começa a modificar-se, Belmont, et al. (op cit), em 1789, com a Revolução Francesa, cujo lema "liberdade, igualdade e fraternidade" não permitia exclusão social. O excluídos passam a ser reabsorvidos pela sociedade, sendo oferecido serviços de auxílio financeiro e atendimento médico domiciliar, porém, os loucos continuam encarcerados por apresentarem risco de serem violentos.

Já no século XVIII, Pinel fundamenta a alienação mental como um distúrbio das funções intelectuais do sistema nervoso, apontando duas principais causas para a alteração das faculdades cerebrais: físicas e morais (sendo as mais importantes paixões intensas e excessos). A partir desta concepção a loucura passa a ter o estatuto de doença mental, requerendo saber médico e técnicas específicas. O doente mental passa a viver em asilos, para ser estudado, visando a obtenção da cura. "A reclusão fica a serviço da disciplina já que o objetivo é o tratamento moral do louco". No século XIX, a loucura adquire uma descrição psicológica. O tratamento consiste em confrontar a confusão do louco com a ordem do espaço asilar e com a razão do alienista, sendo a organização do espaço asilar e a disciplina rígida, desta forma, fundamentais para o tratamento (Belmont et. al, 1998; Pain, 1978).

No Pensamento Sistêmico e Terapia Comunitária a construção da realidade mais comumente aceita repousa na idéia de que o mundo não pode ser caótico, não porque tenhamos prova dessa idéia, mas porque um mundo assim se tornaria intolerável.

Continuamente vivemos como se o efeito decorresse da causa. Durante milênios, de Aristóteles a Descartes e Newton, até o passado recente, esse pensamento causal constrói (de par com o conceito de espaço tridimensional e o de decurso regular de tempo) não só a imagem científica do mundo, mas também a imagem social. Desse pensamento derivam ainda em última instância, os conceitos ocidentais de responsabilidade, de direito e de culpa, de moral, de estética e de ética, e sobretudo de verdadeiro e falso.

Estreitamente relacionado com a idéia de tempo está a de um desenvolvimento ou progresso em linha reta, que parte do passado e atravessa o presente para atingir o futuro. Não obstante, a mais comum experiência cotidiana conhece o fenômeno do círculo vicioso. Muitos acontecimentos escapam ao princípio de causa e efeito.

Ernest Von Glaserfeld introduz o conceito de "viabilidade" (capacidade de viver), daí conclui que é possível com modelos totalmente distintos da realidade, sobreviver. Nunca existe somente uma descrição correta e verdadeira da realidade e sim várias, isso depende dos critérios em que o indivíduo se baseia: distinções, observações, perspectivas, interesses e quais os objetivos ele observa numa circunstância. Considera duas formas de realidade:

1. Realidade rígida: A imagem da realidade que a ciência apresenta baseando-se na idéia da separação entre o sujeito e o objeto do conhecimento. Um observador longe do objeto analisado descreve esse objeto independente dele, descreve-o objetivamente suas características, estruturas, comportamentos, etc. As condições subjetivas não devem influenciar sobre a conclusão que ele emitir sobre o objeto observado.

2. Realidade Flexível: Quando o observador não pode idealizar-se alheio, não pode abstrair-se em sua descrição da realidade. Ele se localiza dentro da unidade observada e também possivelmente produz ou mantém aqui o que é observado. O observador influencia essa realidade.

É fundamental não passar desapercebida a distinção entre realidade flexível e rígida, para não incorrer em falsas avaliações e compreensão da realidade e dos fenômenos, sobre como os comportamentos próprios ou de terceiros devem ser avaliados e compreendidos.

A doença mental no Brasil

É também no século XIX, em 1841, que por decreto do Imperador, é criado no Rio de Janeiro, Distrito Federal, o primeiro hospício do Brasil, Hospício Dom Pedro II, inaugurado em 1852. Criação esta relacionada ao crescimento e urbanização das cidades, visando o recolhimento dos habitantes desviantes que perambulavam pelas ruas, na época, órfãos, marginais, doentes mentais e desempregados (principalmente imigrantes, que não aceitavam as condições de trabalho). O hospício era uma dependência da Santa Casa de Misericórdia, com 350 leitos, construído na Praia Vermelha, distante do centro urbano (Belmont et. al, 1998; Pain, 1978).

Ainda segundo Belmont (et.al.), apesar da criação do hospital, continuam as críticas aos maus tratos e a ausência de cura dos doentes. Em 1890 o hospício é desligado da Santa Casa e os médicos assumem o poder, passando a utilizar a proposta terapêutica de Esquirol (discípulo de Pinel), o tratamento moral. Este tratamento consistia no isolamento do paciente, organização do espaço terapêutico, vigilância e distribuição de tempo. Neste momento a família e a sociedade são consideradas, em parte, responsáveis pelo desenvolvimento da doença mental. A prescrição do trabalho era o principal elemento do tratamento moral, sendo realizado através de oficinas de costura, bordado, flores artificiais,alfaiataria, móveis, jardinagem e outros. Os doentes pobres trabalhavam também como serventes nas obras, refeitório, enfermaria e os doentes ricos utilizavam seu tempo com diversão. Um ano após a inauguração, a lotação do hospício está esgotada. A superpopulação do hospício e a inadequação das colônias de São Bento e Conde de Mesquita, na Ilha do Governador, resultam na criação de uma nova colônia agrícola no Distrito Federal em 1924. A nova colônia atende os objetivos econômicos, resolvendo o problema do aumento crescente do número de internações e altos gastos do Estado. Porém, não levam a cura dos pacientes. O trabalho serve apenas para manter os setores de asilo em funcionamento, com exploração da mão de obra gratuita dos pacientes.

Estes mesmos autores relatam que, até 1930 são realizadas na capital do país diversas construções e reformas, como obras de ampliação do hospital da Praia Vermelha (1904/1907), instalação do Manicômio Judiciário (1921), construção de pequenas casas residenciais nas colônias, destinadas à assistência heterofamiliar. No entanto, as obras não são suficientes para solucionar o problema da super demanda aos serviços de assistência. Desta forma, tais propostas são modificadas a partir de 1930 para o sistema fechado de hospitalização definitiva para os doentes crônicos. A partir de 1950, a psiquiatria pública começa a declinar em vista do crescimento da psiquiatria privada mediante convênios com o Estado, só a partir de1980 a psiquiatria pública retorna à cena.

Em 1974, o Fundo de Apoio ao Desenvolvimento Social, possibilita o subsídio à remodelação e ampliação dos hospitais, através de empréstimos a juros baixos, primordialmente concedidos à rede privada. O INPS compra os serviços médicos deste setor através de credenciamento para esses serviços.

Em 1978 surge o Movimento de Trabalhadores em Saúde Mental, que busca articular propostas e ações contra o modelo manicomial. Neste momento, segundo Amarante (1995), iniciam-se tentativas de transformação do sistema de saúde mental. Em 1980 tais tentativas começam a ter respaldo nas políticas de saúde e em 1987 acontecem a 1ª Conferência Nacional de Saúde mental e o II Encontro Nacional de Trabalhadores de Saúde Mental. As décadas de 80 e 90 são marcadas por várias experiências inovadoras no que diz respeito a assistência em saúde mental, neste momento, busca-se resgatar a singularidade e a complexidade do adoecer psíquico, sem delegar o doente à exclusão nem associa-lo a opressão. "Inicia-se, então, o processo de individualidade dos pacientes, através de coisas simples como o uso do próprio nome ou uma cama exclusiva. Assim, através da possibilidade de um processo de escuta e valorização da história pessoal, busca-se dar valor à existência de um sujeito – muito além de um simples paciente – portador de um mal incurável, cujo destino está irremediavelmente traçado." (Belmont et. al, 1998, p. 34)

A Terapia Comunitária no Brasil

6.000 terapeutas atuam em 20 Estados: Acre, Pará, Rondônia. Ceará, Pernambuco, Alagoas, Sergipe, Paraíba, Bahia, Rio Grande do Norte, Piauí, Goiás, Distrito Federal, Minas Gerais, Mato Grosso do Sul, São Paulo, Rio de Janeiro, Santa Catarina, Paraná e Rio Grande do Sul.

Devido as diferenças regionais e às incontáveis influências culturais existentes no Brasil, a TC tem recebido contribuições valiosas para o enriquecimento e a ampliação de suas possibilidades de atuação.

A proposta atual é incorporar a TC como instrumento de promoção da saúde, nos Programas de Saúde da Família, desenvolvimento social e educacional.

Algumas das experiências brasileiras de TC:
- Tucuruí,PA: TC no Centro de Atenção Psicossocial;
- Sobral, CE: TC na promoção da saúde na rede municipal;
- Recife, PE: Grupo de TC para HIV positivo;
- Basília, DF: TC no Programa de Justiça Terapêutica;
- Macaé, RJ: TC PSF;
- São Paulo, SP: TC integrada a terapia familiar;
- Curitiba, PR: TC na rede educacional;
- Londrina, PR: Integração das Secretarias de Saúde, Educação e Assistência Social;
- Porto Alegre, RS: TC no CAPS para adolescentes.

A partir das experiências nos vários cantos do Brasil, constata-se que o mais importante é transformar o unitário em comunitário, o individual em coletivo.

O Serviço Público de Saúde de São Bernardo do Campo

O Ambulatório de Saúde Mental (ASM) de São Bernardo do Campo, segundo Souza (1999), foi fundado em 25 de janeiro de 1978 como Órgão da Secretaria de Saúde do Estado de São Paulo como um convênio com a Prefeitura de São Bernardo do Campo. Nesta época, o ASM atendia a todos os municípios da região (ABCDMRR) e região sul do município de São Paulo.

Em abril de 1985, com a criação de serviços de emergência psiquiátrica em São Bernardo do Campo e em municípios vizinhos, foi priorizado o atendimento ao munícipe. A partir de 1989, com a municipalização dos serviços, o ASM agregou-se ao setor de Psicologia da Prefeitura, transformando-se no Ambulatório de Especialidades Médicas III (AEM – III).

Segundo esta mesma autora, em 1991, com o término do Projeto de Saúde do Escolar, alguns profissionais optaram por prestar atendimento clínico em nível secundário, no ASM. Em 1993, o AEM – III se tornou ASM de Nova Petrópolis com extensão Vila Mussolini, onde o Atendimento no ASM Nova Petrópolis ficou para adolescentes acima de 12 anos e adultos, e a extensão Vila Mussolini para crianças.

A equipe multiprofissional que prestava, neste momento, o atendimento à população, era composta por psiquiatra, psicólogo, fonoaudiólogo, assistente social, enfermeiro e farmacêutico, com retaguarda de profissionais de nível médio: auxiliar de enfermagem, recepcionistas de saúde, agentes sanitários e oficiais administrativos.

O ASM "Nova Petrópolis" dispõe de uma farmácia para fornecimento de medicamentos psicotrópicos aos pacientes atendidos pela rede de saúde de São Bernardo do Campo. No início de janeiro de 1996, foram ampliados os serviços no ASM, incluindo-se o serviço de neurologia, que incluía o atendimento neurológico e serviço de Eletroencefalograma (EEG)

Atualmente, a população atendida pelo ASM Nova Petrópolis é composta, em sua maioria, por munícipes de São Bernardo do Campo, porém também são atendidas pessoas de outros municípios, que possuam acima de 12 anos, de adolescentes a idosos.

São realizados uma média de 7000 atendimentos por mês. Atendimento este direcionado a pacientes neuróticos, psicóticos, dependentes, epiléticos etc..

O serviço de Saúde Mental de São Bernardo do Campo é coordenado pelo psicólogo Carlos Alberto Pinotti e pela médica psiquiatra Margarida Maria de Almeida Souza e tem como objetivo atender a demanda existente para as especialidades incluídas na saúde mental.

Em Saúde Mental são atendidos os pacientes que apresentam toda ordem de distúrbios mentais, das patologias mais leves (neuroses), às mais graves (psicoses).

O serviço de Saúde Mental é composto por três setores chaves de atenção:
- 1º – Atenção Primária à Saúde – Prevenção
- 2º – Atenção Secundária à Saúde – Tratamento
- 3º – Atenção Terciária à Saúde.

Atenção Primária:

A meta da prevenção primária é compartilhada pela mesma concepção teórica apregoada por Gerald Caplan, integrante da psiquiatria preventiva norte americana,. Propõe portanto, assegurar a provisão adequada de suprimentos básicos aos membros de uma população e ajudá-los a enfrentarem construtivamente suas crises de desenvolvimento e acidentais, através de duas abordagens: a ação social, que visa produzir mudanças na comunidade e a ação interpessoal, que se propões a mudar determinados indivíduos. (Caplan, 1980).

"Um objetivo primordial da prevenção primária é salvaguardar a integridade da família" (CAPLAN, 1980, p. 73).

Na nossa realidade de S.Bernardo do Campo, a atenção primária é realizada através da rede básica – Unidades Básicas de Saúde (UBS). Atualmente contam-se 31 UBS, sendo que 15 contam com profissionais na área de Psicologia. A rede de UBS tem grande importância, pois funciona como porta de entrada para todo o sistema de saúde do município. As atividades desenvolvidas têm como objetivo o atendimento preventivo / educativo, visando a detecção precoce da doença. São vários os programas desenvolvidos pelas UBS: programa de saúde da criança, adolescente, adulto, mulher, terceira idade, diabetes mellitus, hipertensão arterial, orientação sexual, aleitamento, vacinação, puericultura, gestante, alergia respiratória, prevenção ginecológica etc..

Como medida de prevenção, são realizadas palestras em escolas, além do programa galera ativa (tira-dúvida) e juventude cidadã.

Os atendimentos são realizados em sua maioria em grupos, porém, também são cfctuados tratamentos individuais, participam dos atendimentos, em geral, os seguintes profissionais: psicólogo, pediatra, ginecologista, clínico geral, assistente social, enfermeira e auxiliar de enfermagem.

Atenção Secundária:

A prevenção secundária, também seguindo as concepções Caplanianas, (Caplan, 1980), consiste em programas que visam à redução da taxa de incapacidade causada por um distúrbio, na medida em que baixam a prevalência do distúrbio na comunidade. Essa redução pode ocorrer quando a taxa de novos casos for diminuída pela alteração de fatores que geram o distúrbio; ou quando a taxa de casos antigos for reduzida ao se diminuir a duração dos casos existentes através do diagnóstico precoce e de tratamento eficaz. A proposta desse tipo de prevenção é a máxima utilização de recursos de profissionais e de conhecimento, para que o número de pacientes cujas doenças são encurtadas seja significativo o bastante para haver uma diferença reconhecível nas taxas da comunidade.

A atenção secundária à saúde é desenvolvida nas unidades Ambulatoriais Especializadas, São de maior complexidade e funcionam como referência para outras unidades de saúde do município. Há dois ASM. Ambos funcionam de segunda a sexta das 07:00 às 17:00. Os atendimentos consistem de programas, visando a melhoria da qualidade de vida. Os atendimentos realizados nos ambulatórios são previamente agendados. As urgências e emergências em Saúde mental são atendidas pelos psiquiatras que trabalham em regime de plantão de 24hs no Pronto Socorro Central, de segunda a segunda.

Atenção terciária:

A prevenção terciária, ainda nesta mesma proposta teórica, (Caplan,op cit), tem por objetivo reduzir na comunidade a taxa de funcionamento defeituoso devido a distúrbios mentais, que incluem a incapacidade causada tanto pelo funcionamento desordenado do paciente quanto pela capacidade diminuída que subsiste como seu resíduo, depois de eliminado o distúrbio. Comumente, a prevenção terciária se limita a redução da taxa de defeito residual, a capacidade diminuída para contribuir para a vida ocupacional e social da comunidade que continua após o término do distúrbio mental. Assim, a prevenção terciária opera através da reabilitação em grande escala dos pacientes mentalmente perturbados, com o propósito de fazer retomar o mais depressa possível sua capacidade produtiva ao seu máximo potencial.

Os casos psiquiátricos que necessitam de internação hospitalar são internados no único hospital público que funciona como referência para São Bernardo do Campo: Centro Psiquiátrico. As internações ocorrem após contato telefônico com a central de Internação do UAC (unidade de avaliação e controle). No caso de não haver vagas os pacientes são encaminhados ao Pronto Socorro (leitos de curta duração, mais ou menos 6 leitos de emergência) ou CAPS (centros de atenção psicossocial).

Recursos Materiais: Espaço Físico e Instrumentos

O ASM possui 18 consultórios, sendo 7 no primeiro andar e 11 no térreo, sendo alguns destes revezados pelos profissionais para atendimento, já que cada profissional tem um horário. Além dos consultórios, há uma enfermaria, uma farmácia, uma sala de eletroencefalograma, um almoxarifado, uma sala de administração, uma copa e uma cozinha.

Por pertencer à Prefeitura Municipal, os equipamentos utilizados para palestras fora do ambulatório, tais como, retroprojetor, por exemplo, são cedidos quando solicitados. No próprio ambulatório existem 2 aparelhos de eletroencefalograma para a realização de exames, 7 computadores que são utilizados na recepção, administração e demais, funcionando atualmente com programa em rede com outras unidades. Além destes equipamentos, os psicólogos podem se utilizar de 2 testes psicológicos WISC e RAVEN (geral e escala especial) que são utilizados, em geral, em adolescentes, para avaliações.

Recursos Humanos

O quadro de funcionários é composto por 54 funcionários, sendo: 10 psiquiatras, 6 neurologistas, 12 psicólogos, 1 fonoaudióloga, 1 consultor, 1 farmacêutica, 1 enfermeira, 2 assistentes sociais, 5 oficiais administrativos, 5 recepcionistas de saúde, 4 auxiliares de enfermagem, 2 peat, 2 auxiliares de serviços gerais, 2 guardas civis municipais (GCM) e 1 voluntária.

Os funcionários não recebem treinamento específico para exercer a profissão, mas há um treinamento básico para todos quando são admitidos. Há cursos de atualização promovidos pela Câmara Municipal, Consórcio, DIR-II, que tem como objetivo atualizar, orientar e discutir novas propostas de trabalho.

Projetos e Programas

Encontra-se em fase de criação, os projetos de CAPS II ad, criação do CAPS i.II p/ criança e adolescente, criação do CAPS III – Hospital dia. Entre os programas já realizados, estão o atendimento em dependência química para o próprio dependente, para os familiares e filhos; o programa de tabagismo, sendo esta unidade um Centro de Referência e Atendimento aos dependentes de nicotina, o programa de alcoolismo para funcionários da prefeitura municipal e contamos ainda com programas de atendimento ao idoso, epilépticos, etc.

Dependência Química, Codependência, Psicose e Neurose

Dependentes Químicos

Estes apresentam atitudes inadequadas de dependência, cujo princípio dinâmico se manifesta na necessidade de fugir da realidade, aparentemente insuportável e refugiar-se num mundo irreal desejado. Incluímos nestes os dependentes de:
- drogas depressoras do sistema nervoso central: álcool, inalantes: cola de sapateiro gasolina, benzina, éter, acetona, etc..,
- perturbadoras do sistema nervoso Central: maconha e alucinógenos (artane, chá de cogumelo, etc..),
- estimulantes do sistema nervoso central: café, tabaco, anfetaminas (moderadores do apetite), cocaína, crack (este vem aumentando a cada dia no nosso ambulatório e vem sendo usado por todas as camadas sociais), etc...
- tabaco, álcool e crack são as drogas que mais vem matando em nosso meio, as primeiras de forma mais lenta em maior numero e as últimas de forma rápida, violenta, aumentando a criminalidade sensivelmente.

Estes constaram no levantamento epidemiológico de Janeiro a Junho/98, como sendo o 3º número de atendimentos no ambulatório (626 pacientes); a grande maioria já com abandono escolar e envolvimento com criminalidade.

Definições para fins não médicos sobre o uso de drogas

De acordo com a Organização Mundial da Saúde (0MS, 1995), o uso de drogas deve ser classificado em: -uso na vida: quando a pessoa faz uso de qualquer droga pelo menos uma vez na vida; -• uso no ano: quando a pessoa utilizou drogas pelo menos uma vez nos doze meses que antecederam a consulta; – uso no mês ou recente: quando a pessoa utilizou drogas pelo menos uma vez nos 30 dias que antecederam a consulta; – uso freqüente: quando pessoa utilizou drogas seis ou mais vezes nos 30 dias que antecederam a consulta.

A OMS (1995) recomenda, ainda, as seguintes classificações para as pessoas que utilizam substâncias psicoativas:

- não usuário: nunca utilizou drogas;
- usuário leve: utilizo drogas, mas no último mês o consumo não foi diário ou semanal;
- usuário moderado: utilizou drogas semanalmente, mas não diariamente, no último mês;
- usuário pesado: utilizou drogas diariamente, no último mês.

Quanto ao uso de drogas, a OMS (op. cit..) define os seguintes tipos:

- uso de risco: padrão de uso ocasional, repetido ou persistente, que implica em alto risco de dano futuro saúde física ou mental do usuário, mas que ainda não resultou em significantes efeitos mórbidos orgânicos ou psicológicos Por exemplo, fumar 20 ciganos por dia pode não se fazer acompanhar de nenhum prejuízo no presente e real, mas sabe-se que e danoso para o futuro;
- uso prejudicial: padrão de uso que já cause dano a saúde, física e ou mental.

Como se pode observar, a OMS não classifica o usuário dependente como adicto, nem, menos ainda, como Ò viciado. De fato, considera-se que o abuso de drogas não pode ser definido apenas em função da quantidade e freqüência de uso.

Assim, uma pessoa só deve ser considerada dependente se o seu nível de consumo incorrer em pelo menos três dos seguintes sintomas ou sinais, ao longo dos últimos doze meses antecedentes ao diagnóstico:

- forte desejo ou compulsão de consumir drogas;
- consciência subjetiva de dificuldades na capacidade de controlar a ingestão de drogas, em termos de inicio término ou nível de consumo;
- uso de substâncias psicoativas para atenuar sintomas de abstinência, com plena consciência da efetividade de tal estratégia;
- estado fisiológico de abstinência;
- evidência de tolerância, necessitando doses crescentes da substância requerida para alcançar os efeitos originalmente produzidos;
- estreitamento do repertório pessoal de consumo, quando o indivíduo passa, por exemplo, a consumir drogas em ambientes não propícios, a qualquer hora, sem nenhum motivo especial, etc..
- negligência progressiva de prazeres e interesses outros em favor do uso de drogas;

- persistência no uso de drogas, a despeito de apresentar clara evidência de manifestações danosas;
- evidência de que o retorno ao uso da substância, após um período de abstinência, leva a uma reinstalação rápida do quadro anterior.

Co-dependência

A co-dependência pode ser definida como uma adicção a pessoas, comportamentos ou coisas. Co-dependência é a ilusão de tentar controlar os sentimentos interiores através do controle de pessoas, coisas e acontecimentos exteriores. Para o co-dependente, o controle ou a falta dele é fundamental em qualquer aspecto da vida.

O co-dependente pode estar adicto a outra pessoa, nesta co-dependência interpessoal o codependente se envolve com outra pessoa de um modo tão elaborado que o próprio sentido de identidade pessoal – o eu – é brutalmente restringido, superlotado pelos problemas e pela identidade desta outra pessoa.

Além disso os co-dependentes podem agir como aspiradores enlouquecidos puxando para si não apenas outras pessoas mas também substâncias químicas (basicamente álcool ou drogas) ou coisas: dinheiro, comida, sexualidade, trabalho. Eles lutam sem trégua para preencher o grande vazio emocional que sentem por dentro. Nossos pacientes descrevem esse sentimento como "Andar por aí me sentindo o buracfo da rosquinha da padaria". (HEMFET, MINIRTH e MEIER,1989, pg 06)

O co-dependente é guiado por uma ou mais compulsões, é compelido e atormentado pelo jeito que as coisas eram na família disfuncional de origem, tem uma auto-estima muito baixa, tem certeza de que sua felicidade depende dos outros, tem um relacionamento com o cônjuge Ou Outra Significativa pessoa desfigurado pelo instável desequilíbrio entre dependência e independência, é um mestre da negação e da repressão, se preocupa com coisas que não pode mudar e é bem capaz de tentar mudá-las, a sua vida é pontuada de extremos e está sempre procurando por alguma coisa que está faltando em sua vida. (HEMFET, MINIRTH e MEIER,1989, pg 25)

As causas da co-dependência são: necessidades emocionais não preenchidas, infância perdida e a compulsão de repetir.(HEMFET, MINIRTH e MEIER,1989, pg 29)

Psicose

As psicoses, segundo Dalgalarrondo (2000), caracteriza-se por alguns sintomas típicos como alucinações, delírios, pensamento desorganizado e comportamentos bizarros como fala e risos imotivados. São comuns sintomas paranóides. A perda de contato com a realidade, a cisão, pode ser considerada o ponto central da psicose.O psicótico, em momento de surto,passa a viver a parte da realidade, de acordo com o princípio do prazer, do narcisismo.

Neurose

A neurose, segundo Paim (1976), é um curso mórbido e se constitui por um conjunto de alterações funcionais, somáticas e psíquicas que ocasionam mal-estar e sofrimento. Não altera essencialmente a concepção de mundo, nem os recursos adaptativos do doente. É motivada por conflitos psíquicos sendo essencialmente curável pela psicoterapia.

Pode-se ainda conceituar a neurose como "estado de perturbação da personalidade que dá origem a dificuldades nas relações interpessoais, na adaptação à realidade e na realização existencial, e que se acompanham de manifestações psíquicas e somáticas, redutíveis, no plano psíquico, ao sofrimento que se expressa sob a forma de angústia. São perturbações de natureza não qualitativa, o que serve como elemento para diferenciá-la da psicose." (Paim, 1976, p.505).

O ADOECER

Atualmente, o homem é entendido como um ser biológico, psicológico e social, desta forma, o adoecer "não se restringe apenas à concepção do sofrimento psíquico como doença localizada no corpo, mas à existência-sofrimento". (Belmont, et al., 1998, p. 61)

É com base neste aparato teórico que será desenvolvida a presente investigação. E, para tal, partimos dos seguintes objetivos:

Terapia Comunitária no ABC Paulista

Em setembro de 2004 iniciou-se a formação do Pólo ABC PAULISTA, contando com a participação de 06 municípios (Santo André, São Bernardo, Diadema, Mauá, Ribeirão Pires e Rio Grande da Serra).

Objetivos

OBJETIVO GERAL:

Caracterizar a amostra de pacientes da fila de espera de psiquiatria do Ambulatório de Saúde Mental de São Bernardo do Campo, no período de outubro de 2004 à maio de 2005.

OBJETIVOS ESPECÍFICOS:

- Identificar a população qualitativa e quantitativamente, objetivando o planejamento de políticas públicas na área de Saúde Mental, através do mapeamento do sofrimento psíquico das pessoas atendidas na Terapia Comunitária.

Método

AMOSTRA

Foram levantadas as fichas de avaliação dos pacientes que participaram da Terapia Comunitária no período de outubro/2004 e maio/2005, tendo sido utilizada apenas uma amostra de 37% do total destes pacientes.

LOCAL

O estudo foi realizado nas dependências do próprio Ambulatório de Saúde Mental, unidade de referência de São Bernardo do Campo, o qual está localizado na região central do município, e que abarca a demanda de saúde mental de toda região, e de outros municípios próximos que não contam com este serviço.

Este ambulatório, tal como descrevemos na seção introdutória do presente estudo, abarca doenças mentais como: neuroses graves, dependência química, psicoses, entre outros.

MATERIAL/ INSTRUMENTO

Fichas de avaliação da Terapia Comunitária: feitas após a realização de cada sessão.

Lista de Presença: elaborada pela equipe, contendo dados pessoais: nome, idade, endereço, religião, encaminhamento, assinatura, etc..

Planilha de levantamento de dados: elaborada especialmente para este estudo, a planilha foi construída com base nos objetivos a que nos propomos investigar e, a partir dos dados da ficha de avaliação do paciente. Esta foi utilizada para registrar os dados, tendo como base as categorias e sub-categorias elaboradas previamente.

PROCEDIMENTO

Foram realizadas 75 sessões de Terapia Comunitária, com a participação de 1.772 pacientes, às segundas feiras às 10 e às 14 horas e às sextas feiras às 10 horas no Ambulatório de Saúde Mental e na FEBES – Fundação do Bem Estar Social. Estes participantes são pacientes da fila de espera da fila de psiquiatria do Ambulatório de Saúde Mental, chamado via telefone, e são informados que irão participar da Terapia Comunitária na unidade. Ao chegarem assinam a lista de presença onde constam dados pessoais: nome, idade, sexo, endereço e religião; são recepcionados e encaminhados para a sala onde se inicia o processo de acolhimento da TC.

Foram utilizadas apenas 28 fichas de avaliação de maneira aleatória e todas as listas de presença assinadas pelos pacientes e a partir deste material, os dados foram registrados numa planilha específica elaborada especialmente para este estudo.

Resultado e discussão

CONCLUSÃO

A maioria dos pacientes da fila de espera de psiquiatria do Ambulatório de Saúde Mental eram portadores de sofrimento psíquico, podendo ser tratados na sua unidade de origem.

Da amostra utilizada só 4% apresentaram transtornos mentais passíveis de encaminhamento para unidade de Saúde Mental.

A maior parte dos temas escolhidos girou em torno de codependência, depressão e ansiedade.

A necessidade de ressaltar a importância da implantação da TC na rede pública, abrangendo todas as regiões, descentralizando a saúde mental, de forma a reduzir a demanda desnecessária junto aos equipamentos especializados.

Referências bibliográficas

ALMEIDA FILHO, N. Epidemiologia Clínica em Saúde Mental. In: Rouquayrol, Z.M (org.) *Epidemiologia e saúde* 5ed. Rio de Janeiro: Medsi, 1999

AMARANTE, P. (org) *Loucos pela vida – a trajetória da reforma psiquiátrica no Brasil.* Rio de Janeiro:SDE/ENSP, 1995.

BELMONTE, P.R.; Reis, V.L.M.; Pereira, M.de F.M.; Jorge, M.A.S.; Costa, A.L. (1998) *Temas de Saúde Mental*. Textos básicos do CBAD. Ministério da Saúde, parceria com Fundação OSWALDO C., Escola Politécnica de Saúde Joaquim Venâncio, Curso Básico de Acompanhamento Domiciliar. Brasília: Ministério da Saúde, 1998

CAPLAN, G. *Princípios de Psiquiatria Preventiva*. Rio de Janeiro: Zahar, 1980.

DALGALARRONDO, P. *Psicopatologia e Semiologia dos Transtornos Mentais* Porto Alegre: Artes Médicas, 2000.

FOUCAULT, M. *História da Loucura na Idade Clássica* São Paulo: Perspectiva,1972.

MACHADO, T.A.G. *Saúde e doença mental estudo descritivo de variáveis psicológicas, sócio-demográficas e psiquiátricas de pacientes de um ambulatório de saúde mental da região do ABC paulista*. Trabalho de iniciação científica com bolsa do PIBIC e UMESP, 2005.

MARI, J. DE J.; ALMEIDA, J.M.C. de O impacto da pesquisa no porvir da saúde mental do Brasil. *Rev. Bras. Psiquiatr.*, Jun 2003, vol.25, no.2, p.68-69.

OPAS/OMS. Organización Panamerica de la Salud y organización Mundial de la Salud. *Las condiciones de la salud Américas*. Washington: PAHO, 1994.

PAIN, I. *Tratado de Clínica psiquiátrica*. São Paulo: Editorial Grijalbo, 1976

ROUQUAYROL, Z.M *Epidemiologia e saúde* 5ed. Rio de Janeiro: Medsi, 1999

SOUZA, M.M.A. *Histórico do Ambulatório de Saúde Mental. Secretaria de Saúde e Ambulatório de Saúde Mental*,1999.

WATZLAWICK, P. *A Realidade Inventada*.Ed. Leitura Dinâmica, 2003

ANEXO

(Modelo do material utilizado na pesquisa e ficha de avaliação)

Terapia Comunitária

Data: ___/___/___

Nº	Nome	Idade	Endereço	1ª vez/ retorno	religião	Como soube	Encaminhado Para	Assinatura

AVALIAÇÃO DA ATUAÇÃO DOS TERAPEUTAS

Terapeuta:	Co-terapeuta:	
Local:	Data: / /	

Acolhimento – O que deu certo?

Acolhimento – O que precisa melhorar?

Escolha do Tema – O que deu certo?

Escolha do Tema – O que precisa melhorar?

Contextualização – O que deu certo?

Contextualização – O que precisa melhorar?

Problematização – O que deu certo?

Problematização – O que precisa melhorar?

Rituais de agregação e conotação positiva – O que deu certo?

Rituais de agregação e conotação positiva – O que precisa melhorar?

Providências para a próxima sessão

Houve encaminhamento na sessão? Qual?

Realização de levantamento epidemiológico por região no município de São Bernardo do Campo

FICHA Nº 2

ORGANIZAÇÃO DAS INFORMAÇÕES

Trata-se de registrar temas, nº de participantes, motes e estratégias comunitárias.

Orientação: As informações devem ser preenchidas na ficha por algum membro da equipe (co-terapeuta) logo após a realização de cada sessão de Terapia Comunitária.

Equipe: _____

Local da terapia: _____

Data: _____ / _____ / _____ Horário: _____

Total do nº de participantes: _____

Nº de participantes novatos: _____

Nº crianças (0 a 10 anos): _____

Nº adolescentes (11 a 19 anos): _____

Nº Adultos (mais de 20 a 59 anos): _____

Nº Idosos (mais de 60 anos): _____

Problemas apresentados: Listar todos os problemas apresentados (Ver códigos anexo A)

   1) _____

   2) _____

   3) _____

   4) _____

   5) _____

Problema escolhido: _____

Mote: _____

Estratégias: Opções surgidas a partir dos depoimentos dos participantes para superar o problema escolhida ?

1)	
2)	
3)	
4)	
5)	
6)	
7)	
8)	

O que o grupo aprendeu com o problema? (o que estou levando daqui hoje? Conotação Positiva?)

_____

_____

_____

Depoimentos espontâneos sobre os benefícios da Terapia Comunitária?

_____

_____

_____

53. Implantação da Terapia Comunitária na Secretaria Municipal da Saúde na cidade de SÃO PAULO-SP

Helena Pompeu de Toledo Sampaio
Leon de Souza Lobo Garcia
Maria Auxiliadora Camargo Cusinato
Maria Selma do Nascimento
Maria Virgínia Trevisani Martins
Paulo Albuquerque
Roseli Di Mauro
Roseli Gonçalves Vissotto
Sueli Martins Alves do Prado
Vera Maria Scognamiglio
Secretaria Municipal de Saúde de São Paulo
cefordesenv@prefeitura.sp.gov.br

Trabalho

Em uma cidade como São Paulo, é grande o impacto de problemas sociais na saúde da população: violência, desemprego e pobreza –, além de transtornos mentais, principalmente depressão, ansiedade e somatização.

A Atenção Básica tem como estratégia articular a saúde com outros setores de atuação governamental e comunidade, em torno de cada território.

Os profissionais da rede municipal de saúde, particularmente do Programa de Saúde da Família – PSF – tornam-se, cada vez mais, depositários das demandas psicossociais da população.

A prevalência de problemas mentais é estimada em 35% entre os usuários da Atenção Básica, e o sofrimento psíquico está entre as maiores causas de procura por consulta nas Unidades Básicas de Saúde da cidade de São Paulo.

Tal quadro aponta para a necessidade de uma escuta qualificada que possibilite intervenções junto à população, evitando a psicologização ou a medicalização como forma de abordagem.

A Terapia Comunitária surge como uma alternativa capaz de instrumentalizar profissionais do Programa de Saúde da Família, das Unidades Básicas de Saúde e lideranças comunitárias para estarem aptos a lidar com essas demandas.

Em 2003, a Coordenação de Desenvolvimento da Gestão Descentralizada-Cogest, em parceria com o Centro de Formação e Desenvolvimento dos Trabalhadores da Saúde-Cefor, desencadeia a implantação da Terapia Comunitária na Rede Municipal de Saúde na cidade de São Paulo.

A primeira turma, cuja capacitação foi concluída em setembro de 2004, foi composta por 90 profissionais das Coordenadorias Regionais de Saúde de Perus, Pirituba, Capela do Socorro, Sé e Parelheiros, do Hospital do Servidor Público Municipal, da Coordenação de Desenvolvimento da Gestão Descentralizada e do Centro de Formação e Desenvolvimento dos Trabalhadores da Saúde.

Terapia Comunitária

A capacitação da segunda turma iniciou-se em março de 2004, com dois grupos sendo um da Regiões Leste e outro da Sudeste, composta por profissionais das Coordenadorias Regionais de Saúde de Cidade Tiradentes, Guaianases, São Mateus, Ermelino Matarazzo, Itaquera, São Miguel, Aricanduva, Ipiranga, Jabaquara, Mooca, Penha, Vila Prudente e Sapopemba. Os grupos contaram com a parceria da Pontifícia Universidade Católica de São Paulo – PUCSP, da Tecendo (grupo de profissionais ligados à USP) e de profissionais ligados à CEAF (Centro de Apoio à Família), por meio da realização da supervisão dos capacitandos em Terapia Comunitária, em conjunto com a coordenação do projeto.

A terceira turma, iniciada em novembro de 2004, envolveu 75 pessoas, profissionais das Coordenadoria Regionais de Saúde de Vila Maria/Vila Guilherme, Jaçanã/Tremembé, Pirituba, Perus, Campo Limpo, Lapa, Santana/Tucuruvi e M'Boi Mirim, além de profissionais da Universidade Federal de São Paulo – UNIFESP, da Associação de Saúde da Família – ASF e líderes comunitários.

A proposta da Terapia Comunitária trouxe um novo olhar para a promoção da saúde mental na perspectiva de ampliar a rede de cuidados aos usuários dos serviços de saúde e à Comunidade.

Referência Bibliográfica:

BARRETO, A. P. *Terapia Comunitária Passo a Passo.*Fortaleza:Gráfica LCR,2005.

54. A Terapia Comunitária na atenção básica, Região Sudeste do Município de São Paulo

Helena Pompeu de Toledo Sampaio
e Maria Auxiliadora Camargo Cusinato

A implantação da Terapia Comunitária Sistêmica e Integrativa vem sendo realizada desde novembro de 2003, com a capacitação de 90 profissionais das Subprefeituras de Perus, Pirituba, Capela do Socorro, Sé e Parelheiros, do HSPM, da COGest e do CEFOR. Este grupo concluiu a capacitação em setembro de 2004.

A segunda iniciou em março de 2004, com 2 grupos simultaneamente, Leste e Sudeste, das Subprefeituras da Cidade Tiradentes, Guaianases, São Mateus, Ermelino Matarazzo, Itaquera, São Miguel, Aricanduva, Ipiranga, Jabaquara, Mooca, Penha, Vila Prudente/Sapopemba, com a participação de 120 pessoas, algumas vagas foram destinadas aos lideres comunitários indicados pelas Coordenadorias de Saúde. Estes grupos concluíram em dezembro de 2004. Estes 3 grupos contaram com a parceria da PUC de São Paulo, da Tcendo (grupo de profissionais ligados à USP) e de profissionais ligados à entidade CEAF (Centro de Apoio à Família), através da realização da supervisão dos capacitandos em TC em conjunto com a coordenação do projeto.

Este trabalho está centrado no acompanhamento de 67 terapeutas comunitários nas supervisões ocorridas durante o período de março a dezembro 2004, na Região Sudeste, composta por 06 Coordenadorias de Saúde: Aricanduva, Ipiranga, Jabaquara, Mooca, Penha e Sapopemba.

Os dados coletados neste período decorrem da realização de 1306 sessões de TC,onde foram atendidas 12.628 pessoas.

A supervisão em Terapia Comunitária tem como finalidade discutir a prática dos profissionais em formação, com o acompanhamento da aprendizagem, do uso adequado da metodologia, assim como para gerar conhecimento a partir das dificuldades encontradas na implantação do projeto. Este espaço tornou-se um lugar privilegiado para discussão dos obstáculos na realização dos grupos e na formulação de ações para superação dessas dificuldades.

Os dados apresentados a seguir foram levantados a partir das supervisões realizadas e contribuem para uma avaliação da implantação da TC na Região Sudeste da cidade de São Paulo

MOOCA
- 10 capacitandos
- 01 desistência
- 285 sessões de Terapia Comunitária
- 1822 pessoas atendidas
- média de freqüência por grupo: 6,39 pessoas
- média de grupos/mês por dupla de capacitandos: 6,33
- categorias profissionais: 01 Terapeuta Ocupacional, 03 Psicólogos, 04 Agentes Comunitários de Saúde e 01 Auxiliar de Enfermagem.

Terapia Comunitária

IPIRANGA
- 09 capacitandos
- 02 desistências
- 149 sessões de Terapia Comunitária
- 1668 pessoas atendidas
- média de freqüência por grupo: 11,19 pessoas
- média de grupos/mês por dupla de capacitandos: 4,25
- categorias profissionais: 03 Enfermeiros, 01 Psicólogo, 03 Agentes Comunitários de Saúde

JABAQUARA
- 06 capacitandos
- sem desistência
- 100 sessões de Terapia Comunitária
- 1089 pessoas atendidas
- média de freqüência por grupo: 10,39 pessoas
- média de grupos/mês por dupla de capacitandos: 3,33
- categorias profissionais: 06 Agentes Comunitários de Saúde.

PENHA
- 12 capacitandos
- 03 desistências
- 164 sessões de Terapia Comunitária
- 1390 pessoas atendidas
- média de freqüência por grupo: 8,47 pessoas
- média de grupos/mês por dupla de capacitandos: 3,64
- categorias profissionais: 03 Agentes Comunitários de Saúde, 01 Enfermeiro, 01 Psicólogo, 01 Auxiliar de Enfermagem, 01Assistente Social, 01Auxiliar Técnico Administrativo e 01 Auxiliar de Farmácia.

ARICANDUVA
- 06 capacitandos
- 02 desistências
- 108 sessões de Terapia Comunitária
- 908 pessoas atendidas
- média de freqüência por grupo: 8,40 pessoas
- média de grupos/mês por dupla de capacitandos: 3,6
- categorias profissionais: 01 Enfermeiro, 1 Auxiliar de Enfermagem e 02 Agentes Comunitários de Saúde.

SAPOPEMBA
- 24 capacitandos
- 02 desistências
- 500 sessões de Terapia Comunitária
- 5951 pessoas atendidas
- média de freqüência por grupo: 11,90 pessoas
- média de grupos/mês por dupla de capacitandos: 4,54
- categorias profissionais: 17 Agentes Comunitários de Saúde, 02 Auxiliares de Enfermagem, 02 Enfermeiros e 01 Psicólogo.

ASPECTOS QUE FAVORECERAM O PROCESSO DE IMPLANTAÇÃO:
- Seleção feita com critérios estabelecidos pela Coordenação do projeto, para identificar o perfil do Terapeuta Comunitário.
- Foi importante o envolvimento de um profissional da Coordenadoria de Saúde durante o processo de implantação da Terapia Comunitária no território.
- A importância de fazer a Supervisão quinzenal sistematizada.

ASPECTOS QUE DIFICULTARAM O PROCESSO DE IMPLANTAÇÃO:
- Falta do processo de seleção nas Coordenadorias de Saúde do Ipiranga, Aricanduva e Penha, que resultou em um maior número de desistências por parte de alguns capacitandos.
- Falta de conhecimento por parte dos profissionais das equipes do Programa de Saúde da Família (P.S.F.) e dos demais profissionais das Unidades Básicas, dificultando a realização das sessões de Terapia Comunitária por parte dos capacitandos.

A maioria das sessões de Terapia Comunitária foi realizadas no interior das Unidades Básicas de Saúde de cada Coordenadoria de Saúde da Região Sudeste. No entanto, observou-se, que onde as Terapias Comunitárias foram realizadas foras das Unidades Básicas de Saúde, nos espaços da comunidade, o índice de adesão foi maior. maior adesão aos grupos do que os realizados nas Unidades.

A partir da amostra de dados coletados durante as sessões de Terapia Comunitária, pode-se observar, que apesar do grupo em capacitação ser de profissionais da área da saúde, que muitas vezes realizaram sessões no interior da Unidade Básica, em uma cidade como São Paulo cuja população tem como cultura à valorização do médico e do remédio como possibilidade de tratamento e cura de suas doenças, as dores trazidas nas sessões de terapia comunitária não eram as físicas, mas sim as dores da alma.

DIVIDIU-SE OS TEMAS APRESENTADOS NAS SESSÕES NUMA NOMENCLATURA DENOMINADA:
- Conflito emocional: o que o participante descreveu como sentimento de medo, ciúme, culpa, rejeição, insegurança, saudade, angústia, solidão e preconceito.
- Conflito familiar: o que o participante descreveu como conflito entre pais e filhos, entre marido e mulher, entre entes queridos, vizinhos, no trabalho e em situação de separação entre casais.
- Transtorno mental na família: o que o participante verbalizou como esquizofrenia, depressão grave, síndrome do pânico, comportamento suicida e fobia.
- Dependência Química: o que o participante descreveu como conflito causado pelo uso e abuso do álcool e/ou outras substâncias químicas.
- Desemprego ou problemas financeiros: oque o participante descreveu com conflitos gerados pelo desemprego, dívidas e dificuldades de subsistência do indivíduo e da família.
- Perda de entes queridos: o que o participante descreveu como sentimentos em relação à morte de pessoas próximas e abandono.
- Doença grave na família: o que o participante descreveu como conflitos gerados por doenças agudas ou crônicas, incapacitantes (AVC, câncer, cardiopatias, complicações do diabetes, deficiência mental e/ou física, AIDS, etc..).
- Violência:o que o participante descreveu como violência doméstica, urbana, contra a mulher, contra o idoso, contra a criança e contra o negro.

A Tabela a seguir demonstra os percentuais apontados pela população da Região Sudeste no que concerne ao sofrimento presente no dia a dia das pessoas.

Subprefeitura	Transtorno Mental	Dependência Química	Desemprego e Problemas Financeiros	Conflito Familiar	Conflito Emocional	Violência	Doença Grave	Perda de Entes Queridos
Jabaquara	9,05%	6,03%	11,21%	28,45%	31,47%	1,29%	8,19%	4,31%
Mooca	10,39%	5,84%	13,64%	16,88%	33,77%	5,84%	7,79%	5,84%
Ipiranga	3,61%	4,82%	12,05%	26,10%	36,55%	2,01%	6,83%	8,03%
Aricanduva	5,45%	12,84%	5,06%	16,73%	38,91%	2,72%	8,95%	9,34%
Sapopemba	14,29%	10,12%	4,02%	20,83%	34,23%	3,27%	6,55%	6,70%
Mooca	10,39%	5,84%	13,64%	16,88%	33,77%	5,84%	7,79%	5,84%

O levantamento dos principais temas abordado nas sessões demonstra o potencial da metodologia em acolher demandas causadoras de sofrimento, presente no dia a dia das unidades de saúde e que n muitas vezes recebem uma resposta inadequada, como por exemplo a medicalização de situações cotidianas.

A Terapia Comunitária na área da saúde congrega os diferentes atores sociais incluindo o Agente Comunitário de Saúde instrumentalizando-o para que possa lidar com o sofrimento humano que freqüentemente se depara.

O resultado da prática da Terapia Comunitária vem demonstrando sua eficácia enquanto instrumento de intervenção social na Atenção Básica de Saúde, valorizando a prevenção e a qualidade de vida, uma vez que promove um acolhimento respeitoso, uma escuta qualificada, o regate da autoestima, incentivando a co-responsabilidade na busca de novas alternativas existenciais.

Referência Bibliográfica

BARRETO, A. P. – *Terapia Comunitária Passo a Passo*. LCR-Gráfica, Fortaleza, 2005

55. Terapia Comunitária como instrumento de diagnóstico de saúde e de necessidades de funcionários de PSF da Zona Norte de São Paulo

Ana Lúcia de Moraes Horta[*]
e Celina Daspett[**]

Identificando necessidades, dores e angústias

Inicialmente, foi feito diagnóstico situacional de saúde mental com 309 funcionários que se dispuseram a participar de 08 sessões de TC realizadas em galpão de escola de samba da região. Nestas sessões, procurou-se criar um espaço para as pessoas falarem de seus sentimentos, angústias e sofrimentos além de vivenciarem no próprio grupo o apoio e suporte para compartilharem suas histórias.

A partir daí, foram identificados temas que versaram sobre questões familiares: sobrevivência; depressão; violência; drogadicção; desemprego; e questões profissionais: relacionadas a integração da equipe de trabalho; cumplicidade, sentimento de solidão no serviço; e impotência da equipe frente aos problemas da clientela.

Intervenções e métodos

Frente às necessidades levantadas e reconhecidas nas sessões de TC, foi retomado o contato com os representantes e lideranças das Unidades de Saúde (diretores, técnicos e agentes comunitários) das 05 unidades e juntos foram elaboradas estratégias de intervenção para trabalhar com esta comunidade. De comum acordo, foi sugerido oficinas de auto-estima para os funcionários no intuito de cuidar não só do espaço propício de reflexão e auto-conhecimento, como também criamos uma proposta de formação em terapia comunitária para ser uma estratégia de cuidado, inicialmente dos envolvidos no processo, como também difundir a experiência com a comunidade.

1. Oficinas de auto-estima

Acreditando ser a auto-estima o sentimento de aceitação que o indivíduo tem por si mesmo, associado a sua capacidade de respeitar, confiar e gostar de si próprio, e concordando com Brandem que afirma "a auto-estima não substitui o conhecimento e as habilidades necessárias para se agir com eficiência no mundo, mas aumenta a probabilidade de serem adquiridos"; e "quanto maior a nossa auto-estima, mais nos sentimos propensos a tratar os

---

[*] Enfermeira, Doutora pela USP, professora Adjunta do Departamento de Enfermagem da UNIFESP, terapeuta familiar e comunitária. email: eryana.ops@terra.com.br
[**] Psicóloga, Mestranda em Psicologia Clínica pela PUC/SP, terapeuta familiar.

outros com respeito, benevolência, boa vontade e justiça, pois não tendemos a percebê-los como ameaças e porque o auto-respeito é o alicerce do respeito pelos outros."(2002), foi utilizado o questionário para avaliação de auto-estima disponível em 2004 (sem modificações – questionário que consta no manual do curso "cuidando do cuidador"), adaptado por Adalberto Barreto e Miriam Barreto, constituído de 30 perguntas e 4 possibilidades de respostas para cada questão. O questionário foi aplicado individualmente, tendo como tempo de aplicação em média 20 minutos, antes de desenvolver as oficinas de auto-estima e após o término das mesmas. Fato que nos chamou a tenção foi que os técnicos estavam com propensão a baixa auto-estima enquanto os ACS com alta ou propensão a alta auto-estima. Isto levou-nos a refletir e entender que o auto grau de exigência do técnico ou mesmo da exigência da comunidade era maior para esses funcionários. Para os ACS trabalhar no PSF além de ser um emprego confere à eles poder frente a comunidade, no mínimo relacionado à liderança na região de atuação, o que facilita um resultado satisfatório. O este ACS mostravam é que tinham dificuldade cuidar de si, onde o outro estava em primeiro lugar e muitos reclamavam de solidão e problemas familiares.

Participantes

Participaram desta primeira intervenção 100 funcionários da Fundação Zerbini, agentes comunitários e técnicos do Programa de Saúde da Família (PSF), indicados por cada UBS a partir de solicitação espontânea dos mesmos após ser apresentada a proposta de trabalho tendo como base a experiência realizada em 2003 e no 1º semestre de 2004 com 18 agentes comunitários de saúde da região do Ipiranga – UBS Delamare, onde foi desenvolvida a terapia comunitária e oficinas de cuidando do cuidador e após aberta para a comunidade com sessões semanais de TC tendo continuidade a partir dos próprios funcionários que se capacitaram em curso promovido pela Secretaria Municipal de Saúde e estão dando continuidade ao processo.

Método

Foram realizadas 17 oficinas para resgate de auto-estima, onde foram utilizadas técnicas descritas no "Manual do(a) Cuidador(a)" redigido sob a coordenação do Profº Drº Adalberto Barreto. Estas técnicas foram inspiradas em conceitos e técnicas da medicina oriental, e adaptadas a realidade cultural brasileira.

A utilização destas técnicas teve como objetivo proporcionar aos participantes, por meio do auto-conhecimento, a compreensão de sua co-responsabilidade partindo do pressuposto que toda exclusão é auto-exclusão; estimular o crescimento e a transformação individual e grupal; reconhecer, valorizar e reforçar aspectos positivos; e reafirmar competências para lidar com situações de sofrimento e estresse.

Frente à demanda que espontaneamente se inscreveram para as atividades foram disponibilizados dois horários na semana para realização da atividade.

A freqüência média foi de 45 pessoas por oficina, sendo as ausências justificadas principalmente em virtude de visitas e entrega de relatórios realizadas pelos agentes comunitários, férias ou licenças médicas. Tivemos uma desistência de continuidade dos encontros de aproximadamente 5%.

Para execução, cada oficina foi dividida em 4 fases: recepção e acolhimento; aquecimento; vivência e partilha.

Resultados

Os participantes avaliaram as oficinas como sendo produtivas, enriquecedoras, relaxantes, mobilizadoras, dinâmicas, fortes, facilitadoras no processo de conhecer-se e reconhecer-se, promotoras de encontros. As lideranças das unidades envolvidas comentaram sobre a diferença que notavam quando os funcionários retornavam ao serviço, dizendo melhorar a integração com o grupo, melhora na tolerância com os colegas e com a população e aparente idéia de que estavam mais relaxados.

2. Capacitação de Terapeuta Comunitários – agentes multiplicadores

Partindo dos resultados obtidos na fase diagnóstica deste projeto, surgiu o interesse da Fundação Zerbini em capacitar funcionários para que pudessem difundir a Terapia Comunitária e oferecer assim, mais um serviço às comunidades assistidas pela UBS.

A capacitação foi iniciada com 18 técnicos pertencentes ao Programa de Saúde da Família (PSF) indicados pelas próprias unidades sendo eles, 06 médicos, 08 enfermeiros, 02 psicólogas e 02 dentistas. Todos, paralelamente, participavam das oficinas de auto-estima e das terapias comunitárias realizadas.

Até o momento já foram realizadas 300 horas de encontros com esses profissionais, considerando o preparo teórico e prático para execução da TC.

Estamos no momento em fase de supervisão, tendo o privilégio de poder participar das sessões quinzenalmente em cada uma das 5 unidades com todos os envolvidos no processo e a comunidade.

Vale a pena destacar que o grupo de supervisão atualmente é composto em média por 30 pessoas, incluindo os capacitandos e os ACS que integram as atividades junto com cada equipe, como uma forma de ampliar o conhecimento além da prática e vivência. Isto fez com que fosse solicitado por esses funcionários uma capacitação formal incluindo outras pessoas das unidades interessadas e que está programada para início de 2005.

Sabe-se que 1010 pessoas já participaram das TC nas 5 unidades da região dirigidas pelos terapeutas em formação desde o inicio de 2004.

Além disso observamos que o grupo se preocupou em buscar na comunidade representantes que pudessem ajudar nos trabalhos. Assim, está sendo possível contar com violeiros e sanfoneiros e até grupo coral que ajudam muito no momento das músicas. Um dos componentes, Mario Figueiredo, é músico e compositor e compôs a seguinte música a partir da vivência das sessões:

Terapia Comunitária
Tem ouvidos pra comunidade
Falar o que ta abafado
Escutar quem ta do lado
Encarar as dificuldades

Terapia Comunitária
Acolhe qualquer idade
Qualquer credo qualquer cor
Seja lá qual for a dor
O segredo é solidariedade

Fale! Se quiser falar
Mas quando um outro fala é hora de calar
Todos tem alguma coisa pra dizer, ouça!
Talvez sirva pra você
Isso! É transformação
Um grupo de mãos dadas fazendo união
Tecendo uma rede que vai se ajudar
E encontrar o que veio buscar

2.1 Trabalhando a família de origem e atual do terapeuta comunitário em formação.

Por acreditar que quem cuida merece ser cuidado e tendo os resultados das avaliações de auto-estima, que indicavam em média uma tendência do grupo à baixa-estima, foi realizado um trabalho de 30 horas, divididas em três dias em setembro/2004, onde se buscou resgatar conteúdos sobre as famílias de origem e atual dos terapeutas comunitários em formação proporcionando o recontar e o reconstruir de suas histórias; aprimorar a observação e a escuta; e fortalecer a interação do grupo desenvolvendo a comunicação, aceitação e apoio.

Método

Antecipadamente foi pedido a cada um que elaborassem o genograma (representação gráfica multigeracional da família que incluí interações, relações e padrões familiares); histórico de vida baseado em fotografias de infância, adolescência e idade adulta; brasão familiar e frases que mais ouviram quando eram crianças.

Durante a apresentação de cada participante foram construídas e vivenciadas as esculturas das famílias de origem e atual. A escultura familiar é uma técnica onde se visualiza e se experimenta espacial e concretamente as configurações relacionais da família.

Entre meio as apresentações foram desenvolvidas as técnicas de auto-estima: Estimulação dos centros energéticos vitais; Masculino e Feminino; O Sol e a Lua. Estas técnicas foram escolhidas visando ajudá-los a buscar potencialidades, rever preconceitos consigo e com o outro, trabalhar críticas e centrar tensões e emoções, facilitando o encontro com suas histórias.

Avaliação do trabalho de família de origem e atual do terapeuta

No decorrer do encontro, bem como no término do mesmo, pode-se observar um maior estreitamento do vínculo relacional entre os participantes do grupo.

Esta vinculação foi importante, pois se transformou em uma rede de apoio, onde os profissionais foram sentindo-se cada vez mais fortalecidos para verbalizar e reorganizar seus conflitos, pois estavam confiando e sentindo-se aceitos pelo grupo, uma vez que a escuta, a observação e principalmente o respeito ao outro foram estimulados e aperfeiçoados.

Os participantes avaliaram este encontro como sendo muito positivo, com reflexos nas suas relações pessoais e profissionais. Relatam que tiveram a oportunidade de:

- questionar e refletir sobre a forma como vinham desenvolvendo seus vínculos familiares tanto com pessoas da família de origem como da atual;
- entender o processo natural vida-crescimento-morte e vivenciar uma relação mais madura com as pessoas e com a vida;
- compreender a importância de que quem cuida, precisa ter um espaço para se cuidar;
- aprimorar a escuta;
- aceitar melhor o ritmo e os limites dos colegas de trabalho;
- aceitar o outro a partir de sua história, evitando o hábito de julgar sem conhecer.

Acreditando que os objetivos deste trabalho foram alcançados e podendo constatar os reflexos desta vivência na atuação destes profissionais ao longo de um ano, será preparado a pedido dos participantes um novo encontro com igual carga horária visando cuidar destes cuidadores, favorecer e ampliar ainda mais a escuta de si e do outro e utilizar esta estratégia como facilitadora da integração grupal.

Considerações Finais

A partir dos resultados positivos acima mencionados, podemos afirmar que " valeu a pena". Foi uma atividade sem remuneração, mas que acrescentou muito em nossa experiência, não só no trabalho com equipes de PSF, como na ação comunitária desenvolvida com todos os envolvidos.

Daremos continuidade a esta proposta na região tendo um pedido de ampliação deste trabalho para as outras regiões administradas pela Fundação Zerbini com parceria da UNIFESP.

Referências Bibliográficas

BARRETO, A P. *Terapia Comunitária passo a passo*. Gráfica LCR, Fortaleza, 2005.

BRANDEN, N. *Auto-estima e os seus seis pilares*. Ed. Saraiva, São Paulo, 2002

56. Terapia Comunitária: uma ferramenta para o aprimoramento do trabalho em equipe, do Programa de Saúde da Família

Cecília Ayres de Carvalho, Cristina Pandjiaijian, Maria Eugênia Lemos
Fernandes e Rosa Resegue Ferreira da Silva

Introdução

No ano de 2003, a Associação Saúde da Família em parceria com a Secretaria de Saúde da Cidade de São Paulo – SMS-SP, com recursos da Fundação Lévi-Strauss, desenvolveu um projeto para integrar Saúde Reprodutiva e Prevenção às DST/HIV/Aids no Programa de Saúde da Família – PSF – nas regiões Norte, Leste e Sudeste de São Paulo.

O projeto incluía capacitação de 40 horas em Saúde Reprodutiva e Prevenção às DST/HIV/Aids para Auxiliares de Enfermagem e Agentes Comunitários de Saúde. A expectativa era o desenvolvimento de ações educativas com a população e maior facilidade para abordar o tema com os usuários durante as visitas domiciliares.

Alguns obstáculos se interpuseram e o desenvolvimento das ações ficou muito aquém do esperado. Entre os obstáculos estavam: a dificuldade em envolver os adolescentes, em abordar o tema sexualidade, a falta de integração entre os funcionários das Unidades Básicas de Saúde – UBS – e a sobrecarga de trabalho dos profissionais.

Para enfrentar essas dificuldades foi proposta uma Monitoria às Equipes da Saúde da Família tendo como Técnica Utilizada, a Terapia Comunitária.

O objetivo era que cada equipe pudesse discutir suas próprias dificuldades e levantar seus próprios recursos, instrumentalizando os profissionais para transporem os obstáculos. O trabalho foi realizado em oito UBS (duas na região Norte e seis na região Sudeste), tendo sido convidado para participar das terapias, todo o corpo de funcionários, desde a Direção até o Pessoal terceirizado para limpeza e segurança.

O Desenvolvimento do Trabalho

A proposta da Terapia Comunitária como técnica para a realização da Monitoria em Saúde Reprodutiva e Prevenção às DST/HIV/Aids foi oferecida e proposta para a direção das UBS, que se responsabilizava pelo convite, envolvimento ou convocação dos funcionários. Em cada Unidade, os funcionários se dividiam em 3 turmas, tendo sido realizadas 6 sessões de Terapia Comunitária, com 1 hora e meia de duração, para cada turma.

No início do trabalho, o cenário encontrado nas UBS foi muito diferente do esperado: muitas Agentes Comunitárias de Saúde – ACS – estavam afastadas por doença, principalmente por depressão. Foi constatado também alto grau de stress em quase todas as categorias profissionais.

Nas primeiras UBS, as sessões de Terapia Comunitária tinham como tema pré-estabelecido, a Saúde Reprodutiva e a Prevenção às DST/HIV/Aids, contudo percebeu-se que o problema fundamental estava muito longe de ser a dificuldade específica com os temas Sexualidade e Aids.

As relações entre os funcionários, o desvio de função dos ACS para trabalhos burocráticos por falta de pessoal administrativo e a forma desrespeitosa com que os usuários estavam tratando os funcionários, em particular os ACS, foram os temas que ocuparam a maior parte do tempo das sessões de Terapia Comunitária.

Como foi Formado o Problema

"Um sonho, corremos atrás de um sonho, sonho que nossa capacitação também nos mostrou. Mas a realidade é diferente, hoje há frustração. Mas nós não vamos desistir desse sonho." (Fala de uma ACS)

Os ACS levaram à população um modelo ideal de PSF, tal qual receberam na formação inicial e tal qual sempre sonharam. O modelo atendia às necessidades de saúde da população e a dignificava. Mas a falta de médicos nas equipes, a demora no agendamento de exames e a falta de referência e contra-referência começaram a mudar esse panorama e ameaçar a destruir esse sonho.

Os ACS "vestiram a camisa do PSF", puseram-se literalmente a tentar resolver todos os problemas da população e resistiram a qualquer mudança de discurso porque isso consistiria em desistir do sonho. Dentro das UBS, os ACS lutavam para conseguir consultas, exames e encaminhamentos para seus usuários, tarefa quase impossível na maioria das vezes e o usuários tinham que esperar. Mas estes logo perceberam que seu ACS lutava por eles e foram exigindo cada vez mais dele, incluindo toda responsabilidade por sua própria saúde.

Os usuários perceberam também que podiam conseguir as consultas que queriam, pressionando os profissionais dentro da UBS e manipulando as relações entre eles, alegando que um funcionário deu uma informação incorreta e por isso ele precisava daquela consulta e daquele exame naquele dia e naquela hora. Esse problema foi detectado nas sessões de Terapia Comunitária e em muitos casos foi possível esclarecer o acontecido bem como devolver aos funcionários suas boas relações profissionais e de amizade. Esses foram momentos muito emocionantes da Terapia, com pedidos de desculpas, reconhecimento das qualidades das pessoas e abraços.

Temas mais frequentemente apresentados nas sessões

- **Em relação à Saúde Reprodutiva e Prevenção às DST/HIV/Aids:** adolescente e uso de droga; famílias que não aceitam falar sobre sexualidade por causa da religião; atingir e sensibilizar o adolescente; gravidez na adolescência; envolver homens e mulheres casados; ACS do sexo feminino falar sobre sexualidade em casas onde só moram homens (há relatos de assédio sexual); muitas mulheres com queixa de DST, que não conseguem conversar a respeito com o marido.
- **Em relação a problemas de vida dos usuários:** violência contra a mulher; violência entre adolescentes, principalmente envolvendo uso e tráfico de drogas; morte; depressão.

- **Em relação ao relacionamento com os usuários:** usuário quer consulta com especialista e não acredita no médico quando este diz que não há necessidade; usuários não querem o médico da sua área, querem escolher o médico; usuários aprenderam como conseguir consulta através do acolhimento, superlotando a agenda do médico e usando as consultas agendadas somente para pedir exames; medo dos funcionários para fazerem visitas a algumas famílias com envolvimento com o tráfico de drogas; usuário chega à UBS dizendo que seu ACS não faz visitas, não instruiu sobre o funcionamento da UBS e que ele precisa da consulta naquele dia e naquela hora (o ACS tem assinatura da visita); desrespeito para com os funcionários, principalmente para com os ACS; usuários gritam e usam palavras de baixo calão; extrema dificuldade dos ACS para colocarem limite nos usuários, que vão à sua casa a qualquer hora da noite, domingos, feriados e férias; funcionários ouvem segredos, não dividem com ninguém e depois adoecem; usuários não compreendem a forma correta de tomar e dar a medicação para crianças, idosos e acamados.
- **Em relação ao relacionamento dos funcionários dentro da UBS:** excesso de trabalho (visitas, grupos, acolhimento, muitas fichas para preencher) leva a um estado de stress em praticamente todos os funcionários da UBS – "muito choro, muita lamentação, muita indelicadeza" (sic); desvio de função dos ACS para cobrir área administrativa, não sobrando tempo para suas atividades como visitas e grupos; muitas ordens diferentes (principalmente os ACS ficam ser saber qual cumprir); falta de informação correta dentro da UBS, sendo que muitas vezes essas informações são levadas aos usuários; as equipes têm formas diferentes de trabalhar, não há unanimidade (os usuários observam isso e querem ser tratados da forma como eles vêem na outra área e quando não conseguem, maltratam os funcionários, principalmente seu ACS); ACS relatam baixa auto-estima por serem maltratados na rua pelos usuários e pelos funcionários dentro da UBS.
- **Em relação a um cuidado e atenção com os funcionários:** necessidade premente de um espaço para os funcionários se cuidarem e serem cuidados; tema baseado no número elevado de funcionários afastados por doença, principalmente depressão, bem como no desejo de muitos funcionários de abandonarem o serviço por não estarem mais aguentando o stress.

Motes mais frequentes

- **Vivência e superação dos sentimentos de:** impotência; de ser caluniada; de estar sozinho para resolver problemas; de ser menosprezada; de ser humilhado; de sofrer preconceito; de sofrer com a inveja do outro; de precisar impor limite; de se fazer respeitar; de precisar encontrar forças dentro de si; de superação de medo; de demonstração de coragem; da necessidade de fazer uma mudança em sua vida; de ter confiado em alguém e se decepcionado; de ter conseguido motivar alguém; de estar em situação de risco e ter conseguido se preservar; de ter sarado da depressão.
- **Motes grupais para construção de rede:** qual a minha contribuição?

Resultados

- **Em relação a valores pessoais:** aumento da auto-estima e autovalorização; prestar mais atenção em si mesmo; flexibilidade como valor para viver melhor; visão de que as dificuldades e os problemas estão presentes na vida de todos; maior segurança e criatividade para enfrentar os problemas, mesmo aqueles para os quais não se vê solução a curto prazo; um aprendeu com o outro novas formas para tratar seus filhos e sua família; as pessoas se mostraram mais calmas, mais alegres, mais à vontade no trabalho e mais leves.
- **Em relação ao relacionamento com os outros funcionários dentro da UBS:** melhora do relacionamento interpessoal; alguns relacionamentos rompidos foram reatados; aproximação de pessoas que estavam distantes dentro da mesma equipe; trabalhar em equipe; resgate da comunicação; "não é sozinho que se resolve os problemas"(sic); coragem para pedir ajuda; maior tolerância; visão mais compreensiva do outro; "as pessoas são diferentes e cada uma tem sua verdade"(sic); valorização da experiência do outro; valorização da partilha; aumento do espírito de coleguismo; o resgate do "Bom Dia!" e do abraço.

Obs.: 1. algumas turmas incorporaram as regras da Terapia Comunitária em seu dia a dia;

2. em algumas UBS as gerentes relataram estar ouvindo os funcionários cantarolando pelos corredores.

- **Em relação ao relacionamento com o usuário:** maior clareza do papel profissional, principalmente as ACS; imposição de limites; modificação da fala para com o usuário, isto é, "não vender o peixe que não se tem"(sic); passar para o usuário a imagem de que os funcionários trabalham em clima de confiança e harmonia uns com os outros, para que eles não se aproveitem das fraquezas dos relacionamentos e tirem proveito disso.
- **Em relação ao trabalho como um todo e em especial com Saúde Reprodutiva e Prevenção às DST/HIV/Aids:** diferentes categorias profissionais se uniram para formar grupos com adolescentes; resolução de muitas dúvidas teóricas e práticas com relação à gravidez, sexualidade, DST e Aids; formação de rede interna de apoio para ajuda mútua nos grupos e visitas; conscientização da necessidade e compromisso na busca de rede externa de apoio, principalmente para enfrentar o problema do encaminhamento e prevenção para o uso indevido de drogas; reaquecimento para trabalhar com os temas Sexualidade, DST e Aids.
- **Em relação ao cuidado com o próprio funcionário:** uma UBS já encontrou sua forma dos funcionários se reunirem e se cuidarem, as outras estão buscando.

Um resultado importante

- Um grupo de uma das UBS se interessou em trabalhar com o tema "família das adolescentes" para tentar reduzir a gravidez nessa faixa etária. Esse grupo trabalhou o Genograma de sua própria família em 3 sessões de Terapia Comunitária e pôde notar a importância que o mapa de família tem para resgatar a auto-estima. Dessa forma, iniciou um grupo de adolescentes onde está se começando abordar a família em vez de unicamente trabalhar o tema sexualidade. O trabalho tem o título: **"Resgate da História Familiar e Cultural como estratégia para reduzir a infecção pelas DST/HIV/Aids e a Gravidez na Adolescência".**

Cuidando do Cuidador e Dramatizações

Nas primeiras UBS, as sessões de Terapia Comunitária seguiram basicamente seu padrão original e aos poucos algumas dramatizações foram sendo introduzidas, principalmente para trabalhar os relacionamentos com os usuários e com os colegas de trabalho.

Nessas dramatizações pudemos trabalhar os sentimentos que os funcionários tinham quando se defrontavam com suas dificuldades e pudemos verificar quão grande era a resistência para admitir o sentimento de raiva, de tristeza e de impotência. Essas dramatizações foram valiosas para a superação dos problemas. Alguns resultados importantes foram relatados, como por exemplo, o enfrentamento de uma família resistente e de um relacionamento complicado com algum colega de trabalho. Foram trabalhados também os "bichos" como integração das forças de cada participante do grupo.

A partir da quarta UBS, algumas técnicas do Cuidando do Cuidador também foram introduzidas. Foram utilizadas "O Sol e a Lua" e "Trabalhando com nossas Tensões", além do aquecimento "massagem nos ombros e perguntas "quem é você... etc.". A técnica "O Sol e a Lua" teve um resultado muito bom: muitas pessoas que se sentiam rejeitadas passaram a se sentir amadas e aceitas, e o elo de união no grupo ficou muito fortalecido.

Numa das UBS, quando abrimos a porta da sala aonde fazíamos a técnica, os funcionários saíram abraçando os pacientes da fila de espera, o que foi muito bem recebido por estes.

Em duas outras UBS, os participantes do grupo saíram abraçando seus colegas pelo corredor, o que também foi muito bem recebido.

As partilhas do Cuidando do Cuidador foram muito fortes e emocionantes, as pessoas realmente aproveitaram as vivências e atingiram um alto grau de profundidade. Algumas sessões terminaram com uma oração ou música de agradecimento a Deus pela oportunidade.

Em diversas sessões, tanto de Terapia Comunitária como de Cuidando do Cuidador, muitas pessoas entraram se sentindo mal, com dores, com enxaqueca e saíram bem; a força do grupo foi suficiente para transformar o mal estar em saúde.

Dificuldades encontradas

A grande dificuldade foi alcançar a participação de todas as categorias profissionais. Na maior parte das UBS houve discreta participação de todas as categorias, com exceção dos ACS, que compareceram em sua grande maioria. Em poucas UBS houve a participação de quase todo o corpo de funcionários.

Como foi descrito no início deste trabalho, a Terapia Comunitária era oferecida e proposta para a direção, que sempre aceitou como sendo uma grande oportunidade para ajudar a resolver os incontáveis problemas pelos quais a UBS vinha passando.

Às gerentes ficou o encargo do convite ao corpo de funcionários e da organização da unidade para a realização do trabalho, sem nenhum apoio da Associação Saúde da

Família. Muitos obstáculos se interpuseram: o número insuficiente de funcionários para atender a demanda, que já é um problema que as UBS enfrentam normalmente; a cobertura de férias e licenças; a convocação para várias reuniões, capacitações e campanhas; o preconceito contra a palavra "terapia" e o medo de se expor; o relato de muitos funcionários de que o convite não era extensivo a eles.

Propostas e Metas

1. Meta para o trabalho com outras UBS: atingir todo o corpo de funcionários.
2. Proposta de trabalho com os médicos: integrá-los no encaminhamento de seus pacientes para a Terapia Comunitária, quando houver na UBS.

Um dos temas apresentados pelos médicos é o curto tempo para cada consulta (15 minutos). E com a nova forma de preenchimento das fichas, o tempo ainda ficou menor.

Os médicos relatam que uma grande parte do tempo da consulta é para ouvir as queixas de vida dos pacientes e que a questão das queixas de saúde ficam restritas a poucos minutos.

Alguns médicos que tentaram encaminhar os pacientes para a Terapia Comunitária realizada na unidade referem dificuldades na argumentação frente à resistência dos pacientes para falarem sobre seus problemas em grupo. Esta questão ainda está por se resolver.

Conclusão

O trabalho de Monitoria em Saúde Reprodutiva e Prevenção às DST/HIV/Aids utilizando a Terapia Comunitária como técnica foi altamente produtiva, pois estamos conseguindo atingir as causas dos problemas e das dificuldades, que é o relacionamento humano e a baixa auto-estima de grande parte dos funcionários.

Em várias sessões ficou claro que a auto desvalorização está presente em quase todas as categorias profissionais.

O resgate do amor próprio e o restabelecimento do elo entre as pessoas certamente foi e é o melhor caminho para que os funcionários ofereçam um serviço de qualidade para a população.

Muito ainda tem que ser feito.

Nas UBS onde o trabalho já foi desenvolvido, a necessidade de um cuidado continuado para os profissionais ficou clara e incontestável.

Uma fala ficou muito marcante em uma sessão: "Nós aprendemos e resgatamos muitas coisas, mas tudo isso ainda está se estabelecendo dentro de nós; ainda não está pronto e necessitamos de um pouco mais de cuidados"(sic).

Nas UBS aonde o trabalho ainda não foi desenvolvido, a organização para a liberação dos profissionais para participar dos grupos deve merecer maior atenção e cuidado para que se atinja um melhor resultado. Isto pode ser feito através de reuniões de planejamento entre a Associação Saúde da Família e a gerência da UBS.

Agradecimentos

Esse trabalho aconteceu por vontade de muitas pessoas às quais devemos nossos agradecimentos: a todas as pessoas que participaram das sessões de Terapia Comunitária e Cuidando do Cuidador, que abriram seus corações e proporcionaram imenso aprendizado a todos nós que as ouvimos; a todas as gerentes das UBS que sem seu consentimento não teria sido possível trabalhar; a todos os Terapeutas Comunitários da região Sudeste (Sapopemba), que estiveram sempre junto, seja em co-terapia, seja como participante, seja dando um abraço ou um sorriso especial de identidade de trabalho. São eles: Alessandra e Sandra – da UBS Mascarenhas de Moraes; Lourdes e Gilson – da UBS Humberto Gastão Bodra – Jardim Elba; Eunice – da UBS Jardim Sapopemba; Zizi – da UBS Teotônio Vilela; Rosely e Marta – da UBS Hélio Moreira Salles – Jardim dos Eucaliptos; Maria Neuda e Rosa – da UBS Reunidas II.

A todos vocês, nosso imenso carinho.

Referências Bibliográficas

BARRETO, A. P. *Terapia Comunitária passo a passo*. Fortaleza, Gráfica

LCR, 2005.

BARRETO, A. P. *Manual do(a) Cuidador(a) – Formação de Multiplicadores em Técnicas de Resgate de Auto-Estima na Comunidade*. Fortaleza. Apostila.

57. Inclusão da Terapia Comunitária como estratégia de atendimento no PSF-Participação da comunidade e agente comunitários no processo

Silvia Regina Rocha, Ellen de Oliveira, Jurema Westin Carvalho
e Ana Lúcia de Moraes Horta[*]

A Unidade Básica de Saúde da Família (UBSF) Vila Ramos localiza-se na Zona Norte da cidade de São Paulo – SP, é composta por 5 (cinco) Unidades de Saúde Municipalizadas com parceria da Fundação Zerbini para a implantação na região do Programa de Saúde da Família (PSF). Cada equipe do PSF, nesta unidade, contém (médico, enfermeiro, 2 auxiliares de enfermagem e 6 agentes comunitários de saúde), 3 (três) equipes de Saúde Bucal (dentista e auxiliar de consultório dentário), 1 (uma) equipe de Saúde Mental (3 psicólogos, 1assistente social e 2 psiquiatras) e estagiários de Enfermagem (UNIFESP), Fonoaudiologia (PUC/SP) e Psicologia (PUC/SP e USP), que desenvolvem trabalho conjunto e articulado nas ações de saúde.

Essa equipe ampliada discute estratégias, em reuniões semanais, estabelecendo um programa terapêutico pedagógico para cuidar de cada grupo familiar em situações consideradas graves pertencentes a sua área de abrangência, que envolve: violência (abuso sexual, suicídio, violência doméstica...), psicose e drogadição.

Há em sua área de abrangência 17.777 pessoas, 4.876 famílias cadastradas até maio de 2005.

A implantação desse modelo de PSF aconteceu em maio de 1998, podendo ser considerada como uma conquista dessa população, que em encontros abertos com os responsáveis pela implantação, discutiu suas necessidades.

Assim o PSF tem como um de seus princípios norteadores a prevenção em saúde, entendida, segundo o conceito da Organização Mundial de Saúde (OMS), como sendo "bem estar físico, emocional e social". Apesar dessa definição de saúde que sugere uma integralidade do "bem viver", nossa população caracteriza-se por ser carente de recursos econômicos, sociais, culturais e educacionais, porém rica em recursos humanos, dispondo-se a ajudar na adversidade do outro em situação mais precária que a sua.

Nesse clima de faltas e de reciprocidades surge a Terapia Comunitária como mais uma estratégia para discutir temas de interesse, com o propósito de acolher e construir uma grande rede solidária, onde a criança, o jovem, o adulto e o idoso possam transitar pelos caminhos da construção da saúde coletiva.

Um grande aliado dessa idéia é o Agente Comunitário de Saúde (ACS), pessoa contratada para compor a Equipe PSF, a qual é moradora de sua micro-área de atuação por no mínimo 2 (dois) anos, conhece sua comunidade e os meandros das relações que se estabelecem. Ele participa ativamente, como equipe de apoio, de todo o processo da Terapia

---

[*] **Colaboradores:** Manoel F. de Lima, Lúcia T. dos S. Peverari, Tânia R. F. S. Gomes, Creuzamira A. O. Degan, M.ª Lourdes G. G. da Silva, M.ª Cleide N. de Lima, Ana Paula e Ana Amélia F. Domingos

Comunitária, discutindo previamente os passos a serem desenvolvidos em cada encontro, como também na avaliação final, a qual visa analisar, discutir e repensar o ocorrido em cada sessão.

São responsáveis, inclusive, pelo acolhimento (consiste em ambientar o grupo no local da Terapia Comunitária, deixando os participantes à vontade, acomodando-os confortavelmente, de preferência num grande círculo), aquecimento (consiste em realizar uma dinâmica grupal, visando a aproximação das pessoas) e término das sessões (dá-se uma conotação positiva ao que foi trabalhado na reunião, reconhecendo, valorizando e agradecendo o esforço, a coragem, a determinação e a sensibilidade de cada um durante o encontro) e estão interessados em se tornarem Terapeutas Comunitários. Estudam as apostilas e preparam-se conscientemente para executar cada etapa.

Atualmente, esses Agentes Comunitários de Saúde estão inscritos para realizarem o curso de Terapia Comunitária, o que vem ao encontro de seus ideais.

A Unidade de Saúde Vila Ramos desenvolve diversas estratégias de atendimento à população que são inovadoras na Saúde, e que são propostas do PSF. Assim, além das consultas com médicos, enfermeiros, visitas domiciliares das equipes, grupo de puericultura, grupo de hipertenso e diabéticos a Unidade oferece atividades integradoras para sua comunidade: caminhada, grupo de artesanato denominado "Terapia Ocupacional", FestJovem (festival com e para os jovens), grupo de dança, oficina de linguagem, grupo de Lian Gong e recentemente a Terapia Comunitária.

A Terapia Comunitária iniciou em outubro de 2004, num esforço conjunto dos profissionais que se interessam pela dinâmica desse instrumento que valoriza a vida, sem negar as dificuldades e os desencontros. Até o momento 360 (trezentas e sessenta) pessoas participaram desse processo, que acontece todas as terças–feiras, às 15 (quinze) horas, na Unidade de Saúde.

Os temas que vêm sendo discutidos são: depressão, alcoolismo, droga, ansiedade, desemprego, perdas, dificuldade em aprender, realização de sonhos, felicidade, timidez, estresse, perdoar mágoas, gravidez na adolescência, doença, independência pessoal, educação dos jovens, violência em casa, poder exercer o papel de mãe...

As pessoas que participam da Terapia Comunitária têm demonstrado mudança significativa e verbalizam levar dos encontros: leveza, união, carinho, amor, emoção, apoio, solidariedade. conforto, vontade de continuar, luz, desabafo, reconhecimento, paz, vitória, amizade, compreensão, alegria, poder ouvir o outro, ser ouvido, saudade, fortificação... Nas palavras de uma participante "eu melhorei".

Exemplificando a participação da comunidade na TC, freqüentemente nos encontros, aparece uma mãe e filha com um relacionamento muito conturbado e que nas sessões de TC conseguiram aos poucos falar de suas diferenças de opiniões e desejos de uma para com a outra, até que numa sessão, enquanto uma outra mãe falava de sua relação com a filha adolescente, elas olharam-se parecendo compreender o que estava sendo dito e deram as mãos, permanecendo um período assim, o que pareceu um encontro na relação.

Realizamos recentemente uma supervisão na comunidade para efetuarmos uma Terapia Comunitária e nele o Coral Vila Ramos participou para ajudar na "cantoria". Notamos a importância da inclusão da comunidade com suas potencialidades o que valoriza o evento, mas também amplia as relações e utilização de rede. Neste dia houve também a participação da supervisora, o que em um primeiro momento causou um grande nervosismo, mas também um grande prazer por nos sentirmos apoiados nesse nosso novo projeto.

Temos a pretensão de torná-lo um instrumento de cidadania em nossa comunidade.

Referência Bibliográfica

1. LANCETTI, A. *Saúde e Loucura 7: Saúde Mental e Saúde da Família*. Ed. Hucitec, 2ª edição.

2. BARRETO, A. *Terapia Comunitária Passo a Passo*. Gráfica LCR, Fortaleza, 2005.

58. Relato de experiência de introdução da Terapia Comunitária em grupos de população atendida no Programa de Saúde da Família (PSF)[*]

Maria Luiza Santa Cruz, Saron Fernandes Feliciano
e Ana Lúcia de Moraes Horta

Resumo

A Unidade Básica de Saúde (UBS) Vila Espanhola está localizada na região norte da cidade de São Paulo, que tem como caracteristíca os problemas socioeconômicos observados em periferias de grandes cidades (violência, índices elevados de gestação na adolescência, prostituição infantil, alcoolismo, drogadicção, psicoses).

O atendimento dessa UBS é realizado, atualmente[**], por quatro equipes de Saúde da Família (SF) em conjunto com uma equipe de Saúde Mental (SM), uma equipe de Sáude Bucal (SB), estagiários de fonoaudiologia, psicologia e enfermagem e por uma equipe de especialistas diversos.(1)

A proposta de TC veio, em 2004, como forma de cuidar dos funcionários que desenvolvem um trabalho desafiador dentro da proposta de PSF, que entendemos ser baseado na escuta das pessoas cadastradas nesse serviço, que trazem histórias de muito sofrimento, vulnerabilidade e modos de subjetivação(2) bastante comprometidos.

Iniciamos pela atividade "Cuidando de quem cuida", onde cada funcionário pode expressar suas angústias e suas alegrias. Rapidamente, em janeiro de 2005, passamos para a capacitação de um grupo de 18 funcionários de nível universitário das cinco UBS, gerenciadas pela Fundação Zerbini na região norte. A partir desses dois grupos de trabalho, várias equipes de terapeutas e colaboradores se formaram para realizarem sessões freqüentes de TC. Cada equipe assumiu em seu local de trabalho, um espaço e horário fixo para a TC.

Entendendo que as etapas da sessão de TC são "Acolhimento", "Aquecimento", "Escolha do tema", Contextualização", "Problematização e "Finalização"(3), a nossa equipe atual, Saron, Maria Luiza, Carla, Antonia, Luiza, Noemi e Dadá, realiza as sessões de TC semanalmente, em um salão de uma das igrejas da comunidade. Os dois terapeutas, ainda em capacitação, revezam-se na função de terapeuta e co-terapeuta na condução das fases de contextualização, problematização e finalização, enquanto os colaboradores, já citados anteriormente, têm conduzido o acolhimento e o aquecimento.

---

[*] Colaboradores: Anne K. Lorenz, Iara de Oliveira Lopes, Silvia Lúcia Augusta Andrade, Antonia P. Santos Silva, Carla A. Figueiredo Carlos, Maria D'Ajuda Santos, Noemi Alves Moreira Silva e Luiza Franco.
Apoio: Sandra Bernadette de Lara Vianna e Jurema Westin Carvalho.
Supervisora: Profa Dra Ana Lúcia Horta e Celina Daspett
Agradecimento especial a Luiza Franco e Carla A. Figueiredo Carlos pela colaboração na elaboração do texto.
[**] O serviço ampliou em mais uma equipe de saúde da família, no final de 2005, aumentando o número de famílias cadastradas no programa e o número de funcionários da UBS.

A participação dos colaboradores tem sido importante também na infra-estrutura e na avaliação do processo de cada sessão. Todos temos conseguido perder um pouco da timidez com as dinâmicas e com as músicas que ainda consideramos poucas. É interessante notar que, além da equipe, os participantes da comunidade vem se apropriando também dessa atividade, seja chegando mais cedo para arrumar as cadeiras, seja para trazer suco, seja até mesmo compondo poesias:

"A terapia só nos dá alegria
Vamos todos neste dia
Aplaudir a Virgem Maria"
João Garcia

"A garça passou voando
Surgiu a escuridão
Trazendo TC no bico
E vocês no coração

A garça de volta passou
O bico na água para beber
Se for nosso destino
Juntos iremos viver"
Fátima Jardim de Almeida

"A Carla me avisou
Que a terapia chegou
E chegou para ficar
Vamos todos participar
Para nossa vida melhorar"
João Garcia

"Deixe a vergonha prá lá
Queremos te escutar
Faz bem para a alma
Queremos te ajudar"
Andréia

Em alguns momentos, nos deparamos com um ou outro depoimento como esse de uma agente comunitária: "Fui convidada para participar da TC como colaboradora e no princípio pensei que os relatos das pessoas iria me atingir muito, mas com o decorrer aceitei bem e me sinto muito gratificada quando as pessoas conseguem relatar suas angústias e suas alegrias. Já presenciei algumas vitórias e algumas derrotas também, mas o importante é nós persistirmos com a TC, pois sempre é um meio de ajudarmos as pessoas e ao nosso próximo; ganhamos muitas experiências de vida, não só para nós como para os participantes. Engraçado, sempre algum depoimento encaixa em alguma vivência de outra pessoa...!"(sic).

Até 20 de fevereiro de 2006, 497 pessoas já participaram da TC com este grupo de terapeutas e seus colaboradores. Os temas mais freqüentes foram: necessidade de apoio familiar, dificuldade em arrumar emprego, relações no trabalho, perdas, mágoas, traição, solidão, dúvida sobre o que é amor, alegria em ser mãe, felicidade de ter sarado e poder voltar ao trabalho depois da TC, medo de suicídio, necessidade de beber, relacionamento difícil com a filha, pânico, separação, abandono e prazer em ajudar as pessoas.

Com os temas trazidos nas sessões aprendemos as formas singulares(4) de cada um constituir o seu sofrimento e na problematização, a contribuição de como cada um pode lidar com ele a partir do que foi suscitado pelo tema escolhido pelo grupo.

O trabalho de formação de terapeutas e colaboradores tem acontecido através de dois encontros mensais de supervisão, rodiziados pelas cinco UBS's do PSF/Zerbini, onde cada equipe de TC recebe um grande grupo para uma sessão. Nesse grande grupo estão presentes os que estão em capacitação para terapeutas, os colaboradores, os diversos funcionários que quiserem participar e a população. Logo após a sessão, os terapeutas e colaboradores reúnem-se com as supervisoras para processar a sessão e discutir as dificuldades e conquistas em nossa prática. As supervisões, além de alimentar o crescimento profissional e pessoal de cada participante, têm servido também como meio de integração entre os funcionários. É freqüente presenciarmos os pequenos grupos na hora do lanche comunitário, trocando idéias de aquecimento, comentando sessões, contando situações vivenciadas, demonstrando a construção de uma rede solidária de trabalho. É freqüente também as duplas se ajudarem, mesmo que sejam de UBS's diferentes, quando das férias de alguém.

Apesar de ser uma gota neste imenso oceano, observamos que a TC tem proporcionado um lugar de troca afetiva para todos os participantes do grupo. Essas trocas têm permitido o aprendizado de "falar para ser escutado" e o provérbio utilizado em nossa TC, "quando a boca cala, o corpo fala e quando a boca fala o corpo sara", é lembrado e difundido com freqüência nas relações profissionais nas UBS's, quando algo é mal compreendido ou mal digerido e também nos atendimentos familiares realizados nos domicílios.

Na sessão de TC a convivência com as diferentes crenças religiosas é garantida e respeitada pelos participantes(5). É interessante ressaltar que as regras da TC possibilitam organização e respeito da diversidade que as pessoas trazem para os encontros. O "não dar conselhos" tem ajudado na valorização da experiência do outro e no respeito às diferenças. A forma de pensar das pessoas ou a forma de enfrentar os problemas pode não servir ao outro para que ele faça igual, mas pode servir para ajudar a olhar sob uma outra perspectiva e aí auxiliar o sentimento a deslocar-se para um outro sentido, possibilitando a compreensão e a transformação do sofrimento em crescimento. Na expressão que Adalberto utiliza, "transformar bosta em esterco"!

Uma vez fomos participar de uma TC com Adalberto Barreto no Ipiranga, um bairro de São Paulo. Uma das perguntas que ele fez para a mulher cujo tema havia sido escolhido e que só se lamentava pelo fato do pai nunca ter gostado dela foi: O que você tem feito com isso, sofrido ou crescido? Essa pergunta ainda ecoa em nossos ouvidos e tem nos ajudado a sair do sofrimento para um crescimento.

Essa pergunta abriu para a compreensão do significado da TC, o de transmutação, ou seja, além da dor, como posso potencializar aquilo que já tenho e não enxergo e portanto utilizo pouco?

A TC coincidiu com nosso trabalho de PSF por criar espaços de escuta, e temos observado momentos de troca, de compartilhamento e formação de redes de solidariedade(6). Percebemos o quanto a TC tem resgatado a comunidade solidária e acolhedora. Foi o caso por exemplo de uma participante que ao trazer o tema da dificuldade de ir exumar o corpo do marido, recebeu acolhimento do grupo, através de música e escuta e também a oferta de três mulheres participantes que se prontificaram a ir com ela na realização dessa tarefa.

Escutar o outro está cada vez mais difícil, no mundo atual, pois as pessoas são estimuladas a consumir e descartar em seguida. Isto vem trazendo para a vida cotidiana das pessoas, solidão, violência, desemprego... Este cenário de desrespeito dos direitos constitucionais vem propiciando pouca solidariedade.

Na finalização das sessões sempre pedimos uma palavra do que se está levando daquele encontro e é muito gratificante ouvir a modificação do estado das pessoas da hora em que chegaram para a sessão e de como estão indo embora.

Com a TC estamos aprendendo a olhar para o outro lado, o da conotação positiva. Se antes escutávamos nossos pacientes só em seu sofrimento, hoje tentamos olhar o que mais tem na vida do outro que o mantém vivo.

Tudo isto é o que tem nos impulsionado a continuar investindo nesse projeto.

Referências Bibliográficas

1. LANCETTI, A. (direção); *Saúde e Loucura 7: Saúde Mental e Saúde da Família*. Ed. Hucitec 1ª e 2ª edições.

2. MIRANDA, L. L.; Subjetividade: A (Des) Construção de um Conceito; in Souza, Solange Jobim e (org); *Produção de Subjetividade: por uma Estética da Existência*, Ed. 7 Letras, 1996.

3. BARRETO, A. de P.; *Terapia Comunitária Passo a Passo*, Ed. Gráfica LCR, 2005.

4. Ibid Miranda

5. BARRETO, A.; BOYER, J.-P.; *O Índio Que Existe em Mim*, Ed. Terceira Margem, 2003.

6. MOURA, A. H.; *A Psicoterapia Institucional e o Clube dos Saberes*, Ed. Hucitec, 2003.

59. A Terapia Comunitária como um dos instrumentos de trabalho do assistente social

Andréia Cristina Moreira

Introdução

A Terapia Comunitária surgiu da necessidade de atendimento a grandes grupos de pessoas com problemas e sofrimento psíquico, pois ações voltadas à saúde mental, que sempre ficaram nas mãos de estruturas manicomiais fechadas e centradas somente na doença, hoje não se atem ao tratamento com medicamentos apenas, este sim faz parte do processo de institucionalização. A abordagem agora se estende a outras técnicas, novos atores, com diferentes visões que de forma interdisciplinar, auxiliam na minimização dos desgastes da vida urbana. Assim a Terapia Comunitária pode ser caracterizada como mais um procedimento terapêutico, preventivo em saúde mental. Contudo, vale destacar que essa técnica não pode se restringir apenas à rede de saúde mental, devendo ser mais abrangente, pois o envolvimento da população proporciona o resgate do individual nos processos grupais. É válido salientar que as pessoas só se aprimoram e realmente amadurecem para a vida quando atuam em grupos, é com o outro que nós: aprendemos e ensinamos, ajudamos e somos ajudados, recebemos apoio e compartilhamos solidariedade.

No atual contexto socioeconômico o Serviço Social abraça a Terapia Comunitária como mais um instrumento que pode auxiliar o profissional a promover situações que levem a uma melhor qualidade de vida, viabilizando a construção de redes sociais, mobilizando e direcionando as competências dos indivíduos no intuito de valorizar sua herança cultural e suas raízes, bem como o saber que cada um traz em si, motivando sua ação dentro de seu grupo, comunidade, mostrando que é possível unir o saber cientifico ao saber popular.

Objetivos

A Terapia Comunitária dinâmica que vem sendo utilizada por profissionais de diferentes áreas pode servir como instrumento de trabalho do Assistente Social, para a consecução dos objetivos a que se propõem quando do trabalho comunitário?

Demonstrar que a terapia comunitária, técnica que está sendo utilizada por diversos profissionais, pode ser, mais um instrumento de trabalho do Assistente Social, junto à comunidade em que atua e visando os objetivos explícitos no artº 5º do seu Código de Ética, em favor do usuário?

Metodologia

Esse trabalho baseia-se em pesquisa bibliográficas e nas experiências vividas no decorrer de sua aplicação. A pesquisa vem sendo realizada na U.B.S Avelino Antônio

Vieira antigo "Panissa", (Unidade Básica De Saúde) e U.B.S Dr. Rui Viana Júnior "Bandeirantes", através da Secretaria de Assistência Social e Autarquia Municipal de Saúde por ocasião das reuniões dos grupos comunitários, das Terapias.

Considerações Finais

Dentro de todo individualismo imposto nos dias atuais é preciso fazer uso de instrumentais como a Terapia Comunitária no intuito de valorizar a cultura local; os laços familiares, amizade, solidariedade, a melhora da auto-estima, o estimulo ao convívio e participação comunitária, que também contempla uma das dimensões de ser cidadão.

Referências Bibliográficas

BARRETO, A. *Manual do terapeuta comunitário da pastoral da criança - movimento integrado de saúde mental comunitária* – Universidade Federal do Ceará. Fortaleza-CE-Brasil 1997

Código de ética do assistente social. 1993 Lei 8.662 de 07/07/1993

60. Terapia Comunitária: uma nova perspectiva em Psicologia Social Comunitária

Simone Fraga Mota*
Universidade de Rio Verde – Fesurv
e-mail: simonemota@fesurv.br

Introdução

A Psicologia Comunitária, bem como a Psicologia de forma geral, nasceu e se desenvolveu arraigada em padrões positivistas, tendo como pressupostos epistemológicos e metodológicos abordagens e teorias que "ultrajavam" e aboliam nossa realidade sociocultural. Uma psicologia enlatada e reducionista, que dicotomizava e alienava o homem da sociedade e, portanto de si mesma. As Universidades inseridas num contexto de repressão cultural e política no Brasil reproduziam um ensino que despersonalizava e marginalizava o homem da sua realidade, e assim a Psicologia é reconhecida e 1962 como uma ciência que tinha por intuito atender os interesses políticos, principalmente repressores de uma sociedade que exigia liberdade de pensamento e autonomia em relação à dominação estrangeira. A psicologia se desenvolve como um saber elitizado, burguês, alheio às necessidades da população brasileira.

Na década de 1970, tornou-se necessária uma reflexão crítica e uma ação comprometida socialmente, a fim de que a Psicologia se tornasse efetivamente uma práxis científica a serviço das transformações sociais urgentes.

Surge, portanto neste momento a necessidade de uma psicologia social crítica, que voltasse os olhos para as realidades sociais do país. Tornar-se-ia necessário uma ciência que explorasse os caminhos da pesquisa qualitativa e que conseguisse transpor os rigores metodológicos impostos pelas ciências naturais. Nesse sentido a Psicologia Social Comunitária de Sívia Lane, e as idéias educacionais de Paulo Freire tiveram papéis fundamentais para o surgimento de novos pensamentos e práticas em diversas universidades da América Latina.

Atualmente a Psicologia crítica tem conseguido sua independência, desenvolvendo estudos e pesquisas que busque respostas as questões do cotidiano brasileiro. Há muito ainda o que fazer, mas muito já foi feito, principalmente quanto à conscientização de novos profissionais que estão adquirindo uma postura crítica sobre o seu papel e o quanto se faz necessário uma prática não elitizada, mas que transforme a realidade brasileira.

Nesta perspectiva que este trabalho foi desenvolvido na Universidade de Rio Verde/ GO – Fesurv, pela professora e alunos da disciplina Psicologia Comunitária. Esta disciplina, arraigada nos pressupostos epistemológicos da Psicologia Sócio-histórico buscou estabelecer uma relação entre teórica e prática através de um processo de intervenção em um bairro carente denominado "Dom Miguel". O trabalho teve suas raízes em uma pesquisa quanti-qualitativa com 500 famílias residentes no bairro. Os resultados exigiram

---

*Mestre em Psicologia Social pela Universidade Católica de Goiás - UCG Professora da disciplina Psicologia Comunitária da Faculdade de Psicologia de Rio Verde - FESURV/GO.

Terapia Comunitária

dos alunos e professora uma intervenção que pudesse gerar um processo de transformação do indivíduo em sujeito. E assim surge como método de intervenção a Terapia comunitária teve por objetivo básico propiciar a saúde mental à população. Este trabalho, portanto, tem por objetivo apresentar a terapia comunitária como um novo método terapêutico capaz de propiciar além da saúde mental a transformação do homem em sujeito através da atividade, da consciência e da identidade, sobretudo percebendo-o como um ser humano ativo, social e histórico. A terapia comunitária utilizando a linguagem como ferramenta primordial, se mostrou como método eficaz na elaboração da consciência e atuação do sujeito/grupo perante sua realidade. Essa experiência tem sido realizada no projeto denominado "Psicologia em ação" da Faculdade de Psicologia na cidade de Rio Verde/GO, que tem por objetivo a deselitização da psicologia, através do encontro do aluno com a comunidade Rio verdense, levando-o a refletir sobre seu papel como futuro profissional.

Psicologia social comunitária

A psicologia social comunitária se define como um campo da Psicologia Social crítica, que busca a superação das dicotomias estabelecidas entre mente, x corpo, interno x externo, indivíduo x sociedade, sujeito x objeto e que tem por pressuposto epistemológico e metodológico a Psicologia Sócio-histórica. É neste campo que iremos contextualizar o nosso pensamento.

Falar do surgimento da Psicologia comunitária segundo Lane (1996) é falar do contexto econômico e político do Brasil e da América Latina na década de 1960. Neste momento segundo a autora surgem nas universidades questionamento quanto ao ensino e a ciência. Grupos de alunos da PUC-SP, liderados pela professora Silvia Lane começam a realizar trabalhos nas comunidades periféricas de São Paulo, visando movimento políticos e conscientização da população brasileira. Paulo Freire inicia um trabalho de educação popular, com alfabetização de adultos como instrumento de conscientização. Esse trabalho incentiva na década de 70 os psicólogos a desenvolverem atividades em comunidades em termos de educação popular, tendo como meta a conscientização da população.

A década de 1980 é marcada realmente pela consolidação da psicologia crítica e da psicologia comunitária baseada principalmente nas teorias de Vygotsky, integraram em nível de epistemologia e metodologia as idéias revolucionárias desse momento.

Atualmente a psicologia comunitária busca a integração entre teoria, pesquisa e intervenção. Como coloca Campos (1996), a perspectiva da psicologia social comunitária enfatiza: a) em termos teóricos a problematização entre construção teórica e aplicação do conhecimento; b) em termos de metodologia, busca-se utilizar a pesquisa participante, onde pesquisador e sujeitos interagem no decorrer da investigação e c) em termos de valores enfatiza a ética e a solidariedade, os direitos humanos e a qualidade de vida.

Góes apud Campos (1996), define a psicologia comunitária como uma

> *"área da psicologia social que estuda a atividade do psiquismo decorrente do modo de vida do lugar/comunidade; estuda o sistema de relações e representações, identidades, níveis de consciência, identificação e pertinência do indivíduo ao lugar/comunidade e aos grupos comunitários. Visa o desenvolvimento da consciência dos moradores como sujeitos históricos e comunitários, através de um esforço interdisciplinar que perpassa o desenvolvimento dos grupos e da comunidade. (...) seu problema central é a transformação do indivíduo em sujeito". (p. 12)*

Mas o que podemos chamar de comunidade? Tonnies apud Guareschi (1996) aponta que comunidade se caracteriza pela participação profunda entre os membros, onde são colocadas em comum relações primárias, como a amizade, os sentimentos, o conhecimento mútuo, enfim a própria vida.

Lane (1996) aponta que as experiências comunitárias refletem a importância do grupo como condição para o conhecimento da realidade comum, para auto reflexão e para ação conjunta e organizada. Assim fala-se de consciência e atividade, categorias fundamentais na compreensão do psiquismo humano.

A análise das categorias fundamentais para análise do psiquismo humano: atividade, consciência e identidade, só se torna possível através do registro da linguagem, ferramenta essencial para a relação com os outros, constituindo assim os conteúdos da consciência e a transformação do indivíduo. (LANE & CODO, 2001).

A apropriação da linguagem se apresenta através de um sentido onde a fala compartilhada na relação com o outro é a base para constituição da fala interior, ou seja, do discurso interno, que estabelece a capacidade de auto regulação para o sujeito. (Siqueira & Nuernberg, 1998).

Assim o psicólogo na comunidade ira trabalhar, segundo Lane (1996), essencialmente com a linguagem, representações, relações grupais, emoções, e afetos próprios da subjetividade.

Neste aspecto a Terapia Comunitária se estrutura, dentro de um pensamento sistêmico, tornando-se um método importantíssimo para estruturação do pensamento em ação e conseqüentemente em desenvolvimento da consciência e da qualidade de vida.

A Terapia comunitária usa como instrumento básico à linguagem, a fala, veículo propulsor da cura interna e da busca pelo equilíbrio e pela saúde mental.

Metodologia

O presente trabalho se caracterizou, num primeiro momento como uma pesquisa quanti-qualitativa, tendo como pressuposto de análise a epistemologia sócio-histórica.

A pesquisa qualitativa não ignora os dados quantitativos, mas aproveita-os através de uma nova forma de pensar e de pesquisar, o que contribui para o desenvolvimento de paradigmas diferentes nas ditas ciências sociais, que até então se apoiara em procedimentos técnicos, estagnados e definidos *apriori*. Os dados quantitativos são fontes de análise qualitativa e de produção de conhecimento. Não são simples, estáticos ou neutros dentro da pesquisa qualitativa.

A análise realizada através de uma perspectiva sócio-histórica fundamenta-se no materialismo histórico dialético, onde reconhece que a contradição e a dialética são características fundamentais de tudo que existe. A coleta de dados não é um processo acumulativo e linear, são colhidos em interação com os sujeitos. Podem ser coletadas em várias etapas e apresentam técnicas diversificadas como a observação participante (obtida por meio do contato direto do pesquisador com o fenômeno observado), a entrevista não diretiva (baseada no discurso livre do entrevistado), a história de vida (coleta de informações contidas na vida pessoal de uma pessoa), a análise de conteúdo (método de tratamento e análise de informações), a pesquisa-ação e pesquisa intervenção (ação deliberada visando integração e mudança no mundo real), e por fim o estudo de caso (dados de um caso particular ou de vários casos a fim de organizar um relatório ordenado e crítico de uma experiência). (TRIVINOS, 1987). Após a realização da pesquisa quanti-qualitativa, onde foram entrevistadas 500 famílias do bairro e assim conhecida às necessidades da comunidade, o processo de intervenção se caracterizou como participativo e utilizado o método de Terapia Comunitária.

Sabemos que o método "terapia comunitária" foi criada e sistematizada pelo psiquiatra e antropólogo Adalberto Barreto no ano de 1987 na favela de Pirambú – Fortaleza/Ceará, objetivando suportar duas necessidades básicas: atendimento à milhares de pessoas com problemas emocionais e psíquicos e adequação das propostas acadêmicas de promoção de saúde as necessidades da comunidade. A terapia comunitária é definida como um procedimento terapêutico em grupo com finalidade de promover a saúde mental. Funciona como fomentadora de cidadania, de redes sociais solidárias e da identidade cultural das comunidades carentes. (BARRETO, 1997)

Este método, segundo Barreto (1997), tem objetivos importantes como: desenvolver atividades de prevenção e inserção de pessoas que vivem em situação de crise e sofrimento psíquico; promover integração das pessoas e comunidades no resgate da dignidade e da cidadania, contribuindo para redução dos vários tipos de exclusão; promover encontros interpessoais e intercomunitários objetivando a valorização de suas subjetividades; reforçar o vinculo entre as pessoas, respeitando sempre o referencial cultural de cada indivíduo e as variadas possibilidades de alternativas e soluções

O trabalho de pesquisa e intervenção realizado no Bairro Dom Miguel teve várias fases de desenvolvimento: entre os meses de agosto a dezembro de 2004 os alunos de psicologia entrevistaram 500 famílias do bairro e levantou a partir de uma análise qualitativa as principais necessidades desta comunidade, o que foi denominado de diagnóstico comunitário. No primeiro semestre de 2005 os alunos em parceria com a comunidade realizaram uma gincana, que incluía atividades de recreação e divulgação dos projetos, bem como atendimento as pessoas. Este evento denominado "Psicologia em Ação" atendeu cerca de 3000 (três mil pessoas), e mobilizou a comunidade para inserção nos projetos propostos. Neste mesmo período os alunos começaram a desenvolver os projetos propostos, juntamente com a utilização da Terapia comunitária como método de intervenção nos trabalhos de grupo.

Resultados

A partir deste diagnóstico comunitário os alunos elaboraram projetos de intervenção condizente com as necessidades detectadas. Onze projetos foram desenvolvidos pelos alunos e implantados na comunidade em 2005 em parceria com o PAIF (Programa de apoio integral à família): direitos humanos (conscientizar a comunidade dos direitos humanos); alegria de sonhar: (promover a auto estima, a higiene e afetividade de crianças até 6 anos através da criação de uma brinquedoteca); apoio psicológico para pessoas com depressão (fornecer apoio psicológico através de terapia comunitária a pessoas que estavam com depressão e trabalhar na profilaxia da doença); tem que viver, viver pra valer (conscientizar e oferecer apoio psicológico, através da terapia comunitária às pessoas vítimas de violência familiar); teatro comunitário (promover através da representação, uma nova forma de lazer condizente com a realidade da comunidade); oficina de leitura: (desenvolver nas crianças, adolescentes e adultos o interesse pela leitura); horta comunitária (promover a construção de um cooperativa no bairro); programa de inserção ocupacional para trabalhadores desempregados (qualificação profissional para inserção dos membros da comunidade no mercado de trabalho); meu corpo, minha felicidade (conscientização dos adolescentes); alcoolismo: problema seu, meu, nosso (conscientizar a população sobre os efeitos do álcool, bem como oferecer suporte psicológico as famílias dos alcoolistas); mulher faça valer a pena (desenvolvimento de ações que visava resgatar a auto-estima das mulheres do bairro através de cursos de qualificação profissional).

Em março de 2005 os alunos do 6° e 7° períodos de psicologia organizaram uma gincana no bairro com intuito de mobilizar e despertar o interesse da comunidade para os projetos que estavam sendo implantados. A gincana intitulada "Psicologia em ação" mobilizou cerca de 3000 pessoas do bairro e permitiu a inserção da comunidade nos diversos projetos idealizados pelos alunos.

Neste mesmo semestre ao iniciarem o processo de intervenção comunitária os alunos tiveram contato com a terapia comunitária através da disciplina Psicologia Comunitária e assim com apoio e orientação da professora começaram a utilizar o método em grupos homogêneo e heterogêneo.

No decorrer de um ano e meio de atividade no bairro Dom Miguel vários resultados foram obtidos, tanto com a população, em nível de desenvolvimento da consciência, da melhoria da qualidade de vida e da saúde mental, quanto com os alunos, que perceberam a necessidade do compromisso social da psicologia com a população brasileira.

Atualmente são atendidas cerca de 300 pessoas do bairro, inseridos em diversos projetos e grupos de Terapia Comunitária. Juntamente com a comunidade os alunos têm aprendido a vincular o conhecimento adquirido em sala de aula com o cotidiano e os reais conflitos vividos por estas pessoas. Dos 11 projetos iniciados, após algumas adaptações feitas pela própria comunidade, nove projetos são desenvolvidos e os resultados estão sendo buscados através da pesquisa participante. A Terapia comunitária tem se mostrado como um método eficaz no processo de apoio psicológico aos grupos, e os alunos estão desenvolvendo a maturidade profissional e o compromisso ético com a comunidade.

Considerações finais

Ao "final" deste trabalho, com os inúmeros resultados obtidos faz-se necessário destacar a importância do compromisso da psicologia com a realidade brasileira. Utilizar a Terapia comunitária demonstra a capacidade que a psicologia possui de se abrir para novas perspectivas e novos desafios. Absorver métodos não tradicionais para Psicologia é permitir vincular o saber psicológico ao compromisso social comunitário. Atender a comunidade através da Terapia Comunitária é levar o apoio psicólogo às pessoas, e, sobretudo possibilitar o mergulho dentro de si mesmas, contribuindo com as mudanças internas e externas.

As universidades como promotoras de conhecimento e sabedoria devem estimular o compromisso do acadêmico com a comunidade, para assim brotar na consciência de cada aluno o anseio pela transformação social.

É necessário que essa Psicologia "libertadora", aponte caminhos que contribua para conscientização da nação brasileira, que resgate sua cidadania, através de uma ciência livre de dominações e interesses. É necessário ainda, que essa psicologia crítica aborde o homem como ser histórico, possuidor de um passado que interfere na sua realidade presente.

Como sugestão é primordial um novo pensar sobre a ciência psicológica. Voltar pra si mesma, olhar pra sua história, sua origem, seus interesses e epistemologias a fim de reestruturar sua identidade. Olhar para dentro de si mesma, como bem diz os psicólogos, é estar coerente com os próprios objetivos traçados e esquecidos pela Psicologia.

O código de ética profissional do psicólogo aponta características fundamentais de compromisso dessa ciência com a realidade brasileira sendo esquecidas pelas Universidades, docentes e por fim pelos alunos, que continuam a reproduzir o pensamento dominador.

Resgatar os princípios do código de ética do psicólogo é refletir sobre o novo papel deste profissional, é repensar sobre o envolvimento deste "curador" com as comunidades menos favorecidas, é buscar refletir sobre novas metodologias e técnicas que dêem conta da nossa realidade, que permita o desenvolvimento crítico, político e principalmente que promova a saúde mental e a qualidade de vida da população brasileira. Sendo assim terminamos refletindo sobre estes princípios, buscando vincular teoria e prática nos centros de reprodução de saber. Assim deixamos o leitor a pensar:

I - O psicólogo baseará o seu trabalho no respeito à dignidade e integridade do ser humano.

II - O psicólogo trabalhará visando promover o bem estar do indivíduo e da comunidade, bem como a descoberta de métodos e práticas que possibilitem a consecução desse objetivo.

III - O psicólogo em seu trabalho procurará sempre desenvolver o sentido de sua responsabilidade profissional através de um constante desenvolvimento pessoal, científico, técnico e ético.

IV - A atuação profissional do psicólogo compreenderá uma análise crítica da realidade política e social.

V - O psicólogo estará a par dos estudos e pesquisas mais atuais em sua área, contribuindo para o progresso da ciência psicológica e será um estudioso das ciências afins.

VI - O psicólogo colaborará na criação de condições que visem eliminar a opressão e marginalização do ser humano.

VII - O psicólogo no exercício de sua profissão, completará a definição de sua responsabilidade, direitos e deveres, de acordo com os princípios estabelecidos na Declaração Universal dos Direitos Humanos, aprovada em 10/12/1948 pela Assembléia Geral das Nações Unidas.

Referências bibliográficas

BARRETO, A. *Manual do terapeuta comunitário da pastoral da criança – Movimento Integrado de Saúde Mental comunitária* – Universidade Federal do Ceará – Departamento de Saúde Comunitária.

CAMPOS, H. F. (org.) *Psicologia Social Comunitária: Da solidariedade à autonomia.* Petrópolis, Rj. Vozes, 1996.

CONSELHO FEDERAL DE PSICOLOGIA. *Psicologia-Legislação.* Brasília, 1995.

GUARESCHI, P. A. Relações comunitárias – Relações de dominação. In In *Psicologia Social Comunitária: Da solidariedade à autonomia.* CAMPOS, Helena de Freitas (org.). Petrópolis, Rj. Vozes, 1996.

LANE, S. T., CODO, W. (org.). *Psicologia Social: o Homem em movimento.* São Paulo: Brasiliense, 2001.

LANE, S. T. M. Histórico e *Fundamentos da psicologia comunitária no Brasil.* In *Psicologia Social Comunitária: Da solidariedade à autonomia.* CAMPOS, Helena de Freitas. Petrópolis, Rj. Vozes, 1996.

SIQUEIRA, M. J. T. & NUERNBERG, A. H. *Linguagem.* In Psicologia social Contemporânea. STREY, M. N. Petrópolis, RJ. Vozes, 1998.

TRIVINÓS, A. N. S. – Introdução à pesquisa em ciências sociais: a pesquisa qualitativa em educação. São Paulo: Atlas, 1987.

61. As mil e uma histórias: reflexão sobre o valor das narrativas na Terapia Comunitária

Stella Maris Nicolau; Maria Cristina Tissi;
Marta Aoki; Fátima Correa Oliver
UBS Jardim Boa Vista; Curso de Terapia Ocupacional
da Universidade de São Paulo (USP)
stellanicolau@uol.com.br; maria.tissi@uniso.br;
aoki@usp.br; fcoliver@usp.br

Um aspecto interessante e que confere um colorido especial às sessões de Terapia Comunitária (TC) reside no convite feito aos presentes para que narrem suas experiências de vida. Nesse sentido pressupõe-se que todos têm o que dizer, mesmo aqueles que costumam esquivar-se alegando não saberem se expressar, ou como diz um senhor que freqüenta nossos grupos *"não se aproveita nada do que eu falo...não falo nada que preste"*. Tal fato é comum quando se trata da abordagem junto a pessoas que vivem intensos processos de exclusão social, sendo que geralmente falam sobre si servindo-se de adjetivos que as desqualificam e expressam impossibilidade de reverter estados de vulnerabilidade e desvantagem a que estão submetidas.

Embora São Paulo seja uma cidade onde grande parte do dinheiro do país se concentra, esta riqueza não está distribuída de forma eqüitativa, e vemos alguns usufruírem dos bens e serviços que a cidade possui, enquanto muitos – sobretudo os moradores dos bairros pobres e periféricos – padecem não somente dos males da privação de bens materiais, mas de fraturas na cidadania e na ética, vivências de humilhação, de injustiças, de não-equidade, não-acessibilidade a serviços essenciais e não-representação pública. (NICOLAU et al, 2004).

Paulo Freire nos ensinou em sua pedagogia libertária que ninguém é tão ignorante que não possa ensinar algo ou tão sábio que não tenha algo a aprender. Dessa forma, as sessões de TC visam não somente a serem espaços de desabafo e de expressão do sofrimento cotidiano, mas também do envolvimento dos que lá aportam em redes de comunicação e de solidariedade que buscam estimular a percepção das competências de cada um a fim de que se construam novos arranjos de existência frente as adversidades, ou melhor dizendo, a fim de que se rompa o círculo vicioso das narrativas redundantes, fatalistas e sem-saída (GRANDESSO, 2005), pois na maioria das vezes, as privações não são compreendidas como resultado de injustiças sociais, mas como culpa pessoal ou até mesmo por desígnios divinos.

A percepção de uma existência sem dignidade, sem respeito e sem cidadania é percebida como algo natural, que vai sendo problematizada na medida em que as pessoas se defrontam com histórias onde a dor de um ativa o reconhecimento de dores semelhantes nos outros, onde situações pelas quais várias pessoas passaram possam ser partilhadas e problematizadas como questões comuns a essa comunidade (GRANDESSO, 2005). Além do que, cada um pode aprender com os diferentes desfechos de conflitos ou estratégias para transformar uma determinada realidade geradora de sofrimento.

Portanto o primeiro grande desafio ao se instituir grupos de TC em São Paulo foi o de encorajar as pessoas a falar, a narrarem sua experiência de vida, a vencer a crença de que o que dizem é sem-importância, e assim, ao começarem a se dar conta de que carregam a rica bagagem que a "escola da vida" lhes forneceu, que tiveram que "tirar leite de pedra" para conseguir sobreviver, começam a perceber que são merecedores de respeito e até de admiração, tanto pelos seus familiares, como pelo poder público. Nesse sentido, ao relembrarem de sua própria trajetória de vida, passam a se enxergar como sujeitos que muito produziram (*"eu criei meus cinco filhos sozinha, e hoje todos são pessoas de bem"... "lutei muito para construir minha casa"...*) e portanto sujeitos de direitos e não meros depositários da violência ou do descaso dos outros.

Recorremos a um exemplo, ilustrando com um depoimento apresentado em uma sessão de TC. Uma mulher falava de seu sofrimento na relação conflituosa com o marido, que vinha progressivamente perdendo a visão devido a um glaucoma, e se tornando cada vez mais dependente de cuidados. Esta mulher expressava uma mistura de sentimentos de raiva e culpa, dizendo que desejava se separar dele, mas sentia-se na obrigação de ampará-lo neste momento, e justifica que sempre mantivera o casamento por não ter outra alternativa. Sempre fora dona-de-casa, temia desamparar os filhos, ficar sem moradia, ou não conseguir se sustentar. Frente a esse depoimento surgem algumas falas de mulheres que viviam essa mesma situação sem também conseguir saídas satisfatórias, porém uma dessas falas aponta em outra direção. *Meu marido era um homem violento, possessivo, explosivo. Trabalhava como segurança e tinha um revólver. Ele batia em mim e nas crianças, sempre dizendo que iria me matar se eu me separasse dele. Ele não me deixava trabalhar e eu comecei a juntar, sem ele saber, o dinheiro que ele me dava para as despesas da casa. Fiz economias e comprei um pouco de roupas para vender. Vendia nas casas durante o dia enquanto ele estava trabalhando e à noite escondia o saco de roupas embaixo da cama. Passei anos agüentando a violência desse homem, mas tinha na minha cabeça que um dia eu ia deixá-lo. E fui planejando como me livrar dele. Passei anos juntando dinheiro escondido, e quando consegui o suficiente para comprar uma casinha na minha cidade natal, fui embora com meus dois filhos praticamente com a roupa do corpo. Ele só soube que eu fui embora quando voltou do trabalho e não nos encontrou em casa. A minha sorte foi que ele se envolveu com uma outra mulher, uma vizinha, e passou a dar mais atenção a ela. Ela me via na rua e me chamava de corna, mas no fundo eu ficava era aliviada de ela ter aparecido na vida dele. Ele ficou muito bravo quando eu fui embora com os meninos, me telefonou, disse que iria lá me matar, mas depois se acalmou e parou de me atormentar. Voltei a estudar, fiz o supletivo. Depois de alguns anos voltei para São Paulo para procurar emprego e terminar o segundo grau. Hoje trabalho como agente comunitária de saúde, vendi minha casinha no nordeste e comprei outra aqui. Meus filhos já estão adultos e trabalhando e agora entrei na faculdade. Me sinto uma vitoriosa!*

Citamos ainda um segundo exemplo, uma sessão de TC cujo tema era o da ingratidão nas relações pessoais. Uma mulher dizia que ajudou a muitos parentes mas só recebeu em troca a ingratidão. Seguiram-se depoimentos semelhantes, de pessoas que hospedavam parentes da terra natal que vinham tentar a vida em São Paulo, mas tão logo estes arranjavam trabalho e eram cobrados a contribuir com as despesas da casa, acabavam se desentendendo e iniciavam-se as desavenças. Entretanto surge um depoimento que aponta para uma nova possibilidade de desfecho: *Veio morar comigo uma irmã que tem um gênio muito difícil, e nossos familiares diziam que não ia dar certo de jeito nenhum, que isso não ia durar. Eu tinha quatro crianças pequenas e ela era estourada, tinha dias em que perdia a paciência com as crianças, tinha dias que estava com a macaca.. Eu fui percebendo que quando ela estava mal-humorada, irritada, o melhor era deixá-la mais quieta, não falar com ela, tirar as crianças de perto, e ela também foi percebendo que quando eu estava mais irritada era melhor que ficasse longe, sem conversar, esperando o meu mau humor passar. E assim fomos aprendendo a conviver na mesma casa, a conhecer e respeitar o jeito uma da outra, e hoje é uma irmã com quem me dou muito bem e a quem amo muito. E ela também gosta muito de mim. O povo da minha família nem acredita como isso foi acontecer.*

Qual será a força desses depoimentos? O que eles nos ensinam? Eles surgem de mulheres que buscaram construir novos arranjos existenciais na medida em que perceberam suas competências e ativaram recursos internos para buscar superar uma determinada conjuntura geradora de sofrimento.

Ao narrar uma experiência torna-se possível re-significar o que se viveu, e como nos diz o filósofo Walter Benjamin "um acontecimento vivido é finito, ou pelo menos encerrado na esfera do vivido, ao passo que o acontecimento lembrado é sem limites, porque é apenas uma chave para tudo o que veio antes e depois" (BENJAMIN, 1994, p.15).

Para Benjamin, o narrador figura entre os mestres e os sábios. Ele sabe dar conselhos: não para alguns casos, como o provérbio, mas para muitos casos, como o sábio. Pois pode recorrer ao acervo de toda uma vida que não inclui apenas a própria experiência, mas em grande parte a experiência alheia. "O narrador assimila à sua substância mais íntima aquilo que sabe por ouvir dizer. Seu dom é poder contar sua vida; sua dignidade é contá-la inteira. (BENJAMIN,1994, p.221).

As narrativas são um meio artesanal de comunicação que foram se enfraquecendo conforme avançou a sociedade industrial. Se as narrativas se extinguem na cidade e no campo, "desaparece o dom de ouvir, e desaparece a comunidade de ouvintes. Contar histórias sempre foi a arte de contá-las de novo, e ela se perde quando as histórias não são mais conservadas. Ela se perde porque ninguém mais fia ou tece enquanto ouve a história. Quanto mais o ouvinte se esquece de si mesmo, mais profundamente se grava nele o que é ouvido." (BENJAMIN, 1994, p. 205).

Nesse sentido, propiciar espaços de encontros inter-humanos, onde a palavra e a experiência de cada um são legitimadas, significa ir na contra-corrente dos ideários da cultura de massas e do neoliberalismo. Os meios de comunicação de massa passam a mediar as relações pessoais. Somos bombardeados por imagens e informações de vários lugares do mundo e entretanto muitas vezes não sabemos o que acontece no nosso bairro. Ficamos trancados em casa pelo medo da violência urbana, mas consumindo programas que banalizam a violência (que o digam os programas de exposição da vida privada e de casos policiais – diga-se policialescos – que abusam dos clichês e reforçam uma atmosfera de impotência e fatalismo nos espectadores). A ideologia neoliberal também forja sujeitos apáticos e crentes que a história já acabou, que o capitalismo é o único sistema societal viável, e que o crescimento do desemprego e da exclusão social é uma tendência natural e irreversível, somente nos restando aceitar esse estado de coisas.

Podemos constatar como um dos efeitos dos meios de comunicação de massa o império da informação sobre a narração. Se antes as famílias se reuniam à noite em volta de um fogão à lenha para contar histórias, ou sentavam-se para conversar nas calçadas em noites enluaradas, tal hábito passa a ser substituído pela cena onde todos ficam mudos diante da TV. Ai daqueles que ousem falar enquanto um está acompanhando o *Jornal Nacional* ou a fala de um personagem da novela! Muitas vezes as pessoas preferem ficar em casa assistindo a um programa de TV do que ir a um grupo de conversa.

Para Benjamin, as pessoas não mais sabem aconselhar-se porque as experiências estão deixando de ser comunicáveis. Para este filósofo, aconselhar é mais sugerir sobre a continuação de uma história que está sendo narrada do que responder a uma pergunta. Na TC, embora a consigna seja a de que não se dêem conselhos, estes são oferecidos sob a forma da narrativa de uma experiência e de seu respectivo desfecho.

A experiência da arte de narrar está em vias de extinção. "Quando se pede num grupo que alguém narre alguma coisa, o embaraço se generaliza. É como se estivéssemos privados de uma faculdade que nos parecia segura e inalienável: a faculdade de intercambiar experiências" (BENJAMIN, 1994, p.1994). Benjamin, filósofo judeu alemão, refletiu sobre a sociedade e a cultura no tenso período histórico entre as duas guerras mundiais, momento em que se começa a perceber o forte impacto do avanço tecnológico e da cultura de massas. Ele afirmou que o declínio da narrativa deve-se ao desvalor que passa a ter a experiência vivida.

Ele nos diz: "as ações da experiência estão em baixa, e tudo indica que continuarão caindo até que seu valor desapareça de todo. Basta olharmos um jornal para percebermos que seu nível está mais baixo que nunca, e que da noite para o dia não somente a imagem do mundo exterior mas também a do mundo ético sofreram transformações que antes não julgaríamos possíveis. Com a guerra mundial tornou-se manifesto um processo que continua até hoje. No final da guerra observou-se que os combatentes voltavam mudos dos campos de batalha, não mais ricos, e sim mais pobres em experiência comunicável (...)Porque nunca houve experiências mais radicalmente desmoralizadas do que a experiência estratégica pela guerra de trincheiras, a experiência econômica pela inflação, a experiência do corpo pela fome, a experiência moral pelos governantes" (BENJAMIN, 1994, p. 198).

"A experiência que passa de pessoa para pessoa é a fonte a que recorreram todos os narradores. E as melhores são as que se assemelham às histórias orais dos narradores anônimos" (BENJAMIM, 1994, p.198), tendo como arquétipos o marinheiro comerciante e o camponês sedentário. O marinheiro já passou por muitas terras, e por isto têm muito o que contar. "Mas também escutamos com prazer o homem que ganhou honestamente sua vida sem sair do seu país e que conhece suas histórias e tradições" (BENJAMIN, 1994, p.198).

Podemos ver em algumas sessões de TC o surgimento de alguns desses arquétipos de narradores, tais como o migrante que residiu em várias cidades antes de aqui aportar ou o trabalhador que teve que rodar esse país em busca de alguma oportunidade de trabalho, e assim acaba nos contando dos vários lugares por onde passou. Vemos também os narradores que guardam a história da comunidade. Aqueles moradores antigos do bairro, que testemunharam as primeiras construções, o difícil começo dos bairros-dormitórios, onde os terrenos eram ocupados ou comprados com sacrifício em locais onde não havia qualquer infra-estrutura urbana. Era a época, como dizem esses narradores, em que *"isso tudo era mato. Aqui onde é o posto de saúde era um matagal e tinha uma mina de água limpinha. Pra gente pegar um ônibus tinha que andar até a rodovia e em dias de chuva atolava os pés no barro, porque não tinha asfalto nas ruas".*

Buscamos nessa apresentação destacar a possibilidade que a TC nos oferece de estimular a narração e a troca das experiências vividas pelos participantes. Isso nos faz caminhar no sentido de retomar formas artesanais de comunicação – tão aplacadas quanto mais o trabalho das máquinas substitui a mão humana – e assim revalorizar a sabedoria popular advinda das experiências de vida das pessoas. Benjamin nos diz que a marca do narrador fica impressa nas narrativas assim como a mão do oleiro na argila do vaso. Nesse sentido, a relação entre o narrador e sua matéria – a vida humana – constitui-se também em uma relação artesanal, que integra a mão, o olho e a alma.

Referências bibliográficas

BENJAMIN, W. *Magia e técnica, arte e política: ensaios sobre literatura e história da cultura. Obras escolhidas,* volume I, 7ª edição, São Paulo, Ed Brasiliense, 1994.

GRANDESSO, M. A. *Oi gente...eu não roubei galinhas! Contribuições do enfoque narrativo à Terapia Comunitária*, disponível no site da ABRATECOM – Associação Brasileira de Terapia Comunitária http://www.abratecom.org.br/artigo_detalhe.asp?art_ID=3 [acesso em 3 de set 2005]

NICOLAU, S. M; TISSI, M. C., AOKI, M. e OLIVER, F. C. *Nenhum a menos: o desafio de criar espaços inclusivos e micro-redes no Jardim Boa Vista.* Trabalho apresentado no Encontro de Saúde Mental da Secretaria Municipal da Saúde de São Paulo, de 09 a 11 de novembro de 2004.

62. Terapia Comunitária e psicodrama: diálogo e aproximações

Paula Gomes de Oliveira

Introdução

Coloco-me a partir de um lugar marcado por dois aspectos balizadores: primeiro, a afetividade, que me conduz a um respeito ao(à) outro(a) como expressão de individualidade e alteridade. Nesse sentido, torna-se interessante abordagens e inserções em contextos socioeducativos que promovam o reconhecimento de nossas semelhanças e diferenças, bem como os conflitos que nos envolvem, sempre permeados pelo afeto. Somos seres afetados e afetamo-nos, contagiamo-nos mutuamente e a partir dessa experiência é possível que antevejamos, nossas belezas, alternativas e curas para nossas mazelas; segundo, a epistemologia do conhecimento. O conhecimento socioculturalmente sistematizado representa uma das formas de compreeender e apropriar-se da realidade e, como tal, possui inúmeras cegueiras e limitações, portanto, tem valor para esta abordagem, uma concepção que aponte para o conhecimento como processo de construção de uma memória individual e coletiva. O que conhecemos e como conhecemos é matéria urgida em um processo histórico-social em que as experiências do passado, do presente e do futuro rompem com uma suposta linearidade e mostram-se interdependentes e todas presentes em um "aqui e agora", e mais, todo o conhecimento oriundo dessas inter-relações nos tornam produtores e atores de conhecimentos novos em um processo contínuo e complexo de espiral. A partir desse panorama, da afetividade e da epistemologia, assim postas, é que ensaio uma aproximação e diálogo com teorias que sustentam algumas das práticas do Psicodrama e da Terapia Comunitária.

Fundamentos Teóricos: Psicodrama e Terapia Comunitária

O Psicodrama é enunciado em 1929 por Jacob Levy Moreno, em Viena, e denominava um procedimento dramático específico que estudava as condutas humanas entendidas como o desenvolvimento de papéis, sempre em relação aos seus contrapapéis e papéis complementares. Visa, principalmente, a investigação das dificuldades ou entraves ao desempenho livre,espontâneo criativo e responsável de tais papéis. Há tempos, essa proposta tem sido utilizada em amplo campo das ciências humanas, adequando-se a novas práticas e baseando-se em diversas linhas de pensamento epistemológico. Consiste em uma metodologia que se propõe a preservar o pensar reflexivo quanto a possibilidade de expressão emocional contida em cada ação.

Assim, denomina-se psicodrama a uma vastidão de aplicações da dramatização de forma regulada e que atende aos seguintes contextos e aplicações (GONÇALVES, WOLFF e ALMEIDA, 1988:7-8):

"- Psicoterapia processual, sistematizada, individual ou grupal;
- Psicoterapia breve;
- "ato terapêutico": vivências, Psicodrama público, wokshp, Jornal vivo que valem como psicoterapia de sensibilização, mobilização sóciodinâmica e como forma de divulgação da técnica;
- Estudo diagnóstico e terapêutico de grupos sociais identificados: comunidades, grupos raciais, associações, escolas, partidos políticos;
- Estudo diagnóstico e terapêutico de grupos sociais configurados: prisões, asilos, conventos, abrigos...
- Processo pedagógico, como metodologia de ensino;
- Processo de pesquisa no campo da assistência e do trabalho social;
- Processo de treinamento específico de pessoal e de equipes profissionais;
- Como processo de aperfeiçoamento das relações humanas nos lares, nas escolas, no trabalho e na convivência de modo geral."

A sociometria, *sócios* = social e *metreim* = medida, denominou-se a investigação e o estudo sobre o processo de vínculos que se criava entre os grupos humanos, preocupavase em desentranhar as motivações patológicas que podem causar o isolamento do homem em seus grupos instituições e comunidades.

E atrelado a este último, temos o sociodrama, um procedimento dramático específico, baseados nos conceitos de Teoria do papéis e da antropologia vincular. Por meio do sociodrama é possível intervir na vincularidade dos grupos naturais espontaneamente formados (casais, famílias, grupos de convivência, comunidades etc..) ou na vincularidade de grupos instrumentais (grupos de trabalho, grupos de aprendizagem, grupos de produção, equipes institucionais). Indica os papéis sociais que interagem no desenvolvimento das atividades comuns do grupo estudado. Permite visualizar seus conflitos e fazê-los emergir à compreensão. Esclarece as relações intergrupais, os valores que funcionam como critérios coletivos, e também ideologias compartilhadas. A ação profunda do procedimento dramático visa a elucidação do *conflito nodal*, conflito latente que, em determinadas situações de crise, é ritualizado por todos em todo o processo grupal. Podendo ser aplicado em nível institucional e grupal(prevenção primária) e terapêutica (prevenção secundária), como, por exemplo, o sociodrama de casais e o familiar.

A Terapia Comunitária trata-se uma técnica de intervenção em grupos, criada pelo doutor Adalberto Barreto, professor da Universidade Federal do Ceará, 1987, que a partir da sua convivência com a população carente elaborou uma metodologia capaz de tornar-se um espaço de fala sobre o sofrimento psíquico, partilha de experiências, resgate da auto-estima e desenvolvimento de processos individuais e coletivos de gestão de problemas e dificuldades. Como apregoa Adalberto Barreto: "Cada um é rico naquilo que o outro é pobre, e assim poderemos construir redes de prevenção, cura e inserção social."

O psicodrama tal como a Terapia Comunitária apresentam-se como técnicas de trabalho grupal que busca atender a uma demanda de grupos de pessoas com problemas e sofrimento psíquico em nível preventivo (atenção primária), permitindo a construção de redes de solidariedade e construindo ambiente facilitador da consciência de cidadania.

Esta forma de ver a realidade dos problemas de modo contextualizado encontram na Teoria Geral dos Sistemas, desenvolvida pelo biólogo alemão Ludwing Von Bertalanfly, um elo entre o Psicodrama e a Terapia Comunitária. Este concebe a relação entre os seres como partícipes de uma rede de papéis outros inter-relacionados, e em que devido a tamanha complexidade das forças que atuam e intervém nas relações, podem apenas serem analisadas em uma perspectiva de rede, desse modo, os problemas em contexto terapêutico são compreendidos em sua dinâmica capaz de desvendar modos de cuidado e proteção e crescimento dos sistemas sociais.

Outro fundamento epistemológico que possui muita valia são os estudos de Antropologia Cultural que enfatizam a importância de valores e crenças na construção da identidade dos seres e do grupo. A cultura apresenta-se como espaço de *liga*, para a Terapia Comunitária e de *tele*, para o Psicodrama, já que no resgate das culturas formadoras das individualidades e enraizadas na história de vida de cada um e cada uma, tem-se um movimento de "dar poder" aos tantos "despossuídos". E retomando as palavras, Renato Janine Ribeiro, filósofo e professor da USP, proferidas em palestra, "A arte e a cultura populares são mais fortes junto a quem está mais frágil, mais vulnerável, porque junto a eles ela vira ouro." Além disso, cultura não está ligada a acúmulo de conhecimentos ou reconhecimento de manifestações socialmente reconhecidas como tal, mas sim, cultural que a pessoa vivencia. Durante os encontros, no momento em que uma canção religiosa ou da infância é entoada ou aparece como parte de um jogo dramático, faz-se memória e partilha da experiência vivenciada, que irmana e com a qual todos e todas se solidarizam.

Entram em cena todas as memórias individuais conscientes e inconscientes do grupo, seus comportamentos, fantasias, desejos, sentimentos e vivências particulares, fatos extremamente mobilizadores, pelo fato de encarnarem as possibilidades de existências.

E, por fim, temos as contribuições de Paul Watzwick, Janet Helmick Beavin e Don D. Jackson, especialmente, na obra *Pragmática da Comunicação Humana*, quando expõe alguns axiomas da comunicação. Primeiro: o comportamento não tem oposto, dito de outra forma, não é possível um indivíduo não comunicar. Nos encontros e nos momentos de cana psicodramática, qualquer atividade ou inatividade é comunicação, transmite alguma mensagem. Quer seja, até mesmo o silêncio na hora da escuta do outro ou da outra, este significa atenção e acolhida. Segundo: a comunicação não ocorre apenas de modo intencional, consciente. Terceiro: qualquer comunicação implica em um cometimento, um compromisso, ou seja, a comunicação não só transmite informação, mas impõe um comportamento, denuncia determinada relação. Toda relação possui um conteúdo e uma relação. O contexto grupal desempenha um papel facilitador em relação à exposição de determinados conteúdos, que são expostos apenas quando há vinculação entre os membros do grupo. Quarto: Toda comunicação possui o componente verbal e não-verbal. O corpo absorve e manifesta sintomas e enfermidades, bem como contradições e incongruências entre o pensamento e a ação reveladas, então, na dimensão corpórea, ou seja, o corpo, por vezes, contraria a fala. Isso é algo que vai se desvelando no processo de terapia. Ocorre também a ampliação da consciência corpórea nos *sites terapêuticos*, o que não significa dizer que o corpo é o fundamento do Psicodrama e da Terapia Comunitária, mas representa índice, marcas, projeções de sofrimentos psíquicos e subjetividades.

Metodologia

Faz-se o caminho da metodologia da Terapia Comunitária a partir dos seguintes etapas: 1) Acolhimento (definir a Terapia Comunitária, bem como as regras para o funcionamento do grupo); 2) Aquecimento (preparação do grupo para o trabalho por meio de alguma brincadeira, dança, exercício). No Psicodrama, essas duas etapas de fundem em um único momento: o Aquecimento (inespecífico: momento inicial, apresentação dos problemas pessoais, interação, emergente grupal comum e escolha do protagonista; específico: começa a partir após a escolha e prepara a cena); 3) Escolha do tema (após exposição dos temas, o grupo é motivado a escolher o tema a ser discutido);4) Contextualização (momento de compreender o problema da pessoa e as pessoas podem participar com perguntas, o diretor percebe *os motes*, que servirão para problematização por parte do grupo. As etapas 3) e 4) da Terapia Comunitária ocorrem, no Psicodrama, dentro do aquecimento específico, utilizando-se de técnicas corporais, inversão de papéis, desenhos, imagens etc.; 5) Problematização (o protagonista que expôs seu problema, permanece *stand by*, enquanto as pessoas do grupo são motivadas a compartilhar experiências semelhantes, assim como as soluções encontradas;6) Término (O terapeuta pede para o grupo ficar de pé, a experiência é congregada, são motivados para que verbalizem o que, do encontro, levam para si).

Além do aquecimento que corresponde à primeira etapa, temos ainda duas: Dramatização e Elaboração. A dramatização tem origem na palavra grega "drama", que significa evento, acontecimento. O drama é percebido por Moreno como uma extensão da ação e, por conseguinte, da vida. O Psicodrama considera o homem integrado por rum conjunto de papéis potenciais e atuais, produto dos numerosos atos criadores que realiza durante sua vida. Segundo (MENEGAZZO,1985:75),

> "A dramatização, por meio do trabalho realizado em três áreas – corporal, imaginária e simbólica – permite investigar, reparar e recriar todos aqueles aspectos que ficaram estacionados durante a construção do núcleo de relações que se formam em torno do indivíduo."

A dramatização inclui uma seqüência ordenada de situações dramáticas: busca indeterminada do papel, busca determinada do papel, delimitação do papel em conflito, de seu *status nascenti*, inversão de papéis e compreensão dos papéis complementares, e assunção criativa do próprio papel.

E, por fim, chegamos à Elaboração ou Comentários quando há o momento de compartilhamento da compreensão daqueles aspectos mobilizados e dramatizados pelo grupo. A percepção de que o drama vivenciado pelo protagonista foi compartilhado e co-protagonizado pelos companheiros e companheiras. O que o diferenciou e o definiu como protagonista é reintegrado de forma a fortalecer os vínculos com o grupo. A dinâmica que se instaura faz com que cada um e cada uma assuma o papel de agente terapêutico do(da) outro(a) integrante do grupo, convertendo-se a fragilidade de muitos em fortaleza de todos e de cada um, e mais, subvertendo toda lógica posta de que somente uma elite especializada teria o controle dos instrumentos de cura em um contexto social, capilarizando um projeto democrático e democratizante – continuamente aprofundado pelos participantes – de saúde mental, que animava a vida de Moreno tal como parece animar a vida de Adalberto Barreto e dos inúmeros terapeutas comunitários nos cantos de nosso país.

Concepção de Sujeito

A concepção de sujeito em Moreno caminha de mãos dadas com os conceitos de liberdade e de criatividade. Esta última é concebida como a uma espécie de pré-disposição dos seres para quaisquer atos que acarrete uma transformação integradora, no sentido de crescimento e de maturação, naquele que o realiza e no contexto que o rodeia. O primeiro ato de criatividade ocorre no momento do parto, quando a criança à despeito do que lhe virá, move-se por um ato espontâneo capaz de forjar um novo modo de existir. Da mesma forma a criatividade numa perspectiva psicodramática almeja plasmar nos seres um novo modo se ser, de desempenhar papéis sociais e de vincular. Há que se questionar se por trás desse pensamento, não há uma visão essencialista, segundo a qual os seres tivessem sempre uma busca de essência a ser resgatada no passado. Argumento que poderia ser procedente, caso Moreno não atrelasse criatividade à liberdade.

Esta última, por sua vez, é sempre um objeto de conquista, os seres estão sempre a construí-la, num processo constante de tensões entre as *conservas culturais*, frutos de tradições, mitos, crenças e hábitos de linguagem repetitivas e repetidoras que atrapalham o movimento de espontaneidade para o ato, para a vida e para a criatividade enquanto ação no mundo, em si mesmo, e nos(as) outros(as). Em toda a sua obra, a liberdade é percebida como fonte de espontaneidade, criatividade e responsabilidade. Tomar decisões envolve sempre responsabilidade com as conseqüências da tomada de postura. Quanto maiores forem as verdades reveladas, mais elas são doloridas, mais nos custarão. Como bem resume (MENEGAZZO,1985: 122),

> "Todos os procedimentos dramáticos de Moreno buscam 'desdramatizar' a vida e têm como finalidade: aprender a soltar-se das coisas permanentes do passado; deixar de tanta inquietação em relação ao futuro; deixar-se fluir na autenticidade de cada momento; deixar-se viver tão tragicamente a dor e a tristeza (aceitando suas provas e ensinamentos) para recuperar a própria liberdade de desfrutar de seu oásis de alegria(nos momentos em que nos é possível alegrar-nos)".

Moreno, tal como a Terapia Comunitária, dá ênfase ao perdão como ação importante para a cura e para a experiência da liberdade. Lembremo-nos como é difícil aos outros e difícil perdoar a nós mesmos. Na maioria das vezes, mais parecemos zumbis vagando pelo mundo carregados de culpas, rancores, evitando ou esperando castigos. Transferindo ao destino, à sorte, à Deus, à morte, à vida a tarefa de nos premiar ou castigar.

Construção do Espaço Terapêutico

No Psicodrama o espaço terapêutico dá-se a partir do signo *encontro* – uma das possibilidade humanas na relação consigo mesmo, com o outro e outra no mundo e com a transcendência. Para que possa acontecer, faz-se necessário florescer a integração do homem com os demais homens, e da humanidade consigo mesma, deverão ser superados os estereótipos técnicos científicos e culturais, que daria lugar, segundo Moreno, ao pleno desenvolvimento da liberdade, da espontaneidade e da criatividade. É o convite que beira um apelo à sensibilidade do outro. Para a vivência simultânea e bi-empática, enfim *télica*. É apelo para a espontaneidade.

De outro modo, não se acredita que o espaço da terapia seja o espaço propício para experiências de "encontro", mas sim, que esse espaço valorizando a espontaneidade e o aprimoramento das percepções de si mesmo, dos(as) outro(as) pode desenvolver as condições para a vivência do encontro em outros papéis e espaços da vida.

Num pensamento sem pretensões literárias, mas fruto da espontaneidade, Moreno propôs uma definição para encontro por meio da construção poética:

> "Um encontro entre dois: olho no olho, cara a cara.
> E quando estiveres próximo tomarei teus olhos
> E os colocarei no lugar dos meus,
> E tu tomarás meus olhos

E os colocará no lugar dos teus,
Então te olharei com teus olhos
E tu me olharás com os meus.
Assim nosso silêncio serve até das coisas mais
Comuns e nosso encontro é meta livre:
O lugar indeterminado, em um momento indefinido,
A palavra ilimitada para o homem não cerceado."

Sendo possível abstrair algumas considerações a respeito do espaço terapêutico, portanto da terapia Comunitária quanto do Psicodrama, como promovedores do *encontro*: a disposição e a motivação para a proximidade; a possibilidade de experiência plena de troca e compartilhamento; o empenho por uma compreensão mútua; a confiança na receptividade do(a) outro(a); a acolhida do silêncio, no qual nos tornamos cúmplices nos relatos mais simples; o momento é vivido plenamente, escapa a medidas que o precisem ou o enquadrem e, por fim, na doação integral do que temos e somos ao (à) outro(a).

Referências Bibliográficas

BARRETO, A. e CAMAROTTI, Henriqueta. A Terapia Comunitária no Brasil – Anais *dos Trabalhos apresentados no I Congresso Brasileiro de Terapia Comunitária*. Ceará, 2003.

BUSTOS, D. M. B. *O Psicodrama – Aplicações da Técnica Psicodramática*. São Paulo: Summus, 1982.

GONÇALVES, C. S., WOLFF, J. R., ALMEIDA, W. C. de. *Lições de Psicodrama*. São Paulo: Agora,1988.

HOLMES, P., HARP,M., WATSON, M. *O Psicodrama após Moreno – Inovações na Teoria e na Prática*. São Paulo: agora, 1997.

MAISONNEUVE, J. *A Psicologia Social*. São Paulo: Ed. Brasileira, 1988.

MORENO, J. L. *Psicodrama*. São Paulo: Ed. Cultrix, 1997.

MORENO, J. L. *Psicoterapia de Grupo e Psicodrama*. São Paulo: Ed. Cultrix, 1978.

MORENO, J.L. *Fundamentos do Psicodrama*. São Paulo: Ed. Summus,1983.

SOEIRO, C. A. *Psicodrama e Psicoterapia*. São Paulo: Agora, 1995.

63. A contribuição da Terapia Comunitária na elevação da auto-estima

Ana Cristina Orrico Batista D'Afonseca*
Maria Paquelet Moreira Barbosa**

1 – Introdução

A Terapia Comunitária é um instrumento que possibilita construir redes sociais solidárias de promoção da vida mobilizando recursos da própria comunidade, resgatando os valores de cidadania, identidade cultural e auto-estima. Procura suscitar a dimensão terapêutica do próprio grupo valorizando o saber produzido pela experiência de vida de cada um, rompendo com os modelos que centram a atenção nas patologias.

Propõe-se a valorizar a prevenção, estimulando o grupo a utilizar a criatividade na construção do seu presente e seu futuro a partir de seus próprios recursos, acreditando no potencial da coletividade e competência das pessoas em se auto-gerir possibilitando uma dinâmica de inclusão e empoderamento.

A proposta da Terapia Comunitária não é trabalhar com a doença e, sim, com os sofrimentos, com pessoas, mobilizando os recursos internos existentes, como matéria prima para o crescimento. A simplicidade da técnica é o que mais encanta pessoas que dela participam, pois é um espaço de troca de experiências, onde o grupo se reúne para ouvir e ser ouvido, expor seus sentimentos sem medo de ser julgado, dar e receber afeto, enfim é um espaço de cura onde a palavra é o medicamento utilizado para as dores do corpo e da alma.

Buscou-se, neste trabalho, apresentar o registro da experiência da Terapia Comunitária como contribuição para a elevação da auto-estima de um grupo de mulheres em vulnerabilidade social.

2 – Referencial teórico

A Terapia Comunitária é uma técnica de trabalho em grupo, ancorada na **teoria sistêmica, teoria da comunicação** e **antropologia cultural**, Pedagogia de Paulo Freire e Resiliência. Foi desenvolvida a partir da década de 1980, por Adalberto Barreto, em uma comunidade carente na periferia de Fortaleza (CE) conhecida como Pirambú.

Para Barreto (2005), a Terapia Comunitária permite construir redes socais solidárias de promoção da vida e mobilizar os recursos e competências dos indivíduos, das famílias e comunidades. Procura-se suscitar a dimensão terapêutica do próprio grupo, valorizando a herança cultural dos nossos antepassados indígenas, africanos, orientais e europeus, bem como o saber, produzido pela experiência de vida de cada um.

---

* cris_arrico@click21.com.br
** marypaquelet@hotmail.com

A Teoria Geral dos Sistemas, criada pelo biólogo alemão Ludwing Von Bartalanfly na década de 1920, postulava que, uma organização sistêmica em todas as manifestações da natureza física ou humana, não é apenas um aglomerado de partes e, sim, um conjunto integrado a partir das suas interações. Conforme Ludwing Von Bartalanfly citado em Jamir e Oliveira (2006), define-se Sistema como "um complexo de elementos em interação".

Essa teoria afirma que os problemas e as crises só podem ser compreendidos e resolvidas se forem percebidas como partes integradas de uma rede complexa, cheia de ramificações, que ligam e relacionam as pessoas num todo que envolve a biologia (corpo), psicologia (mente e emoções) e a sociedade. Um sistema não pode ser visto como a soma de suas partes que examinadas individualmente não permitiria a compreensão do sistema como um todo. Cada parte do sistema se relaciona de tal maneira que uma alteração em qualquer uma delas, provoca modificações nos outros e no sistema total.

A abordagem sistêmica busca situar, pensar um problema em função do seu contexto. "E o contexto é tão importante que o comportamento de qualquer pessoa ou dos sistemas que ela forma só podem ser compreendidos a partir dos contextos nos quais se dão", afirma Barreto (2005). Percebe-se que essa abordagem permite uma percepção mais ampla da pessoa humana na relação com a sua família, comunidade, valores e crenças, colaborando para uma maior compreensão e transformação do indivíduo.

A Teoria da Comunicação, segundo Watzlawick (1967), os processos de comunicação interferem no comportamento, porque:

- Todo comportamento é comunicação: Numa ação interacional todo comportamento tem valor de mensagem. A inatividade, a atividade, as palavras, o silêncio, mesmo não intencionais, tem valor de comunicação;
- Toda comunicação tem dois componentes: a mensagem ou conteúdo e a relação entre os que estão se comunicando;
- Toda comunicação depende da pontuação;
- Toda comunicação tem duas formas de expressão: a comunicação verbal (palavras) e a comunicação não verbal (analógica ou gestual);
- A comunicação pode ser simétrica – baseada no que é semelhante e complementar – baseada no que é diferente.

Segundo Barreto (2005), todo sinal ou sintoma tem valor de comunicação e sempre esconde algo importante. O Terapeuta Comunitário pode criar condições para o grupo expressar algo sofrido e não verbalizado até então.

A **Antropologia Cultural** destaca a importância da cultura e as crenças como fatores de grande relevância na formação de identidade do indivíduo e do grupo.

Segundo Barreto (2005), quando reconhecemos que, mesmo num único país convivem várias culturas e aprendemos a respeitá-las, descobrimos que a diversidade cultural é boa para todos e verdadeira fonte de riqueza de um povo e de uma nação. É importante conhecer a diversidade cultural como uma oportunidade de crescimento e troca de saberes. Como afirma Barreto (2005), a transformação social só será possível quando considerar duas vias: a do conhecimento científico e a do saber popular. É importante lembrar que nenhuma cultura é superior ou inferior a outra, a diversidade cultural é boa para todos e verdadeira fonte de riqueza de um povo e de uma nação.

Quando a cultura é vista como um valor que deve ser reconhecido, mobilizado e articulado de forma complementar com outros conhecimentos, pode-se constatar que esse recurso permite somar, multiplicar, os potenciais de crescimento e de resolução dos problemas sociais na construção de uma sociedade mais justa e humana.

A **pedagogia de Paulo Freire**, considera que ensinar é o exercício de diálogo, troca, disponibilidade, reciprocidade, ou seja, uma troca de saberes através de uma relação amorosa e respeitável.

Para funcionar de forma eficiente à situação ensino-aprendizagem exige uma associação permanente entre teoria e prática, identificação com a missão, aceitação do novo, inclusão da diferença, compromisso com interesses populares; humildade, alegria, competência, tolerância, etc..

Barreto (2005) diz, que a história de vida também é fonte de saber e funciona como estimulo para que, tantos os professores quanto os alunos, assumam-se como sujeitos " sócio-historico-culturais"

Afirma Barreto (2005) que o método de Paulo Freire é um chamado coletivo a todos os membros da raça humana para criar e recriar, fazer e refazer através da ação e reflexão. A partir da descoberta de novos conhecimentos e novas formas de intervir na realidade, os indivíduos passam de objetos a sujeitos na construção da sua história.

Resiliência é utilizada na Terapia Comunitária para compreender a capacidade dos indivíduos, famílias e comunidades de superar as dificuldades contextuais que possibilita o crescimento, "nasce da própria história pessoal e familiar de cada participante", Barreto (2005)

De acordo com Barreto (2005), o enfrentamento das dificuldades produz um saber que tem permitido aos pobres e oprimidos sobreviverem através dos tempos, revelando-se dessa forma um espírito criativo e construtivo, construído, através de uma interação entre o indivíduo e seu meio ambiente. A TC tem como meta identificar e suscitar as forças e as potencialidades dos indivíduos, famílias e comunidades para possibilitar soluções e superações de dificuldades impostas pela sociedade.

2.1 A Auto Estima e A Terapia Comunitária

A auto-estima é um dos recursos participantes na construção da pessoa humana. Para ser compreendida, é preciso considerar o sujeito como um todo, pois a auto-estima é parte integrante da personalidade e intercomunicante da pessoa, consigo mesma e com o outro. Segundo Branden (2000), a auto-estima é uma poderosa necessidade humana que contribui de uma maneira essencial para um desenvolvimento normal e saudável. Tem valor de sobrevivência. A auto-estima positiva funciona como se, na realidade, fosse o sistema imunológico da consciência. Fornece, resistência, força e capacidade de regeneração. Quando é baixa a auto-estima, nossa resiliência diante da vida e suas adversidades, diminui. Fatores negativos têm sobre nós mais poder que os positivos. Na medida em que a criança se desenvolve ela vai adquirindo uma percepção de si mesma. As suas impressões iniciais são captadas a partir das reações que as outras pessoas manifestam a seu respeito.

Quando se ampliam suas relações sociais, suas habilidades de percepção vão se aprimorando, favorecendo dessa maneira uma avaliação por si mesma e o surgimento de um senso de dignidade interior que podemos chamar de desenvolvimento da auto-estima.

Segundo Barreto (2005), a base da auto-estima se constrói nas relações familiares e se consolida através do estabelecimento ou ampliação de relações sociais saudáveis. Sem dúvida alguma, o ambiente familiar e social exerce influência na construção da nossa auto-estima, porém trata-se de uma questão muito mais complexa. Somos sujeitos ativos no processo de construção de nossas vidas e não meros objetos moldados e determinados pelo ambiente que nos rodeia. Estamos em constante processo de evolução, um desabrochar e amadurecer de nossos talentos, que se expressa em nossas escolhas e decisões, em nossos pensamentos, julgamentos e respostas e em nossos atos. Ver a si mesmo como básica e inalteravelmente bom ou mau, independente de nossa maneira presente e futura de funcionar – é negar os fatos da liberdade, da autodeterminação e da auto-responsabilidade.

Barreto diz que para despertar e reforçar a auto-estima, precisamos conhecer os seus mecanismos, para podermos intervir no seu processo, ajudar as pessoas a explorar o seu potencial e gozar dos benefícios geradores de felicidade.

Branden, Apud Barreto (2005), enumera seis grandes pilares que dão sustentação à auto-estima. Vejamos:

1º Pilar – Viver Conscientemente
Se eu compreender o contexto maior em que vivo e atuo, serei mais eficiente, vale a pena tentar compreender meu ambiente e o mundo que me circunda. Quanto mais eu me conhecer e me compreender, melhor será a vida criada por mim. O auto-exame é imperativo para uma vida realizada.

2º Pilar – Auto-Aceitação
Aceito a realidade de meus problemas, mas não sou definido por eles. Meus problemas não são a minha essência. O medo, a dor, a desorientação e os erros não são o meu cerne.

3º Pilar – Auto-Responsabilidade
Sou responsável pelas minhas escolhas e meus atos. Sou responsável por aquilo que faço, por meus desejos, minhas escolhas e pela maneira que me relaciono com os outros. Se eu errei, reconheço que errei, peço perdão, me desculpo, me corrijo, tiro as lições e sigo em frente.

4º Pilar – Afirmação
É aceitar ser o que é com suas qualidades e defeitos, sem precisar esconder ou falsificar a si mesmo para poder ser aceito pelos outros.

5º Pilar – Intencionalidade
Se eu quero vencer preciso estar atento para o resultado dos meus atos. Não podemos perder de vista nossos objetivos, nossos sonhos e nosso potencial. Para tanto, precisamos ter disciplina, perseverança, capacidade de nos organizar e, sobretudo, acreditar em nós mesmos.

6º Pilar – Integridade Pessoal
Exige autenticidade e cobrar dos outros aquilo que cobramos de nós mesmos. Para restauramos a nossa integridade, precisamos admitir nossas falhas, sem culpar os outros, entender o porquê daquilo que fazemos, reconhecer nossos erros e pedir perdão; reparar os danos causados, e nos comprometer de agir no futuro de forma diferente.

Esses princípios não são meros "postulados" arbitrários, mas com fundamentação racional, são motivadores poderosos das ações que constroem o bem estar psicológico. Do ponto de vista dos sis pilares, eles têm uma nítida utilidade funcional. São favoráveis à adaptação; são os combustíveis da auto-estima. Segundo Briggs (2002), qualquer situação de vida que leve um indivíduo a se sentir mais valorizado como pessoa – que confirme o fato de ser uma pessoa única, alimenta a auto-estima. A Terapia Comunitária, por ser um espaço aberto e acolhedor, possibilita a transformação pessoal através de práticas inerentes à metodologia, tais como: ouvir o outro, dar e receber afeto, falar sobre seus sentimentos, consolidando, assim, o fortalecimento da auto-estima de quem participa e de quem conduz o processo da T. C.

2.1 A Metodologia da Terapia Comunitária

O modelo da Terapia Comunitária desenvolvida pelo Barreto (2005), pode ser aplicado em qualquer espaço comunitário: escola, sindicato, igreja, pátio, hospital e outros.

A Terapia Comunitária é conduzida na maioria das vezes por dois terapeutas comunitários, que deverão alternar os papéis de Terapeuta e Co-Terapeuta. Caso não seja possível a presença de um deles, a terapia poderá ser conduzida por apenas um Terapeuta ou convidar alguém do grupo que seja mais freqüente para assumir o papel de Co-Terapeuta. O Co-Terapeuta é responsável pelo acolhimento do grupo, falar sobre os objetivos da Terapia Comunitária, estabelecer as regras, aquecer o grupo com uma dinâmica e apresentar o terapeuta. O Terapeuta fica responsável pela escolha do tema, contextualização, problematização e conclusão. A Terapia Comunitária constitui-se, dessa maneira em um grupo aberto do qual participam pessoas das mais variadas faixas etárias, com dificuldades diversas e que buscam apoio para resolução dos seus problemas pessoais.

Na Terapia Comunitária adotamos de maneira criteriosa a seguinte estrutura:

2.2.1 Acolhimento

O Co-Terapeuta vai conduzir o acolhimento ambientando o grupo, dando boas vindas, e celebrando os aniversários. Após essa confraternização, quando todos estão à vontade, o co-terapeuta apresenta as regras e o significado da terapia, realiza uma dinâmica interativa, com músicas, danças passando a condução para a Terapeuta.

2.2.2 Escolha do Tema

Nesta etapa cabe ao Terapeuta a escolha do tema. O Terapeuta faz o levantamento de todos os temas, anota e resume para que o grupo faça a escolha, através de votação do tema que será discutido.

2.2.3 Contextualização

O grupo poderá fazer perguntas no sentido de compreender melhor o problema a ser discutido. O momento de contextualização é fundamental, pois é quando o Terapeuta deve refletir para poder elaborar um bom "mote". O mote é a pergunta-chave que vai promover a reflexão do grupo durante a Terapia, trazendo à tona os elementos fundamentais que possibilitem a cada pessoa rever os seus preconceitos, esquemas mentais e reconstruir a realidade.

2.2.4 Problematização

Nesta etapa o protagonista (quem teve o seu tema escolhido) ouve as experiências do grupo. O Terapeuta indica um mote para motivar a participação das pessoas a colocar as suas vivências e soluções criativas para as suas situações problemas.

2.2.5 Ritual de Agregação e Conotação Positiva

A pessoa que teve seu problema escolhido deve receber uma conotação positiva do Terapeuta e do grupo. Finalizando esta etapa, o grupo é convidado a dizer o que está levando da experiência vivenciada e o que aprendeu.

Ao final de cada sessão, a equipe faz uma avaliação do trabalho vivenciado.

Terapia Comunitária

3 – Metodologia

A metodologia adotada para a pesquisa é classificada como exploratória e bibliográfica, foram tratados qualitativamente, apresentados e analisados de forma descritiva. Foi realizada a partir de sessões com um grupo de mulheres, ligadas a Escola Crescimento, situada no bairro do Pau Miúdo, Salvador – Bahia, uma comunidade carente, com grande índice de violência e vulnerabilidade social. Sendo acompanhadas por duas terapeutas Ana Cristina Orrico B. D'Afonseca e Maria Paquelet Moreira Barbosa.

A população pesquisada por mulheres que participaram das sessões de terapia comunitária. Utilizou-se a aplicação de questionários, e anotações em fichas, para avaliar a contribuição da Terapia Comunitária na elevação da auto-estima do grupo estudado, nos períodos de agosto de 2004 a julho de 2006, com 52 sessões de periodicidade semanal ou quinzenal.

Para o desenvolvimento desse trabalho as sessões foram baseadas no modelo de Terapia Comunitária, idealizada pelo profº Adalberto Barreto, seguindo a estrutura abaixo:

Acolhimento foi momento em que recebemos os participantes de forma calorosa e aconchegante, cantando músicas de boas vindas e celebrando os aniversários ou alguma data importante. O terapeuta apresenta uma síntese do que é a Terapia Comunitária, coloca as regras de funcionamento do grupo: fazer silêncio para ouvir o outro, falar sempre da sua própria experiência, apresentando as soluções encontradas, não dar conselhos, nem sermões, durante a terapia pode-se interromper para sugerir uma música, provérbio ou piada que tenha pertinência o tema trabalhado. Antes de passar para próxima etapa, o Co-terapeuta propõe uma dinâmica interativa ou pode solicitar uma sugestão de brincadeira ao próprio grupo para passar para o terapeuta, iniciar a etapa seguinte: **a escolha do tema**, onde se faz o levantamento dos possíveis temas que serão trabalhados, anotando e resumindo para que o grupo possa votar e escolher o tema que será discutido e apresentado posteriormente pelo protagonista do problema. A próxima etapa é a **contextualização**. Nesse momento o grupo fará perguntas para compreender melhor o problema da pessoa. Todos poderão fazer perguntas para esclarecer o sentimento dessa pessoa, a sua dor, o que está incomodando. Elabora-se o mote que vai permitir a reflexão do grupo sobre o sentido do comportamento da pessoa escolhida, para facilitar a comunicação. Somente após a elaboração do mote, é que poderemos passar para a outra etapa, que é a **problematização**. O protagonista agora fica em silêncio e coloca-se o mote para estimular a reflexão do grupo, para que coloquem as suas vivências e as resoluções criativas das suas situações problemas. Em seguida, finaliza-se a terapia fazendo o ritual de agregação e conotação positiva. O terapeuta solicita que o grupo se coloque em circulo de pé, a pessoa escolhida pelo grupo vai receber uma conotação positiva do terapeuta, que em seguida, solicitará ao grupo fazer o mesmo, dizendo o que cada um levará para casa daquela sessão de terapia e o que aprendeu.

4 – Resultados

Por ser uma técnica inovadora e de fácil aplicação, a Terapia Comunitária mostrou-se bastante eficiente como instrumento de apoio e solidariedade no grupo de trabalho.

Relacionamos abaixo alguns temas que foram trabalhados com freqüência nas sessões de Terapia Comunitária:

- Conflito familiar (filho / marido)
- Depressão

- Droga
- Saudade
- Separação
- DST
- Culpa
- Ansiedade
- Sexualidade / Auto-estima
- Violência
- Ciúme (namorado / marido / nora)
- Menopausa
- Homossexualidade
- Prostituição
- Virgindade / Gravidez
- Alcoolismo
- Desemprego
- Medo
- Limites
- Raiva

Em todos os temas abordados na Terapia Comunitária, foi possível perceber que na escuta da dor do outro, o participante percebe que não é o único a sofrer. Quem pensava estar isolado na sua angústia, reconhece que muita gente também passou pela mesma dificuldade. Em diversas sessões de Terapia Comunitária tivemos a chance de elaborar "motes" que possibilitaram a reflexão em cima dos seis pilares da auto-estima, ajudando participantes a explorarem o seu potencial criativo e refletirem acerca da importância do seu papel como responsável pela construção da sua história de vida. Como foi possível perceber nos depoimentos abaixo:

"Tenho a confirmação das minhas crenças".
"Na Terapia Comunitária nunca me sinto só".
"Aqui na Terapia Comunitária não tenho vergonha de falar dos meus problemas, sou igual a todos, nunca me sinto discriminada'.
"Aprendi a ver as dificuldades, não me desesperar, refletir e enfrentá-los sem medo".
"Descobri que a obesidade me fazia mal e tive coragem de fazer a cirurgia bariátrica".

"Aprendi a dar mais valor a mim, a gostar de ser mulher, mãe e companheira".
"A terapia me ajudou a ter mais segurança, a ter paz de espírito e me dar mais valor".
"Afirmo, reafirmo e confirmo que adquiri muito mais coragem, disposição e auto-estima com a terapia comunitária".
"Hoje sei que preciso cuidar de mim para poder cuidar de outros".
"A terapia me ajudou muito no meu relacionamento comigo, com meu marido e com meus filhos".
"É muito bom ter um lugar onde posso falar sem ter vergonha de ser eu mesma".
"Aprendi na terapia a não ter vergonha do meu corpo. Aprendi a não ter culpa, a dar e receber prazer".
"Na terapia eu aprendi a dizer 'não', hoje só durmo com quem quero".

As informações provenientes dos questionários foram sistematizadas em tabelas (Anexo). Na tabela I, referente à avaliação de vínculos, observou-se crescimento significativo, tanto na quantidade quanto na qualidade dos vínculos, em 100% das pessoas entrevistadas.

Na tabela II de Auto - Estima, foi possível verificar a elevação da auto-estima em 100% da amostra pesquisada.

A partir da análise dos dados e depoimentos obtidos, pode-se constatar a contribuição da terapia comunitária na elevação da Auto-Estima em todos em os participantes.

5 – Conclusão

Nas sessões de Terapia Comunitária as experiências vividas serviram como matéria-prima para o crescimento do grupo. Permitiu que os indivíduos repensassem os seus sofrimentos de forma mais ampla, ressignificando sentimentos ou situações, mobilizando recursos pessoais e, portanto, reforçando a sua auto-estima.

Verificou-se que em toda a amostra pesquisada ocorreu a elevação da auto-estima, o que revela a eficácia da terapia comunitária para alcance dos objetivos propostos.

Conclui-se que a Terapia Comunitária contribuiu de maneira significativa na elevação da auto-estima individual e do grupo que dela participa. Tem sido uma experiência, extremamente gratificante e um aprendizado valioso, tanto em nível pessoal dos participantes, quanto do terapeuta que conduz a T.C.

Referências bibliográficas:

BARRETO, A. P. *Terapia Comunitária passo a passo*. Fortaleza: Gráfica LCR, 2005.

BRANDEN, N. *O Poder da Auto-Estima*. São Paulo: Saraiva, 1995.

BRANDEN, N. *Auto-Estima: como aprender a gostar de si mesmo*. São Paulo: Saraiva, 2000.

BRIGGS, D. B. *A Auto-estima do seu filho*. São Paulo: Martins Fontes, 2002.

HUMPHREYS, T. *Auto-Estima: a chave para a educação do seu filho*. São Paulo: Ground, 2001.

JAMIR, M. N.; OLIVEIRA, Marluce Tavares de. *Sobre o pensamentosistêmico*. Disponível em: < http://www.abratecom.org.br/artigo_detalhe.asp?art_ID=6 >. Acessado em: 14 de jul.2006

SATIR, V. *Contatos com tato*. São Paulo: Editora Gente, 2000.

SERRÃO, M.; BALEEIRO, M. C. *Aprendendo a ser e a conviver*. São Paulo, 1999.

64. O prazer da descoberta de novas alternativas para o olhar sobre si mesmo e para o mundo

Selma Kupperman

Este pôster apresenta o trabalho semanal de um grupo misto formado de 10 jovens de 14 a 17 anos, durante o primeiro semestre de 2003 em uma das Oficinas de Artes Visuais.

A idéia desse pôster nasceu para através desse recorte, transmitir maior visibilidade a uma linha de trabalho multidisciplinar realizado por profissionais voluntárias do Programa Caminhando do CEAF (Centro de Estudo e Assistência à Família).

As oficinas são realizadas desde 1997, junto às crianças e adolescentes residentes no bairro de Paraisópolis em São Paulo, em parceria com a Obra Social Pio II.

Entre as mediadoras e supervisora desse grupo de Artes (visuais ou musical), há profissionais de formação em arte educação, pedagogia, psicologia e sociologia, que se reúnem toda semana para estudos teóricos de base analítica, sistêmica, impregnadas das idéias de Paulo Freire voltadas para o Social, assim como para discussões e supervisão do trabalho em cada oficina.

Depois da mediadora ter realizado no ano de 2002, o primeiro módulo da Terapia Comunitária em Morro Branco com Dr. Adalberto Barreto, os frutos dessa experiência já aparecem nas reuniões de estudo junto às colegas do grupo de Arte.

Nas oficinas surgem como ferramentas valiosas tanto na compreensão e avaliação dos problemas discutidos como na própria atuação junto aos jovens.

Nossos alunos são crianças e adolescentes em situação de risco pessoal e social, pertencentes a famílias que em sua maioria migraram para São Paulo provenientes de outros estados, tendo perdido contato com suas raízes culturais.

São *jovens que desconhecem sua historia*, portanto com grande confusão de identidade social e cultural, além de baixa auto-estima

São crianças e jovens que tendem a expressar seus impulsos vitais de modo direto e imediato, às vezes por não disporem de formas alternativas de expressão, e também pela ausência de experiências educativas que promovam meios construtivos para tal.

Durante o processo de criação que acontece em um espaço físico afetivo e lúdico, através da utilização de diferentes técnicas artísticas, esses jovens descobrem novas capacidades e possibilidades de escolha.

Nas oficinas desse semestre de 2003 antes das atividades artísticas, com o propósito de aquecimento, são introduzidos jogos, dinâmicas grupais, alongamentos, que além de descontrair, contribuem para que eles entrem em contato com o próprio corpo, com seus diferentes sentimentos e sensações e com as várias facetas de expressão social

Após enfrentar o constrangimento inicial diante da possibilidade de julgamento do outro, sentem-se valorizados por poderem expor e discutir seus trabalhos no grupo, aprendendo a exercer e ouvir a crítica construtiva.

O ambiente de trabalho acontece entre profunda concentração de alguns, dentro de um clima de descontração por parte de todos, inclusive da mediadora, onde as conversas e brincadeiras correm soltas.

São momentos de grande riqueza para a compreensão dos valores, das expectativas e das dificuldades dessa população, ao mesmo tempo que as interferência e questionamentos da mediadora são ouvidos e discutidos.

Como fruto das reflexões durante todos esses anos somados às informações sobre a Terapia Comunitária, o Programa de Arte no CEAF foi formulado no sentido de:

- Criar dispositivos de redes de acolhimento e referência a essa categoria social com demandas e necessidades singulares que precisam ser afirmadas e dialogadas com eles, entre eles e com quem eles trabalham.
- Utilizar todas as formas de arte como um instrumento de trabalho, pois o olhar de um indivíduo sobre o mundo tem relação com sua cultura, seu tempo, sua vida, despertando nele uma imagem mental. A arte registra essa imagem como expressão do mais íntimo, do mais reservado de um ser humano.
- Aplicar essa arte como um rico instrumento educacional, tanto ao aliar o lúdico à construção dos processos psíquicos envolvidos na simbolização e na criação, quanto na expressão de sentimentos e conflitos.
- Contribuir para que os jovens consigam, pela cultura visual e musical, entrar em contato com o próprio espaço e perceber as várias maneiras de olhar para tudo que os cerca, para si mesmos e para a comunidade, possibilitando uma atitude de compreensão crítica e criativa frente a vida.
- Valorizar nas oficinas, o olhar sobre o próprio cotidiano aprendendo a nomear suas sensações, seus sentimentos e pensamentos, a discutir suas ações, para delinear novas formas individuais de ser e de viver no mundo, pois sabemos que o conhecimento de si mesmo se constrói através da interação com a realidade. Incentivá-los a interpretar essa realidade constitui um dos focos de nosso trabalho.
- Dar visibilidade às produções das Oficinas através de exposições e de apresentações, pois elas são essenciais para a valorização das crianças e adolescentes, da sua identidade, facilitando sua inclusão social.
- O reconhecimento público de suas obras como objetos de cultura, autentica seus criadores como agentes sociais, possibilitando–lhes uma posição participativa na sociedade.

Mediadora: Selma Guarinon Kuperman
Psicóloga clínica especialista em indivíduo, casal e família
Terapeuta Comunitária no CEAF

65. A Terapia Comunitária como recurso no tratamento da alexitimia

Maria Cristina Bergonzoni Stefanini – CENPE/UNESP-Araraquara/SP
Mari Elaine Leonel Teixeira – CENPE/UNESP-Araraquara/SP

A pesquisa científica da inteligência (do latim *intelligere*: entender, compreender, conhecer) só teve início no século passado. Muitos são os conceitos elaborados e cada um deles corresponde a uma escola teórica do campo da psicologia.

A abordagem psicométrica teve origem nos trabalhos de Binet e compreende a inteligência como "algo que se pode medir". Daí surgiu a escala métrica da inteligência.

A abordagem comportamental trouxe a compreensão da inteligência como comportamento observável, adequado ou inadequado frente a uma determinada situação, impondo sua relatividade frente à noção mais absoluta do modelo anterior. Não se detém muito em explicação do que não se pode ver. Prefere aquilo que pode ser visto e de certo modo também, aquilo que sendo visto pode ser medido.

Os modelos cognitivos, com sede em Piaget, e os modelos psicodinâmicos, com sede na Psicanálise, advogam para a inteligência uma natureza mais interna, apesar de seus aspectos visíveis e reconhecem que há muito a desvendar daquilo que permanece invisível ao próprio sujeito porque é inconsciente.

Comum a todas as definições de inteligência está a afirmação de que ela é uma capacidade de se adaptar, se orientar ou resolver situações novas e desconhecidas. Além dos domínios tradicionais do pensamento como a cognição, a resolução de problemas e o saber prático aparecem outros tipos de inteligência como a inteligência emocional, a inteligência artística e criativa e a inteligência social. Outra idéia consensual é que a inteligência é produzida no cérebro.

A década de 1990 foi considerada a década do cérebro. O cérebro entendido com um sistema, como um *hardware*, passou a ser escrutinado e pesquisado como a base biológica da cognição.

Mais recentemente o cérebro foi identificado também como a base biológica das emoções. É o que afirma o neurologista e neurobiólogo António Damásio sustentando que nossos juízos intelectuais e morais são determinados, para além da lógica interna do cérebro, pelas emoções que experimentamos. Como compreender que uma pessoa disponha de um bom quociente intelectual, mas seja incapaz de tomar decisões sensatas para organizar sua trajetória, a longo prazo, sua carreira ou sua vida familiar. Isso indica o papel central das emoções na tomada de decisão, domínio de expressão por excelência do juízo, da inteligência e da deliberação. Assim, há uma inteligência das emoções. Diz Damásio que as emoções não representam, como pensava Descartes, o lado obscuro do espírito humano, mas ao contrário, nos ajudam a tomar boas decisões.

A idéia de que determinadas emoções podem inundar as células cerebrais de hormônios e neurotransmissores que permitem controlar a resposta diante de situações difíceis é um dos pilares da biopsicologia, um termo usado por cientistas para definir o estudo científico da biologia do comportamento e processos mentais. Refere-se ao intricado relacionamento entre psicologia e biologia, que é chamado de medicina corpomente, ou psiconeuroimunologia. É a confirmação do que diz a neurologista Candace Pert, citada por Susan Andrews: cada mudança de humor é acompanhada por uma cachoeira de "moléculas de emoção" – hormônios e neurotransmissores – que flui através do corpo, afetando todas as células. Cada célula humana contém cerca de um milhão de receptores para receber essas substâncias bioquímicas. Assim quando estamos tristes, nosso fígado está triste, nossa pele está triste e assim por diante, ou seja, todos os órgãos podem entrar no mesmo estado de tristeza. Mas o contrário também é verdadeiro.

Daniel Goleman, professor da Universidade Harvard, nos Estados Unidos foi quem desenvolveu o conceito de inteligência emocional. Ele diz que nosso cérebro emocional foi desenhado para ajudar o indivíduo a sobreviver no meio ambiente primitivo da Préhistória. Mas continua funcionando da mesmíssima maneira no mundo moderno extremamente complexo, o que pode nos levar a desequilíbrios. Se as nossas emoções fogem ao nosso controle, nós nos tornamos incapazes de analisar as informações corretamente e até mesmo de responder a elas com eficiência. Por isso o controle sobre os sentimentos é mais importante hoje do que em qualquer outra época.

A inteligência emocional é um aprendizado permanente. Assim, até uma criança com sérios problemas de relacionamento pode superá-lo e chegar a idade adulta com um alto grau de empatia, ou seja, capaz de entender os sentimentos alheios e de expressar os seus próprios.

É ainda Damásio que indica existir uma diferença entre emoção e sentimento. Na linguagem corrente os dois termos são considerados sinônimos, o que mostra uma estreita conexão que os une. Porém definidos de maneira mais precisa uma emoção é um conjunto de reações corporais a certos estímulos. Quando temos medo, o ritmo cardíaco se acelera, a boca seca, a pele empalidece e os músculos se contraem – reações automáticas e inconscientes. Os sentimentos, por sua vez, surgem quando tomamos consciência destas emoções corporais, no momento em que estas são transferidas para certas zonas do cérebro onde são codificadas sob a forma de uma atividade neuronal. Então as modificações fisiológicas fazem com que reconheçamos isso como medo, ou outro estado qualquer. Um estado emocional é uma espécie de "mapa pessoal" gerado a partir de nossas experiências. Os sentimentos surgiriam de uma leitura de mapas em que estão marcadas as alterações emocionais, são como reproduções instantâneas de nosso estado corporal. Assim registrado, um sentimento correspondente a um mapa, ele pode ser reavivado "do interior", em certa medida, sem a intervenção do corpo. É quando nos lembramos de um episódio agradável e sentimos de novo a mesma emoção ou evocamos um episódio desagradável e sentimos uma emoção desconfortável ou uma reação idêntica a que expressamos na ocasião.

Então concluímos que para sentir algo precisamos do cérebro e para nos liberarmos de coisas desagradáveis também precisamos dele. A consciência de si é construída a partir da imagem do corpo, que decorre das marcas deixadas nele pelas sensações (frio, calor etc...) e emoções (agradáveis ou desagradáveis). Com isso elaboramos uma imagem de nosso corpo e de suas reações em função de constrangimentos externos. Essa imagem é cerebral e pode ir se repetindo ou se impondo em todo novo acontecimento.

Os seres humanos desenvolveram uma consciência de si porque o corpo precisa verificar sempre se o seu equilíbrio (homeostase) está sendo respeitado. O cérebro deve receber informações atualizadas sobre o estado do corpo a fim de regular os mecanismos vitais. Diante de um perigo, o corpo reage por meio de um conjunto de reações fisiológicas, que o cérebro converte em atividade neuronal. É preciso aceder à atividade neuronal e tomar consciência dela para agir.

Para o organismo, é a única maneira de sobreviver num meio em perpétua mudança. As emoções, sem sentimentos conscientes não bastam para promover um real equilíbrio do corpo e da mente.

As pesquisas sobre as emoções e o funcionamento cerebral ainda são escassas. Mas se no futuro existirão medicamentos que agirão sobre sistemas celulares ou moleculares que intervêm nas emoções, hoje eles ainda não estão disponíveis. O que a ciência faz é investigar como o cérebro lida com esse fluxo constante de sinais emocionais e ao indivíduo cabe buscar a consciência deste mesmo fluxo em si.

Se as emoções são também funções cerebrais como o raciocínio e a memória podemos esperar encontrar indivíduos que pensam e raciocinam de maneira comum tanto quanto indivíduos cujas emoções se expressam também de maneira comum, ou podemos encontrar indivíduos cujas funções lógicas estejam comprometidas (por exemplo, os indivíduos que sofreram lesões cerebrais, sejam elas quais forem) ou indivíduos cujas funções emocionais revelam-se insuficientes, ou comprometidas.

É o caso da alexitimia.

A alexitimia está sendo descrita como um transtorno que indica a incapacidade de identificar as próprias emoções. As emoções estão presentes na forma de sensações (sinais físicos e/ou comportamento), mas é como se a pessoa não pudesse tomar consciência delas, nem exprimi-las. Numa situação tensa demais, essas pessoas caem em lágrimas ou explodem em cóleras, única expressão de que são capazes. Eram identificados como pessoas sem senso de humor, taciturnas.

Segundo Berthoz quem sofre de alexitimia tem dificuldade em estabelecer laços, em identificar-se com que os interlocutores sentem, em perceber quais reações seu discurso provoca nelas.

Essas pessoas têm pouca capacidade para sondar os próprios estados afetivos e fogem das ocasiões em que algum aspecto seu possa ser reconhecido, isto é, fogem de relações pessoais com pessoas mais seguras ou autocentradas e das psicoterapias ou discussões em grupo. São em geral identificados como pessoas sem senso de humor, taciturnas, hipocondríacas, e acusados de não terem criatividade e flexibilidade, mas é comum encontrar hoje também indivíduos aparentemente alegres e extrovertidos como uma forma de encobrimento dessa dificuldade.

Um estudo realizado para investigar as características da atividade cerebral dessas pessoas, a equipe da Dra Berthoz identificou anomalias em uma zona responsável pela comunicação entre a área das emoções e a zona cerebral que toma conhecimento dessas emoções, analisa-as e exprime-as.

A falta de "mentalização" das emoções é a dificuldade encontrada por alguém que é alexitimico. É a dificuldade de "leitura" dos mapas pessoais construídos a partir das sensações corporais. Uma espécie de "dislexia emocional".

A origem dessa dificuldade pode ser buscada na infância, quando a criança começa a conhecer o mundo a partir de suas experiências corporais. A presença dos pais ou adultos é importante para ir ajudando a criança a identificar o que está sentindo, nomear e organizar essas experiências em mapas mentais para associá-los a outras experiências no futuro. Isso se faz através da comunicação e da palavra. Por exemplo, quando a criança chora, a mãe logo diz: Ah! Você está com fome? Quando um adolescente tem uma crise de raiva, o adulto pode ajudá-lo a identificar o que está na origem daquela atitude.

Este método corresponde ao mesmo trajeto cortical. No cérebro a informação passa dos centros de percepção das emoções que é o sistema límbico, localizado na região mais antiga e profunda do cérebro, aos centros de categorização, de reflexão, de linguagem e de percepção auditiva, situados no córtex, a parte externa do cérebro. (Vale lembrar que o córtex é o que nos distingue dos animais. É a parte mais elaborada do sistema nervoso central, onde se processam as atividades corticais superiores como andar, falar e pensar). As trocas entre mãe e filho são fundamentais para a criação de um bom "banco de emoções", isto é, um vasto repertório de sensações associadas a palavras ou a pensamentos. Se, por um motivo qualquer, como depressão, fragilidade emocional, imaturidade, carência afetiva e cultural, os pais ou os adultos que cuidam da criança (berçarista ou inspetores nos ambientes de internato), não dão um número suficiente de indicações verbais para as emoções que as crianças sentem, elas podem ficar com um déficit de palavras, refletindo carência de sentimentos identificados. Quando adultos é provável que se refiram constantemente às suas sensações corporais sem conseguir passar ao plano dos estados mentais do corte e da linguagem, como diz Berthoz.

Como são identificadas as pessoas com esse transtorno? A equipe do Instituto Montsouris (Paris) observa a atividade cerebral de pessoas submetidas a imagens que provocam reações positivas ou negativas. Antes disso solicitam que as pessoas respondam a um questionário contendo questões como: Você costuma soltar a imaginação? Quando se vê diante de um problema de relacionamento, você o evita? Você tem a impressão de que deveria falar mais sobre o que sente?

Os resultados dos questionários revelam que os alexitímicos têm uma pontuação muito baixa e o desenho de suas atividades cerebrais é diferente ativando áreas mais primitivas do cérebro como se pode ver na figura abaixo.

Ainda não se sabe como aparece essa disfunção apresentada no giro do cíngulo que tem um papel importante na tomada de consciência das próprias emoções, servindo de ponte entre o sistema límbico e o córtex cerebral. Há um excesso de conexões inúteis bloqueados no giro do cíngulo.

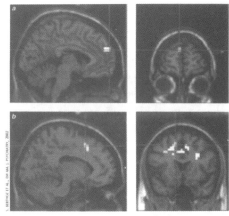

Supõe-se que os alexítimicos sejam destituídos de um canal de comunicação entre estas conexões do giro do cíngulo e o córtex, porque esse canal não foi construído pelas conexões neurais na idade infantil.

Hoje é consenso entre os psiquiatras que emoções não expressas verbalmente terminariam aflorando em forma de sintomas físicos.

Embora não possamos identificar dentre as pessoas que participam da terapia comunitária, aqueles que possuem alexítimia podemos observar a grande dificuldade que essas pessoas têm para exprimirem o que sentem através da linguagem.

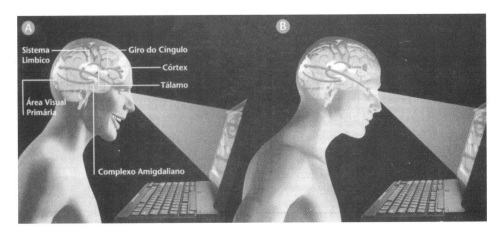

Dizem os neurologistas que as terapias clássicas não funcionam para os alexítimicos. O que funciona são as terapias em grupo que estimulam a construção de um repertório de estados mentais identificados e ampliados. A TERAPIA COMUNITÁRIA se apresenta como um recurso favorável para isso porque é um espaço de escuta, onde cada um, através da partilha de suas experiências de vida é acolhido no grupo. Busca através dos questionamentos, auxiliar os indivíduos do grupo na reorganização do seu discurso e na resignificação do seu sofrimento através da identificação de suas emoções, restabelecendo e ampliando o poder da palavra.

O papel do terapeuta comunitário na indicação de Adalberto Barreto (2005) é o de reforçar a dinâmica interna do indivíduo; suscitar o sentimento de união e identificação com os valores culturais; tornar possível a comunicação entre diferentes formas do "saber popular" e do "saber cientifico"; estimular a participação através do diálogo e da reflexão. Ele ressalta a semelhança com o papel do educador definido na pedagogia de Paulo Freire, onde "...ensinar é o exercício do diálogo, da troca, da reciprocidade, ou seja, um tempo para falar, para escutar, um tempo para aprender e ensinar". (FREIRE, in BARRETO, 2005)

A Terapia Comunitária ou TC caracteriza-se como uma prática pós-moderna para Grandesso (2004) uma vez que a conversação terapêutica se organiza no interjogo de perguntas e respostas compartilhada entre os participantes e na decisão do tema-problema a ser trabalhado. Nesta, assim como em outras práticas pós-modernas, a competência do terapeuta está em organizar o contexto da conversação e cuidar do acordo proposto pelas regras especificas da TC colocadas sempre no inicio de cada sessão, para que a conversação e a escuta se restrinja ao compartilhar das histórias vividas, permitindo dar visibilidade às formas que as pessoas encontraram para transformar seus sofrimentos em aprendizados. A proposta não é a resolver os problemas apresentados, mas formar redes solidárias de fortalecimento da auto-estima das pessoas e da comunidade. Os recursos que a abordagem sistêmica fornece à TC criam mecanismos de conversação que estimula mudanças no comportamento através da identificação das suas emoções, visto que sua prática implica em promover um contexto de acolhimento, reconhecimento das competências, com ênfase na construção de significados, no modelo dialógico e no poder generativo da linguagem (quando a pessoa fala do seu sentimento ela está organizando o pensamento) possibilitando e ampliando novas narrativas fator importante no auxilio aos alexítimicos.

Aos que sofrem de alexitimia, a terapia comunitária possibilita a identificação de suas emoções, quando os terapeutas buscam auxiliar o grupo repetindo as palavras, ajudando a nomear suas emoções, através da utilização de algumas técnicas apropriadas como as sugeridas por Fiorelli, Malhadas e Moraes (Fiorelli, Malhadas e Moraes in Santana, 2004), e adaptadas por nós.

Além disso, o terapeuta pode apresentar algumas perguntas básicas para iniciar o movimento de expressão do sentimento como:

Técnica	Procedimento
Reafirmação	Repetir com as palavras de quem falou
Parafrasear	Repetir com palavras diferentes, sempre empregando termos simples e objetivos.
Escuta Ativa	Decodificar, com suas palavras, a mensagem para verificar a sua compreensão.
Expansão	Repassar a mensagem, elaborando e ampliando para melhor a compreensão.
Ordenação	Ajudar a ordenar as idéias (tempo, espaço, tamanho, prioridade,etc.)
Agrupamento	Combinar as idéias
Estruturação	Colaborar na organização do pensamento fazendo uma síntese
Fracionar	Dividir as idéias em partes
Generalizar	Identificar os aspectos gerais
Esclarecer	Formular perguntas para clarificar aspectos relacionados com uma idéia
Aprofundar	Fazer perguntas para aprofundar a compreensão do problema

Qual é a sua dor?

De onde vem seu sofrimento?

Que nome você daria para isto que acabou de falar?

Como é que você faz para lidar com isto?

A comunicação é um sistema de canais múltiplos em que estão implícitos vários indicadores que podem se diferenciar de uma cultura para outra. Uma boa comunicação e a compreensão de uma mensagem implicam em olhar o contexto, saber que as partes não se somam, mas se entrelaçam o tempo todo, desejando ou não, identificar os sinais emitidos ou velados, através de falas, olhares, mímicas, de gestos, do silêncio e inclusive pela atitude de ausência. O terapeuta precisa estar atento porque a comunicação é uma ação conjunta e nós estamos envolvidos na co-participação. No ajudar as pessoas em sofrimento, não são as palavras pronunciadas ou que escutamos no grupo que promoverá a mudança, mas o significado que ela trás para nós.

Finalmente, a terapia comunitária ainda exerce sobre a alexitimia um papel de imunologia espiritual conforme sugere Espinosa citado por Damásio, p.(52), "o de opor aos afetos negativos, como a tristeza e o medo, outros positivos como a alegria e a esperança, definidos como forma de paz interior"

Referências bibliográficas

ANDREWS, S. Emoções em Moléculas. *Revista Superpapo: Conversas bacanas com gente interessante*. Entrevista por Caco de Paula. Edição de Sergio Gwerca. Novembro - 2004.

BARRETO, A. de P. *Terapia Comunitária passo a passo*. Gráfica LCR, Fortaleza-CE, 2005.

BERTHOZ, SYLVIE. Os segredos das emoções. Revista de Psicologia, psicanálise e conhecimento: *Viver Mente&Cérebro. Scientific American* – ano XIII n° 143 – Dezembro de 2004.

DAMÁSIO, A. Entrevista – A base biológica das Emoções. Revista de Psicologia, psicanálise e conhecimento: *Viver Mente&Cérebro. Scientific American* – ano XIII n° 143 – Dezembro de 2004.

FIORELLI, J. O.; MALHADAS, M.J.; MORAES, D.L. *Psicologia na Mediação: inovando a gestão de conflitos interpessoais e organizacionais*. São Paulo. Editora LTR, 2004.

GOLEMAN, D. *Inteligência Emocional: A Teoria Revolucionária que define o que é ser Inteligente*. Rio de Janeiro – RJ. Ed. Objetiva-14ª ed., 1995.

GRANDESSO, M. *Terapia Comunitária: uma prática pós-moderna crítica*. Trabalho apresentado em mesa redonda no VI Congresso de Terapia Familiar, Florianópolis, SC – julho de 2004.

SANTANA, HENRIQUE D. *Participação, Comunicação e Facilitação: pilares para uma transformação*. Artigo apresentado no site da ABRATECOM – em maio de 2005.

66. Jogos e brincadeiras na Terapia Comunitária. Instrumentos para manutenção do aquecimento do grupo. Relato de experiência

Fabíola Zancaner Arvati
e Elza A. C. R Di Curzio

Introdução

Partindo do pressuposto de que o aquecimento grupal repercute na produção da Terapia Comunitária, focamos os jogos e as brincadeiras como importantes instrumentos de intervenção.

Aquecimento grupal é um conjunto de procedimentos que intervêm na preparação de um organismo, para que se encontre em ótimas condições para a ação. (1)

As funções do aquecimento são estimular a criatividade e a espontaneidade dos membros do grupo desenvolvendo um sentimento de confiança e de pertencer ao grupo através de técnicas que encorajem as interações entre os indivíduos. (2)

Na Terapia Comunitária, em sua primeira etapa, o acolhimento, são utilizadas músicas e rituais característicos das técnicas de aquecimento. (3)

O jogo, no Psicodrama, é utilizado como técnica para o aquecimento do grupo terapêutico. O aquecimento é a fase inicial da psicoterapia de grupo, nele se faz a preparação dos indivíduos. Segundo essa teoria, o aquecimento tem duas fases: inespecífico, que ocorre no primeiro momento do encontro terapêutico, nele o diretor do grupo propõe a realização de um jogo em conjunto; e o aquecimento específico o qual ocorre no contexto dramático, ou seja, no momento em que está sendo trabalho o conflito definido pelo grupo. (4)

Para Monteiro, a essência do jogo reside na capacidade de estimular a espontaneidade. No momento do jogo surge o sentido de liberdade a qual permite ao homem viajar pelo mundo da imaginação e, através dele, recriar, descobrir novas formas de atuação. Nas atividades de jogo se luta, se representa, se imagina, liberta-se das armaduras sociais e se sensibiliza. A autora ressalta que o jogo é desprovido de censura ou crítica, oferece, ao mesmo tempo, tensão e alegria. (5)

Portanto, jogar e brincar podem ser aplicados em diferentes momentos do encontro terapêutico. No início do encontro eles têm a finalidade de criar vínculos, facilitar o conhecimento entre as pessoas, promover a aproximação física e afetiva, relaxar e desligar os participantes do contexto externo para entrar em contato com a terapia. Têm a vantagem de descontrair as pessoas e promover alegria. No curso do encontro terapêutico têm objetivo de aflorar sentimentos, emoções, lembranças que poderão construir o tema da sessão de maneira relaxada e segura.

Terapia Comunitária

Terapia comunitária: uma terapia de grupos

A Terapia Comunitária é um método terapêutico de grupo aberto com finalidade de promoção da saúde e atenção primária em saúde mental. Esse método trabalha no âmbito, inter-pessoal, intra-familiar e intra-comunitário. Ainda, tem como objetivo fomentar a cidadania, a construção de redes sociais solidárias e a valorização da identidade cultural das comunidades carentes.(6)

O cerne da Terapia Comunitária se concentra em resgatar as competências dos sujeitos por meio da valorização da herança cultural bem como do saber popular produzido pela própria experiência de vida de cada um (7). Ao resgatar o saber produzido pela vivência, geralmente dolorosa e silenciosa, procura-se permitir que esta seja verbalizada no grupo, procurando ressaltar o processo de resiliência; ou seja, o processo de transformar dor em competência. A promoção da resiliência intensifica a capacidade de autonomia, reforça a auto-estima e fortalece os vínculos inter-pessoais.

Etapas da Terapia Comunitária (3):

1ª)ACOLHIMENTO: em ambiente agradável, se canta músicas, se oferece boas vindas, se promove receptividade. São esclarecidas as regras da Terapia Comunitária.

2ª)ESCOLHA DO TEMA: é feita pelo grupo a partir de sugestões dos participantes, sob condução de um dos terapeutas.

3ª)CONTEXTUALIZAÇÃO: através de perguntas, clarificar, situar as pessoas sobre o tema escolhido.

4ª)PROBLEMATIZAÇÃO. Utilização de motes, ou seja, ao tema chave ou palavras-chave do encontro.

5ª)ENCERRAMENTO: momento forte para a elaboração do problema. O grupo canta, são realizados rituais de agregação e um dos terapeutas faz conotação positiva aos participantes.

6ª)AVALIAÇÃO: realizada pelos terapeutas da sessão.

Relato da sessão

Características da população da pesquisada

Homens e mulheres de classe socioeconômica média-baixa, com idade entre 12 a 60 anos. Participam da Terapia Comunitária por encontrar nela um espaço de escuta, acolhimento e a possibilidade de ajuda terapêutica.

As principais queixas apresentadas são depressão, conflito entre pais e filhos, síndrome do pânico, separação conjugal, sentimento de solidão, sentimento de baixa auto-estima e crise na relação conjugal.

Essa sessão foi coordenada por duas terapeutas comunitárias, aqui caracterizadas por Z e R.

A Terapia Comunitária é realizada gratuitamente, a cada quinze dias, como trabalho voluntário, na Casa de Cursílio da Paróquia Menino Jesus de Praga, em São José do Rio Preto/SP.

Nessa sessão havia 12 participantes, um adolescente e onze adultos entre 20 a 50 anos.

Síntese da sessão

PROBLEMAS APRESENTADOS:
- mulher de 25 anos, solteira, enfrenta medo de se lançar no mercado de trabalho, está atuando como professora substituta.
- Mulher de 23 anos, solteira, com medo de iniciar novo relacionamento amoroso e decepcionar-se.
- Mulher de 50 anos, casada, tem pânico ao ver animais ou objetos em grupo, passa mal, sofre dores abdominais, chora, às vezes desmaia, isso a impede de sair sozinha de casa, sofre desse mal desde adolescência.
- Mulher de 35 anos, segundo casamento, sofre depressão há algum tempo, toma medicamentos, está em crise no casamento, não encontra saída, teme a separação.

PROBLEMA ESCOLHIDO: CRISE NO CASAMENTO

Mote: como será o amanhã.

Estratégias para solução de problemas: ouvir o outro sem julgá-lo; coragem para se abrir com quem gosta; criar um momento para conversar com os familiares; valorizar a própria história de vida; aumentar a auto-estima.

Discussão

Na fase de acolhimento dessa sessão, além das condições de acolhimento indicadas pela Terapia Comunitária, também foram realizadas técnicas de aquecimento grupal utilizando jogos e brincadeiras. Primeiramente a terapeuta Z demonstrou um ritual indígena com gestos e sons que todos imitavam. Em seguida solicitou aos participantes que demonstrassem outras danças indígenas para todo grupo imitar. Aconteceu uma seqüência divertida e alegre, de danças, sons e jogos à moda indígena, os quais promoveram relaxamento e aproximação física e afetiva entre os participantes. Introduzimos o jogo de brincadeiras aleatórias e desestruturadas sob o signo de rituais indígenas com a finalidade de aquecer o grupo para o início propriamente dito da Terapia Comunitária. Tínhamos o interesse de que estes instrumentos fossem desenvolvidos espontaneamente pelos participantes, de modo consecutivo, sem que houvesse interrupção e desaquecimento do grupo, estimulando a criatividade e a espontaneidade. O jogar e o brincar se demonstraram atividades livres, alegres e divertidas repletas de significados que conferiram sentido à ação. Nesse primeiro momento utilizamos o aquecimento inespecífico, segundo a teoria Psicodramática.

Na etapa de escolha do tema, quando a esposa T, ao lado do marido e do enteado, relatou o seu conflito no casamento, utilizamos jogos e brincadeiras como instrumentos para baixar o nível de tensão e preservar a situação angustiante e desconfortável que foi se instalando. Nas etapas de contextualização e problematização inserimos os jogos e as brincadeiras a fim de promover atmosfera permissiva e criar condições ao aparecimento de uma situação espontânea e criativa nos participantes e na própria esposa T. Verificamos que tais instrumentos possibilitaram a substituição de respostas prontas, por respostas novas, diferentes e livres de um padrão cultural.

Uma das características do jogo na terapia é permitir que os indivíduos descubram novas formas de lidar com uma situação que poderá ser semelhante a outras de sua vida. (5)

Na etapa de problematização, os jogos foram introduzidos pela terapeuta Z ao interromper a fala da esposa T e os questionamentos dos participantes. Sugeriu um jogo de maximização e dramatização do conflito conjugal. Desse modo, outros jogos e brincadeiras foram se compondo e sendo lançados de maneira voluntária e espontânea pelos participantes, a medida em que os diversos relatos de experiência surgiam.

A intervenção pelos jogos contribuiu para a elaboração do mote associando todos os problemas apresentados durante a etapa da escolha do tema.

A técnica de manutenção do aquecimento do grupo, por meio dos jogos e brincadeiras facilitaram a comunicação grupal e a interação entre o sentir, o pensar e o agir. Os jogos criados pelos participantes oportunizaram a expressão simbólica da agressividade, ofereceram início de um processo de autonomia e liberação de conflitos internos com respeito à liberdade e ao limite da esposa T diante do conflito vivido e, aos demais em suas experiências relatadas, além de propiciar integração solidária ao grupo.

O processo de aquecimento desenvolveu a coesão grupal, ao mesmo tempo, permitiu que os membros obtivessem uma percepção das energias e qualidades dos indivíduos do grupo. (2)

A esposa T ao escolher o grupo como depositário de seu sofrimento, entrou em contato com a sua realidade. O conflito conjugal confidenciado e fracionado no grupo tomou dimensões para uma ajuda mútua, encorajnado outros participantes a relatar experiências semelhantes.

A esposa T e os demais participantes formularão opinião própria sobre a atitude do grupo para consigo, portanto o modo como isso repercute em cada um importa a si mesmo como elemento de aprendizagem e resignificação de seus conflitos.

Segundo Pichon-Rivière (8)

> "toda aprendizagem é aprendizagem social, aprendizagem de papéis... Ainda, todo conjunto de pessoas ligadas entre si por constantes de tempo e espaço, e articuladas por sua mútua representação interna (dimensão ecológica), configura uma situação grupal. Tal situação está sustentada por uma rede de motivações e nela interagem entre si, por meio de um complexo mecanismo de assunção e adjudicação de papéis. É neste processo que deverá surgir o reconhecimento de si e do outro, no diálogo e no intercâmbio permanente".

A dimensão lúdica possibilitou o relaxamento. As terapeutas contribuíram com perguntas circulares, ou seja, perguntas que "objetivam revelar os padrões de conexão (pessoas, ações, contextos, acontecimentos, idéias, crenças, etc..") (9), por meio dos jogos e do brincar que permitiram à esposa T e ao grupo comunicar idéias, pensamentos, impulsos e sensações conflituosos num primeiro momento, contudo desembaraçados mediante as técnicas de manutenção do aquecimento. Dessa maneira, foi possível a comunicação do conflito. A tensão pertinente ao conteúdo do tema da crise conjugal na presença do marido foi sendo trabalhada ludicamente.

Na etapa de encerramento, a terapeuta R, conotou positivamente os participantes, propôs rituais e cânticos indígenas para a elaboração do conteúdo vivido nessa sessão.

A proposta da Terapia Comunitária de trabalhar com os aspectos positivos do grupo, com a saúde e não com a doença foi atingida em dimensão lúdica. O grupo criou clima de respeito, liberdade e segurança.

Aqui marcamos a utilização de instrumentos lúdicos para a manutenção do aquecimento do grupo, tal procedimento exige dos terapeutas uma postura de ação-participante.

Para Fritzen, (10) cabe ao coordenador do grupo esclarecer as situações, levar as pessoas a interiorizar seus problemas, provocar uma sincera reflexão, despertar a solidariedade grupal e ainda criar um ambiente de compreensão e de aceitação mútua, de autêntica fraternidade e de acolhida, para que cada qual, sustentado psicologicamente, encontre resposta positiva às suas inclinações naturais de segurança, de reconhecimento, de aceitação e de valorização pessoal.

Holzmann (11) ressalta que ao coordenador do grupo se exige possibilidade corporal, atitude de contenção afetiva, de aceitação e valoração da pessoa e do grupo.

O resultado dessa terapia é uma experiência do trabalho do grupo. É de responsabilidade do conjunto. Ao aplicar os jogos e as brincadeiras despertou-se nas pessoas a consciência de que os problemas existem, caberá à responsabilidade individual enfrentá-los e procurar a solução que os mesmos requerem.

Conclusões

Nos jogos e nas brincadeiras o meio é o próprio fim, é a busca pelo ritual sagrado perdido no adulto moderno. A precariedade mágica do lúdico origina num relacionamento que está sendo descoberto como digno de confiança. Nesse estado lúdico o adulto se permite criativo, espontâneo o que mobiliza emergência de sua personalidade integral, valorizando o surgimento do afeto e das emoções, sentimentos que exercem influência importante no comportamento, contudo freqüentemente marginalizados em detrimento do juízo crítico e do conteúdo intelectual.

A proposta de atividades lúdicas gera tensão e certo constrangimento nos adultos, o que pode acarretar desencorajamento da mesma por parte dos terapeutas. O adulto tende a manter padrões culturais de modo rígido, escondendo a criança que vive nele. Buscamos resgatar a criança que vive dentro do adulto o que colaborou para a elevação da auto-estima e resignificação dos conflitos.

Na visão construtivista aplicada à terapia, a vida se organiza em torno de histórias e essa história pode ser reorganizada a partir de alternativas para seu enredo, descobertas através de novas linguagens (9) como a dos jogos e das brincadeiras, as quais foram oferecidas pelo grupo que compuseram essa história.

Referências bibliográficas

(1) ROJAS-BERMUDEZ, Jaime G. *Introdução ao psicodrama*. 3. ed. São Paulo: Mestre Jou, 1980.

(2) KARP, M.; HOLMES, P. (Org.) *Psicodrama: inspiração e técnica*. São Paulo: Àgora, 1992.

(3) BARRETO, A. (Coord.) *Manual de terapia comunitária*. Ceará: Departamento de Saúde Comunitária e Pró-Reitoria de Extensão da UFC; Movimento Integrado de Saúde Comunitária do Ceará, 2003. Apostila.

(4) MORENO, J. L. *Psicodrama*. São Paulo: Cultrix, 1975.

(5) MONTEIRO, Regina Fourneaut. *Jogos dramáticos*. 3. ed. São Paulo: Ágora, 1994.

(6) CAMAROTTI, Henriqueta. Terapia comunitária: relato da experiência de implantação em Brasília (DF). In: CONGRESSO BRASILEIRO DE TERAPIA COMUNITÁRIA, 1., 2003, Morro Branco, Ceará. *Anais*... Morro Branco, 2003. p.54-68.

(7) GÓIS, C. W. L. *Noções de psicologia comunitária*. 2. ed. Fortaleza: Edições UFC, 1993.

(8) PICHON-RIVIÈRE, E. *O processo grupal*. São Paulo: Martins Fontes, 1982.

(9) SEIXAS, M. R. D'angelo. *Sociodrama familiar sistêmico*. São Paulo: ALEPH, 1992.

(10) FRITZEN, S. J. *Exercícios práticos de dinâmica de grupo*. 5. ed. Petrópolis: Editora Vozes, 1984. v. 2.

(11) HOLZMANN, M. E. F. *Jogar é preciso: jogos espontâneos-criativos para famílias e grupos*. Porto Alegre: Artmed, 1998.

67. Algumas reflexões sobre a inserção da música nos encontros de Terapia Comunitária no CEAF (Centro de Assistência à Família)

Silvia de Azevedo Barretto Fix, Maria da Salete Vianna Leite
e Cecília Galvani

"Reunir pessoas num círculo, acolher a cada um...
Ouvir, ouvir atentamente, conversar com simplicidade
Deixar que brotem, de dentro para fora as riquezas, as competências,
As experiências de cada um...
Dificuldades, problemas,
Partilhar soluções, despertar a solidariedade,
Desfrutar isto, por si só já não é curativo?
Abraçados, ao final, todos cantam,... se enlaçam
Integrados num círculo no qual cada um é um elo.
A isso, chamo terapia... Uma terapia para o povo...
A isso chamo <u>Terapia Comunitária</u>"
(Barreto, Projeto 4 varas, p.16)

A Terapia Comunitária é um espaço onde ocorrem trocas de "experiências de vida e sabedorias de forma horizontal e circular.... Todos se tornam co-responsáveis na busca de soluções e superação dos desafios do quotidiano, em um ambiente caloroso. A comunidade torna-se espaço de acolhimento e cuidado, sempre atenta às regras: fazer silêncio, não dar conselhos, não julgar, falar de si, propor músicas, poemas ou histórias apropriadas." (Barreto, 2005, p.51). Segundo seu fundador, o psiquiatra, antropólogo, teólogo e filósofo doutor Adalberto Barreto, ela está construindo sua identidade alicerçada em cinco grandes eixos teóricos: o Pensamento Sistêmico, a Teoria da Comunicação, a Antropologia Cultural, a Pedagogia de Paulo Freire e a Resiliência.

O CEAF – Centro de Estudos e Assistência à Família é uma organização não governamental desvinculada de qualquer partido político ou grupo religioso. Vários programas são desenvolvidos pelo CEAF há 20 anos: ACAP (Atendendo a Criança Através dos Pais), TERAPIA FAMILIAR, CINE-FAMÍLIA, PROGRAMA CAMINHANDO. Em 2003 começou a funcionar o PROGRAMA DE TERAPIA COMUNITÁRIA, supervisionado por Maria da Salete Vianna Leite.

A nossa equipe no Projeto de Terapia Comunitária no CEAF realiza encontros semanais de 2 horas com 30 a 40 pessoas. É fundamental ressaltar que o trabalho proposto não é analítico no sentido tradicional, mas atravessado pela Psicologia e pela Antropologia (Etnopsiquiatria), pautado na escuta e na relação. Muitas vezes as pessoas nos endereçam questões ou fazem afirmações que nos mobilizam: "o que eu devo fazer?", "não agüento mais!", "o que acontece com meu filho?". Somos assim confrontados com uma questão básica: nessa relação que posição queremos e devemos tomar? Como responder à procura de saber a nós endereçada?

Terapia Comunitária

É necessário não cair na tentação do aconselhamento, e pensar na nossa posição de terapeutas. Trata-se de fazer uma escuta ativa, na qual não podemos dar receitas para preencher a falha de saber, como se fossemos donos da verdade. Trata-se de se tentar mobilizar questões, colocar o indivíduo numa situação de fala. Trata-se de implicá-lo na sua própria queixa, tentando fazer com que a transforme num enigma. Trata-se de se tentar que faça um giro na sua posição, uma vez que na posição de vítima não há enigma. Na posição de vítima não há ação e sim paralisia. Na posição de vítima não há mudança possível. Trata-se de possibilitar um novo olhar, e, mais do que isso, um olhar interrogante. Trata-se de transformar a demanda de saber em demanda de escuta, para estimular novos olhares e possibilitar a construção de uma rede de apoio.

Minha ciranda não é minha só, ela é todos nós, ela é de todos nós.
A melodia principal quem guia é a primeira voz, é a primeira voz.
P'ra se dançar ciranda, juntamos mão com mão,
Formando uma roda, cantando uma canção.
Minha ciranda – Lia de Itamaracá

A música é uma ferramenta na terapia comunitária, podendo ter algumas funções: acolher no grupo; aquecimento (colocar em situação de fala); acolher a dor; celebrar a alegria; catalisar as falas do grupo; função de continência; função de espelho; estimular a capacidade de resiliência; resignificação; propiciar a sensação de pertencimento e inclusão (no grupo e na comunidade). Neste texto vamos falar de algumas dessas funções da música. Achamos fundamental ressaltar a importância das expressões folclóricas. As músicas folclóricas e os ditados populares ou "provérbios" são representantes da cultura de um povo, da sua história, da sua memória. Eles são o resultado de uma longa experiência de vida, representando a sabedoria de um povo.

O marinheiro, marinheiro, quem te ensinou a nadar?
Foi o tombo do navio, ou o balanço do mar?
Marinheiro só – Canção folclórica

Durante a fala dos "sufocos" qualquer pessoa do grupo pode interromper com uma música, um provérbio, ou uma piada que tenha a ver com o tema que está sendo exposto. Quando o terapeuta ou alguém do grupo canta uma música que espelha a situação apresentada, sua audição possibilita ao indivíduo a sensação de que está sendo ouvido. É muito freqüente que no final do encontro alguém venha dizer: "Obrigada... por aquela música que você cantou para mim". Possibilita também a percepção de que outro indivíduo já passou por situação semelhante, e de que ele não está sozinho.

Numa outra situação, D. Alzira contou do seu "sufoco" porque o filho "se enrabichou com uma mulher errada". Ela falava para ele que a mulher não servia, mas ele "continua com aquela mulher". E agora ele tinha saído de casa para ir morar com ela. Ela disse: "Esse filho é tudo para mim", e começou a chorar. Cantamos:

Sabiá lá na gaiola fez um buraquinho, voou, voou, voou, voou,
E a menina que gostava tanto do bichinho, chorou, chorou, chorou, chorou.
Sabiá fugiu do terreiro, foi cantar no abacateiro,
E a menina disse a chorar: Vem cá sabiá, vem cá.
A menina diz soluçando: Sabiá, estou te esperando,
Sabiá responde de lá: Não chores que eu vou voltar.
Sabiá lá na gaiola – Canção folclórica

Alguns encontros depois, ela veio dizer: "Sabe aquela música que você cantou para mim? Meu filho voltou para casa!". Evidentemente não foi a música que fez com que ele voltasse para casa, e nem a esperança de que ele voltaria. Mas talvez a música tenha criado um espaço para a percepção de um outro alguém que precisa voar, sair da barra da saia da mãe, de alguém que como ela também chora de tristeza, de um outro alguém que precisa sair para cantar, percepção do tempo de espera, percepção da possibilidade da volta.

Ao ouvir a música, o indivíduo tem a possibilidade de se afastar do movimento centrípeta em que algumas vezes se encontra, ou sair da situação de paralisia em que está. Ouvindo a música pode haver uma mudança no ângulo de visão, e elementos novos poderão ser observados.

Sr. Geraldo* que já tinha participado de vários encontros, tinha um filho preso na Febem, e contava a sua situação. Falava sempre da sua "tristeza" de ter o filho preso. A terapeuta ia tentando ajudar a elaboração dos relatos dos "sufocos" do Sr. Geraldo. O grupo ia fazendo perguntas, e dando depoimentos de suas experiências pessoais. Tudo isso ia possibilitando a transformação das sensações que ele tinha e que definia como "sufoco" e "tristeza", em emoções: impotência, medo, raiva,... Num dos encontros, quando Sr. Geraldo começou a falar, percebemos que o tom da fala e a expressão facial dele não se alteravam.

Cantamos:

> *Quero chorar, não tenho lágrimas, que me rolem da face pra me socorrer.*
> *Se eu chorasse, talvez desabafasse o que sinto no peito e não posso dizer.*
> *Só porque não sei chorar, eu vivo triste a sofrer.*
> Não tenho Lágrimas – *Paulinho da Viola*

No encontro seguinte Sr. Geraldo veio contando uma novidade: ele estava muito bravo porque o cunhado era "um abusado". O cunhado tinha ficado bêbado, como sempre, e tinha quebrado sua TV. O Sr. Geraldo disse ter ficado muito bravo, e expulsado o cunhado de sua casa. Sr. Geraldo é muito controlado, fala muito baixo, é muito conformado, dizendo ser muito apegado a Deus. Talvez por essas características, o grupo começou a bater palmas quando ele contou sobre sua atitude de expulsar o cunhado de sua casa.

Muitas vezes, quando chega a hora de falar, algumas pessoas comentam que estão alegres. É importante ressaltar esses momentos com músicas que falem de alegria:

> *Bom dia, dia,*
> *Bom dia, sol,*
> Bom dia dona alegria
> *E quando é noite,*
> *No meu lençol,*
> *Eu sonho com o novo dia.*
> *trecho da música Bom dia, dia – Tato Fisher*

"A alegria e o senso de humor também são um grande recurso diante das adversidades. Esta capacidade de transformar o trágico em cômico, a tristeza em alegria torna-se um bálsamo e um estimulante para suportar a carga dramática de certos acontecimentos." (Barreto, 2005, p.161). Certos provérbios, em certas ocasiões, podem reforçar a capacidade de resiliência e de superação:

---

*Nome fictício

Agua mole em pedra dura, tanto bate até que fura.
Depois da tempestade, a bonança.

No entanto é preciso cuidado para não parecer um desrespeito pela dor do outro. Num encontro onde D. Neide contava sobre sua depressão, sua tentativa de suicídio, outras pessoas começaram também a falar sobre suas angústias. O momento estava muito tenso. Muitas vezes pensamos em músicas que possam trazer uma conotação positiva, mas nesse caso talvez não fosse indicado começar a cantar: "Tristeza, por favor vá embora...quero de novo cantar." Isso poderia parecer um conselho. Além disso, num momento de profunda tristeza, tanto de D. Neide como do grupo todo, talvez pudéssemos assumir aquela tristeza e acolhê-la. Cantamos:

Bom dia tristeza, que tarde tristeza, você veio hoje me ver.
Já estava ficando até meio triste, de estar tanto tempo longe de você.
Se chegue tristeza, se sente comigo, aqui nessa mesa de bar.
Beba do meu copo, me dê o seu ombro, que é para eu chorar.
Chorar de tristeza, tristeza de amar.
Bom dia tristeza – *Adoniran Barbosa*

E depois tentar encontrar, com outras músicas, possibilidades de esperança:

Sonho meu, sonho meu,
Vai buscar quem mora longe, sonho meu,
Vai mostrar esta saudade, sonho meu,
Com a sua liberdade, sonho meu.
Sonho Meu – *D. Ivone de Lara*

O humor também produz um distanciamento que proporciona uma nova dimensão da situação-problema.

A tristeza é um bichinho
Que p'ra roer 'tá sozinho.
E como rói a bandida,
Parece rato em queijo parmesão.
Adoniran Barbosa

Outra questão, que achamos importante refletir, é o respeito ao silêncio.

"O terapeuta não deve temer o silêncio. Este muitas vezes é um
momento de introspecção e reflexão." (BARRETO, 2005, p.92).

Não acreditamos que uma das funções da música/provérbio/piada seja preencher os espaços vazios. Em alguns momentos é importante respeitá-los, e agüentar o silêncio. Em música existem figuras para representar a duração dos sons: semibreve, mínima, semínima, etc. A semibreve vai representar o som mais longo, e a semifusa o som mais curto. Mas, em música, para cada representação de som existe uma pausa correspondente,

---

* *Tristeza, por favor vá embora, minha alma que chora, está vendo o meu fim.*
Fez do meu coração a sua moradia, já é demais o meu penar.
Quero voltar àquela vida de alegria, quero de novo cantar. Tristeza – Haroldo Lobo e Miltinho.

uma representação de silêncio correspondente. Existem pausas muito longas, pausas longas, e até pausas muito curtas, correspondentes a uma curtíssima inspiração de ar, uma vírgula. Se não existissem pausas, não haveria música, mas apenas uma seqüência de sons sem sentido. Seria como um texto sem pontuação, sem as vírgulas, os pontos, os dois pontos, o parágrafo. Alguns silêncios possibilitam o pensamento, a elaboração das idéias.

Em alguns momentos é possível oferecer ao grupo uma simples repetição de um motivo rítmico, a partir da energia dos componentes do grupo. Bastam dois ou três acordes arpejados. É importante escolher a pulsação desses acordes alternados. Tentar perceber a pulsação do grupo para, a partir dela, oferecer a seqüência de arpejos. Se o grupo estiver mais agitado, a pulsação oferecida vai começar mais agitada, para ir aos poucos desacelerando, acalmando. Se o grupo estiver mais pesado, triste, deprimido, a pulsação de partida será bem lenta, e aos poucos ir acelerando, mas muito aos poucos, ficando numa pulsação ainda lenta, estimuladora da concentração para a troca de energias. É quase um acalanto rítmico que vai possibilitar a formação de uma corrente no grupo, cada um sendo um elo, balançando na mesma pulsação. Alguns se engatam primeiro, mas aos poucos todos vão se engatando.

Essa oferta é muito adequada na etapa do ritual de agregação, quando as pessoas ficam em pé, se dão as mãos, e formam uma corrente. Nesse momento não se pode cantar uma melodia com letra ao fundo, porque interrompe a concentração do grupo para o que está sendo dito. Pode-se oferecer um murmúrio com a voz, com a boca fechada, sem pronunciar palavras, junto com os acordes arpejados, num volume muito baixo. Isto possibilita a concentração e a sensação de pertencimento ao grupo, e a percepção da energia vital ali presente.

É possível oferecer um simples murmúrio sonoro, sem a utilização de instrumentos musicais. Mas não se pode esquecer de estar atento ao movimento do grupo para conseguir essa corrente. Não somos nós que impomos a pulsação ao grupo. Nós partimos da pulsação do grupo e só vamos possibilitando a harmonização das diferenças. Algumas pessoas são mais agitadas e empurram ou puxam, outras são mais rígidas, interrompendo a corrente. Com a oferta do balanço rítmico as pessoas podem estar até de olhos fechados que irão sentir a pulsação e estabelecer contanto com o grupo, e não apenas com as pessoas que estão ao seu lado.

Uma das funções mais importantes da música na Terapia Comunitária talvez seja a de espelhamento. A música associada à fala do indivíduo pode ajudar a organizar o mundo da fala e da auto-imagem de quem está falando do seu sofrimento. O corte feito pela música possibilita a interrupção da fala redundante, da fala circular, do discurso que está no nível do consciente. A música apresenta uma cena que tem a ver com o que estava sendo falado pelo indivíduo. Ao observar essa cena e reconhecer nela alguns elementos do seu discurso, o indivíduo tem uma oportunidade de olhar para si mesmo num outro ponto de vista, onde talvez outros elementos se apresentem, e possibilitem um outro efeito na consciência perceptiva.

Esse espelho oferecido pela música faz com que o indivíduo se reconheça. Mas é importante ressaltar que esse espelho é oferecido por todos do grupo, e pelas memórias de suas vivências com sua mãe, seu pai, seus familiares, amigos e outros da comunidade. Muitos ressaltam a importância de olhar e se sentir olhado, de ouvir e se sentir ouvido. Lacan, citando o filósofo Merleau-Ponty, nos indica que: – *"eu só vejo de um ponto, mas em minha existência sou olhado de toda parte." (p.73)*. No grupo circular, onde todas as pessoas se vêem e são vistos por todos, onde um fala e é ouvido por todos, a música apresenta esse espaço de luz, espelhando as perguntas colocadas pelo grupo, espelhando as memórias de suas vivências, e possibilitando mudança na forma dos enlaçamentos, e construção de outros.

Em algumas situações podemos notar como esse espelhamento ocorre. Uma mãe já tinha apresentado seu "sufoco" em vários encontros, reclamando muito de seus filhos. Eles foram se casando, foram construindo mais quartos e ficavam morando juntos. O problema é que ela não agüentava as brigas. O grupo fez várias perguntas: "Seus filhos estão trabalhando?"; "Seus filhos brigavam quando eram pequenos?" "Quando a briga começa o que a Sra. faz?" Foi sugerida a música "Mamãe eu quero" e todos cantaram:

Mamãe eu quero, mamãe eu quero, mamãe eu quero mamar
Me dá chupeta, me dá chupeta, me dá chupeta p'r'o neném não chorar
Mamãe eu quero – *Marcha de carnaval de Jararaca e Vicente Paiva*

Na semana seguinte ela veio contando que, quando começou uma briga, ela falou que a casa era dela, e que, se eles não se entendessem, seria melhor que se mudassem. Como eles não paravam de brigar, ela chamou a Polícia. O que teria ocorrido? Uma alteração na maneira daquela mãe olhar seus filhos? Uma alteração na maneira daquela mãe olhar para ela mesma?

As plantas precisam de ambiente fértil e alimento para se desenvolverem. Os animais precisam de afeto, além de ambiente e alimento. Os seres humanos precisam de cultura, além de ambiente, alimento e afeto. Todas as culturas possuem rituais, festas com ofertas de alimentos, músicas e danças. Lévi-Strauss diz que:

"... no seio da cultura, o canto se distingue da língua falada como a cultura se distingue da natureza; cantado ou não, o discurso sagrado do mito se opõe do mesmo modo ao discurso profano. Além disso, o canto e os instrumentos musicais são freqüentemente comparados a máscaras... a música e a mitologia, ilustrada pelas máscaras, são simbolicamente aproximadas." (p. 49)

Ainda segundo Lévi-Strauss, o privilégio da música *"consiste em saber dizer o que não pode ser dito de nenhum outro modo." (p.52)* – A música permite formar ou reforçar a dimensão coletiva. Ao unir o grupo numa mesma pulsação, num mesmo ritmo, numa mesma melodia, forma-se uma corrente em que cada um é um elo. Em todas as culturas existem rituais nos quais sempre há música. O ritual é uma maneira de organizar o caos, de elaborar o medo, a sensação de desamparo. Existem ritos para explicar a origem do universo, ritos de passagem para preparar a entrada em fases da vida, tais como: entrada na puberdade, casamento, morte. É por meio de rituais que se faz a transmissão e a aquisição dos símbolos de cada cultura.

Podemos dizer que a Terapia Comunitária é um **ritual pós-moderno**, no sentido de trocas de sabedorias, onde as trocas são circulares e não de cima para baixo, onde existem regras e etapas de funcionamento, havendo possibilidade de resgate de nossas raízes. E, como em todos os rituais, a música entra como uma das ferramentas de trabalho para canalizar as energias vitais dos componentes do grupo. Os encontros são oportunidades para o questionamento de nossas verdades tendo em vista não a ilusória igualdade, mas a aceitação da diversidade, propiciando a sensação de inclusão, de pertencimento e de solidariedade.

Referências Bibliográficas

ANDRADE, M. *Música de feitiçaria no Brasil*. São Paulo, Livraria Martins Ed., 1963.

BARRETO, A. *Manual do(a) cuidador(a) – Formação de multiplicadores em técnicas de resgate da auto-estima na comunidade*. Texto apostilado.

BARRETO, A. *Projeto 4 Varas* – Texto apostilado

BARRETO, A. (1977) *Manual do terapeuta comunitário da Pastoral da Criança – Movimento integrado de Saúde Mental Comunitária* – Texto apostilado da Universidade do Ceará, Departamento de Saúde Comunitária, Fortaleza, CE, Brasil.

BARRETO, A. (2005) *Terapia Comunitária passo a passo*. Fortaleza, Gráfica LCR, 2005.

BETTELHEIM, B. (1980) *A psicanálise dos contos de fadas*. 13ª.ed., Rio de Janeiro, Paz e Terra, 1999.

DALCROZE, E. J. *La musique et nous*. Genève-Paris, Editions Slatkine, 1981.

FREIRE, P. (1987) *Pedagogia do oprimido*. 27ª.ed., São Paulo, Paz e Terra, 1999.

KOELLREUTTER, H. J. *Introdução à estética e à composição musical contemporânea*. 2ª ed., Porto Alegre, Editora Movimento, 1987.

LACAN, J. (1964) – *O Seminário: Livro 11 Os quatro conceitos fundamentais da psicanálise*. 2ª. ed., Rio de Janeiro, Jorge Zahar Ed., 1998.

LÉVI-STRAUSS, C. *O cru e o cozido. (Mitológicas v. 1)* – São Paulo, Cosac & Naify, 2004.

MAUSS, M. *Sociologia e antropologia*. São Paulo, Cosac & Naify, 2003.

ORFF, G. (1984) *Concepts clé dans da Musicothérapie* Orff. Paris, Alphonse Leduc et Cie, 1990.

WINNICOTT, D.W. *O brincar & a realidade*. Rio de Janeiro, Imago Editora, 1975.

68. Cantar e Brincar para transformar - Canta que o bem espalha!

Oficina apresentada no III Congresso de Terapia Comunitária em Fortaleza, set/2005

UNISAL - Centro Universitário Salesiano- Americana, SP
Hermes Fernando Petrini, orientando do prof. Dr. Severino Antonio M. Barbosa,
em Educação Sócio-Comunitária hermespetrini@yahoo.com.br

Estivemos em Fortaleza, CE, de 7 a 10 de setembro, no III Congresso Brasileiro de Terapia Comunitária, realizado pela ABRATECOM (Associação Brasileira de Terapia Comunitária) e pelo MISMEC (Movimento Integrado de Saúde Mental Comunitária), apresentando o trabalho "Cantar e brincar para transformar".

Neste III Congresso, estiveram presentes cerca de 500 participantes do Brasil inteiro, integrados no mesmo ideal de fortalecer o papel do terapeuta comunitário.

Segundo Adalberto Barreto,

> Ser terapeuta comunitário é ter a consciência do construir coletivo; é poder relativizar nossas percepções; é acreditar nas competências dos outros construídas com a experiência de vida de cada um. É, acima de tudo, procurar agregar valores, incluir saberes, incluir pessoas, incluir, incluir e incluir sempre.[1]

Adalberto Barreto[2] é considerado o "pai da Terapia Comunitária (TC)". A TC nasceu no Departamento de Saúde Comunitária da Faculdade de Medicina da Universidade Federal do Ceará, a partir da sua experiência, há 18 anos, na favela de Pirambu, periferia de Fortaleza, CE, com o projeto *Quatro Varas*.

Este III Congresso apresentou temas relevantes que, ao nosso ver, podem contribuir e muito com a área de pesquisa de nosso Centro Universitário: a Educação Sócio-Comunitária.

Tais temas abordaram a exclusão e inclusão social, ética, valores em família e comunidades, a produção da violência e a ética da responsabilidade, a importância de cuidarmos dos cuidadores, o "empoderamento" social, crenças e atitudes que legitimam e reforçam a corrupção, a impunidade e o crime, em busca de uma rede comunitária para a prevenção da violência na família, vivências lúdicas e musicais como possibilidades criativas de reestruturação da saúde, enfim, diversos temas que, ao nosso ver, contribuem para uma Educação Sócio-Comunitária que possa gerar liberdade e autonomia.

A Terapia Comunitária é uma forma de terapia que resgata a dignidade das pessoas, permite a elas terem a oportunidade de partilhar suas angústias, dá voz e vez aqueles que normalmente não possuem, de uma forma lúdica, séria, emocional e em profunda comunhão como o grupo que participa. Utiliza-se de uma metodologia simples, na qual as pessoas escolhem qual o tema que será debatido e, através de regras bem claras, fortalece a união do grupo, gerando cidadania.

A Terapia Comunitária é um modelo de trabalho terapêutico, idealizado pelo prof. Dr. Adalberto Barreto, para se trabalhar com comunidades, em grandes grupos. Neste trabalho, são priorizadas as soluções utilizadas nos desafios impostos pela vida, buscando-se a promoção e ampliação de redes sociais favorecedoras de trocas significativas de experiências. Neste modelo de trabalho, valoriza-se a aprendizagem e o enriquecimento pessoal, a partir do desenvolvimento da auto-estima e da solidariedade.[3]

Iremos descrevê-la de modo simplificado; somente participando de uma sessão para se ter uma idéia melhor da força e do carisma da Terapia Comunitária.

A canção abaixo, nos ensina algumas de suas regras e faz parte do CD "Canta que o BEM espalha- terapias e alternativas", de nossa autoria, lançado neste III Congresso:

> *Terapia Comunitária[4]*
> *É um bem que me pode transformar*
> *Pois preciso aprender a dialogar*
> *O que a minha boca cala*
> *Meu corpo de outra forma fala*
> *Terapia Comunitária*
> *Canta que o bem espalha*
> *Aqui eu aprendo a ouvir,*
> *Mas não dou conselhos não,*
> *Pois aprendo a partilhar... a emoção*
> *Eu tenho em quem confiar,*
> *Eu tenho a vez de falar*
> *E é muito bom me expressar, (pois)*
> *O que a boca fala, o corpo sara.*
> *Eu preciso me aceitar,*
> *Conjugar o verbo amar.*
> *Terapia Comunitária*
> *Canta que o bem espalha,*
> *Terapia Comunitária.*

De modo bem sintético: numa sessão de Terapia Comunitária, o Terapeuta (que ao nosso ver exerce o papel de Educador Sócio-Comunitário) normalmente convida alguém que já tenha participado para relembrar algumas regras básicas da Terapia Comunitária (TC), como falar em primeira pessoa (Eu), não dar conselhos, aguardar sua vez de falar, respeitar a dor do outro e, cada vez que alguém do grupo se lembrar de uma música, uma metáfora, uma história ou uma piada, que estejam ligados ao tema, poderá contribuir, cantando ou pronunciando-os no grupo, contribuindo com a terapia.

Pedagogica e sinteticamente: a TC inicia com uma canção para agregar e sintonizar o grupo; a seguir, relembramos as regras básicas; as pessoas participantes são convidadas a manifestarem suas angústias de modo objetivo e resumido; o Terapeuta ajuda a identificar os temas para que o grupo escolha apenas um tema a ser conversado; o grupo vota e elege o tema; a pessoa escolhida manifesta-se agora, de modo mais abrangente sobre o seu tema; a seguir, as pessoas participantes podem fazer perguntas para a pessoa que falou sobre suas angústias; o terapeuta convida o grupo a partilhar experiências do tipo "quem teve alguma situação scmclhantc na vida parecida com a colocada no tema hoje e como resolveu" e após essas fases, o grupo canta uma canção que achar apropriada para o momento, que possa confortar a pessoa que se abriu, que colocou suas angústias para o grupo. O interessante é perceber que, a cada momento que uma dor, uma perda ou uma angústia é manifestada, as pessoas do grupo, ao cantarem uma Música (popular, se possível conhecida pelo grupo) acabam por praticamente re-equilibrar o grupo, colocá-lo em sintonia novamente. Assim a dor fragmenta, desestrutura e a Música une, conforta, coloca em sintonia e recompõe os fragmentos da vida.

Foi nesta percepção que nos sentimos tocados e percebemos a ligação da TC com o tema que estamos estudando atualmente; a Música como instrumento de transformação, de re-equilíbrio, de motivação, de união entre as pessoas, como elo para ajudar a suportar e a recompor os fragmentos e as dores da vida. Este trabalho encontra-se ligado ao tema do mestrado que estamos cursando em Educação Sócio-Comunitária realizado no Centro Universitário Salesiano, de São Paulo, campus Americana, orientado pelo professor Severino Antonio M. Barbosa. Nesse caminho, descrevemos a seguir a oficina apresentada neste III Congresso.

Cantar e Brincar para transformar!

Iniciamos citando Rubem Alves[5], na parceria composta com o autor deste trabalho, com a canção *Já tive medo da morte*:

> *Já tive medo da morte, hoje não tenho mais.*
> *Já tive medo da morte, hoje tenho tristeza...*
> *A morte é muito boa, pois a morte é minha companheira,*
> *Sempre conversamos e aprendo muito com ela,*
> *De qualquer maneira...*
> *Quem não se torna sábio,*
> *Com medo do que a morte lhe tem a dizer,*
> *Fica condenado a ser tolo a vida inteira;*
> *A morrer sem viver.*

Vida e morte se fazem presentes na natureza humana. A todo momento estamos nascendo e morrendo, alternadamente em idéias, células, propostas, desejos e sonhos dentre outras possibilidades. Assim, precisamos aprender a lidar com perdas, que na canção é associada à morte. Iniciamos pela morte, na intenção de valorizar a vida. "Quem não se torna sábio, com medo do que a morte lhe tem a dizer, fica condenado a ser tolo a vida inteira, a morrer sem viver" (Rubem Alves).

Se a vida pode representar a ausência e/ou superação da idéia de morte, uma vida plena deverá contemplar todas as benesses que possam levar o homem à vida em abundância, à felicidade – sua vocação natural.

Desta forma iremos tecer a trajetória de que a palavra - expressão humana por excelência – ao ser transformada em Música, independentemente da canção ter letra ou ser instrumental – enaltece a condição da criação humana e contribui com sua transformação, o que pode ser geradora de felicidade.

Por acreditarmos que não existe relação do homem com o mundo sem uma leitura corpórea e seu conseqüente envolvimento e integração, queremos evidenciar a importância da linguagem do corpo, no sentido de expressão da corporeidade humana. O homem se manifesta e interage com seu mundo através de seu corpo. Corpo em movimento é fala, é sonho, é esporte, é jogo, é dança, é brincadeira, é brinquedo. Corpo em movimento é plasticidade, é graça, é beleza, é vida. Corpo sem movimento é pausa, sono ou morte.

Corpo em movimento é linguagem lúdica, é a expressão humana que brinca, joga, aprende, ama, fala, cala, dança e se faz existir pelas suas atividades. *Homo Ludens*.

E quanto à Música, recorremos a Carlos Fregtman, para uma contribuição sobre o tema; um conceito amplo, inter, multi e transdisciplinar:

> *A música é uma experiência de caráter não-verbal, absolutamente inacessível por meios literários ou eruditos. Por tratar-se de um fenômeno tão arraigado no homem desde suas origens, o acontecimento musical não conhece limites nem fronteiras, cores ou credos, épocas ou linguagens, e tem impregnado com seus ecos todos os espaços das ações humanas. Falar de música é falar de arte, filosofia da natureza, estética, psicologia e psicoterapia, lógica, ciência. Semântica, ecologia, sistemas ou teoria das comunicações. (...) "Nos encontramos imersos numa sonosfera e todas as nossas pautas ou estruturas de funcionamento se encontram em sincrônica relação com estruturas maiores que as contêm. Assim, toda imagem expressiva é uma forma simplificada e purificada do mundo exterior, depurada por uma universalidade individual pessoal.* [6]

Sobre esse tema, há uma canção de nossa autoria, na qual sugerimos que nos harmonizemos como uma grande orquestra, o que pode ser reportado também a outras instâncias e comparações, como por exemplo, uma sala de aula, na qual o educador seria o regente, as partituras o material didático, os músicos seriam os alunos e outras analogias decorrentes do olhar do observador podem ser realizadas. Em outros momentos, os regentes poderiam ser os próprios alunos. Depende do olhar do observador, das palavras do orador ou das mãos do oleiro. Eis a letra:

> *Meu corpo, grande orquestra*[7]
> *O meu corpo é uma grande orquestra*
> *E é bom que esteja afinada, sempre pronta para a festa*
> *E não uma sinfonia inacabada.*
> *Instrumentos, músicos, programas, partituras,*
> *Disciplina, ousadia, a persistência cura.*
> *Criatividade é necessária com brandura,*
> *Contextualização, renovação de estruturas,*
> *A essência, porém é a mesma.*
> *Senão...*
> *Orquestra desafinada, cordas arrebentadas,*
> *Instrumentos empenados, regente atento, mas estressado.*
> *Ouvintes desinteressados...*
> *A orquestra míope é bem pior...*
> *Porque toca sempre em tom menor...*
> *Mas a orquestra alegre vai tocar em tom maior...*

Na canção, as partes são as pessoas, seus ambientes, valores, relações com educadores (regentes), concepções de vida. Um olhar holístico prevê que a visão do todo surge quando desaparece a fragmentação. É a relação harmoniosa, como a de uma grande orquestra, de figura e fundo que forma o todo, pois caso contrário vinga a desarmonia, a deseducação, o caos, os fragmentos... O todo pode vir a ser uma bela sinfonia. Uma experiência educacional bem sucedida, plena.

Uma visão holística permite-nos enxergar a relação entre as partes e o todo formado por elas, a partir de visões periféricas ou centrais, objetivas ou subjetivas. "Uma casa é uma casa, uma rosa é uma rosa, mas, vistas por mim, eu as percebo de acordo com a minha angulação existencial, que engloba minhas necessidades, através das quais posso distorcer a realidade."[8]

Visto assim, o corpo humano é um templo, um oásis, um paraíso. É partitura, é energia, matéria viva, com desejos e vontades. É importante valorizá-lo e não relegá-lo a mero objeto de estudos ou dissecções, sejam elas anatômicas, consumistas ou alvo de quaisquer outros tipos de exploração. Isso sem falar nas dimensões emocionais, psíquicas, educativas, sociais, artísticas, dentre tantas outras possíveis.

Talvez o segredo seja que, numa melodia, como na vida, as notas devem se fundir umas às outras e, para o bem do todo, elas devem se perder depois de entregarem suas almas. Pode ser uma boa nota, mas não pode soar sozinha e nem para sempre. A vida é como uma melodia, com suas notas (os acontecimentos) e, entre elas, sempre há uma pausa. É durante a pausa que nasce a qualidade das notas. E as pausas da vida às vezes são duras e pesadas... machucam. Mas a pausa acomoda as notas anteriores e é ninho que agasalha as notas seguintes. E como o maestro lê a pausa? Ele continua a marcar o compasso com a mesma precisão e toma a nota seguinte com firmeza, como se não tivesse interrupção alguma. Assim também é na vida: tantas vezes pensamos ter chegado e descobrimos que é apenas o começo. Mas, para ter certeza de ir além, é preciso ter a esperança não como a última que morre, mas como a primeira a nascer no coração das pessoas (grifo nosso). Newman Simões [9]

Canta que o bem espalha. Podem ser canções populares ou eruditas, que enalteçam o amor ou a natureza. Ao cantar nos integramo-nos com os sons do universo.

O mundo conspira Música. O universo move-se por música. Seus três ingredientes básicos – melodia, ritmo e harmonia - encontram-se enraizados em tudo o que respira, transpira e se movimenta. O universo move-se por ritmos; os movimentos de rotação e translação da terra, os dias e noites alternando-se harmoniosamente, primavera-verão-outono-inverno, repetidamente, são ritmos. O coração pulsando, o batimento cardíaco... O ritmo é assim: constante e perene ingrediente musical. A Via Láctea é uma grande sinfonia, na qual a Terra é apenas um prelúdio...

O som é vida, e a vida é repleta de sons. No senso comum, o silêncio (ausência de som) é associado à ausência de vida e presença do nada. Por isso assusta, é temeroso... Mas é no silêncio que nos encontramos, refletimos e crescemos. É no silêncio que a natureza evolui. Faz mais barulho uma só árvore que cai, do que toda uma floresta que cresce... No entanto a floresta está em movimento e este crescer tem ritmo. Todo crescer tem ritmo. E ele é um dos principais ingredientes da música. Todo o universo move-se num ritmo cósmico e constante. A música é uma combinação de sons e silêncio; ela, sabendo disso, reserva sinais específicos para determinar quando é silêncio e quando é som...

A respeito dessas combinações, som e silêncio, movimento e repouso, Lulu Santos compôs e gravou a canção *Certas coisas* com a parceria de Nelson Mota que nos diz isso de uma forma poética:

Certas Coisas[10]
Não existiria som se não houvesse o silêncio
Não haveria luz se não fosse a escuridão
A vida é mesmo assim, dia e noite, não e sim.
Cada voz que canta o amor não diz tudo o que quer dizer
Tudo o que cala fala mais alto ao coração
Silenciosamente eu te falo com paixão
Eu te amo calado com quem ouve uma sinfonia de silêncio e de luz
Nos somos medo e desejo, somos feitos de silencio e som...
Tem certas coisas que eu não sei dizer.

Em compensação, há outras tão bem ditas, que pensamos: "como não fui eu que fiz?". Milton Nascimento nos remete a essa situação: " Certas canções que ouço, cabem tão dentro de mim, que perguntar carece: como não fui eu que fiz?".

Como poderia existir um mundo sem som? Provavelmente seria algo morto, acéfalo, amorfo, sem vida. Porém nem todos "ouvem os sons da vida", ou melhor, ouvem, mas não escutam.... O *Aurélio*[11] nos ajuda: ouvir - " 1. (do latim, *audire,*) Perceber, entender (os sons) pelo sentido da audição... 2. Ouvir os sons de... 3. Dar ouvidos às palavras de... 4. Dar atenção a... 5. Dar audiência a... 6. Inquirir... 7. Escutar discurso... 8. Escutar os conselhos..." já **Escutar:** 1." (do latim, *auscultare*) Tornar-se ou estar atento para OUVIR... 2. Aplicar o ouvido com atenção para perceber ou ouvir... 7 Prestar atenção para ouvir alguma coisa... 9. Exercer ou aplicar o sentido da audição." (Grifo meu).

É necessário reaprendermos a escutar, sem *pré-conceitos*, dispostos a abrir caminhos com o novo, e a nos abrirmos aos caminhos que o novo nos revela... Não cerceando nossas escolhas por rótulos ou paradigmas que muitas vezes nos são impostos sem qualquer reflexão ou diálogo a respeito.

A palavra "ritmo" deriva do grego "rhein": fluir, ou seja, afirma-se que tudo flue, corre, tudo está em constante movimento. Platão, Aristóteles e Ésquilo reconhecem o ritmo, como inerente ao homem, um princípio ordenador, relacionado com a harmonia do movimento. O ritmo possui duas características básicas: a sucessão de movimentos permanente e coerentemente, e a repetição de forma elaborada.

Nada se faz sem ritmo e tudo se faz melhor com maior compreensão do ritmo.

Não só o ouvimos, como o "vemos", o sentimos de forma plena, quando já no período intra-uterino, corpo e mente, devem adaptar-se aos biorritmos maternos, pelo processo de sintonização. A freqüência cardíaca, a respiração, os movimentos no líquido amniótico e o exercício pleno dos sentidos, representam o nosso contato e envolvimento com as primeiras noções rítmicas.

Para o poeta Goethe, *tudo na vida é ritmo*. Acreditamos que quase tudo é ritmo. A rotação da Terra em torno do sol, do sol no universo, de dias e noites alternando-se... Estações, Primavera, Verão, Outono, Inverno, e Primavera novamente, e continuamente... Cada pessoa tem seu ritmo próprio, sua "velocidade", seu "tempo de maturação". Engatinhamos pelo ritmo, andamos pelo ritmo, corremos em ritmos, dançamos em ritmos... O ritmo gera vida; o amor gera vida. O amor é ritmo; o ritmo é dinâmico, o que caracteriza a vida, a presença da vida.

Sabemos disso tudo, talvez porque nosso organismo funcione, artisticamente, como Música: o pulsar cardíaco dá o andamento, o ritmo determina a introdução, o andamento e o prólogo da vida-melodia. Há ainda a "bossa-nova" de nosso corpo; a "dissonância do batimento cardíaco com o ritmo da respiração"... Porém algumas canções terminam em "fade-out"...

Já citamos o ritmo como ingrediente musical. A harmonia é outro ingrediente. Existem estilos diversos de harmonia e possibilidades infinitas... Harmonias tradicionais ou dissonantes, o que não quer dizer necessariamente desencontro; a harmonia dissonante foi um dos ingredientes importantes da "revolução" musical chamada bossa-nova lapidada no piano de Tom Jobim, somada ao estilo vocal, à batida do violão de João Gilberto e 'a poesia de Vinícius de Moraes.

Dentre outras proposições, a bossa-nova rompia com os padrões e paradigmas musicais vigentes da época; vozeirão, samba-canção e harmonias "quadradas". Toda mudança, muitas vezes acaba sugerindo o novo, por não concordar com o anterior ou sugerir o novo. E assim, a bossa-nova sugeria um vocal mais intimista, suave – os tímidos também poderiam cantar, e cantar não seria privilégio de poucos -, o ritmo parecia-nos "tocar errado" visto que valorizava os contra-tempos e harmonias diferentes dos padrões, dissonantes; daí a resposta de Tom Jobin e Newton Mendonça aos críticos:

*Se você disser que eu desafino amor,
saiba que isso em mim provoca imensa dor, só
privilegiados têm ouvidos iguais aos teus,
eu só tenho apenas o que Deus me deu...*[12]

Aqui talvez tenha surgido a idéia da proposição que fazemos: a do *Homo Musicalis*.

Homo Musicalis: o "homem musical"; humanidade que, inspirada pelas musas, por Eros, e criada poeticamente, transforma o mundo, com sua criatividade, em cultura e Arte; que sabe a importância e valoriza a harmonia, dissonante ou não; que é dinâmica como ritmo e melodia, que sabe que as notas e pausas são importantes partes da canção, mas que, isoladamente, não encantariam com a mesma intensidade.

Ousamos fundamentar esta categoria – *Homo Musicalis* – por acreditarmos na natureza musical do ser humano. *Musicalis* viria, supostamente, de *musa*, o que nos remete à sua etimologia: *musa* era o nome grego dado às entidades mitológicas que presidiam as Artes, em número de nove.

Yang e Yin correspondem no Taoísmo – assim como no Yoga, I Ching, Feng Shui e em muitas outras tradições e filosofias orientais — à busca do equilíbrio, uma dualidade complementar. Podemos entender como a busca do diálogo entre poesia e prosa.

Edward Mcdowell: "A Música é uma linguagem, mas uma linguagem intangível, uma espécie de linguagem da alma".[13]

Linguagem nos remete à palavra novamente. *Homo loquens* é o homem da palavra. Palavra que se revela em monólogos e diálogos. O monólogo é a linguagem do solitário. O solo do solitário é a solidão. O início da loucura.

E o início da sabedoria, segundo Gusdorf, é o diálogo: ponto de partida para o uso da palavra. O uso da palavra necessariamente requer a escuta. A característica que prevalece no homem de diálogo é a escuta. A escuta é característica fundamental para a Música. É pré-requisito. Não necessariamente a escuta do ouvido, a biológica, mas a escuta da sensibilidade. Beethoven, ao concluir uma de suas sinfonias mais belas (a nona) estava praticamente com deficiência auditiva completa... E ainda assim realizou diálogos com sua razão e emoção, ao compô-la.

Quantos diálogos podem ser realizados entre os instrumentos numa Sinfonia, por exemplo. Na Sinfonia, um dos mais importantes gêneros musicais, não existe destaque de nenhum instrumento, sendo que cada um possui várias participações ocasionais, e a orquestra de cordas carrega a melodia principal. Neste caso, os instrumentos conversam entre si. Dialogam e todos são importantes e necessários. É a harmonia musical traduzindo os comportamentos humanos. E o diálogo transforma.

A Música transcende. Gera vínculos, afetos, que são afinidades em ressonância. A Música promove o bem, acaricia, relaxa, questiona, conforta. Amoriza, provoca e desperta paixões...

A Música integra. Afina. Liberta. Emerge, faz vibrar, renascer. Torna total. Realiza plenamente. Potencializa os indivíduos. É conhecimento e parceria. E é um grande canal privilegiado e poderoso de comunicação. É linha-direta com o "além", seja qual for o nome que damos a "ele". É o fermento, o tempero, o "prana", o ar, o prazer... É talvez tudo o que possa ser efêmero aos moldes materialistas de ontem...

Mas é crucial. E imprescindível.

É o encontro das manhãs com a noite, ao som daquele crepúsculo... É o brilho do orvalho das manhãs... É a beleza do nascimento de um bezerro, de um potro... É a ternura do acasalamento das aves, do choro do neném... É o som do sorriso dos "deuses"- É o próprio riso Divino! [14]

Há canções que eternizam momentos; há momentos que eternizam canções. Não podemos deixar de reabrir as portas da nossa percepção, da nossa natureza criativa. Temos um encontro conosco mesmos e não podemos faltar a esse encontro. Poderíamos chamá-lo de sarau. Neste sarau, a Arte e a Música são muito importantes. A criatividade é pré-requisito para encontrarmos nossas dimensões sensíveis, nosso *Homo Musicalis*.

Homo Musicalis seria então, o homem pleno no uso de suas potencialidades musicais, poéticas, criativas, que no diálogo com seus desejos mais íntimos, resolve optar pela felicidade. A humanidade que canta, valoriza suas dimensões lúdicas e, com isso, consegue transformar-se.

Encerramos com uma prece, muito querida pelos terapeutas comunitários, musicada pelo pe. Irala, atribuída a Francisco de Assis[15]:

> *Senhor,*
> *Fazei-me instrumento de vossa paz.*
> *Onde houver ódio, que eu leve o amor.*
> *Onde houver ofensa, que eu leve o perdão*
> *Onde houver discórdia, que eu leve a união.*
> *Onde houver dúvidas, que eu leve a fé.*
> *Onde houver erro, que eu leve a verdade.*
> *Onde houver desespero, que eu leve a esperança.*
> *Onde houver tristeza, que eu leve a alegria.*
> *Onde houver trevas, que eu leve a luz.*
> *Oh Mestre, fazei que eu procure mais*
> *Consolar, que ser consolado.*
> *Compreender, que ser compreendido,*
> *Amar, que ser amado.*
> *Pois é dando, que se recebe,*
> *É perdoando que ser é perdoado,*
> *E é morrendo que se vive*
> *Para a vida eterna.*

Iniciamos com a morte, para valorizar a vida e terminamos com a vida eterna, para valorizar a morte.

Em síntese, quisemos valorizar a vida, em suas diversas dimensões, com o encantamento dos sentidos. Mais especificamente através da Música, como instrumento de transformação social, estésico, cultural e promotor de cidadania.

A relação Oficina, Música e Terapia Comunitária

Em nossa oficina, realizada no Espaço Nação Tabajara, um dos "auditórios" deste III Congresso, a receptividade foi intensa. Colocamos auditórios entre aspas, por se tratar de um espaço diferente daqueles que costumamos imaginar em um congresso. Na verdade, era uma tenda, debaixo de mangueiras e outras árvores frondosas – talvez centenárias- sob um céu azul de Fortaleza, com o som do mar alimentando nossos espíritos... Realizamos inicialmente, uma dança circular para a criação da sintonia do grupo (ISO grupal, conceito da musicoterapia que integra as vivências musicais e coloca o grupo em harmonia) e fizemos as demais atividades sob a sombra dessas árvores.

A cada canção, acrescentávamos um ingrediente que realizaria um "diálogo" com os participantes, na intenção de contemplar o uso dos sentidos; ora visual (imagens em power point), ora instrumental-tátil (instrumentos musicais, percussivos, tocados por todos os participantes, como o ocorrido na canção *Meu corpo, grande orquestra,* também chamado de *objeto integrador* pela musicoterapia), ora reflexivo (como na canção *Já tive medo da morte*, cuja letra é de Rubem Alves), ora sensório-motor (como na canção *Abracinho*, na qual os participantes se abraçavam e se divertiam conforme a sugestão da canção).

Em uma hora e quinze minutos aproximadamente de oficina, houve uma sintonia muito especial entre os 60 participantes. A Música tem propriedades motivacionais, terapêuticas, educativas e sócio-comunitárias, o que favorece muito a integração de grupos para quaisquer objetivos. A cultura musical brasileira é muito rica e a oficina deixou o gosto "quero mais"...

Ao fundamentarmos a categoria *Homo Musicalis,* propomos que o uso pleno dos sentidos pode existir a partir de um olhar artístico e mais especificamente musical, com uma abrangência inter, multi e transdisciplinar; pode tornar a experiência educativa e sócio-comunitária mais saborosa, emancipatória e geradora de autonomia; enfim, pode contribuir para o objetivo último da Educação que deveria ser a geração de felicidade e que, ao nosso ver, também é o objetivo da Terapia Comunitária. Nesse processo, a Música funciona como instrumento catalisador entre tempo mítico (de cura, de alegria, de prazer) e cronológico (profano, real, vivido).

Na Terapia Comunitária, a "cura" ocorre pela palavra partilhada ou pela emoção vivida. Muitas vezes essa partilha é cantada, pois brota de um sentimento, ou tenta nomeá-lo, fato que nem sempre é possível, devido à impossibilidade da palavra em explicar tudo. Por sua vez, a Arte e a Música encontram formas de diálogo quando a palavra é incapaz de traduzir...

Desta forma, a Terapia Comunitária configura-se como uma forma inédita de Educação Sócio-comunitária, realizada de modo inter, trans e multidisciplinar. Inter, porque realiza a interconexão entre seus ingredientes (vez, voz, escolha do tema, democracia na escolha, partilha, disciplina, integração e sintonia entre o grupo, Música, emoção, comunhão e transcendência); transdisciplinar por que vai além das palavras e de uma interconexão, transcende, de modo que *o todo passa a ser mais que a soma das partes* e multidisciplinar porque abre novas portas nessas relações, a partir desses diálogos.

Nessa travessia, *Cantar para Transformar* tem um sentido literal – cantar, transformar a palavra em poesia e a poesia em canção – e outros metafóricos – cantar seria fazer valer vez, a voz, expressar o que sente, colocar para fora o que precisa ser partilhado, e aqui outra metáfora: na Terapia Comunitária a Música transforma; cantando a gente se entende...

Canta que o bem espalha acabou se tornando uma canção que ajuda a entender a TC e também um material (CD) para uso das Terapias Comunitárias, na medida em que apresenta canções de integração, de meditação, reflexão, acolhida e de temas pertinentes à TC. Se quem canta seus males espanta, *Canta que o bem espalha.*

Referências bibliográficas

1 Adalberto de Paula Barreto, texto de acolhida do III Congresso Brasileiro de Terapia Comunitária, programação e ANAIS I, 2005.

2 Eis um breve perfil do prof. Dr. *Adalberto Barreto* : coordenador e fundador do Projeto Quatro Varas; antropólogo, médico psiquiatra e professor da graduação e da pós-graduação da Faculdade de Medicina da Universidade Federal do Ceará (UFC); doutor em psiquiatria pela Universidade René Descartes; doutor em antropologia pela Universidade Lion-2; licenciado em Filosofia e

Teologia pela Universidade Santo Thomás de Aquino (Roma) e Faculdade Católica de Lion (França) ; criador da Terapia Comunitária (TC) e autor dos livros *O índio que vive em mim- O itinerário de um psiquiatra brasileiro* – São Paulo, Terceira Margem, 2003 em co-autoria com o francês JP Boyer, e também *"Terapia Comunitária Passo a Passo"*, lançado no Brasil e traduzido em Francês e Espanhol, pela Editora LCR, Fortaleza-CE, 2005. Já foram formados pela Universidade Federal do Ceará, cerca de 7.000 terapeutas comunitários atuando em 23 estados brasileiros (dados de 2005). Mais informações sobre a Terapia comunitária poderão ser adquiridas através do site: http://www.abratecom.org.br/terapiacomunitaria.asp .

3 Christina Ribeiro Neder, no texto de abertuda do CD "Canta que o bem espalha- terapias e alternativas", de Hermes F. Petrini, produção independente, Piracicaba, SP: 2005.

4 CD "Canta que o bem espalha- terapias e alternativas", de Hermes F. Petrini, produção independente, Piracicaba, SP: 2005, faixa 1.

5 Idem, faixa 13.

6 Carlos Fregtman. *O Tao da Música*. São Paulo: Ed. Pensamento, 1986. 13p.

7 CD "Canta que o bem espalha- terapias e alternativas", de Hermes F. Petrini, produção independente, Piracicaba, SP: 2005, faixa 6.

8 Jorge Ponciano Ribeiro e outros. *Visão Holística em Psicologia e Educação*. São Paulo, Summus Editorial: 1991. p.144.

9 Artigo publicado no Jornal de Piracicaba, dia 11/05/2005 sobre show realizado pelo Grupo *Falando da vida*, Teatro Municipal Dr. Losso Netto de Piracicaba, dias 6,7 e 8 de maio de 2005.

10 LP Tudo Azul, Lulu Santos, WEA:1984.

11 Aurélio Buarque de Hollanda Ferreira. *Novo Dicionário Aurélio da Língua Portuguesa*. São Paulo: Ed. Nova Fronteira: 1986.

12 Canção *Desafinado*, de Tom Jobin e Newton Mendonça,. Sobre este tema, o autor publicou um artigo no jornal de Piracicaba em 02/07/2003, intitulado "A revolução bossa-nova".

13 Luis Ellmerich, *A História da Música*. 2a ed. São Paulo: Boa Leitura, 1962.

14 Petrini, Hermes - Faculdades Salesianas- "O Riso dos deuses - a importância da música no crescimento da criança" –1997, Americana, SP. Monografia apresentada como conclusão do curso de Psicopedagogia – Lato Sensu- sob orientação da professora Miriam Paschoal Ramos.

15 CD "Canta que o bem espalha- terapias e alternativas", de Hermes F. Petrini, produção independente, com participação especial de Júlia Simões, Piracicaba, SP: 2005, faixa 5.

69. Brincando de Terapia Comunitária: as vivências lúdicas na terapia comunitária como possibilidade criativa de reestruturação da saúde

Noêmia Maria P. de Azevedo, José do Carmo Laranjeira
e Verônica Carrazzoni

O objetivo deste trabalho é demonstrar, dentro das etapas da TC, as várias utilidades do brincar no processo de saúde comunitária. Reconhecendo a antropologia cultural como eixo teórico da terapia comunitária, tratamos o brincar em duas perspectivas: na primeira, identificando diversas funções desempenhadas pelo lúdico dentro das sessões de TC e, na segunda, demonstrando o papel reestruturante e criativo do brincar, capaz de fazer aflorar a dinâmica interna do sujeito e da própria comunidade. Para Huizinga (1980) a própria cultura possui um caráter lúdico, e é a partir deste princípio teórico, vivenciado de forma prática através das sessões de TC, que se consolida a rede, não como uma nova institucionalidade, mas como veículo, como um aporte à participação social, com isso concorrendo também para o fortalecimento das identidades e para a concretização de um conjunto de valores e metas comuns. Utilizamos a experiência da TC realizada no Posto de Saúde da Família do Córrego do Curió, em Recife – PE, para ilustrar e respaldar a nossa discussão teórica. Essa experiência aponta, ainda que de forma exploratória, para o papel norteador do brincar no cumprimento dos objetivos da TC.

Brincadeira é coisa séria

Huizinga (1980) chama a atenção para algumas características do jogo:

- **Ser livre** – o fato de ser ele próprio liberdade;
- **Ser sério** – afasta-se da vida real para uma esfera temporária de atividade com orientação própria – mesmo que haja o "faz de conta", ele não perde seu caráter de seriedade e é capaz de, a qualquer momento envolver inteiramente o jogador;
- **O isolamento** – tem um caminho e um sentido próprio dentro de um determinado espaço e tempo;
- **Cria ordem e é ordem** – esta ordem específica e absoluta, temporária e limitada aproxima-o do belo, é fascinante e está repleto de ritmo e de harmonia.

O jogo é um movimento de tensão, o jogador quer alguma coisa e ganhar é acabar com a tensão. A tensão lhe confere também uma questão ética, pois embora se queira ganhar, deve-se também obedecer a regras.

A regra é o que determina aquilo que "vale" dentro daquele mundo criado temporariamente.

"As comunidades de jogadores tendem a tornar-se permanentes, mesmo depois de acabado o jogo" (Huizinga, 1980:15)

"O jogo tem, por natureza, um ambiente instável. A qualquer momento é possível à 'vida cotidiana' reafirmar seus direitos, seja devido a um impacto exterior, que venha interromper o jogo, ou devido a uma quebra das regras, ou então do interior, devido ao afrouxamento do espírito do jogo, a uma desilusão, um desencanto" (Huizinga, 1980:24).

Ao contrário do que estamos acostumados a pensar, o brincar é inerente ao próprio desenvolvimento humano, contribuindo de forma significativa para a nossa inserção social.

Boca de forno: ...seu rei mandou dizer que você fosse feliz!

Na terapia comunitária o brincar aparece essencialmente na abertura, servindo não só para descontrair, mas também para certificar de que aquele espaço é o lugar de todos participarem. Pelo caráter aparentemente simplório das brincadeiras, todos são capazes de executá-las, sendo possível demonstrar a competência de todos diante do que está por vir no processo da TC.

As dinâmicas de abertura da TC podem variar imensamente, cumprindo desde um papel de chamada para o grupo (**"entra na roda tindolelê..."**) até uma reflexão sobre as transformações pessoais (**olaria de Deus**).

Durante a TC, e a qualquer momento, é possíveis trazer uma música, um poema, um ditado popular etc., e essa é outra grande possibilidade e oportunidade de reestruturação. Quem traz a música geralmente já elaborou a sua síntese, ou parte dela, e, ao compartilhar, abre a possibilidade de expandir a reflexão para outras pessoas do grupo. Dessa forma observamos que o lúdico pode perpassar todas as etapas da TC.

O balanço final, no aconchego do grupo, é uma excelente possibilidade de repensar como começamos (brincadeira inicial) e como estamos na finalização e nessa hora, também, as brincadeiras, músicas, jogos etc. podem ser retomados gerando novas reflexões.

A seguir, analisaremos algumas brincadeiras infantis com o intuito de refletir sobre algumas das possibilidades de transformação de pessoas e de grupos através do brincar.

A BARCA VIROU, DEIXOU DE VIRAR...

Foi por causa de *fulano* que não soube navegar... E, cada um, em determinado momento vai sendo responsável pela virada ou não da barca e, como todos estão de mãos dadas, o barco é um só, o que nos torna responsáveis também pelo outro.

BAMBOLÊ

Algumas pessoas não conseguem equilibrar o seu bambolê e outras equilibram tão bem que parece que nunca vai cair, mas, é inevitável a tensão, o cansaço, pelo menos enquanto estivermos vivos e, incrivelmente, isso vai fortalecendo e se tornando a riqueza interior de cada um, tão importante que passamos a ajudar o outro (momento da problematização na TC). Bem vindas sejam as nossas quedas, arranhões e cicatrizes.

TA PRONTO, SEU LOBO?

"Fui passear na floresta, enquanto seu lobo não vem. Tá pronto, seu lobo?" Enquanto todos passeiam, uns mais desconfiados, outros não, seu lobo aparece e quem estiver só, vai ser pego e devorado.

Nunca sabemos quando a dor vem e, se estivermos só... pode ser mais difícil.

Você TIPITA?

Uma pessoa do grupo escolhe um verbo e todos os outros vão tentar adivinhar, fazendo perguntas, que verbo é esse. E assim, todos perguntam, atentos também às perguntas e respostas das outras pessoas, até que fica claro o verbo escolhido e aí a pessoa confirma, se realmente é esse ou não, caso contrário continua a investigação. As regras para se perguntar são sutis e perguntas muito diretas, contestadas pelo grupo, podem não ser respondidas.

É assim o momento de contextualização na TC, as perguntas são direcionadas para uma pessoa, e cada um vai compreendendo, a sua maneira, e formulando hipóteses até descobrir a essência do que realmente está sendo colocado naquele momento. Para isso, exige-se um alto grau de atenção e sintonia com todo o grupo.

A LINDA ROSA JUVENIL

"A linda rosa juvenil, juvenil, juvenil; vivia alegre no solar, no solar, no solar; um dia veio uma bruxa má, bruxa má, bruxa má e adormeceu a rosa assim, bem assim, bem assim. O tempo passou a correr, a correr, a correr; o mato cresceu ao redor, ao redor, ao redor. Um dia veio um lindo rei, lindo rei, lindo rei e despertou a rosa assim, bem assim, bem assim".

Enquanto a roda gira, todos vão fazendo os gestos e os movimentos que a música indica e assim todos são, ao mesmo tempo, a rosa viva adormecida que desperta, a bruxa má e o lindo rei, o que reafirma o nosso poder de viver, de adoecer e de se curar. Tudo isso atento para esse mato que se não cuidar cresce e acaba ocultando a linda rosa juvenil.

E assim, brinca-se com a dor, que sofremos e que causamos, mas sem desmerece-la.

PETECA

Do equilíbrio individual para o equilíbrio do grupo e vice-versa, nos faz tomarmos consciência da nossa singularidade, em comunhão com a diversidade (que é a própria comunidade).

JOGO DE BOLA

Entre essas historinhas de autor desconhecido, tem uma delas que diz o seguinte:

Era uma vez um grupo de meninos que brincavam de jogar a bola de um para o outro, era uma linda bola, enorme e colorida. Eles se divertiam muito, corriam, pulavam, sorriam, era uma felicidade só. Do lado de fora do prédio, um menino assistia àquele jogo fascinado, quase hipnotizado, e começa a pensar: "como eu queria aquela bola, se aquela bola fosse minha eu seria a criança mais feliz do mundo". E, de repente, para sua surpresa, a bola salta por cima das grades do prédio e cai em suas mãos, sem acreditar no que estava acontecendo o menino começa a correr com a bola para não perdê-la, e assim foge com sua bola até um lugar seguro e começa a jogar. Joga para cima, para baixo, chuta, corre, pula e, de repente, pára, achando tudo aquilo sem graça e não entendia o por que, afinal de contas, estava com a bola. O que o menino não conseguia entender, na realidade, é que a felicidade não estava na bola e sim, em passar a bola.

Aí está a nossa terapia comunitária, cujo sentido é construído através da troca.

Vamos brincar, pois, seja qual for a brincadeira sempre teremos algo novo para aprender, para transmitir, para transformar.

A roda gigante da vida no canto do curió

"A cultura, para o indivíduo, é como a teia para a aranha" (Barreto, 2005). Tecer essa teia extrapola as sessões de TC e é um constante ressignificar da própria comunidade.

O que se construiu na comunidade do PSF do Córrego do Curió assemelha-se a um jogo de esconde-esconde.

Nos primeiros encontros de TC o público era predominantemente adolescente, de ambos os sexos, impulsionados pela indicação da doutora do PSF que ficou radiante pela participação das adolescentes, pois com os rapazes ela conseguia conversar e ter uma aproximação, mas com as meninas não conseguia isso, e na TC a participação dos jovens de ambos os sexos era maciça.

Os adultos começaram a se aproximar, não mais pela indicação da doutora, mas pala noção passada pelos que participavam, geralmente adolescentes. O grupo passa a ser metade adolescente e metade adulto, até que os adultos começaram a ser maioria e começamos a perguntar onde estavam nossos adolescentes, fundadores do grupo. Estavam escondidos atrás da desculpa do início das aulas, mas a verdade é que estavam perdendo espaço e sentiam-se inibidos de falar diante desses adultos. Apesar da queixa velada, não verbalizada, aflorada apenas nos bastidores, alguns adolescentes ainda participavam e as discussões eram muito ricas. Os dois grupos aprendiam imensamente e isso era confirmado na finalização através de frases como: "respeitar o sofrimento do outro, cuidar do outro, dar mais atenção aos filhos, ouvir mais a mãe etc.".

As crianças começaram a aparecer, vinham de todos os lados e lotavam a sessão. Colocávamos colchonetes no meio da sala e elas assistiam caladas, mas muito atentas, sabiam as regras decoradas e passaram a trazer algumas brincadeiras e músicas para fazer a abertura da TC (etapa de acolhimento). Os adolescentes já quase não apareciam, e mesmo presentes, participavam na problematização, mas não mais traziam temas, apesar da insistência dos terapeutas.

Escondiam-se os adolescentes e apareciam as crianças, eram cada vez mais numerosas e participativas. Começaram a trazer temas.

Adultos e adolescentes estavam cada vez em menor número e as crianças apareciam, cada vez mais numerosas e barulhentas. Sabiam as regras decoradas, mas não cumpriam, não se concentravam, não faziam silêncio e bagunçavam. Três sessões dramáticas, adultos querendo falar, mas não havia escuta, pois as crianças queriam brincar.

Quando nosso carro apontava na esquina da rua, lá estavam elas a pular e bater palmas, anunciando alto: "eles chegaram". Para nós era um misto de alegria, pela receptividade, e de tristeza, pela ausência de adultos e adolescentes.

Por que aquelas crianças estavam ali, se não faziam silêncio para a terapia acontecer? O fato era que elas não deixavam de ir. Além de pontuais, eram assíduas.

Investigamos e vimos que:

1° o lanche (disse a menorzinha);

2° aprender. Aprender as coisas da vida (disse uma mais velha);

3° ouvir os outros falarem;

4° era bom estar ali;

5° para brincar.

Questionamos o sentido da TC. Como prevenção, esse era o público que deveria participar, mas como? Se adultos e adolescentes não mais podiam falar?

Energicamente, repreendemos e na sessão seguinte abolimos a presença das crianças e começamos um movimento para resgatar a comunidade de adultos e de adolescentes, condicionando a participação das crianças à presença das mães.

Finalmente, reunimos a comunidade para discutir sobre o espaço e o tempo da TC na comunidade.

A mãe da criança defendia aquele espaço como um lugar seguro para aprender coisas certas sobre a vida.

Os adultos, por sua vez, diziam que queriam aprofundar os temas, mas não era possível, pois algumas coisas as crianças não tinham idade para escutar.

Os adolescentes se sentiam excluídos desse espaço, pois não estavam ali para brincar e as crianças atrapalhavam.

Visões diferentes de mundos diferentes que, incrivelmente, tecem uma mesma teia.

"Todos os adolescentes um dia foram crianças; mas bem poucos se lembram disto..." (A. de Saint-Exupéry).

Não, não estamos esquecidos disso e, talvez por isso, não fechamos questão, confiantes no poder da própria comunidade, tentamos reger, como maestros, a busca de solução para aquela questão.

Dividir os grupos e fazer duas sessões, uma para crianças e outra para adultos e adolescentes? Manter um único grupo, reconhecendo que aí está a própria comunidade? Encerrar a TC no Córrego do Curió? Ou ainda, aguardar a emergência de "um produto novo, seja uma idéia ou produto original, seja a reelaboração e aperfeiçoamento de produtos ou idéias já existentes" (Alencar, 1986:12).

Como demonstra Maslow (1954) A criatividade necessita não apenas de iluminação e de inspiração; ela necessita também de muito trabalho, treino prolongado, atitude criativa, padrões perfeccionistas, enfim, não acontece por acaso.

Os adultos acabam assumindo o espaço, adolescentes também participam e pouquíssimas crianças, apenas as que são filhas dos adultos que estavam participando. As reuniões tornam-se mais ricas e, a cada novo encontro, o Curió canta com toda a sua efervescência, mas, e as nossas crianças, onde estarão?

Para os que esperavam uma saída já elaborada vão ter que se conformar com as interrogações, pois o jogo continua e as regras são claras, somos maestros dessa orquestra, facilitadores do processo, mas é a comunidade que tem as respostas.

É jogando que estamos aprendendo a jogar. Estamos aprendendo inclusive que não ter o controle do grupo é a grande força da terapia comunitária.

Para concluir, lançamos algumas questões: Afinal, quem é o dono dessa ciranda? É Lia que canta? É o grupo que dança? Ou é a praia que encanta?

Referências bibliográficas

ALENCAR, E. S. de. *Psicologia da Criatividade*. Porto Alegre: Artes Médicas, 1986.

BARRETO, A. P. *Terapia Comunitária Passo a Passo*. Fortaleza: Gráfica LCA, 2005.

BETTELHEIM, B. *A Psicanálise dos Contos de Fadas*. Tradução de Arlene Caetano. Rio de Janeiro: Paz e Terra, 1980.

DIMENSTEIN, G. & ALVES, R. *Fomos Maus Alunos*. Campinas, SP: Papirus, 2003.

FISCHER, E. *A Necessidade da Arte*. Rio de Janeiro: Zahar, 1983.

MASLOW, A. *Motivation and Personality*. New York, Harper e Row, (1954)

SOUZA, A. M. *Artes Plásticas no Escola*. Rio de Janeiro: Bloch, 1977.

HUIZINGA, J. *Homo Ludens: O Jogo como Elemento da Cultura*. tradução de João Paulo Monteiro. São Paulo. Perspectiva, 1980

70. Brincadeiras cantadas

Maria Carmela Matos Martins, Helena Savino da Paz,
Maria Henriqueta F. Cavalcante, Márcia Roberta Quadros Martinez,
Mônica Altman Ferreira Lima, Socorro Melo e Vagno Ramos da Silva

O incentivo a participação nas rodas de TC através da valorização da cultura é hoje o grande desafio para nos terapeutas do pólo Pará, uma vez que as pessoas, com o advento da globalização, vivem situações de muito desconforto esquecendo cada vez mais de cuidar de si, causando angustias, sofrimentos e muitas dores.

A Oficina Brincadeiras Cantadas tem uma estrutura bastante simples, de modo que seu desenvolvimento possa promover maior integração do grupo. Cada brincadeira propõe alternativas para o desenvolvimento da criatividade dos participantes.

Cantando e dançando em grupo trazemos a nossa consciência para o momento presente e sentimo-nos ligados uns com os outros, o que favorece a disposição para a busca da harmonia e da integração. Utilizando músicas de todos ao gêneros, fáceis e conhecidas, pretendemos estimular a inclusão de todos visto que a música, ressoando como familiar, leva os participantes a se sentirem mais à vontade e capazes de cantar e dançar.

A adaptação das letras para os temas da TC, de forma simples e objetiva, são rapidamente assimiladas e tem o intuito de fortalecer os vínculos com o trabalho desenvolvido, estimulando o sentimento de pertencimento do grupo. Observa-se que isso tem levado os participantes a criarem novas musicas.

Inicialmente, é importante comunicar que não deve existir uma preocupação com a coreografia, ou seja, não existem passos certos ou errados. Cada um deve sentir a música e fazer o movimento que tiver vontade, sem se preocupar com os demais. Citamos um trecho do texto *Meu Caminho no Círculo da Dança*, de William Valle, que traduz isso de forma magistral:

> *"A dança é a música em movimento, é a manifestação gestual da música. Neste sentido, podemos dizer que dançamos somente quando fluímos junto com a música. A dança acontece quando já não existe música e coreografia, quando já não nos preocupamos com os passos, quando os pés já sabem o que fazer e nos conduzem pelo tempo".*

O aquecimento efetuado dessa forma tem promovido grandes benefícios pois quebram o gelo inicial trazendo momentos de leveza, alegria, risos e relaxamento, importantes para a TC que se propõe a trabalhar a superação das dores e sofrimentos mas sem esquecer de celebrar a alegria e a maravilha de estar vivo.

impressão acabamento
rua 1822 n° 341
04216-000 são paulo sp
T 55 11 3385 8500
F 55 11 2063 4275
www.loyola.com.br